将軍遠藤三郎とアジア太平洋戦争

吉田曠二
Yoshida Hiroji

ゆまに書房

この著作を日本国憲法第九条擁護運動の表舞台
で不屈の論客として活躍された遠藤三郎元将軍
とその同志田畑忍同志社大学元学長に捧げる。

軍需省航空兵器総局長官時代の遠藤三郎。
1943年11月撮影。（遠藤十九子氏提供）

読者の皆さんへ

遠藤三郎の人間像―彼はなぜ平和主義に「豹変」したのか。

元陸軍エリート将軍遠藤三郎（一八九三〜一九八四）はどのような軍人であったのか？

彼の生い立ちは山形県（旧米沢藩）の呉服商の生まれで、生粋の商家の出身である。しかも腕白少年でなく、人に殴られても人を殴ったこともないと自叙伝で回想している。そのような少年がなにゆえ、人を殺す陸軍軍人の道を歩むことになったのか。その理由は日露戦争後の経済不況で家業に陰りがみえ、父親思いの彼は授業料のいらない学校に進学すると父親にその決意を語っている。そのとき年齢は十四歳で、彼が受験した先が仙台陸軍幼年学校であった。尋常小学校時代から性格はやさしくまじめで成績は特に優秀であった。その結果、競争率の高い陸軍幼年学校の入学試験に見事に合格し、仙台陸軍幼年学校とその後の中央幼年学校でも成績は最優秀で十九歳で東京の陸軍士官学校に進学、恩賜（皇太子から銀時計を授与される）で卒業している。この成績が遠藤の人生を逞しい軍人の道に誘い込んだことになる。

一九一四年七月に第一次世界大戦が勃発、そのとき、遠藤は横須賀の陸軍重砲兵第一連隊付の若き砲兵少尉であった。一九一九年三月陸軍大学校に入学、三年後には恩賜で卒業、関東大震災が発生した一九二三年には、野戦重砲兵第一連隊第三中隊長として、東京に駐在し、折からの戒厳令下の帝都で、朝鮮人約六千人と中国人らを保護する活躍をしている。

彼がその頭脳の優秀さを認められ、参謀本部兼海軍軍令部参謀に抜擢されたのは一九二四（大正十三）年であった。

翌年には年度作戦案を上奏し、参謀として頭角をあらわしはじめた。彼は幼年学校以来、フランス語を専攻したので、一九二六年にはフランス駐在武官としてフランスに留学した。最初は日本人のいない地方でフランス語を学ぶため、ルーアンに滞在、翌二六年ドイツ国境に近いメッツに移動し、メッツ防空学校に入学した。その在籍期間は六ヵ月であったが、その体験が後に彼を陸軍航空分野で活躍する布石になっている。

フランス滞在中はジュネーブで開催された三国海軍軍縮会議にも陸軍の首席随員として参加した杉山元少将を補佐する役目で、ジュネーブでは国際政治の複雑さ、欧米列強の利害関係とエゴイズムについてもその視野をひろげ、フランス陸軍大学在籍中は第一次大戦で発達した化学兵器（毒ガス）についても最新の軍事知識を習得した。

当時の参謀本部の軍人なら、通常はヨーロッパで軍事学を学ぶために留学するが、遠藤の場合、最初の希望はパリのソルボンヌ大学で文学を学びたいと上司に要望して、参謀本部内部で物議をかもしている。そのようなユニークなタイプの軍人であったためか、彼はパリに滞在中、軍事学以外にもその視野を広げ、クーデンホーフ＝カレルギーが提唱したヨーロッパ連邦構想にも特別の興味をしめしている。後に彼が「満洲国」を連邦制にするとか、戦後、クーデンホーフ＝カレルギーのヨーロッパ連邦構想をアジア諸国にも拡大したいと提唱したのも若き日のフランス留学の体験から生みだされた発想である。

興味深い問題は、遠藤が満洲事変後は関東軍作戦主任参謀として「満洲国」の建国に尽力し関東軍の各種作戦案を立案したり、日中全面戦争が開幕すると、野戦重砲兵部隊を率いて戦場で陣頭指揮をし、ノモンハン事件では関東軍参謀副長として、対ソ戦の拡大を制止し、重慶戦略爆撃でも陸軍第三飛行団を率いて爆撃に参加して、その戦略爆撃の無意味さを上司に建議するなど、上層部の軍人の猪突猛進ぶりにブレーキを掛けることになる。そして第二次大戦で大日本帝国が敗北すると、本来の自分に立ち返り、戦争の罪と無意味さを反省して、漸次、非戦平和論者に転向することになる。その思想の変化はいつから、また何を理論的な根拠にして人類的な視野にたつ活動を開始することになったのか。

彼の人生コースの前半は勇ましい軍隊組織の高級参謀として、いわば雲の上の人であったから、その思想の急変については、誰もがその変貌の原因を追究してみたくなるだろう。その思想の転向については、存命中の彼が元高級軍人仲間からも、追及されたこともあった。その時、彼は「私の思想の変化は一夜つけの変化でなく、元からあったものが芽生えたものだ」と答えている。その理由については、遠藤が十四歳の少年時代から一日も欠かさず書き残した九十三冊の日記を紐解けば、その意識の流れを追跡することもできる。

しかし私は彼の非戦平和思想の根底には、軍人としての自らの戦争体験と自分の生い立ちの環境、つまり米沢藩の歴史や第一次世界大戦の激戦地を訪問した体験（フランスとドイツ国境のベルダン訪問）さらには理論的には、古くは「孫子の兵法」にみる「兵は国の大事」とみる思想、またロシアの文豪トルストイとインドの平和主義者ガンジーの思想、さらには戦後、彼がB級戦犯として巣鴨に入獄中に愛読した聖書の格言「剣によって立つものは剣によって亡ぶ」など、その愛読書から学んだ平和思想が複合的に、遠藤の非戦平和思想の形を形成したものと考える。その中でも、彼が故郷・米沢藩の歴史について、米沢藩が戊辰戦争の時に隣国の会津藩とはことなり、「戦わずして和議を求めた」ことに思いを馳せ、その無抵抗が米沢および庄内藩の無被害を可能にした、と晩年に回想している。

その思いは満洲事変がはじまる前に、将来、世界から軍備を一切なくする完全軍縮案（各国平等逓減方式）を立案し、それをロンドン軍縮会議に提出したいと参謀本部の上司に提言したときと同じ思いからであったと考える。

さらにもう一つ、遠藤は少年時代から喧嘩するのが好きでなかった。長じて軍人の道で人生の約半分を過ごしながらも、やはり戦争が好きなタイプの軍人ではなかったし、ましてや謀略や陰謀に加担するタイプの軍人でもなかった。彼は晩年、その軍人としての生涯を顧みて、「軍人には武器を持たせるな」「軍人に高度な武器を持たせたら、かならずそれを使いたくなる。だから絶対に持たせるな」「総理大臣にも兵馬の権力をもたせるな」と力説している（戦後の録音テープおよび「再軍備を続行する限り政府声明は空文に過ぎない」(『世界』一一一号　一九五五年三月、八八－九五ページ)。

なお、この本は『将軍遠藤三郎とアジア太平洋戦争』と題しているが、遠藤三郎の青年時代からフランス留学時代、さらに満洲事変から日中戦争の時代については筆者が『元陸軍中将遠藤三郎の肖像』と題してその半生涯の行動を東京のすずさわ書店から二年前に出版している。しかし本書はその続編ではなく単独の著作として刊行するものである。勿論、遠藤の前半期については『元陸軍中将遠藤三郎の肖像』と合わせてご一読くだされば、人間遠藤の九十一年の生涯を総合的にご理解いただけると思われる。プロローグと第Ⅰ部第一章で遠藤の軍人生活の前半を再現し、遠藤が関東軍作戦主任参謀として参画した「満洲国」とはどのような国家であったのかについて、その特色を紹介し、あわせて遠藤が記録し保存した関東軍の極秘資料などについても言及している。この本の主題は『将軍遠藤三郎とアジア太平洋戦争』であり、遠藤が陸軍航空部隊の指揮官として参加したマレー・シンガポール作戦からジャワ侵攻作戦、さらにはその後の陸軍航空兵器総局長官兼大本営幕僚としての対米航空決戦論なども取り上げ、あわせて戦後の巣鴨獄中日記と出獄後の非戦平和運動とその理論についても彼の孤軍奮闘ぶりを再現した内容になっている。

彼は戦場では一人の高級参謀、又指揮官として、対米英蘭戦争開幕の二年目からは陸軍航空兵器総局長官として、物量に恵まれない日本軍がどのようにして強力な米軍を相手に戦いぬけるのかを考え、戦後は、何故にその思想を一八〇度変革して、非戦平和主義者になり、その理論家としての存在理由を発揮したのか。とくにその非戦論は元陸軍将軍の描いた非戦論として重みがあるだけでなく、その理論が、戦争好きの論客から攻撃されても堂々として一歩も引けをとるものではなかったことを明らかにしている。このようなタイプの軍事理論家は今の日本にはほとんどいない。護憲派といわれる国会議員にもみられないほど彼の理論水準は高い。しかし私は遠藤の信念の強さは「軍備亡国」という彼が好んだ四文字に刻まれていると考える。武力行使からは何もよい結果は生まれない。彼はその戦争の歴史を後世に伝えるために九十三冊の日記を書き残してくれた。その日記は晩年までを含め、記録の時代的長さは一人の軍人が書いた記録として、ギネスブックに登録される価値があるものと思われる。「再軍備百害あって一利なし」「非武装は戦に負けしためならず地球生物自然保護なり」「武器捨て裸の日本今の世に恐るる外国一つだもなし」彼はこの信念で今もなお、天国から非戦平和を叫び続けているだろう。

二十一世紀になると、戦争を体験した日本人の数は少なくなった。若者は学校で歴史を学んでも、二十世紀前半の世界戦争に日本がなぜ参加し、初戦は勝利しても最後にはなぜ大敗北したのか。日本人なら当然知っておくべき、その重要な歴史を知らない。だから戦後、昭和天皇が公布した日本国憲法第九条の価値もわからない。しかし、世界の人々は日本国憲法第九条が人類の宝であると認識しはじめている。この歴史認識のギャップはどこから発生するのか。大日本帝国の元将軍遠藤三郎はその答えを自らの戦争体験から語りかけてくれる。彼は戦争の歴史を専門的に研究する人々にも貴重な極秘史料を残してくれた。強い、強いはずの日本の軍隊が何故にその道を踏みはずしたのか。遠藤が残した史料が日本軍の敗北した原因について戦後も隠されたままのベールをはがしてくれよう。

二〇一四年八月十五日　　　著者　吉田曠二

「将軍遠藤三郎とアジア太平洋戦争」目次

第Ⅱ部　遠藤三郎の航空決戦思想と日本の敗戦

第Ⅲ部　神国日本の崩壊と新生日本の誕生

エピローグ　初志貫徹―「軍備亡国論の展開」

プロローグ

(1) 遠藤三郎―満洲事変の「止め男」として、奉天に渡る

一九三一年九月十八日夜十時二十分ごろ、中国の奉天北方の柳条湖付近の満鉄線路の枕木が突然爆破された。この爆薬を仕掛けたのは関東軍参謀河本末守中尉とその部下六名であった。この事件は関東軍の高級参謀石原莞爾と板垣征四郎らの計画で張学良＝青年元帥が指揮する東北辺防軍の兵営・北大営を関東軍が占領し、成し得れば全満を占領するために仕組まれた謀略であった。現地ではその爆破音を合図に、関東軍は自衛のためという名目で、北大営に一斉に集中砲火を浴びせかけ、一夜にしてその兵舎と奉天城内を占拠した。

このビッグ・ニュースは翌朝、東京の外務省、陸軍省と参謀本部に伝えられ、参謀本部もその対応に色めきたった。天皇には、南次郎陸軍大臣がその第一報を上奏した。宮中では天皇の侍従武官長奈良武次大将がまずブレーキをかけた。しかし事態は収まらなかった。参謀本部では金谷範三参謀総長が、内閣では若槻礼次郎首相が事件不拡大派で、九月二十二日、参謀本部では作戦参謀の遠藤三郎に関東軍の暴走を止める役目で満洲に出張せよと内示があった。その時の遠藤三郎は参謀本部の作戦課員（少佐）で、橋本虎之助少将を団長とする橋本ミッションの一員として急遽渡満した。そのミッション一行の奉天到着は九月二十八日であった。

しかし現地では関東軍の攻撃の矢はすでに放たれた後であった。当然ながら、関東軍からみれば、軍司令官、参謀

関東軍幕僚宿舎（瀋陽館全景）

長をはじめ、事変の首謀者である高級参謀たちも中央からやってくる橋本ミッションを歓迎するはずはなかった。

奉天駅に下車した日の「遠藤日誌」（別冊：「満洲事変中渡満日誌」）によれば、橋本ミッションの一行が列車からプラットホームに降り立っても、関東軍臨時司令部からは一人の副官が形式的に出迎えに来ただけで、早速、本庄繁関東軍司令官に会いたいと希望しても、直接、最寄りの関東軍臨時司令部に案内されず、その司令部の近くにある日本旅館瀋陽館（図①）の一階応接室に案内された。

その旅館は柳条湖事件の勃発以来、関東軍の幕僚宿舎になり、幕僚たちが寝泊まりする建物になっていた。

その旅館の建物が元の姿で現存するのかどうか。瀋陽を訪問する毎に昔の地図を頼りに、満洲事変直後に関東軍がその臨時司令部とした東洋拓殖ビルとその向いにある大和ホテル（現在は遼寧賓館）を探しあて、その先の浪速通りに面する瀋陽館を訪ねてみたいと周辺を散策した。しかし残念ながら地元の人に尋ねても、日本旅館らしい建物は古地図に示された地点に存在しなかった（地図②）。

しかし、私はその建物を見たいと執着した。その理由は、奉天に派遣された遠藤が先輩の石原莞爾高級参謀とその建物で再会して、関東軍の上層部にも面談し、参謀本部からの事変不拡大の要請を伝えた場所であったこと、それに先輩の石原莞爾からは、一通の「満洲国」構想を描いた論考「満蒙計略計画」を手渡されたゆかりの場所でもあったからである。

（2）石原莞爾―遠藤三郎に満蒙の価値と対米戦争の覚悟を伝達

遠藤が奉天で再会した石原から渡されたその論考は陸軍の原稿用紙十二枚にタイプ打ちされた文書で、その内容は軍事戦略家石原が描く満蒙の価値について、まず次のように記述されていた。当時の満蒙の政治的、経済的価値につ

①1931年９月28日―
遠藤ら橋本ミッションの一行
が案内された応接室

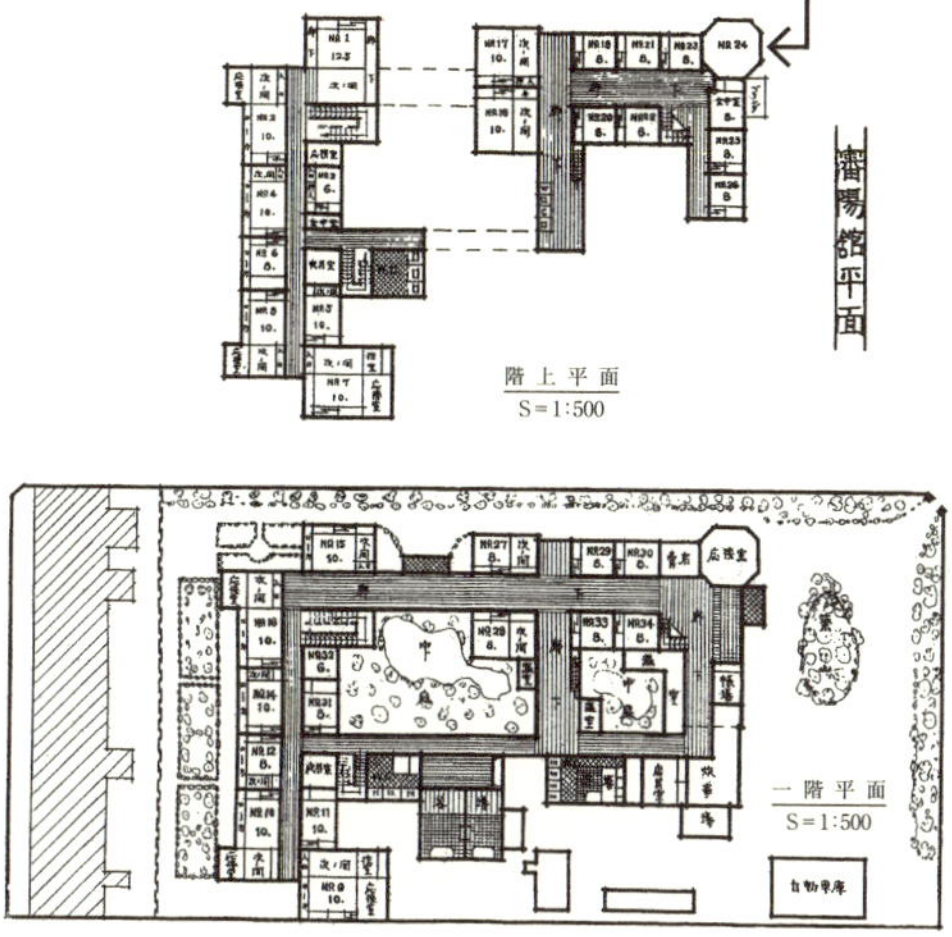

瀋陽館平面
階上平面
S＝1:500
一階平面
S＝1:500

瀋陽館内平面図

②1931年９月22日以後、北満出兵
に至る各種の謀略情報はここで集
約され配下の部隊に伝達された
（註１）

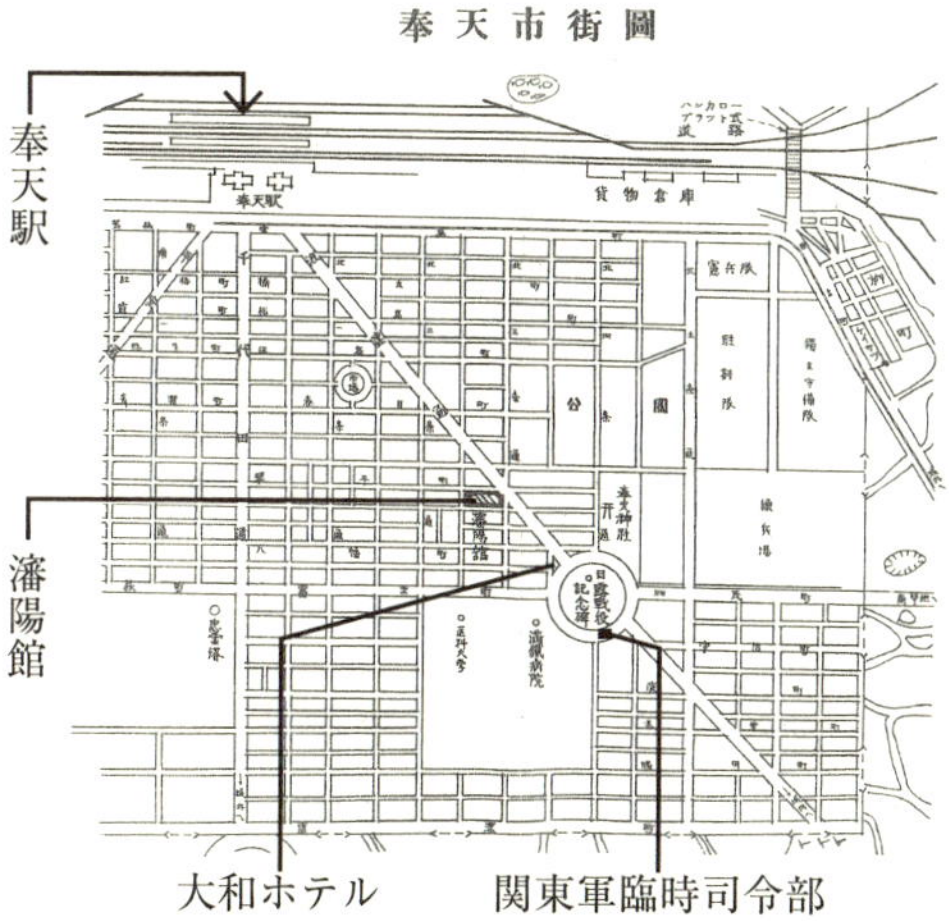

奉天市街圖
奉天駅
瀋陽館
大和ホテル
関東軍臨時司令部

奉天市街図

石原莞爾

いて、関東軍がどのように認識していたかを示す重要文書であるから、原文のままここに再現する。石原は冒頭で、満蒙の価値を政治的価値と経済的価値に分けて、次のように説明している。

第一　満蒙の価値
一、政治的価値
1、国家カ世界的雄飛ヲナス為ニハ国防的地位ノ良好ナルコト最モ重大ナル要件ナリ……満蒙ハ正シク我国運発展ノ為最モ重要ナル戦略拠点ナリ
2、朝鮮ノ統治ハ満蒙ヲ我勢力下ニ置クコトニヨリ初メテ安定スヘシ
3、我国ニシテ実力ヲ以テ満蒙問題ヲ解決シ断固タル決意ヲ示スニ於テハ支那本部（蔣介石の南京中央政府――引用者注）ニ対シ指導ノ位置ニ立チ其統一ト安定ヲ促進シ東洋ノ平和ヲ確保スルヲ得ヘシ
一、経済的価値
1、満蒙ノ農産ハ我国民ノ糧食問題ヲ解決スルニ足ル
2、鞍山ノ鉄、撫順ノ石炭等ハ現下ニ於ケル我重工業ノ基礎ヲ確立スルニ足ル
3、満蒙ニ於ケル各種企業ハ我国現在ノ有識失業者ヲ救ヒ不況ヲ打開スルヲ得ヘシ

ここで石原参謀は満蒙の政治的価値が日本の朝鮮支配にとっても、さらには中国の蔣介石政権に対する関係にとっても重要な要素になると指摘し、経済的な価値については、日本の食糧問題の解決と現地の鉄と石炭を活用した日本の重工業の基礎確立などとし、それを日本経済の回復・救済対策としても重要視していることがわかる。

しかし注目したいのは、石原が満蒙問題の解決には、対露関係からみても、それを我が領土として占領しなければ、基本的に何ら解決しないことを悠然と指摘したことである。この石原の考えは対外的には対露戦争の軍事基地として、国内的には日本の農村の窮状を打開する救済策として満蒙に日本の農民を大量に入植させ、さらに満洲に埋蔵する石炭と鉄など天然資源を日本の重工業の発展のために活用したい、という三つの狙いがあったことがわかる。

遠藤三郎は偶然先輩の石原から手渡されたこの論策を見て、どのように考えたのか。それについては、遠藤がこの論策の第一ページの欄外に青鉛筆で、満蒙の占領は「人道ヨリ看テ正義ナリトスルモ国際上他カ之ヲ正義ト見做スヤ」と記入しており、また最終ページの欄外には「皇族殿下ノ御力ヲ仰キ」の一行の上に「然リ」と赤鉛筆で賛成の意思を記入していることからみて、遠藤はなお国際関係にも危惧の念を抱いて、皇室にも敬意を示す遠藤らしさがにじみ出ている（この論考は遠藤三郎が所蔵する「対満要綱」のファイルの冒頭に挿入されている）。

このとき、石原はその満洲国構想を郷里の後輩にあたる遠藤に示して、この論考の要点を理解させ、その策謀に協力させたいと考えて、手渡したものであろう。しかし石原の政治戦略にはもっとスケールの雄大な世界征服構想として将来の対米英戦争を予測する論考があり、それを遠藤に示していたのである。その論考の表題は、「満蒙問題解決ノ為ノ戦争計画大綱」と題するタイプ刷りの文書であった。その軍事理論の内容は、どのようなものであったのか。

この論考は昭和六年四月に執筆された十ページの短文だが、満蒙問題の解決のために日本軍が戦争をすれば、それが米国の利害と対立し、やがては日本国と米国との戦争が必至となると予測する将来の対米戦争構想であった。

このとき、石原はすでに千里眼的な見通しのできる戦略家になっていた。彼は満洲に赴任後も軍事史の研究を継続し、一九二九（昭和四）年の春には、後年の著作『戦争史大観』（一九四一年）のもとになった講話の原稿を赴任先の長春で執筆していた。その講話が関東軍の参謀たちに与えた影響も多大であった。そこで石原は、将来の世界戦争が米国を中心とする「人類最後ノ大戦争」になることを進化論の視点から予測し、現時点における日本の国防は、満蒙問題を妨害する敵の実力行為を撃破すること、さらに対ソ、対英、対支のごとき戦争も、対米戦争と同時に発生する恐れなきにしもあらず、と指摘していた。

(3) 石原莞爾の描いた対米英、対ソ、対支戦争＝同時発生論

石原莞爾はすでに天才的な軍略家として著名であったが、その対米戦争必然論はすでに、一九二九年七月、関東軍の高級参謀として、他の高級将官らと北満に視察旅行をしたとき、長春の大和ホテルの一室と北満を移動する車中でも、満蒙問題の将来と対米戦争の関連を軍の関係者に披露したものであった。

その表題は「戦争史大観」と「国運回転ノ根本国策タル満蒙問題解決案」などで、前者では「欧洲大戦後、西洋文明ノ中心ハ米国ニ移ル　次テ来ル可キ戦争ハ日米ヲ中心トスルモノニシテ真ノ世界大戦人類最後ノ大戦争ナリ」と予測し、後者では、「対米戦争ノ準備成ラハ直ニ開戦ヲ賭シ断乎トシテ満蒙ノ政権ヲ我手ニ収ム」と力説していた（角田順編『石原莞爾資料・国防論策』原書房　一九六七年、三七－四〇ページ）。これによれば、石原は対米戦争と満蒙問題の解決をはじめから連動させていたことがわかる。この予測こそ、「満洲国」が将来の対米戦争の導火線となり、そのエリアが火薬庫になる、という理論的な予測であった。(註2)

折しも奉天の瀋陽館で、石原は郷里の後輩である遠藤三郎が現れたとき、その持論である将来の対米戦争について、念をいれて教えて置きたいと考えたのではなかろうか。石原は遠藤に上記の「満蒙問題解決ノ為ノ戦争計画大綱」（タイプ打ちの草稿）を急遽手渡したのであろう。

その「大綱」では冒頭で「第一　戦争目的（消耗戦争ニ於テハ戦争目的（講和条件）ヲ確定シ置クコト特ニ切要ナリ）」と明記してから、次のように日本軍の将来の占領地域を特定している。

一、満蒙ヲ我領土トナス
二、西太平洋制海権ノ確保
1、「フイリッピン」「ガム」ヲ我領土トス　已ムヲ得サレハ「フイリッピン」ヲ独立セシム
2、成シ得レハ「ハワイ」ヲ我領土トスルカ或ハ之カ防備（米国の防備）ヲ撤去セシム

ついで第二の「戦争指導方針」については、こう記していた。

一、米国ノミヲ敵トスルコトニ努ム
コレカ為満蒙ヲ領有シ「フイリッピン」「ガム」等ノ占領以外支那本部ニハ成ルヘク兵ヲ用フルヲ避ケ威嚇ニヨリ支那ノ排日及参戦ヲ防止ス
二、支那ノ態度到底前記ノ方法ニヨリ解決シ難キ場合ニ於テハ一挙ニ南京ヲ攻略シ中支那以北ノ要点ヲ占領ス
三、英国ノ諒解ヲ得ルコトニ就テハ十分ナル努力ヲ払ヒ支那本部占領地域ノ撤退等ニツキテハ要スレハ考慮ヲ払フヘシト雖已ムナキ時ハ断固トシテ英国ヲモ敵トスルコトヲ辞セス（以下省略）

この論旨は明らかにその後の日本陸海軍の南進政策の先駆的発想で、対米世界戦争の可能性を示唆するものであった。またこの理論展開の広がりからみても、当時の石原莞爾の世界最終戦争構想を文章化したものであろう。そして「第三　軍部ノ任務」については、陸軍と海軍の任務を区別して、陸軍については、1「満蒙ノ占領及統治」、2「対支戦争」、3「対露戦争」の基本方針を説明し、4では、「海軍ト協力スル作戦及占領地ノ統治」について、次のように指摘している。

イ 「フイリッピン」及「ガム」

ロ 「ハワイ」

ハ 香港及「シンガポール」

なお、海軍については、「西太平洋制海権ノ獲得」をあげて、1「敵亜細亜艦隊ノ撃滅」、2「敵主力艦隊ノ東航ニ際シテハ其撃滅」、3「陸軍ト協力シテ敵海軍根拠地ノ奪取」を目標にすることを力説した。

これは十年後に展開されるハワイのパール・ハーバー奇襲攻撃とマレー、シンガポール、フィリッピン、香港上陸作戦を予言する世界戦争の構想であった。この構想を読んだ遠藤三郎は、陸軍の「対支戦争」の項目で、陸軍の占領地域を「中支以北ト予定ス」と地域を限定した一行と、海軍の「敵亜細亜艦隊ノ撃滅」の一行に青鉛筆で傍線を引き、後者の欄外には赤鉛筆で「此ノ目的ノ為ノ現下ノ我海軍力不足セスト認ムルヤ」と疑問を呈している。しかし石原は航空機の発達を予測して、「我本土カ敵機ニ対シ甚シク不安ナル時ハ主要ナル政治、経済施設ヲ遂次大陸(満洲)ニ移スコトアルヘシ　国民ハ日本民族百年ノ大計ノ為アラユル犠牲ヲ忍フ覚悟ヲ要ス」と記入した。これについて遠藤はまた欄外余白に赤鉛筆で「国民ニ此決心サヘアリ之ヲ指導スル強固ナ意志ノ偉傑サヘアレハ必ス成功スヘシ」とその感想を書き残している。

これは一九三一年四月頃に石原莞爾が考えた将来の世界戦争の構想で、その占領する領域において、日満一体即ち将来の「満洲国」を大日本帝国の領土の一部分と見なしていたものとみて差しつかえなかろう。この論考で石原は満洲の軍事占領が将来はアジア太平洋戦争に結びつくことを重ねて予測し、中国の中央政権とは外交交渉を優先し、日中全面戦争を回避したいという節度ある意向もみせていた。なお、石原は出来うる限り、対米戦争のみを優先し、中国大陸における戦争の領域を狭く限定しようと考えていたことがわかる。

奉天の瀋陽館では、その後、石原が遠藤と同郷の関係であったことも幸いして、橋本少将と遠藤の二人だけが、関東軍中枢幕僚が集まった部屋に案内された。

その部屋には板垣征四郎大佐と石原中佐の他、竹下少佐と片倉大尉、土肥原賢二大佐らが車座になって座っていて、橋本と遠藤の二人が尋問を受けるような気配が漂っていた。しかも、これらのメンバーの内、板垣と石原は柳条湖の満鉄線路爆破を計画した当人で、土肥原大佐もこれ以後、溥儀に天津脱出を説得し、「満洲国」の建国をめぐる陰謀に加担するいわば謀略の主人役であった。

このような席では、参謀総長の意向を伝達しても、関東軍が不拡大方針に同意することは不可能であった。十月になると、石原は遠藤に相談することもなく、単独で錦州への無差別爆撃を強行するし、本庄関東軍司令官も溥儀の天津脱出と北満への武力侵攻のため、石原に協力することになる。こうなれば遠藤もまたその渦のなかに誘い込まれ、東京の参謀本部からは帰国を命じられる。

しかし石原莞爾の対米戦争、つまり主要な敵を米国に絞るという対米戦争構想は直ちに実現するものではなかった。東京の参謀本部に帰還した遠藤三郎は、関東軍の暴走を止められなかった責任を問われ、しばらく閑職に置かれたが、翌年一月には満洲事変が揚子江流域の国際都市上海に飛び火した。この紛争は、最初は日本陸軍でなく、上海に駐屯する日本海軍陸戦隊が上海共同租界の欧米列強を手なずけて、武力発動に踏み切った戦いであった。参謀本部からは、その戦いを支援するため、遠藤三郎を現地に派遣して、三月一日に揚子江沿いの七了口から、陸軍部隊の上陸作戦を敢行させた。その結果、上海の共同租界では、その実権を握る工部局参事会の仲介により、日本軍の勝利の形で、上海の戦いは停戦に持ち込まれた。しかし上海の対中戦争は終結しても、日本軍が満洲から引き揚げることはなかった。むしろ関東軍からはさらなる増援部隊の派遣を参謀本部に要請する有様であった。満洲の関東軍は第一次上海戦で、国際連盟の関心が満洲から上海に移されている間に、三月一日、溥儀を執政に擁立して「満洲国」を建国していたのである。この「満洲国」の建国は世界の目からみれば、それが傀儡国家であることは明らかであった。

（4）東京のグルー米国大使の報告

その四ヶ月後、東京の米国大使館からは、ジョセフ・グルー大使（註3）が国務省スチムソン長官宛てに、満洲における関東軍の行動について、一九三二年七月十六日付で、リットン調査団の報告に依拠して次のような電文を発信した。

THE LYTTON COMMITTEE'S ON MANCHURIA

Dear MR.Secretary:

The important event during the past two weeks was, of course, the visit of the League of Nations Commission which has just ended.....

In a nutshell the commissioners are unanimous in finding that Japan's action in Manchuria is based on two false premises：(1) the argument of self-defence and (2) the argument of self-determination for Manchuria. Neither argument is considered sound. The commissionners have proved to their satisfaction that the blowing up of the railway and every subsequent incident in Manchuria since September 18, 1931, were carefully planned and carried out by the Japanese themselves. They consider that the setting up of this puppet state, far from tending to pacify the Far East, will result in a festering sore which will inevitably lead to future wars with China and Russia and a case of irredentism much worse than that of Alsace-Lorraine.（Joseph C. Grew, *Ten Years in Japan*, New York: Simon and Schuster, 1944, p. 62）.

この電文は親日家で知られる米国大使ジョセフ・C・グルーが米国国務省のスチムソンに向けて発信したものである。その内容は、ここ二週間に発生した重大な事件は、連盟委員会の来訪で、その幕がおろされたこと、またその概要については、委員会が一致して、満洲における日本の行動が二つの偽りを前提にするものであり、その（1）は自衛戦争の議論で、その（2）は「満洲国」の自治の議論であり、この二つの議論がいずれも正当ではなかったこと。委員会は九月十八日の鉄道線路の爆破とそれ以後のすべての満洲における出来事が日本人自身によって綿密に計画され、実行されたものであることを立証した。そして委員会はこの傀儡国家（puppet state）の建設が極東に平和をもたらすものでなく、将来、日本が対中、対露戦争を誘発し、アルザス・ロレーヌの場合よりもさらに悪辣な領土併合主義を必然的にもたらす結果になる、などと予測している。

一九三二年八月十八日、このような世界情勢のなかで、遠藤三郎は東京の参謀本部から、「満洲国」の関東軍に移動した。その身分は関東軍作戦主任参謀であった。前年の十一月、遠藤が奉天から東京の参謀本部に帰国後、満洲の軍事情勢は極度に緊張していた。関東軍の電撃作戦で重要都市から退却した張学良の東北軍の残存部隊や旧軍閥の武装勢力の他、蒋介石の国民党系の武装勢力や政治思想の堅固な中国共産党のゲリラ部隊と大刀会や紅槍会など、さまざまな抗日武装勢力が満鉄沿線の各地に集結し、関東軍の隙をねらって、武装抵抗活動を継続していた。その武装ゲリラ勢力の分布状況は前年十二月時点の段階でも張学良軍の勢力は別動隊、組織中の義勇軍、馬賊をふくめ総計約三万五千人ほどであった（地図②陸軍省新聞班「張学良錦州政権の対日交戦準備に就いて」一九三一年十二月八日）。

TEN YEARS IN JAPAN
A Contemporary Record Drawn from the Diaries and Private and Official Papers of
JOSEPH C. GREW
United States Ambassador to Japan
1932–1942
19 44
SIMON AND SCHUSTER
NEW YORK

グルー大使の日記（1932-1942）

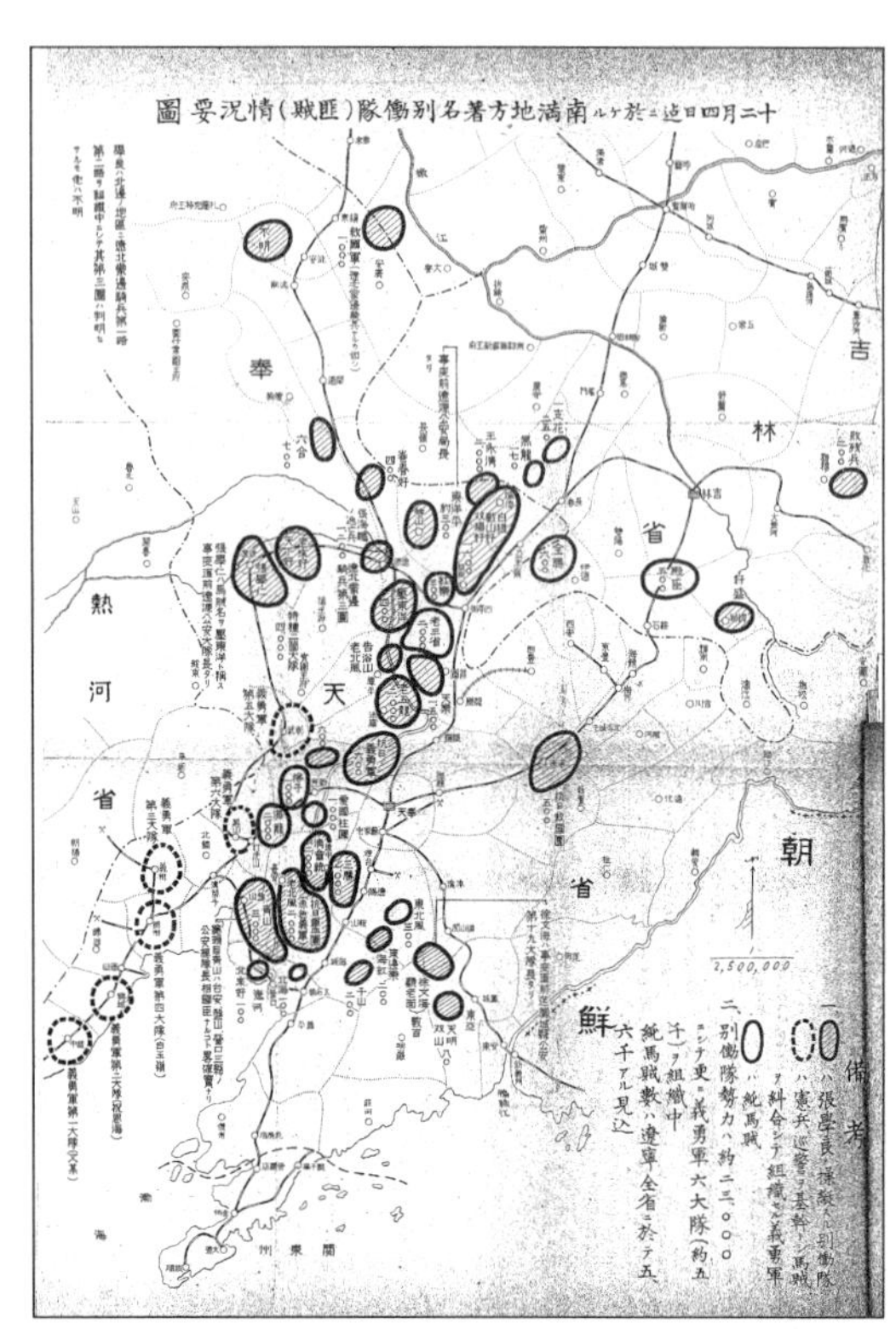

張学良の指揮下で関東軍と対決した抗日ゲリラ部隊の配置図（1931年12月、陸軍省作成）

（5）関東軍作戦主任参謀　遠藤三郎の活動

一九三二年八月十八日、遠藤三郎は奉天の関東軍臨時司令部に着任早々、八月下旬から九月初旬にかけて、二夜にわたって、地元「匪賊」＝パルチザン部隊の襲撃に遭遇した。その最初の攻撃により、奉天の東飛行場は炎上し、飛行機六機と戦闘機二機を焼失した。この攻撃の正確さは匪賊呼ばわりして相手を侮ることができない本格的な抗日軍事行動であった。

関東軍では、このような強力なゲリラ部隊に対処するために、現地で除隊する軍人を残留させたり、在郷軍人によびかけて、北満の農場開拓地の周辺に日本人開拓民らを隊員とする屯墾軍を創設し、関東軍の手薄な地域に配置するなど、対策を検討した（この種の発想は満蒙開拓移民の発案者加藤完治や東宮鉄男らによって、実行された）。しかし、これらの部隊は関東軍の作戦とも連携しながら、地元の農民らを威嚇して農地を買収するなど、日本軍は地元住民にとっては歓迎されざる武装勢力でもあった。たとえば、加藤完治が拓務省の意を体して、吉林省に土地を物色しているとき、石原莞爾に面会すると、石原からは、加藤に「吉林省に一万町歩くらい（農業用地）は（買収）できましょう」と約束されたなどの証言を残している（岡部牧夫編『満洲移民関係資料集成』第二十八巻　不二出版　五五九ページ）。関東軍はその手薄な兵力を補う手段として農場開拓民と大陸浪人を武装させ、それを屯墾軍として、開拓用地の拡大をはかろうとしていたのである。

これに比較すれば、新任の関東軍作戦主任参謀の遠藤は純粋で、関東軍の作戦行動は天皇の統帥の下で活動するもので、そのためには民間の武装集団を満洲では活用しないと主張した。遠藤は素性のわからない日本人からその武装を解除し、その種の「屯墾軍ハアセルベカラズ」と日誌（九月三日付）に記入したのもそのためであろう。

（6）日満軍事同盟の締結とアメリカの反応

このような純粋な性格の遠藤三郎が関東軍司令部に着任後、どのような仕事に着手したのか。まず最初の任務は、長春の皇宮で「満洲国」政府と日本国全権大使兼関東軍司令官が日満軍事同盟を締結する式典を成功させるために、ゲリラ討伐を優先させることであった。その日、九月十五日の式典は長春の「満洲国」執政府の二階の広間で挙行された。

その日、調印された「日満議定書」は①が「満洲国」における日本国・日本国臣民の経済的既得権益の尊重を規定し、②は「満洲国」の共同防衛のため、関東軍の「満洲国」における駐兵権（軍事権）を確定するもので、これは明らかに日満共同の経済＝軍事同盟であった。しかしその翌日に日本の新聞に公表されたのは、この二ヵ条のみで、実際にはもっと詳細な利権を日本人に譲渡する秘密条項が隠されていた。

その秘密条項はすでに溥儀が同年の三月十日付で、当時の本庄関東軍司令官宛に提出した秘密書簡に根拠を置くものであった。日本政府は、この見返りに「満洲国」政府を承認した。しかし「満洲国」政府の承認は関東軍のシナリオで、日本側の自作自演の茶番劇であった。

この日満軍事経済同盟の締結と「満洲国」の承認は明らかに関東軍司令官が満洲の軍事と経済の独占権を掌握するためであった。当然ながら、「満洲国」が関東軍の支配下に入ったという政治情勢の変化は、アメリカ政府を刺激した。ここで再び、東京の米国大使、ジョセフ・グルーからワシントン政府のスチムソン国務長官に宛てた電文を紹介してみよう。

長春の皇宮で日満議定書が締結された約三週間後、東京の米国大使館からは、この二週間の間に日本で起こった重要事項として、次のように報告している。この報告書はこの日満軍事同盟が日本国内、とくに日本政府が求めた理由が何であったか。満洲問題をめぐる東京政府と陸軍の矛盾を突いた内容であった。

MANCHURIA AND THE LYTTON REPORT

東京　一九三二年十月八日　極秘

国務長官殿

前回の手紙を差しあげてからの二週間に、日本で発生した著しい事件の二つは（日本国による）「満洲国」の承認とリットン報告の公表とであります。日本政府が「満洲国」の承認を急いだのは、二つの目的がありました。その一つはリットン報告に基づく行動がとられる前に、（日本政府が）「満洲国」を既成事実として、国際連盟と米国政府に対抗すること、その二は日本陸軍が現在の斎藤内閣を崩壊させ、成し得れば、陸軍による独裁政治を樹立するのを防止しようとする緩和策であります。その総合的な結果は日本国内の平穏で、その手段がとられる以前よりも、非常に沈静化しました。

日本人は明らかに「満洲国」の承認に際して、合衆国が何も行動を起こさなかったこと、世界全体が比較的わずかな反応しか示さなかったことに驚いています（Grew, op. cit. p. 65）。

しかし「満洲国」の承認は、関東軍と日本政府にとっては、「満洲国」の総動員化のためにも、急務で、もしも溥儀の閣僚たちが、その調印を拒否するような事態が発生すれば、抜き差しならない窮地に日本が追い込まれる事態に直面したであろう。

この前日には、「満洲国」の総理大臣が辞任を申し入れる一幕もあり、遠藤も調印式に出席する日は、朝から周辺地区で武装蜂起したゲリラ鎮圧作戦の立案とその発動を各地の部隊に伝達するなど多忙をきわめていた（遠藤日誌九月十五日）。この点では東京の米国大使館の反応は、まだ緊急事態と日満議定書の本質を十分認識していたとは思えない。しかし日満議定書が調印され、「満洲国」の承認が完了すると、その翌年、関東軍はさらなる軍事行動に乗り出した。それが一九三三年二月から三月にかけて展開された関東軍（傀儡「満洲国」軍を含む）による熱河作戦の発動となった。関東軍は早速この熱河作戦が日満共同出兵による熱河省攻略作戦だとカモフラージュした情報を内外に公表した。

この軍事作戦は関東軍作戦主任参謀、遠藤三郎の手腕の発揮しどころであった。

FAR EASTERN
FRONT

By
EDGAR SNOW

ILLUSTRATED

JARROLDS *Publishers* LONDON
Limited 34 *Paternoster Row* E.C.4

E.スノウが1934年に刊行した関東軍支配下の満洲国ルポルタージュ（原書）。

彼は東京で真崎甚三郎参謀本部次長と荒木貞夫陸軍大臣（熱海に静養中）の同意をとりつけ、短期決戦で熱河省を軍事制圧する作戦案を立案した。しかし関東軍による熱河省への侵攻は、ジュネーブの国際連盟をつよく刺激し、三月二十四日の総会では連盟の決議が、賛成票四十、反対一、棄権一で可決され、松岡洋右日本政府首席代表が連盟との決別を宣言して退場する劇的な幕切れとなった。これにより熱河省を手中に収めた関東軍と日本政府は広く国際社会から孤立する道を選択したのである。

なおその後も現地では万里の長城周辺で関東軍がさらに軍事行動を拡大し万里の長城を南に越えて、一部の師団が独断で作戦区域を拡大し、天津の特務機関と連携して、北京で軍事クーデタを画策する謀略にも手をそめる有様であった。こうなると国際連盟に加盟する列強とアメリカ政府の態度を硬化させた。しかし結論をいえば、熱河省を関東軍が制圧できたのは、中国の軍閥湯玉麟将軍の暴政により、熱河の住民の多くが湯玉麟に反旗をひるがえし、内部の混乱を助長した情勢が関東軍に幸いしたとみることもできる。この状況については、東京の米国大使館の状況分析よりも、北京で現地情報を取材していたアメリカの国際的ジャーナリスト、エドガー・スノウの観察の方が優れていた。(註4)

(7) エドガー・スノウの日ソ戦争予測—その戦争の条件は

一九三三年五月、熱河作戦が関東軍の勝利により終結すると、日中両軍の間では、塘沽停戦協定が締結された。しかしこの協定は日本陸軍にとっては一時的な便法にすぎず、さらなる領土拡大への野心を増幅させる準備期間となり、日本軍の軍事目標はさらなる広大な領域に広がった。スノウは、塘沽停戦協定締結以後の満蒙をめぐる極東アジアの情勢について、その著書『極東戦線』(Edgar Snow, *Far Eastern Front*, London: Jarrolds Publishers, 1934, pp. 280–281) で「日本の将軍たちは、この止むことのない領土拡大の欲求は、基本的には、〝国家威信〟の問題だと」分析している。その「旋風的人物の荒木貞夫大将はこのことを雑誌「現代」に書いている。」

『満洲問題をわれわれが極めて重視するのは、そこで失われた十万同胞の生命や、そこに投入された二十億円の国費のためだけではなく、国家経済、人口過剰、食糧の確保、国防上の必要からだけでもない。こういう動機は〝第二義的な重要性〟にすぎない。まず何よりもわが国の威信が満蒙に確立されない限り、極東の平和に重大な脅威が生じ、その脅威はやがてわが国の歴史的発展途上の障害となるかも知れないという認識があるからである』(スノウ著、梶谷善久訳『極東戦線』筑摩書房　一九七三年、一三八ページ）。

この時期、スノウは日本の戦争指導層の指導理念がこのような政治哲学として定着しているとみて、それが「攻撃は最良の防御である」という信念を生み出して、日本国内では、すでに軍国主義が国民的特色になり、その軍事費が全国家予算の五〇％に達している現状に注目しながら次のように書いている。

一九一三年当時のドイツ帝国でさえも、これほど軍備に金を使っていなかった。日本で史上空前といわれる二十一億一千二百万円の膨大な一九三四年〜三五年予算のうち、九億三千七百万円が軍事支出に向けられている。その他、陸海軍上層部の自由裁量に任されている特別会計を含めると、全軍事支出は国家予算の五〇％を超えている。

（前掲訳書二四〇ページ）。

スノウは当時、上海から北京に自宅を移して、極東の軍事情勢を分析していた。この時期の日本軍が対ソ戦を発動するには、「警告を殆んど受けていない敵に対して、常に最大限の力をもって奇襲攻撃をかけること、戦闘状態に入る前に常に確実な勝算があること、戦争をするに値するだけの豊富な戦利品が常に存在することが条件である」（前掲訳書二四〇－一ページ）とし、当時の日本側からみたソ連の軍事的脅威については、するどく現実を直視してこうも指摘した。

日本側から見ると、……はるかに重大な問題は、強固に軍事化されたウラジオストックの脅威である。他の問題は時間をかけて交渉すればよい。だがウラジオストックは緊急の問題である。東京と横浜へ飛行機でわずか五時間の距離にある。

この太平洋側のソ連の港は、それだけで日本の安全にとって重大な潜在的脅威である。ソ連はウラジオストックの要塞化をいちじるしく強化し、ウラジオストックを巨大な航空基地とした。戦時にはそこから爆撃機を日本へ発進させ、大都市を破壊し、通信交通を麻痺させることができる。そのような空襲が加えられると、日本は歴史上はじめて外国の侵略の現実を本土で味わうことになろう（前掲訳書二四一ページ）。

すでに当時のソ連は第一次五ヵ年計画でその実績を積み上げ、第二次五ヵ年計画ではシベリアの工業化に重点が置かれていた。シベリア横断鉄道の複線化も計画され、さらに第二シベリア鉄道もシベリア方面の開発と工業化のために計画されて、その工事が進行していた。

スノウはその状況下で、ソ連軍の軍事力を次のように指摘した。

最新の情報によると、ソ連が保有する現有兵力は四十七万の正規軍、六十万の保安隊、二十四万の民兵および政治警察である。これらの部隊を合わせると約百十個師団になり、最新の兵器で装備されている。ある権威筋によると、これらは『世界で最も高度に機械化された部隊だ』。ソ連の軍事力の中には、戦車約二千台、航空機二千二百機が含まれている（前掲書訳二四二ページ）。

この軍事力はあながち誇大な脅かしの数字ではなかった。しかもシベリアには、約十五師団の歩兵と騎兵が配備され、完全な一航空団がウラジオストックに駐屯していた。一九三三年～三五年、満洲を防衛する関東軍は、このような北方方面の国境線を防衛する課題に直面していたのである。

（8）　関東軍もソ満国境地帯に永久地下要塞を築城

日本の中央参謀本部はソ満国境に配備された極東ソ連軍に対し、北の防衛線を強化するために北満国境に永久地下要塞を築城するよう関東軍と協議しはじめた。

それは一九三三年の九月であった。その頃、ソ満国境地帯は西の満洲里、ハイラルから北はアムール川（黒竜江）に沿って黒河につながり、さらに東はウスリー江に沿う湿地帯を挟んで虎頭から南の東寧に至る長大な国境線が広がっていた。その距離は二千キロ以上になろう。九月三十日には、中央参謀本部から鈴木率道作戦課長が優秀な幕僚を従えて長春の関東軍司令部に到着し、関東軍と対ソ作戦会議を開催し、将来の対ソ作戦上、重要な地点に国境地下要塞を建設する方針を検討した。

そのとき関東軍からは、作戦主任参謀の遠藤三郎が北満要塞築城全般の企画主任に選ばれた。その重責を担った遠藤は、即北満国境線の兵要地誌の研究に没頭し、翌十月二日には、飛行機でハルビンを経由し北は小興安嶺を越えて黒龍江岸へ、さらに西方は西部国境のハイラルへ、東方面では東寧にまで飛んで、地下要塞築城の現場を視察した。その地下要塞の規模は、東西あわせて十四ヵ所（内蒙を含めると十七ヵ所）におよび、莫大な築城費用が投じられることになった。しかし増強する近代化されたソ連軍に対抗するには、関東軍の金庫は枯渇しはじめていたらしい。関東軍司令部では、現地で一部の築城工事を始めても、その膨大な予算を当面どこから捻出するのか。軍司令官や高級幹部が頭を悩ませていた。やがてこの問題は、「満洲国」政府の国庫から、その築城費用を捻出することで、一件落着している。

そのことは一九三四年八月七日の遠藤日誌に「康徳元年度築城費四百万元ハ満洲国ノ好意ニ依リ日本金四百四十二万円ニ」換算、と記入されていること、さらにその翌日には、「第三師団下田参謀到着セルヲ以テ築城其ノ他ニ関シ

1934年—関東軍作戦主任参謀として遠藤らが立案した北満最大の東寧地下要塞

①山の中腹に穿たれた出入口

②東寧地下要塞は、この山の地下に掘り下げられている。

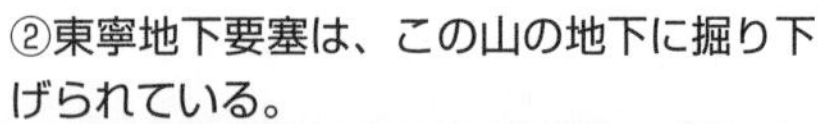

③兵員のシャワー室

④作戦指令室

⑤砲弾を運搬するトロッコ・レール

⑥地下道の略図

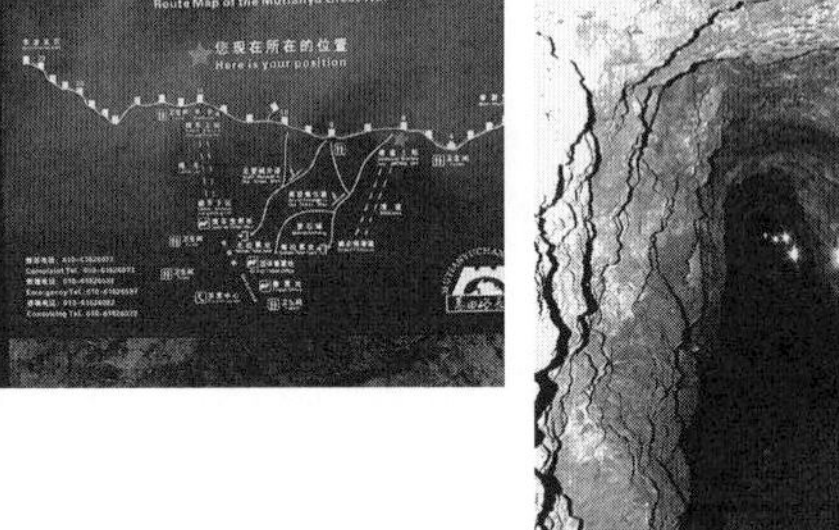

⑦兵員が移動する通路

（以上今村潮・筆者撮影2010年９月）

説明　午前十時半、勤民楼ニ於テ康徳皇帝（満洲国皇帝溥儀）ニ拝謁」したと記したことで築城費用財源の所在が説明されている。これは関東軍が日満軍事同盟を根拠に「満洲国」側にその費用を負担させたことを傍証している。なお関東軍が北満に築城した永久地下要塞は、戦後、その工事現場で強制労働に従事した中国人労工の証言により、その跡地が発掘され、その構造が明らかになり、現在、ハイラル地下要塞と東は虎頭、東寧地下要塞の一部が関東軍の戦争遺跡として一般に公開されている。その構造はいずれも丘陵地の中腹に兵員の出入り口が開けられ、地下三〇メートルの地下壕に作戦指揮官室や無線通信室、医療施設、兵員の寝室、シャワー室、食糧・弾薬貯蔵庫などが配置され、上部の洞窟（展望窓）からはソ連側の動きを監視し、関東軍が砲撃できる構造になっていたことがわかる[註5]（右ページ写真）。

(9)　一九三六年―作戦主任参謀遠藤三郎の対ソ作戦案

関東軍作戦主任参謀遠藤三郎は、この北満永久地下要塞の築城工事が一段落したころ、人事異動により、祖国に帰還し、東京の陸軍大学の教授に就任した。その翌年の二月二十六日、遠藤は東京で二・二六事件に遭遇するが、そのとき、命がけで反乱部隊の青年将校に面会し、本隊に復帰することを説得している。

この判断は遠藤が党派的な軍人でなく、あくまでも天皇の統帥にしたがい行動する冷静な判断のできる軍人であったことの証明となろう。事件が反乱部隊の本隊への復帰で、一件落着すると、遠藤も平常通りに、陸軍大学校で学生に講義を再開している。その講義でも、遠藤は冷静な頭脳で、関東軍がソ満国境地帯で強力な極東ソ連軍に対決するには、いつ、どのような作戦を展開すべきか。

関東軍の防御と侵攻の両面にわたって、緻密な作戦構想を約三カ月間、第三学年の学生に極秘で講義した。現存するその講義ノートは、参謀本部の作戦案とは異なるもの、と遠藤は前置きしているが、その内容は関東軍作戦主任参謀として、「満洲国」で入手したソ連の最新情報を参考にして練り上げた現実的な対ソ作戦構想であった。

その①はソ連軍が沿海州から「満洲国」に攻撃を仕掛けてきた場合に対処し、関東軍が発動する退却と防御の作戦案で、②は関東軍が北満の軍事要塞からソ連領のシベリアと沿海州（目標は軍港ウラジオストック）を占領する作戦計画であった。その計画案の根底には、空間と時間、つまり作戦行動の範囲と短期決戦で、味方の優位を確保し、軍事目的を達成するという堅実な思想があった。遠藤は当時の日本陸軍指導層にありがちな猪突猛進型の軍人ではなかった。

それは彼の記述したこの二つの対ソ作戦構想にも反映している。その①では、作戦の責任は退却の場合でも、軍上層部が担うものであり、現場の指揮官に担せるものではない。作戦には補給能力も重要で、補給可能な兵站輸送距離数を把握すること、軍の後退戦術は弾撥力回復のため、空間を活用して、所定の地点に集結するものと指摘し、その②の攻勢作戦では、単なる国境紛争はやらず、作戦目的を明確にして、一大決意で相手に総力戦として発動すること、開戦時期の選定と領有すべき地域の選定と在満、在朝日本軍のみならず祖国から増援する本国兵団の運用についても、重要視することを挙げている。

その内、遠藤は戦争目的については、ソ連は平和政策の仮面をもって、その伝統である侵略政策を欺瞞し、世界赤化政策を堅実に実行するとの観点から、日本軍の対ソ戦争はソ連の国家体制が存続するかぎり、不可避とみて、極東ソ連軍を撃滅することを主目的にすべきだと結論づけている。

この遠藤の対ソ作戦構想の特色は時と空間を重視し、開戦時期を一九三七年一月と想定し、奇襲作戦を重視し、それでも日本軍が勝利できる可能性は開戦後、二週間～二十日以内であると計算し、奇襲作戦による短期決戦を力説した。その根拠は、物量の輸送力、ウラジオストックの敵潜水艦の行動などから判断して日本軍は時間の経過とともにその軍事的優位を保持できなくなると警鐘をならすものであった。この点で、遠藤の対ソ作戦構想は、先に紹介したエドガー・スノウの情勢判断と類似する一面が散見される。

遠藤はこの講義ノートの末尾で、「兵ハ国ノ大事ニシテ生死ノ地存亡ノ道ナリ」という孫子の兵法を引用し、兵は「決シテ濫リニ動カスヘキモノニアラス」と警告し、軍は「謀略的策動ニ依リ或ハ国境附近ノ小紛争等ニ依リ国家ヲ戦争ニ導カントスルカ如キハ最モ戒メサルヘカラス」と釘をさし、軍人の「名誉慾功名心等ニ駆ラレ小策ヲ拝シテ天下ノ大事ヲ誤ルカ如キコト万アルヘカラス」と厳しく戒めている。この戒めの言葉は、後年の国境紛争、ノモンハン事件に対する警告を発しているようでもある。しかし、遠藤の対ソ作戦案は参謀本部によって採用されることはなかった。翌、一九三七年七月七日、アジアの歴史は思わぬ方向に傾斜しはじめた。その日の夜、北京郊外の盧溝橋で、軍事演習中の日本軍がその地方を守備していた中国軍と偶発的な武力衝突に突入した。盧溝橋事件のはじまりであった。この武力衝突は遠藤三郎のその後の運命をも決定した。日本政府近衛内閣は、その直後、中国軍を膺懲するという名目で関東軍と朝鮮軍、さらに内地からの増援部隊を含め、約二十万九千人の大軍を華北の戦場に派遣したのである。

①　②

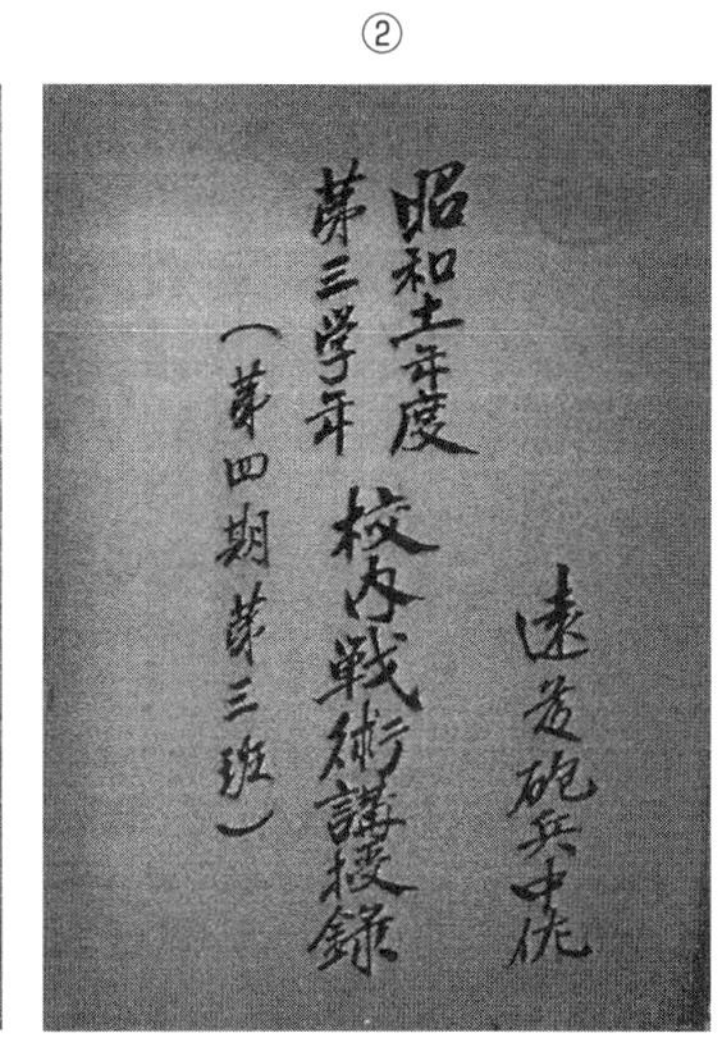

1936年陸軍大学で極秘に講義した対ソ作戦案。
①は防禦及び退却②は対ソ侵攻作戦案。遠藤は関東軍が対ソ戦で勝利できるのは奇襲作戦で、関東軍が優位に戦えるのは開戦から2週間20日間以内と限定している。日ソ両軍の軍事力を比較した具体的な作戦案である。

(10) 盧溝橋事件と遠藤三郎—その従軍記録

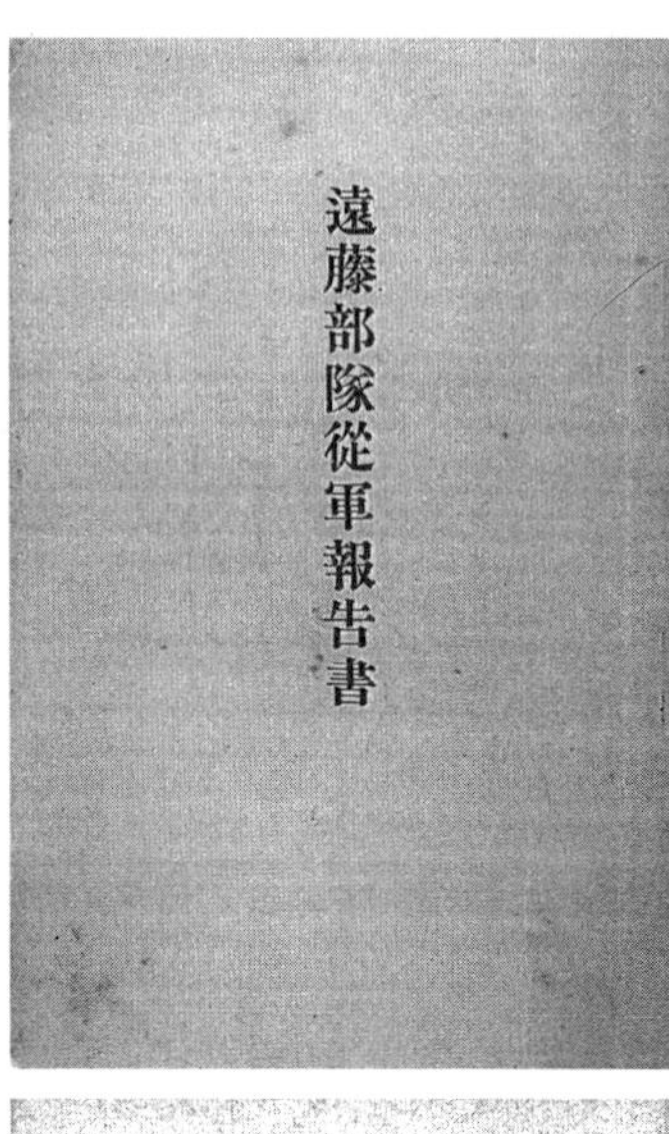
遠藤部隊従軍報告書

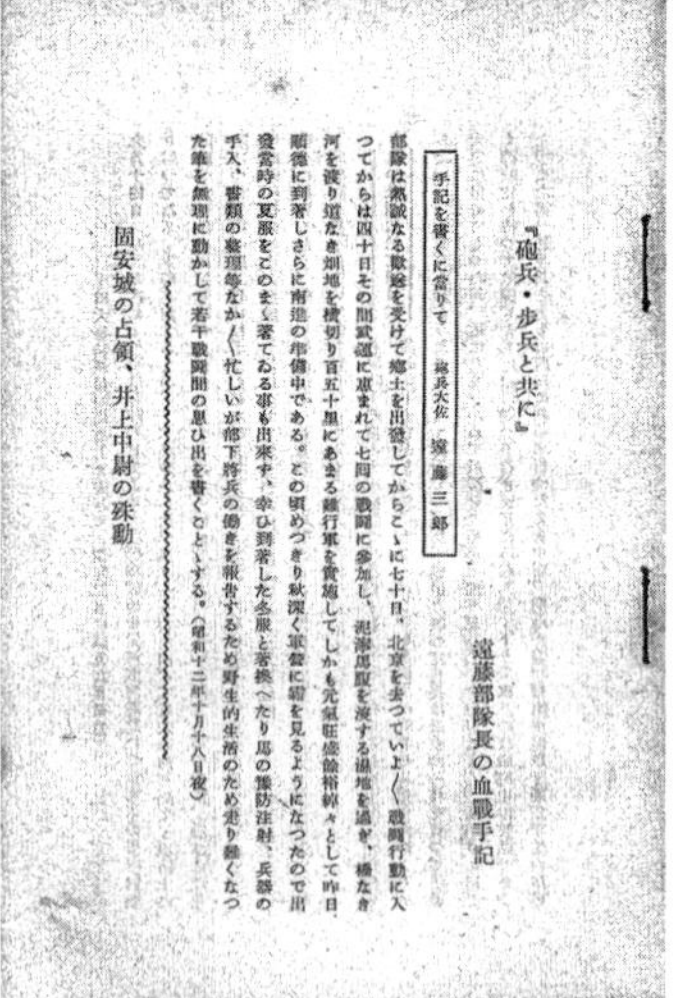
『砲兵・歩兵と共に』
遠藤部隊長の血戦手記

手記を書くに當りて　隊長大佐　遠藤三郎

部隊は熱誠なる歡送を受けて郷土を出發してからこゝに七十日、北京を去つていよ／＼戦鬪行動に入つてからは四十日その間武運に恵まれて七回の戦鬪に参加し、泥濘膝を沒する濕地を過ぎ、橋なき河を渡り道なき畑地を横切り百五十里にあまる難行軍を實施してしかも元氣旺盛餘裕綽々として昨日順徳に到着しさらに南進の準備中である。この頃めつきり秋深く軍營に霜を見るようになつたので出發當時の夏服をこのまゝ著てゐる事も出來ず、幸ひ到着した冬服と著換へたり馬の豫防注射、兵器の手入、書類の整理等なか／＼忙しいが部下將兵の働きを報告するため野生的生活のため走り難くなつた筆を無理に動かして若干戦鬪間の思ひ出を書くことゝする。（昭和十二年十月十八日夜）

固安城の占領、井上中尉の殊勳

1937年９月14日～11月19日迄北支従軍中の遠藤が陣中体験を記した報告。北京を出発後、40日間の決戦体験記。

この盧溝橋事件の発生で、日本政府と大本営は勇み足となり、相手の中国軍を弱軍と決め付け、中国大陸のスペースの広さを無視して、北京から南北にその戦線を大きく拡大した。遠藤三郎は九州の小倉から野戦重砲兵第五連隊を指揮して、華北の前線に派遣された。その従軍行動は、毎日、戦場で記した遠藤日誌と帰国後に大本営に報告した「遠藤部隊従軍報告書」をみれば明らかである。その文章を読めば、遠藤の野戦重砲兵連隊は、永定河を渡り、華北平原を南下しながら、まずは決戦場を保定城に定めて、九月二十三日、総攻撃を開始した。

これに対し、中国軍は蔣介石の考えで、決戦場をその地点に求めず、退却したのである。国民党軍の蔣介石軍事委員長は、中国大陸の広いスペースを利用して、時間を稼ぎながら、日本軍を背後に誘い込み、兵力を分散させるという持久戦略を採用した。しかし日本陸軍は、杉山参謀総長が天皇に上奏したように「三ヵ月で中国軍を降伏させる」という短期決戦方式で戦線を拡大した。

しかし一九三七年七月七日の盧溝橋事件はその後、中国大陸の南西北にその戦線を拡大した日本陸軍を疲弊させ、抜き差しならぬ泥沼の戦場に日本軍を誘いこむことになった。その最大の理由は日本軍が中国大陸の広さを軽視して戦線を拡大したこと。もう一点は、日本軍が中国の民族主義を軽視したからでもあった。中国では前年十二月十二日、西安事変が発生したことで、その歴史の流れが大きく変化していたのである。(註6)

盧溝橋事件以後、東京の大本営は、どのような戦略でこの戦いを勝利に導びこうと考えたのか。蔣介石の首都南京を攻め落とせば、中国軍は降伏する。何はともあれ、首都南京を占領せよ。これが大本営の好戦派の将軍たちの目標となった。日本軍は上海からも杭州湾からも大部隊が南京めざして進軍し、十二月十二日夜半、南京城の城壁から城内に突入した。それから翌一九三八年の三月まで、南京城内とその周辺では占領した日本軍による住民と武装を解除した中国兵を虐殺する南京アトロシティーズ（The Nanjing Atrocities）が発生した。この悲劇については、当時、南京に駐在中の外国人、ナチス党の現地幹部党員のジョン・ラーベの日記とアメリカ人の社会学者P・F・プライス博士と「ニューヨーク・タイムス」南京特派員T・ダーディン記者報道、さらには南京市で国際救済活動に尽力していたアメリカ人宣教師ジョージ・フイッチらの撮影したフイルムが、祖国アメリカに持ち出されて世論を刺激した。(註7)アメリカの国際的ジャーナリスト、エドガー・スノウも上海でこの戦争を取材中、南京の国際救済委員会ジョン・ラーベの情報を入手し南京アトロシティーズの状況をその著書『アジアの戦争』で次のように紹介している。

（ラーベ委員が）私に示した算定によると、日本軍は南京だけで少なくとも四万二千人を虐殺した。しかもこの大部分は婦人子供だったのである。また、上海・南京間の進撃中に、三十万人の人民が日本軍に殺されたと見積もられているが、これは中国軍の受けた死傷者とほぼ同数であった。いやしくも女である限り、十歳から七十歳までのものはすべて強姦された。難民は泥酔した兵士にしばしば銃剣で刺し殺された。母親は赤ん坊の頸が切られるのを見た上で強姦を受けねばならぬことがしばしばであった（スノー著、森谷巌訳『アジアの戦争』筑摩書房　一九八八年、五四ページ）。

しかし蒋介石軍事委員長は信頼できる部下を引率して日本軍が突入する数日前に南京から飛行機で武漢に脱出した。

(11) 蒋介石軍事委員長の抗日戦略とパネー号事件

一九三七年十二月七日、南京から飛行機で脱出した蒋介石は、武漢に飛び、日本軍に対する徹底抗戦を宣言した。その翌年の六月十六日、スノウはロンドン・デイリー・ヘラルドの特派員として、武漢の司令部で蒋介石と面談した。このとき、時局の進展は日本軍が圧倒的に優勢で、すでに中国大陸の領土の三分の一以上をその手中に収めていたと見られていた。しかし蒋介石は屈伏してはいなかった。このインタビューで蒋介石は、スノウら外国の特派員に向かって、「日本はすでに精神的な敗北に苦慮している」と語り、この戦争の性格がすでに持久戦の段階にあるとして、次のように主張した。

Originally the Japanese expected to conquer China, and bring us to our knees, in three months. Four periods of three months have now passed and we are stronger than ever on our feet. Her plans in this have failed. The war has quite different meaning for the two countries. Japan is invading China as an aggressor. But China is defending its independence and war assumes the aspect of revolutionary war. In a revolutionary war the loss of territory is not so important.（ミズーリ大学：UMKC E. Snow 文書 F286）

日中戦争を取材するスノウ（Lois Wheeler Snow, ed., *Edgar Snow's China,* New York: Vintage Books, 1983, p.16. スノウ夫人より筆者に贈呈いただいた）。

漢口時代の蔣介石と宋美齢。蔣介石がこの声明をスノウに伝えたころの写真。May-ling Soong, *This is Our China,* New York and London: Harper and Brothers Publishers, 1940.

この声明文が蔣介石の抗日の断固たる決意と将来への希望を表明していた。蔣介石は日本軍の短期決戦が失敗し、すでに二国間の戦争が中国の独立と革命戦争の様相を見せて領土の損失は、それほどの重大事にあらずと見ていたのである。

この段階で、日本政府とアメリカ政府は、一つの爆撃事件でその外交関係が悪化しはじめた。それは一九三七年十二月十二日に南京郊外の揚子江上に浮かぶアメリカ海軍の砲艦パネー号が日本軍機に爆撃されるという大事件であった。この事件は当然ながら日米関係に衝撃をもたらした。東京の米国大使館ではグルー大使がその対応に苦慮していた。

(12) 米国大使館—パネー号撃沈のニュースに接す

グルー米国大使の日記—

日本軍は南京から揚子江筋を逃れる中国軍の敗残兵に砲撃を加えていたが、同時に司令官の命令と伝えられる所に基づいて、中国と外国とを問わず、江上の船舶に銃爆撃を加えた。米国大使館員をのせた米国砲艦パネーと米国人避難者をのせた三隻のスタンダード石油会社の船は、南京から溯江しつゝあり、少くとも二マイル間は砲弾に追われていた。これが（東京の米国大使館）我々に達した情報である。砲弾はそこら中一面に落下していた。私は広田（外相）に私が十二月一日、パネーに関して手交した通謀を想起せしめ、当大使館が受け取ったすべての事実を告げ、覚え書とジョンソンの電報四通の抜萃とを置いて来たが、その一通は日本の砲列が無差別的にすべての船舶を砲撃すべしとの命令を受けていたことを明らかにしていた（グルー著、石川欣一訳『滞日十年』上巻、毎日新聞社　一九四八年　三〇七ページ）。(註8)

この一週間後の十二月二十日、さらにグルー大使はこのパネー号事件の次に来るものが日米関係の「国交断絶」になると予測して、こうワシントンに報告した。

パネー事件から起こった重大時局はわれわれの神経と感情を悪化させた。あの事件はまったく信じられぬ気がする。戦争は人道的なものでなく、また人道的でありえないが、まずパネーを爆撃し、負傷者その他の生存者が河岸のしげみの中に這いこんだのを、近距離から機銃掃射して殲滅しようとした日本陸海軍の行為は、人間の理解の彼岸にあるともいえる。……事件の詳細が米国に知れて来て、この攻撃の信じ得ぬ残忍性が理解されれば、私はいまだに国交断絶は起こると信じている。（グルー前掲書、三一〇－三一一ページ）

グルーは東京からワシントンに打電し、パネー号事件が日米関係の国交断絶になると予測しているが、米国ではパネー号事件は後年の日本海軍によるパール・ハーバー奇襲攻撃の舞台衣装を身に付けた本稽古（a dress rehears-al）であったと見る戦記ドキュメントも刊行されている（左上写真）。

一九三七年十二月、東京の米国大使館には、日本の各地から訪問者や手紙や義捐金が殺到していた。それは日本の良識ある人々が、この事件を憂慮していたことになろう。

しかし日本の陸海軍の指導者は狂気の沙汰で、翌年四月には議会で、国家総動員法案を成立させ、東京での開催が決まっていたオリンピックもＩＯＣに返上する事態に発展した。大陸の日本陸軍は中国の臨時中央政府が置かれた武漢をめざして大規模な軍事作戦を開始したのである。

遠藤三郎は一九三七年十一月に、大本営から帰国を命じられ、東京に帰還して大本営の教育課長に就任した。その翌年、遠藤は揚子江流域の戦場跡を視察し、「従軍兵士ノ心得」と題する手帳を印刷し、日本陸軍の全兵士に配布した。その冊子は全文二十五ページの小冊子ながら、百数十万部印刷され、全軍の兵士に配布され戦場では、兵士がポケットや背嚢にその手帳を入れて移動した。

その小冊子には、日本軍の兵士が戦場で守るべき規律について、個別に人道的で人間的な心づかいで説明されている。

Hamilton D. Perry がパネー号事件の被害者らにインタビューをした記録を整理し、1969年に刊行した本。

(13) 大本営教育課長遠藤三郎の配布した「従軍兵士ノ心得」―「中国民衆ヲ愛憐セヨ」

この「従軍兵士ノ心得」は配布された時期からみても、日本軍の大陸での残虐な行動を知った遠藤が大本営教育課長の職権を活用して、日本陸軍のモラルを回復しようと考えて、発行したものと考えられる。戦場では兵士が生死を超越して、勇気を発揮すべきことを最初に強

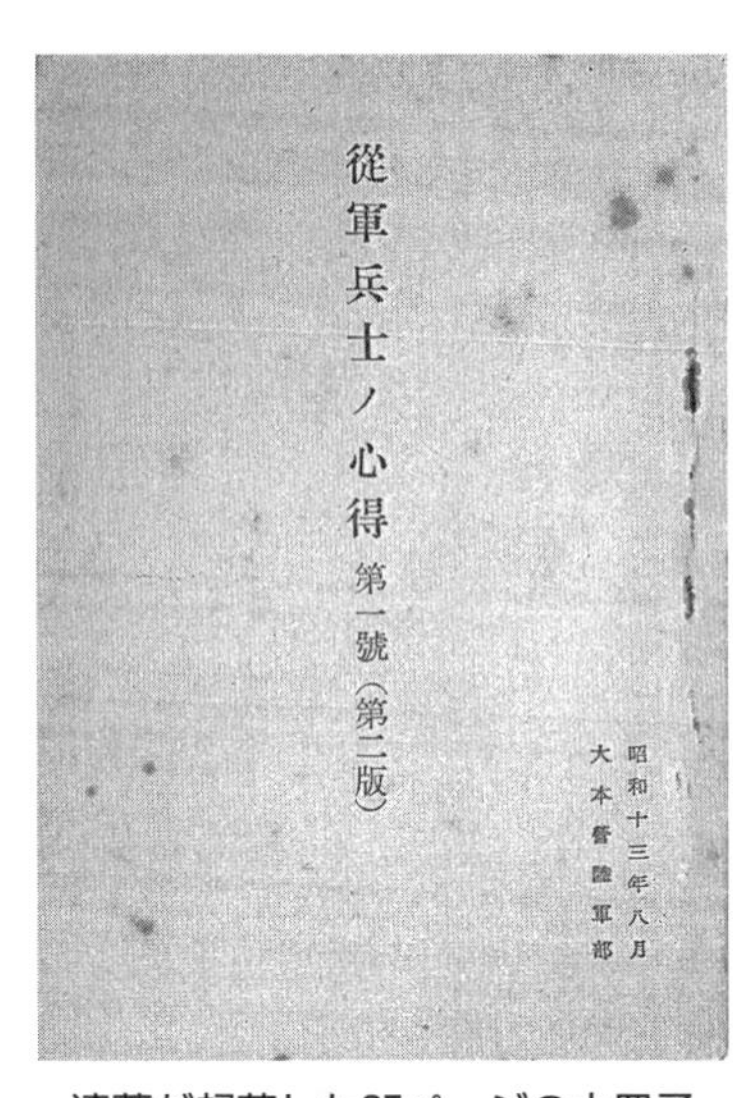

遠藤が起草した25ページの小冊子

調しているが、後年、東條英機の名前で発行された「戦陣訓」の思想とは、根本的な思想の違いが随所に挿入されている。日本兵士については、「生きて虜囚の辱を受けず」というような非人間的な条文は挿入されていない。中国の民衆に対しても、「戦地ニ於ケル敵意ナキ支那民衆ヲ愛セヨ」という項目を挙げて、こう書いている。「万一ニモ理由ナク彼等ヲ苦メ虐ゲル様ナコトガアッテハイケナイ、武器ヲ捨テテ投降シタ捕虜ニ対シテモ同様デアル、特ニ婦女ヲ姦シ私財ヲ掠（カス）メ或ハ民家ヲ謂モナシニ焚（ヤ）クガ如キコトハ絶対ニ避ケネバナラヌ」。この注意事項は南京城内とその周辺で、日本軍が犯した犯罪行為の反省の上にたち、規律の是正を要請した諫めの一文であったように考えられる。

さらに遠藤は「戦地ニ於ケル第三国人ニ対シテハ正々堂々タルト共ニ其ノ名誉財産等ヲ尊重セヨ」「白皙（セキ）人種ダカラト云ッテ卑屈ニナル必要モナケレバ黒色人種ダカラト云ッテ侮蔑スル謂モナイ、一視同仁、正々堂々大国民トシテ麗シキ日本精神ノ真髄ヲ示スベキデアル」。この指摘は中国大陸にいる日本軍がときに白人に対しては、卑屈な振る舞いがあり、その他の人種に対する態度との開きがあることを指摘したものであろう。しかも遠藤は国籍の如何を問わず、人間の生命、人格、さらには財産を尊重せよと諫めていて、戦時下にあってもなお、ヒューマニズムの精神の大切さを見失うことがなかったその意識の高さをみる思いがする。

しかしエリート軍人としての遠藤三郎の前途は、これからがその厳しい試練の天王山となる。その最初の試練は、北満西部方面の国境地帯、ノモンハンの草原で発生したノモンハン事件に際する停戦協定締結直後に、次いで第二の試練は中国大陸の奥地、重慶に対する戦略爆撃の最中に、彼がピンチ・ヒッターとして陸軍の第三飛行団を指揮するという任務を実行中に発生した。

(14) ノモンハン事件—草原の日ソ戦と遠藤三郎

ノモンハン事件は一九三九年五月下旬から九月初旬まで、当時のモンゴル人民共和国と「満洲国」の西部国境地帯で戦われた草原の日ソ国境紛争であった。ことの始まりは、ハルハ河の水を軍馬に飲ませにきたモンゴル軍騎兵の行動を国境侵犯だといって、それを撃退せよと軍事行動を起こした辻政信関東軍参謀の狭い国境意識から火花を散らしたものであった。

しかし一旦、関東軍が軍事行動を発動すると、敵対するモンゴル軍の背後にいた極東ソ連軍が牙をむいて動き出した。その戦いは日ソ両軍の激突となり、武力対決は五月二十八日から八月三十一日まで継続し、ノモンハンの平和な草原が日ソ両軍兵士の血で染まる修羅場と化した。

遠藤三郎はそれに先立ち二年前、陸軍大学校での講義ノートに「国境紛争はやるべきでない」と強く諌めていたし、極東ソ連軍の軍事力についても、それが日本軍の数倍に成長していることを指摘していた。しかし現地の関東軍高級参謀は、精神主義一辺倒で、ソ連軍の優秀な機械化部隊に対して、無謀きわまる決意でその戦いに師団を投入したのである。このハルハ河の戦いは、最初は日本軍が優勢で、一旦はハルハ河を西に渡河した日本軍が攻勢に出たが、夏を迎えるころには、日本軍の劣勢が明らかになった。この戦いの勝敗は日本軍の精神力とソ連軍の圧倒的な物量（機械化部隊、とくに強力な戦車軍団）との戦いに変貌したのである。

草原では戦車部隊の援護もない裸の関東軍の将兵が敵の戦車に向かって、肉薄接近し、手榴弾と爆薬で敵戦車に突入する肉弾突撃戦法まで採用され、その戦場には日ソ両軍兵士の死体が散乱した。八月下旬、ついにその状況を憂慮した天皇と参謀本部は、ただちに東京から現地の関東軍司令部に停戦命令を伝達させるために、陸軍少将に昇格した遠藤三郎を関東軍参謀副長に抜擢して、長春の関東軍司令部に派遣した。遠藤はよくよく止め男に選ばれる運命にあった。今回はその任務が浜松にいる遠藤のもとに伝えられたのは、九月七日で、ただちに彼は家族に別れをつげ、まず羽田から福岡経由で奉天へ、そこでノモンハン事件の真相を聴取し翌八日午前に新京駅に到着し、関東軍司令部では、植田謙吉旧司令官と梅津美治郎新司令官と飯村参謀長らと会談し、梅津新司令官には天皇の停戦命令を伝達した。

彼が新京（長春）からハイラルを経由してノモンハンの戦場に向かったのは九月十一日でその道中、ハイラルからはソ連機の襲撃を避けるため、地面を這うように飛行機を低空飛行させながら、やっとの思いで、十一日午後、戦場の第六軍司令部に到着して萩洲立兵第六軍司令官に面談し、中央部からの攻撃中止命令を伝達した。そのとき、第六軍司令官は直立姿勢で、声涙共に下しつつ天皇の命令を受け入れたと、遠藤はその日誌と自叙伝に記録している。

そのとき、遠藤の見たノモンハンの戦場風景は寒々としたもので、現地では、ソ連軍との停戦協定が九月十六日に成立した。もちろん、その背景には天皇の停戦命令という絶対的な力が関東軍を拘束したものと思われる。

その後、現地では関東軍の戦死者の捜索と遺体の収容が二十四日から三十日の間に実施され、関東軍は四千三百八十八人の屍体を収容し、ソ連軍からも、ハルハ河左岸にあった日本軍航空隊将兵の遺体五十五と他にも四体の遺体が返還された。しかしこの停戦協定に尽力した遠藤参謀副長の立場は、これからが苦しくなりはじめた。

現地、東京の関東軍司令部では関東軍の好戦派参謀らがさらなる対ソ攻撃を主張し、やがて中央参謀本部にも同調者が現れて、遠藤が窮地に立たされることになる。

十一月になると、中央部から、翌年度の作戦計画として、従来通りの対ソ攻勢作戦の思想を踏襲した計画案が現地の関東軍に伝達され「日本本土がシベリアからのソ連機の空襲にさらされる」危険性があるという理屈で、対ソ攻勢派がその力を発揮しはじめた。その結果、十二月二十二日と二十三日には、関東軍司令官と参謀長ら上層部が立ち会いのもとで、図上演習（兵棋演習）を実施することになった。その図上演習には、中央からも好戦派の代表者である富永恭次参謀本部第一部長らが長春に到着して勝敗を参観した。

しかしその図上演習では、遠藤の予測した通り、日本軍がソ連軍の爆撃機に襲撃されて、惨憺たる敗北を喫したのである。二十四日には午前十時から兵棋の結果を分析する研究会を主宰し「軍事司令官以下列席頗ル有意義ナル研究会行ハレ午后五時終了」と日誌に満足の気分を記している。

その後、遠藤は富永恭次少将にその所見を求めたところ、富永は一言も発することなく帰国し、その年度が明けると、富永らの横やりで、中央から遠藤にお年玉が届けられた。それは体裁の好い理屈で、遠藤のような弱虫に関東軍の参謀副長を任せられないという横槍であった。富永少将は虎の威を借る将軍であった。彼は中央でも「関東軍には対ソ恐怖症に感染した弱虫の軍人がいる」と吹聴し、遠藤を左遷して、翌年の春、浜松飛行学校付という閑職に追い込んだのである。

しかし、遠藤は弱虫でなく、分別と確たる展望をもった将軍であった。アメリカで権威ある軍事史家アルヴィン・クックスはその代表作『ノモンハン』（朝日新聞社刊）で、関東軍参謀副長としての遠藤三郎を次のように評価している。

ノモンハン事件後、陸軍の分別のある将校に対する弾劾は、関東軍の最高レベル、すなわち参謀副長の遠藤三郎少将にまで及んだ。かって学んだどの軍学校でもつねに最優秀の一人であった遠藤の、それまでの軍歴は華やかなものであった（中略）勲章を数多く授与され、一九三九年八月に少将となった遠藤は、それまでに修得した知識を生かし、ノモンハン事件後の満洲の情勢を斟酌しながら、二つの主要な施策を編み出していった。そのひとつは日中戦争が解決するまで、関東軍はソ連軍との衝突を回避すべくあらゆる努力を払い、最小限の兵力を保持しつつ、大本営が日中戦争に集中できるようにすべきこと。第二に、日本は「満洲国」を育成し、内外の民心を引きつけ、

夕陽が沈むノモンハンの戦場（2009年９月８日　筆者撮影）

もって日中戦争の解決に寄与するというものであった（クックス著、岩崎俊夫・吉本晋一郎訳　秦郁彦監修『ノモンハン：草原の日ソ戦―一九三九』下巻、朝日新聞社一九八九年、三五八ページ）。

クックスのこの遠藤評は、ノモンハン停戦交渉後の遠藤の行動について、その残された日誌や建白書を吟味した上で、客観的な判断を下した一文である。しかし日本の陸軍内部では、ノモンハン事件の敗北を直視し、その教訓を学ぼうとする姿勢は見られなかった。(註10)

こうして、日本陸軍はノモンハンの戦場で機動力を優先したソ連軍に手痛い敗北を喫して、その組織上の穴埋めにも奔走している最中、日本の海軍航空隊はどのような作戦を展開していたのか。

日本海軍航空隊では、陸軍に協力して一九三八年十二月以来、すでに中国の奥地・重慶に対する無差別戦略爆撃にその力を集中していた。しかし中国の重慶では国共合作の成功で、抗日統一戦線が結成され、容易に日本海軍の戦略爆撃に屈伏する気配を見せなかった。重慶は中国大陸の奥地四川省にあり、冬になると深い霧がたちこめ、日本の海軍機の戦略爆撃は思うに任せず、空爆下の重慶の多数住民は地下壕に避難して忍耐づよく、時間をかせぐため、日本軍機の猛烈な爆撃に耐え忍んでいた。

彼等は空間で時間を稼ぐという中国の軍事指導者たちの戦略に期待と希望の光を見出していたのである。

(15) 重慶戦略爆撃（一〇二号作戦）――陸軍第三飛行団長遠藤三郎の体験

中国四川省の奥地にある戦時下の臨時首都・重慶には、すでに米英はじめ、欧米列強の大使館や領事館が、中国の沿岸地帯の日本軍占領区域から逃れて、その在外公館を移動させ、日本軍の行動を監視しながら、重慶政府を援助していた。

その意味では、重慶は戦時下、米英はじめ連合国側の拠点としても、重要な国際都市でもあった。すでに重慶につながる交通網は揚子江上では日本軍に遮断されていても、なお重慶は孤立していなかった。地理的に重慶は揚子江と嘉陵江という大河に挟まれた丘陵地帯で、その二つの大河を航行する船舶を活用すれば、東は三峡渓谷を経由して湖南省から武漢・上海に通じ、西方は奥地のチベット高原にまでその交通網が確保されていた。しかも重慶周辺は、広大な農村地帯で住民の食糧確保さえ可能で、空からの連合国側の空輸活動により、インドの米軍基地からはヒマラヤを越えて、弾薬など多量の軍事物資や食糧・医薬品の空輸も可能であった。

これに対する日本軍の戦略は、重慶に空からの無差別爆撃を敢行することで、その住民の抗戦意欲を抹殺できるという単純な発想にもとづいていた。この発想は、天皇の最高命令＝大陸命第二四一号に続いて発令された参謀総長の作戦指示、大陸指第三四五号にも明記されていた。その内容は参謀総長が陸海軍協定を尊重し、陸海協同作戦を指令したもので、その一項目では、兵力の大量かつ集中使用を戦略爆撃の要諦とし、もうひとつの重要事項として、在支各軍の特種煙（あか筒、あか弾、みどり筒）の使用を認めるという人命を無視した内容になっていた。しかもこの項目こそが日本陸海軍の重慶戦略爆撃の恐るべき核心部分であった。(註11)

一九四〇年八月、遠藤三郎はこのような情勢の下でその難局を打開すべく、陸軍の第三飛行団を指揮するため、まずは中国の漢口へ出征した。その出征に際し軍人仲間からは、ピンチ・ヒッターという綽名を頂戴したほどで、時局はまさに、大本営の戦略爆撃が期待通りの戦略的な効力を発揮できない雰囲気を呈していた。

このとき、遠藤の指揮下に入った第三飛行団の編成は、司令部と司偵（司令部偵察）、直協（地上部隊に直接協力する航空機）が各一個中隊＝十二機、軍偵（襲撃）、戦闘、軽爆が各一個戦隊（計三個中隊）の陣容であった。この第三飛行団の当面の任務は、漢口を根拠地にして、地上軍（漢口に司令部のある第十一軍および上海に司令部を置く第十三軍）への戦闘協力と揚子江流域にある要地の防空任務につくことであった。しかし戦局の長期化により、南京に司令部をおく第三飛行集団長直轄の重爆一戦隊（長・小川小二郎大佐）が華北から遠藤の指揮する第三飛行団に配置替えされて、その戦力補充で重慶爆撃の任務が遠藤に命令されることになった。

その命令が下されたのは一九四一年夏であった。すでに海軍航空隊の重慶爆撃で、重慶の旧市街地区はほぼ廃墟となっていたが、それでも蔣介石が屈伏する気配を示さなかったので、軍上層部がその爆撃任務を遠藤に肩代わりさせるためでもあったらしい。しかし臨時的に小川戦隊の補強があっても重慶は広く、その爆撃については、遠藤が相当苦慮したことを、戦後、次のように回想している。

この回想は遠藤が苦心の末、爆撃の目標を蔣介石官邸のピンポイント爆撃に切り替えた経緯と、さらにその爆撃に失敗した遠藤が、ついに重慶爆撃無用論を上司に建白する経緯にも言及しているので、引用が少し長くなるが、重要な部分であるゆえに、その原文のまま遠藤の回想記を紹介しよう。

＃　効果なき長距離戦略爆撃＝遠藤少将はこう回想している……

一九三八年二月十八日にはじまった海軍航空隊の爆撃（一〇一号作戦）によって、重慶の旧市街は廃墟と化していたが、蔣介石軍にはいっこうに弱った形跡がみられなかった。……強大な（日本）海軍の航空兵力をもってしても、蔣介石をたたきつぶすことができなかったのである。まして重爆一コ戦隊の貧弱な戦力しかもたないわが飛行団に、大いなる期待をかけることはできない。

全機が出動しても、わずか二十七機にしか過ぎなかった。また、武昌飛行場から重慶までは直距離にして約八百キロ、これを往復するには、九七式重爆の燃料搭載量ぎりぎりまで積まねばならず、したがってそれだけ爆薬量は少なくなり、戦隊全機を合わせても一回十五トンに過ぎなかったのである。

重慶軍の致命的な部位がはっきりしていればともかくも、ただまん然と都市を爆撃したのでは、過去数千年のあいだに何度も天災や、戦禍の洗礼をうけ、苦難になれてきた中国民族に対しては、わずか十五トンの爆弾など二階から目薬のようなものであろう。かれらに手をあげさせることなぞ、思いもよらないことであった。

また、重慶付近の敵航空戦力の撃滅を目的とするならば、この進攻作戦にも意義があるが、それには奇襲が絶対に必要であった。しかし、わが方の基地を飛びたてば、ただちに周囲はすべて敵地である。とうぜん敵の監視部隊に発見されて、狼煙のような原始的通信でもわれわれの行動は事前に敵に知られ、奇襲の望みなどまったくない。

したがって、いかなる点から見ても、重慶爆撃は労多くして効果すくない愚策のように思われた。しかし軍人であるかぎり、命令を実行せずに抗命することはゆるされない。といって、無意義に部下を犠牲にすることはしのびなかった。そこで、私は直接、蔣介石を爆撃目標とすることにした（『丸』潮書房編「ある反軍将星〝重慶爆撃〟ざんげ録」一九七四年七月号　一一二－一一三ページ）。

この手記にみる内容から見て、遠藤は重慶爆撃の戦略効果に疑問を抱いた結果、その窮余の策として、敵の心臓部である蔣介石の官邸をピンポイント爆撃する方法を見つけだそうとしたことがわかる。その経過について、遠藤は次のように回想している。

蔣介石官邸の情報をキャッチ……

（一九四一年夏）、ちょうど重慶をひき上げて本国に帰任するイタリア領事と連絡がとれ、彼（領事）の口から、蔣介石が毎週末を過ごす別荘の位置と、建物の特長、とくに屋根ガワラの色などを知ることができ、それを爆撃目標としたのはもちろんである。

この重慶行きには、私も中隊長機に同乗することにした。小川戦隊が臨時配属の部隊であり、とくに戦隊長は重慶爆撃の価値を十分に承知しているからあまり熱意がみられず、機材整備や天候を理由に、とかく出動をしぶる気配が感じられ、飛行団長（遠藤自身のこと）の率先が必要であった。

往路三時間あまりで、重慶隊は重慶上空に達した。さいわいにも敵戦闘機の迎撃はなかったが、高射砲の弾幕は熾烈をきわめた。しかも、その精度はなかなかに侮りがたく、しばしばわが編隊の至近距離で炸裂し、その爆風にあおられて機体がふるえ、尻が座席からもち上げられるようで、あまり気持ちのよいものではなかった。

このようなはげしい弾幕にさえぎられて、蔣介石の別荘と思われる建物を発見したものの、とても低空からの精密爆撃など思いもよらず、高々度からの水平爆撃がかろうじてできた程度で、もちろん命中弾を得ることはできなかった。

こうして第一回の攻撃は、重慶周辺の状況をむなしく視察しただけで帰路につき、武昌飛行場に着陸したときは、さすがに疲労を感じていた。ただ、犠牲機のでなかったことが、せめてもの慰めであった。

視察の結果は、すでに航空写真で研究したとおりで、重慶の旧市街には満足な建物はほとんどなく、灰一色の瓦礫の街となっていた。しかし川をへだてた周辺地区に、あたらしい建物が勢いよくのびている様子が、はっきりと見られた。だが、致命傷となるような重要施設は発見できなかった。

これではいくら爆撃を繰りかえしても、蔣介石を屈伏させることはできない。とはいえ、一回のみの爆撃で結論をくだすのは軽率と思い、さらに連続二回の爆撃行きをともにしたのち、私の『重慶爆撃無用論』(註12)に確信を得たのである(前掲書 雑誌『丸』収録「ある反軍将星〝重慶爆撃〟ざんげ録」一一三ページ)。

遠藤のこの回想記を読めば、重慶戦略爆撃の効果は、その都市を廃墟にしただけで、当初の目的とした住民の抗戦意欲を抹殺することも、重慶の黄山の官邸で中国軍を指揮する蔣介石を屈伏させることもできなかったことがわかる。(註12)しかし大本営ならびに日本軍高級司令部の航空知識はお粗末で、遠藤には最終的に広大な四川省一帯の塩田を破壊せよ、というような命令が伝えられる有様であった。遠藤はその命令の馬鹿らしさに、抗議する気にもなれず、独断で握りつぶして、揚子江を遡上して蔣介石の国民党軍に軍需物資を供給する船舶を攻撃することに成功した。しかしこの英米の船舶が蔣介石にとっては、頼みの綱であった。

当時、重慶には、援蔣物資が揚子江からも、空からも、後には陸路山越えでビルマからも援蔣ルートで軍需物資が重慶に運びこまれてきた。重慶には、国共合作・抗日統一戦線の確立で共産党の代表として周恩来も市内に滞在していた。周恩来はこの重慶が持ちこたえれば、戦争資材の不足で「日本軍は南進せざるを得なくなる。一方、ドイツは日本と同盟を結んだ。ドイツの目的は日本を南洋に向かわせ、アメリカを牽制することになる。日米間の矛盾はさらに増大し、間もなく日米の大衝突が起こるだろう。我々は慌てる必要はない。勝利は我々にある」(ハン・スーイン談話NHKスペシャル「アジアと太平洋戦争・重慶爆撃」一九九二年八月放送)と重慶の民衆に訴えていた。これが中国の統一戦線の力となった。しかしこの流れは、遠藤ほどの冷静な頭脳の持ち主でも、空からでは到底理解できなかったのである。

当時、すでにアメリカ政府は、重慶政権を応援すべく、揚子江にツツイラ号というアメリカ海軍の砲艦を配備して、日本軍航空部隊の行動を監視していたのである。

一九四一年四月からワシントンでは、日本政府の代表野村駐米大使と米国のハル国務長官との日米会談が開催されていた。その席上で、アメリカ側から、重慶爆撃の停止を要請したが、野村大使は満足な「回答」つまり、重慶爆撃を中止するとは、発言しなかった（一時中止すると発言したのみ）。その間も重慶に停泊する米海軍の砲艦ツツイラ号の周辺には日本軍の爆撃機が爆弾を投下し、その距離が段々狭められ、ついにはツツイラ号の至近距離に爆弾を投下したのである。先に盧溝橋事件の直後、揚子江上に停泊する米国艦パネー号に日本海軍の航空隊が爆弾を投下したことに触れたが、日本軍のツツイラ号への爆撃はもはや、日米開戦の一歩手前にまで接近していたとみることもできよう。

遠藤三郎は不本意ながら、陸軍第三飛行団を指揮して一九四一年十二月、マレー・シンガポール作戦に派遣されることになる。

ときは日本対米英蘭との太平洋作戦の開幕の時期が切迫していた。昔（一九三一年九月）、遠藤が先輩の石原莞爾関東軍作戦参謀と奉天の瀋陽館で会談したとき、石原が後輩の遠藤に手渡した手記に、満洲を日本軍が領有すれば、日本と米国の利害が対立し、中国大陸の戦争がアジア太平洋戦争を誘発するという予測を伝えていたが、その石原の予測がついに現実に近づいていたのである。しかし日本の陸海軍による重慶戦略爆撃がその効果を達成できなかった最大の理由は何だったのか。一九三七年夏以来の日本軍による中国の都市爆撃がかえって中国の民衆の民族意識を高揚させたこと、第二はそのような民衆の目覚めが国共合作による「中国は一つ」という抗日民族統一戦線を達成させる政治的な目標を可能にしたことに注目したい。この点については、日本軍による重慶爆撃の最中も、一時期重慶に踏みとどまり、統一戦線と孫文の力説した「三民主義」の旗印を掲げて、中国住民を激励した蔣介石夫人宋美齢とその姉で孫文夫人として中国人民に敬愛された宋慶齢の存在が大きな力となり、中国民衆の抗日運動の支えになった。

(16) 米国人ジャーナリスト―ホワイトとスノウの重慶爆撃体験

なお一九三九から四〇年、日本軍による重慶戦略爆撃下で、命がけの取材活動を継続していた米国人ジャーナリスト、エドガー・スノウやアグネス・スメドレー、それにセオドア・ホワイト、アナリー・ジャコビーらは、日本軍によるすさまじい重慶爆撃体験を記録している。ここでは、最初にセオドア・ホワイトが記録した日本軍爆撃下の蒋介石の姿を紹介してみよう。

セオドア・ホワイトは重慶の「抗日戦争が蒋介石を半神半人（a demigod）とならしめ、彼は戦争がはじまった瞬間に全中国の抵抗と自由の化身として立ち上がり、再び革命時代のように、彼が中国そのものであり、非難と批判とあらゆる助言を実現する中国の意志を実行している」人物であったと書いている。この当時の蒋介石は中国の指導者として、まだ一面で粗野な無慈悲さを残してはいても司祭の尊厳さを身につけた指導者であり、ホワイトの目には蒋介石の「日常生活はピューリタン的で、聖書を紐解き、煙草ものまず、お酒も稀にしかたしなむことはなかった」という（Theodore H. White and Annalee Jacoby, *Thunder out of China*, New York: William Sloane Associates, 1946, pp. 122-123）。

1939年戦時下の重慶。蒋介石の生活などを記録している

しかし日本軍の方もその現実は厳しかった。日本の陸海軍による重慶爆撃はすでに約三年の長期にわたり、重慶の全市街を廃墟にしたが、その作戦で消耗する石油燃料が次第に枯渇する

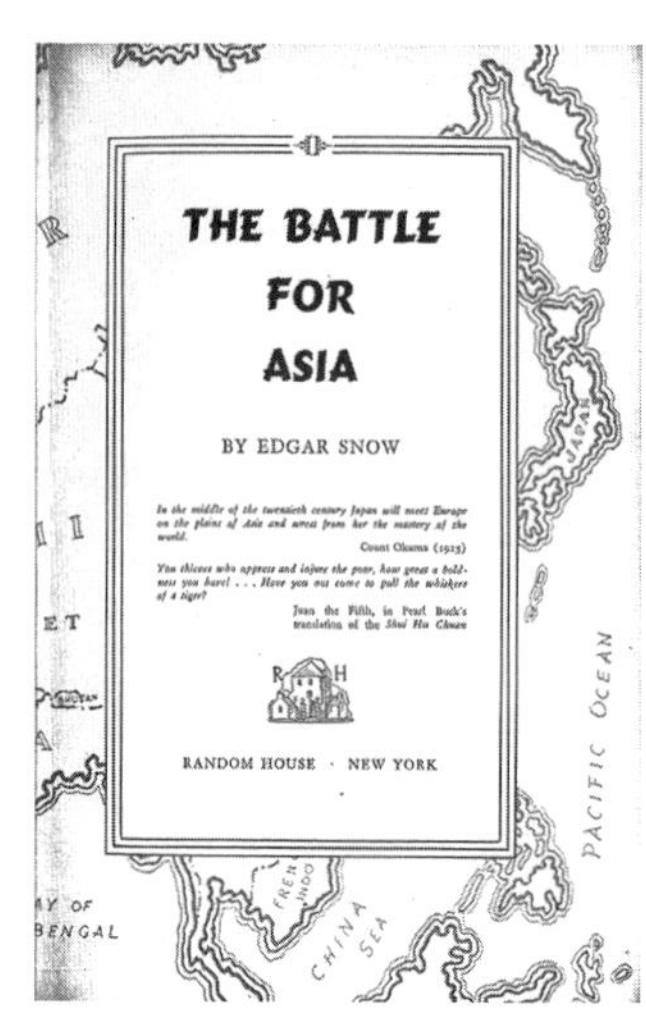
THE BATTLE FOR ASIA

BY EDGAR SNOW

In the middle of the twentieth century Japan will meet Europe on the plains of Asia and wrest from her the mastery of the world.

Count Okuma (1915)

You thieves who oppress and injure the poor, how great a boldness you have! . . . Have you not come to pull the whiskers of a tiger?

Juan the Fifth, in Pearl Buck's translation of the *Shui Hu Chuan*

RANDOM HOUSE · NEW YORK

スノウの戦場ルポ。戦略眼の鋭い分析（原書）。

有様であった。この点、米国の国際的ジャーナリスト、エドガー・スノウの軍事的な観察眼は鋭く日本側の苦境を分析していた。スノウは一九三九年から四〇年にわたり、重慶に滞在し、日本軍の爆撃下では、重慶市民とともに防空壕に身を潜めて、次のように情勢を分析していた。

スノウのこの分析は長文であるが、今後の日本軍の戦略を予測するうえで重要な指摘であるから、ほぼその全文を引用する。スノウはこう書いている。

……わたしはこの爆撃を見て空襲電撃作戦が必ずしも神話ではないということをはじめて確信した。そしてある種の条件の下では、重要都市を精神的・技術的に麻痺状態に陥れることは、この方法でも達成できるものであることも確信するにいたった。しかし、この諸条件は全く特殊なものである。第一に、攻撃目標となる都市の防衛軍の防空施設や応射が薄弱でなければならない。しかもそれは住民の心に効果的な報復や救助の道がなく、その都市の運命が窮ったとの確信を抱かせるほどに薄弱なものでなければならない。第二に、高性能爆弾が広範な地域に焼夷弾と組み合わせて投下されねばならない。そうすることによって、恐怖は失望に、失望は恐慌に、そして恐慌は完全な退廃とわれ勝ちの逃亡にと深められて効果を挙げるのである。第三に、襲撃飛行機は長期にわたる飛行を続け、この心理的銷沈を長びかせねばならない。そうなると、ついに市民を肉体的に耐えられぬまでの状態にたたき込み、正常な都会としての活動に崩壊をもたらしてしまうこともできる。そのためには、市民からは絶えず睡眠、食糧、慰安を奪わねばならない。交通、工業、都市機関の一切を麻痺させねばならない。

恐怖の連続（*The continuity of the terror*）こそ士気の征服に際しての致命的要素である。しかし、この目的のためには大飛行部隊は不要なのだ。一時間ごとか二時間ごとに、ほんの数台が飛行していればよい。そして、もし昼か夜に数回、それを強力な爆撃隊が強化すれば十分であろう。絶え間のないこのような刑罰の二週間で、貧弱な備えしか持たぬ都市の心臓を破り、戦争要素としてのその都市を不能にするには充分であろう。しかしながら、この作戦には莫大な費用を要する。その費用は、その目標都市が戦線に非常に近い所にある場合にのみ『正当化』される。つまり（おそらく）まず落下傘部隊や内部から蜂起した第五部隊（the Fifth Columnists）の手による占領に引続き、ただちに突入軍の本格的占領が可能なほどに近い場合にのみ『正当化』されるていのものであろう。しかし突入軍の使命がこのようにして『完成』されてこそ、市民を殲滅する意図の下に企てられた空襲は『成功した』と考えられるのである（スノウ著、森谷訳前掲書、一四九－一五〇ページ）。

スノウのこの戦略眼は、鋭く日本軍部隊の盲点を突いている。大陸に派遣された日本軍は大部隊でも、重慶に突入するには、その距離が遠距離で、集中も容易なことでなく、ましてや重慶の周辺には日本軍に協力する第五部隊がいるわけではなかった。この時期、日本の宮中では、昭和天皇もスノウとその立場は異なるが、同じ考えをもっていた。昭和天皇は戦略として、空爆だけでは、重慶政府が屈服しないと考えていた。一九四〇年秋になると、天皇は杉山参謀総長を呼び出して、日本の地上軍部隊を重慶に突入させることができないかと直接、杉山参謀総長に下問した。

(17) 昭和天皇の重慶侵攻についての下問と杉山参謀総長の及び腰

しかし、日本軍地上部隊が大挙して四川省の奥地にある重慶に突入するにはその距離があまりにも遠すぎた。天皇の下問を耳にした杉山参謀総長はその回答に窮したはずである。しかしもはや無い袖は振れなかった。一九四〇年秋、天皇は重慶爆撃と南方作戦双方の同時進行は難しいと判断したのである。
その日は一九四〇年十一月三十日であった。杉山参謀総長は陸軍の再編について上奏し、その席で天皇はこの二つの作戦について、早速、杉山参謀総長に次のように下問した。

一、支那長期武力戦ニ関シ
イ、重慶迄行ケヌカ
ロ、行ケヌトセバドウスルカ
ハ、占領地域ハ先日ノ御前会議ノ通リテ動カヌカ
二、南方問題ニ関シ
イ、南方問題ハ慎重ニ考ヘヨ
ロ、南方作戦計画ハ出来タカ

（参謀本部編『杉山メモ』（上）原書房　一九八九年、一五六ページ）

この下問をみれば、視野のひろい天皇の眼中には、すでに重慶と南方作戦の重要性がワン・セットになっていたことがわかる。この下問で昭和天皇が「重慶迄行ケヌカ」と参謀総長に下問したのは、地上部隊による重慶市内突入の可能性を問い詰めた発言であった。この天皇の発言については、当時、大本営陸軍部第二〇班（戦争指導班）に在籍中の種村佐孝少佐も「この御下問は、参謀本部にとっては、全く痛いところである。参謀総長は恐縮し、研究の上改めて奉答することにおねがいして退下したのであった」と記録している（種村佐孝『大本営機密日誌』芙蓉書房　一九九五年、四九ページ）。この点、昭和天皇はやはり並外れた戦略眼をもつ大元帥であったことがわかる。し

かし杉山参謀総長は、そのまま退席して、結論を出せなかった。その結果、この問題は真剣に検討されることなく、新しい年、一九四一年を迎えて、大本営は陸軍が主張する北進か、海軍が画策する南方作戦の発動か。その二者択一を迫られ、最終的には天皇の判断で対ソ作戦は中止になり、一九四一年十一月二日には、大きく南方作戦の発動に傾斜することになる。その間も、重慶戦略爆撃は中断されることはなかった。遠藤三郎の第三飛行団が重慶の蔣介石官邸を空爆したのも四一年の八月下旬であった、という状況を考察すれば、重慶問題は未解決のままに事態は進行したことになろう。しかし、重慶侵攻作戦を参謀本部があきらめたわけではなく、一九四一年十二月二十四日に、もう一度浮上することになる。それが政府連絡会議で決定する「情勢の推移に伴う対重慶屈服工作に関する件」となり、その翌年三月には大本営が採択する「今後採るべき戦争指導の大綱（対重慶屈服工作）」に継承されることになる。しかし一九四二年夏の戦局は日本軍にとっては南太平洋上の対米作戦が天王山を迎えることになる。しかもその年の六月四日にはミッドウェー海戦で日本の連合艦隊がアメリカ海軍に敗北し、夏を迎えると、ガダルカナルとニューギニアに上陸する米軍との激突で、もはや新しい重慶作戦（五号作戦）の発動は見送られることになる。この戦局の転換は重慶の蔣介石がすでに予測したように、「米軍が日本軍相手に戦いを進めてくれる」有利な状況に変わりはじめたことになる。

一九四二年五月二十九日、いよいよ杉山参謀総長は、天皇から「なんとかして支那事変をかたづけることを考えないか」という趣旨の下問を受け、その結果、参謀総長は東條首相と列立して、天皇に次のように上奏することになる。「（五号作戦＝対重慶作戦は）決意と実行は別個のものであります。準備は実施致しまするが、決してこれに拘束されることはございません。そのときの情勢によってあらためて判断を致す所存でございます」（九月三日）（防衛庁防衛研修所戦史室『戦史叢書　昭和十七、八年の支那派遣軍』第二章　五号作戦　三三、五〇ページ）

この戦争はこの段階からは中国大陸から太平洋にその主戦場が移動して、時間と空間の戦いも南西太平洋の島々に広がることになる。しかし杉山参謀総長はこの時間と空間の広がりが、何故に日本軍を苦しめることになるのか、その未来を予測できなかった。しかし対米外交面では一九四一年春から秋までなお大戦争を回避する時間は残されていたのである。ワシントンでの日米外交の成功が、その可能性を実現する最後の機会であった。対米外交交渉の成功か、全面戦争か。その道は二つに一つであったといえる。

以下、本書では一九四一年の春から秋にいたる日米開戦前夜の動きを冒頭で紹介し、十一月以後の御前会議で南進策が極秘裏に決定後、遠藤三郎がどのような役割をはたすのか。アジア太平洋戦争初戦で第一線部隊を指揮する陸軍少将遠藤三郎の実像を日々綴られた日誌を手掛かりに再現してみたい。

註

註1　関東軍が宣統帝擁立を採択した建物

一九三一年九月二十二日、関東軍参謀（板垣、石原、片倉）と奉天特務機関長土肥原はこの瀋陽館の一号室（三宅参謀長の居室）で、密かに宣統帝を頭首とする偽満州国講想を採択した。その後の関東軍の謀略の進展については緒方貞子『満州事変と政策の形成過程』（原書房　一九六六年）が実証的かつ詳しく考察している。

註2　石原莞爾の対米世界戦争不可避論

石原莞爾のこの構想は対米世界戦争不可避論として、昭和七年八月の満洲国協和会創立の根本理念として継承されている。いわく「世界の大勢は世界文化統一の為、（日米：伏字）間の最終的決勝戦の緊迫しつつあるを示す。我が満蒙経営はこの決勝戦準備の第一歩に他ならず、満蒙の確保は露国の極東攻勢を断念せしむるに足る戦略上の大利益を我が国に与ふるの他、其の富源の開発はわが国現下の行き詰りを打開するため相当の効果あるべし……」と強調している（『東亜連盟結成論』東亜思想戦研究会　一九三八年、一一ページ）。

註3　グルー駐日大使

ジョセフ・クラーク・グルー：一八八〇年五月二十七日、ボストンに生まれた。一九〇二年、ハーヴァード大学卒。欧州から極東アジアを旅行後、国務省に入り、外交官になる。一九〇四年、エジプトのカイロにある米国総領事館の書記生になり、第一次世界大戦まで、メキシコ、ロシア、オーストリー、ハンガリー、ドイツに赴任した。戦争勃発時は、ベルリン大使館参事官、米国参戦の際、ウィーンの代理公使、一九一八年は、帰朝後に国務省西欧局次長となった。次いでパリ講和会議に出席、西園寺公望、牧野伸顕ら日本全権と交流した。一九三二年から駐日大使。第二次世界大戦開戦後まで東京に住み、交換船で帰国、国務長官の特別補佐官となる。第二次世界大戦末期、米国国務長官として、日本の天皇制の存続をトルーマン大統領に進言した（Jeseph C. Grew, *Turbulent Era: A Diplomatic Record of Forty Years 1904-1945*, vol. II Boston: Houghton Miffin Company, 1952, pp. 1428-1429）。戦後、グルーは駐日大使のキャッスルと共に日米協会を創設、二人で名誉会長となり、日米関係の緊密な連携をはかる。グルーが信頼した日本の政治家は牧野で、牧野もまたグルーを「彼こそ至誠の人」と称している（グルー著、石川訳前掲書の巻末参照）。

註4　エドガー・スノウ：一九〇五年七月十七日、ミズーリ州カンザス市生まれ。

一九二四年ミズーリ大学の新聞学科を中退後、ニューヨークで広告のコピーライターとなり、四年後、日本を経由して上海に渡り、上海の英字新聞『チャイナ・ウィークリー・レビュー』を振り出しに、激動の日中戦争下の中国を取材するため十三年間も中国に滞在し、中国通の国際ジャーナリストとして活躍した。中国の指導者蔣介石、さらには当時、謎の人物であった革命家毛沢東、周恩来とも会見し、一九三七年十月に『中国の赤い星』をロンドンで刊行し、一躍、世界のジャーナリストの表舞台で脚光をあびた。スノウは一九三七年、盧溝橋事件勃発後、この戦争は中国の国共合作により、日本軍が勝利できないと予言、一九四一年初頭には、日米戦争の必然性と最終的にはソ連軍が参戦するとき、この戦争が終幕すると予言した（S. Bernard Thomas, *Season of High Adventure: Edgar Snow in China*, Berkeley: University of California Press, 1996）。

註5　関東軍の北満永久地下要塞

関東軍は将来の対ソ戦を目的に北部のソ満国境地帯には、その地方の中心を流れる黒河に大要塞を築城、さらに西方にはハイラルに、東北面にはウスリー江に面した虎頭に、その南方の東寧にも最大級の地下要塞を構築した。筆者は二〇〇九年九月、ハイラル地下要塞と虎頭地下要塞をはじめて見学した。ハイラルの地下要塞は満洲里に向かい、要塞の斜面は西方に傾斜して、西方から侵攻するソ連軍に対抗する拠点とした。その地下壕は数キロの距離に連なり、通路の両脇に食糧貯蔵庫や医務室、兵士のベッドルーム、無線室も完備され、天井の高さも十分で、空気の流通にも配慮があり、その周辺には飛行場まで完備されていた。虎頭の地下要塞は河幅六〇〇メートルほどのウスリー江に面し、冬は表面が凍結する。この日本軍の要塞はソ連領のウラジオストックやウスリースクののど元に突き付けた匕首で、虎頭要塞は四つの丘陵に分散し、ソ連領を俯瞰していた。遠藤三郎は一九三三年九月からこれら地下要塞計画実現の責任者として設計と現地指導を担当し、その日誌（一九三四年八月三日〜七日付）では、築城費用の捻出に尽力し、四百万元は「満洲国」に負担させたと記述している。この地下要塞の築城と遠藤の役割については筆者の『元陸軍中将遠藤三郎の肖像』（二七七〜二九二ページ）すずさわ書店刊に詳しく紹介している。なお遠藤は一九三八年六月、樺太における第七師団の演習を視察したときも、ウラジオストックのソ連軍に対抗するため、樺太の国境地帯には対ソ防衛と進出を容易にする築城工事が「作戦上ノ価値大ナリ」と力説する報告書を作成している（極秘「樺太ニ於ケル昭和十三年六月第七師団夏季連合演習並上級将校現地戦術見学報告」参部ノ中第参号（参謀本部）第一課長、遠藤航空兵大佐）。

註6　一九三六年十二月十二日に発生した西安事変

西安事変は国民党の軍事委員長蔣介石をその部下の張学良が逮捕監禁した「武劇」で、中国では兵諫とよばれる。しかしクーデターではなかった。この「武劇」は関東軍によって満洲から追放された元東北軍の将兵たちの望郷の念とその祖国愛・愛国主義が起爆剤になって発生した。

その時、張学良はわが身を犠牲にして、上司の蔣介石軍事委員長を逮捕監禁して内戦の停止と一致して抗日戦争を展開することに同意させた。

これが第二次国共合作のはじまりとなり、中国流の抗日持久戦の戦略で、日本軍を大陸の奥地に誘い込み、分散させて疲労させる戦略が可能になった。その意味で、西安事変が日中戦争の勝敗を分ける分水嶺になったともいえる。しかし日本軍は敵を侮り、日本のメディアも日本軍の連戦連勝を伝えるだけで、広く日本国民に戦争の実態を報道することはなかった。

註7 南京アトロシティーズの記録・資料について

南京大虐殺については、日本軍が南京城に突入した当時、城内に設立された国際安全区で活動したドイツ人ジョン・ラーベの日記『南京の真実』（エルヴィン・ヴィッケルト編・平野郷子訳で、一九九七年に講談社より刊行）及び洞富雄編『日中戦争史資料』（八・九巻）に収録の「極東国際軍事裁判南京事件関係記録」（八巻）、H・J・テインパーリ編『戦争とは何か―中国における日本軍の暴虐』、徐淑希編『南京安全区檔案』、L・S・C・スミス編『南京地区における戦争被害』（九巻）（河出書房新社　一九七三年）などの記録が残されている。

日本人の研究書では笠原十九司著『南京難民安全区の百日』（岩波書店　一九九七年）などが信頼できる。

註8 パネー号事件

このパネー号事件については、一九三八年四月二十二日、日米の外交交渉により、日本政府が合衆国政府に二百二十一万四千七ドル三十六セントの賠償金を支払うことで合意した。

米側の損害はスタンダード石油の船舶破壊（三隻）と民間人船長一名の死亡、二名の海軍水兵の死亡、さらに七十四名の負傷者に対する損害補償であった。その「コストはわずかで、戦争よりはるかに賢明な処置であった」と米国の歴史書が書いている（Hamilton Darby Perry, *The Panay Incident: Prelude to Pearl Harbor*, Toronto: Macmillan Company, 1969, p.233）。

註9

遠藤三郎の作成した「従軍兵士ノ心得」は昭和十三年八月、大本営陸軍部から発行された。それは全文二十五ページの小冊子で、百数十万部印刷され、全軍の兵士に配布された。遠藤は人に対するだけでなく「情ヲ以テ馬ヲ愛護セヨ」という一項を挿入してこう書いている。「馬ハ無言ノ戦士デアル、彼等ニモ故郷モアリ飼主モアリ又親兄弟モアツタデアラウ。ソレガ遙々ト戦場ニ送ラレ黙々トシテ忠実ニ働キ力尽キテ苦シサモ訴ヘルコトナク異郷ノ土ト化スノヲ見ルトキ、誰カ一掬ノ涙ナキヲ得ルデアラウカ、可憐ナル彼等モ亦我等ノ戦友デアル、労ツテヤルベキデハナイカ、情ヲ知ラヌハ真ノ軍人デハナイ」「馬ハ主人ニ似ルト云フ、乱暴ナ主人ニ扱ハレルト乱暴ニナリ、忠実ナ主人ニ扱ハレルト忠実ニナルモノデアル、主人ノ心ハヨク馬ニ通ズルノデアル」（一四－五ページ）。これは今日いわれる動物愛護の精神である。

註10

ノモンハン事件の軍事的総括について

この問題について、事件後に東京の大本営がどのように判断したのかを知ることが重要であろう。大本営陸軍部では、事件後の翌昭和十五年一月十日に、「ノモンハン」事件研究委員会の名で事件についての詳細な報告書を編纂している。以下、参考までに、その報告書から、当時の大本営の総括の要点を取り出してみよう。まず、第一篇総説によると、大本営は表向きでは、近代戦の機動力・戦闘能力の改善を指摘しながら、なお、国軍の伝統たる精神主義、必勝の信念と白兵戦能力の優越性を強調している。その一例を引用すれば、こう書いている。「〇火力戦ノ正当ナル再認識：『ソ連』ノ火力戦ニ対スル信倚ハ絶対的ナリ　即チ火力消耗戦法ニシテ正面及縦長ニ厖大ナル火力ヲ準備シ以テ我ヲ焼尽セントスルニ在リ

之ニ勝ヲ制スルノ要道ハ急襲戦法ニ在ルコト欧州大戦ノ明示スル不磨ノ鉄則ナリ　即チ戦闘指導ニ於テハ飽ク迄敵ノ意表ニ出ヅルニ努ムルト共ニ戦闘実施ニ於イテハ火力ヲ発揚シテ敵ヲ強襲シ以テ消耗戦闘ニ陥ルニ先立チ敵ヲシテ指揮組織ヲ崩壊セシメテ之ヲ圧倒殲滅スルニ存リ」と。ノモンハン事件の厳しい現状を述べながら、敵の厖大なる戦力に対し勝ちを制するには急襲戦法（奇襲）で消耗戦を回避し、敵の指揮組織を崩壊させることが先決だと強調している。

しかしこの研究委員会の報告では、ノモンハンの戦場では、それが成功しなかったという認識はどこにも見られない。言葉の上では、かろうじて、諸兵種の緊密な協同、機動と補給の完全なる調和、物質威力の尊重をあげながら、「然れども」とその重要性を否定し我が白兵能力の優越が火力戦能力発揮の推進力たりと論理をすり替えて、兵士の肉薄攻撃、白兵戦能力を賛美し、肝心かなめの重工業の改善や装備の近代化には何が求められるのか。その根本問題の解明には、一切言及しない論法に終始するものであった。この総括では、今後の日本陸軍の近代化および装備の抜本的な改革は望むべくもなかった。この報告書では、ノモンハン事件では、日本軍が敗北したという記述は見当たらず、むしろ「我ガ白兵戦能力ノ優越ハ実ニ火力戦能力発揮ノ推進力タリ」と強調し、それこそが「今次戦闘ノ貴キ教訓ニシテ」と開き直り、その白兵戦能力の「向上」と「拡充」が極めて重要なるものと強調している（『「ノモンハン」事件研究報告』一一～一二ページ、昭和十五・一・一〇調製　大本営陸軍部「ノモンハン」事件研究委員会　第一研究員会：防衛庁防衛研究所戦史室所蔵）。なおこれ以後も日本陸軍は、このノモンハン事件を契機に、軍の近代化、兵備の抜本的改革に着手することなく、白兵突撃と必勝の信念さえあれば、戦争に勝てると過信して、中国大陸でも、南西太平洋の島々でも、白兵突撃で多くの兵士の生命を犠牲にする戦いを展開することになる。

註11　重慶市内に日本軍爆撃機が投下した爆弾（特殊煙）
　日本側が重慶爆撃に使用した特種煙とは化学兵器・毒ガスのことで、三種類あり、「あか筒」「あか弾」はヒ素系のジフェニルシアノアルシン、「みどり筒」は催涙ガスの符号であった（前田哲男『戦略爆撃の思想』朝日新聞社　一九八八年、七八－七九ページ）。

註12　遠藤の『重慶爆撃無用論』
　この意見書は昭和十六年九月三日付で、軍上層部に建議された。
　その論旨は戦略物資の浪費を回避するためという経済的な側面と搭乗員の訓練の不十分さを強調している。その中でも、一戦闘隊、一回の出動で燃料が五万リットルのガソリンが消耗する点を強調しているが、この莫大な燃料の消費こそ、日米英蘭戦争を誘発する大きな要因に発展したのである。
　なお、遠藤の意見書「奥地進攻作戦ニ関スル意見」（昭和十六年九月三日付）は吉田曠二著『元陸軍中将　遠藤三郎の肖像』（すずさわ書店　四一四－四一六ページ）に収録。

註13　重慶黄山：蔣介石官邸博物館
　私はこの原稿を書くために、一昨年の冬（二〇一三年二月）遠藤の第三飛行団が一九四一年八月三十日に爆撃した重慶の蔣介石官邸を見学するために重慶市を訪問した（この旅のガイド役は中国人留学生張鴻鵬君であった）。今日の重慶は人口＝三千万の巨大都市に変貌し、戦時下で廃墟になった都市の姿は見違えるばかりの超近代都市に変貌していた。それでも旧市街の南北には昔も今も南面には揚子江が、北面には嘉陵江が流れている。重慶国際空港から高速道路を約三十キロ走ると昔ながらの坂の街、重慶市内に到着した。その翌朝、まずはモノレールに乗って、較場口駅から曾家岩駅へ向い、下車してから戦時下の地元住民が避難した地下壕を歩いて、重慶人民大会堂の方角を目指し、さらにその向いに新築された三峡ダム博物館に入館した。その建物の三階に抗日戦争の記念室が開設されている。その三階の展示構成は、まず一九三六年の西安事変後の国共合作から重慶中央政府がいかに苦難の時代を生き抜いて抗日戦争に勝利できたのか。またその時代の中国人民がいかに空爆下の地下壕で傷つき、命を落としながらも、正義の戦いを継続したのか。その場面を再現した彫刻はあたかもピカソの描いたゲルニカのアジア版という印象で、爆撃下の重慶の「地獄絵」を垣間見ることができた。
　その戦時下、蔣介石はどこに拠点を構えていたのか。その官邸はどこにあったのか。私はその場所を確認しようと、博物館三階の売店で現地の地図を購入すると、蒋介石の官邸は揚子江の南側の丘陵地帯にあることがわかった。

しかしそこに行くには、揚子江を渡って、さらに丘陵地帯を十数キロ北方の丘陸地を登らねばならない。翌朝、ホテルの周辺でタクシーの運転手に地図をみせて、その方向に向かうも、運転手でもその道が不案内というので、別のタクシーに乗り換えて、目標の黄山に向かった。

その丘陵地帯を約二十分、車で登ると、ついに前方に「重慶抗戦遺址博物館」と金文字で書かれた正門（六八ページ写真①）が見つかった。その門をくぐって林間の歩道を進むと前方には、古代ローマ時代の貴族の館と豪勢な庭を連想させる広場がみえ、そこから奥の石段を登るとその頂上に向けて蒋介石官邸に通じる急勾配の石段を見つけることが出来た。

その一帯は背の高い樹木に覆われたスロープで、頂上の周辺には侍従や兵士達の兵舎跡と高射砲陣地もあり、蒋介石の息子蒋経国の住まいとマーシャル＝アメリカ大使の住宅にも通じていた。その間の移動通路はすべて石段の通路で結ばれ、ようやく頂上に登りつめると、目指す蒋介石官邸が現存していた（六八ページ写真③）。

一九四一年八月に遠藤三郎の指揮する第三飛行団がピンポイント爆撃をしたその蒋介石官邸である。その周辺の佇まいを見ると織田信長の安土城跡のような雰囲気で、蒋介石が抗日軍事要塞としてここを拠点に戦いを継続した姿を垣間見る思いであった。その山頂からみる風景はどことなく南京の蒋介石＝美齢の官邸周辺の風景とも似通っていた。

一九四一年八月三十日、ここに爆弾を投下した遠藤三郎はその回想記で、蒋介石の官邸には、水平爆撃で飛行機から爆弾を投下したと語っている。この丘陵地では、周辺を覆う樹木により官邸の建物を上空から識別するのは難しかったであろう。しかし爆弾は建物に命中した。だが蒋介石はその日、幸いにも不在で一命を取り留めたが、二人のボディガードが身代りに死亡し、四人が負傷したと重慶側の被災者日誌に記録されている。その日誌には、この日、日本軍爆撃機の総数が二〇五機となっている。その内、遠藤が指揮する第三飛行団の爆撃機は全機出動した場合でも二十七機であったと思われる。

重慶側の被災記録日誌には、その日の状況が次のように記録されている。

1941 August 30
205 Japanese planes in 8 groups bombed Chongqing, Daxian, Fuling, Yunyang and Wanxian. Among them 175 planes bombed the urban district.
Chiang Kaishek's villa in Huangshan was hit. 2 bodyguards were killed, 4 body guards were wounded. Japanese planes

dropped more than 100 bombs totally, 33 people were killed, 88 people were wounded. Hundreds of houses were destroyed.（*The Photo Collection about Chongqing Massive Bombing* p.140：重慶市文化局 重慶市博物館 重慶紅岩革命紀念館編『重慶大轟炸図集』重慶出版社 二〇〇一年）

この蔣介石官邸の窓からは、対岸の重慶市内の爆撃は、空に舞い上がる炎で充分確認できたと思われるし、蔣介石に味方してくれる米国海軍のツツイラ号が停泊する揚子江も、丘陵地帯のすぐ北方を流れていることがわかった。この山間に要塞を構えた蔣介石は中国軍の勝利を疑わなかったであろう（ibid., p. 140）。

②ローマ時代の貴族の邸宅の庭を連想させる

①重慶抗戦遺址博物館入口

④この庭石の左前方の石段を登ると頂上に蔣介石官邸がある

③遠藤がピンポイント爆撃した蔣介石官邸

⑤重慶抗戦遺址地図（丘陵地全体が樹林に隠れている要塞）

第Ⅰ部　対米・英・蘭　世界戦争と遠藤三郎

第一章　遠藤の第三飛行団とマレー・シンガポール作戦

(1) 日米会談　野村大使の訪米から「ハル・ノート」の通告まで

一九四一年はヨーロッパとアジアの命運を決定する歴史の分水嶺であった。

世界の目はベルリンとワシントン、東京に注がれていた。この年の六月二十二日、ヒトラーのドイツ軍は突如、ポーランドの国境からソ連領内に進攻を開始した。それに呼応して日本軍がソ満国境からシベリアに向けて北進するのか、または豊富な戦争資源をもとめて南進するのか。極東アジアの動静にも世界の人々が注目した。この年の春、三月、すでにワシントンでアメリカ政府と日本政府代表の野村大使との間で日米交渉が開始された。この日米外交交渉の成否が第二次世界大戦の悲劇を回避する残された最後の機会となった。

大日本帝国からは新駐米大使として野村吉三郎（海軍大将）が米国に派遣された。一九四一年二月六日、野村大使は意気軒高な表情でサンフランシスコに上陸の第一歩を印した。その日の未明、合衆国政府は米国海軍の駆逐艦キングとローレンスの二隻をサンフランシスコの沖合に派遣し、野村大使を出迎えて敬意を表し、野村大使の乗る鎌倉丸が金門湾の入り口に姿をみせると、今度は要塞より殷殷たる十九発の礼砲を発射し、このドラマチックな光景をみた出迎への在留邦人らを喜ばせた。

その日の朝は快晴で、燦燦たる陽光が青い空と海面に輝き、日本郵船の埠頭には、各新聞社の取材記者とニュース映画のカメラマンが六・七十人も詰めかけて、鎌倉丸の船上で野村大使にインタビューし、質問をあびせかけた。その質問はその場所で野村大使にインタビューした朝日新聞の特派員中野五郎が次のように記録している。まず、米国人記者から、ヤンキー式の無遠慮な質問で、「提督（野村大使はアドミラルと呼ばれた）日米関係は絶望だと思いますか?」と詰め寄ると、野村は童顔をニコニコさせて、通訳も介さずに、少し訛りのある英語で、「私は日米関係の前途に大いなる希望を持っています。その希望を抱いて、これからワシントンに赴きます」と堂々たる第一声を発した。その場では、さらに次のような会話が記者団と交わされたが、その発言には、悠々たる態度で記者団の質問を突破し、戦争の暗雲を取り払おうとする信念がみなぎっていた。以下、朝日新聞の中野五郎（ニューヨーク特派員）が記録したその問答を紹介する。

問　「提督はルーズヴェルト大統領を知っておられますか?」

答　「私が一九一五年の初めより一九一八年の秋まで、ワシントンで海軍武官をしていたときに、ルーズヴェルト氏は（米国の）海軍次官であったから、よく知っている。このサンフランシスコには一九二九年に（日本海軍の）練習艦隊司令官で来たので懐かしい」

問　「日米戦争につきご意見は如何ですか?」

答　「私は日米間の戦争など未だかって考えた事はない。今私が考えている事はワシントンに赴いて、日米関係を改善する事である。戦争など到底、考えられない事だ」

問　「日米関係の改善は可能でしょうか。しからば、その理由は如何でしょうか?」

答　「日米関係を改善することは私の信念である。それは理由などを超越した断固たる信念である。私はこの信念を持って太平洋を越え、今これからワシントンに向かうのだ」

問　「日本国民の対米感情は如何ですか？」
答　「わが国民は全体として、日米の友好親善を望んでいる」
問　「シンガポールは東亜新秩序の中に含まれますか？」
答　「そんな馬鹿なことはあるまい。現にシンガポールはイギリスの海軍根拠地ではないか？蘭印についても今、我が国は堂々と使節を派遣して交渉している。目的はただ貿易の促進に他ならない」（中野五郎『敵国アメリカ通信』東洋社　一九四三年、六七－六九ページ）。

この問答は一九四一年の二月で、野村大使は日米関係の改善になお強い信念と希望を抱いていた印象を与えている。この発言は米国民に向けた希望的なメッセージであった可能性もある。この時期、すでにワシントン政府の考える日米関係の改善には、その前提条件として、中国問題とヨーロッパのナチス・ドイツ、イタリアのムッソリーニ政権と日本政府の同盟関係（日独伊三国同盟）の解消。さらにはモスクワのスターリン政権とドイツとの関係を交錯させながら、日米関係の改善の道を模索していたのである。その内、最も重要な外交課題は、日本陸軍の中国大陸からの撤退であった。

すでにワシントンでは、対中国外交に最大の関心を寄せて、米国政府は中国の国民党政府＝蒋介石政権を中国の唯一の中央政府として外交のチャンネルをもっていた。しかし日本政府は「蒋介石の国民党政府を相手にせず」（一九三八年の近衛声明）、東北からは、国民党の配下に入った張学良政権を追い払い、その土地に傀儡皇帝愛新覚羅溥儀を「満洲国」皇帝の玉座に据え、「満洲国」を支配していた。さらに一九三八年春には南京にこれまた日本の傀儡政権として汪精衛の「南京政府」を擁立していた。

この二つの傀儡政権は前者が日本陸軍の最精鋭部隊・関東軍によって支配され、南京には日本陸軍の支那派遣軍が駐留して、重慶に後退した蔣介石中央政府に対峙していた。

ワシントン政府は重慶の蔣介石中央政権を援助して、抗日戦争を継続させていたのである。この米中外交関係は野村大使の日米関係改善の信念を打ち砕く高いハードルであった。

当然ながら、ワシントン政府からは、日米関係の改善のためには、日本政府の大陸支配の要石となる日本陸軍の中国大陸からの撤退を求められることになる。この要請は米国の国務長官コーデル・ハルの強い助言でもあった。ハル国務長官の英文の回想録には、自らこの点を野村大使の補佐役として日本政府からワシントンに送り込まれた来栖三郎大使にも、伝えていた。この問題はワシントン政府の重要な議題であった。以下、ハル国務長官の記録から、原文（英文）のまま来栖大使との問答を紹介しておこう。ハルの回想録では、こうなっている。

Turning to China, I asked Kurusu how many soldiers Japan wanted to retain in China, and for how long. He（Kurusu）replied that possibly 90 per cent would be withdrawn. He did not say how long the remainder would stay in China.

"Keeping Japanese troops in China," I said, "is a question in which there are many elements of trouble. American interests in China have suffered severely from the actions of Japanese forces. Yet we have exercised great patience. Extremists in Japan seem to be looking for trouble in this situation, and it is up to the Japanse Government to make an extra effort to take the situation by the collar. The United States and Japan have trusted each other in the past; but the present difficulty is one of Japan's own making, and it is up to the Japanese Government to find some way of getting itself out of the difficulty in which it has placed itself."（Cordell Hull *The Memoirs of Cordell Hull,* vol. Ⅱ, New York: Macmillan Company, 1948, p. 1066）.

（訳文）中国に目を向け、私は「日本政府はどれほどの数の日本兵がどれほどの期間、中国に駐留させるのか？」と質問した。来栖は「ことによると九十パーセントを撤退させることも可能だ」と回答した。しかし残りの残留部隊については、いつまで残留するのか、その期間については何も答えなかった。私は「中国における日本の部隊の維持が、一つの問題となり、それが多くの障害の要因になっている。アメリカの中国における利益は、日本軍の行動によって著しく痛手を被ってきている。それでも我々は大きな忍耐をしている。日本の過激派はこの状況下で、トラブルを探し求めているようにも思われる。今こそ日本政府はこの状況を防止する特別な努力をして欲しい。日米はこれまで信頼し合ってきた。しかし現在の難局は日本自身が引き起こしたことの一つであり、自らを追い込んだこの難局を切り抜ける何らかの道を見出すことは日本政府にかかっている」と述べた（遠藤十九子訳）。

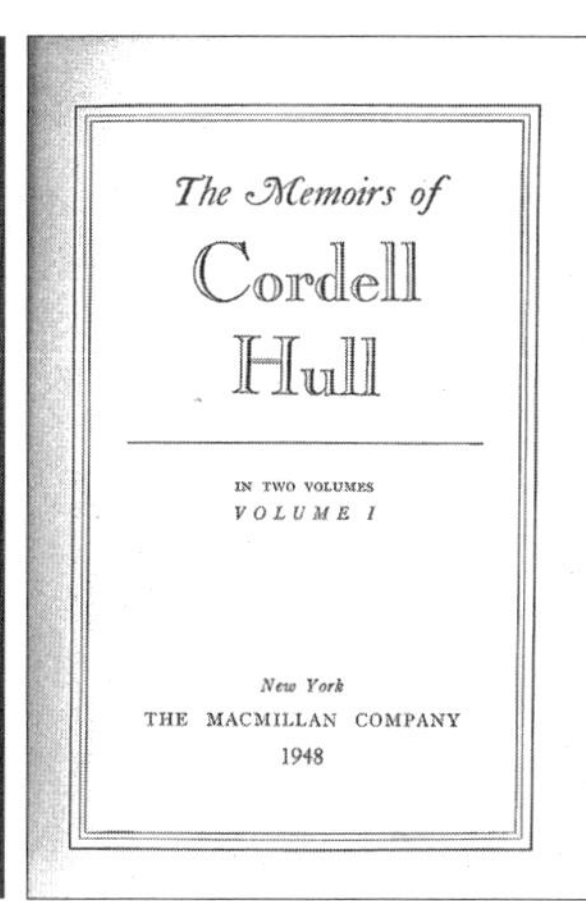

The Memoirs of

Cordell Hull

IN TWO VOLUMES
VOLUME I

New York
THE MACMILLAN COMPANY
1948

ハル国務長官とその回想録

ハル国務長官のこの要求はやがて十一月二十六日に発せられる「ハル・ノート」（註1、2）の一項目に挿入される重要な警告となった。しかしハル・ノートのこの要請は日本陸軍の聞き入れるものでなく、近衛内閣が存続していても、受け入れが不可能であったろう。中国大陸における日本陸軍の駐兵問題——この問題こそ日米開戦の導火線になる危険信号（シグナル）であった。しかし日本政府からは十一月二十日米国に対する最後通牒として、次の六項目の回答が米国政府に伝えられた。日本政府のこの最終案には、日本軍の南部仏印からの撤退については、了解すると回答したが、中国からの日本軍の撤退については何ら触れるところがなかった。以下は野村吉三郎と来栖三郎大使からハル国務長官に手渡された日本政府の最後通告である。

JAPAN'S LAST-WORD PROPOSAL

These were:

Japan and the United States to make no armed advance into any region in Southeast Asia and the Southwest Pacific area;

Japan to withdraw her troops from Indo-China when peace was restored between Japan and China or an equitable peace was established in the Pacific area;

Japan meantime to remove her troops from southern to northern Indo-China upon conclusion of present agreement which would later be embodied in the final agreement;

Japan and the United States to cooperate toward acquiring goods and commodities that the two countries needed in the Netherlands East Indies.

Japan and the United States to restore their commercial relations to those prevailing prior to the freezing of assets, and the United States to supply Japan a required quantity of oil;

The United States to refrain from such measures and actions as would prejudice endeavors for the restoration of peace between Japan and China（Hull, op. cit., p. 1069）.

（日本語訳＝筆者）

日米両国政府は南東アジアと南西太平洋地域に武力侵攻を行わない。

日本政府は日本と中国の間に和平が成立するか、または太平洋地域に安定した平和が確立されるとき、仏印から日本軍を撤退させる。

日本政府は今後、最終的な合意が実現すれば、現在の協定の結論の上に、日本軍を南部仏印から北部仏印に移動させる。

日米両国政府は蘭領東インドにおいてその必要とする物資と商品を獲得できるように協力する。

日米両国政府は相互に通商関係を資産凍結前の通商関係に回復させ、合衆国は日本の要求する量の石油を供給する。

合衆国政府は日本と中国の平和を回復するために、その努力に支障をもたらすような手段と行動に出ないように抑制する。

この最後通告をみたハル国務長官は、早速、ルーズヴェルト大統領をはじめワシントン政府の重要メンバーから意見を集約した。そのプロセスは紙幅の関係で省略するが、ハル国務長官はその回想記に自分の見解を次のように記している。

日本の立場から見れば、日本と中国の間に平和が達成されるまでは、日本は中国で軍事行動を自由に継続するだろう。ソ連を攻撃することも、北部仏印に派兵することも自由になる。日本軍を南部仏印から、北部仏印に撤退させることに日本政府が同意しても意味をなさない。なぜなら日本軍は一日か、二日で、元の地点に戻ることが可能である（英文・前掲書一〇七〇ページ）。そして日独伊三国同盟については、「アメリカ人は、ヒトラーと日本とのパートナーシップが、ヒトラーに世界の半分を、日本に残りの半分を提供することを可能にするものと信じている。三国同盟の事実と日本の戦争指導者が繰り返していう「東アジアの新秩序」と「（大東亜）共栄圏」はナチス・タイプのスローガンで、大衆はその信念により強化されている（英文・前掲書一〇七一ページ）。

　このとき、ハル国務長官は、日米開戦まで、もう残された時間がないと予測し“The Zero hour was approaching”とその危機感を秘めた言葉を回想記に記述している。その結果、この最終段階で作成された米国政府の対日要求十ヵ条が「ハル・ノート」となり、十一月二十六日に野村と来栖両大使に手渡された。その内容は太平洋の平和を維持するための相互不可侵条約の締結を基礎にして、日米両国の経済摩擦を解消するという内容であった。しかし政治・外交的には、中国大陸における日本の傀儡政権の存在を容認せず、日独伊三国同盟の解消と最後に日本軍の中国と仏印からの即時完全撤退を要求するものであった。なお、この「ハル・ノート」十ヵ条の英文は極めて重要であり、ハルの回想で確認すると以下の内容がみられる。

A multilateral nonaggression pact among the Goverments principally concerned in the Pacific;
An agreement among the principally interested Governments to respect the territorial integrity of Indo-China and equality of economic opportunity therein;
No support of any Government in China other than the National Government（Chiang Kai-shek）;
Relinquishment of extraterritorial rights in China;
A trade agreement between the United States and Japan on liberal lines;

Removal of freezing measures;
Stabilization of the dollar-yen rate;
An agreement not to interpret any agreement which either country had concluded with any third Power or Powers in such a way as to conflict with the fundamental purpose of the proposed basic accord（this had reference to the Tripartite Pact）;
The United States and Japan to use their influence to cause other Governments to accept and apply the principles set forth in our proposed agreement.
The one unilateral commitment was that Japan would withdraw her armed forces from China and Indo-China（Hull, op. cit., p. 1083）.

（日本語訳＝筆者）

「諸国家間の相互不可侵条約は原則的に太平洋地域に適用される。

インドシナの領土的保全と経済的な機会均等は原則的に関係する諸国家により保障される。

中国では（蔣介石の）国民党政府以外の政府は支持されない。

中国の治外法権は撤廃される。

合衆国と日本の貿易協定は自由貿易協定とする。

日米の相互資産の凍結の解除
円ドル為替の安定
日米両国政府が第三国との間に締結する如何なる協定も、本協定及び太平洋の平和維持の基本的な目的に反する協定は容認できない（これは日独伊三国協定に関係する）。

日米両国政府は、その影響力を行使して、他国にこの協定を強制しない。

この片務的な公約は日本政府が中国とインドシナから、その武装勢力を撤退させる事にある」


この米国政府の対日要求は野村・来栖両大使を驚愕させたと思われるが、その内容は諸国間相互の平和主義であり、東アジアで日本軍が、その武装兵力を撤退する条件を受け入れることで問題が解決できると声明している。さらにこの協定によれば、日本が国内で不足する資源も自由貿易により、米国はじめ各国から提供される道がのこされていたことになる。しかし日本国内では、新しく総理大臣になった東條首相や好戦派の将軍たち、とくに中国大陸に約百万の陸軍部隊を派遣している日本の将軍たちは、中国からの撤兵には断固同意しなかった。日本政府内のこの情勢では、たとえ近衛首相とルーズヴェルト大統領との直接交渉が実現しても、日米交渉の決裂は避けられなかったであろう。

それでは日本海軍の動きはどうであったのか。

(2) 大本営―対米英蘭戦争へ傾斜

一九四一年六月から十二月までの間、日本政府は大本営政府連絡会議と御前会議を頻繁に開催して、対米英、対ソ戦政策を検討した。その議題の焦点は「支那事変」を解決するために、北進するのか、南進するのかという点で、日本の戦争指導者はそのどちらかを選択することを迫られた。昭和天皇は対ソ、対米戦争を回避する意向を示したが、大本営（とりわけ軍令部）は最初から対米戦争もやむなしの考えであった。その流れを簡単ながら整理して、重要な討議の推移を略年譜にして紹介しておこう。

一九四一年六月から十二月

六月二十五日：「南方施策促進ニ関スル件」を大本営政府連絡会議で決定。近衛首相、永野修身軍令部総長、杉山元参謀総長が三者列立して、この件を天皇に上奏。この三者は「仏国政府又ハ仏印当局者ニシテ我カ要求ニ応セサル場合ニハ、武力ヲ以テ我カ目的ヲ貫徹ス」と上奏した（『杉山メモ』（上）、二二九ページ）。

七月二日：御前会議で「情勢ノ推移ニ伴フ帝国国策要綱」を決定。これにより日本の対外膨張・戦争政策は揺るぎないものとなる。その方針は「依然支那事変処理ニ邁進シ」「大東亜共栄圏」建設と「自存自衛ノ基礎ヲ確立スル為、南方進出ノ歩ヲ進メ又情勢ノ推移ニ応シ北方問題ヲ解決ス」と定められた（『杉山メモ』（上）、二六〇ページ）。

七月七日：陸軍が「関特演」（関東軍特別演習）第一次動員を開始。九月には満洲に八十万の兵力を動員。

七月十六日：独ソ戦の突発に乗じて、内地から六二九個部隊兵員約五十万、馬約十万頭を満洲に派遣。関東軍は約八十万の大兵力に膨張し、三十一日、天皇は参謀総長に「関東軍の動員は将来やめてはどうか」と下問した（戦史叢書『大本営陸軍部』（二）、三七二ページ）。

七月二十一日：大本営政府連絡会議で永野軍令部総長が直ちに、対米開戦に踏み切れば「米ニ対シテ今ハ戦勝ノ算アルモ、時ヲ追ウテ此ノ公算ハ少ナクナル」と発言した。これは海軍の南進を主張したもの（『杉山メモ』（上）、二七四－五ページ）。

七月二十二日：天皇は参謀総長が仏印の状況を奉上したとき、対米戦を危惧し「武力ヲ以テセズ何カ他ニ好キ方法ハナイカ」と下問したが、参謀総長は「武力以外ハ困難テアリマス」と答え、我が国の国力、特に物資の不足を心配した天皇の下問に対し、武力行使の必要なることを重ねて奉上した（『杉山メモ』（上）、二七七ページ）。この席で杉山参謀総長は陸軍の予測として「海軍ハ知ラヌカ陸軍ハ一年位大丈夫ト思ヒマス」と説明したが、天皇は「ソンナ事ヲ云フカ一年テ勝ツト思フカ」と釘を刺した。

八月一日：参謀総長が関特演第二次動員部隊の満洲派遣に関する大命の允裁を仰ぐ。天皇は増援部隊が満洲に派遣到着しても「むやみにやらないだろうね」と念押しの下問をした。これに対して杉山参謀総長は「ソ連の航空攻撃を受けた場合は、これに対し反撃致します」と上奏した（『戦史叢書大本営陸軍部』（二）、三七三―三七四ページ）。

八月六日：陸軍統帥部はソ連軍の大挙空襲を受けた場合には、対ソ侵攻作戦を開始する旨の関東軍司令官宛て命令案を上奏した。天皇は「ワカッタ　已ムヲ得サルコト、シテ認メル」「兎角陸軍ハ手ヲ出シタガル癖ガアルカラ謀略ナドヤラヌ様ニ特ニ注意セヨ」として陸軍の要求を認めた（『杉山メモ』（上）、二九一ページ）。

九月六日：御前会議、十月上旬までに日米交渉がまとまる目途がたたないときは直ちに（対米）戦争を決意すると決定した。これまで天皇は対米英戦争については、慎重（やらない）な姿勢であったが、[註3]近衛内閣の総辞職と東條内閣の成立（十月十八日）以後、漸次統帥部の開戦論に理解を示し、対米戦争を容認しはじめる。

その結果、天皇は漸次、陸海軍に押し切られ、ついに運命の日米開戦に同意するようになる。

そのプロセスは次の通りである。

十月十三日：天皇は木戸内大臣に、日米交渉の成立が望み薄くなり、万一開戦となる場合、是非今度の宣戦の詔書について、「自分の気持ちを述べて、之を取り入れて」近衛とともに起草するよう要請した（『木戸幸一日記』（下）、九一四ページ）。

十月十九日：海軍軍令部が真珠湾奇襲攻撃案を正式に承認する。

十一月一日：大本営政府連絡会議は十六時間の討議の結果、日米交渉不成立の場合は、十二月初旬に武力発動を行なうとする「帝国国策遂行要領」と対米交渉の甲案・乙案（南部仏印撤兵まで）を決定した。

十一月二日：国策再検討終了後、東條首相が陸海両総長と列立して、国策再検討の模様を詳しく上奏する。この日、天皇のご下問と東條、永野、杉山の答えは次の通り。

東條　目下研究中テアリマシテ何レ奏上致シマス

オ上　大義名分ヲ如何ニ考フルヤ

…………………………………………………………

オ上　海軍ハ鉄一一〇万屯アレハ損害カアッテモヨイカ　損害ハドノ位アル見込カ

永野　戦艦一、甲巡二、軽巡四、飛行機一八〇〇機位カト考ヘマス

オ上　陸軍モ相当ニ損害カアルト思フガ運送船ノ損害等モ考ヘテ居ルダラウナ

　防空ハヨイカ……（……は省略の記号）

杉山　防空ハ全国的ニヤリマス……（『杉山メモ』（上）、三八七ページ）

十一月三日：この日は作戦計画を永野軍令部総長が最初に上奏。ついで杉山参謀総長が上奏した。この日の上奏と下問は次の通りである。

オ上　香港ハ「マレー」作戦ヲ確認シテカラヤルコトハ解ツタ支那ノ租界ヲドウスルカ

杉山　租界接収及交戦権ノ発動ハ目下研究シテ居リマス

参謀総長　秋山　元

オ上　租界ハ香港ノ後デヤルダラウナ

杉山　サウデ御座イマス、他ノ方面デヤルト「マレー」ノ奇襲ハ駄目ニナリマス

オ上　租界ハ何時頃ヤルカ

杉山　外交トモ関係アリ何レ改メテ申上ケマス、然シ先キニヤルコトハナイ

様十分注意致シマス

オ上　オ前ハ「モンスーン」デ上陸カ困難ニナルト言フテ居タガ十二月ニナッタガ上陸ハデキルカ

杉山　段々悪クナリマス……　一日デモ早イ方ガヨイト思ヒマス

オ上　「マレー」ハ天候ノ関係カラハドウカ

杉山　「マレー」ハ機先ヲ制シテ空襲ヤル様ニ考ヘテ居リマシタガ気象上カラハ雨カ三、四日連続降ルノデ奇襲ヲ主ト致シマシタ　比島ハ大丈夫ト思ヒマス　両案ヲ考ヘテ適当ニ律スルコトヲ考ヘテ居リマス（気象統計ノ天覧ヲ願ツタ）

オ上　総理ハ航空ノ命令ヲ早ク出スコトヲ話シテ居タアレハドウカ

杉山　航空関係ハ大連青島上海等テ出発出来ル様ニシテ待ツテ居マス　然シ出発日次カ延ビルコトノ不利ニ就テノ対策ハ種々研究ノ結果大命ヲ御前会議終了後ニ発セラレテモ可トカ間ニ合フ様ニナリマシタ、又其方カ筋ガ通ツテ居ルト思ヒマス

オ上　筋ノ通ツタ方カヨロシイ

オ上　泰ニ対スル外交交渉ハ大義名分カラ言ヘバ早クスルヲ可トシ又軍ノ奇襲カラハ遅イ方ガヨイト思フガドウカネ

杉山　仰ノ通リテアリマス　然シ決意致シマセヌト企画カ暴露シ又現在ハ相当ニ切迫シテ居ルノデ気ヲツケル必要ガアリマス、ヨク外務側ト相談シテ研究致シマス

オ上　海軍ノ日次ハ何日カ

永野　八日ト予定シテ居リマス

オ上　八日ハ月曜日テハナイカ

永野　休ミノ翌日ノ疲レタ日カ良イト思ヒマス
オ上　他ノ方面モ同シ日カ
杉山　距離カ相当ニハナレテ来ルノデ同時ニハナリ得ナヒト思ヒマス
（『杉山メモ』（上）、三八七－三八八ページ）

この十一月二日と三日の二日間にわたる上奏と下問は歴史上、極めて重要な内容を含むものであった。二日には、アジア太平洋戦争の大義名分が天皇から下問され、東條は目下研究中と答えている。これにより、十二月八日に発表される日米開戦の詔勅も、大東亜共栄圏構想も、これから東條首相によって、にわかにその起草の準備が進むことになる。しかし三日の御下問をみれば、海軍の開戦日時は十二月八日（予定）で、陸軍のマレー半島上陸作戦は奇襲でやる計画であったことがわかる。

この二日にわたる御下問と上奏をみれば、アジア太平洋戦争の矢玉はすでに放たれる寸前にあったことになろう。天皇は帝国陸海軍の二頭立ての馬車に乗った大元帥の姿である。（註4）馬車は走り始めたことになる。

十一月十五日　：陸海統帥部が真珠湾攻撃を含んだ全作戦計画を天皇に「御前兵棋演習」の形で示した。この間、十一月二十日には、日本政府の最終案が東郷外相からワシントンの野村・来栖大使宛に発信された。
十一月二十六日：ワシントンで米国政府の「ハル・ノート」が野村と来栖大使に手渡された。
十二月一日　　：御前会議でついに開戦を決定した。このような大本営指導部と御前会議の決定を経て日本政府はついに日米開戦に踏み切った。

重要な問題はこの過程で、大本営がどのような理由により事前に対ソ侵攻作戦を延期（中止）して、その後、急速に北進論からこのような南進論に切り替えたのかである。その背景には、①ヨーロッパでのドイツ軍による対ソ侵攻作戦が思わしくなく、失敗しはじめたこと、②日本軍がさらに中国を屈伏させる新しい作戦を展開するには、どうしても南方の石油・ゴムをはじめ様々な戦争資材の獲得が不可避とみられたことなどであろう。当時、日本国内で軍部が調達可能な戦争資材は不足し、石油も含めじり貧状態にあった。その結果、南進政策の比重が急速に増して、日本の陸海軍上層部が南進の道に傾斜したことになろう。

最終的には、アメリカ政府が日本政府に対し、最後通告ともいうべき「ハル・ノート」を提出し、日本軍の中国・仏印からの無条件即時撤退などを要請した。

しかし日本政府、とくに天皇を含め、東條首相と杉山参謀総長および永野軍令部総長の腹はすでに決まっていた。その筋書きは十一月二日・三日の御下問とそれに対する回答を見れば、明らかである。その方針は米国側からのいわゆる最終案「ハル・ノート」の提示にかかわらず、既成事実として、日本側の対米開戦準備が着実に推進されていたとみて差し支えなかろう。ということになれば、「ハル・ノート」に対する日本政府の拒絶は外交的な意思表示で、日本の陸軍（参謀本部）が「中国からの撤退は日本の敗北を認めることと同じだ」と主張したことによる。しかしこの主張は、排外熱に洗脳された多くの日本国民にも賛同を求める狙いがあったように思われる。日米開戦か、日本陸軍の中国からの撤退か。日本政府はこの二つの道の一つを選択したことになる。しかし近衛内閣はすでに対米戦争の回避に努力しながらも、結局は及び腰で、この難問を処理しきれず、十月十八日に途中で総辞職して、政権を東條内閣にゆだねたのである。(註5)この政権交代が最後のターニング・ポイントであった。開戦を決めたのは東條内閣であり、その命令ですでにヒトカップ湾に集結中の連合艦隊に予定の通り出動が命じられ、十二月八日、ほぼ同時刻に連合艦隊がハワイの真珠湾へ、陸軍部隊はマレー半島に奇襲上陸する作戦となった。

一九四一年当時、マレー半島は大英帝国の領有地で、軍事戦略上イギリス軍の軍事戦略の要石であった。そのマレー半島の西海岸はすでにイギリスによって開発されていた。しかし東海岸はまだ欝蒼とした未開のジャングル地帯であった。開発された西海岸には、大小の都市があり、北はバンコックに、南はシンガポールへ半島縦貫鉄道が開通し、舗装された幹線道路も二本走っていた。十二月八日未明、マレー半島に奇襲上陸した日本陸軍はこの幹線道路とジャングル地帯の二方向から南下して、やがてジョホール海峡からシンガポールを攻撃することになる。

（3）ルーズヴェルト大統領の反応と全米国民向けラジオ演説

対米開戦の幕は十二月八日未明（日本時間）に開かれた。その日の早朝、日本海軍連合艦隊はパール・ハーバーを奇襲攻撃し、その直前（約一時間強前）に南方では日本陸軍がマレー半島のシンゴラとコタバル海岸から奇襲上陸した。ワシントンでこのニュースを聞いたルーズヴェルト大統領の言葉をその当日（米国時間では七日）側近のハリー・ホプキンスが次のように記録している。

「大統領は、我が国を参戦させないためにした彼の努力と、戦争なしで在任期間を全うしたかったという熱烈な願望とについて、やや詳しく物語った。しかし、もし日本のこの行動が本当だとすると、これは問題を自分の手から取り去ってしまうことになるだろう、なぜなら、日本が自分のかわりに決定をしてくれたのだから、とも語った。大統領は、この報告（海軍省のノックス長官からの電話報告）は多分本当だと思う、また、これこそまさに日本のやりそうな思いも寄らぬ事だと思う、そして、彼ら（日本人）は太平洋上の平和について論じていた（日米会談のこと）まさにその時に、平和を打ち倒す謀略を錬っていたわけだ、と言った」（ロバート・シャーウッド著『ルーズヴェルトとホプキンズ』I、みすず書房　四六四ページ）。

この日のルーズヴェルト大統領の行動は迅速であった。二時五分に、大統領はハル国務長官に電話をかけて、この

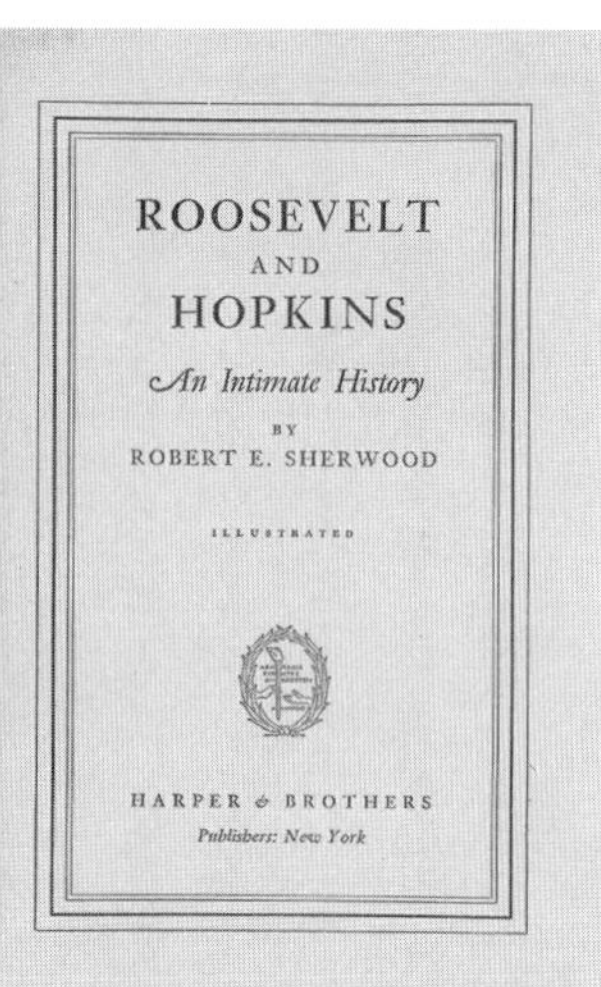
ROOSEVELT
AND
HOPKINS
An Intimate History
BY
ROBERT E. SHERWOOD
ILLUSTRATED
HARPER & BROTHERS
Publishers: New York

この英文原本には人物の写真とイラスト書簡など合計63点が収録されている。米大統領と側近のホプキンスを中心に記録した名著である

重要情報について話し、ハルが会見の約束をしていた野村吉三郎と新任の来栖三郎に応接する時はハルが真珠湾攻撃のニュースを受け取ったことには触れずに、野村と来栖の返答を形式的か冷淡に受け取ってから送り出すようにと、ハルに勧め、イギリスからチャーチル首相が電話をかけてきたときは、チャーチルに向かって「われわれはすべて今や同じボートに乗っている」と答え、その翌（八日）には大統領が全米の国民にラジオ放送でこの不幸なニュースを次のように伝えた、とホプキンスが記録している。それは過去二十四時間の異常な事件を大統領が列挙し、冷静に全米国民にそのニュースを伝えるものであった。

昨日のハワイ諸島に対する攻撃は、アメリカ海・陸軍に深刻な損害を生じさせました。

非常に多くのアメリカ人の生命が失われました。加うるに、サンフランシスコとホノルルとの間の公海で、アメリカの艦船が魚雷攻撃を受けたと報じられております。昨日、日本政府はまた、マレー半島に対する攻撃をも開始しました。

昨夜、日本軍部隊は香港を攻撃しました。

昨夜、日本軍部隊はグァムを攻撃しました。

昨夜、日本軍部隊はフイリッピン群島を攻撃しました。

昨夜、日本軍はウェーキ島を攻撃しました。

したがって、日本は、太平洋全域にわたる奇襲攻撃を企てたのであります（Japan, has, therefore, undertaken a surprise offensive extending throughout the Pacific area.）。昨日の事件は自らを語っております。米国民はすでにその意見を形成したのでありまして、わが国家の生命そのもの、安全そのものにとっての、それの意味するところをよく理解しているのであります。……敵対行為は実在しています（Hostilities exist.）。わが国民、わが領土、わが権益が重大な危機にさらされているという事実を、見て見ぬふりをすることはできないのであります（There is no blinking at the fact that our people, our territory, and our interests are in danger. In Robert E. Sherwood, *Roosevelt and Hopkins: An Intimate History*, New York: Harper & Brothers Publishers, 1948, pp.436-437）。


大統領のこの演説は冷静ながらも、現実に発生したパール・ハーバー奇襲攻撃とマレー半島への日本陸軍の奇襲上陸作戦の事実を伝えて、全米国民にその対日交戦の決意を促すものであった。ワシントンでは、この翌日から外交官たちが動き出した。この大戦争はソ連を味方につけなければ勝利できない、という世界的な視野に立つ外交戦略が米国政府内に浮上したのである。しかし当時、日本軍は七〜八月には関特演で、約八十万の日本軍将兵がシベリアに侵攻するために、満を持して「満洲国」とソ連の国境に集結していた。しかし御前会議で南進策が決定すると、北方は「静謐をまもる」という天皇の一声で、ソ連の方面は一方的な判断で安全とみなしたのであろう。日本政府と日本軍上層部の国際感覚の希薄さがあらわれている。しかしルーズヴェルトにしても、ソ連を対日戦争に巻き込むには、これから約三年後のヤルタ会談まで、その外交努力を継続せねばならなかった。この段階では、スターリンは独ソ戦争で窮地に立たされていたのである。スターリンは危険な二正面作戦に乗り出すような指導者ではなかった。その後のソ連とアメリカの外交関係は水面下に沈みながら、約三年後のヤルタ会談で対日軍事同盟関係が成立することになる。しかしヤルタ会談はルーズヴェルト大統領にとつては、対ソ外交で大きな譲歩を強いられることになる。

（4）遠藤とマレー作戦の発動＝遠藤の東條首相評と日本政府の戦争目的

一九四一年の春から秋にかけて、日本政府と米国政府の外交関係がこのように推移していることについて、当時まだ漢口で陸軍第三飛行団を指揮する遠藤三郎少将の詳しく知るところではなかった。この頃、もしも遠藤が東京（中央部）に在籍していたら、当然ながら彼は対米英戦争を誘発する南進策には反対したであろう（戦後の回想で遠藤は「もしも自分が中央にいたら、対米戦争に反対した。しかしそのような反対意見の持ち主は中央には席を置いてくれなかった」と語っている：現存する録音テープ）。もちろん、すでに中央から久しく遠ざけられていた遠藤に、対米英戦争に反対意見を述べる機会も手段もあるはずがなかった。そのような立場にいた遠藤が中央から「南進」に関する軍命令を受け取ったのは一九四一年十月二十八日であった。漢口の航空基地に駐屯中の遠藤は早速、その移動準備を整え、十一月十五日、漢口飛行場から空輸部隊をともない、密かに広東経由でベトナムのハノイに移動した。彼はハノイで隷下部隊の到着を待ち、南方作戦の下命まで市内にて待機した。ハノイを出発したのは十二月三日で、上層部から仏印半島南端のコンポントラッシュに隷下部隊を集結させるように命じられた。これからが遠藤にとってもアジア太平洋戦争の開幕となる。このとき、世界戦争を直前にひかえた遠藤の心境はどのようなものであったか。これは後年の回想ながらも、彼は英米蘭との世界戦争など夢にも考えなかった、とその自伝で語っている。

しかし彼は重慶爆撃の任務で中国の漢口に遠ざけられても、なおもエリート軍人であり、中央部で昔、机を並べたことのある好戦的な将軍たちの動静には注目し、とくに東條内閣の誕生については、次のような印象を持ったと回想している。

東條大将は能吏型ではありましたが、統帥者としてはとかく問題のあった人で、旅団長時代には影が薄かったようにさえ聞いておりました。それが関東軍憲兵司令官の時、その能吏振りが高く評価され関東軍参謀長となり、さらに陸軍次官、航空本部長兼航空総監を経て陸軍大臣という具合にトントン拍子に栄進しましたが、私はそれさえ不思議に思っておりましたのに今度は総理大臣です。いくら人材払底とはいえ驚かざるを得ませんでした。私は東條大将を近衛首相の後継者に内奏した木戸内府の真意は恐らく当時主戦論の急先鋒と目されておった実力者は武藤章軍務局長、富永恭次人事局長、田中新一作戦部長のいわゆる陸士二十五期の三羽烏であり東條大将はこれ等の衝き上げで陸軍大臣として主戦論を唱えているものの、総理になって戦争の全責任を自分の双肩に負わされる様になれば、戦争に踏み切る程太っ腹は持つまいとの判断にあったのではないかと思いました。ただ私が恐れましたことは東條大将が総理になって果たして前記三名の実力者を中心とする陸軍主戦論者を抑えきり得るかどうかでありました。右三氏は陸士は私より一年先輩でありますが、陸大は武藤氏のみが私より先輩であり田中、富永両氏は後輩であります。参謀本部第二課勤務時代には武藤氏、富永氏とも私より後に来て机を並べて勤務した間柄でもあり、田中氏は関東軍参謀時代、同時期に勤務し、しかも仙台幼年学校時代からの知人（武藤、富永両氏は熊本幼年学校出身）で、あまりにも深く三氏の性格を知り過ぎておりましたので甚だ心配でありました。その上に、かってノモンハン事件の失敗の当事者、服部大佐、辻中佐がいつの間にか復活して参謀本部作戦課に返り咲いておりました（遠藤三郎『日中十五年戦争と私』日中書林　一九七四年、二〇九ページ）。

この回想は参謀本部ならびに陸軍上層部の人脈に精通した遠藤ならではの鋭い指摘であろう。彼は木戸幸一内府や近衛文麿首相が東條なら陸軍内部の主戦派を抑えきれると判断したその期待感が実は甘いもので、むしろ武藤、田中、富永という陸軍主戦派の性格を熟知していて、その好戦的な言動と行動に大きな不安と危惧の念をいだいていたことがわかる。

世界の歴史はまさに、強国の指導者によって、その方針と方向が確立される。その政権の中枢に牙をむいた虎がたとえ数名とはいえ実権を掌握し、しかもその中枢の首座に世界を見通せる人物がいなくなれば、とんでもない方向に国家の進路が確定される。その実例を遠藤は歴史の教訓として指摘していたことになる。当時の参謀本部、つまり軍中央に同じ軍人でも遠藤のような冷静で知性派の指導者が数名でもいたのなら、無謀な日米戦争は回避できたかもしれない。しかし当時の中央部には、すでに知性的で冷静な判断力のある将軍が活動するポスト（余地）はなかったのである。「弱腰の軍人は邪魔になる」、この考えで中央部の人事は主戦派によって固められていた。その結果、当然ながら歴史は遠藤らの予測に反して、中央部が独断で南進政策をどんどん促進してしまった。それでも現実はなお対米・英・蘭戦争の大義名分でさえまだ理論的には確定していなかったのである。

ベトナムのハノイで待機中の遠藤も、今回の戦争目的が何であるのか、正確にはわからなかったという。彼はアジア太平洋戦争開幕の四日前、あわただしい雰囲気の中で、今回の戦争目的について、それを部下に訓示するために責任者として苦心したことを後年次のように回想している。

「十二月四日　朝　佐高中尉の操縦するＡＴ機（輸送機）に乗りハノイ飛行場を出発しましたが、この日雲低く海岸に沿って低空飛行を続けました。往年日露戦争の時、日本を震えさせたバルチック艦隊が停泊して有名になったカムラン湾には、日本軍の輸送船三十六隻碇泊しているのが見えます。いよいよ緊迫感を覚えました。ツーラン飛行場に着陸給油の後、午後五時二十分無事目的地コンポントラッシュ飛行場に到着しましたが、後続の筈の部下戦隊は悪天候に悩まされ難渋しているものの如く、軽爆の亀山戦隊長機ならびに襲撃の桜井戦隊長機を含め八機が消息不明となり、この日集結し得たのは僅かに二十四機に過ぎませんでした。幸い（十二月）五日夕までには中浜中佐の指揮する司偵戦隊（一中隊欠）および谷村少佐の指揮する戦闘戦隊、瀬戸中佐の指揮する軽爆戦隊が無事到着しましたので、私はプノンペンに飛び同地の集団司令部を訪ね、菅原集団長に飛行団の状況を報告すると共に八日の攻撃に関して細部の打合わせを致しました」（前掲書、二一四－二一五ページ）

しかし攻撃日時は十二月八日と決定しても、依然として出動部隊に戦争目的が中央から提示されなかった。遠藤が知り得たことは僅かに近衛、第五、第十八の三個師団からなる第二十五軍（司令官山下奉文中将）がマレー半島に奇襲上陸し、シンガポール要塞を攻略すること、それに第三飛行集団が協力することだけであった。アジア太平洋戦争はこうして第一線部隊にはその戦争目的さえも知らされず、当面の作戦任務が伝達されただけで開幕した。南の前線の指揮官や将兵は最初から参謀本部の手の中にある将棋の駒にすぎなかったことになろう。

それでも遠藤は軍の指揮官として天皇が戦争を決意した以上、もはや弱音を吐くことは許されず、満身創痩で、あたかも昔、楠木正成が湊川に出陣した気持ちで飛行団を指揮することになった。そして部隊の将兵には遠藤が起草した次のような趣旨の訓示（大義名分）を与えた（十二月六日付）。

訓示

熊襲ノ平定ニ三韓ノ征討ヲ要スルハ既ニ皇祖ノ訓ヘ給ヒシ所、支那事変処理ニ於ケル三韓ハ即チ英米蘇三国ナリ蘇ハ幸ニシテ盟邦独逸ニ征セラレ援蒋抗日ノ余力ナシト雖モ老獪貪欲飽クヲ知ラサル英ト傲慢不遜礼ヲ弁ヘザル米トハ愈々皇国日本ヲ圧迫シ且弱少民族ヲ虐ゲテ私利私欲ヲ壇ニシ新秩序ノ建設ヲ妨害シアリ。今ニシテ之ヲ討ツニアラズンバ新秩序ノ建設亦期シテ望ムベカラズ

隠忍幾盛衰今将ニ破邪顕正ノ剣ヲ抜イテ悪逆無道「アングロサクソン」ノ頭ニ天譴ヲ加ヘントス、快ナルカナ（遠藤三郎の自筆文書・狭山市立博物館所蔵）

これは精神的な訓示ながら、その意識の根底には、この戦争目的が示されている。つまり「支那事変処理」が根本で、それを邪魔する三国が英国・米国と蘇の三ヵ国であると語っている。しかしソ連邦は幸いにして日本の盟邦独逸に制圧されつつあり、援蔣抗日の余力がないから、今は問題としない。むしろ老獪で貪欲な英国と傲慢不遜な米国が皇国日本を圧迫する現状を打破するために、日本は戦うのだと、その理屈で部下将兵を納得させようとしている。だが、遠藤としても、中央からは戦闘任務を命令されただけで、戦争目的（大義名分）の伝達がないので困惑したのであろう。とりあえずは支那事変段階で近衛首相が声明した新秩序建設のスローガンを持ち出して、訓示の後段で今次の戦争目的を次のように宣言した。

我等ハ実ニ新秩序ヲ企及スル世界諸邦ノ選手ニシテ皇国ノ興廃ヲ担フ戦士タリ。皇国二千六百年ノ麗シキ歴史ヲ汚サズ……諸士宜シク其ノ本務ニ邁進シ……一億同胞ノ期待ニ応ジ　上御一人（天皇陛下）ノ信倚ニ副ヒ奉ランコトヲ期スベシ（十二月六日付・極秘と記している）

このような第一線部隊指揮官の意識状況・世界情勢判断からみても、最前線にいる日本の将兵は何のために戦うのか、その戦争目的が具体的にはわからなかったことになろう。参謀本部でも急遽、その戦争目的を明確にする必要を自覚したものか、やがて開戦直後に「大東亜共栄圏構想」(註6)が打ち出された。しかしアジア太平洋戦争の本来の目的は対中戦争に勝利するために、豊富な南方資源を獲得する、という点にあった。大東亜共栄圏はいわば絵に描かれた餅のようなものであった。それゆえ、当初は日本軍の侵攻をアジア諸国からは、白人を追い出してくれる解放軍の到来とみて歓迎された。しかし現地の民衆もやがてそのイデオロギーの欺瞞性を認識することになる。

大東亜共栄圏という錦の御旗となるイデオロギーは別にして、現実の戦争はパール・ハーバー奇襲攻撃よりも約一時間半前に日本の陸軍部隊（山下将軍が指揮する第二十五軍）のマレー半島奇襲上陸作戦により開幕した。

ときは一九四一年十二月八日午前一時であった。南方の海域は嵐の前の静寂につつまれていた。すでに前夜七日の午後十一時半、コタバルの正面海域に姿をあらわした日本の上陸部隊（佗美支隊）の三隻の船団からは上陸用舟艇が降ろされ、めざす上陸地点に向かって出発した。各舟艇には陸軍部隊の将兵が乗船し、四列縦隊でマレー半島東岸のコタバルの浜辺に突進した。

ついに対英戦争の矢は放たれたのである。遠藤はこの日、午前七時、百式司令部偵察機に乗って、上陸作戦の展開されたコタバル上空を偵察した。その日の緊迫感みなぎる遠藤日誌を紹介する。

（十二月八日）三時出発飛行場ニ至ル　十七、八（齢）ノ月清ク中天ニ在リ　各隊長ヲ集メ予定ノ如ク攻撃ヲ実施スベク命令シ　且必勝ヲ期シテ祝杯ヲ挙グ　三時半川島参謀長モ来リ五時半迄話ス　六時出発ノ予定ナリシモ追風ヲ顧慮シ約二三十分（後？）先頭ノ瀬戸戦隊進発ス（実際ハ追風ニアラズ三十分命令ヨリ遅レタリ）

夜間ノ離陸中々ニ時間ヲ要シ之ヲ確認シテ最後ニ出発セル予（百式司偵、池田大尉操縦）ハ午前七時ナリ　途中所々雲アリ雨ニモ会シタルニ大体ニ於テ天候ニ恵マル　八時半　コタパル西北岸ニ達ス　六隻ノ艦船西北方パタン方面ニ移動中ニシテ一隻ハコタパル海岸ニ碇泊ノ儘白煙ニ包マレアリ　上陸不成功ヲ直感セシム　コタパル飛行場ヨリタナーメラー及クワラベスト両飛行場ニ到レバ　両飛行場共ニ極メテ有効ニ爆撃セラレアリ更ニ　コタパル飛行場ノ状況ヲ偵察シ帰還ス　時ニ十時三十分ナリ

月の影翼に宿して進み行く
　　海の彼方の醜鷲の里
神風にマレイの妖雲払われて

朝日に照り映ゆ荒鷲の翼
　赤々と朝日の御光映ゆるなり
　　かちどきあげて帰る翼に

この遠藤日誌に記された、白い煙をあげて眼下に炎上中の船は、敵機の襲撃（直撃弾十六発）を受けて炎に包まれた淡路山丸で、やがてこの船は沈没した。船中にはまだ山砲中隊や独立速射砲二中隊、自動車分隊らの将兵がその資材とともに待機していた。その兵員と資材は無疵で陸揚げに成功したが、炎上する船を上空から眺めた遠藤は上陸作戦の失敗を危惧したのである。それでも遠藤は英軍の飛行場が損害を受けた有様を上空から目視して、日本軍の戦果を確認し、上記の三首の歌を日誌に記入した。しかしマレー・シンガポール作戦は今はじまったばかりであった。これからがいよいよ本番となる。それにしても、日本陸軍はなぜ、このマレー半島を最初の攻撃目標に選んだのであろうか。その理由を知るためには、まず南方作戦全般について一瞥することが賢明であろう。南方作戦はマレー・シンガポール作戦とフィリッピン作戦、さらにオランダ領ジャワ・スマトラ作戦とさらにタイ、ビルマ安定確保の作戦が付随していた。その内、遠藤の指揮する第三飛行団はマレー・シンガポール作戦に連動して、オランダ領のジャワ・スマトラ作戦にも参加する。その理由はこの南方作戦がまず戦略資源として、オランダ領のジャワ島とスマトラにある豊富な石油資源の確保を第一目標にしていたからである。(註7)

註

註1　「ハル・ノート」の英文全文
「ハル・ノート」の英文の全文は野村吉三郎著『米国に使して　日米交渉の回顧』（岩波書店　一九四六年）二〇〇ペー

ジから二〇六ページに「一九四一年十一月二十六日国務長官より受領せる米国の対案」として、「Oral」（説明）とOutline of Proposed Basis for Agreement Between The United States and Japanと題するSection I Draft Mutual Declaration of Policy（十ヵ条）とSection II Steps to be Taken by the Government of the United States and by the Government of Japanの二部構成（十ヵ条）の英文が挿入されている。本書に紹介した英文の十ヵ条はほぼ第二部に該当する。しかしその内容は、野村の『米国に使して』に収録の英文の方が詳細な記述になっている。しかし『米国に使して』では日本軍の中国大陸とインドシナからの撤退の項目がThe Government of Japan withdraw all military, naval, air and police forces from China and Indochinaとなり、「警察力」も含めている。

註2　蔣介石を救った「ハル・ノート」

最近の研究によれば、日米外交交渉の最終段階ではなお、蔣介石が米国の態度に疑心暗鬼の状況に置かれていたと、明らかにされている。一九四一年のこの時期、蔣介石は重慶で対米外交を継続していたが、一九四一年十一月二十四日の日記に、「国際的に道義がなく、きわめて憤りを覚える」と記入している。この記述は米国でハル・ノートが公表される二日前であった。蔣介石はアメリカの態度を疑っていたものとも思われる。

しかし、その四日後二十八日の蔣介石日記には、「この度、米国が日本に対して、態度を硬化させたのは、すべて自分のしっかりとした態度と毅然とした決意によるものである。とりわけ少しも時間を長引かせず、手際よく対処したため、危機一髪の時に局面を転換させることが出来た」と安堵している（佐藤元英「日米開戦手続き文書と中国南方への視点」『東アジア近代史』第十二号）。この記述は蔣介石がハル・ノートを見た結果、対米不信を解消したことを裏付けている。この「危機一髪」という蔣介石の疑念は、何を意味するのか。米国政府がもしも日本政府と外交的な妥協をして、中国の頭越しに、直接交渉をすれば、中国軍は単独で日本軍と戦うことになる。しかし強硬な内容の「ハル・ノート」は、これで日本軍を対米戦争に向かわせることができると判断したことになろう。この最終段階で米国政府が決して蔣介石を見捨てなかったこと、これがこれからの東アジアの歴史の流れを変えることになる（蔣介石日記の引用は、山田辰雄・松重充浩編著『蔣介石研究　政治・戦争・日本』収録　段瑞聰「太平洋戦争勃発前の蔣介石の対日政略」東方書店　二〇一三年、四五八－四五九ページによる）。

なお、この時期、蔣介石の私的顧問として重慶に滞在していたオーエン・ラティモアはその著作『中国と私』のなかで、日本海軍が真珠湾を奇襲攻撃した第一報について、それを耳にした蔣介石が次のように語ったと証言している。「今度の日本の積極的行動（真珠湾奇襲攻撃）が、今やアメリカを戦争に巻き込んだ。これで日本の圧力が中国から除かれるだろう。アメリカは強力で日本に負けるようなことはない」「日本を負かすのはアメリカに任しておこう。中国のすべきことは、持久作戦に出て、日本に対するアメリカの圧力が実を結ぶまで、とにかく待ち堪えることだ」と（オーエン・ラティモア著、幾野富士子編訳『中国と私』みすず書房　一九九二年、一八九ページ）。

重慶の蔣介石は、日本海軍の真珠湾奇襲攻撃により、米国が対日参戦することになり、中国は救われたと確信したことになる。しかし日本海軍は外交よりも、南方作戦の準備を優先していた。

日本海軍では、すでに前年（一九四〇）の八月から南方作戦を念頭に極秘のうちに出師準備を進めていた（『杉山メモ』（上）、九三－九四ページ）。これは明らかに将来の対米戦争を想定した日本海軍の開戦準備であった。その結果、同年十一月十五日には、海軍大臣及川古志郎大将が出師準備についての上奏を行った。天皇はその情勢を踏まえて十一月三十日に「南方作戦計画ハ出来タカ」（前掲書一五六ページ）と杉山参謀総長に下問した。このころ、外相の松岡洋右は日本軍が南部仏印に進出することを強く要請しており、天皇の上記下問と相まって急速に南進の準備もすすめられた。それでもまだ天皇は、北部仏印への兵力増強が新たな国際紛争を引き起こすことになりはしないかと危惧し、南部仏印への日本軍の進駐には強く拒否反応を示していた。

一九四一年一月二十五日、杉山参謀総長が南部仏印に対する作戦準備について、上奏すると天皇の機嫌は悪かった。この時点において、天皇の考えは「（南方で）作戦ヲヤレバ戦面ヲ拡大シ国力ニ影響ス」と危惧するものであった。しかし杉山参謀総長は「戦線整理ハ敵ニ勝利感ヲ与ヘ」「蔣ヲ不利ニ導ク為ニハ現戦線ヲ縮少スルハ不利ナリト考ヘマス　蔣ノ長期抗戦ハ英米「ソ」ノ援助ニ依ッテ居リマス故作戦上彼ヲ圧迫スルト共ニ他方大島（駐独）大使トモ話シ独ノ協力ニ依リ「ソ」又ハ米ヲシテ援蔣ヨリ手ヲ引カセル様施策シ度イト思ッテ居リマス」（前掲書一六三－一六四ページ）と天皇に上奏した。これは明らかに杉山の他力本願、つまりドイツ頼みの情勢判断であった。しかしドイツ軍はソ連の領内に進攻後、スターリングラードの攻防戦で、思わぬ敗退をきっした。

註3

対米戦争を不可とした天皇の発言

天皇は一九四一年夏、最終局面で杉山参謀総長を諫める。

いわく「汝（杉山）は支那事変勃発当時の陸相なり。其時陸相として、『事変は一ヶ月位にて片付く』と申せしことを記憶す。然るに四ヶ年の長きにわたり未だ片付かんではないか」これに対し杉山参謀総長は恐懼して、「支那は奥地が開けて居り予定通り作戦し得ざりし事情をくどくど弁明申し上げた処、天皇は励声一番、総長に対せられ「支那の奥地が広いというなら、太平洋はなほ広いではないか。如何なる確信があって三（カ）月と申すか」と反論した。そこで参謀総長はただ頭を垂れて答えられなかったと同席した近衛首相が回顧している（近衛文麿『平和への努力』日本電報通信社　一九四六年、八六ページ）。この答弁からみても、杉山参謀総長は、敵国のスペースの広さを全く意識していなかったことがわかる。

註4

十一月二日と三日：対米英開戦は事実上、天皇によって承認された。

この頃・対米英開戦はいつどのように決定されたか。日本側では「ハル・ノート」の四原則を日本政府が拒絶した結果と見る意見が多いが、「ハル・ノート」が提出される以前、すでに十一月二日と三日に事実上、天皇によって対米英開戦は承認されていた。この事実を「ハル・ノート」開戦説を主張する論者は隠ぺいしている。しかし天皇にはなお迷いと不安があった。十一月十五日には、宮中で御前兵棋が実施され、天皇は海軍制服姿で臨席し、開戦を最終確認する御前会議が開かれる前日、十一月三十日、高松宮殿下に「どうも海軍は手一杯で、出来るなれば日米の開戦は避けたい様な気分だが、一体どうなのだろうかね」と尋ねられている（『木戸幸一日記』昭和十六年十一月三十日）。このお尋ねは、十一月二日と三日に日・米英開戦を事実上承認したものの、まだ迷いと不安が交錯する心情をあらわした天皇の発言であろう。しかし十一月三十日、木戸内府は次のように天皇に奉答した。この奉答は重要なので、『木戸幸一日記』から引用する。

「今度の御決意は一度聖断被遊るれば後へは引けぬ重大なるものであります故、少しでも御不安があれば充分念には念を入れて御納得の行く様に被遊ねばいけないと存じます、就いては直に海軍大臣、軍令部総長を御召になり、海軍の直（ママ）の腹を御たしかめ相成度、此の事は（東條）首相にも隔意なく御話置き願ひ度いと存じます」。

この奉答で事態は動き出した。六時三十五分、木戸が御召しにより拝謁すると、「海軍大臣、（軍令部）総長に先程の件を尋ねたるに、何れも相当の確信を以て奉答せる故、予定の通り進むる様首相に伝へよとの御下命あり。直に右の趣を首相に電話を以て伝達す」と『木戸幸一日記』に記録している。この伝達で事態は予定の通り進めることが確定した。その翌日十二月一日の『木戸幸一日記』にはこうなっている。

「午前十一時半、首相参内、御前会議の件につき話を聴く。二時、御前会議開催せられ、遂に対米開戦の御決定ありたり」

なお、この開戦過程については、安井淳著『太平洋戦争開戦過程の研究』（芙蓉書房　二〇一三年）に詳述されている。なお、この対米開戦過程の最終段階で重要な役割をはたした木戸は戦後極東裁判の判決について、この戦争を引き起こしたのは東條軍閥であるとの一般感情から、陸軍の被告のみが死刑の判決を受けたのは偏りがあり、「海軍の被告は皆うまく逃げた。永野被告は裁判途中で病死したのだが、一人も死刑を出さなかったのはちよっとおかしい。海軍が助かるわけがない。広田（弘毅：外交官）被告が死刑になる位なら、島田（嶋田）被告等は勿論死刑のはずである」（木戸日記研究会『木戸幸一日記・東京裁判期』東京大学出版会　一九八〇年、四四八ページ）と不満を述べているが、これは正論であろう。

註5　実現しなかった近衛首相とルーズヴェルト大統領のトップ会談

ワシントンでの日米交渉の際、もしも近衛＝ルーズヴェルト会談が実現していたら、日米戦争は回避できただろうか。この問題については、二〇〇二年十一月三十日のNHKスペシャル「真珠湾への道・二人の旅人がたどる激動の一〇年・一九三一年〜四一年」でも取り上げられた。日米首脳会談で近衛首相が米国政府に提言する予定の項目は次の通りであった。日本側：①三国同盟の事実上の解消、②日本軍が中国からも十八ヵ月〜二十四ヵ月以内に一方的に撤退する。米国側：①米英国は対日制裁を止める、②日本軍が中国から撤退したら、日米通商関係を復活する、③「満洲国」の処遇はヨーロッパ情勢をみてから検討する。

近衛首相はこの条件で米国政府と交渉して、アメリカ大統領の同意を得て、帰国度、天皇に報告して、それからラジオ放送で日本国民に放送する。この手順でやるつもりであった。

しかし問題は仮にこの条件で日米首脳会談に成功しても、近衛が中国から日本軍を撤退させることに拒否反応を示す日本陸軍をコントロールできただろうかである。すでにこの段階では、天皇も陸軍と密接な関係にあり、近衛が天皇を説得できたのか。この点についても最近の研究では、「天皇を説得できたか？　も疑問である」というのがNHKの番組の結論であった。この日米首脳会談は結局、取りやめになった。

註6　大東亜共栄圏構想

これがアジア太平洋戦争における日本政府のスローガンとなった。竹内理三著『日本近現代史小辞典』（角川書店　一九七八年、二九一ページ）によると、次のように解説している。大東亜共栄圏は「欧米の植民地支配に代わって、共存共栄の新秩序をアジア地域に樹立すると称し、戦争を正当づけようとしたもの。日中戦争の長期化がはっきりした一九三八年十一月、第一次近衛内閣は日満華による「東亜新秩序」建設を声明したが、さらに第二次近衛内閣にあたり、四〇年七月決定された「基本国策要領」で「大東亜新秩序建設の為の生存圏」として東南アジアも含む大東亜共栄圏が構想され、以後のスローガンとされた」。

第一次近衛内閣の提唱した日満華三国の「新秩序」建設も、中国の中央政府、蔣介石政権を相手にせずという、傲慢な主張で、国際社会の反感をまねいたが、第二次近衛内閣の大東亜共栄圏構想も、アジア諸国と米国にもその欺瞞性を見抜かれてしまう。

しかし一九四一年十二月八日の天皇による宣戦の詔勅では、戦争目的が我が国の「自存自衛ノ為」「東亜永遠ノ平和ヲ確立」という漫然とした用語で、戦争の具体的な目標が宣言されていなかった。そのため大本営政府連絡会議は同年の十二月十日、「今次の対米英戦争および今後情勢の推移に伴い生起することあるべき戦争は支那事変をも含め大東亜戦争と呼称す」と改めて追加声明することになった。

このような国内の事情からみて、ハノイに移動した遠藤三郎も当初、今回の戦争目的を具体的には知らなかったことになる。

註7

大本営の南方作戦の大綱

南方作戦の大綱は一九四一年十一月十日、南方総軍司令官寺内寿一大将と連合艦隊司令長官山本五十六大将とが東京青山の陸軍大学校で、極秘に会見し、協議した結果をさらに同月十四日に南方各軍指揮官および幕僚と南方を担当する第二艦隊の首脳部とが山口県岩国の海軍航空基地で会合し、先に寺内と山本が決定した内容を実施要綱に纏めあげた。

それによると、作戦は三段階に分かれ、第一期作戦は、十二月八日、マレーとフィリッピンを同時に急襲して攻略戦を進め、第二段階はジャワ・スマトラを攻略し、第三段階では、これらの占領地域を安定確保し、機を見てビルマ作戦を準備するという内容であった。しかもその作戦期間を六ヵ月以内と予定し、これに要する兵力を十一個師団、二個飛行集団と定めた。飛行集団は第三、第五の二個集団で、陸軍中の三〇％以上の実戦力を投入した。

今回、遠藤の飛行部隊は第三飛行集団に所属して、第二段階のジャワ・スマトラ作戦では、重要石油資源を確保するため、まずパレンバン石油基地を占領確保することになる。

第二章　マレー・シンガポールからパレンバン作戦へ

辻政信参謀いわく：「シンガポールは、亜細亜を支配した英国の要石である。印度防衛のためには東の門をなし、濠洲防衛のためには北の門となっている。欧洲から東洋に向う航路はシンガポールを軸として、北は香港、上海に通じ、東は濠洲と蘭印（インドネシア）の宝庫に通じている。この二つの動脈こそ、数世紀にわたって英国が太平洋を支配したものであり、その心臓こそシンガポールである」（『シンガポール―運命の転機―』東西南北社　一九五二年、二四八ページ）。

大英帝国は十カ年計画で一千数百万ポンドの資金を投じて、この島に近代要塞を築城した。ジブラルタル、真珠湾、マルタ島とともに二十世紀の世界の四大要塞の一つであった。

一九四一年十二月八日のマレー上陸作戦に成功した日本軍地上部隊は二つの進撃コースに分かれシンガポールを目指して、マレー半島を南下した。当時、マレー半島はイギリスの領有地で、同半島の西海岸はすでにイギリスの手で開発されていたが、東海岸は未開のジャングル地帯であった。開発された西海岸にはクアラルンプールなど大小の都市があり、北はタイのバンコックへ、南はシンガポールへ半島縦貫鉄道が開通し、舗装された幹線道路も二本走っていた。日本軍はシンゴラ、パタニーに上陸した師団が西海岸コースを、さらに、コタバルに上陸した佗美支隊は東海岸に沿って一路ジャングル地帯を南下した（一〇七ページ地図参照）。

上陸した日本軍の総兵力は山下総司令官が指揮する約六万人、それに対する極東イギリス軍はウェーベル総司令官が指揮する約十二万人で、兵力の比較では日本軍は二対一の劣勢であった。ここで参考までにマレー半島の上陸作戦に投入された日本軍とそれに対抗するイギリス極東軍の軍事力を比較しておこう。

㈠日本陸軍

第二十五軍　司令官山下奉文　　第五師団、近衛師団、第十八師団

戦闘兵員：約六万人

各種火砲：約四百四十門

戦車（装甲車を含む）：約百二十輌

㈡航空機：

陸軍機　四百五十九機

海軍機　百五十八機

㈢海軍

南遣艦隊　巡洋艦　一

駆逐艦　一〇？

潜水艦　五？

これに対する極東イギリス軍は極東方面総司令官ウェーベル中将、マレー方面軍司令官パーシヴァル中将が指揮する陸軍部隊・第三軍団の人員と装備は次の通りであった。

(一)英陸軍

第三軍団――第九・第十一英印師団、第八豪洲師団、マレー義勇軍第二旅団など。

戦闘兵員：約十二万人？

各種火砲：約一千門？

戦車（装甲車を含む）：約二百五十輌？

(二)空軍：

戦闘機　約百機

爆撃機　約百三十機

偵察機　約五十機

(三)海軍

極東艦隊　戦艦　二

巡洋艦　一？

駆逐艦　五―七？

潜水艦　四―五？

（辻前掲書、三二一ページ別表）

この一覧表によれば、航空機では日本軍が六百十七機で、極東イギリス軍の二百八十機を大きく引き離していたが、戦車は日本軍が百二十輌、英軍が二百五十輌、各種の火砲も日本軍の約四百四十門に対して英軍が約一千門だから、英軍の方が優勢であった。マレー半島に上陸した日本軍の進軍距離は正確に計算すれば、南北一千百五キロになり、その距離を日本本土に当てはめてみると、東京から東海道線を下関まで走破することになる。しかも作戦計画では三ヶ月というタイム・リミットがつけられていた。日本軍の前進をはばむ障害は、十二万人の極東イギリス軍とさらには大小無数の河川とジャングルで、日本軍の工兵部隊はその橋梁を確保し、得意の夜襲戦車突撃や銀輪部隊の渡河作戦など各地で考案された創意と工夫で戦闘効果を発揮した。さらにこの作戦が成功したのは地上部隊と空軍の協同作戦が有効に展開されたからである。この作戦で地上の山下軍に協力したのは、菅原道大中将の率いる第三飛行集団で、その所有する航空機は戦闘百八十、重爆百三十、軽爆百、偵察四十五、各種の予備百六で、合計五百六十一機の陣容であった。この飛行団には中国大陸の漢口、南昌、長沙などの作戦に従軍したもの、さらにノモンハンと重慶爆撃を体験した歴戦の部隊が含まれていた。遠藤三郎の指揮する第三飛行団も重慶爆撃に従軍した歴戦の勇士たちであった。

航空戦では、海軍の率いる爆撃機が一二月一〇日に、クワンタン沖合で、当時世界最強といわれた英国のプリンス・オブ・ウェールズとレパルスを撃沈したことが(註1)真珠湾奇襲に次ぐ初期の大戦果として日本の新聞に報道され、第三飛行集団に属する遠藤の第三飛行団も地味ながらもマレー・シンガポール作戦の成功に大きく寄与したことが注目された。遠藤は重慶爆撃のときも、陸・海・空の三面作戦を持論として提唱した指揮官であったが、さきにも触れたように、重慶ではまだその機会が到来しなかった。しかしマレー半島では日本の陸海空軍がイギリス軍よりも優勢で、兵員数では劣勢な陸軍部隊を空から援護する大義名分がそろっていた。遠藤の第三飛行団は限定された燃料を陸軍部隊が占領したイギリス軍の飛行場から補給（チャーチル給与）しながら、空の戦いを継続した。

（1）運命の十二月八日――出撃に興奮気味の遠藤三郎

遠藤三郎の指揮する第三飛行団の戦闘は十二月八日から開始された。その日の遠藤日誌によれば、部下の戦闘機がコタバルに上陸した佗美支隊を援護し、遠藤自身も百式司偵でコタバル西北岸から敵飛行場の状況などを視察している。この状況については前節に紹介したが、これが遠藤三郎にとってもアジア太平洋戦争のはじまりであった。以下、再びその日の日誌の書き出し部分から紹介しよう。午前一時半に起床した遠藤はやや興奮気味に次のように記している。

十二月八日　月

午前一時半起床　冷水ヲ浴ビテ身ヲ清ム　心身爽快ナリ　一点ノ曇リ一点ノ不安モナク昨夜亦短時間ナガラ安眠シ夢モ見ズ

出発迄ニハ若干ノ時間アルヲ以テ各所ニ端書ニテ通信ス　三時出発飛行場ニ到ル　十七八ノ月清ク中天ニ在リ各隊長ヲ集メ予定ノ如ク攻撃ヲ実施スベク命令シ且必勝ヲ期シテ祝盃ヲ挙グ

三時半　川島参謀長モ来タリ五時半迄話ス　六時出発ノ予定ナリシモ追風ヲ顧慮シ約二、三十分（後）先頭ノ瀬戸戦隊進発ス……

この記述をみれば、一同そろって必勝を期し、指揮官の命令を受けて進発する部下の戦闘機がごうごうと爆音をとどろかせながら滑走路を離陸する有様を連想することができる。当時はまだ夜間爆撃ができなかったのだろう。この初日に遠藤の飛行団は夜明けを待って最初の攻撃隊を進発させ、午後に第二陣を出発させた。その二回の出撃による戦果と損害は次の通りである。

第一撃の成果と損害

撃墜二、射撃による転覆二、爆撃炎上三、不確定未墜四

帰還せざるもの戦闘機一（中島中尉）、司偵一

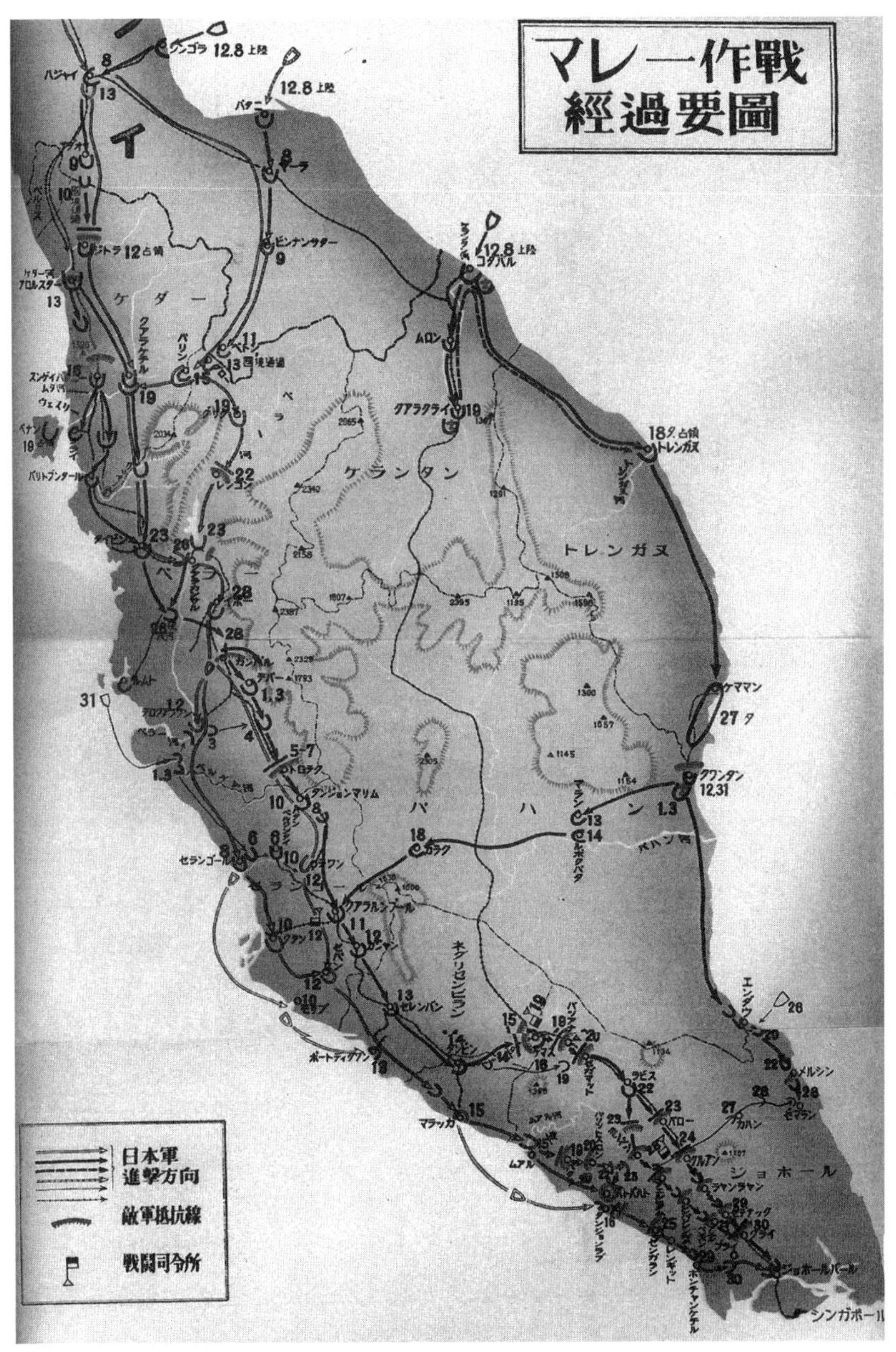

『大東亜戦史　マレー作戦』（朝日新聞社、1942年）収録

第二撃（午後に実施）

戦闘隊及び瀬戸戦隊は悪天候のため中途より帰還　堀田、町田、脇村の三ケ中隊は敢行して（敵機）一機炎上、三機火網に捕捉　午後七時半帰還（遠藤日誌・十二月八日付より）

この夜、遠藤は隷下にある部隊の戦力の偉大さに満足しながら、午後八時半に寄宿し、各部隊の労をねぎらうために、就寝前に葡萄酒を送っている。それは長い一日であった。

しかし戦争はこれで終結したのではない。これは奇襲攻撃初日の出来事であり、これ以後の遠藤日誌にはほぼ毎日のように攻撃による戦果と損害が記入され、そのなかで指揮官として命令し、反省しさらに上層部からの無理な指令にいらだつ姿も登場する。これらの記録は戦争とは何か、それは勝ち戦の段階でさえもどれほど過酷なものであるか、どれほどの犠牲に耐えなければならなかったかなど、その現実の無常さを物語ってくれる。しかし遠藤のような将軍でも、戦場にいるかぎりは戦況の推移のなかで各種の情報の収集につとめ、それに臨機応変に対処して、作戦を有利に展開しなければならなかった。彼は部下の殉職に心を曇らせながらも、敵飛行場の攻撃や敵戦闘機の攻撃に備えて次々と戦闘機隊を出撃させている。その状況は毎日が休み無し、まさに過酷な戦いの連続であった。

しかし最初の大戦果は十二月十二日のペナン島の攻撃で達成された。

(2) ペナン島の爆撃―戦局の推移に貢献

遠藤の飛行部隊が爆撃したペナン島は、マレー半島の西側・マラッカ海峡に浮かぶように見える小島であった（一〇七ページ地図参照）。その島・ペナン島は当時〝マラッカの香港〟とも呼ばれていた。その面積は百八平方マイルで、人口は一五・六万人に過ぎなかったが、シンガポールに次ぐ第二の都会で、イギリスにとっては極東アジア支配の戦

日誌

1941年
昭和十六年

八月十一日迄は海南島沖にて海没のため欠

1941年　マレー・シンガポール作戦時の遠藤「日誌」

極秘

訓　示

熊襲ノ平定ニ三韓ノ征討ヲ要スルハ既ニ皇祖ノ訓ヘ給ヒシ所、支那事變處理ニ於ケル三韓ハ即チ英米蘇三國ナリ、
蘇ハ幸ニシテ盟邦獨逸ニ制セラレ援蔣抗日ノ餘力ナシト雖モ老獪貪慾飽クヲ知ラザル英ト、傲慢不遜禮ヲ辨ヘザル米トハ愈〻皇國日本ヲ壓迫シ且弱少民族ヲ虐ゲテ私利、私慾ヲ擅ニシ新秩序ノ建設ヲ妨害シアリ、　今ニシテ之ヲ討ツニアラズンバ新秩序ノ建設亦期シテ望ムベカラズ、
隱忍幾星霜今将ニ破邪顯正ノ劍ヲ拔イテ悪虐無道「アングロサクソン」ノ頭ニ天譴ヲ加ヘントス、快ナル哉
惟フニ英ハ曾テ絶世ノ英傑「ナポレオン」ヲ以テシテ尚且之ヲ討チ得ズ、今日拡古ノ天才「ヒットラー」ニシテ尚之ヲ屈セシメ得ザル所ノモノナリ、而モ敵トシテ之ニ加フルニ世界最強ヲ誇ル米ヲ以テス、皇國ノ前途極メテ多難ナルベク我等ノ責務ハ極メテ重大ナリ、實ニ皇國ノ興廢此ノ一戰ニ在リト云フベシ、
然リト雖モ勝利ハ必ズ我ニ在リ之天ニ代ッテ悪虐ヲ討ツ皇戰ナルヲ以テナリ、
我等ハ實ニ新秩序ヲ企及スル世界諸邦ノ選手ニシテ皇國ノ興廢ヲ擔フ戰士タリ、皇國二千六百年ノ麗ハシキ歴史ヲ汚サズ更ニ史上錦ヲ添ヘテ萬世ニ譽ヲ貽スモノ實ニ我等健闘ノ如何ニ在リ、
諸士宜シク其ノ本務ニ邁進シ從來精進練磨セル所ヲ遺憾ナク發揮シ全力ヲ擧ゲテ國是ノ完遂ニ寄與シ以テ一億同胞ノ期待ニ應ジ　上御一人ノ信倚ニ副ヒ奉ランコトヲ期スベシ、
右訓示ス、

昭和十六年十二月六日
第三飛行團長　遠藤三郎

1941年12月６日付、遠藤少将が対英米蘭開戦理由を述べた「訓示」

略的な拠点のひとつであった。全島が椰子の緑に覆われ、ペナン丘の頂上近くには総督官邸やヨーロッパ人の経営する豪華なホテルや別荘もあり、マラッカの香港とよばれるにふさわしい環境と都市機能を備えていた。軍事的にもシンガポールに次ぐ第二の要塞で、マレー半島を南下する日本軍にとっては、あなどれない軍事拠点でもあった。しかしシンゴラ、パタニーから上陸して一路南進する日本軍はその作戦のタイム・リミットからもこの島の要塞を横目で睨んで南下する状況にあったときである。遠藤は陸軍部隊の上陸に先んじて、単独で空からペナンを攻撃した。この爆撃はシンガポール作戦を立案した作戦参謀の辻政信によっても注目され、次のように評価されている。

ペナンは、シンガポールに次ぐ第二の要塞であり、商港であった。防備は未完成といひながらも、情報によると相当の強度であると思はれた。最初の作戦計画では、第五師団の一部で監視し、軍の後方を援護させ、後続する第十八師団の主力で攻略するやうに考えられてゐた。英本土からの増援軍が適時に到着したならば、敵はこの方面から逆上陸し、シンガポールに向ふ我が作戦を牽制することも出来るし、或は更に積極的な敵ならば、シンガポール要塞と南北呼応して、我が軍を悩ますことも十分考へられる。

作戦の初期にまづペナンを攻略し、背後を固めてから南下して、シンガポールを陥すことは、慎重な考え方からすると常識戦法であった。それを敵へて採らずに横目で睨んで南下したが、脇腹に匕首を擬するペナンの敵には終始頭を悩ました。

その敵を大挙して空襲したのは奇しくもジットラー突破の日であった。南部仏印の基地から飛出した飛行集団（第三飛行団）の主力は、ペナンの港に碇泊中の敵船舶の集団に、急降下爆撃を加へ、大部を破壊炎上させて致命的損害を与えた（辻前掲書、一五五ページ）。

ここで作戦参謀の辻が指摘したように、ペナン島の爆撃は日本軍がジットラーの敵防衛線を突破した日に実行された。山下の陸軍部隊はジットラーの激戦で手がいっぱいであったろう。しかし遠藤の第三飛行団のペナン島攻撃で、ペナンの英軍がひどく動揺していると判断し、急にこれまでの計画を変更し、十五日に第五師団から少数部隊を選抜しペナン島に奇襲上陸させ、全島を無血占領することができた。その結果、日本軍のマレー半島南下作戦は背後から敵に襲われる心配がなくなって、南進に専念することができた。

十二月十二日のペナン島攻撃の戦果について遠藤日誌が次のように記録している。

「十二月十二日　金　降雨　雨降レトモ雲高シ　九時ヨリピナン島ノ攻撃ヲ実施ス　沈没一　火災一　大破四ノ戦果ヲ上（挙）グ……」。この日の爆撃は主として港に停泊する船舶に損害をあたえたことになろう。しかし遠藤の飛行団にも手痛い損害が発生した。それは翌日十三日に再度の爆撃を敢行したときのことである。英軍もやはり迎撃の戦闘機を待機させていたのである。第三飛行団は戦闘機を出撃させず、襲撃隊だけで攻撃し、思わぬ不覚をとったのである。遠藤はこう日誌に記録している。

「十二月十三日　曇　雲多シ　昨日ニ引キ続キピナン島ノ敵船舶攻撃ヲ実施ス

戦爆協同攻撃ヲ企画セシモ戦闘機隊長ノ〝目下ピナン島附近ニ敵影ナク且戦隊ハ整備ノ要アルヲ以テ戦闘隊ノ参加ヲ中止（セ）シメラレ度シト〟意見具申ヲ採用シ戦闘隊ヲ派遣セザリシガ失敗ノ原因ニテ　ピナン島附近ニハ敵機挑梁シ襲撃機青木中尉機　軽爆堀田大尉機外一機ヲ失ヒ又襲撃機ノ銃手佐藤伍長戦死ス…」。この日はさらに、応援に出動した谷村戦隊長までが帰路、僚機の追突により墜落、殉死した。戦争になれば、勝ち戦でもこのような有様であった。勝利の影には、いつも犠牲者あり、ということになる。

しかし作戦全般からみれば、第三飛行団の戦果は海軍のプリンス・オブ・ウェールズ、レパルス撃沈ほどセンセーショナルではなかったが、適時にその効果を見せはじめ、十二月二十三、四日には地上部隊のペラク河渡河作戦に協力するため、橋梁を敵に破壊させないように上空から敵地上部隊の接近と橋梁の爆破作業を妨害したり、クアラルンプール飛行場の爆撃（二十一日）では、敵の戦闘機四機を撃墜、さらに二十八日のメダン爆撃では、大型機一、小型機三を撃砕後、敵潜水艦に向かって急降下爆撃を三度敢行した瀬戸戦隊依田辰雄軍曹がその一弾を命中させ、潜水艦を撃沈するなど、遠藤の指揮した第三飛行団の活躍はめざましかった。さらにこのマレー作戦は年が明けるとシンガポールの要塞攻撃と同時にパレンバンへの挺身作戦の発動へと進展した。こうなれば遠藤も全く休息することもできず、連日汗まじりで作戦の指揮に没頭している。この時期の遠藤日誌はまさに日本軍がマラッカ海峡を西方に横目でながめながらその作戦範囲をアジア太平洋の要石へと拡大するプロセスを映し出していた。マレー半島を南下した山下将軍の地上部隊はシンガポール要塞の攻略にその全力を集中し、陸海軍航空部隊はそれを支援して、さらなる戦域を拡大し南下して重要な石油資源を獲得する同時作戦を実施するよう中央から命令された。

これには遠藤もいささか不満であった。生一本な彼の性格からすれば、まずはシンガポールを攻略する作戦に勝利してから、次の作戦に移りたいという腹づもりであった。しかし中央はこの南進作戦の最終目標をジャワ、スマトラの石油資源獲得に定めており、そのタイム・リミットを開戦以来三ヶ月と限定していた。シンガポールの陥落も重要だが、それよりもスマトラとジャワの石油資源を獲得しなければ、日中戦争を継続し、勝利することができない。いまや背に腹をかえられない局面にあり、シンガポールとパレンバンの二面作戦を実施せよと中央が命令したことになる。二月四日、遠藤はオランダ領のパレンバン挺身作戦に関する上司からの命令を受け取り、「蘭領パレンバンの占領は理解せざるところなるも、今さら第一線部隊長の論議し得るところにあらず」といささかの不満をあらわしながら、このとき彼もまた石油を求めて、日本軍の戦域拡大の流れのなかに盲目的にその身を投入してゆくことになる。

（3）空地協同作戦とシンガポール総攻撃前夜

マレー・シンガポール作戦は日本陸軍にとって、〝橋の戦い〟とも〝工兵の戦い〟とも呼ばれた。実際、マレーの地図をみると、半島は日本本土の四分の一に近い面積で、南北に細長く約一千百キロ強の回廊のような長さに伸びている。その間、東側は熱帯のジャングルで覆われ、西方は開発されていても、幹線道路は二本しかなく、軍隊がその道を縦貫するには約二五〇の橋を渡らねばならなかった。しかし英軍は退却のたびごとにその橋を爆破するにちがいない。そうなれば、日本軍の進撃は二五〇回も停止させられ、七十日というタイム・リミットのうちに、目標のシンガポールを占領することは不可能となろう。その障碍を克服するためには、有力な工兵部隊を随伴して、橋の修理を反覆しながら、機械化師団が無事渡橋し得るように橋を迅速・応急に造営しなければならなかった。そのためマレー半島に上陸した各師団はいずれも工兵連隊を三個中隊充足して進軍し、進撃の速度を速めることになった。

さらにこの作戦の特色には、〝空の戦い〟があり、日本の陸・海空軍による地対空の協同作戦があったことが注目されよう。これまで（日中戦争当時）、空軍の存在はまだ陸の戦いの補助手段という程度の認識が支配的であった。しかしこのマレー作戦では、空軍の活躍が顕著に証明され、陸上の戦闘には航空部隊の協力が不可欠であることが認識された。

ここでは、マレー・シンガポール作戦での陸軍航空部隊の活動を五段階にわけて、『大東亜戦史　マレー作戦』（朝日新聞社　一九四二年）からその戦略的な特色を列記してみよう。

陸軍航空部隊：五段階の作戦

陸軍航空部隊は十二月八日のマレー上陸作戦開始後、シンガポール占領までの五十五日間に、およそ次のようなプロセスで地上作戦に貢献したことが注目される。

第一期作戦（上陸援護ならびに航空撃滅戦）

十二月八日開戦からスンゲイ・バタニ占領の十二月十六日ころまで。とくに開戦劈頭における上陸作戦の成功は空軍の援護なしでは不可能だったといえる。航空部隊による海上輸送中の船団援護とその後の敵航空部隊殲滅戦ならびに敵航空基地爆撃も特筆されよう。

第二期作戦（地上協力作戦と船団爆撃）

十二月十七日から同二十八日ごろまで。地上部隊の直接協力作戦、地形偵察、敵情偵察、敵陣地、要衝都市・重要基地の爆撃。さらに敵船団攻撃とペナン港埠頭爆撃、同港に繋留中の船団爆撃、マラッカ海峡の制圧、スマトラ島のメダン爆撃など。とくにペナン島爆撃は南下する陸軍部隊の背後を安全にする端緒となり、マラッカ海峡の制圧は南下する部隊の西海岸舟艇機動作戦の端緒となった。

第三期作戦（シンガポール島作戦）

この期はさらに三期に区分できる。

①　シンガポール島要塞に対する政戦両略的奇襲作戦

十二月二十九日から敢行。シンガポール島要塞に対する奇襲・強襲、消耗作戦。

地上の戦局はまだペラー州のイポー附近にあり、その地で日・英両軍が戦闘を交えていたが、空軍部隊は敵地の上空をはるか南に飛び越え、戦略的にマレー英軍を後方から牽制し、同時にマレー住民に英軍の不利を知らせる政略的な作戦を展開した。

②　シンガポール島要塞に対する戦爆連合の強襲作戦

翌年の一月十二日から開始。これは戦爆連合の大編隊による本格的な航空殲滅作戦。爆撃目標はシンガポール全島の軍事基地、軍事施設など。

③　シンガポール島要塞に対する消耗作戦

一月末、二十九日ごろから開始。これは日本の陸鷲の大編隊による消耗作戦で、一日に何回となく夜間も行われた反復爆撃。この作戦でシンガポール島は大被害を受け、英空軍はスマトラ、ジャワ島の周辺基地に退却し、ついに一月三十日、日本軍はジョホール・バルに突入した。

第四期作戦（シンガポール島要塞攻撃協力作戦）

二月初旬、日本の地上部隊はジョホール水道を隔てて目前のシンガポール島を望みつつ攻撃準備を開始。その間、陸軍航空部隊は要塞戦における火砲的な用法として投入された。

さらに二月九日、陸軍（第二十五軍）の本隊がジョホール水道からシンガポール島に上陸作戦を開始。空軍もその渡河・上陸作戦に直接協力した。

第五期作戦（シンガポール島総攻撃の最終的航空作戦）

二月十日以後シンガポール陥落まで。これはシンガポール島の英軍に最後のとどめを刺す航空作戦。これに対し、英空軍も周辺基地から散発的に出撃し、勇敢に空中ゲリラ戦を展開したが、その劣勢はいかんともなしがたく、やがてその姿を消した。さらに日本の航空部隊は二月六、七、八の三日間にわたり、スマトラ島パレンバン基地ならびにバンカ島のムントク飛行場に対する空爆を慣行した。大本営発表によれば、六日のバンカ島（シンガポール東南方約四百キロ）のムントク飛行場強襲では、敵機二十八機を撃墜破。さらに七、八の両日にはパレンバン飛行場その他で六十七機を撃墜した。

マレーの全作戦で日本陸軍航空部隊が撃墜破した英空軍機の総数は四百二十九機となった（以上の時期区分と戦果は、前掲の『大東亜戦史　マレー作戦』二七四－二八〇ページを参照した）。

今回のマレー作戦開始以来、これら五段階にわたる陸軍航空部隊の活躍はめざましかった。そのいずれの段階においても遠藤三郎の第三飛行団の貢献があったことが注目される。とくに第二期のペナン島爆撃とペラク河橋梁確保作戦の際の空地協同作戦、さらには第五期のシンガポール全島とパレンバン飛行場強襲作戦などはその後の日本軍の南進作戦の成り行きに少なからざる役割をはたしている。

以下、ふたたび遠藤日誌を参照しながら、十二月二十二日のペラク河橋梁確保作戦から第五期のシンガポール島総攻撃までの日本陸軍飛行部隊の活躍を再現してみよう。遠藤の第三飛行団は地味ながらも作戦全般の成功に大きく貢献したことがわかる。

（4）遠藤部隊の活動―ペラク河の橋梁を確保せよ

遠藤の指揮する第三飛行団がペナン島の爆撃に成功したことは先にも触れたが、その後の日本の陸軍部隊の最大の難所はペラク河渡河作戦であった。なぜならシンゴラから上陸した第五・第十八両師団とタイ国の国境から南下した近衛師団はともにこのペラク河を渡河しなければならなかったからである。マレー半島最大のペラク河の河幅は約五百メートルで、水面は石灰色の濁流が満々とし、「魔の大河」と呼ばれるにふさわしい難所であった。その渡河作戦は第二十五軍を指揮する山下奉文軍司令官にとっても難題で、マレー作戦の関ヶ原という心境であったろう。第二十五軍の第五師団主力と安藤支隊はマレー半島の北部を南下しながら、一斉にペラク河をめざしていた。

勿論、陸軍ではペラク河作戦は当初から検討され、安藤支隊をシンゴラ南方のバタニーから上陸させ、ジャングル内の間道伝いにペラク河の上流から橋梁のあるクアラカンサルに上陸させ、西海岸進撃の主力に先駆けてその橋梁を確保する手はずであった。しかし英軍もまた強力な部隊を差し向け安藤支隊の前面で抵抗した。

山下軍司令官はそうした状況から空軍の援護でペラク河の橋梁を確保することを思いつき、遠藤にその旨を要請した。

その日は十二月二十二日で、遠藤の日誌には「25A司令官山下中将馬奈木副長ヲ伴ヒ来談セラレ約三時間話サル」とある。山下は遠藤とは懇意で、相当に信頼していた間柄で、この日、山下は作戦の経過と今後の課題を語りながらペラク河橋梁確保についての協力を遠藤に依頼したのだろう。

遠藤はその要請に応えて、翌日から二日間にわたり、指揮下にある全航空機を出動させ、自らも偵察機に乗り、ペラク河の上空から橋梁確保の作戦を指導した。

その日誌によれば、

十二月二十三日

午前六時半　敵ノ爆撃機来襲セルモ被害ナシ

早朝ヨリペラク河ノ橋梁確保ノ為出動　予モ亦九時出発　司偵ニテ戦場（ペラク河）視察　橋梁附近雲低ク進入困難漸ク南方ヨリ迂回進入セルニ南方ノ舟橋ハ厳存シアルモ北方ノ鉄道橋及人道橋ハ破壊セラレアリ　直チニ帰還シテ確保スベキ指導ヲ南方ノ舟橋ニ変更（?）シ終日全力ヲ以テソノ目的ヲ達成セリ　然レトモ20時ニ到ルモ歩兵部

隊到着セズ　止ムヲ得ズ徹宵（夜間）出動確保ニ努ムルニ決ス　午后参本第二課長服部大佐以下来部……司令部ハ賑カナリ
夜間出動ヲ決スル席上軍ノ西岡参謀モ列席　予ノ空地精神的協同ノ意義ヲ説キシトキハ感激ノ場面ヲ表ハシ一同異議ナク出動ニ決スルヲ得タルハ真ニ嬉シ

この席で遠藤は従来より主張してきた空地・協同作戦を自信に満ちて主張したことがわかる。この主張はたとえその目的が達成されなくても、全力を尽くすことで空地の二面作戦の精神的な協同の実を挙げることになる、という確信にもとづいていた。

翌十二月二十四日、遠藤は全航空機に出動を命じ、空から橋梁確保作戦を展開した。

その日の日誌には「徹宵ペラク河橋梁確保ニ勉ム……二時頃迄ハ（橋梁を）確保シアリシモ霞ノ為目視シ得ザル頃前岸切断セラレ敵岸ニ漂着シアリ遺憾此ノ上ナシ　但シ網ヲ以テ引キヨセ得ルヲ以テ其ノ旨ヲ松井師団長ニ勧メタルモ　師団ハ之レカ奪還ヲ断念セルヲ以テ爾後ハ退却スル敵ヲ索メテ攻撃ス」とある。

遠藤がここで指摘したのは、英軍がペラク河北岸にかかる橋梁をすでに切断し、空から橋梁が漂着している有様を目視し、それをすばやく網をもって再び北岸に引き寄せることが可能だと友軍に通報したことであろう。しかし地上軍ではこの奪回を断念したので、飛行団は本来の任務にもどって退却する英軍の攻撃を再開したという。

これにより当初、第三飛行団がめざした橋梁確保作戦は残念ながら不成功に終わっても、今回の同飛行団による前代未聞の空地協力作戦により、地上軍の渡河作戦の士気を高揚させたことが推測できる。しかもその間、日本軍のトラック部隊は第五師団のすぐ後から折りたたみ式の舟艇を川岸に急送することができた。その舟艇は三種類で、兵員、自動車、戦車と重火器用には大発が、兵員用には小発が、さらにベニヤ板で作った折りたたみ式舟艇（長さ約五メートル、幅一メートル半で後尾にモーター付き）も到着し、十二月二十六日の夜半から爆破された橋梁を中にはさんで、上流と下流の二箇所から一斉に渡河作戦を展開した。このとき、対岸の英軍は沈黙し、なんらの抵抗もみせなかった。これは日本軍にとって望外の幸いであったが、英軍の沈黙の背景には事前に航空団の威嚇があったことになろう。

このとき、遠藤の指揮する第三飛行団の活躍については、マレー作戦に参加した作戦参謀の辻政信も後年その著書で、空軍による前代未聞の橋梁確保作戦だ、と高く評価し、次のように語っている。

（ペラク河作戦当時）スンゲーバタニー飛行場には、遠藤少将が軽爆主力を率ゐて躍進している。ペラク橋梁の占領について、何とか新しい工夫はなかろうかと、意見を伺ひに行った。遠藤少将はマレー作戦の全期間を通じて、最も勇敢機敏に活動して地上作戦に協力した部隊長であっただけに、一流の見解を持ってゐる。

〝敵の破壊設備は恐らく橋の南端にあるだろう。ペラク河北岸の敵が撤退すると同時に電気爆破するに違ひない。明日全機で出動し、軽爆弾を南の袂一帯に集中して電線を切断し、爆破装置を無効にし、それから連続的に制圧のための爆撃を続けよう〟

（この発想は）成る程、一理ある。今までは飛行機は橋を爆破するためにばかり使はれてゐたのに、今度は逆に爆破妨碍に使用しようとするのである（辻前掲書、一六一―一六二ページ）。

遠藤少将の空地協同作戦については、ときに遠藤とその意見が対立した作戦参謀の辻でさえ、このような賞賛の言葉をなげかけたのである。これ以後、河をわたった地上軍の進撃は一層その速度を速めている。このころ、東海岸をジャングルの脅威と闘いながら進撃する佗美支隊もパパン州のクワンタン附近に進撃し、十二月三十一日ついに同市街を占領した。しかもその二日前、二十九日には遠藤の指揮下にある徳永戦隊がマラッカ海峡で英軍の駆逐艦を発見し、一弾を命中させ、同時に新しく指揮下に配属された加藤戦闘中隊をシンガポール夜間爆撃に出動させている。この日から、いよいよ陸軍航空部隊の作戦はシンガポール島の攻撃へと進展した。

地上の陸軍部隊がマレー戦史上、放胆無類の海上機動作戦を展開したのも、このような段階であった。それは一九四一年十二月三十日の夜のことで、ルムト港から出発した海上機動部隊がマラッカ海峡を約六百五十キロ南下し、一月四日にはスンカイやモリブ港に上陸して、地上進撃部隊の前面で抵抗する英軍を側面からおびやかす作戦を展開した。なおこの海上機動部隊の輸送にはシンゴラ上陸時点で使用された大小の上陸用舟艇四十隻とペナン港で鹵獲した約二十隻の小型汽船が動員された。とりわけペナン港から回送された英国の小型汽船は遠藤の航空部隊のペナン爆撃成功後、同島に上陸した日本の陸軍部隊が捕獲した船で、その汽船を海上機動作戦に投入できたのは間接的ながら遠藤部隊の爆撃効果のあらわれといわれよう。

しかしこの間も、地上の陸軍部隊はイポー南方五十キロのカンパルや南方スリムの天険で激戦を交えていた。とくにカンパルでは、背梁山脈の尾根が道路に迫った高地のゴム林には強力な英軍の砲兵・機関銃陣地が数線敷設されていた。

日本の第五師団が十二月三十日朝、前方の湿地と平原に顔を出したとたん、英軍の猛烈な反撃を受け、三十、三十一の両日、戦車と砲兵、歩兵が一体となり、捨て身の猛攻を加えてやっと前進する有様であった。その間十二月二十九日には、すでに陸軍航空部隊がシンガポール島要塞に対する奇襲作戦を開始していた。

(5) 遠藤将軍のジレンマ—上司に意見具申

これ以後、遠藤の第三飛行団もその作戦は地上の追撃戦に協力しながら、同時にマラッカ海峡制圧とシンガポール要塞爆撃などに出動する。しかも年末になっても地上の戦闘は遅々として進まず、第二十五軍は目標のシンガポールまで約三分の一を踏破しただけで、なお残すところジョホール・バルまでおよそ六百キロの長い道程が横たわっていた。遠藤はその心境を「年暮れて道遠し」と嘆いている。一方、英国空軍機の空襲と双方の空中戦で味方の航空機の損害も次第に目立ち始めてきた。そのような過酷な状況に直面すると、第三飛行集団の上層部では、戦闘がまだこれから長期戦になるという予測で味方航空機の損耗を防ぐために、第一線への投入を出し渋る傾向を見せ始めた。それでも遠藤は敵の空襲下で暮れ行く十二月三十一日には「たとえ、当飛行団単独にても、敵を圧迫撃滅せずんば止まざるべし」(遠藤三郎『日本十五年戦争と私』日中書林　一九七四年、二二三ページ)と中々意気盛んなところをみせていた。本来なら戦場に立つ指揮官は上層部から、消耗をせぬようにと指令されれば、ハイハイとそれに従っていれば、波風は立たないが、元来生一本な性格の遠藤はそういわなかった。正月早々、彼はその上層部の消極戦法に不満で、菅原集団長に作戦指導に関する積極策を具申している。遠藤はその不満を正月の日誌にこう記入した。「(上層部では)〝戦争ノ先ハ長イ事故アマリ消耗セヌ様ニ致シ度シ〟ト相変ラズ不徹底矛盾セル意見ヲ述ベラレタリ。消耗ヲ避ケントセバ宜シク戦闘任務ヲ解キテ後方ニ退避セシムベキナリ。敵ト錣ゼリ合ヲナシ戦闘ヲ良イ加減ニセヨト云フカ如キハ断ジテ同意シ得ザル所ナリ」と。この反論には集団長も参謀長も〝一言モナシ〟で、遠藤のようなタイプの指揮官が陸軍航空部隊にいたことは、山下軍司令官や地上の陸軍将兵にとってはまことに頼もしい味方であったことになる。

年が明けた一月初旬から二月十五日までの遠藤日誌には、空地の協同作戦の立場から地上軍と連絡しながら、空からの作戦を継続する空軍の姿が記録されている。その間しばしば敵機の空襲で味方の飛行機が破壊され、人的な損失を受けながらも、一月四日には戦闘司令所をイポーに進め、「快適ナリシ　スンゲーバタニゴム林中ノ生活モ本日限リナリ　名残惜シ　南洋ノ緑林中ニ紅葉一枚アリ流石ニ正月ヲ思ハシム」とつかの間の詩情を感じている。正月二日、遠藤は戦場で四十九歳の誕生日を迎えたが、家族との団欒もなく、はるか故郷に思いをはせる気分でもあったろう。十三日には自動車で陸路クワラルンプールに前進した。その途中「遺棄屍体ノ腐臭甚シク又所々ニ監視者モナキ投降兵群ヲナシテ歩行シアルハ珍ナリ　印度人・親シク以テ礼ヲナシアルモ支那人ハ恐怖心ヲ持テリ」と同じアジア人でも、その立場に違いがあることを発見している。

(6) 軍事的弱点を知ったチャーチル―総攻撃の檄文を打電

日本陸軍は一月下旬、シンガポール島を目前にしたジョホール・バルに集結した。ジョホール水道の約一キロ前方（向岸）にはイギリスがアジア支配の要石とした要塞都市が横たわっていた。その島はイギリスから見れば難攻不落の要塞で、インド防衛のための東の門であると同時に、オーストラリア防衛のためには北の門という具合であった。それだけに山下軍司令官以下、全日本陸軍の将兵は手ぐすねを引く思いで、上陸作戦の準備にまい進することになった。

日本軍第二十五軍はまず軍司令部をジョホール王宮の高地に移動し、そこから配下の各部隊に上陸作戦の準備を発令した。このころ参謀たちが敵の俘虜などから集約した敵情報は、その総兵力約二個師団そのうち純戦闘員約三万（実際はその約二倍）で、敵の最大弱点は（1）開戦後、島内に遁入した避難民を合わせると、人口は百万を超えるだろう。しかも軍の糧秣は一、二年分で、百万の住民を養う糧秣はありえないこと（2）島は海岸防御のみに重点が指向され、背面防御は開戦後二ヶ月間に急造したものと判断した。このような状況判断から辻参謀らは徹夜で攻略計画を練り上げ、攻撃開始時期には空軍の爆撃と相互連繫して実施することを決定した。

これに対してはイギリス軍も当然ながら、必死に防衛準備に着手していたが、元来その要塞地帯は南の海上からの攻撃に対処するもので、ジョホール水道からの攻撃を想定したものでなく、ジョホールの密林のなかに身を隠しながら上陸準備をする日本軍に対して効果的な砲撃戦を展開できなかった。この点は、現地からの情報を分析した英国首相チャーチルが一番よく認識していたとみられよう。チャーチルはその大著『第二次大戦回顧録』の中で、パーシヴァル将軍の防衛戦略を地図で示しながら、(註2) その作戦が俄仕立ての防衛態勢であったことを次のように認めている。

（英軍）第三軍団（ヒース将軍）は、今やその主力が一月二十九日に到着した、第十八師団（ベックウィズ・スミス少将）と、第九師団の残部を吸収した第十一英印師団（キイ少将）とから成っていた。第三軍団の責任地域は、堤道は除くがそれに接する迄の、島の北岸に沿っていた。堤道から先は、第四十四インド旅団を配下にもつ、第八豪州師団（ゴードン・ベネット少将）が受持った。この旅団は第四十五旅団同様、数日前着いたばかりで、若い、部分的に訓練されたものだった。南岸を守るのは、要塞部隊と、マラヤ歩兵二個旅団と義勇兵で、その全部をシモンズ少将が指揮した。

弾薬に制限のある沿岸重砲で、北に向かって発射し得るものは、敵が集まりつつある密林地帯に対しては、大した役に立たなかった。島に残っていた戦闘機中隊はただ一個、使用し得る飛行場もただ一つだった。今、やっと集中された守備隊の数は、損失と消耗によって、陸軍省概算の十万六千から約八万五千人に減じ、而もそれには基地並びに後方勤務部隊と各種の非戦闘部隊が入っていた。この総数の中で武装していたのは、恐らく七万だったろう。野戦防備と障害物の準備には、多大の局地的努力が払われたが、その際の生きるか死ぬかの必要とは、全く釣合っていなかった。今や攻撃されんとしつつある戦線には、何らの恒久防衛がなかったのである。陸軍の士気は、（マレー）半島における長い後退と激戦で、大きく低下していた（ウィンストン・チャーチル『第二次大戦回顧録』第十三巻

毎日新聞社　一九四九年、一五五－一五七ページ）。

このような状況では、英国軍（インド・マレー・オーストラリア軍）の防衛はもはや時間の問題で、日本軍の脅威から防衛する手段としては、天然の要害、すなわち河幅六百ないし二千ヤードのジョホール水道とこの海峡に注ぐ河川の河口に密生するマングローブの沼沢地がある程度までは頼りにできるという状況であった。しかし英軍としてはこの東洋の軍事拠点を放棄することはできなかった。島内に蓄積した軍需品も膨大なもので、水の供給源であるブキテマ高地の三つの貯水池を確保すれば、持久戦も可能で、シンガポール市内の住民と戦禍を避けてそこになだれ込んだ約百万人の避難民を保護しなければならない責任があった。しかし状況はもはや破局に近づいていた。二月十日、日本軍の総攻撃を目前に、ロンドンからチャーチル首相はウェーベル将軍に次のような檄文を打電した。

貴官はわれわれがシンガポールの情勢をどのように見ているかを理解すべきだと思う。参謀総長は内閣に、パーシヴァルは十万以上の兵を持ち、その内三万三千が英兵で一万七千が豪州兵だと報告した。前方に五個師団、六番目の一個師団がそれに続いているとすると、日本軍が全マレー半島にわが方ほどの兵力を持っているかどうか疑わしい。このような状況にあって、防衛者は海峡を越した日本軍よりも、遥かに多数であるべく善戦して敵を粉砕すべきである。この期に及んでは、兵力を救うとか住民を傷つけないとか考えるべきではない。何を犠牲にしても、この戦争は徹底的に戦うべきである。第十八師団は歴史にその名を残す好機を持っているのだ。指揮官と上級将校は、兵士とともに死すべきである。大英帝国と英国陸軍の名誉が、危機に瀕しているのだ。貴官がいかなる形式の弱さにも慈悲を示さぬことを信じる。ロシア人は周知の如く、米国人がルソン島であれほど頑強に戦っているのだ。わが国とわが民族の全名声が、この戦にかかっている。あらゆる部隊が緊密に敵と接触し、戦い抜くことを期待する。私はかかる言葉が貴官自身の感情を示すことを確信し、貴官の重荷を分かち負うだけの目的でこれを送る（チャーチル前掲書、一六七－一六八ページ）。

一九四二年二月十日付、チャーチルのウェーベル将軍宛電報は気迫がみなぎる名文である。「指揮官と上級将校は、兵士とともに死すべきである」とまで命令していた。これに対するウェーベル将軍のチャーチル宛回答電報、翌日（十一日付）を紐解けば、英軍はいかなる攻撃精神をもってしても、もはや如何とも成しがたい、瀬戸際の軍事状況に直面していたことがわかる。以下、ウェーベル将軍のチャーチル首相宛ての電文である。

小官は今日、シンガポール（前線視察）の二十四時間から戻りました。貴電報は出発直前に拝受しました。師団長全員と総督に会見し、貴電報の趣旨を伝えました。パーシヴァルには同様の趣旨のメッセージを書き残しました。

2．シンガポールの戦いはうまく進行していません。日本軍は例の潜入作戦で、島の西部に一層迅速に上陸しつつあります。小官はパーシヴァルに可能な限りの全兵力を投入して、前線で日本軍に反撃するように命令しました。ある部隊の士気はよろしからず、私が期待するような高度な士気をもつ部隊は皆無です。この地区の状況は防衛には困難です、ここでは非常に狭い領域で幅のひろい前線を維持しなければなりません。主たる難しさは援軍のある部隊に充分な訓練が不足していること、勇敢にして巧妙な日本軍の戦術と空軍の指揮が原因で、我が軍は劣等感に支配されています。

3．より以上の攻撃精神と楽観的な展望を生み出すため、すべて可能なことがなされています。しかし私はこうした努力がすぐに完全に成功したとみることができないです。私は最も厳しい命令を発しました、降服など考えるな、全軍で最後まで戦いを継続せよと。

4．パーシヴァルは首相が言われる場所に師団を配置したとは思われません。私は最大限でもパーシヴァルが六、七千以上の軍勢を持っているとは考えられないです。しかしながら、パーシヴァルは、部隊を十分な気力と決意をもって行動させることができるならば、上陸した敵軍を扱うに十分対処できたはずです。

5．北部の三か所の飛行場のうち、一つは日本軍の手に落ちて、他の二つは砲撃されて使用不能です。島の南部にある残りの飛行場は絶えざる爆撃で極度に限定された場所しか使用できません。

6．シンガポールからの帰路、私は夜の暗がりの中で、岸壁から転落し、背中の小骨を二本折りました。軽い骨折ですが、二～三日は入院の要があり、多分、まだ二～三週間は幾分か自由に動けないでしょう。

この報告にあるようにシンガポールの戦場は混乱していた。一月十三日には、政府要人と過剰な参謀、技術者、看護婦など約三千名の人々が海路ジャワ島に撤退するように命令され、漸次約八〇隻の船舶でシンガポールを出港したが、ほとんどすべてが海上で日本軍に撃沈され、十四日には島の南部のブキテマ高地で最後の決戦が展開された。最も悲惨なのは、シンガポールの市街戦であった。民間の労働力は壊滅し、飲み水と食糧の不足で、住民が危機に立たされた。二月十三日、パーシヴァルはウェーベル将軍に次のように報告した。

敵は海岸を隔たる五千ヤードに接近せり。全シンガポールは野砲の射程圏内にある。

同時にわれわれは水と食糧の供給を遮断される危機に瀕しています。すでに各部隊長の意見を集約すれば、戦闘は敵の強襲に耐ええないし、反撃にも出られない。よしんば単なるジェスチアにすぎないにせよ、熱心に攻撃にでる機会の到来を期待しても、攻撃を遂行する軍隊皆無なるをもって、このことさえ不可能である。このような条件のもとでは、一両日以上、抵抗を継続することは不可能であります。部下の部隊長の一致する意見は、時間を稼ぐことは、シンガポール市中に発生する大損害と重い犠牲を償い得るものではない、ということにあります。

パーシヴァルのこの判断は人間的であった。彼は軍隊と民間人をこれ以上、犠牲に供することをしのび得ず、戦いの継続を拒否したことになろう。二月十五日、パーシヴァルはウェーベル宛てに次のように最後の電文を打電した。

敵の戦闘による損害により水、軽油、食糧、弾薬は事実上消耗した。それ故に、もはやこれ以上の戦闘の継続は不可能であります。あらゆる階級の軍人が最善を尽くしました。貴官の援助に感謝します。

日本軍は無条件降伏を要求し、受け入れました。敵対行動は八時三十分に終決しました。

（以上、電文はチャーチル前掲書、一六七－一七八ページに収録、なお訳文は英文の原本（Winston S. Churchill *The Second World War, Volume IV: The Hinge of Fate*, Baston: Houghton Mifflin Company, 1950, pp.100-101）と対照し、一部、現代の日本語に変更している［筆者］）

註

註1　イギリスの不沈戦艦プリンス・オブ・ウェールズとレパルスの撃沈

このニュースは日本海軍航空隊の大戦果として、日本で報道された。すでに十二月二日、イギリスは新東洋艦隊の編成を発表し、その主力艦の二隻が新鋭不沈戦艦プリンス・オブ・ウェールズと高速戦艦レパルス号であった。この二隻の軍艦の東洋への派遣は大英帝国の威信をみせたもので、シンガポール防衛にかける英国の自信と決意をあらわしていた。それだけにこれに対し、日本海軍はまだこの新鋭戦艦と対等に太刀打ちできる軍艦を南洋作戦に割くことができなかった。それだけに日本海軍航空隊の魚雷攻撃と二隻撃沈のニュースはセンセーショナルなものとして、新聞とラジオで報道された。

時は一九四一年十二月十日、日本海軍の索敵機がほぼ諦めながら海軍基地に帰航中、偶然にもクワンタン沖、五十浬の海上を南下中のプリンス・オブ・ウェールズ以下四隻を発見した。すでに出発して飛行中の海軍航空隊はその発見の報を機上にて傍受し、機首を反転させて全速力でその海上（戦場）に殺到した。発見の場所と所持する燃料から見てもぎりぎりの線であったが、第一に現場に馳せ参じた白井隊（美幌部隊）が十二時十四分に爆撃を開始し、後続部隊の攻撃がそれに続いた。

プリンス・オブ・ウェールズには十五機が襲い掛かり、その発射魚雷数十五本のうち、七本が命中、レパルスには三十五機が襲撃し、発射魚雷数三十四本のうち、十四本が命中した。レパルスは二時二十分に爆沈し、不沈戦艦のプリンス・オブ・ウェールズは七本の魚雷攻撃で速力が六ノットに減速したところをさらに五百キロ爆弾三個が命中し、火薬庫の爆発を誘致して二時四十五分に沈没した。英国海軍の司令官トム・フィリップス中将は二隻の戦艦の出撃には戦闘機の援護が絶対に必要なことを再三シンガポールの総司令部に力説したが、機数不足の故を以って、その申請が容れられず、五隻の快速部隊を編成して牽制威圧の短期行動に出撃した。その途上に日本海軍機に撃沈された。フィリップス提督は幕僚の退艦懇請にもノーサンキューと一言して、戦艦と運命をともにした（伊藤正徳『連合艦隊の最後』光人社　二〇〇〇年）。なおこの海戦で沈没したレパルスに搭乗した英国海軍のセシル・ブラウン報道員の手記が「東京日日新聞」に掲載された。その手記は次のように記されている。

記者は船側を這いおり窓に脚をかけて鉄兜を脱ぎ棄てた。十フイートばかり離れた所の船腹の部分が缶詰のふたをあけたと同じような格好でパックリと大きな穴を見せていた。魚雷の命中した所であろう。記者もようやく決心がつき起ち上って海中に躍り込むと同時に夢中になって船から遠く離れようと泳ぎ続け、遂に一塊の木片にすがりつくことができた。レパルス号を離れて五フイートも泳がない中に沈没する艦の吸引力を感じた。油が波とともに頭の上からおおいかぶさった。波に漂いながらこの気味の悪い油のまじった海水を幾口も飲んだ、油の漂う海上は実に泳ぎにくかった。海中で泳ぐこと五十五分間にして記者はやっと一隻のボートに泳ぎ着いた。船の中には既に人が溢れていた、一時間半経過したのちこのボートは駆逐艦に遭った。駆逐艦からすぐ縄がおろされボートに乗った人達は皆引き上げられて艦上の人となった。

フイリップス提督及びリーチ艦長はプリンス・オブ・ウェールズと運命を共にし、レパルス号のテナント艦長は幸いにも生還した（『東京日日新聞』一九四一年十二月一日付）。

(1)

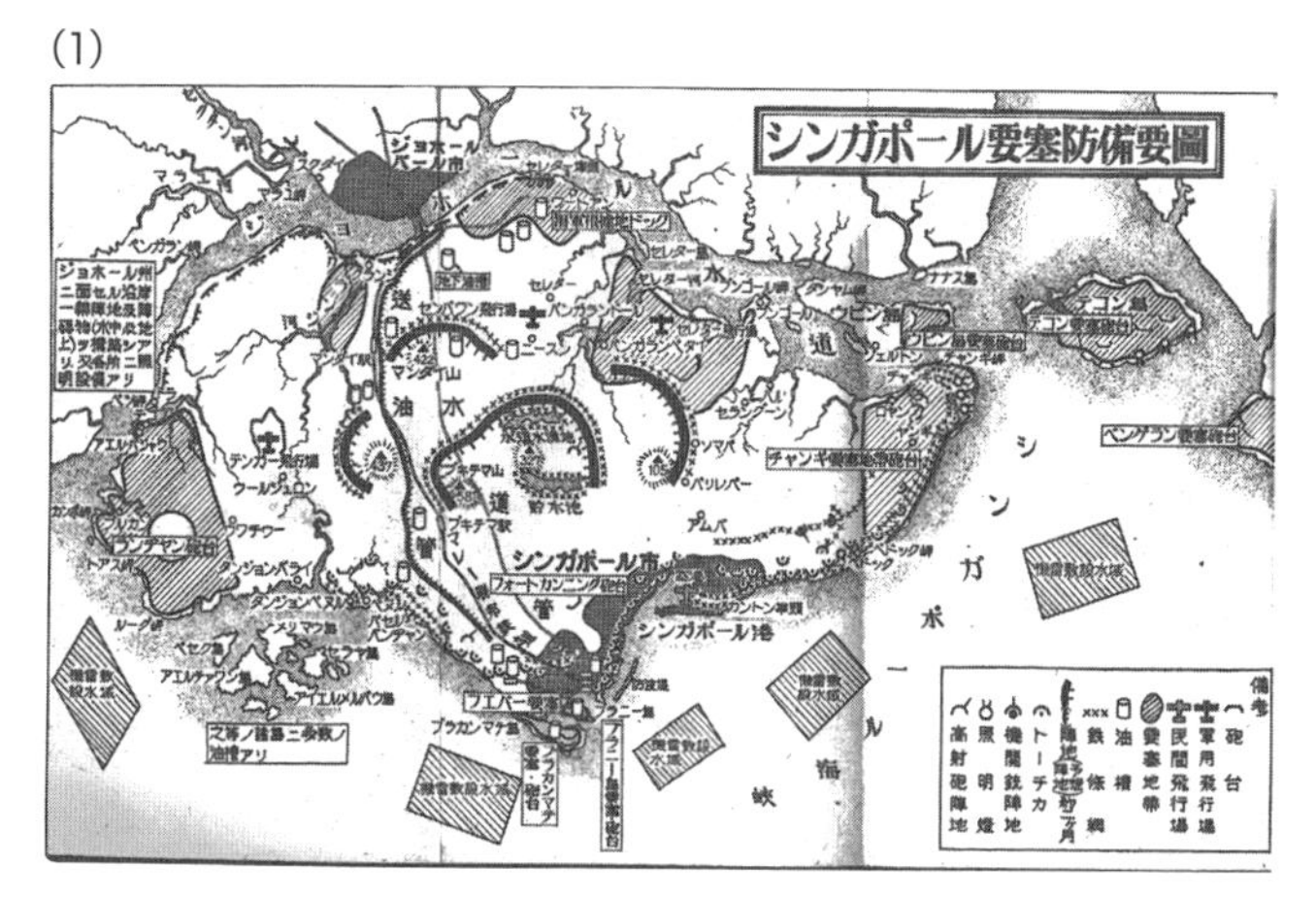

地図（1）は1942年に朝日新聞社が発行した『大東亜戦史　マレー作戦』に収録された「シンガポール要塞防備要図」である。これをみれば、英軍の砲台、飛行場、要塞地帯、鉄条網、トーチカ、機関銃陣地など、日本軍が上陸する直前の英軍の配備状況がよくわかる。

地図（2）はチャーチルの“The Hinge of Fate”vol. 4に収録のシンガポール島図で、英軍の要塞が南方の海岸地帯に広く帯状に海に向いて築城されていたことがわかる。

(2)

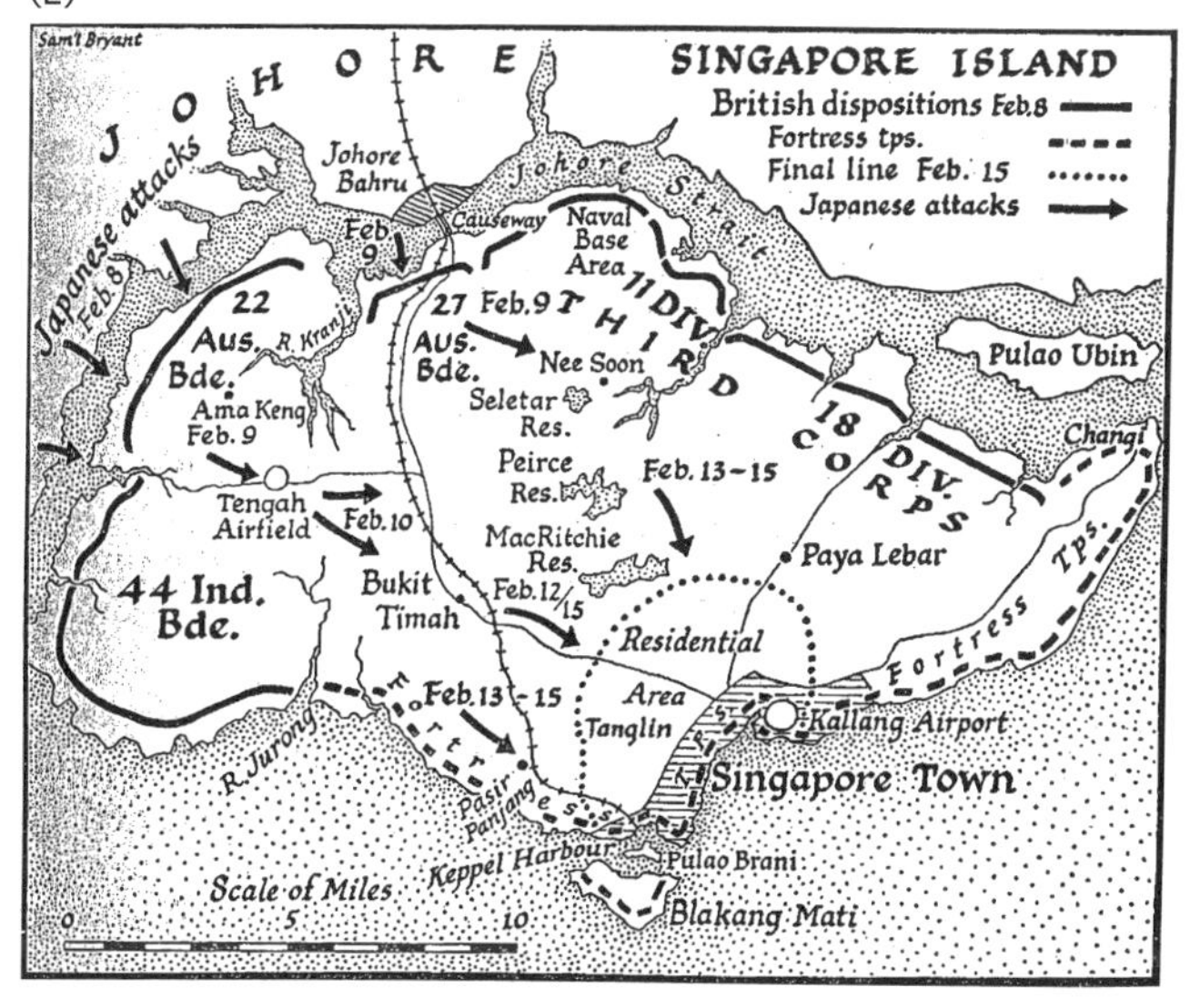

註2

シンガポール要塞の地図

　英国のチャーチル首相がその著書『第二次大戦回顧録』（*The Second world war: The Hinge of Fate*, Cambridge: Riverside Press.）に収録された地図を転載する。シンガポール島に布陣する英国・印度・豪洲軍の配置が示されている。日本軍がシンガポール島の対岸のジョホール・バルから二月八、九日に一斉に渡河作戦を行い、二月十日には南部のブキテマ高地に到達し、十五日には、一般市民の住居地域に迫っていることがわかる。

第三章　シンガポール陥落とパレンバン挺身作戦

（1）大本営の状勢判断

日本軍のマレー作戦の最終目標はシンガポール島の完全占領であった。その島は日本の四国ほどの面積であるが、英軍の極東支配の要であるシンガポール要塞を占領すれば、日本軍が一応極東アジア支配の要石（拠点）を大英帝国から奪取することを意味したのである。

しかしシンガポール島を防衛する英軍も必死でその要塞地帯の防備には万全を期していた。それだけに大本営はシンガポール島の軍事情報の入手には万全を期して、一九四一年十二月の開戦までに、およそ次のような結論に達していた。

一、（同島を守る）英軍の防御施設はシンガポール島の南岸（海正面）では極めて堅固であるが北岸（ジョホール水道面）には、大した施設は認められない。……

二、英軍の素質は必ずしも良好ではなく、とくに陸上戦闘においてしかりと考えられる。……

三、島内住民百万の死命を制する水道の水源地は、その主力はジョホール側にある。シンガポール島内に二コの水源池があるが、その容量の関係から飲料水の大部はジョホール州プライ山の水源地に依存している。……島内の水源地でまかないうるものは全需要量の三分の一に過ぎない。また、島内では井戸を掘っても、ほとんど塩水で、清水の出るところは極めて少ない。

四、ジョホール水道は、最狭部でも幅七―八〇〇米、その上、干満の差が大きく、渡河は困難であるが、陸橋を境にして東西を比較すれば、東側はいわゆるシンガポール軍港地区で、岸壁の施設も高く、舟艇の達着はほとんど不可能である。……最東端のチャンギー付近は舟艇の達着は可能であるが、水道の幅が最も広く、しかも、同地区は防御施設の中核（チャンギー要塞）である。以上に反し、陸橋の西側はなんら見るべき施設はなく、舟艇の達着も可能である。しかしこの方面のジョホール側の地形は一帯の湿地で、攻撃準備は相当困難である。また東側のようにシンガポール島を見下ろしうる高地がない。

五、攻撃要領をどうするか。シンガポール島の攻撃は要塞の正攻法による必要はなく、周到な準備のもとに強力な制圧を加えて強襲すれば攻略できると考えられる。

これは大本営が全般的な観察から得た一応の結論で、攻撃に当たっては、陸橋以西の地区から主力を指向して強襲すべきである、と結論づけていた（防衛庁防衛研修所戦史室編『戦史叢書　マレー進攻作戦』朝雲新聞社　一九六七年、四七四－四七五ページ）。

現地の第二十五軍では当然ながら、この大本営の方針（資料）について研究し、かつ大本営の結論を承知して、作戦計画を準備した。同軍では、弾薬・資材の前送と集積、渡航作戦の前送準備、渡航計画の具体化にその全精力を投入した。一月二十一日からは内地から招聘した工兵の専門家をまじえ、渡航計画が立案された。それによると、次のような内容を確定している。

使用しうる舟艇

折畳舟三〇〇、重門橋一二、鉄舟門橋二〇

小発動艇三〇

第一回上陸開始時刻二三三〇

第一夜揚陸可能人員　三コ師団（ただし戦列部隊のみとし、重材料は含まない。）

中戦車二コ連隊及重迫撃砲大隊（『戦史叢書　マレー進攻作戦』、四七九ページ）

しかしこのジョホール水道の渡河＝上陸作戦は準備の段階で解決すべき諸問題が山積みされていた。第一は弾薬の集積で、軍の配当弾薬は一会戦分以上であったが、そのうち必要な時期にマレーに到着するのは約三分の二会戦分で、とくに山砲、十加、十五榴の弾薬が不足していた。しかし今更輸送順路を変更することもできず、弾薬、資材の集積予定地としてバツアナム付近（ゲマス東方）のダンロップ会社のゴム園を中心に広大な基地が設定された。第二の難問はジョホール水道渡河に際して予期される敵の妨害に対する対策であった。英軍は日本軍の渡河の際、各種の手段を尽くして妨害するにちがいない。火砲、障害物は勿論、英軍の重油使用に対する対策が検討された。その内容は英軍が揮発油、重油をジョホール水道に流して点火した場合、日本軍の渡河作戦が

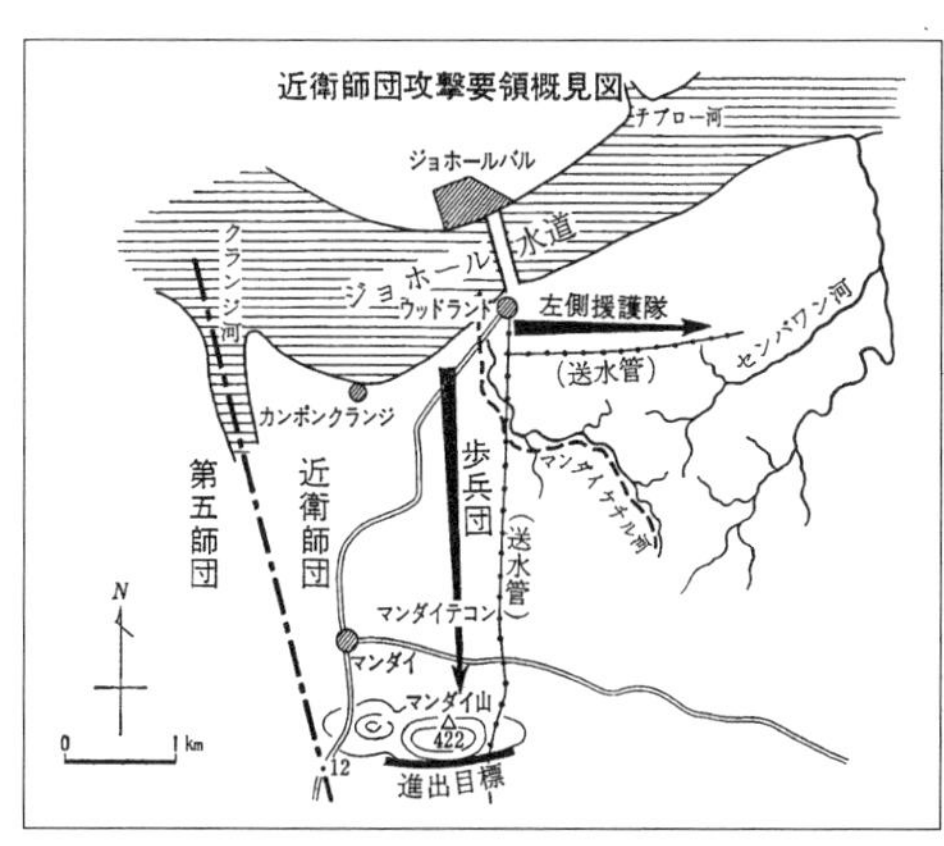

ジョホール水道における日本軍の渡河地点図（防衛庁防衛研修所戦史室編『戦史叢書　マレー進攻作戦』朝雲新聞社　1966年　533ページ）

困難になるという心配であった。これに対しては、囮船を敵にみせて引火させ、その鎮火を待って渡河を開始するなど、珍案も研究された。第三の問題点は航空部隊と地上軍の協力作戦であった。当時、南方軍ではシンガポールの陥落に先立ち、パレンバン作戦を決行するために着々とスマトラ作戦の準備を進めていた。これに対して第二十五軍は目前のシンガポール島攻撃作戦を優先し、航空兵力の分散には不満で、全航空兵力の投入を要請した。航空兵力の分散か、集中か、この問題をめぐって南方軍と第二十五軍の相互感情は険悪な様相を見せていた（『戦史叢書　マレー進行作戦』、四七七、四八〇－四八一、四八三ページ）

シンガポール上陸作戦に際して、第三飛行団を指揮する遠藤三郎少将も地対空の協同作戦を重視していたが、それだけに彼は最初パレンバン作戦に空軍を分散することに反対した。現地の指揮官としては、目前のシンガポール島を陥落させることが先決である。この考えは、第二十五軍の山下奉文司令官も作戦参謀の辻政信[註1]も同じであった。

差し迫る問題は南方軍と第二十五軍さらに第三飛行集団の間で、感情的な対立を解消させ、シンガポール作戦（ポ作戦）とパレンバン挺進作戦への航空兵力の配分をどのように調整するかで、様々な検討が重ねられ、最終的には飛行集団長の菅原中将から、シンガポール島攻撃開始（x日）は二月七日夜、パレンバン攻撃開始（L日）は二月十日予定と示達された（『戦史叢書　マレー進攻作戦』、五三五ページ）。

この作戦基本要領は第三飛行集団司令部から二月四日付けで全軍団に示達された。それによると、第三飛行集団は第二十五軍の地上作戦に即応し、シンガポール地区における敵空軍の活動を完封しつつ、同島の要点を攻撃し、第一線兵力の地上戦闘に直接協力するというもので、使用兵力としては第三飛行団（L作戦を除く）、第七飛行団、第十二飛行団（L作戦を除く）がその任務を担当することになった。しかし南方軍が重視したのは、なるべく速やかにシンガポール陥落に先立ってパレンバンを攻略することで、L作戦が放棄されたわけではなく、今回の作戦はパレンバンの石油資源地帯を領有し、かつ西部ジャワに対する攻撃基盤を確保する課題が依然として存続していた。南方軍としては、海軍側と折衝の結果、L作戦は当初おおむね二月六日と決めていたのを二月十日に変更した（『戦史叢書　マレー進攻作戦』、五三七ページ）。なお、その後の変更で遠藤の第三飛行団がパレンバン作戦を実行したのは二月十四日となる。

こうして二月七日夜、いよいよ日本軍により、運命のシンガポール島上陸作戦が開始された。

(2) シンガポール上陸作戦―混乱を乗り越えて成功

二月七日夜半、日本軍の陽動作戦として近衛師団の一部がまずウビン島に奇襲上陸した。ウビン島はセレター軍港の出入り口を扼する要衝で、島の中央部には標高二百四十メートルの山があり、島の西北角附近にも百メートル前後の高地が連なっている。この島はボーキサイトの産地で、全島のほとんどが岩に覆われ、海岸は泥が深く、上陸には相当の困難が予想された。しかしこの島を占領すれば、チャンギー要塞は眼下に見え、英軍をこの方面に牽制できると期待された。

二月七日夜半、島支隊は約二十隻の折畳舟に分乗して、島の西北角、水道の最狭部から奇襲渡河して損害もなく上陸に成功した。そして夜が明けると師団砲兵が一斉にウビン島の対岸チャンギー要塞内部に射撃を集中した。これに対し英軍もまた盛んに応戦し、激烈な砲撃戦が展開された。

二月八日の十二時十五分、今度は第十八師団の砲撃が開始された。第一次の攻撃は昼間で、夕方の五時半から第二次の砲撃が約一時間繰り返された。また師団正面に対しては英軍も砲撃で応戦し、第一大隊観測所の後方に敵の全弾が命中し、軍医以下八名の戦死者が出た。次いで突撃支援射撃が十一時以降五次にわたって実施され、その間に第一回渡河部隊の舟艇群がジョホール水道を横断して敵岸に突入していった。

すでに渡河材料は沿岸近くに秘匿してあったが、それを泥濘のなかを搬送する将兵の苦労は想像に絶するほどで、踏みしめる足は一尺あまりも泥に吸い込まれる状況であった。

ついで第五師団の第一次上陸部隊（川村部隊の第一次上陸部隊の市川大隊）もスクダイ河の中流から七隻の小発動艇に分乗して出発した。この部隊は先頭を行く発動艇が坐礁し、ようやくにして敵岸に接岸しても先頭の発動艇が敵の機関銃射撃で火災を起こし、さらに上陸時の戦闘で五、六十名の戦死者を出したが、部隊は混乱したままマングローブの岸辺に上陸した。この間に対岸に上陸した杉浦部隊も暗夜のため主力部隊と連絡がつかず苦戦していたとき、小林、丸谷、花輪の各大隊が合流し、テンガ飛行場を目指して前進した。だがこの渡河作戦で一番苦戦を強いられたのが近衛師団であった。

近衛師団は二月九日夜十一時頃、陸橋西側地区から一斉に渡河を開始したが、その使用に提供される舟艇は前夜渡河した第五、第十八師団の舟艇（折畳舟七五隻）が配当される手筈のところ、実際はわずか二十五隻にすぎず、ようやく対岸に接岸しても敵が流した重油が燃えはじめ、海面が一面火の海となった。これは、当初の予測通りで、敵の排水溝から流れ出た重油が燃えはじめ、部隊は英軍の側防機関銃と迫撃砲弾をあびて混乱した。しかもその損害はそれほどでもなかったにもかかわらず、近衛師団長からジョホール王宮の軍戦闘指令所に誇大に伝えられ、山下軍司令官の心証を害する一幕もあった。

しかし実際の上陸作戦では、それが勝ち戦の場合でさえ、将兵はこのような修羅場をくぐり抜けねばならなかった。この頃、地上部隊に協力する手筈の第三飛行団（遠藤少将指揮）はどのような作戦配備についていたのか。以下、二月六日から十五日のシンガポール陥落までの遠藤日誌を再現しながら、同飛行団の戦闘状況を追跡してみよう。

(3) パレンバン強襲とシンガポール爆撃—同時並行作戦

遠藤日誌によれば、陸軍部隊のシンガポール上陸作戦が決行される直前の二月六日からすでに飛行部隊を二分して、新しく配属された加藤隼戦闘機隊にはパレンバンへの挺進作戦を、さらに元からの部隊にはシンガポール島の上陸作戦に協力するよう命令していた。戦後、彼はその自伝のなかで、第一線の部隊長としては上司（中央部）からパレンバン挺進作戦の命令を受領すれば、それにあえて反対することは許されなかった、と回想している。そして「ただ犠牲を少なくして成果を挙げることに努力する以外道はなく」「勇躍死地に赴く」などとは表向きのことで、そこに「武人のつらさをつくづくと感じました」（二三一ページ）とも語っている。しかしそれは戦後になって公表できた心境で、作戦の指揮官としては、上から命じられたこの二面作戦を全力で実行する有様がその日誌に記録されている。この時期までが、遠藤の軍人としての生涯のなかで、体力的にも精神的にも最も意気盛んな時代であったことになろう。しかも遠藤の配下にはあらたに勇猛果敢な加藤隼戦闘機隊長が配属され、その手腕を発揮する絶好の機会が到来したのである。

遠藤日誌によれば、すでに二月五日に彼はパレンバン飛行場の偵察を部下に命じて、同飛行場に約六〇機の敵機があることを確認した。この情報は機を見て敏なる遠藤の心を動かした。加藤戦闘機隊の到着を待ち、午後三時、戦爆協同で大挙パレンバン攻撃のために出動した。

二月六日は朝からパレンバン攻撃の準備に着手し、天候が悪化し始めたにかかわらず、遠藤は自ら司偵に搭乗してパレンバンに飛び立った。その日の日誌を引用しよう。

天候ハ次第ニ悪化スルモノト判断セラレ・然レドモ如何セン…半島南端ノ集合ハ雲ノタメ不成立、各戦隊各個ニ

前進セリ　而モ両軽爆ハ低雲ニ阻マレテ進入シ得ズ（予ハ南東ヲ迂回シ約千米ニテ進入セルヲ確認セリ）戦闘機ノミ進入　先ス加藤戦隊ハ奇襲ノ（？）ノ銃撃ヲ以テ十一機ヲ破壊　約十五分ノ後59戦隊ハ稲葉等年若キ連中進入　恰モ飛行シアル敵機ヲ確実八機　不確実五機撃墜其ノ他地上（ノ）三機ヲ破壊シテ凱歌ヲ挙グ

この日は指揮官の遠藤が見守るなか、約一千メートルの高度から雲の合間をぬって、最初に加藤戦闘機隊長が急降下し、地上の敵戦闘機を十一機粉砕、さらに後続の稲葉ら若手パイロットの操縦する戦闘機がまさに離陸しようとする敵機を撃墜し、返す刀で地上の戦闘機を三機破壊した。

翌日の二月七日は午後、再び戦爆連合でパレンバン飛行場を襲い、着地していた三十数機に壊滅的な打撃を加え、夜は挺進作戦を担当する遠藤の戦闘指揮所に集合させ、パレンバン挺進作戦の研究を行った。ここに言う挺進作戦とは、落下傘部隊をパレンバン附近に降下させ、同地にある製油工場を占領する作戦で、当時まだその数が少なかった落下傘部隊をいかに活用して、目的を達成するかを研究・討論している。その場合の絶対条件は、日本軍が制空権を掌握している地域でしかも奇襲することであり、そのためには全世界の目がシンガポールに集中している今が絶好の機会で、シンガポールが陥落してしまえば、誰もがパレンバンに注目するから奇襲の効果を出すことは不可能になる。しかもパレンバン附近の敵航空戦力をほぼ完全に撃滅した今が絶好の機会である、という結論に到達した。現地の情勢は一日、一日変化している。当初はパレンバン挺進作戦とシンガポール作戦の同時進行に難色を示していた遠藤も、やはりその主張を変更したことになる。その変更は、現地の情勢を見れば当然であったろう。前日来、パレンバンの奇襲攻撃が成功して、敵飛行場にはいまや敵機の姿はほとんど見られない。今こそ絶好の好機が到来したと判断して、遠藤は部下にパレンバン降下作戦を伝達したのである。

しかし二月八日にはいよいよ地上部隊のシンガポール渡航作戦が開始された。この段階で、遠藤の第三飛行団もシンガポールとパレンバンの両作戦を同時に並行して行うことになった。部隊を二分することは指揮官として気分は焦るばかりであったろう。その状況にあって、遠藤は冷静沈着に部隊を二分して、同時攻撃を指導した。時は遠藤に味方したものか、シンガポールを守備する英軍は、もはや袋の鼠の状況に追い込まれていた。遠藤は二月八日にも加藤戦闘機隊をパレンバンに進攻させ、空中で敵機二機撃墜、地上で十五機を火網に捉らえ、九機を炎上させた。この日は第二十五軍のジョホール水道渡河が開始された日に当たる。遠藤はそれを知っても、なおパレンバン挺進作戦は今が絶好の機会ととらえ、明日敢行したい旨を上司に具申した。だが、それは採用されなかった。やむなく遠藤は二月九日から十二日まではシンガポールの地上作戦に飛行団の全機を投入し、九日の朝は自ら佐高中尉の操縦する司偵に搭乗してシンガポール島の戦況を視察した。この日は遠藤の部隊の軽爆撃機一機が撃墜され、さらに遠藤の搭乗する司偵も友軍戦闘機五機の誤追撃を受けて危うく墜落するところであった。シンガポール島の戦闘は英軍の頑強な抵抗で、紀元節（二月十一日）までの陥落が危ぶまれた。上司はもはや時間の問題と予測したものか、二月十二日夜、ついに遠藤はパレンバン作戦を十四日に敢行すべき命令を受け取った。この決定には遠藤の上申がプラスに作用したのかもしれない。それはともかくとして、シンガポール島ではテンガ飛行場が第二十五軍の手に落ちたので、遠藤は二月十三日、司偵で島内の上空を視察の途上、同飛行場に着陸して信頼する山下軍司令官に離別の挨拶を行った。この面会は、明日パレンバンにパラシュート部隊を降下させて挺進作戦を敢行する報告とその作戦で自らも戦死するかもしれないという危惧の念から最後の挨拶をしたものと思われる。

明日のパレンバン出撃を目前にして遠藤の飛行団は緊張した一日であった。午後には菅原道大第三飛行集団長の来訪を受け、五時には明日出撃（挺進）する中隊長以上に訓辞があった。

その後、一同が出撃の手順などを打ち合わせ、第十六軍司令官から贈られた日本酒「忠勇」で武運を祈って乾杯した。この日、祖国からは遠藤宛に小田旅館の清子嬢からの手紙が届き、それを読んだ遠藤は「愛スベキ娘ナリ」と日誌を結んでいる。部下と一緒に生命を賭けた出撃を前にした武人の心を和ませる女性の書簡であったかもしれない。

二月十四日、パレンバンへ出撃の朝は快晴であった。熱帯地方の二月とはいえ、赤道直下の陽光は眩しく強烈であったろう。この朝、遠藤は池田大尉の操縦する司偵に搭乗した。責任感の強い遠藤は、重慶爆撃の時でも大事なこと一番という出撃に際しては必ず、陣頭指揮のために司偵に搭乗して指揮してきた。しかし遠藤は自分で操縦桿を握ることはなかった。この点では連合艦隊司令長官の山本五十六とは異なっている。山本と遠藤は両人とも背は高い方でなく、むしろ小柄で敏捷さには恵まれていたはずだが、遠藤の方は極度に目が悪かった。そのため彼は実弾射撃ではよい成績をとれなかった。おそらくその視力では山本のように自ら飛行機の操縦桿を握って、自由自在に離着陸することには自信がもてなかったのであろう。無理して操縦して、飛行機をぶつけては何にもならない。操縦は若い腕利きのパイロットに任せ、自らは状況判断に全神経を集中するというタイプの人であったように思われる。

いよいよ出撃に当たり、菅原道大第三飛行集団長から遠藤に次のような漢詩が贈られ、遠藤もまた赤道直下を越えてから機内で次のような返歌を作っている。この二つの漢詩には、この戦いの目的と出撃する指揮官の決死の覚悟が見事に表れている。

菅原道大集団長の漢詩には「挺進翔空決死行　身任一傘命推軽　図張翼此時在　皇国武威八紘」とあり、これに対して遠藤は「雲上南過赤道寒　鵬翔挺進巴蓮盤　健児脳裡無生死　必勝只希瀝望鉄汗」と答えている。

菅原道大中将の「皇国武威八紘」は天皇のアジア支配を武力で達成し、アジアに冠たる皇国の威厳を輝かせてくれというもの、遠藤少将の気持ちはその戦いが必死のもので、生死を無視して勝利を勝ち取る決意をみせたものである。この挺進作戦は天候も幸いして、成功した。その有様を遠藤は次のように日誌に記録している。

二月十四日　晴

幸ニシテ戦場附近千八百ニ層雲アリ　十一時半予定ノ如ク奇襲降下ニ成功ス　但シ重爆一機砲弾ヲ受ケ火ヲ引キツツ前進物料ヲ投下シテ自爆セルハ悲壮ナリ　デサント部隊ハ概ネ予定ノ位置ニ降下セリ　地上ノ火器熾烈ナルモ空中ニ敵ヲ見ズ　但シ後ニ聞ク予ノ機ノ行動セル附近ニスピットハイア五　ハリケン五アリシト　捕捉セラレザリシハ奇蹟ナリ　十三時半無事帰還ス　国軍最初ノ挺進ニ成功シ愉快ナリ

この日、遠藤は友軍機の行動にのみ眼を集中していたから、周辺に敵の戦闘機がいることに気がつかなかった。帰還後、操縦士の池田大尉が敵機を避けるのに苦労したことを遠藤に報告した。またこの挺進作戦で自爆した飛行機の機長は須藤中尉で、その父は仙台幼年学校で遠藤の一期先輩・須藤栄之助であった。遠藤は機上で須藤中尉自爆の実況を手紙に認め、その父・栄之助にその様子を知らせたところ、非常に感謝されたという。

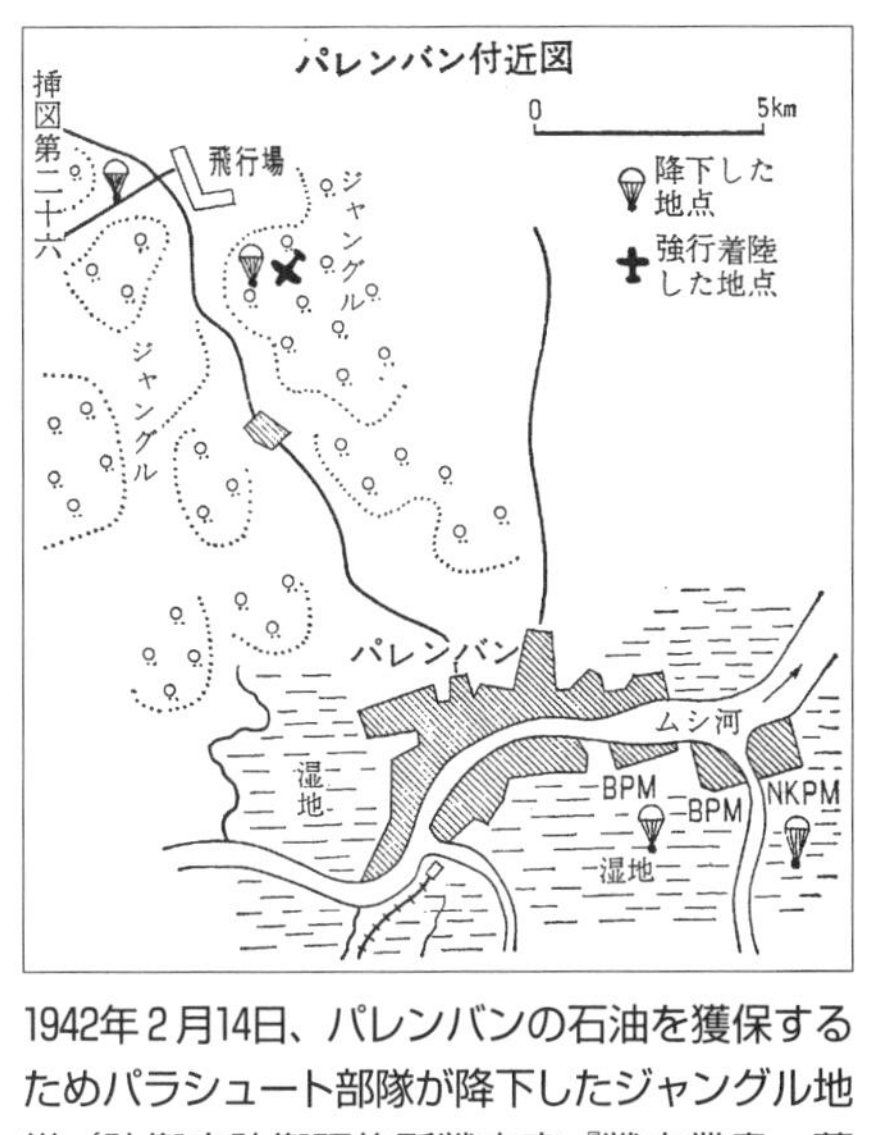

1942年2月14日、パレンバンの石油を獲保するためパラシュート部隊が降下したジャングル地帯（防衛庁防衛研修所戦史室『戦史叢書　蘭印攻略作戦』朝雲新聞社　1967年、337ページ）

なおこの日、降下に成功した落下傘部隊の目的は、一気にパレンバンの製油所と飛行場を占領するというもので、総指揮官は久米精一大佐、製油所攻略班長は中尾中尉、飛行場占領班長には甲村武雄少佐が選出され、その指揮下で三百名の特攻部隊が降下した(註2)。落下目標地点の周辺はほとんどジャングルあるいは大湿地帯であった。そのために落下傘の一半は密林の樹上に引っかかったり、重火器・弾薬が他の場所に落下して容易に手に入らず、身に着けていたピストル一梃で闘った兵士も少なくなかったという。降下した兵士たちは三人集まったら、躊躇なく目標に向かって突進するという約束に従い、三人か六人の集団が製油所や飛行場の方に突進していった。彼らは南部仏印の進駐先で、連日猛訓練を受けた精鋭部隊であった。その空挺戦術がこのとき効果をあらわした（伊藤正徳『帝国陸軍の最後①進攻・決戦篇』光人社　一九八一年、六八ページ）。

遠藤の第三飛行団は翌日（二月十五日）も朝からパレンバンへの挺進作戦のために戦闘戦隊を派遣し、遠藤自身は十時半から軽爆に乗ってシンガポールの第二十五軍を訪問した。そのとき第二十五軍はなお苦戦中で、面談した山下軍司令官と参謀長から今日明日中にシンガポールを占領するのは難しい、空軍の協力を期待するという状況判断を聴取した。しかしその日、イギリス軍は奮戦虚しく、その力がつきて、五時やや過ぎ、遠藤部隊の襲撃機から「５Ｄ（第五師団）正面ニテ白旗ヲ掲ゲタル敵自動車アリ軍使ナラン」との情報が伝えられた。早速、地上の司令部に連絡すると、ついに「十九時五十五分敵無条件降伏」という確報を得た。

(4) ついに英軍が降伏　二月十五日

この日、英軍からは参謀ニュービギン少将、マレー総督府書記官、インド第三軍参謀ワイルド少佐の三名が午後の二時ごろに、ブキテマの道路中央に沿って進撃中の第五師団杉浦部隊の正面に突如白旗を掲げて姿を現した。英軍はパーシヴァル中将の名において、「本日午後四時をもって戦闘行為の停止を提案する」と伝達した。これに対して日本軍司令官は「全面即時抗戦を停止し、武装を解除すること」などを条件にその会見に同意すると回答した。

会見場所はブキテマ三叉路北方のフォード工場となし、同日午後六時三十分頃、軍師の一行がその場所に到着した。その顔ぶれは英軍司令官パーシヴァル中将、参謀トランス少将、同ニュービギン少将、同ワイルド少佐および通訳一名であった。日本軍の山下軍司令官は七時に幕僚を従えて会見室にその姿をあらわし着席した。その会見では、山下中将からシンガポール守備軍に対する降伏勧告がなされ、パーシヴァル中将はシンガポール市内の混乱を理由に一千名の守備軍を残してもらいたい、と提案した。これに対し山下中将は「日本軍が進駐して治安を維持するから心配はいらない」「非戦闘員は武士道精神をもって保護するから大丈夫だ」と保証し、英軍側の完全武装解除を要求し、「日本軍は目下攻撃を続けているので、夜に入っても攻撃するようにしている」とパーシヴァルを威嚇し、最後に「夜襲の時刻も迫っているが、英軍は降伏するのかどうか。イエスかノーかで返事せよ」と詰め寄った（この場面は宮本三郎画伯の手で油絵に描かれ、祖国で展覧された）。この時の日本のニュース映画班が会場で撮影した映像では、山下将軍がこぶしで机をたたいている姿が撮影され、その勝利の一瞬を伝えた映像はニュース映画として、日本全国の映画館で上映され、大衆の大喝采をあびる一幕もあった。その映像には敗軍の将パーシヴァルの憔悴しきった姿も映し出され、その明暗が対照的であった。

山下奉文とパーシヴァルの会見（小磯良平画）
（『マライの戦ひ―大東亜戦争絵巻―』岡本ノート株式会社出版部　昭和19年４月刊収録）

その席上ではパーシヴァルが「イエス」と回答し、なお治安維持のために「一千名の武装兵は認めてもらいたい」と再度（?）希望し、今度は山下があっさりと「それはよろしい」と言い、敗軍の武将の顔を立てて、会見は終了した（『戦史叢書　マレー進攻作戦』、六一－六二ページ）。

なお、以下の文章は日本軍の捕虜になったパーシヴァル中将の回想記である。彼がこのとき降伏を決意した最大の理由は、シンガポールの給水が逼迫したからだと、次のように語っている。「十四日（土曜日）に空襲および砲撃により送水本管および水道管が破壊されたため、シンガポール市への給水に困難を感ずるに至り、十五日（日曜日）朝に至り給水状況ますます逼迫しあと一昼夜の給水をなし得るのみと専門家は言うに至った。これが十五日降伏を決定した最大原因である」と証言した（パーシヴァル手記「マレー敗戦手記」『東京日日新聞』一九四二年十二月三日付)。

パーシヴァルのこの回想は偽りでないと想像する。この決定は英軍がシンガポール島にいた約百万の住民（勿論、軍人以外の非戦闘員、避難民を含む）の生命の維持と保全を優先した判断で、人間的なパーシヴァルの決断と見るべきであろう。(註3) 日本の軍人にこのような発想をする人は少なかった。むしろシンガポールではこの後、日本軍に抵抗したという口実で、多くの華僑が逮捕され、船で沖合に連れ出されて、そこで虐殺されるという悲劇が発生した。その犠牲者の総数は五千人にも達したと紹介した文献もある。(註4) しかし当時の遠藤はその虐殺の事実に気がついていないが、その後、軍司令部で軍幕僚と捕虜の取扱について研究する機会があり、そのとき捕虜の取扱について辻参謀と意見が対立したことを後年、遠藤は次のように回想した。「辻参謀はパーシヴァル英軍司令官を日本軍兵卒の頤使の下にマレー土民(ママ)の前にて重労働に服せしめ、日本軍の偉さを土民に誇示せんと主張しあり、かくの如きは却って日本軍の品位を傷つけ土民に軽蔑せらるべきを以て中止する様軍参謀長に強く促して別る」（遠藤三郎『日中十五年戦争と私』日中書林　一九七四年、二三五ページ）。

こうして日本軍の捕虜となったパーシヴァル中将は日本の敗北後、連合軍に解放され、一九四五年九月二日の戦艦ミズーリー艦上でのマッカーサー元帥と敗者・梅津参謀総長らとの降伏調印式に参列する栄誉にあずかった。一方、マレー・シンガポール作戦を勝利に導いた軍司令官山下奉文中将は、その武勇によって「マレーの虎」と呼ばれて連合軍から恐れられたが、その名声と存在は東條英機大将の気にいらなかったらしい。山下は満洲の関東軍に移動を命じられ、第一方面軍司令官（大将）となるが、戦局が悪化しはじめると一九四四年九月、フィリッピンの第十四方面軍司令官として満洲の関東軍からマニラに転任し、マッカーサーのフィリッピン奪回上陸作戦に対抗した。しかしマニラに到着した山下はレイテ作戦を優先する中央部とマニラの市街戦に固執する海軍とも折り合わず、やむなくマニラを放棄して山岳ゲリラ戦で長期持久作戦を展開したが、武運は山下に味方しなかった。一九四五年の九月三日、フイリッピンの米軍司令部で降伏文書に署名し、戦争犯罪人としてマニラで軍事裁判にかけられ、十二月八日、絞首刑の判決を受けた（処刑は翌一九四六年二月二十三日マニラ郊外にて）。シンガポールでパーシヴァルを捕虜にした山下将軍はマレーの虎と呼ばれたころ、よもや三年後に敵の捕虜になり、処刑される運命が待ち受けていることなど夢にも思わなかったであろう（沖修二『山下奉文』山下奉文記念会　一九五八年）。

註

註1　山下奉文の意見

辻政信参謀はその著書『シンガポール―運命の転機―』（東西南北社　一九五二年、一三二ページ）の中で山下司令官の意見をこう述べている。「南方作戦の、否、太平洋戦争の決戦はシンガポールである。その本格的な攻撃を間近かに控へて、空軍主力の協力を欠くとは何事であろう。九仞の功を一簣に欠く責任は誰が負ふのか」。山下はこのように南方軍が予告もなく、突如として陸軍航空部隊をパレンバン方面に転用したことを批判した。この証言によれば、すでに日本軍は初戦の段階でも物量不足で、作戦の実施に際して、航空機でも分散配置で、戦闘させていたことになる。

註2　パレンバン降下部隊の体験記

このパレンバンの降下作戦に参加した将兵の一人は降下後の体験談をこう語っている。「十一時二十六分、主力は飛行場南方地区に降下し、ジャングルを抜けて部隊長は前進を開始された。部隊長の許には十一時半頃(ママ)〇〇名の兵が集まった。また某部隊長も同時に東南角に向かって前進して居るのであった。ところが一面のジャングルであるから全然見当がつかない。某部隊長は、十一時半頃までに〇〇名の兵を掌握した。その時に道路の西北地区の東西に亘って主力のうち、奥本中尉以下〇〇名が降下してゐた。

これに向かってパレンバンの飛行場から四台のトラックに分乗した敵約六十名が攻撃してきた。奥本中尉は同地にあった五名の者を掌握して、道路の両側に分かれ敵のトラックを前面十米まで近づけて拳銃をもって先頭の運転手を射殺した。自動車が猛烈な勢いで道路の傍につんのめる。直ぐ次の自動車がそれにぶつかって倒れる、その時すかさず奥本中尉等はこれに突撃した」（『陸軍報道班員手記・パレンバン降下部隊』新東亜協会編　一九四二年、四一－四二ページ）。この種の武勇談が日本ではもてはやされた。

註3　シンガポール市内の人口

シンガポールの人口は開戦前約五十五万人であったが、避難民の流入によって一九四二年一月末には、約一〇〇万人になっていた。一日の水の消費量は、戦争が始まる前は二、四〇〇万ガロン（約一一万トン）で、その三分の一がマレー半島から給水管で島に送水され、三分の二が島内の二つの貯水池から給水されていた。日本軍がジョホール州に進軍してくると、一日で一五〇〇万ガロン（約七万トン）に節水するようになった。熱帯地方の住民にとっては冬とはいえ、長期化すれば、悲惨な状況になったであろう。パーシヴァルはその惨害を予測して、降伏に踏み切ったことになる（陸戦史研究普及会『マレー作戦』原書房　一九六六年、一八七ページ）。

註4　シンガポール戦中・戦後の住民虐殺

日本軍によるシンガポール住民（主として華僑）虐殺事件については、その証言などを編纂した文献として、許雲樵・蔡史君編、田中宏・福永平和訳『日本軍占領下のシンガポール：華人虐殺事件の証明』（青木書店　一九八六年）がある。同書によると、日本軍は一九四二年二月十五日、シンガポールを占領後、三日目の十八日に布告を貼り出し、十八歳から五十歳までの華人男子を日本軍が指定した五か所に集合させ、尋問をはじめ、ある者は釈放されたが、ある者は拘留され、「拘留された住民の大部分はトラックに押し込まれ、海辺に連行されたり船で海上に運ばれて、機関銃の掃射を浴びせられた」（六〇－六一ページ）という。その虐殺行為が一段落したのは三月十日で、なお同書はさらに、辻政信作戦主任参謀の談話として、「抗日華僑に対し、（わが）軍は徹底的弾圧を加えるに決し、抜本塞源的な方針を執り、シンガポールだけで六、七千の華僑を処刑、ジョホールで約四、五千、全マレーで約一万の抗日華僑を処刑した」という談話を紹介している（陸軍省報道部機密文書「馬来方面作戦主任参謀談」一九四二年前掲書六〇－六一ページ）。これが事実であるなら、日中全面戦争下の南京大虐殺事件とも同質の戦争犯罪で、日本軍のアジア人蔑視の体質から発生したものであろう。なお、シンガポールの住民虐殺については、林博史著『シンガポール華僑粛清：日本軍はシンガポールで何をしたのか』（高文研　二〇〇七年）で、その全体像を明らかにしている。その内容は粛清の計画と準備、粛清対象者の選別、虐殺の現場を例記し、なぜ粛清を行ったのか？　を考察している。同書によれば、粛清を命じた第二十五軍首脳の名として、山下奉文中将と辻政信作戦参謀が主導者に挙げられている。戦争は人を狂わせる。この二冊の本はその実例と責任の所在を追求したルポルタージュと思われる。

第四章　ジャワ侵攻作戦（石油獲得作戦）と遠藤三郎

一九四二年二月、日本軍の南進作戦はマレー・シンガポール作戦の勝利とルソン島の軍事制圧で一応の目鼻がついたが、シンガポールとマニラの軍事的拠点は広大な南方作戦地域の玄関口で、その周辺にはさらに広大な海域と無数の島々になお敵兵力が分散していた。しかもこれからの日本軍の作戦遂行に必要とする豊富な石油資源はスマトラ、ボルネオ、ジャワ島のいわば奥座敷に埋蔵されていた。

一九四一年十二月の開戦前夜、すでに大本営はシンガポールやフィリッピンのマニラを橋頭堡にして、その奥座敷にあたるジャワ島攻略の軍事作戦を構想していた。当初、大本営はジャワ攻略作戦（以下、当時の名称に従い蘭印攻略作戦という）を開始するにあたり、その領域の地誌と蘭印の兵力配置などについて、詳細な研究を行っている。

開戦当時、日本軍が蘭印と呼称した領域はスマトラ、ジャワ、セレベス、ボルネオ、チモール、モルッカ諸島、ニューギニアを含んでいた。その総面積は百九十万平方キロ、総人口は六千万人であった。この面積は朝鮮、台湾、樺太を含めた当時の日本の全面積の約三倍に及び、その東西の長さは約二千七〇〇マイルで、およそ台湾から樺太までの長さに等しかった。この広大な南太平洋に浮かぶ島々には、豊富な石油、鉄鉱、錫、ボーキサイトなどが埋蔵され、オランダやイギリスなど西洋資本主義国の資本と技術ですでに開発され、それぞれの本国に原料資源を輸出していた。

(1) 目的は蘭印の石油

すでに一九三九（昭和十四）年当時、この南方地域の石油生産高は（年産）約八百万トンで日本の年産額の約二十倍であった。しかも開戦前の日本の石油の年間所要量は約五百万トンで、その石油自給能力は所要額の一割にも満たなかった（防衛庁防衛研修所戦史室『戦史叢書　蘭印攻略作戦』朝雲新聞社　一九六七年、一三ページ）。勿論、日本政府は一九四〇年には、オランダ政府に互恵貿易、入国制限の緩和ないし廃止、企業投資の便宜供与などを申し入れていたが、蘭印からの石油の輸入量は一九三七（昭和十二）年が約八七万トン、昭和十三年が約六七万トン、さらに昭和十四年には約五七万トンと漸次減少していた。しかも日本国内では日中戦争の軍事的な行き詰まりで以前にも増して石油の需要が高まり、その対策に苦慮していたのである。言葉を変えていえば、日本政府は日中戦争で中国が屈服しない限り、あくまで戦争を継続しなければならず、それには何がなんでも石油の輸入が不可欠であった。

しかし当時の国際社会は日本の中国侵略には批判的で、とくに米国が英国、中国と手を結び、独伊と防共協定を締結した日本を積極的に牽制し、石油・くず鉄などを対日輸出許可品目に指定したことが、日本をさらなる窮地に追い込んでいた。この状況を打破するため、日本政府は豊富な石油資源のある南方へ南進政策を採用し、その最終目的たる蘭印作戦に踏み切ったのである。その意味で、この戦争は一種の石油戦争であったとも見られよう。

日本国内では、広く国民にも南進作戦の経済的狙いを周知徹底させるため、マレー作戦が開始されると、各新聞が南太平洋の資源分布図を掲載し、国民にもこの作戦がいかに重要であるかを宣伝した。石油資源の獲得という面では、マレー・シンガポールやフィリッピン作戦よりも、むしろ蘭印作戦の方が石油の獲得には不可欠で、とくに年間の石油生産量三〇〇万トンというスマトラ・パレンバン地区は重要であった。(註1)

（2）蘭印作戦の発動―「蛸足で敵を締め上げる作戦」

この蘭印作戦は大本営の命令により第十六軍（今村均軍司令官）が担当することになった。

その作戦経過概略図（折込図）によると、第十六軍は三つのコースに分かれて、蘭印攻略に出動した。まず軍主力たる東海林支隊と第四十八師団は一九四二年一月二日から漸次、台湾の高雄を出発し、主力の東海林支隊はカムランからボルネオの西方の海上を南下、ジャワ島に接近、ついで第四十八師団はルソン島のリンガェン経由で南進し、最初にボルネオのバリックパパンに上陸、そこで東方のパラオから西進してきた坂口支隊と合流、坂口支隊は陸路パンジエルマシンとアセマシムに進行、第四十八師団は西方海上を南進しながら、スラバヤ西方のレンバンに上陸した。さらに香港からは前年の十二月一日に出発した第三十八師団がスマトラのパレンバンへ、同じく香港から東方支隊がフィリッピンの東方海上を南進してアンポンを攻略し、二月十九日にはチモール島のクーパンに上陸した。さらにこの作戦には、パレンバン製油所を急襲・占領する第一挺進団（パラシュート部隊）と第三飛行団が南部スマトラと西部ジャワ作戦に空から協力した。この蘭印作戦の特色は広大なスペースを海上輸送する大渡洋作戦で、しかも大本営の当初の作戦計画では、作戦期間が一〇三日に限定されていた。

この頃、遠藤三郎の第三飛行団は蘭印作戦の実行部隊として今村均軍司令官が指揮する第十六軍の船団護衛とジャワ島上陸作戦援護を命じられた。

すでに今村の指揮する五十七隻の大輸送船団は二月二十八日にカムラン湾を出航し、その直前護衛を承諾した小沢治三郎の南遣艦隊に護られながら、ボルネオ西方の海上を航行していた。実は今村の上陸部隊を輸送する五十七隻の輸送船団は当初、第五水雷戦隊の軽巡洋艦一隻と駆逐艦九隻が護衛に当たる予定であった。しかし、その水雷戦隊の原戦隊長がそれだけでは不安であるとみて実情を今村に漏らしたので、今村の苦境を知った小沢治三郎南遣艦隊司令長官がさらに駆逐艦九隻を出して原につけてやろうと助太刀を買って出たのである。この小沢という将軍は後年、一九四四年秋のレイテ沖海戦で、米軍のハルゼー機動部隊を引きつけるためのおとり作戦を指揮するという悲運に遭遇するが、その風貌は無骨ながら人情味にあふれる指揮官であった。今村はこの小沢の協力で、ジャワ海では曲がりなりにも船団を無事に上陸地点に集結できた。しかしジャワ海では背水の陣を敷いた敵艦隊出動の報を受けて、一時は北方に逆戻りしてジャワ島上陸日を三月一日に延期するなど、今村が指揮する五十七隻の船団はきわめて不安定な航海を経験した。

(3) バタビヤ沖海戦（二月二十八日夜）――今村軍司令官・ぬれ鼠の上陸

二月二十八日夜半、今村の輸送船団（五十七隻）が西部ジャワのスンダ海峡からバンタン湾の陸地に接近して一列に投錨中、東方から豪洲の巡洋艦パース（約七千トン）と米国の巡洋艦ヒューストン（約一万トン）が姿を現した。この二隻の米・豪巡洋艦のジャワ海進入は絶妙のタイミングであったろう。その夜、二十三時十五分には、まずパースが日本の駆逐艦を視認し、「誰何」した結果、逆に日本の駆逐艦に見破られ、魚雷攻撃と砲撃を受けたので、ヒューストンともどもその危機を逃れて水路を変更し、一旦は難を逃れ、途中再び日本の駆逐艦・吹雪に発見されながらも、マムヤン島沖を通過後、上陸準備のためバンタン湾沖合に投錨中の日本の大輸送船団を発見して砲撃を開始した。もしもその攻撃時間が長引けば日本の輸送船団は相当な被害を受けたであろう。しかしその直後、西方に待機していた日本の軽巡洋艦・名取と駆逐艦十隻が三群をなしてヒューストンとパースに向かって突撃し、その北方の海域を哨戒中の日本の第七戦隊の重巡洋艦・三隈と最上がパンジャン島の北方からもヒューストンとパースを砲撃し、最初にパースを撃沈し、ついでヒューストンを沈めた。この海戦における日本軍の勝利は米国海軍の戦争史家モリソンの海図にも示されている。それによると、日本の軽巡洋艦・名取と十隻の駆逐艦隊が絶妙のタイミングで敵艦二隻を三隅と最上の間に挟み込み、突撃した。その判断が功を奏して日本海軍が勝利したものと思われる。

しかしパースとヒューストンの攻撃を受けた日本の輸送船団も湾内に投錨中で一時は大混乱に陥り、ジャワ島に揚陸準備中の船団のうち四隻が撃沈された。その不運な一隻が今村軍司令官の乗船する龍城丸であった。その船は二発目の雷撃を受けたとき、にわかに傾き、甲板にいた今村は部下とともに海中に投げ出されて重油の海面に浮かんだ。

この時、今村は五六歳、水泳は中学時代にわずか四ヵ月間練習しただけで、その後は訓練しておらず、辛うじて救命胴衣の浮力に頼って、完全武装のまま立ち泳ぎをしていたと後に回想している（今村均『今村均大将回想録』自由アジア社　一九六二年、三五七ページ）。この時、今村の周辺の海面には五、六〇〇名の日本の水兵が救助を求めて海面を泳いでいた、という。

しかし今村は幸運に恵まれていた。

やがて味方の上陸用の大・小の発動艇が沈没・半沈没の輸送船（四隻）の周辺にやってきて、今村ら漂流者を救助したのである。[註2]この日、遠藤三郎は第十六軍の兵員輸送船団を空から援護すべく待機していた。その日誌には今村軍司令官から「何等通報ナシ」と気を揉んでいる。遠藤はその持論の地対空の作戦を重視する将軍であったから、今村軍司令官から無線連絡があれば夜明けを待って直ぐ全機出動する準備を整えていた。だが、今村からは何の通報もなかった。それもそのはずで、今村は無線装置のすべてを龍城丸に積んでいたので、その船の沈没と同時に一切の作戦指導ができなかった。今村の上陸部隊はまさに命令機能（頭脳）を失った蛸で、これ以後三日間は軍最高指揮官の命令を作戦継続部隊に発信できなかった。しかし遠藤は今村の遭難以前に第十六軍のジャワ上陸作戦が明朝に延期したと知らされていたので、遠藤はその情報だけを信じて対応した。

翌日（三月一日）になると、今村の主力がジャワ島に上陸を開始したものと独自に判断して、遠藤は各飛行隊を出動させ、自らも百式司令部偵察機に乗って上陸状況を視察した。今村の第十六軍がジャワに上陸した三月一日といえば、丁度十年前の同じ日に、遠藤三郎が大本営の作戦参謀として陸海軍の上海戦を有利に展開するため、今村の協力を得て、上海郊外の揚子江沿いにある七了口（半農・半漁の村）に上陸作戦を展開した同じ日であった。それを思い出した遠藤は感慨無量という心境で、日誌にはこう記入した。

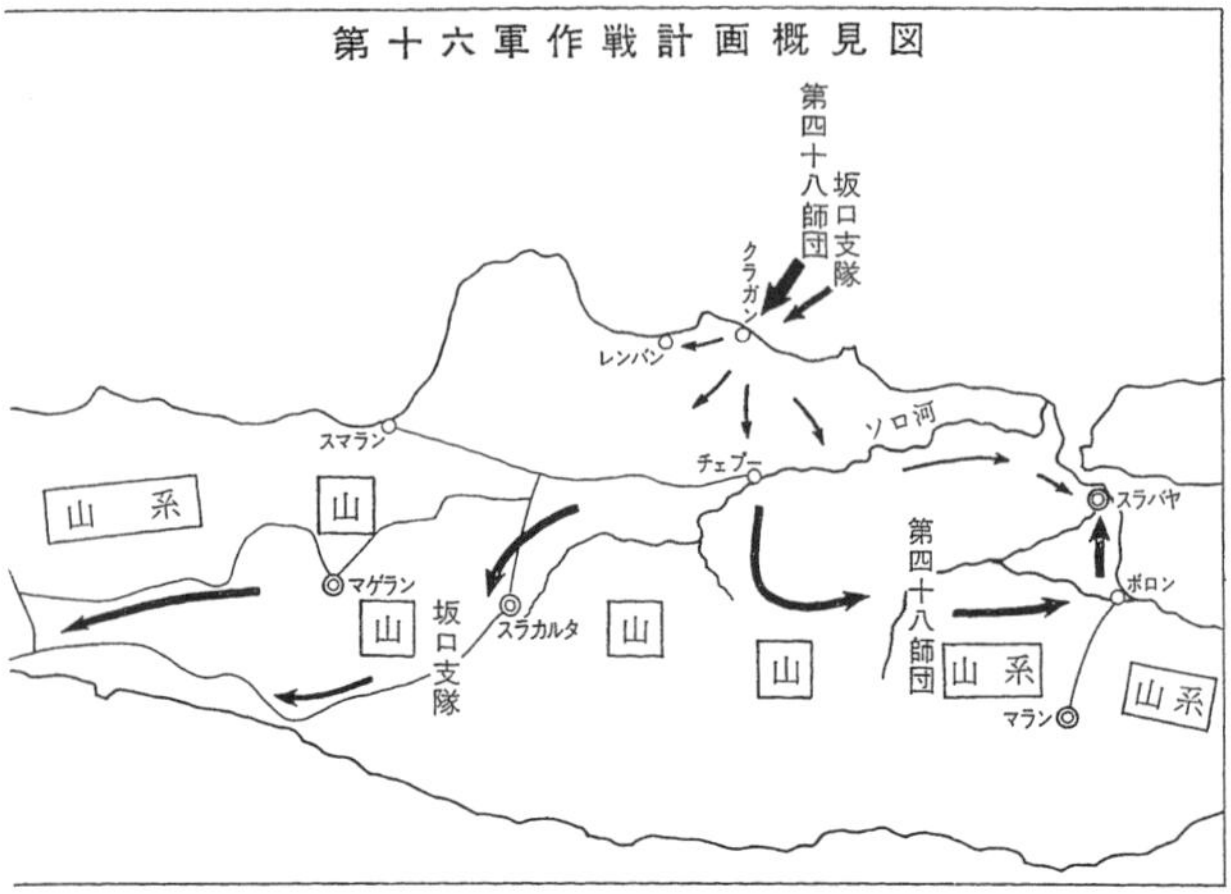

第十六軍作戦計画概見図

（『戦史叢書　蘭印攻略作戦』488-489ページ）

本月本日ハ十年前第十一師団ノ七了口ニ上陸セル日ナリ　百三十年前　ナポレオンガエルバ島ヲ出テ、カンヌニ上陸セル日ナリ　必ス成功シアルベシト予測シテ行ク　果タシテ三十数隻（実際は五十隻以上）ガ厳然ト（ジャワ島の）泊地ニ到リ上陸最中ナリ　空中ニハ敵機ナク海上ニハ敵艦ナシ　今日アルヲ得タルモノ実ニ昨日迄苦闘ノ賜ナリ…」（三月一日付・遠藤日誌）

これをみても、ジャワ島の上陸地点に横一列に並ぶ今村の輸送船団が周辺を圧倒するような風景に見えたことがわかる。すでに夜半前後の激しい艦隊決戦（砲撃と魚雷戦）は終結し、海上に浮かんでいた今村らも救助された後で（遠藤は今村が海に落ちたことやその救助さえ知らなかったが）今村軍司令官宛てに「七了口の上陸作戦を想起して健闘を祈る」旨の通信筒を投下して正午パレンバンに帰還した（遠藤自伝）パレンバンでは二時に各戦隊長を集めてシャンパン（集団参謀長からのプレゼント）を抜いて祝杯を挙げている。

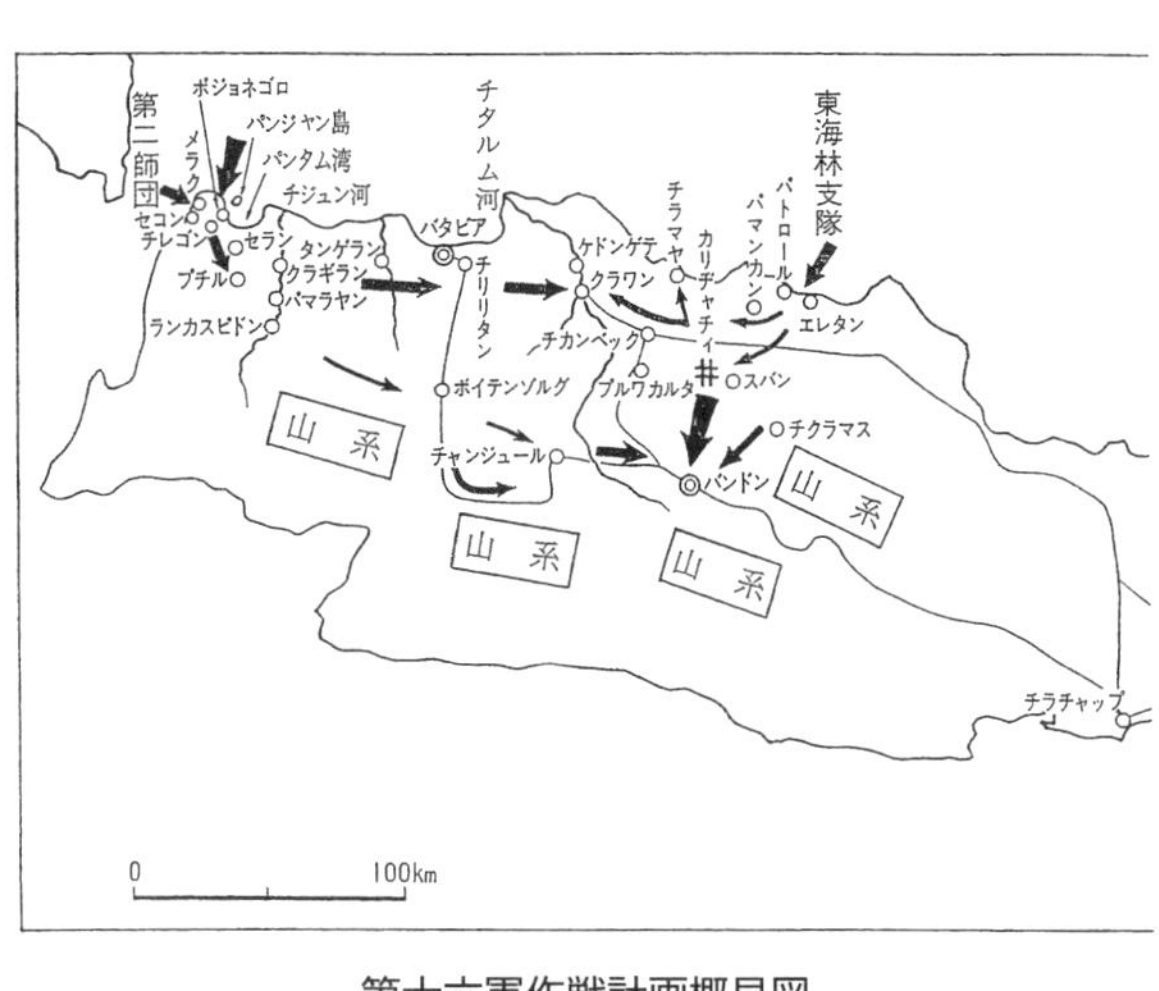

第十六軍作戦計画概見図

しかし上陸した今村の地上部隊はやがてオランダ軍の戦車部隊の攻撃を受け、苦戦に遭遇する。オランダは前年の五月にナチス・ドイツによって領土が占領されており、ジャワに残された蘭印の地上兵力は大なるものとは予測されなかったが、蘭印全島にはなお七万名のオランダ兵士がいて、そのうちジャワ本島には約五万名が駐兵していた。航空機もまだ全島で五百機を保有しているとみられていた。勿論オランダ軍としても、すでに祖国がナチスに占領されてからは、帰国する場所がなかった。まずは背水の陣を敷いて、あるだけの兵力を動員し上陸した日本軍に抵抗した。

（4）今村のジャワ上陸作戦―「蛸足の勝利とその限界」

一方、今村軍司令官はすでに上陸作戦を開始する前、はやくもジャワ攻略の予定計画を立案し、三方面からジャワ島に上陸する構想を立案していた。その作戦構想によれば、上陸地点を三箇所に分けて、部隊の配置を次のよう決めた。

（イ）主力（第二師団と軍直轄部隊）が、西端のバンタム湾から上陸する。

（ロ）東海林俊成大佐の部隊（第三十八師団の一部）が中央よりのエレタンから上陸する。

（ハ）第四十八師団（師団長土橋中将）と坂口支隊が、はるか東方のクラガン岬から同時に上陸し、東西に帯状一千百キロの細長い島を三方面から切断して巻き上げる（ジャワ島・地図（『戦史叢書　蘭印攻略作戦』、四八八－四八九ページ））。

この上陸作戦は四つの兵団が三方面から上陸し、短期間にジャワ島の攻略が可能となる計算であった（伊藤正徳『帝国陸軍の最後①進攻・決戦篇』光人社　一九八一年、七二ページ）。しかし最大の難問はジャワ島北岸の三地点からの奇襲上陸が成功するには、輸送船団が日本から五千キロの海上を無事に航海して上陸地点に集合しなければならなかった。当初、海軍側では渡洋作戦の途中で敵の水上部隊か、または敵潜水艦の攻撃を受け、最悪の場合は兵力の半分を海中に失うことも予測された。しかし連合国側にはまだ強力な海軍部隊が編成されておらず、日英開戦当初にマレー沖で新鋭戦艦プリンス・オブ・ウェールズと高速戦艦レパルスが撃沈されてからは、極東アジアの海域で行動できる米英豪蘭の連合軍海軍艦艇は、重巡洋艦二、軽巡洋艦五、駆逐艦八、潜水艦六隻程度にすぎなかった（この数量は日本海軍の予測）。

さらに今回の蘭印攻略作戦では二月二十七日のスラバヤ沖海戦でも、日本海軍は最も得意の秘密兵器・九一式酸素魚雷[註3]の使用により、夜半にスラバヤ沖に現れたオランダの巡洋艦デロイテルとジャヴァ、英国駆逐艦エレクトロフおよび蘭・駆逐艦コルテノールの四隻を撃沈し、三月一日の十二時にはさらに英国・重巡洋艦エクゼター、駆逐艦エンカウンターおよび米駆逐艦ホープを日本の第五戦隊がボルネオ島南方のジャヴァ海で撃沈したのである。このような連続した日本海軍の勝利は、古典的な艦隊決戦の最後の花道を飾るものであった。

最早、世界の海軍の海上決戦の勝敗は、艦隊相互の決戦から空母から飛び立つ航空機（戦闘機）相互の戦いへ移行する時代がすぐ目の前に迫っていたのである。その事は、これから二カ月後の珊瑚海海戦とミッドウェー海戦（六月）の教訓をみれば明らかとなろう。しかしジャワ島上陸作戦では、二月二十六日以来のスラバヤ沖海戦と同二十八～三月一日のバタビヤ沖の日本海軍の勝利により、上陸部隊の安全と海上補給路の確保が実現することになった。さらにこの蘭印作戦では、上陸後の日本軍の地上作戦を空から援護する強力な航空部隊の存在があったことも見逃し得ない。航空部隊と地上部隊の地対空共同作戦、これはマレー・シンガポール作戦ですでにその成果をあらわしていたが、今回はとくにジャワ島に上陸した日本陸軍が反撃に転じたオランダ軍から猛攻撃を加えられた時に、空から果敢な攻撃を展開した遠藤の第三飛行団の存在がその威力を発揮することになる。

当初、このジャワ作戦には、遠藤の指揮する第三飛行団が占領直後のパレンバン飛行場から参加した。その保有飛行機は爆撃機と戦闘機を合わせ約百機であった。連合国側は三月一日には海上の艦隊決戦で敗北し、もはや制海権を失っていた。ジャワ近海では日本海軍が制海権を完全に掌握し、制空権もまた陸軍航空部隊・第三飛行集団が掌握していた。それでも「驕れるもの久しからず」という諺があるように、ジャワ・スラバヤ沖海戦で戦果をあげた日本海軍の巡洋艦と駆逐艦群はそのすべてとはいわないが、ほとんどの艦艇がやがて開幕する日米の空母対空母の海上決戦で、海の藻屑になっていく。日本の陸海軍航空機もまた同じ運命を辿ることになる。

遠藤三郎は後に「剣によって立つものは剣によって亡ぶ」という聖書の名言を引用して、非戦の思想を表明するが、それは自らが実践したこの戦争体験に裏打ちされた確信であった。しかし遠藤のように冷静沈着な頭脳の持主でも、日本の軍隊が持つ組織的・技術的な欠陥を認識し、かつ戦争の悲惨さを体験するにはまだ若干の年月が必要であった。彼はなお戦場にあって、軍の指揮官としてその戦いを有利に展開する以外、生きる道がなかったのである。組織の中におかれた人間とは、不自由なものである。自分の意思や思想とは無関係に時局の進展につれて行動せねばならなかった。

しかし結論を先に言えば、遠藤の第三飛行団を含め、ジャワ作戦に投入された日本軍は、その頭脳組織が麻痺した蛸の足のような存在だった。蛸の足はその吸盤で敵陣の一つ一つを締め上げたが、やがて頭脳集団（東京の軍中央部）が戦勝に酔いしれて麻痺し始めると、作戦計画は無謀となり、南の島々で暴れまくる蛸の足は急速にその吸引力を失うことになる。このことは蘭印の石油資源を確保した日本軍がさらに外郭要地確保という目的で、ポートモレスビーとガダルカナル作戦に乗り出すとき、その兵站を維持することが困難になり、熱帯地方のジャングルの中で全軍が悲惨な飢餓状態で敗北の道を歩み始めることで証明される。

だがそれはもう少し先のこと。当面は遠藤の第三飛行団の活躍に再び目を転じよう。

(5) 遠藤部隊―カリジャチ飛行場に着陸

一九四二年三月一日、日本軍（今村の第十六軍）は、四つの兵団に分かれて、ジャワ島北岸に上陸した。作戦計画では二週間以内にジャワ島を占領しなければならず、そのタイム・リミットからすれば、一地点から上陸するよりも、四兵団に分かれて各個の軍事的要地を占拠し、上陸後に合流してから敵軍の主力を撃つという作戦が有利と判断したからである。しかもその作戦のなかで、当面、最も緊急視されたのは日本の陸海航空部隊を進出させるための主要な飛行場の占拠であった。その任務を担って編成された地上部隊が東海林支隊であった。

三月一日の午前三時ごろ、エレタンに上陸した東海林支隊はまず目標のカリジャチ飛行場に向かって進撃した。その支隊の主力は香港攻略後二ヵ月余りの軍事訓練を経験してきた約八百の強兵たち（若松挺進隊）で、香港戦の戦利品である三十台の大型トラックに便乗して、一路カリジャチ飛行場を目指して驀進した。東海林支隊長は事前にエレタンからカリジャチまではコンクリートの自動車道路があることを知っていて、上陸後の日本軍は途中四回も敵の反撃を受けながらもそれを撃破し、午前十一時半には、はやくも飛行場に殺到し、それを占領した。

このカリジャチ飛行場は日本でいえば、立川と各務原を合わせたほどの重要な飛行場で、オランダ軍にとってもジャワ防衛のためには不可欠な重要基地であった。当然ながら飛行場を奪還するため、オランダ軍は二度にわたる逆襲攻撃を敢行してきた。第一回目は軽戦車、装甲車、トラック六十台を連ねて逆襲し、第二回目はさらに戦車とトラック一二十台を連ねた機械化部隊で日本軍に攻撃を反復した。

この時点での日蘭両軍の激突地点はカリジャチ飛行場の西方スバンであった。折しも、東海林支隊が本部をスバンに設置直後で、三月二日にはその拠点をめがけてバンドン方面から蘭軍の機械化部隊が押し寄せ反撃を開始したのである。

その情勢については、『戦史叢書　蘭印攻略作戦』他の史料が次のように記している。

（三月二日〇五〇〇・東海林支隊長はエレタンから自動車でスバンに到着した）〇九〇〇ごろ連合軍機二～三機が銃爆撃してきたが、幸い死傷はなかった。一一〇〇「敵機械化部隊来襲」と急報が伝わった（『戦史叢書　蘭印攻略作戦』五三二ページ）。

バンドン要塞道から軽戦車、装甲車計約二五輌が猛烈に突っ込んできた。スバンに位置していた（日本軍の）人員は、支隊長、山下参謀、和田敏道中尉、第四中隊長（軍旗中隊長）杉井二郎中尉を含み合計約一〇〇名、重火器は山砲一門、速射砲一門、機関銃二銃にすぎなかった。（日本軍は）先頭の二両を撃破したが、連合軍戦車、装甲車は、それをものともせず陣内に進入し、思うさま蹂躙して回った。軍旗も危険であった。交戦一時間三十分、必死の射撃と肉薄攻撃とによって（蘭軍の車両）合計十二両を撃破し、ようやくこれを後退させることができた。わが方の死傷は二十数名であった（『戦史叢書　蘭印攻略作戦』五三二ページ）。

この戦闘では、その戦傷者数からみても東海林支隊の苦戦が明らかであった。

しかしこの日に遠藤の指揮する第三飛行団がカリジャチ飛行場に着陸しはじめたのである。最初に到着したのは三月二日の一四時で、わずかに二機に過ぎなかったが、その後さらに飛行第二十七戦隊（襲撃）の主力と第五九戦隊（戦闘）の三機が（いずれもパレンバンを一六時に出発したものが）カリジャチ飛行場に着陸した。この先行部隊の到着は飛行場周辺の地上で苦戦する日本軍部隊の将兵にとっては救い主であったろう。ついで翌三日には、第三飛行団の全部隊がカリジャチ飛行場に到着し、指揮官の遠藤もパレンバンから司偵に乗って同飛行場に降り立った（十一時半＝この日、遠藤が飛行場に到着後、東海林支隊長と感激の握手をしているシーンを描いた油絵カラー一四二ページ）。その直後のこと、カリジャチ飛行場に開設したばかりの戦闘指揮所に敵の戦車群が接近中という急報が伝えられた。その日の遠藤日誌には全力でこれを攻撃するため、「襲撃隊及75Fヲ主トシテ之レガ攻撃ニ任ズ」とその意気込みを記入している。その日、隷下戦闘機のパイロットの苦労は筆舌に尽くしがたい状況で、頼みの加藤戦闘隊長はバンドンで日本海軍のゼロ戦の執拗な攻撃（味方の誤射）を受け、その飛行機が使用できないまでに大破し、ようやく帰還できたほか、瀬戸戦隊もマレー作戦以来の疲労で戦意を消失している有様であった（遠藤日誌三月三日付）。

しかしどれほど窮地に立つ情勢でも、遠藤はひるむことなく、その攻勢判断は飛行場の奪取に出動してきた敵戦車群への反撃に大きく貢献することになる。この攻撃の成功については、遠藤自身でなく、当時この作戦を取材した読売新聞の富沢有為男従軍記者がその目撃談を新聞に発表している。

以下、参考までにその新聞記事を紹介しておこう。

カリジャチ攻撃の敵戦車部隊が飛行場一キロの目睫に迫ったとき、遠藤部隊はまず第一隊をもって敵戦車の先頭を叩きつぶし、第二隊を持って後備の装甲車数台を破壊した。道路の両側は水を満たした水田である。抜くにも引くにも進退を失った（敵）戦車群が、その後どのような遠藤部隊の徹底的な爆撃を受けたかは想像に余りがある。この間時間にして約二十分火焔は街路樹を焼き、黒煙は天を焦がした。敵機甲部隊乗組員中生命を取止めたものは皆無であった。……いわばジャワ作戦はこの二十分で決定したと見倣してよいのかも知れない（『読売新聞』一九四

②カリジャチ飛行場急襲（松田文雄画）

①『大東亜戦争絵巻　ジャワの戦ひ』岡本ノート㈱　1944年４月発行表紙（南政善画）

④敵大戦車群を我が空軍の奇襲で壊滅す（南政善画）

③東海林部隊長と遠藤部隊長　カリジャチ飛行場で会見（南政善画）

⑥裏表紙

⑤無条件降伏（松田文雄画）、テルポーテンと今村均による停戦交渉の場面。右端に遠藤。

二年十二月二十日付)。

この記事はジャワ作戦で戦功をたてた坂口・東海林両部隊に十二月に「感状」が与えられたときのいわば祝賀記事である。そのなかでも遠藤の部隊が空から敵の戦車軍団を襲撃した箇所が強調されている。だがこの日の遠藤日誌にはこの記事の切り抜きが挿入されているだけで、敵戦車部隊攻撃にはふれていない。

しかし(三月三日)、遠藤はパレンバンからカリジャチ飛行場に到着したばかりで、戦闘の指揮をとることに没頭し、その緊張度のなかで、隷下の部隊が敵機械化部隊を殲滅した記録を日誌にまとめ切れなかったものと推測する。なお三月三日の遠藤飛行団の大戦果については、前掲の『戦史叢書　蘭印攻略作戦』で、具体的な時間と場所、出動回数と破壊した敵の車輌台数を公表している。

以下、参考までに三月三日のカリジャチ飛行場周辺の戦闘について、『戦史叢書　蘭印攻略作戦』の記録を紹介すれば、次の通りである。

三月三日「バンドンからスバンに接近する(オランダ)機甲部隊に対し遠藤飛行団は、六回、延二四機出動し、(敵軍の車両)一四両を炎上させ、一七両を破壊した。しかしながらその機甲部隊はなお前進を続行し、その一部は夕刻スバン陣地前に現出した。東海林支隊長はこれを撃退した」「西南方からカリジャチィに近迫してきた(敵)車両縦隊に対し、遠藤飛行団は、一四三〇から一八〇〇まで、六回、延二七機出動し、まず先頭車(飛行場西方一六キロ)を爆破、次いで後尾車を爆砕、車両大縦隊を道路から動けないようにして反復銃爆撃した。炎上破壊合計一五八両(内訳は、戦車一〇、装甲車四四、自動貨車一〇四)の大戦果を収めた」(『戦史叢書　蘭印攻略作戦』、五三五ページ・原資料「陸軍航空各隊の調書」)。

しかし遠藤日誌にあらわれた戦場の記述は大半がこのような華々しい戦果ではなく、むしろ味方の将兵の勇壮さと疲労、味方の損害と戦死者続出の記述などが相互に折り重なり、まさしく戦争の悲劇が文面にみなぎっている。それでも、戦場で戦う指揮官には、時日の遷延は許されなかった。五日には苦戦する東海林支隊からバンドンを攻撃する旨、打電されると遠藤は空からその戦闘に協力し、七日にはシンガポールで第三飛行集団の合同慰霊祭が行われている際にも、第三飛行団長の遠藤はジャワ作戦の継続でその慰霊祭に参加できない状況などがつづられている。またこの日は、隷下にあった虎の子の加藤戦闘戦隊（第六四戦隊）を原所属部隊（第七飛行団）に復帰させる集団命令を受け、遠藤は不満ながらも泣き泣き勇敢な加藤戦隊長と離別した（これが加藤建夫戦隊長との永別になろうとは、遠藤も予測できなかったが…）。

（6）ジャワ作戦終結―停戦交渉に参加した遠藤三郎

カリジャチ飛行場占領の直後より、ジャワ島地上部隊の戦闘は日本軍が優勢になり、六日には2Dがバタビヤのバイテレゾルグを占領したらしい、という情報を入手し、八日には東海林支隊に派遣した連絡将校から「爆撃中止」の要請を受け、いよいよ敵側から停戦の申し込みがあったことを直感した。この日、遠藤は蘭軍司令官との停戦交渉について、その会見場所や要望項目などを東海林支隊長に電文で伝えた。その電文内容は煩雑なので省略するが、蘭軍は当初、バンドン蘭軍司令官より、「八日午前十時バンドン市内イソラホテルニ於テ商議スル旨」を申し込んできた。遠藤はこれに対し、商議場所をバンドンに決定される場合は直ちに同地飛行場を整備せられたく、なおなし得れば「敵側代表ヲカリジャチ飛行場ニ派遣セラル、ヲ適当トスル旨」東海林支隊長に返電した。なおこの日、遠藤が蘭軍に要求した要望事項には、飛行場の移管、航空資材の提供、航空防空関係人員の武装解除、飛行の停止の四ヶ条が含まれていた。この要望は敵の航空司令官に手渡した文書で、その内容は明らかに敵航空兵力の武装解除と航空機および飛行場の明け渡しを求めるものであった（遠藤日誌三月八日付）。

これ以後、状況は一変し、八日には蘭軍代表との停戦交渉に場面が急展開することになる。その日、勝利の旗を手に入れた日本軍は、今村第十六軍軍司令官を先頭に幕僚の面々が停戦交渉会場に姿をみせている。しかしこの日の遠藤日誌には、二月にシンガポールで山下軍司令官が拳を振り上げて英軍の司令官に降伏を強制したような威圧的場面は登場していない。それはやはり今村軍司令官の温厚な人柄によるものでもあったろう。日蘭両軍の停戦交渉会場は、遠藤の要請通りカリジャチ飛行場内の戦闘指揮所が利用された。その場所にあらわれた蘭軍陸軍長官テルポーテン中将に対し、今村軍司令官は「イエスか、ノーか」の即答を求めず、正式回答は明日（三月九日午後三時に）示すように提示したのである。この寛容な武人の態度には、停戦交渉に参加した遠藤でさえも「喰うか喰われるか鍔ぜり合いの戦闘を継続し来れる我われとしてはその寛容に驚いた」と後年述懐したほどであった。

ジャワ島攻略作戦で日本の軍事的勝利を確定するため蘭軍代表との停戦交渉が開かれた三月九日と一〇日の両日は、軍人としての遠藤にとっても生涯忘れがたい記念日であったにちがいない。遠藤は信頼する今村軍司令官に付き添いながら自分の目でみた光景をおよそ次のように記録している（以下は日誌の原文をもとに、後年遠藤がその自伝で再現した文章をそのまま紹介してみよう）。

三月九日：停戦交渉の一幕「（今村）軍司令官の到着に先立ち午後三時蘭印総督シタルケンボルグ・チャルダー氏、蘭印陸軍長官テルポーテン中将ならびにバンドン要塞司令官ペスマン少将等飛行場に到着す。予は彼らを予の戦闘指揮所に案内し『予は当方面の航空部隊の指揮官として貴方の停戦申込みを一応受理す。後刻地上軍司令官到着する予定なるを以て同官と協議の上当方より停戦に関し要求する処あるべし。その要求を容るる場合は停戦に応ずべく、然らざる場合は御覧の通り出動準備完了しある飛行機を以て直ちにバンドンを爆撃すべし』と宣言し、今村軍司令官の到着を待たしむ」（遠藤三郎『日中十五年戦争と私』日中書林　一九七四年、二四五ページ）。遠藤のこの発言はいささか脅迫めいたものであったが、軍の最高指揮権は今村軍司令官の手にあり、同司令官の到着を待って本題が討議されることになる。「（その後、軍司令官の到着を）待つこと三十分、今村軍司令官は軍参謀長岡崎少将以下幕僚を伴い到着せらる。予の寝室に於て打合せたる後停戦会議場たる予の戦闘指揮所に入る。（オランダ政府）総督はさすがに堂々たり。『降伏に来るにあらず、停戦後の政治に関し商議せんがため来れるなり』と主張し軍司令官を翻弄するが如し。予は軍司令官に停戦は軍人同志の話し合いなり、政治に関しては中央政府に譲るべきを以て軍事に関係なき者は退場せしめらるべきを勧告し、（オランダ）総督を退場せしむ。総督退場後は陸軍長官と直接交渉し、当方の停戦条件を了承せしめ停戦交渉を終了す。時に午後八時なり。ただし今村軍司令官は本要求は『停戦実施の参考』として手交せるものなるを以て正式回答は明九日午後三時と示されたり。喰うか喰われるか鍔ぜり合いの戦闘を継続し来れる我々としてはその寛容に驚」いた（遠藤前掲書、二四五－二四六ページ）と遠藤は記述している。

この会談でテルポーテン蘭軍陸軍長官に一日の猶予を与えた今村軍司令官の態度にはやはり温厚な人柄と人間味があふれている。蘭軍司令官もまたその約束を守り翌日の正午にはラジオで降伏する旨を放送し、さらに午後三時、約束の時間にカリジャチ飛行場に来て、日本軍に降伏する旨を伝達した。この日、遠藤は日誌に「敗者ノ悲哀ニ一掬ノ同情ナキ能ハズ」と記入した。翌三月十日、この勝利に歓喜した遠藤は押収した飛行機に乗りバンドン飛行場に向かい、直ちに東海林支隊長を訪問して成功を祝している。支隊長は遠藤の手を握り締めて無言のまま感激の涙を流す一幕があった。この日、遠藤は日本軍の幕僚のなかに「（地元の）商人をことごとく監禁して、戦争中監禁せられし在留邦人のため報復すべし」と主張する意見が出たことに反対し、今村軍司令官にひとつの意見書を提出した。その内容は「従来の政治機構を温存利用し一般軍人は政治に介入することなく軍司令官のみ総督を監督指導して善政を施す」という間接統治案であった。しかし日本軍のモラルは勝利の直後から乱れはじめたことを遠藤も認めている。それは彼がバンドンからカリジャチに帰還する自動車の窓から見た光景であった。その日、遠藤はバンドンに向かう多くの日本軍地上部隊とすれ違ったが、日本兵はいずれも「鹵獲せる乗用自動車に乗り服装乱雑態度醜悪、酒気を帯ぶ者もあり、ために道路閉塞せられ四十キロの道を四時間半を費してようやく帰還す」と（遠藤前掲書、二四七ページ）。この有様はジャワ島における今村軍政の前途に暗い影（予告）を投げかける風景であったろう。しかし当時、今村はその温厚な人柄ゆえに、ジャワ島にフィリッピンやマレー、シンガポールとはいささか趣を異にする軍政を施行する方針で、そのために彼はシンガポールの軍政当局から批判されることさえあった。その批判の内容は〝ジャワ島では日本国と日本軍の威重が、少しも示されておらない。白人どもは、戦に負けたという気分なしに振舞っている〟やはり軍政はシンガポールのように〝日本軍の威力を認識させることが、有色民族を、われに依信せしめることになる〟というものであった。これに対して今村はインドネシア民族がわれわれと同種族の同胞であり、無抵抗のオランダ人家族や無辜の市民を弾圧することは戦陣訓に反するとなし、ジャワ島の産業を経営するオランダ人と華僑を報復的に弾圧したら、「石油をはじめ、すべての資源は開発されず、ここで産する軍需物資を日本全軍のために利用することができなくなります」と反論した（今村均『今村均大将回想録』自由アジア社　一九六一年、三八一ページ）。この柔軟な考えはまさに遠藤のそれと表裏一体をなすものであったろう。

また今村はインドネシア独立運動の指導者・スカルノから日本軍にビンタをくらわされたと抗議されたとき、その弊風をやめさせるとも約束した。[註4] その頃、ビンタは日本軍の日常的な行為であったが、そのような行為が外国人に通用するものではなかった。今村の軍政もその本質はジャワ島の戦争資源の徴発を優先することにあり、それを感情的に阻害するビンタをやめさせた話は傾聴に値する。それにしてもジャワ島で軍政をつかさどる今村軍司令官の前途は多難であった。今村の行政は手ぬるいと、中央からも批判され、十一月には第八方面軍司令官として最前線のラバウルへ転出した。一九四五年八月、彼は日本の敗戦をラバウルで迎えることになる。その後、米英豪軍の合議で今村は祖国に帰還し、巣鴨に服役するが、今村からは、生死をともにした部下と一緒にマヌス島服役を申し出て、同島の豪海軍刑務所に移送され、三年後に再び東京に帰還した。

巣鴨で刑期満了の昭和二十九年十月まで服役する今村の前途と比べれば、同じく中央から煙たがられ敬遠された将軍でも、遠藤の方が若干恵まれていたかも知れない。遠藤はジャワ作戦の勝利の翌月、四月十八日に南京経由で東京に帰還し、その後は陸軍航空士官学校幹事から校長（中将）に昇格、二年後には陸軍航空兵器の生産部門の長官となり、日本内地で敗戦を迎えることになる。

一九四五年八月、そのポストで日本の敗戦を体験した遠藤は戦後農民になり、さらに戦犯として約一年間巣鴨に入獄するが、戦後の遠藤が肝に銘じて記憶していたことは、戦場で死んだ部下たちの姿であった。彼は自叙伝の中でアジア太平洋戦争開戦後「僅々三ヶ月の間の戦闘で九十八名の部下を失いました。ほぼ同じ兵力であった当飛行団が中支の戦場に於て一年三ヶ月の戦闘で失った部下は三十九名であったのと比較しますと、誠に莫大な損害であります。部隊長として誠に申訳なく集団長から戦力を温存する様注意を受けたのも当然と反省しております」（遠藤前掲書、二五一ページ）と自ら懺悔をしている。しかしアジア太平洋戦争は開戦後約四ヶ月目のジャワ作戦で終了したわけではなかった。大本営はすでに第二弾作戦として外郭要地確保のＳＦ作戦計画を作成していたのである。

すでに日本軍の戦場は中国大陸では戦面が奥地に広がり泥沼化していたのに、今度は太平洋で南はニューギニアのポートモレスビーと東のガダルカナル島へ、中部太平洋では連合艦隊がミッドウェーへ、北方ではアリューシャン列島の攻略へと拡大していくことになる。この広大な海上領域と南北に広がる島々への上陸作戦の広がりは日本軍の兵力の小出し＝分散という不幸な結果を招き、終局的には決戦場に総兵力を集中して戦うという近代戦の兵法の常識から逸脱することになる。今村均はこの戦いの流れの中で第八方面軍司令官としてラバウルで戦い無惨にも無数の戦死者を生みだすことになる。しかしこの軍事作戦の領域的広がりがどれほど無謀であったのか、またどれほどの犠牲を将兵に強制することになるのか。このことはこれからの遠藤日誌でも明らかにしてくれるであろう。

（7）なぜ、日本海軍はミッドウェー作戦で敗北したのか

一九四二年三月のジャワ占領作戦の成功後、大本営＝海軍軍令部はさらなる戦線を拡大し、五月には珊瑚海海戦に突入し、六月には、悲劇的なミッドウェー海戦を強行して、日米開戦以来、最初の挫折に直面する。このミッドウェー作戦敗北の最大の遠因は、太平洋作戦の戦面の拡大で、それを当初から危惧した遠藤三郎の杞憂が的中したものでもあった。しかし日本海軍では、もはや南西太平洋での作戦面の拡大を抑制できず、一つの作戦に兵力を集中する戦いの原則からも逸脱し、同時に二つの作戦を実行する愚策を選択し始めたのである。それが六月四・五日のミッドウェー作戦とそれに継続するアリューシャン作戦（キスカ島、アッツ島上陸作戦）の同時並行作戦となった。

これがいかに無謀な作戦であったか。その弱点については米国のニミッツ海軍提督がミッドウェー海上での日本海軍の敗北原因として指摘した次のような考察（三つの弱点の指摘）が参考になるであろう。

ニミッツはこう書いている。

ミッドウェー方面で（日米海軍の）最初の接触が行われた（一九四二年）六月三日、日本の水上艦船は一〇以上のグループで、北部および中部太平洋全域に分散していた（地図〇ページ参照）集中というものは、必ずしも全兵力を一つのグループにすることを要求するものではない。では、日本はどういう点で失敗したのか。まず第一に、日本が一つの目的を追及しなかったことである。アリューシャン列島に派遣された二隻の空母を中部太平洋に使用したならば、決定的な（勝利の）要素となり得たであろう。ミッドウェー作戦が成功したならば、日本はゆうゆうとアリューシャン列島を占領できたであろう。ミッドウェー作戦で成功しなかったならば、アリューシャン作戦はその意義を失う。

ミッドウェー方面だけについて見れば、日本はいくつか集中の要素をもっていた。日本の（海軍）部隊は、日本が戦略中心と考えたミッドウェーの付近に、集中的に集まっていた。日本艦隊の編成は、山本提督の指揮下にあって統合された作戦行動をとることができた。しかし危機が大きくなって来たとき、日本の各部隊は相互支援を行うには、あまりにも広く分散していた。山本提督は部隊の協力を試みたが、それは思うにまかせず、戦勢を挽回するため、分散した部隊を適時に集結できないことを知った。

日本艦隊の作戦実施のあとをさらに詳細に検討すると、そこにも重大な過失が見出される。機動部隊の空母に対する警戒は、適切ではなかった。ほかの場所に分散した艦艇は、よりよく空母部隊を保護するよう、有効に使用できたであろう。北方支援隊を（アリューシャン方面に）分派した後の主力部隊は、その兵力全体がバランスのとれない水上部隊であった。……

日本のもっとも重大な過失の一つは、その潜水艦の使用法である。米艦隊がミッドウェーに対する攻撃前に真珠湾から出撃しそうにない、という想定に基づいて、日本潜水艦は六月一日以前に配備についていなかった。実際には六月一日までに、米空母は真珠湾とミッドウェーの間の潜水艦の予定散開線を通過していた（C・Wニミッツ・E・Bポッター共著　実松譲・冨永謙吾共訳『ニミッツの太平洋海戦史』恒文社　一九六二年、六六－六七ページ）。

NIMITZ
E. B. POTTER
COLLECTOR'S EDITION
Bound in Genuine Leather
The Easton Press
NORWALK, CONNECTICUT

この著作はポッターの単著で原典巻末には、参考文献一覧と注が収録され、インタビューをした人名など情報源が示されている。

ニミッツ提督のこの指摘は、戦略的な目からみて、充分に的を射たものであった。その第一点は日本海軍が決戦場を一つに絞れず二つの海域に分散したこと、第二点は攻撃一本槍で、ミッドウェーに近接した攻略部隊が充分な航空機の支援もなしに、危険なまでにその姿を暴露したこと、第三点は米空母部隊の情報を探知する潜水艦の使用法をあやまったことなど、その結果、日本海軍は虎の子である四隻の空母と一隻の重巡洋艦とその乗組員を失い、三二二機の戦闘機と一〇〇名のベテラン・パイロットをも失ったのである。しかしこの情報は極秘にされ、すでに四月十八日に、祖国日本に帰国していた凱旋将軍・遠藤三郎の耳にさえ伝えられることはなかった。こうしてミッドウェーの海戦は米国海軍の圧倒的な勝利になったが、その最高司令官ニミッツ提督はその勝利に奢ることはなかった。ニミッツはこの戦いが開幕したばかりで、これからの太平洋の長い行進はまだ始まっていない。ミッドウェーはその重要なターニング・ポイントに過ぎなかった、と次のように語っている。その言葉をニミッツの肉声で再現してみよう。

"With Midway things were just getting started." The march across the pacific had not begun. After Midway there was no feeling that we had won the war. No doubt it was the all- important turning point, but we still had a tenacious enemy to deal with and a difficult job to do. (Gordow W. Prange, *Miracle at Midway*, eds., Donald M. Goldstein and Katherine V. Dillon, New York: McGraw-Hill Book, 1982, pp.395–396)(註5)

註

註1　蘭印の石油生産量

一九三九年度の蘭印の石油年間生産量は約八百万トン。その生産高は日本国内の年産量の約二十倍であった。地区別にみると次の通りであった。

スマトラ	パレンバン周辺地区	三〇〇万トン
	北アチエ地区	一〇〇万トン
ボルネオ	サンガサンガ地区	一〇〇万トン

タラカン　七〇万トン
ジャワ　チエプー地区　一〇〇万トン
セラム　ブル地区　一〇万トン
ニューギニア　その他　若干
（防衛庁防衛研修所戦史室『戦史叢書　蘭印攻略作戦』朝雲新聞社、一三ページ）
この表を見ると、パレンバンがトップで他の地区を引き離している。日本の大本営がパレンバンを最重要視したのは、その生産量にあったことがわかる。

註2　漂流する兵士の救助を優先した今村将軍
ジャワ海に漂流する兵士の救助に際し、今村軍司令官は、自分よりも若い兵士の救助を先にした。その時、今村が泳いでいた海の周辺には五～六〇〇名の日本兵がいたと今村は回想している。その兵士たちは敵前上陸に備えて、完全装備のままであった。日本軍の上陸用舟艇が、泳いでいる将兵の間を駆け抜けて、一人一人を拾い上げた。今村は救いあげられてもすぐに自分が軍司令官であるとは、言わなかった。彼はこれから敵に向かって、突っ込んでいくのは若い兵士だから、若い兵士を先に救助するように、自分の救出を後にしたのである。しかし、今村の記録の中には「兵の中には武装を解いて、裸で泳いでいたので助かったものも多数あった」という。当時は今村でさえも「身軽になって泳げ、生きるのだ」とは言えなかった。なぜか。兵器は天皇からの授かりもので、その兵器を重んじるという非情の軍国精神を優先したからである。これは今村の手記を読んだ楳本捨三氏の感想である（楳本捨三『全史太平洋戦争』上巻　秀英書房　一九七九年、一八八－一九一ページ）。海に浮かぶ兵士は重い重装備で、約一〇〇名が力尽きて海の中にその姿を消していった。「なぜ」「身軽になって泳げ。生きるのだ」と言えなかったのだろう。「銃器には代りがあるが、しかしいのちには代りはない」と楳本捨三氏は書いている。

註3　日本海軍の酸素式魚雷
日本の魚雷は日清・日露戦争以後、急速に発展した。太平洋の海戦では真珠湾、マレー沖、スラバヤ、バタビヤ沖海戦でその威力を発揮した。その特色は魚雷の速度、航続力、爆薬量にあった。とくに九一式酸素式魚雷は二万メートルなら五〇ノットの高速で走り、しかも航跡が見えないという強みがあった。これに対し、連合国側の魚雷は速力三二ノットで

射程距離は八千メートル。日本の酸素魚雷の射程は最高四万メートルで、射程距離では英米の魚雷の五倍もあった（伊藤正徳『連合艦隊の最後』文藝春秋新社　一九五六年、六九ページ）。

註4　ビンタは日本軍内部では日常的な弊風だった

　戦時中、日本軍のなかでビンタが日常的であったことは、戦時下に京都第十六師団の近くにいた少年時代の私もたびたび目撃した。ささいな口実で下士官兵が下級兵をなぐる。例えば、街でコーヒーを飲んだ兵士が「戦時下にコーヒーとは贅沢だ」という口実でなぐられたり、整列の動作が少し遅いだけで、新兵が上官から頬をうたれた。これが日本軍の威力であったというのならば、とんでもない野蛮ないじめである。ビンタは軍の重圧にあえぐ上官にとって一種のうさばらしであったろう。戦後、私は日本に駐留した米軍の兵舎を何度も訪れたが、米軍の兵士が上官に殴られる場面をみたことはなかった。民主主義国家の軍隊はこの点が異なると子供ながらに実感した。今村軍司令官はビンタの行為をスカルノから訴えられたとき、「インドネシア民衆に対し、日本の将兵が、右のような（殴る）ことをしておるようでしたら、あなたは、遠慮なく私にお知らせ下さい」と返答した（今村均『今村均大将回想録』自由アジア社　一九六一年一三八八ページ）。ここにも今村将軍の温厚な人柄が表れている。

註5　ミッドウェー作戦＝日米海軍損害の比較

	合衆国	日本
人員の損害	三〇七	二五〇〇
航空母艦	一	四
重巡洋艦	〇	一
駆逐艦	一	〇
航空機	一四七	三三二

　この他、日本の連合艦隊は巡洋艦一隻大破、駆逐艦二隻中破、戦艦一隻、駆逐艦一隻、燃料輸送船各一隻に軽傷（Prange, op. cit., p. 396）。

第五章　凱旋将軍の帰還とドーリットルの東京空襲

一九四二年三月のジャワ上陸作戦で勝利した遠藤三郎は、その直後、日本国内で英雄のように新聞や少年用の絵本でも報道された。当時、日本の新聞はジャワ作戦の勝利をセンセーショナルに国民に報道し、カリジャチ飛行場を占領したときの第三飛行団の功績については、敵の戦車が百二〇台現れたとき、遠藤が下した沈着な判断と命令が勝利の鍵になったと報道した（『朝日新聞』一九四二年四月二十九日付）。しかし、現実にその作戦を指導した遠藤の日誌には、そのような自慢話は記入されていない。

そこで話題をもう一度、作戦終結後のジャワ島での遠藤の行動に戻してみよう。彼はその厳しかったジャワ作戦が一段落すると、マレー作戦以後の日本軍の戦闘詳報の作成や、戦死した部下航空兵の慰霊祭、さらには枢軸国の武官の歓迎や今村軍司令官からの招待などで連日のように多忙であった。勝利した日本軍はすでにオランダ総督官邸に軍司令部を置いて、軍政に着手していた。その官邸は贅沢なもので、そこに招待された遠藤はオランダが滅亡の道をたどることになった原因が植民地での贅沢さにあったと自省している。その他、遠藤日誌には、四月三日に「神武天皇祭ノ為カ蘭人住宅ニモ日章旗樹立セラレアリ」と記入し、日本軍が日章旗の掲揚を他国住民にも強要している姿をのぞかせている。

（1）皇室への献上品―ジャワ原人の頭蓋骨と隕石

このころ、遠藤は数日間快適なインデス・ホテルに滞在し、日中はすでにゾイテンボルクの植物園を訪問したり（三月二十一日）、バンドンでは田中館秀三博士の来訪を受け、皇室への献上品の件を相談している。すでに日本軍は占領地にある文化財を管理する立場にあり、軍内部ではその文化財の一部を皇室に献上する慣わしになっていたらしい。遠藤は訪問した植物園からは独断で蘭の一株を持ち出し、来訪した侍従武官に持ち帰れるよう取り計らっている。その蘭はその後、皇居の吹上御苑で見事な花を咲かせ、昭和天皇が大変悦ばれたことを遠藤は耳にしている。しかし軍内の各兵団から皇室に献上する文物は、鹵獲品ということで天皇が受け取りを拒否することもあったらしい。遠藤は田中館博士から相談を受け、バンドン博物館所蔵のジャワ原始人の頭蓋骨（十五万年前のもの）と隕石を献上する手配をととのえた。

しかしこのジャワ原始人の頭蓋骨と隕石については侍従武官が陛下からのお叱りを畏れて陛下にお見せすることもなく、帰国した遠藤に一旦返還される一幕があった。如何に世界的に貴重な文化財とはいえ、こんなものを返還された遠藤は始末に困ったのではなかろうか。しかしその話を聞いた天皇の御学問所に勤務する服部博士から是非御学問所に置きたいと依頼され、ふたたび遠藤から差し出される一幕があった（なおこの件については、後日談ながら戦後問題となり、マッカーサー司令部から宮内庁に返還を命じられた。遠藤の自叙伝によると頭蓋骨は無事に返還されたが、隕石の方は昭和二〇年五月二十五日の東京大空襲で皇居が焼けたときどうにかなったと見え、発見しえず大変困ったと述懐している）。今、ジャワ原人の頭蓋骨がどこの博物館に所蔵されているのか、マッカーサー司令部からバンドン博物館に返還されたのか、その所在は未詳である。

(2) 遠藤三郎の帰還―体裁のよい左遷か

ジャワ作戦で勝利後の遠藤日誌には、三月二十八日付で、折りしもジャワ島に来訪する杉山元参謀総長を出迎えに飛行場に出向く場面が記入されている。その日の日誌には、「数万ノ（連合国側の）捕虜」が日本軍の参謀総長を迎えるのに沿道に整列するよう動員されたと記入している。しかもこの日、杉山参謀総長の搭乗機はスラバヤからの飛行途中に、荒天のため予定を変更し、バタビヤに直行した。そのため遠藤は翌日バタビヤに出向いて杉山参謀総長と面談した。そのとき遠藤は約二十分間、参謀総長に最近の現地情報を報告し、総長からは大層にその功績をほめられた。杉山参謀総長といえば、日中戦争開幕以来、陸軍中央の中枢にあり、常にその作戦の立案と実行を命令する立場にあって雲の上の人であった。敗戦後はその責任をとって夫婦でともに自決するほどの人物であったが、威厳のある風貌とは裏腹に口が軽く、部下からはそれほど信頼される人ではなかったらしい。遠藤は平素懇意の間柄であったから、自分の人事について（すでに噂されている陸軍航空士官学校への転任について）、素直に苦情を言上した。それに対し杉山参謀総長は「航空士官学校長は中将若しくは大将の職である。君はそこで飼い殺しだ」（遠藤三郎『日中十五年戦争と私』日中書林　一九七四年、二五二ページ）と返答した。

杉山にすれば、お前はまだ少将の位なのに中将か大将の位の軍人が校長となる航空士官学校へ転任するのだ、それに文句があるのか、そんな苦情を言うやつはそこで飼い殺しだ。将来の出世はあきらめろ、といわんばかりの口ぶりだった。遠藤は最初、杉山のこの言葉が冗談にいわれたことと理解したが、今回の戦争は現在航空士官学校に在籍する生徒が一人前になって戦場に出るまで続けるべきでない、という考えから、自分をなお直接戦争指導に関係のあるポストにとどまらせて欲しいと願いでた。しかし遠藤は参謀総長の戦争についての感覚の違いに落胆を禁じえなかったとその自叙伝で回想している。

戦後、遠藤は当時を回想し、「自分は無謀な対米・英戦争には反対で、仮にやるとしても短期決戦で決着をつけなければ、日本の勝利はおぼつかないから」（録音テープ）、と語っているが、もはや軍中央部では初戦の勝利に酔いしれて有頂天になり、いつしか当初の短期決戦戦略などは吹き飛んでしまい、すでに第二弾作戦として南西太平洋方面の外郭要地確保の新作戦構想へと進展していくことになる。(註1) 初戦以来、当時の日本陸海軍は負け知らずで、その戦域は中国大陸だけでなく、太平洋の北から南まで広域に渡るさらなる作戦を実施する段階に到達していた。こうなれば日本軍は南太平洋地域に動員可能な（ただでさえ）少ない兵力をさらに分散して投入しなければならない局面になった。この状況でも、大本営の将軍達は、「日本軍は世界一強いのだ。それは精神力の違いだ」などという自信過剰の観念に取りつかれ、いわばその妄想から、少ない兵力をさらに小出ししていくことになる。このころの遠藤の存在は陸軍の上層部からみれば、対米作戦に横槍を入れる煙たい軍人とみられ、その声に押されて第一線から交替を命じられたものと思われる。しかし考えようによれば、彼はこのとき日本に帰還せよとの杉山参謀総長の命令でその一命をとりとめ、戦後まで生き延びる機会を与えられたとみることができよう。

(3) 遠藤の東京帰還とドーリットルの日本初空襲

しかし一旦、上層部の判断で人事異動が確定すると、遠藤は現地で飛行団長事務取扱いの身分になり、残務整理をして、帰国するため四月十二日名残を惜しみつつ飛行機でジャワからパレンバン上空を経由し、シンガポールのテンガ飛行場に到着した。シンガポールでは、直ちに上司の菅原飛行集団長に挨拶し、クルアンでは軍司令部で懐かしい山下奉文軍司令官と再会した。山下軍司令官はシンガポールの陥落まで、ともに命がけで空と陸の戦闘を指揮した間柄で、その再会は感無量であったろう。その後は集団の飛行機に便乗してサイゴンに飛び、さらに南京に移動後は、軍司令部や偕行社の別館を訪ねている。そして翌十六日は飛行機の出発が遅れ、宿舎で待機中に特務機関の影佐禎昭(さだあき)

少将に連絡し、翌十七日には影佐と面会、その席で、日本軍の傘下にくだった元国民党の周佛海らとも面談した。ここで面談した周佛海は最初は中国共産党から、ついで国民党の蔣介石からも寝返った政客で、日本軍の誘いに乗り、南京に傀儡政権として汪兆銘政府を樹立するのに暗躍した人であった。このとき、遠藤が周佛海とどのような会話を交わしたのかはわからないが、これらの人物の顔ぶれからも遠藤の交流範囲の広がりが覗い知れる。遠藤もやはり日本の将軍であり、傀儡政権の人脈とも無関係ではなかったことになる。

しかし遠藤が祖国に帰還した日の日誌には、今ひとつ重要な歴史のターニング・ポイントを象徴するドーリットル攻撃隊の東京初空襲が記載されていたことも興味深い。(註2) それは四月十八日のことで、遠藤の搭乗する飛行機が南京から名古屋の各務原飛行場に着陸する直前、すでにドーリットルの指揮するアメリカのB25爆撃機（十六機）が東京、横浜、名古屋、神戸を空襲していたのである。

遠藤はその日の日誌に、こう記入している。

（四月十八日）十五時三十分各務原着　空襲警報中ナリ　十二時頃東京ニ空襲アリ八機来襲セリト　名古屋及大阪ニモ然リトノコト予ノ行ク度（?）空襲ツキ纏フモノノ如シ

このドーリットル攻撃隊（Doolittle Raider）の日本本土初空襲は日本本土を防衛する軍部にとっても日本国民にとっても驚天動地ともいえるショッキングな出来ごとであった。

この米軍の飛行編隊は米空母ホーネットに搭載されたB25爆撃機十六機より編成され、サンフランシスコから十六ノットの速力で太平洋上を西に向かい、四月十三日朝、アメリカ海軍ハルゼー海軍中将の将旗を掲げた旗艦空母エンタープライズにミッドウェー島と西部アリューシャン群島の中間地点で合流し、その空母の護衛を受けて日本本土に接近し、帝都東京の他名古屋、神戸など各大都市を初めて爆撃したのである。しかし空母ホーネットは不運にも日本を隔たる約六五〇浬の太平洋上で日本の哨戒艇（漁船を改造した哨戒艇）に発見され、やむなく当初計画した洋上の発進点の手前、一五〇浬の海上より東京をめざして十六機が飛行甲板から発進した。

その爆撃機には日本本土爆撃後に中国大陸の安全な区域まで脱出するガソリンを十分搭載しておらず、東京・横浜上空の滞空時間もわずか三十秒と短く、その間にわずかの爆弾を投下したに過ぎなかった。（註3）だがドーリットルの初空襲は鋭いドリルの先端を日本の首都（心臓部）に突きつけたような戦略的効果があった。その強烈な一撃は日本軍の本土防衛の脆弱さを暴露し、その後の日本軍の作戦に大きな影響を与えた。当然ながら日本軍は急遽その対策を検討し、今後の米軍機の新たなる空襲に対処するために、まずは虎の子の連合艦隊を中心にミッドウェー作戦とアリューシャン作戦を早期に展開する立場に追い込まれ、さらには今ひとつの作戦としてドーリットル攻撃隊の内十五機が避難先として飛行した中国大陸の敵飛行場占領にも矛先を向けなければならなくなった。

このような事態になれば、日本軍の広大な戦線の中でも、とくに南太平洋では外郭要地の作戦が急務となり、五月七日にはまず珊瑚海の海戦が展開され、さらに六月四日には運命のミッドウェー海戦に突入した。この内、珊瑚海海戦は日米双方の空母部隊の初決戦で、勝負は互角といわれたが、当初の作戦目的であるオーストラリアと米大陸の交通網を遮断するための制海権・制空権の確保は達成できず、さらにミッドウェー海戦では日本の連合艦隊の空母が一気に四隻も喪失したほか、優秀なベテラン・パイロットを失うことで、日米開戦史上最初の大敗北を喫したのである。

遠藤三郎が一年八ヶ月ぶりでなつかしい祖国に帰還したとき、本土の上空ですれ違った米軍機の急襲がその波紋を大きく広げ後のアジア太平洋戦争の戦局に重大な影響をあたえることになるとは、さすが情勢判断に敏感な遠藤でも当初は予測できなかった。東京に帰還した遠藤三郎はすでに第一線の指揮官としての任務からは解放され、これからはアジア太平洋の全域にまたがる航空決戦に出撃する若いパイロットの養成と航空機の生産に従事する重要な任務を与えられることになる。その意味ではドーリットルの空襲は帰還した遠藤に対しても予想外の重い荷物を担わせるものであった。

なお興味深いことは、運命の四月十八日には、時の首相・東條英機首相の搭乗機（ＭＣ20輸送機）が千葉と茨城の県境の上空でドーリットルの爆撃機とすれ違っていた。それはほんの僅かな瞬間であったにしても彼はこれまで見たこともないユニークな形の飛行機が本土上空を飛行しているのを見て、一瞬奇異な感じに打たれただろう。この日、東條は昼ごろ宇都宮飛行場を飛び立って内情視察のため水戸に向かっていた。その飛行目的はありふれた視察であった。水戸近くになると防空戦闘機が飛び立つのを見たが、最初は演習ぐらいだと気にもしなかった。水戸に降りると、飛行場の連中が血相を変えている。そのとき東條は東京が空襲されたことをはじめて聞かされた。本来なら、春霞のたなびく関東平野のフライトで気分をいやすところであったが、このとき東條は顔面蒼白になり、水戸駅からは汽車に乗り東京に帰り着くと、すぐに宮中に参内して天皇にお詫びを申し上げた（吉田一彦『ドーリトル日本初空襲』三省堂一九八九年、一六九ページ）。

東條は対米開戦以来、かねてより海軍と軍令部に不信の念を抱いていたが、事情を知らされた彼は敵の空母が日本本土近くまで接近して爆撃機を発進させたのに、それに対する方策も立てずに敵の侵入を許した海軍側の怠慢を実に腹立たしく思えたに違いない（吉田前掲書、一七〇ページ）この点でドーリットルの爆撃は日本の陸海軍の対立をさらに拡大させる政治的効果もあったことになろう。

しかしドーリットルの日本初空襲では、米軍側にも大きな損害があった。そのことは日本本土空襲後ドーリットル攻撃隊が避難したプロセスをたどってみても明らかである。まず中国に向かった十五機は燃料が尽きてしまうまで中国大陸の上空を飛行したが、麗水の上空を通過後、四機が中国の飛行場に強行着陸して大破し、他の十一機の搭乗員は中国大陸の上空から闇夜に落下傘降下を行って、湿った滑りやすい断崖や湖上に降り立った。その落下傘降下で一人は絶命し、四名が溺死した。その他の者も搭乗機が斜面に激突して、手足を切断するなど大怪我をした、と米国のパイロットを追跡したサミュエル・モリソン博士が記録している。しかし折角生きながらえても、中国大陸で日本軍に捕らえられた八名の搭乗員の運命は悲惨であった。モリソンはその運命をこのように記している「これら八名の者は悉く軍法会議に附せられ、死刑の宣告を受けた。その中の五名は〝有難くも〟終身刑に減刑されたが、ホールマーク陸軍少尉、ファロー陸軍少尉及びハロルド・A・スパッツ軍曹は処刑され、また他の一名は日本の刑務所内で死亡した。それでも幸いにも操縦者及び搭乗員八〇名の中で、指揮官ドーリットル陸軍中佐を含む七一名は命を全うして、日本空襲をやり遂げたのであった」（サミュエル・モリソン著、中野五郎訳『太平洋戦争アメリカ海軍作戦史・太平洋の旭日』第二巻　改造社　一九五〇年、三九一ページ）。

なお、当時の日本の新聞は、中国で捕らえられて日本本土に連行されたドーリットル攻撃隊の搭乗員の軍事裁判については厳重処断に処するとする大本営陸軍報道部長の談話を次のように報道した。「去る四月十八日帝国本土を空襲し我が方に捕へられたる米国機搭乗員中取調べの結果、人道を無視したるものは今般軍律に照らし厳重処分せられたり」（『大阪朝日新聞』一九四二年十月二十日付）「朝日新聞」はこの搭乗員の氏名を明らかにしていないが、罪状は「軍事施設にあらざる病院、学校、民家などを爆撃または焼夷し、非戦闘員たる国民学校児童に対し急降下射撃をなすなど」暴虐極まる非人道行為を敢えてした米国機搭乗員を断固処刑した」と報道した。すでに日本軍部は重慶爆撃など広く中国で無差別に都市爆撃を敢行して来たが、それには頬被りをした記事を掲載したことになる。しかし米国の搭乗員にこの厳重処断をしたことは、国際法の面からも納得のいくものではなかった。この軍事裁判の結果は、人間は戦争によりその正常な感覚を喪失していくことを示す見本のような事例であった。さらに日本の新聞は今回の京浜地方に来襲の敵機に対する戦果として次のように報道した。我が航空部隊は「九機撃墜、損害軽微、皇室御安泰・空の護り鉄壁」なりと（『大阪朝日新聞』一九四二年四月十九日付）当時の新聞の見出しに見る「敵機九機撃墜」は何を根拠にしたものかわからないが、この報道姿勢はこれからはじまる大本営の戦果誇大報道のはじまりとしても注目しておこう。なお空母ホーネットの方はこの年の秋、日本海軍によって撃沈された。このニュースは現実であった。（註4）

（4）「靖国の母・妻」と「軍神」の誕生

戦時下のエリート軍人、とくにその作戦を大本営の幕僚として雲の上から指導する遠藤将軍にとって、この戦争とは一体どのようなものだったのか。昔から「戦争は人間を盲目にし、その意識さえ変えてしまう」と一般にいわれているが、この時期の遠藤三郎の日誌を読めば、この人にもまさにその言葉が当てはまるようである。

遠藤はもともと冷静な軍人であり、日本軍の作戦が一時的に成功あるいは頓挫しても、常に自制して無謀な戦域の拡大には反対してきた。その冷静さがあればこそかれは満洲事変の直前、最終的には世界から軍備を消滅させる目標をもった完全軍縮案を作成し参謀本部の上司に建策できたし、その後もノモンハン事件の停戦処理に際して、ソ満国境での日本陸軍のそれ以上の戦域拡大には反対し、その建策が災いして、関東軍参謀副長のポストから内地の閑職に左遷されることもあった。元来、遠藤の精神的な冷静さと自粛・自制の理論的な根拠には、孫子の兵法にみる「彼を知り、己を知れば百戦しても危うからず」という戦争哲理が介在していて、それを根拠に彼は日本の国情、とくに日本の資源的な限界などから、戦争は国力に相応したものであれ、と絶えず警告したのである。

しかしそのような合理的な判断力のある将軍でも、一旦軍の上層部が戦争を拡大すれば、それには真っ向から反対できなかった。自己の思想は思想として温存しながらも、軍を支配する好戦的な流れには正面から刃向かえなかった。日本の大本営は、遠藤が凱旋将軍としてジャワ島から帰還したとき、すでに第二段階の外郭要地作戦としてガダルカナル島や東部ニューギニアのブナ、ポートモレスビー、さらにはアリューシャン列島攻略の作戦へと大きく踏み出していた。遠藤は後年、この時代の軍上層部が「敵情判断を主とせず、己をよく知ったなら、敵に引きずられてガダルカナルまで陸兵を送ることもなかったろう」（『偕行』一九五四年一月十五日付）と反省しているが、残念ながら軍の上層部は敵情判断だけを優先し、自己をよく知らずに過信して暴走したのである。

だが「組織の人間」とはやはり脆弱なものである。それは遠藤のような性格の人物でさえ、自分の心では上層部の判断ミスで戦域が拡大して収拾がつかなくなったと冷静に判断しても、その局面にたって目前の作戦を指導する立場にたたされれば、自己もまたその渦のなかに巻き込まれ、いつのまにか無意識的に洗脳されて、盲目にされてしまった、ということになろう。

一九四二年四月、ジャワ島から帰国した遠藤の立場はこのようなものであった。かれの冷静さは次第に曇りはじめ、ただひたすらに日本軍がこの戦いに勝利するには精神的に何が必要なのか。一軍人として勝利の条件をもとめて奔走する。この時期の遠藤の姿はその自叙伝にも描かれている。それによると、かれは天皇を絶対視し、靖国神社などに戦勝祈願と「天佑神助」をもとめて参拝している。当時は（日米の決戦が差し迫ってくると）、日本全国の国民が精神的に異常な狂気の状況に追い込まれていた。その狂乱の渦巻きの中では、遠藤でさえも例外ではなかった。彼もまた時代の子であったとみることができよう。

一九四二年四月十八日、偶然とはいえ、空母ホーネットから飛び立ったドーリットル攻撃隊の東京空襲と入れ違いに、祖国の土を踏んだ遠藤は当面は陸軍航空士官学校に籍を置き、若手の優秀なパイロットを教育する任務に服するが、そのころの日誌には、いまなお戦場で戦いを継続している軍人の留守宅を訪問したり、戦死者の未亡人を激励するなど、忙しい毎日の行動が記録されている。四月二十一日には、家事の整理をしてから軍服を新調し、午後には夫人（光子さん）の案内で「松崎、斉藤、亀山各未亡人ヲ訪ネ仏前ニ詣」でている。祖国に帰っても彼は戦死した部下の自宅を訪れると、その未亡人がいずれも年若くすでに子女がいて、その姿に気の毒に堪えずと同情している。この未亡人たちはいずれも、夫が祖国のためにその身をささげたのだから、当時は「靖国の妻」としてマスコミなどで賞賛された。しかし現実は一家の主人を失い、幼い遺児をかかえて、さみしくもつらい毎日を過ごさねばならない境遇の女性たちであった。この女性たちの将来には、国からの乏しい手当てのなかで、戦中・戦後の激動の時代を愛児の養育のためにひたすら、耐乏生活に耐える日々が待ち受けていた。これに比べると、凱旋将軍として帰還した遠藤は（たとえその異動が左遷であったにしても）幸せであった。彼は久しぶりで家庭の食事にありつき、一家団欒のひとときを過ごしており、政府・天皇からは勲二等瑞宝賞及び勲三級金鵄勲章を拝領している（四月二十日）。戦場では古来から「一将功成り、万骨枯る」といわれるが、この場合の遠藤は前者の誉れに預ったことになる。それでも凱旋将軍の前途は多難を思わせた。

そのひとつは長男典夫氏の満洲への出征で、四月二十六日の日誌には「夜光子ト共ニ八幡及徳島神社ニ詣デ典夫ノ武運ヲ祈ル　典夫ハ本夜出発　渡満ノ途ニ就ク由ナリ」と記入している。すでに長男は軍籍にあったが、陸軍少将の長男とはいえ、渡満に際して一時の帰宅さえも許されなかったのだろう。軍人の外地への出征はその家族にとっては、永遠の別れになるかもしれない心配事であった。そのため遠藤は夫人と共に、長男の武運を祈願するため八幡神社などを訪ねたのである。遠藤の日誌にはさりげなく長男が「渡満ノ途ニ就ク由ナリ」と書かれているが、父親の心情としては、最寄の駅まで息子の出発を見送りたい思いであったろう（なお典夫氏は戦争末期になると神風特攻隊に志願し、もう少し戦争が長引けば、出陣することになる直前、戦争が終結し命拾いをすることになる）。このように見てくると、遠藤のような将軍の家庭でも、子息たちはもはや戦争の極限状況では明日の命さえわからない、不安な毎日であったことになろう。

しかしそれが多くの軍人の宿命であった。それは遠藤が陸軍航空士官学校に近い所沢にその居宅を移そうとした数日前（五月二十八日）のことであった。その日、遠藤は所沢の飛行場での演習などを視察していたが、南進作戦で部下として活躍した加藤建夫中佐の戦死を知らされた。

加藤建夫の名前は先にシンガポール、パレンバンの航空戦のところで、その勇敢な活躍を紹介した天才的なパイロットであった。遠藤は自分の部隊に配属された加藤を信頼し、加藤もその期待にこたえて抜群の働きをしたのである。内地に帰還してからも遠藤はこれからの加藤に夢を託し、その航空職能と技能や人格をこれからの若いパイロット養成の場で生かしたいと考えて、早期に加藤を内地へ異動させたいと検討していた矢先の出来事であった。しかしどれほど優秀な練度の高い戦闘機パイロットでも、また加藤の搭乗する戦闘機の「隼」がどれほど優秀な性能の飛行機であっても、「剣によって立つものは剣によって亡ぶ」という聖書の哲理を乗り越えることはできなかった。(註5)

遠藤はその戦死を悔しがり、五月二十八日の日誌にこう記入した。「去ル二十二日　アキャブ飛行場ニ於テ加藤建夫中佐　敵ブレンハイムヲ邀攻シ之ヲ撃墜シタルモ自ラモ亦自爆セリト　国宝的人物ヲ失ヘリ　噫」。ここで遠藤は加藤を国宝的人物と賞賛しているが、それは数多いパイロットのなかでも、加藤ほどに優秀な人物は稀にしか誕生しなかったからであろう。それだけに加藤の戦死が伝えられると、日本全国の新聞や雑誌、放送局はもとより、映画や単行本などで、加藤は空の英雄として宣伝された。それが当時、流行した軍神＝加藤建夫の誕生となった。

すでに日本の内地では第一次上海事変で、肉弾三勇士の物語が誕生し、戦死した兵士を「軍神」の座に祭り上げ、その英雄的な勇気と功績をたたえて国民の戦意高揚をはかる風潮が流行していた。今回、戦死した加藤もまた一般的にはそうした戦意高揚のための宣伝の道具に利用せられたとみて差し支えなかろう。

(5) ラジオ放送で軍神・加藤戦闘機隊長を追悼

しかし遠藤は最初から加藤を軍神誕生物語の主役にするつもりではなかったろう。なぜなら遠藤と加藤は仙台幼年学校の先輩・後輩の間柄で、しかもマレー半島、シンガポール攻略からパレンバン、ジャワ作戦をともに戦った戦友であった。その意味では衷心から後輩である加藤の戦死を悔やんで、その勇気をたたえたかったものと思われる。だがマスコミはその機会に便乗して、英雄誕生譚を記事にすべく遠藤をまず東旭川の加藤の生家に案内（八月十一日）し、さらに十二日には旭川の地元小学校で八千人もの聴衆を前に遠藤に講演させる手はずをととのえていた。その会場は熱気につつまれていたことと想像する。しかもこの日の午後、遠藤は列車で札幌に向かい、札幌放送局が九月二十日の航空記念日に放送を予定する記念企画にも軍神・加藤建夫を追悼するスピーチを録音している。これは同放送局が遠藤に依頼したものだが、この日、放送局側が遠藤にその録音レコードを聴かせる一幕もあった。遠藤はその日の日誌に自分の声をレコードで聴いた感想として「生レテ初メテ予ノ声ヲ予ノ発音セザル時期ニ聞ク異様ノ感アリ」とその印象を記入している。今日そのレコードの所在は確認できないが、そのときの放送原稿が幸い遠藤日誌に挿入されているので、遠藤の肉声を再現するつもりで、その内容を紹介しよう。

遠藤は次のように加藤建夫を追悼している（送り仮名も原文のまま引用）

大東亜戦争開始以来、最初の航空日を迎うるに当たりまして、偉大なる空の軍神加藤少将（加藤は戦死により二階級特進し、中佐から少将に昇格した）を生みました北海道の各位に、軍神を偲びつつ一言ご挨拶申上げたいと思います。

軍神加藤少将と私とは、若干、時代を異にはいたしますが、共に仙台幼年学校を母校とし、奇しくも、生徒監菊池米三郎中佐殿を共に恩師と戴きました関係上、古くから熟知の間柄でありましたが、ことに今次大東亜戦争に於きましては、その開戦の当初より、共に南方の空に従軍し就中本年二月六日以来、短期間ではありましたが直接私の部隊内にありまして南部スマトラ、及び西部ジャバの航空撃滅戦に偉大なる戦果を挙げ、又パレンバンの挺進作戦に不朽の歴史を遺し、更にまた今村兵団のジャバ戡定作戦に協力して、蘭印全軍、無条件降伏の機を早める等、赫々たる武勲を奏しまして私共の部隊が矢次早に三回に渉る感状を拝受するの光栄に浴したるものこれ固より御陵威の下、部隊将兵一同健闘の結果でありまするが、ことに加藤部隊長自身の勇戦奮闘に依るもの極めて多いのでありまして、私は心から加藤部隊長の健闘に感謝し、且つその円満なる人格と卓越せる職能に、無限の敬意を表し、心ひそかに近き将来、航空士官学校に於てその人格職能を、直接遺憾なく後継者に移さるる日の来らんことを待望しておったのでありますが、遂にその日を俟たず、さる五月二十二日、ビルマ戦線に於てベンガル湾上壮烈なる戦死を遂げられたのであります。戦場に部下戦友を残し、独り内地に帰還して此の報に接しました私の悲歎は例ふべきもありませんでした。皇国航空の為、誠に痛惜禁じ得なかったのであります。

右のような次第でありますので先日御地に於て北海タイムス社主催の軍神加藤少将頌讃講演会を催されました際その乞わるるがままに喜んで御地に参りまして、親しく軍神の生地東旭川をお訪ね致した次第でありました。

不肖私が軍神を語りますことは却って軍神の人格否神格を傷つける懼れあるのみならず、既に新聞にラジオに、将又ニュース映画等に於て各位は充分御承知のことでありますから、私は今ここに蛇足を附加えることを差控えようと思うのであります。

しかし唯一つお伝え致したいことがございます。それは私が東京を出発するに際し東京郊外鷺の宮のささやかなる、嘗て加藤少将の寓居、目下少将の未亡人および遺児三人とともに静かに暮らしておられる軍神の母堂キミ子刀自をお訪ねした時のことであります。私は北海道に参るにつきまして北海道の各位に御土産と致すべく、何か御言伝を承ろうと致しましたところ母堂はあの優しい、仏のようなお顔を以て、慇懃に、且つ淑かに、頭を下げて唯一言「何もかも皆様のお陰で有難く思っております」とのことのみでありました。何というゆかしい悟られた方でありましょう。日本婦道の権化とも云うべきこの母堂にしてこの子ありの感を深くした次第であります。

次いでその生地東旭川に参りまして親しく軍神の生家を訪ね、附近の風物に接し、村の方々より屯田兵時代のことやら日露戦争に際し、奉天戦に名誉の戦死を遂げられた厳父、鉄造氏のこと等を承り益々軍神加藤少将の生れましたことの故なきにあらざるを知ったのであります。申す迄もなく軍神加藤少将の偉大さはその天禀を偉大なる両親より受継ぎ、その家庭に於て、またその郷里に於て、はたまたその母校に於て教育せられ且つ軍神自らの不断の修養練磨による結果でありましょうが、この北海道の、ことにその東旭川村附近の大自然の感化を見逃し得ぬのであります。

　厳冬骨を刺すあの寒気、猛暑鉄をも溶かすあの炎熱を送り且つ迎うること幾星霜、これ加藤少将の堅忍持久、不撓不屈の精神を育くむに関係なしと云ひ得るでありませうか。あの簡素なる屯田兵時代の生家、あの神代を偲ぶ様な原始林そのままの神域に建てられた旭川神社およびこれに隣する小学校は少将の日本精神ことに質実剛健の気象（気性）を養成するに関係なしと言い得るでありませうか。またあの広漠たる旭川平地およびこれを取巻く大雪山および滔々たる石狩の流れ、この大陸的風物こそは少将の男性的性格に影響なしと云えるでありませうか。かく観じ来たりますれば御地北海道は軍神加藤を生めりと言うも必ずしも過言に非じと思うのであります。今や空の至宝加藤部隊長の肉体は既に亡し、しかし乍ら軍神加藤少将の精神は永久に一億同胞の胸にあります。しかも北海道の自然は軍神を生むに相応しいのであります。

　私は空の軍神加藤少将に心からなる敬意を表すると共に、北海道の各位に第二第三の軍神を生み育くまれんことを祈念して息まぬものであります。

　之を以って御挨拶を終わります。

遠藤のこのラジオ放送原稿（演説文）は当時としては優等生の名文といえるだろう。北海道の大自然・原始林そのままの「神域」を背景に屯田兵時代の生家で日露戦争時代の軍人の家系に誕生し、その精神的感化のもとで修養練磨した加藤少年が長じて昭和の軍人になり、空の英雄として活躍した姿、そこに日本精神の原点をクローズ・アップする筆法は当時流行した軍神誕生説話の教科書ともいわれよう。そして遠藤は末尾の一節で「第二第三の軍神」が生み育てられることを念願したのである。このくだりの一句は今日からみれば、きわめて危険な発想と論理で構成された一文といえるだろう。第二第三の軍神とは何を意味したものか。それは加藤少将のような戦死者を生み出すことで、それを遠藤は祈念したことになる。元来、屯田兵時代の北海道の農村の人々はその厳しい自然に挑戦して、平時は鍬と鋤を手に開拓と農耕に従事し、いざ戦争（有事）となれば、銃を手に郷土と国のため戦うことを命じられた。かれらの意識や理想はアメリカ西部の開拓農民とは全く異なるものであった。なぜならアメリカの開拓時代には、多くの農民は自由と自主・独立をめざし、理想の共和国をつくるためにその土地を耕したのである。

しかし日本の屯田兵（開拓農民）にはそのような理想は皆無で、ひたすら国のため天皇のためにその郷土を開いて防備をかためる任務を与えられた。しかも彼らの暮らしは裕福でなく、極端な貧しさに耐えなければならなかった。明治以来、これらの農民はその子弟を食わんがために軍隊に差し出し、やがて彼らが中国大陸に尖兵として日の丸の旗をかかげて進軍したのである。東旭川の加藤一家もそのような家系につらなる一族であった。

昭和に入ると、このような農民たちから軍神が誕生しその郷里で靖国の母や靖国の妻を生み出したのである。そのようにみるなら、加藤少将は国の利益に殉じた犠牲者であり、母堂や夫人と残された子息もまた犠牲者であった。戦後、遠藤三郎はそのことを自覚し、非武装平和の日本の建設に邁進することになる。しかし戦時下の遠藤はまだ軍神を生み出す怪物の正体を見抜けなかった。彼もまたそのような怪物的な軍隊組織に所属した一人の将軍であったからである。

（6）遠藤将軍の天皇観―戦中・戦後の変遷

「軍隊と戦争は人間の精神を麻痺させる怪物（モンスター）のようなものである」。その怪物は国家という頭脳から人々に命令し、多くの人々の精神を麻痺させる。その怪物が総力をあげて武力行使をすれば、その強制装置のなかで戦う多数の軍人がその生命を失うのも必然となる。アジア太平洋の戦場では、捕虜になる自由さえもない無数の日本の将兵がその屍をさらすことになったのも、そのためであった。

だが国家はその無数の物言わぬ死者の魂を救済しなければならない。そのために考案され、登場した舞台装置が靖国神社である。戦場へ動員された日本の将兵は出陣に際して靖国神社に武運長久を祈願し、不幸にもその屍を戦場にさらせば、死後は永久に靖国の祭壇に軍神として祭られると約束されて、自らを慰めた。「汝ら臣民は天皇陛下の御為に、命をささげよ。天皇のために戦死することが日本男児の誇りであり、名誉である」。そのことを意識的に洗脳され肝に銘じて、無数の日本兵が戦場の華となり散って行った。アジア太平洋戦争がはじまると、ほとんどの日本人がこの精神を受け入れた。それは戦争が人間の精神を麻痺させた、としかいいようがない暗黒の時代であった。「天皇陛下の御為に」。これが日本人の合言葉となり、絶対的な価値となり、戦時下の人々の意識と行動を束縛した。(註6)この時代、遠藤三郎のような冷静な将軍でも、その例外ではなかった。

先に遠藤三郎が靖国神社に参拝し、さらに靖国の母や妻を慰めるため戦死した部下戦友の未亡人や両親を激励したことにふれたが、その行動から彼もまた天皇を頂点にいただく大日本帝国＝神国日本の精神構造に支配されたひとりの将軍であることを証明した。遠藤もまた時代の子であり、戦争中の日本に特有のその時代精神から抜けきることはできなかった。大日本帝国のエリート軍人として、彼が陸軍幼年学校以来受けた、精神・道徳教育からみて、遠藤の意識と行動がその枠から逃れ出ることができなかったのは当然であったといわれよう。しかし遠藤はエリート軍人としてのキャリアから、天皇一家と直接に接する機会にもめぐまれ、天皇は雲の上の人でありながらも、日本国の統治者として不可欠な存在であるとして、彼なりの見識を語っている。ここでは、最初にまず遠藤の天皇観を彼の文章のまま紹介しておこう。遠藤はその自伝『日中十五年戦争と私』のなかで、次のように天皇および天皇家一族とのかかわりを回想している。

私は恩賜品拝受の時など（昭和）天皇に数歩前まで近付いたことはありましたが、現天皇と直接言葉を交わしたのは一九二一（大正十）年陸軍大学（校）学生で近衛歩兵第一連隊に隊附しておった時が初めてでありました。当時天皇はまだ東宮であり同連隊附でありましたが、少将に進級して近衛師団司令部附となられ、そのお別れの宴に真崎甚三郎連隊長始め連隊の将校と共に浜離宮に招待された時であります。私はまだ中尉の青年将校であり相当堅くなっておったと見え、食卓で殿下から斜め前三米位の所の椅子を与えられ腰を張って姿勢を正した所、椅子の背がポッキリ折れて赤面したものです。正式の洋食の食べ方も知らず魚肉の皿にホークも附けずにおったところ、皿は給仕に取り去られましたので次の獣肉の皿はいち早く喰い始め、給仕がソースを持って来た時は皿は既に空になっておったという様な失策もやりました。食後庭で一言二言お言葉がありお答えした程度でありましたが、とにかくその当時までの私は皇族や天皇は雲の上の人という様に思っておりました。しかし参謀本部の作戦課に勤務する様になってからはしばしば上奏や上聞のため参内し天皇に接する機会も多く、また皇族方では東久邇稔彦王には巴里御留学中からお近付き申上げ、秩父宮や賀陽宮とは参謀本部の作戦課や陸軍大学の教官室で机を並べて勤務したこともあり、既に触れた様に竹田宮の如きは直接戦術の教育も担当致しましたので、皇族の方方の人柄や才能も相当理解しておりました。優れた血の流れていることは確かでありますが我々庶民と必ずしも別質のものとは思われませんでした。勿論天皇といえども全知全能の神でないことは言うまでもありません（前掲書二七三－四ページ）

この文章は戦後の回想であるが、直接天皇および高貴な皇族の人々と接触した田舎出の青年士官の体験を素直にあらわした一文である。だがここに描かれた天皇および皇室の人々は遠藤のよう陸軍大学校の恩賜組（卒業時に天皇から軍刀を拝受した優秀な軍人）の一人として、その目からみた普通（日常）の天皇像であった。しかし国家の頂点にその座を占めた天皇ともなれば、その姿は神（当時は現人神と呼ばれた）であり、ひろく一般国民（臣民）からも一般の兵士からも絶対視され、「神様」とあがめられたのである。当時の天皇制絶対国家では、その支配下にある日本の臣民にとって、天皇は何人にも侵しがたい、つまり神聖にして不可侵な存在であった。そのような神座・神の玉座に天皇を祭り上げた人々が政府や軍の上層部をしめるエリート官僚と高級軍人さらには国粋的な学者であったということになる。当時の遠藤はすでに神としてあがめられた天皇観を軍隊教育のなかで脳中に叩き込まれた一人の軍人であった。それゆえ遠藤は神として玉座にたった東宮（天皇）にも違和感を感じていない。時代は大正から昭和に移ると、軍部は天皇の神格化を一段と促進した。やがて日本全国の国民は天皇の姿をご真影という額にはめ込まれた写真でしかみることが許されない状況になり、当然ながらそのことは軍人にも強制された。

遠藤はこのような時代の雰囲気について、同じく自伝のなかで次のように回想している。

　我々が如何に天皇を神として絶対視し尊敬しておったかの一例を申しますと、毎年一月二日には在京の将校は参内して拝賀の栄に浴すことを無上の光栄としておりました。私共が宮中で正装に威儀を正して整列した前を、天皇皇后を先頭に各皇族の方々が御通過になるのでありますが、私共は宮内官の指示に従い最敬礼、即ち四十五度に上体を前に傾けて敬礼しておるのでありますから、御顔を拝することなど全く出来ません。ただ静々と御通過になる衣擦れの音を聞くだけでありました。それでも有り難さで胸が一杯だったのであります。また、毎年一月八日の陸軍始めおよび三月十日の陸軍記念日、ならびに天長節（四月二十九日の天皇誕生日）には観兵式があり、在京の軍隊は式に参加して遥かに天皇の御姿は拝し得ますが、御声など聞く由もなかったのであります。国会の開院式には御言葉を賜ったと聞いておりますが、ラジオ放送など全くありません故庶民は国の三大祝日（元日、紀元節、天長節）に御真影を拝するのが関の山で、それでさえただただあきつみかみとあがめ尊んでおったのであります。恐らく国民大衆が天皇の御声を聞いたのは、終戦の詔勅のラジオ放送が最初ではなかったかと思います（遠藤『日中十五年戦

争と私』二七二－二七三ページ）

遠藤のこの指摘が戦時下の日本の現実であった。つまり当時の日本国民はラジオからでさえ、天皇の肉声を聞くことはなく、初めてその声を聞いたのは一九四五年八月十五日正午のあの「終戦」の詔勅であった。その理由は「神」は神聖なるがゆえに下々国民の前には姿を見せない。別の言葉で言えば、そのような舞台装置が現人神を誕生させ、国民を支配し命令する仕掛けでもあったことになる。戦時下の天皇はまさにそのような舞台装置から神として君臨し、国民を戦争に駆り立てたことになる。

遠藤はその自伝『日中十五年戦争と私』のなかで、アジア太平洋の島々で戦死した陸軍士官学校卒業生の天皇に対する忠誠心がどのようなものであったかを紹介している。ここで、そのいくつかを拾い出してみよう。陸軍士官学校の卒業生はこのように歌っている。

「事あらば我大君の大みため　人もかくこそ散るべかりけれ」（藤山二典　昭和二十年四月、特攻隊長として徳之島にて戦死）「みいくさの先鋒となりて進む身の　棄つるはやすし大君のため」（蜂須次雄　昭和十九年十二月　セレベスにて戦死）「水づくも燃ゆるも　何をか悔いざらん　君に奉げし命なりせば」（広森達郎　昭和二十年三月　沖縄の特攻攻撃で戦死）「唱うれば生なく死なく我もなし　天皇陛下万歳万歳」（石川広　昭和十九年十二月　比島にて戦死）（以上：陸軍士官学校第五十六期生『留魂録』より：遠藤前掲書、二七一ページ）。

この時代、これらの歌にあらわれた天皇に対する絶対的な忠誠心は軍人個人の自己犠牲と表裏一体のものであったことに注目しておきたい。しかもその忠誠心が当然のものとして受けとめられた。明治憲法下の日本の歴史はこのような絶対的な天皇を頂点にいただき、動いていたのである。そして天皇は直接肉声で国民に命令することはなかったが、開戦以来たびたび発せられた「詔勅」によって軍隊と官僚と国民に檄をとばしたのである。その天皇の詔勅に激

励され、叱咤された将兵たちが南太平洋の島々や中国大陸ではげしい戦闘を余儀なくされていたのである。(註7)

(7) 神格・天皇制か民主主義か

遠藤三郎はその自伝『日中十五年戦争と私』の中で、さらに天皇制については掘り下げた記述をのこしている。それは天皇を神として祭り上げ、その権威を政治目的のために利用した多くの日本の将軍たちとはいささか異なる天皇観でもあるので、ここで一瞥しておこう。これは大日本帝国憲法の第一条の「天皇は神聖にして侵すべからず」の解釈にも関係するもので、遠藤は次のように語っている。

私が参謀本部課長の時中島総務部長(侍従武官経験者)から侍従武官になることを勧められましたが固辞した理由の一つは、そんな大任を果たす自信がなかったからでありました。明治憲法が示す様に天皇は神聖にして侵すべからずであり、万世一系の天皇が日本を統治されるためには天皇自ら責任を負う様な言動があってはなりません。輔弼の臣の上奏する案件(参謀本部総長から上奏する作戦案など)は天皇は我を捨てた神格となり国民全般の立場から、よきものは裁可し然らざるものは裁可せず意見を挿まず止め置く。輔弼の臣は裁可がなければ更に検討を重ね最善なものに改めて再び上奏するというのが日本の天皇制であると同郷の碩学、山田丑太郎翁から教えられ私もそう信じておりました(前掲書、二七四ページ)。

たしかに遠藤はこの教えの通り、日中戦争からアジア太平洋戦争の十五年間を軍人としてその職責を全うしようと努力したのである。しかし現実をよくみれば、神格化された天皇はその神格の権威を利用しようとする軍人に利用され、参謀本部から上奏された案件はすべてとはいえないがそのほとんどを裁可せざるをえない立場にあったことになる。それはつまり輔弼の任にあたる上層の軍人が国民の利益を無視して、ひたすら自己保身と栄達の手段として、戦争に勝利する道を邁進した姿をみれば、本来のあるべき天皇制と現実とのギャップに遠藤も当然ながら気付くべきであったろう。しかし遠藤は天皇制の運用についても純粋であった。それゆえ彼は一九四五年七月（二十六日以後）、日本政府が連合国のポツダム宣言を受諾するか否かで政府内部に意見の不一致をみたときも、鈴木貫太郎総理に天皇を輔弼する最高責任者として総理自らが宣言を受諾する判決をくだすように要求したのである。遠藤のこの主張は天皇には制度上開戦の責任もなく、終戦の責任もなく、戦争責任は天皇を輔弼する内閣が負うべきだとする本来あるべき天皇制の解釈にもとづいていた（このことは日本の敗戦の章で詳述する）。これは一見すれば、天皇には戦争責任がない、とする論理になるが、このあたりは遠藤の天皇制についての純粋の解釈から導き出されたものだろう。しかし遠藤は第二次大戦後、神格化された天皇制を否定し、戦後の天皇が自ら行った「人間宣言」を歓迎した。そして旧陸軍士官学校を卒業した若い軍人数名から「天皇制をどう思うか」と質問されたときも「（私は）日本民族の宗家として天皇家を尊敬する。そして天皇家の永続することを念願する。そのためには天皇に権力を持たせてはいけない。出来ることなら政治の中心から離れられ京都か伊勢で祖先の祭りに専念されることが望ましい」と語りかけた。そして日本の国防上、天皇制が二度と利用されることがないように、将棋の勝敗になぞらえて遠藤は次のようにその本音を披露している。いわく……

将棋の勝敗は王将の健否によって決定します。天皇制の日本は前大戦末期、上御一人を守るため一億玉砕まで叫びました。王将のない将棋は負けることがありません。国防上から見ても天皇制よりも民主制の方が強いのではないでしょうか（前掲書、二七五ページ）。

戦後、遠藤は「皇室財産の全部を戦争犠牲者のために放出するのがよい」とも考えたらしいが、これからの日本は王将のない将棋をするべきだ、と主張したことが興味深い。これは弁証法的な見方だが、戦争という極端な政治の対立を止揚するために、国際社会が検討すべき重要な政治課題であろう。つまり戦争は王将がなければ成り立たないこと、そして歩の集合体である多数の国民が主人公となる民主政治の方が天皇制より一層すぐれた政治体制である、と遠藤は主張したことになろう。遠藤は王制の将来を危惧したあるイギリスの学者の言葉を思い出して、こんな言葉を引用している。「将来地球には五人の王が残るであろう。その四つはトランプの王であり第五は英国の王である。しかもその王は自分の死刑宣言にも署名せねばならぬ王である」と（前掲書、二七五ページ）。この比喩は当然ながら東洋のキングダムにも当てはまる。それはイギリスをはじめフランスの王政の歴史が証明するところで、戦後の混乱のなかでは昭和天皇もまたそのことを認識されていたらしい。その意味で遠藤は本当の意味で、尊王論者であったことになる。

註

註1　辻政信参謀の外郭要地作戦構想

戦後、辻はその著書『ガダルカナル』で、ミッドウェー作戦敗北前後の外郭要地作戦の必要性について、次のように回想している。「冷静に観察すれば、この敗戦（ミッドウェーの敗北）を素直に認め、国民に覚悟を促すと共に、堅実な持久戦略に転ずべきである。

欺された国民に、どこかでまた景気のよい勝利を放送しようとするかのようなあせりが海軍側に感ぜられた。米国の反抗は、恐らく濠洲（オーストラリア）を根拠にして、ソロモン群島方面にその矢を向けるであろう。とすれば米国と濠洲とを遮断することが消極的持久のためにも、積極的進攻のためにも必要である。それにはフイジー、サモア、ニューカレドニアを占領して、その線を作戦の終末点としようと陸海軍間に意見がまとまったのはミッドウェー海戦の直前であった」と書いている（一一三ページ）。

しかしオーストラリアとアメリカ大陸の海上輸送を遮断するための作戦構想はミッドウェー作戦の敗北で、跡形もなく消えうせた。辻参謀が立案した陸軍部隊によるニューギニアの山岳越えのポートモレスビー作戦も成功せず、ガダルカナル島の攻防作戦も補給の海上輸送ができず無残な敗北を喫したのである（辻政信『ガダルカナル』養徳社　一九五〇年）。国民を欺瞞したのは、海軍だけでなく、陸軍の辻も同罪であった。辻はガダルカナルの将兵の飢餓地獄を生み出しながら、その責任を自覚することなく、ガダルカナル島の戦いを継続させ、最終的にはガダルカナル島の日本軍の「敗北」を「転進」という名目で、国民を欺いたのである。

註2

ドーリットルの横顔について

ドーリットル攻撃隊の日本初空襲は隊長のスタントマン的な個性によるものと思われがちだが、爆撃計画を立案し実行したドーリットルは緻密な頭脳の持ち主で、大学時代から勉強熱心な男であった。飛行機については、カリフォルニア大学で得た知識を駆使して、ガソリン、潤滑油、プロペラ、重量とバランスの変化などについても研究している。

その空のスタントマンとしての初登場は一九一八年十一月二十四日であった。第一次世界大戦で戦死した空の勇士を記念して、サンディエゴで開催された航空ショーがその初舞台であった。二年後の一九二〇年には航空隊の少尉になり、その二年後にはカリフォルニア大学から学士号を取得してアメリカ大陸横断の先鞭をつけ、国際的にも著名なパイロットとして名をあげている。

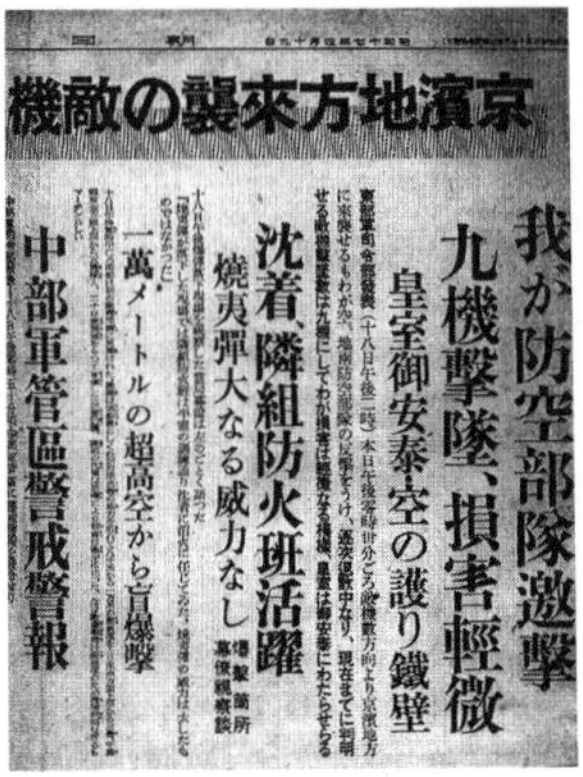
京濱地方來襲の敵機
我が防空部隊邀撃
九機撃墜、損害輕微
皇室御安泰空の護り鐵壁
沈着、隣組防火班活躍
燒夷彈大なる威力なし
一萬メートルの超高空から盲爆撃
中部軍管區警戒警報

大本営発表として日本空襲の翌日全国紙に掲載されたドーリットル空襲戦果の誤報記事

その後もマサチューセッツ工科大学で「飛行中の加速」という論文で修士号を取得、さらに博士論文の準備にも着手している。一九二六年にはアンデス山脈を飛行機で越えた最初のアメリカ人となり、二年後には世界初の計器のみの飛行にも成功した。三一年には平均時速二二六マイルで大陸横断飛行に成功し、ベンデイクス・トロフィーと賞金一万ドルを獲得した。これにより彼の名は「命知らずの飛行機野郎」として知られたが、その冒険的な活動には常に科学的な裏うちがあった。

ドーリットルの軍事的な功績については東京初空襲に成功したことが特筆されるが、その後はヨーロッパの戦線に向かい、北アフリカ戦線やローマ爆撃を指揮し、四四年には第八空軍の司令官に任命され、ロンドンに着任してドイツが降伏するまでドイツの各都市を爆撃する作戦を指揮することになった。四四年三月には中将に昇進し、同年六月六日の有名なノルマンディー上陸作戦では特等席で観戦する栄誉を与えられた（なおドーリットルの生涯については吉田一彦『ドゥーリトル日本初空襲』三省堂　一九八九年、二二七ページ以下に詳しい。ドーリットルのパイロット人生については加藤寛一郎『大空の覇者ドゥリットル』全二巻　講談社　二〇〇四年と日米両軍の史料を活用した柴田武彦・原勝洋共著『日米全調査―ドーリットル空襲秘録』アリアドネ企画　二〇〇三年がある）。

註3　ドーリットルの爆撃状況とその軍事的成果について

米国の著名な軍事史家サミュエル・モリソン（米国海軍少佐でハーバード大学教授）はドーリットルの東京・名古屋・神戸の爆撃についてこう書いている。

「最初の爆弾は十二時十五分に（東京に）投下されたが、その十五分乃至二十分後までは空襲警報のサイレンさえ鳴らなかった。十二時三十五分までに、B二五型機十三機は悉く東京の上空を通過したが、数機の戦闘機及び相当多くの対空砲火による反撃を受けただけで、而もその砲火は不精確なものに過ぎなかった。日本の戦闘機は、B二五型ミッチェル機の尾部に威嚇用として装備した擬銃に遠慮して近寄らなかった。

各機に割り当てられた攻撃目標は、弾薬・鉄鋼・瓦斯及び化学の工場や、動力源竝にトラックや戦車の製作所等軍事的なものに限定せられていた。非軍事目標を攻撃すべからずとの明確な訓令が与えられていたが、二、三機のものは航空戦では殆んど避け難い錯誤をやって間違った建物を爆撃して了ったので、日本軍の捕虜になったその同僚の三名はそのために、最高の刑罰を蒙ることになった。

名古屋、大阪、神戸に指向された三機は焼夷弾のみを携行した。名古屋に対する攻撃は地上からの猛火を冒して、成功裡に」終了した（サミュエル・モリソン著、中野五郎訳『太平洋戦争アメリカ海軍作戦史・太平洋の旭日』第二巻　改造社　一九五〇年、三八八ページ）。

註4　米航空母艦ホーネットの沈没

東京初空襲のドーリットル攻撃部隊を太平洋上から発進させたホーネットはヨークタウン型の米空母の三番艦である。一九四二年当時は敵の目をカモフラージュするためシー・ブルーとオーシャン・グレーの二色の彩色がほどこされていた。

起工されたのは一九三九年九月二十五日、進水は四〇年十二月十四日、就役したのは四一年十月二十日である。
　東京空襲に参加してからは、ミッドウェー海戦でも活躍したが、四二年十月二十七日のサンタクルーズ海戦で日本海軍により撃沈された。その活躍は短く、就役以来一年余の短い生涯であった。

註5　新鋭戦闘機「隼」の性能
　当時、加藤戦闘機隊長が乗った隼はそれまで中国大陸で使用された九七式戦闘機よりも性能が優れた新鋭戦闘機であった。さらに従来の日本の戦闘機＝単座戦闘機では夜間の海上飛行は不可能とされていたが、加藤は華南の広東で隼を活用し、夜間飛行の猛訓練を行った。この隼は一九四一年八月に誕生し、戦線に配属された。その性能は次の通りである。
①　航続距離が長いこと、七時間から九時間飛行可能。勿論落下補助タンクを装備した場合である。隼の燃料積載量は翼内タンクと胴体タンクを合わせて約五六〇リットル、落下タンクが二〇〇リットル二つで四〇〇リットル　合計約九六〇リットル。
②　陸軍の戦闘機では最初の引き込み脚。そのため脚に対する空気抵抗が少なく、突っ込み速度が非常に大きくなった。
③　旋回性能をよくするため、戦闘フラップ（センター・フラップ）というものを考案し、その使用により、九七式戦闘機とほぼ遜色のない旋回性能をもたせたこと。
④　従来の戦闘機に装備していた七・七ミリの機関銃をあらため、その攻撃力を増すため、十三ミリ砲（正確には十二・七ミリ）を採用した。これにより従来の数倍の破壊力を発揮でき、空中戦を有利に展開できた。しかし隼の弱点は翼の付け根が弱く、訓練中に空中分解する事故が発生している（安田義人『加藤隼戦闘隊』河出書房　一九六七年、三二－三四ページ）。

註6　天皇陛下に対する絶対的忠誠心
　この現実について、日本軍の捕虜として開戦直後、捕虜収容所に連行された一連合国軍兵士は、次のような英詩を書き残している。その題名は'PROUD NIPPON'「誇り高き日本」となっている。

Proud Nippon! Empire of the Sun!　　詩り高き日本！旭日の帝国よ！
The Land of ancient Samurai,　　古のサムライの故郷よ！
Where still the Daimios edicts run,　　その地では大名の布告が今なお生き

And soldiers only live to die...
Where every Subject must fulfill
Whatever may be the Emperor's Will

What grand ambitions stirred behind
The army chiefs' strategic scheme,
To conquer, rule, and lead mankind,
An all-embracing world-wide dream,
Where every nation would bow down
Before the Tenno's dazzling crown

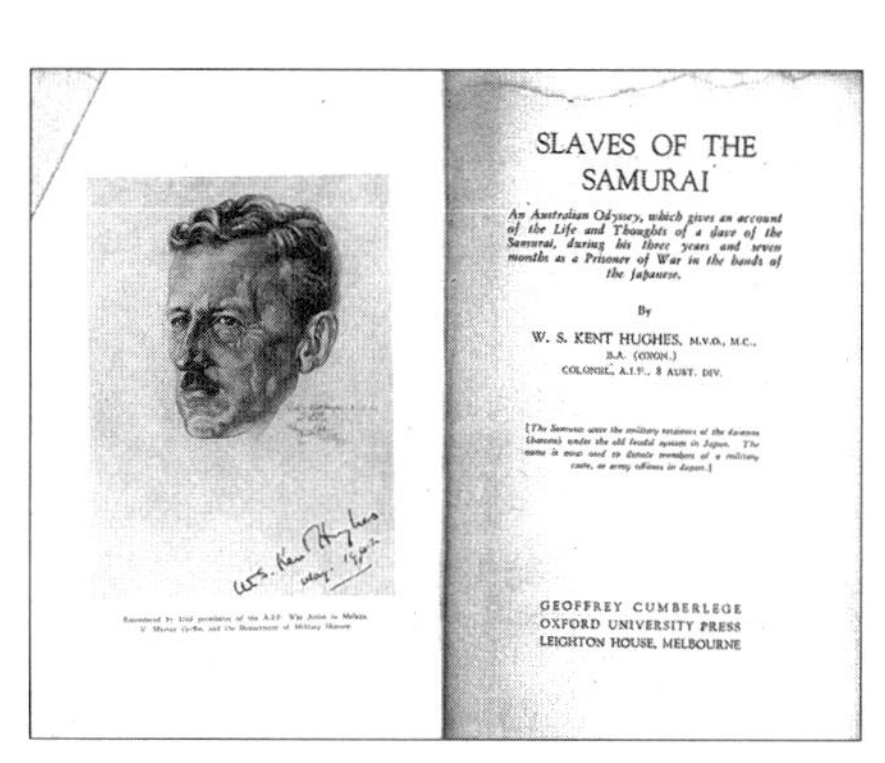

SLAVES OF THE SAMURAI

An Australian Odyssey, which gives an account of the Life and Thoughts of a slave of the Samurai, during his three years and seven months as a Prisoner of War in the hands of the Japanese.

By

W. S. KENT HUGHES, M.V.O., M.C., B.A. (OXON.)
COLONEL, A.I.F., 8 AUST. DIV.

[The Samurai were the military retainers of the daimios (barons) under the old feudal system in Japan. The name is now used to denote members of a military caste, or army officers in Japan.]

GEOFFREY CUMBERLEGE
OXFORD UNIVERSITY PRESS
LEIGHTON HOUSE, MELBOURNE

ケント・ヒューズ大佐（左）。（右）はその英詩。

兵士たちは死ぬためにのみ生きる―
その国ではすべての臣民が　履行しなければならない
天皇の意志であれば　いかなるものであっても

その背後には　いかなる野心が動いているか
（それは）陸軍将軍たちの戦略的陰謀
人類を征服し、支配し、先導するという
それこそ　全てを包含する全世界の夢
そこでは　全世界の民族が屈服する
天皇の眩いばかりの王冠の前に（遠藤十九子訳）

（W. S. Kent Hughes, Slaves of the Samurai, Melbourne: Oxford University Press, 1946, p.229）

この英詩は一九四二年二月にシンガポールで日本軍の捕虜になり、その後台湾と「満洲国」の奉天で連合軍の捕虜として収容所に収監されたオーストラリア軍の大佐ケント・ヒューズがその厳しい収容所生活で書き残した英詩である。

註7　戦時下の「少国民」の天皇観

戦時下の筆者はまだ小学生（京都の師範学校附属国民学校一～二年生）であったが、すでにこのような政治意識を十分洗脳されていた。毎日、学校に行くと、担任の先生からも「日本の兵士は天皇のために、戦場でその生命をささげる勇敢な軍人である」と教えられ、将来は「そのような軍人になるよう」訓話された。戦時下、小学生は少国民と呼ばれたが、将来の軍人の卵という見方から、天皇神格化の精神を教育された。遠藤は天皇の通られる前では、軍人は頭を挙げず、腰を四十五度にかがめてお辞儀をした、と回想しているが、それは少国民たる少年・少女にも強制された。昭和二十年四月、沖縄に米軍が上陸し、本土決戦が叫ばれるようになると、天皇崇拝の教育は一段と加速され、私が通学する小学校の正門前から、毎朝登校時には山手にある桓武天皇陵に向かい深々とお辞儀をすることも強制された。

第Ⅱ部　遠藤三郎の航空決戦思想と日本の敗戦

第一章　航空決戦の渦中に立つ

天皇が統治する「神国日本」は永久不敗である。この奇妙な信仰はアジア太平洋の戦いが風雲急を告げ、太平洋の最前線であるガダルカナル島やポートモレスビーの作戦で敗北してもなお日本人の心の中で生きていた。総反撃を開始した米軍は豊富な物量で作戦を展開してきたが、米軍兵士の精神は軟弱である。その優秀な機械力も南方のジャングルの戦いでは役にたたない。これに対する日本軍はその精神力が強靭で、世界一強い軍隊である。特殊な精神力に勝る日本軍はやがて米軍の物量作戦に勝利すること疑いない。このような短絡的な発想が戦時下の日本人の心を支配しつづけていた。

だから日本軍には敗北という文字はなかった。ガダルカナル島やポートモレスビー作戦の敗北は「転進」という美名で覆い隠された。新聞や雑誌には、「撃ちてし止まむ」の決戦標語が流行し、日本国民は次第に乏しくなる日常生活用品を節約しながら、いつやむともわからない戦争に不安げな眼差しを投げ掛けていた。日本国内からは出征する陸軍部隊が続々と隊伍をととのえ、目抜き通りを行進し、軍用列車や貨物船に揺られて兵士が南の島々や中国大陸の戦場へ送られて行った。出征する兵士の顔も悲壮であれば、肉親の兵士を見送る家族の顔にも涙がにじみ出ていた。

一九四三年四月十八日にはブーゲンビル島を視察途中に連合艦隊司令長官山本五十六元帥が戦死、その情報はしばらく公表されなかったが、その国葬(註1)は六月五日に行われた。あの世界に冠たる連合艦隊の司令長官が戦線を視察中に戦死したのである。そのニュースがラジオと新聞で報道されると、日本国民の顔面には悲壮感がにじみ出た。「ああ、戦局は予想以上にきびしいらしい」多くの国民はそう認識しながらも、軍部の勇ましい進軍ラッパにせき立てられて、その流れに抵抗することもできず、ひたすら銃後の生活にいそしんでいた。

国家予算は約九〇％が軍事費に充当され、国民にはさらなる重税が課せられた。かって満洲事変以来、戦勝に継ぐ戦勝のニュースに酔わされた日本国民もここに至ってようやく戦争の現実を認識した。しかしそれは自分の「身から出たさび」というものでもあったろう。どれほど大和魂で磨かれた名刀でも、人の血でさびついた刀はもはや役にたたなかった。中国大陸や南の前線からは、航空機の増産を要請して来た。「一機でも多く戦場に飛行機を」という悲痛な叫びでもあった。

一九四二年十二月、遠藤三郎はこのような状況のなかで、陸軍航空士官学校第四代校長となり、翌年五月、陸軍の航空機生産分野で活動する。

（1）遠藤三郎の航空戦略

①　太平洋の島々を航空要塞化する発想

一九四三年の五月、遠藤三郎はそれまでの陸軍航空士官学校校長のポストから、新しい任務に転出した。そのポストは陸軍航空本部・陸軍航空総監部総務部長兼大本営幕僚という任務であった。戦局が風雲急を告げる状況に直面した段階で今度は、いわば陸軍の航空機の生産と組織の統括など、軍事行政をつかさどるポストに就任したことになる。

そのポストに就任早々、遠藤は太平洋の作戦地域に飛行場が多数、しかも広域に分散している方式を改め、少数に集約設定する方針にすることを航空本部総務部長として一九四三（昭和十八）年五月に最初に提言した。それは太平洋の島々を「航空要塞化」する発想で、その構想が具体化されたのは同年十月で、参謀本部作戦第二課（作戦課長に再任された）服部卓四郎大佐により、陸軍の航空要塞構想として実現化が企画され、陸軍中央部では、遠藤の提案した「航空要塞」という用語が一種の流行語になったという（防衛庁防衛研修所戦史室編『戦史叢書　沖縄・台湾・硫黄島方面陸軍航空作戦』朝雲新聞社　一九七〇年、三二ページ）

この航空要塞の発想はかって遠藤が関東軍作戦主任参謀として、北満の対ソ国境地帯に設計し築城した関東軍の永久地下要塞がその発想の原点にあったように思われる。しかもこの時期になると、連合軍の軍事施設、とくにポートモレスビーの航空写真などをその標本にしたとも伝えられる。その具体的な計画として、某要域に滑走路数本を適当な間隔をとって集約設定し、防空、情報、通信、補給修理、宿営給養などの施設や機能を増強能率化し、滑走路相互間を誘導路で連結し、一滑走路が敵に爆撃されても、他の滑走路の利用によって、航空基地全体の機能を失わないようにすることを主眼に考えたものであった。この発想は有意義で、大本営でも大いに期待されたが、日本国内には、幾多の研究課題があった。その重要課題は第一に、防空兵力を集結配置し、防御施設を強固にして、敵の猛烈な爆撃に耐える能力を具備することと、その防衛目的を達成するには、膨大な資材、人的労力と、とりわけ海上輸送力が必要であった。しかし日本の国力全般の状況からみれば、何分にも、不可能であった。軍事要塞戦法で強力な敵機と戦うには、要塞を守備する守備兵力の固定配置が前提となるが、その方式を実現するには、飛行部隊を猛爆下の第一線に固定配備しなければならず、そのような兵力のゆとりが日本軍にはなくなっていた。その結果、大本営は翌一九四四年一月に、航空基地の建設を滑走路群の集約方式にすることで、形式的に強大な米軍に対決する方式を採用したのである。無い袖はふれない。南太平洋の飛行部隊は分散したまま、いわば裸の滑走路で米軍の機動部隊から飛び立つ爆撃機と戦闘機に対決することになった（前掲書、三二ページ）。

すでに一九四三年二月になると、ガダルカナル島からは日本軍が撤退し、マッカーサーとニミッツの指揮する米軍が二方面に分かれて、南太平洋の島々に上陸作戦を展開し、日本軍に対する総反撃を展開していた。マキン、タラワや西部～東部ニューギニアに上陸した米軍は圧倒的な機動力で、上陸した島々で飛行場を設営し、そこに戦闘機の発信基地を完備したのである。その島々からは、米軍の陸海軍機が自由に飛び立ち、米機動部隊の空母から飛び立つ艦載機とともに、日本の輸送船団のみならず、各地の島々の飛行場に配備された待機中の航空機にも襲いかかった。このような作戦が成功すると、米軍は南太平洋のすべての島を占領する必要はなく、兵員の犠牲を最小限に抑えるために、蛙とびの形で、重要な戦略拠点に集中して上陸作戦を展開できるようになった。

この米軍の上陸作戦は兵員と兵器・物量において日本軍を圧倒した。当然ながら、東京の大本営は急遽、その戦略の練り直しを求められたのである。しかし日本軍には、航空機の生産一つをとってみても、それに必要な資材が不足しており、さらには組織的には陸軍内部の対立など、様ざまな問題が山積していた。このような緊迫した情勢下で、遠藤三郎は東京で机に向い各種の航空作戦改革案を立案した。

②　陸軍中央の組織改革と戦闘機優先論

このとき、遠藤三郎は東京でどのような航空作戦改革案を立案したのか。

まず遠藤が一九四三年六・七月に起草したのは「航空総軍新設ニ関スル意見」（昭和一八・七）と「航空戦力ノ飛躍的増強ニ関スル一対策私案」（昭和一八・六・一）で、続いては「陸軍航空戦力急速増強ニ関スル意見」（昭一八・七）と「航空路ノ急速充実ニ関スル意見」（同上・いずれも草稿）などであった。その内容は①陸軍の地・空協同作戦を円滑に実行するための航空組織の一本化と、②重爆撃機から小型の戦闘機への生産態勢の転換を主軸にしたいわば航空戦略的な改革案と③第一線航空部隊の戦力を培養するための人員機材など空中輸送路の確保を力説したものであった。遠藤はピンチヒッターとして重慶戦略爆撃（一〇二号作戦）では、陸軍航空部隊を指揮し、漢口周辺の地上部隊と空軍との協力についてもその必要性を力説していた。しかし陸軍内部では軍人のセクショナリズムが壁となり、空軍と地上軍の指揮命令系統は一本化されないままで（二重に航空参謀を配置するなど人事面でも）不合理な問題を残していた。

さらに航空戦略の面では、敵国の広いスペースを無視した重爆撃機による戦略爆撃の構想が再度浮上し、対米戦争では重爆撃機でアメリカ大陸を爆撃する戦略構想案が参謀本部内に台頭した。もしも、この構想が採用されれば、ただでさえ戦略資源の乏しい日本の航空機生産を圧迫しかねない。そう考えた遠藤はこの問題でも、一九四一年の重慶爆撃の体験から、日本のように資源の乏しい国情では、領土の広い敵国への戦略爆撃など夢想に等しい空論だと主張し批判をしたのである。しかし陸軍の内部でさえセクショナリズムの壁があり組織改革も難航した。

一九四三年の六月から七月にかけて、遠藤は上記の建策を実現するため参謀本部や陸軍省内で根回しをするなど立ち回っている。しかし航空組織の一元化にしても、小型機優先の航空機生産態勢の確立問題もスムーズには進展しなかった。以下その一例を当時の遠藤日誌から参考までに紹介する。

六月八日　「参本（参謀本部）ニテ部長以上ニ航空戦力増強策ニ関シ説明　但勝利ノ手段ハ先ツ敵飛行機操縦者ノ撃滅ニ置クベク之レガ為ニハ戦闘隊建設ニ徹底スベキ意見ヲ強調」

七月九日　「別紙意見（「航空総軍新設ニ関スル意見」）ヲ草シ（参謀）総長ニ意見具申スル　参本ノ航空関係少佐幕僚ニ話シテ其ノ機運ヲ醸成セシム」

七月十日　「米大陸爆撃機ノ設計ニ関シ説明ヲ受ケ」る。

七月十三日「参本ノ部長会報アリ　戦況非ニシテ一同元気ナシ航空部門ノ敏活ナル内戦作戦ニ関シ意見ヲ述ベタルモ　次長（参謀次長）総務部長共ニ予ノ意見ヲ容ル丶意志ナシ　空軍ノ独立ヲ虞レアルニ似タリ」

この記述は遠藤の主張が上司に認められず、むしろ米国本土爆撃機の設計計画が飛び出すなど、遠藤は秋霜の毎日であった。とくに米本土爆撃機の設計計画は東條首相の肝いりで、中島飛行機の設計担当者が着手したプランで、遠藤としても正面から反対意見は述べづらい立場であったろう。

翌日には、単機で南方の最前線を視察するため、サイパン、トラック島、ラボール（ラバウル）、ウエワクに向けて出発した。機中では『加藤隼戦闘機部隊』と『撃墜』（ノモンハン空中実戦記）を読んでいる。この両著を見て彼は昔のなつかしい戦友の面影を偲ぶひと時をもったに違いない。幸いにも五千メートルの上空を単機で飛行中も敵の飛行機に遭遇することはなかったが、ラバウルでは蚊の来襲に遭い、安眠することができなかった。着陸した島では軍参謀らと面会し、飛行場の状況などを把握している。この視察のとき、まさかこのラバウルの戦略拠点が約一年後には孤立するとは予測していない。ラバウルでは今村均第八方面軍司令官とも再会し、弾薬と燃料の集積所を見学した。その場所は原始林そのままのゴム林で「之ノ中ニ在リテ黙々既ニ半歳ニ亘リ働アル人々ハ仙人カ神ノ如シ」とその生活に同情している。当時、南の島々で守備する将兵の苦労は筆舌につくしがたいものがあった。日中は炎天下で塹壕堀に従事し、食料も自給自足のありさまであったろう。風景だけは風光明媚な海岸線が連なっていても、「居住施設ハ土人ニモ劣ル」と形容している。多くの将兵は戦闘が始まる前でさえ、人間的な暮らしができなかったことに注目したい。

(2) 遠藤―二つの意見書を提出

短期間の気ぜわしい南方視察から七月二十五日に帰国した遠藤は翌日、参謀本部に出勤した。この日、遠藤は参謀総長と陸軍大臣宛にかねてから構想していた「陸軍航空戦力急速増強ニ関スル意見」と「航空路ノ急速増強ニ関スル意見」を提出し、部長会報で南方の視察報告を行った。前記二つの建策は南方視察旅行中も原案に基いて構想を練り上げたものであろう。以下参考までに長文ながらその原文を紹介してみよう。

「陸軍航空戦力急速増強ニ関スル意見」（昭十八年七月）

航空戦力増強ノ為部隊ノ充実練成、優秀機ノ生産補給等素ヨリ緊急ナリト雖モ之等ハ何レモ一定ノ限度アリ若クハ相当ノ時日ヲ籍スノ要アリ　限定セラレタル人員器材ヲ以テ直チニ戦力ヲ増強セントセバ航空部隊ノ編組竝ニ指揮系統ヲ合理化シ人ノ配置ヲ適正ニシ現ニ有スル戦力ヲ最モ効果的ニ発揮セシムルノ外ナシ　即チ帝国陸軍航空部隊ヲ左ノ如ク編組シ各部隊ノ性格ヲ明確ニシ以テ敏活ナル指揮運用ヲ可能ナラシメ且飛行部隊ノ機動力ヲ大ニシ併セテ人員ヲ経済的ニ使用シ航空部隊ノ特性ヲ遺憾ナク能率的ニ発揮セシムルヲ要ス

註

現編成ニ於テハ

一、航空部隊ガ別個ノ地上軍ノ戦闘序列内ニ分属セラレアルヲ以テ大本営ノ直接運用ニ便ナラズ　而カモ地上軍司令部内及航空部隊上級司令部内ニ共ニ有力ナル航空幕僚等ヲ二重ニ配置シ人員使用上不経済ナリ

二、航空軍及飛行団ノ性格明確ヲ缺（欠）キ指揮運用複雑ニシテ且人員ノ配置不経済ナリ

三、戦隊ノ編成中整備員及輸送力不足ノ為機動力発揮ニ便ナラズ

編組及性格ノ概要

一、大本営

更ニ航空幕僚ヲ鞏化ス　航空最高指揮官ニ対シ作戦任務若クハ作戦指導ノ大綱ヲ附与スルノ外主トシテ航空戦力ノ推進培養ニ努ム

二、航空最高指揮官

大本営ニ直隷シ作戦地ニ在ル全航空部隊ヲ統括シ任務ニ基キ之等兵力ヲ部署シ且之ニ作戦任務ヲ付与シ要スレ

バ直接作戦指導ニ任ズ

三、航空軍司令官若クワ独立飛行師団長

航空最高指揮官ニ隷シ航空諸部隊（補給修理廠等兵站諸機関ヲ含ム）ヲ指揮シ担任作戦区域内ニ展開シ一方面ノ作戦任務ニ服ス

四、軍内師団若クワ独立飛行師団長

飛行部隊（兵站其ノ他ノ地上部隊ヲ含マズ）ヨリ成リ空中機動可能ナル如ク編成シ主トシテ戦闘任務ニ服ス　展開セル飛行場ノ地上部隊ヲ区署ス

五、戦隊空地分離ヲ適正ニシ敏速ナル空中機動ヲ可能ナラシムルト共ニ如何ナル地上勤務部隊ノ協力ニ依ルモ戦闘ニ支障ナカラシム

六、地上勤務諸部隊

航空軍司令官若クワ独立飛行師団長ニ隷シ作戦地域内ニ（略）固定的ニ展開シ同地域内ニ於ケル飛行部隊ノ活動ニ要スル地上勤務ニ任ズ

遠藤が参謀総長らに建議したこの航空戦略改革案は作戦地にある全陸軍航空部隊を統括し、参謀本部に直隷する航空最高指揮官を配置し、全航空部隊の指揮をゆだねるという改革案で、さらにこれにより従来は地上軍司令部と航空部隊上級司令部内に二重に配置した航空幕僚も削減できるなど、人事運用の経済的な側面からも改革を実行しようというものであった。勿論この改革案は航空部隊を指揮した遠藤の体験からも、現状の問題点を摘出し、その運用を適正化するという狙いが込められていた。しかしこの改革案は参謀総長と次長によって翌日否決された。その理由はよくわからないが、翌日（二十七日）の日誌で、遠藤はつぎのように否決された理由を記入した。

九時ヨリ参謀本部ニテ部長会報　予ハ航空充実意見及航空戦力増加ニ関スル意見ヲ述ブ　参謀総長ハ航空路ノ充実ニ関シテハ同意ヲ表サレシモ航空最高指揮官設置ニハ不同意ラシク　殊ニ次長ハ反対ナリ　其ノ真意ハ航空ガ空軍トシテ独立ヲ虞レ居ルニアルガ如ク甚タ残念ナリ(註2)

この時代、日本軍の航空戦略は陸・海軍の間で統一がとれず、作戦上も大きな齟齬を生じていたが、遠藤の今回の改革案は陸軍内部の航空改革案であった。それでさえ参謀総長と次長によって否決されたのだから、日本軍の組織的な硬直化はもはや絶望的なものになっていたといえよう。しかし遠藤は諦めなかった。

七月二十八日には、さらに航空必勝の態勢を早急に確立するように、陸軍省局長会報で力説した。その席で遠藤が提案したと思われる答申案が遠藤日誌に挿入されている。その表題は「大臣諮問『寡ヲ以テ衆ヲ破ル方策』答申案」（昭和十八年七月）と題するものであった。

(3)「大臣諮問『寡ヲ以テ衆ヲ破ル方策』答申案」

この答申案の内容は要旨と第一応急対策、第二根本対策に分かれている。この大臣諮問案は先に遠藤が力説した太平洋の航空要塞化とワンセットになる提言であったとも考えられる。

その骨子をここで紹介してみよう。

その要旨＝「現情勢ニ応スル航空必勝対策」中特ニ緊急ナルモノニ限定セリ。……現ニ敵ノ実施シツツアル反抗就中其ノ航空攻勢ヲ撃砕シテ既ニ保持セル大東亜疆域ノ制空権ヲ確保シ以テ我カ戦争完遂ニ必要ナル国力ノ充実向上ニ寄与シ併セテ敵ノ弱点タル人的資源ノ豊富ナラサルニ鑑ミ敵ノ人員殺傷　特ニ空中勤務者ノ減殺ニ務メ且其女尊男卑ノ国民性ヲ利用シ寡婦又ハ結婚不能者ノ増加ニ依リ厭戦思想ヲ抬頭セシメ以テ敵ノ全面的屈服ヲ促進セシムルニ在リ……以下記述スル所ノモノハ未タ実施セラレアラサル非常手段ニシテ特ニ現有若クハ限定セラレタル戦力ヲ以テ飛行部隊ノ特性ヲ最モ有効適切ニ発揮シ其ノ戦力ヲ最大限ニ能率化セシメ所謂「寡ヲ以テ衆ヲ破ルノ方策」ヲ主眼トセリ

第一　応急対策

一、陸軍航空中ノ最精鋭ヲ以テ戦闘飛行団（充実セル三戦隊）ヲ編成シ　敵航空ノ跳梁甚シキ方面若クハ我カ企図スル航空決戦方面ニ急派シ同方面航空戦力ノ核心トシテ敏速ニ彼我航空勢力ノ均衡ヲ破壊シ航空撃滅戦ノ指導ヲ容易且有効ナラシム

本飛行団ハ所謂新撰組ニシテ一方面ニ固定セラルルモノニアラス　疾風迅雷短期間ニ目的ヲ達成シテ又他ニ転用セラルルモノナリ　故ニ其ノ編成ハ右ノ趣旨ニ合致スルモノナルヲ要ス

二、神速ナル内線作戦ノ実施ニ最モ便ナル如ク現陸軍航空部隊ノ建制ヲ建換ヘ且所要の施設ヲ充実ス（以下省略）

第二　根本対策

一、陸海軍航空戦力ノ一元的運用

大本営陸海軍部ニ於テ最モ緊密ニ連繋シ要スレハ両者航空関係幕僚ヲ合体シ以テ両軍航空ノ運用ハ勿論施設等ニモ重複間隙等ナカラシム（以下省略）

二、陸海軍航空器材ノ協同生産及分配

三、陸海軍航空要員取得ノ統制竝ニ待遇ノ統一（以下省略）

この時、遠藤は、東京中央で四面楚歌の状況であったことがわかる。彼は苦肉の策として米国の女尊男卑の国民性を利用し寡婦又は結婚不能者の増加を図り厭戦思想の抬頭を促すとか、さらには幕末の京都で、勤皇の志士を粛清した新撰組を連想したりしているが、この発想は遠藤のような冷静な頭脳の持ち主でも、もはやその知恵袋が底をついた状況にあることを証言するようで、お気の毒である。なぜなら、南太平洋の米軍は幕末の日本各地で閉塞する勤皇の志士ではなかったからである。相手の米軍は最先端技術で量産された近代兵器で装備された機動部隊であった。新撰組の闇打ちや切り込み戦法ではもはや刃の立つ相手ではなかった。仮に遠藤が発案した戦闘機部隊が決戦方面に向かって集中移動できても、各地の島々に分散する日本の守備軍は輸送船もなく、南太平洋の各島々に分散孤立していた。

絶望的なのは米軍機動部隊の総反撃の前に、太平洋の島々では南から北まで約一万数千キロに広がった戦線が総崩れの状況に直面していたことであった。この年の遠藤日誌にもその状況は記録されている。一九四三年七月六日には、急迫したソロモン方面の前線部隊から飛行機の急派を要請され、遠藤は参謀本部が自ら転用してでも急派に努力すべきだと主張している。この春、ブーゲンビル島では山本五十六連合艦隊司令長官の搭乗機が米軍機の待ち伏せ攻撃を受け、撃墜された（四月十八日）。さらに五月十二日には米軍がアッツ島に上陸し、二十九日には日本軍守備隊が玉砕した。そしてキスカ島の日本軍守備隊が深い霧の援護をうけて同島を脱出したのは七月二十九日であった。遠藤はその日誌に「キスカ島守備兵ハ去月二十九日全部撤退セシ由ナリ　第二ノアッツ島タラザリシハ幸ナルモ一年間ノ占領空シクナリシハ甚ダ残念ナリ」（八・三付）と記入した。このキスカからの日本軍守備隊の脱出は奇跡的であり、これ以後、太平洋の島々からの日本軍の全員撤退は不可能となった。日本の将兵は上陸した南太平洋の島々で、本国からの食糧の補給も望みなく、飢餓状態に追い込まれたのである。

遠藤はこの年、六月五日、東京で山本五十六元帥の国葬に陸軍の代表として参列した。その日の日誌に遠藤は「大東亜戦争ノ殊勲者タリ　生キテ米英艦隊ヲ撃滅シ死シテ一億ノ民ヲ奮起セシム　嗚」と山本元帥の戦死を悔やんでいる。遠藤でさえもこの時期になるともはや戦死した山本元帥に勇気づけられるしか希望がなかったことになろう。一方、山本連合艦隊司令長官が戦死したこの年、世界の情勢はヨーロッパ戦線でも太平洋上でも大きく変貌しはじめていた。一九四三年二月二日には、ドイツ軍がスターリングラードでソ連軍に敗北、その前日の二月一日から日本軍のガダルカナル島からの撤退が始まり、撤退人員は九千八百名（前年八月以来、上陸した人員は三万一千四百名、その内撤退作戦前に艦艇により離陸した患者等は七四〇名）で、それを合せると、戦闘消耗（戦死者、行方不明は約二万八百名（上陸総人員の六六％）であった（陸幹校（旧陸大）戦史教官執筆、陸戦史研究普及会編『ガダルカナル島作戦・第二次世界大戦史』原書房　一九七一年、二三六ページ）。なお、世界の外交面では、八月に米英のケベック会談が、十一月二十二－二十六日には米英中三国の第一回カイロ会談が開催されることになる。

このなかでも、ケベック会談には米国のルーズヴェルト大統領の影の参謀といわれたホプキンスが「ロシアの地位」と題する文書を携えて参加した。その文書には米ソ関係からみて、太平洋地域では、ソ連が「決定的な因子」となる点が指摘されていた。このとき、すでに米国は対日参戦でソ連を同盟国とみなして、ソ連を対日戦争に巻き込む姿勢を見せたのである。[註3]

註

註1　山本五十六元帥の戦死

一九四三年四月十八日、山本五十六連合艦隊司令長官搭乗の一番機はその日の早朝、参謀長が搭乗する二番機と共に護衛戦闘機五機に守られ、最前線を視察するため、ラバウルから飛び立ち、ブーゲンビル島の上空を飛行中、その数より約五倍＝二十四機の米軍機に襲われ、ジャングルに不時着した。その遭難現場の上空で二番機に搭乗していた宇垣纏はその著『戦藻録』（原書房　一九六八年）で「山本元帥の戦死」と題して、詳しく空中戦の状況を記録している。

宇垣の手記によると、山本長官を護衛する日本の戦闘機がジャングルの上空を飛行中、まず米軍機を発見したが、米軍機は一群二十四機が引き返してきて、山本長官機に襲いかかり、その数において五倍の米軍機に日本の戦闘機が対抗できなかったことがわかる。山本長官はおそらく即死で、宇垣によれば、「長官の遺骸は軍刀を握りたる儘機の腰掛の上に存り。未だ靡乱無く厳然たりしと誠に神なり。駆潜艇にて運搬中検視するに下顎部及肩に機銃貫通彈あり。恐らく機上に於て即死せられたるに非ずやと想像す」と書いている（前掲書、二九六ページ）。

この山本長官の戦死が祖国のラジオ臨時ニュースで報じられると多くの日本国民は南太平洋の戦局がただならぬ気配にあることを認識しはじめた。山本はギャンブル好きであったが、物量を誇る対米決戦では、その一か八かの勝負に敗北した。彼は開戦の前からこの対米戦争は長期持久戦になれば、日本が勝てないと予測していた。ブーゲンビル島の前線を視察したのは、その死に場所を求め行動したからではなかろうか。

註2

遠藤の作成した「航空路ノ急速充実ニ関スル意見」

遠藤が参謀本部に提出したこの草稿も日誌にはさまれている。起草は昭和十八年七月となっていて、本文二ページと地図（航空路）一枚の短い建議文である。その要旨は「大本営直轄ノ強力ナル航空路部ヲ編成シ内地ト第一線トノ距離ヲ短縮シテ物心両戦力ノ流レヲ敏速円滑且一貫セルモノ」にすることを力説している。その註には「現航空路ハ一応開通シアリト雖モ内地ト戦地間其ノ担任部隊ノ異ナルニ従ヒ流レノ太サヲ異ニシ恰モ『ゲージ』ヲ異ニセル『レール』ヲ敷ケルニ似タリ」と記入している。この建議は上に航空路部本部長を置いて、組織の一元化をはかり、輸送と連絡・通信を円滑にすすめる対策が急務であることを力説している。ここに遠藤が書いた航空路線の概略図を参考までに掲載する。大本営の絶対国防圏とほぼ同じ領域をカバーしている。彼はこの路線のパイプを太くし、物心両作戦の流れを円滑にせよと提言した。まだ絶対国防圏の外郭に位置するニューギニアのマノクワリも含めている（「航空路ノ急速充実ニ関スル意見」）この地図には、北は奉天から平壌、北京へ、本土では、九州の博多を経て、南はマニラ、ハルマヘラ、マノクワリ、ジャカルタ、スラバヤ、パレンバン、昭南（シンガポール）など当時の日本陸海軍占領エリアの広がりを示している。しかしソ満国境にまたがる北満は除外し、

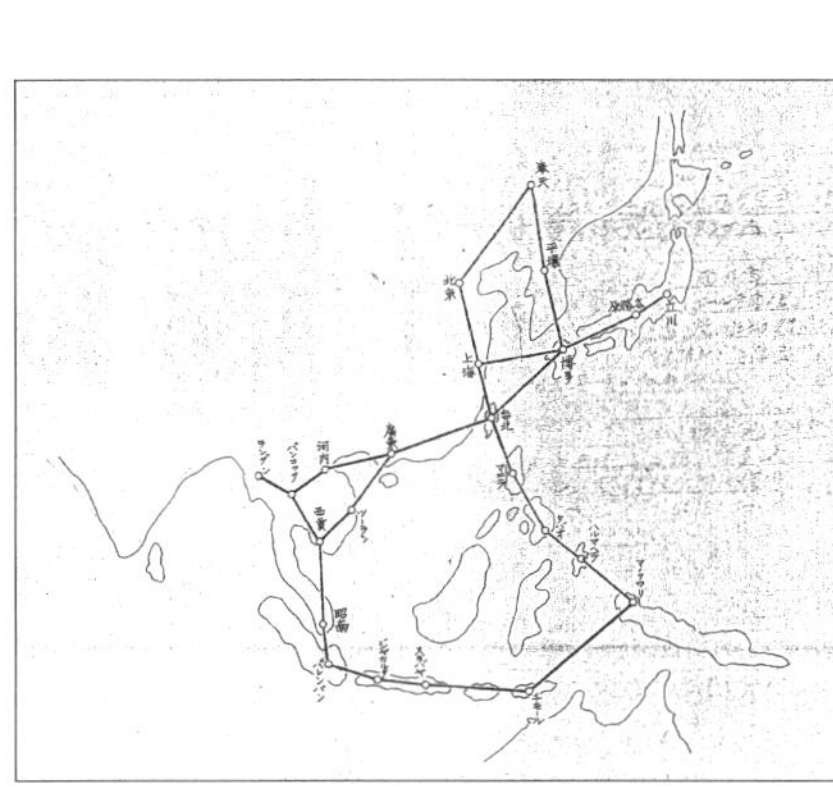

この地図は遠藤が参謀本部に建議した航空路線

南満洲およびその隣接地帯の豊かな食糧・戦略資源地帯と、南は石油資源の供給ルートを結び付けている（昭和十八年度・遠藤日誌に挿入）一九四三年、南方のニューギニアは孤立し将兵は、「ジャワの極楽、ガダルの地獄、生きて帰れぬニューギニア」と噂していた。遠藤は、そのニューギニアへの交通パイプを太くすることを忘れていなかった。

註3　ホプキンスがソ連軍との対日軍事同盟案を提唱

一九四三年八月、ルーズヴェルト大統領の側近ホプキンスは「非常に高い上層部の米国軍事戦略見積り書」から引用された「ソ連の地位」と題する次のような文書をケベック会談（一九四三年八月）に持参した。

「ヨーロッパにおけるソ連の戦後の地位は支配的なものであろう。ドイツが粉砕されれば、ソ連の恐るべき軍事力に対抗しうる強国は、ヨーロッパには全く存在しない。……ソ連は戦争における決定的因子なのであるから、その友好を獲得するために、あらゆる助力とあらゆる努力とが同国に与えられねばならない。同様にして枢軸が敗北するや否や、ソ連は必ずやヨーロッパを支配するであろうから、ソ連との最も友好的な関係を育成し、また維持することはなおさら必要不可欠でさえある。

最後に、ソ連との関係において米国が考慮せねばならぬ最も重要な因子は、太平洋地域における戦争の遂行である、対日戦争においてソ連を同盟国とすれば、反対の場合と較べるのに、戦争はより短い時間で、また、生命と資源とにおいてより少ない出費で、終結することができる。太平洋地域における戦争が、ソ連側の態度が非友好的、または非消極的なままに遂行されねばならぬとすれば、困難は測りがたく増大するであろうし、また、（米国の）作戦は失敗に帰するかもしれない」（ロバート・シャーウッド著、村上光彦訳『ルーズヴェルトとホプキンズ』Ⅱ現代史大系⑥　みすず書房　一九五七年二九七－二九八頁）

この方針はその後のヤルタ会談の論議にも継承されるもので、米国政府の重要な対ソ外交課題となる。すでに米国はアジア太平洋戦争で勝利する鍵として、ソ連を味方につける方針をこのケベック会談で公表したのである。その米国政府の考えと世界戦略を知らなかった日本政府と軍部はやはり盲目で、「敵を知らなかった」ことになる。

第二章　軍需省航空兵器総局長官に就任

一九四三（昭和十八）年秋を迎えると太平洋の戦況はいよいよ緊迫化してきた。

これまで華々しい戦果を臨時ニュースで発表してきた大本営の報道にもなんとなく蔭りがみえはじめてきた。この戦争の前途はどうなるのか。多くの日本国民は戦局のただならぬ気配にどことなく疑心暗鬼の毎日であった。中部太平洋ではガダルカナル、マキン・タラワを占領したアメリカ軍がやがて東部ニューギニアを経由して蛙飛び作戦で北上し、ビルマ方面でも、一旦はビルマから敗退したイギリス軍が今度は近代的な装備で西からビルマ奪還をめざし反撃の気配をみせ始めていた。

このような段階で遠藤三郎はどうしたわけか、十月二十八日に、軍需省航空兵器総局長官に就任した。これに先立ち参謀本部では、参謀総長、次長、軍務局軍事課長らがすでに軍需省設置問題を検討していたが、それには東條首相の後押しもあり、暗雲が漂いはじめた戦局に対応するため軍需省の設置が急速に進展した。当時、遠藤三郎は大本営幕僚と航空本部総務部長を兼任しており、十月七日には軍需省設置にともなう事務処理の委員長を命じられ、その延長線上で同月二十日に軍需省航空兵器総局長官の内命を受けたのである。

彼はこれまで軍籍にあり、参謀本部の作戦課や関東軍の参謀副長のほか現地実戦部隊の指揮官としても働いてきたが、今回はその軍籍をはなれ、航空機を生産する行政長官としてのポストを与えられたことになる。内心ではなお軍人として第一線部隊を指揮するポストに未練があったものか、その日誌によると「予ハ有リ難迷惑ナルモ軍人タル以上命令ニハ従ハザルベカラズ」と内心忸怩たる気持を記入している。さらに東條首相からも「大臣ニナッタツモリニテ専任セヨ」といわれ「万事休ス」と自分を慰めている（十月二十日付日誌）これをみれば、遠藤もまた組織の人であり、上司の意向には逆らえなかったとみるべきだろう。十一月一日、彼は首相官邸で正式にそのポストに就任する辞令を受けて、「本日ヨリハ一切ヲ犠牲ニシ死力ヲ尽シテ航空機ノ増産ニ努力セン」とその決意をみせている。

しかし世界の大勢はもはや如何ともなしがたく、ましてや遠藤が力説した航空戦力の改善案が採用されたわけでなく、日一日と悪化する戦局をみながら、彼は組織人として航空兵器の増産を目指してひたすら空しい活動をすることになる。

（1）長距離爆撃機か、小型戦闘機か

陸海軍航空本部では太平洋での劣勢を打開すべく、航続距離の長い長距離戦略爆撃機の研究開発について検討が加えられた。

その目標は米国の誇る空の要塞Ｂ29を超える性能を備えた日本型の空の要塞の開発であった。その巨大爆撃機なら、日本本土から飛び立ち、太平洋を無着陸で飛行して、アメリカ本土の重要な軍事施設、軍需工場地帯、あるいはニューヨークなど大都市を爆撃してから、ドイツ軍占領下のフランスに着陸できる。そのためには航続距離が一万七千キロ必要で、エンジンは六発＝三万馬力、爆弾搭載量二十トン、最高時速六百八十キロ（高度七千キロ上空の場合）と計画された。これはほぼ二十世紀後半に登場したジャンボ・ジェット機のような性能で、陸海軍のつわもの達の夢を乗せた攻撃兵器であった。これなら米国民の抗戦意欲を阻止できる。その意気込みがこの開発計画を促進したのであろう。しかし航空機の資材に不足する日本では、空中に描いた楼閣のような発想であったろう。しかも遠藤三郎のように重慶ですでに戦略爆撃を体験した将軍にとっては、その費用対効果の比較からみても、この開発計画がいかに無謀

な発想であるかはすぐに判断できた。彼はこの計画に猛然と反対したのである。

しかし一九四四年になると、海軍では六発のエンジンを持つ「富嶽」と四発のエンジンを持つTB機の計画が提案され、陸軍でも「富嶽」とは別に、米国片道爆撃を企画したキ—74—Ⅱ型が計画中で、それとの比較研究も行われた。

さらに三月中旬になると、今度は陸・海軍が合同で「富嶽」の研究を行うなど、相当進んだ議論が重ねられ、最終的に決定された「富嶽」の仕様は以下のような二種類となった。

「富嶽」
全備重量　百二十二トン
主翼面積　三百三十メートル
翼面荷重　三百七十平方メートル
航続距離
1、一万八千二百から二万一千二百キロメートル（五から十トン搭載）
2、一万六千五百から一万九千四百キロメートル（五から十トン搭載）
最高速度
1、時速六百四十キロ（高度一万二千メートル）
2、時速七百キロ（高度一万二千メートル）
離陸滑走距離

1、千七百メートル
2、千二百メートル
実用上昇限度　一万五千メートル
爆弾搭載量　五から二十トン　乗員数六名以下機関砲二十四基
エンジン
1、エンジン二千五百（離昇）馬力（中島製ハ219（BH）六発合計一万五千馬力、二千五十馬力（高度七千〜一万五千メートル）
2、三千三百（離昇）馬力（三菱製ハ50）六発合計一万九千八百馬力、二千三百七十馬力（高度一万四百メートル）（前間孝則『富嶽＝米本土を爆撃せよ』講談社　一九九一年、四五二－四五三ページ）

この「富嶽」の性能や装備は、当時のアメリカ軍が日本本土爆撃用に開発した戦略爆撃機B29の性能に勝るとも劣らないもので、すでに東條首相の肝いりで、研究開発チームのメンバーが極秘で組織的研究と開発をすすめていた。しかし問題はその生産態勢や資材の不足、さらには五千馬力のエンジンをどのように生産するかなど難問が続出し、試作エンジンの地上運転、性能、耐久試験などが試みられたが、結局は五千馬力のエンジンの開発がネックになり、一号機の誕生にも至らなかった。(註1)

やはり難問は最初からその資材の徴発にあったらしい。遠藤はもちろん最初からこの「富嶽」の生産には反対で、試製富嶽委員会から「富嶽」に関する稟議書が遠藤のもとにとどけられると、いつもいやな顔で応対したという。しかし遠藤は感情的に「富嶽」の生産に反対したのではなかった。むしろ遠藤には戦争資材に恵まれない日本の国情を考えると、そのような巨大な爆撃機の生産は時間と資材の無駄であり、しかもアメリカ合衆国のような広い大陸を爆撃しても、戦略的にみて敵にはなんらの致命傷をあたえられない、という確信があった。そのため彼は新設の軍需省航空兵器総局長官（中将）として、堂々と「富嶽」の生産に反対する意見書を書いて、上司に提出したのである。

ここに遠藤がどのような理由から長距離爆撃機の生産に反対したのか。それを証明する彼の極秘意見書を紹介しておこう。

「富嶽ソノ他超遠距離爆撃機ノ製作延期ニ関スル意見」昭和十九、三、二六

遠藤中将

対米戦捷ノ道ハ東亜ノ現疆域ヲ確保シ来攻スル敵ヲ撃滅シテ生還ヲ許サザルト共ニ国力殊ニ戦力ヲ培養増強シ以テ彼レヲシテ戦捷ニ対スル希望ヲ喪失セシムルニ在リ

之レカ為メ航空戦力就中戦闘機雷撃機並ニ偵察哨戒機ノ急速且画期的増強コソ戦局ノ現段階ニ於ケル絶対無二ノ条件ニシテ万一之レニ欠クル処アランカ他ノ如何ナル施策モ画餅ニ帰スルコト極メテ明カナリ

翻ッテ現下ニ於ケル航空機ノ生産能力ハ前項ノ要求ヲ満タスニ足ラス日夜全力ヲ傾倒シテ其ノ庶幾カランコトヲ努メツツアル状況ニ在リ　然ルニ今富嶽ニ就テ見ルニ中島会社ノ研究ニ依レハ之レカ百機生産ニ要スル「アルミ」量ハ四萬屯（十九年度全配当量ノ五分ノ一強）ニシテ月産三十機ヲ得ントセハ工員四万　機械二千八百台　建坪六万坪ノ工場ヲ要シ而モ更に機械工数70％　板金工数35％ハ之レヲ本工場外ニ依存セサルヘカラス之レ等ハ直チニ他飛行機ノ生産ヲ減少スルノ結果ヲ招来スルモノトス

右ノ如キ犠牲ヲ忍ヒテ製作セル飛行機ヲ以テ米本土ヲ爆撃シ得タリトスルモ地上目標ニ対スル爆撃効果ノ如キ戦捷ニ大ナル期待ヲ懸ケ得サルハ過去ノ戦例殊ニ欧州戦場ノ実相之レヲ明示シテ余ス所ナク而モ我ハ敵戦闘機ニ捕捉

セラルル公算極メテ大ニシテ我カ志気ヲ阻喪セシムルノミナラス敵米国ノ戦意昂揚シアル時期ニ於ケル此ノ種攻撃ノ如キ却ッテ敵ノ戦意ヲ扇動スルノ逆効果サヘナシトセス　斯クノ如キ爆撃ハ敵ノ戦意喪失セントスル時期ニ於テ始メテ期待シ得ヘキモノニシテ未タ其ノ時期ニアラス幼稚ナル攻防ノ利害論ニ眩惑シテ目下各飛行会社ノ流行トナリツツアル此ノ種飛行機ノ研究製作ニ力ヲ割キ為メニ現下焦眉ノ急ニアル飛行機ノ生産ニ累ヲ及ホスカ如キハ厳ニ戒ムルヲ要スルモノト信ス（遠藤の手書きの極秘文書：防衛省防衛研究所所蔵）(註2)

遠藤はここで具体的な数字を根拠に目下推進中の「富嶽」の生産計画が無謀であると批判した。その主張は理論的にも論旨が明快で、末尾の三行では、その計画の実行者が「幼稚ナル攻防ノ利害論ニ眩惑」するものと強烈に批判した点も興味深い。そして遠藤は戦史の例を挙げ、今は米国国民の戦意が昂揚している時期で、このような爆撃はかえって敵の戦意をさらに刺激するだけだと警告した。この主張は彼が現実を直視した意見で、とりわけ南方の島々で強力な米軍と戦っている日本軍の指揮官からは大いに賛成を得る発言であった。

現実に一九四四（昭和十九）年を迎えると、南方からは一機でも多くの戦闘機を前線に送るようにと矢のごとき催促が中央部に寄せられた。すでに前年の九月には参謀本部が絶対国防圏を設定していたが、それすらも机上の空論で、制空権・制海権が米軍の手中に帰すれば、日本軍の劣勢はもはや挽回の余地すら見いだせなかった。遠藤はその窮状に対処するため、「制空なくして、国防なし」と力説し、あらゆる機会を利用して、小型戦闘機を優先する航空兵力の増強を訴えた。

「中部太平洋の決戦場に優秀な日本の飛行機を集中させたい」そのための飛行機増産の道を遠藤は力説した。元来、行政部門で兵器の生産を管理する部局の長官といえば、自分が直接生産に携わるわけでなく、遠藤にも時間的なゆとりがあったものと思われる。彼は飛行機増産を国民に訴えるため有名人との対談にも応じているし、新聞記事でも積極的に航空戦力の充実が急務である点を訴えている。

(2) 戦闘機優先論―遠藤のキャンペーン①

ここでは、この時代の遠藤三郎の肉声の一例として、流行作家の菊池寛との『航空対談』と『飛行機増産の道こ、にあり』と題する一般国民向け遠藤の航空キャンペーン談話を紹介してみよう。

まず菊池寛との対談では戦闘機優先の必要性を力説し、後者では飛行機を増産するためには女子を含めすべての日本国民が日常生活から贅沢を締め出し、エネルギーを節約して飛行機増産の戦線に参加するように訴えている。

最初に菊池寛との対談では、菊池から、ジャワ作戦の体験により、今後の空中戦は「やはり戦闘機の方が主体になりますか」と質問され、その答として遠藤は持論の戦闘機優先論をこう説明した。

「そうならなきゃいかんと思ひますね。殊に日本としてはその方が賢明じゃないでせうか。と申しますのは、敵側はなるほど爆撃機も随分有効に使へます。日本の心臓部はみな攻撃し易い所にあります。ところが向ふの心臓部はどうかといへば、どうも今日本からすぐ飛び出して、ロンドンまで行けるわけはなし、ご承知の通り欧洲大戦が勃発当時、あれ程準備してをったドイツの航空部隊が、ドーヴァー海峡を隔て、目と鼻の先にあるロンドンを盛んに爆撃してもイギリスは一向手をあげない。況やワシントンあたりの爆撃となると、油（ガソリン）の関係、飛行機の性能の関係から、そうたくさんは行けない。……日本としては、爆撃機なんていふものは非常に損だと思ふ。どうせ製造能力、資材には限度があるんですから、同じ作業能力をもって、小さな戦闘機をたくさん造った方がい、」

「今の戦闘機は非常に遠くまで行ける。爆撃機の行ける所は大抵行ける。そうなると、戦闘機といふのは飛び出した時から攻撃力がある。敵が来ればどこででも任務が達成出来る。爆撃機はそうはいかん。目標まで行かなければ任務が達成できん。目標に達するまでに、天候その他で非常に苦心します」（菊池寛『航空対談』文藝春秋社　一九四四年、一六－一七ページ）

ここで遠藤が力説した問題は「要するに制空権を獲得」することで、そのためには爆撃機よりも戦闘機の方が有利で、資材にめぐまれない日本のような国が太平洋の制空権を獲得するには、「なんといっても戦闘機主体でなくちゃいかん」といい、最後に「制空なくして国防なし」という持論を展開した（菊池寛『航空対談』一九四四年の「陸鷲の実践と育成」九－四四ページ）

（3）飛行機増産の道―遠藤のキャンペーン②

遠藤はこの戦闘機優先の戦いをすすめるためには、どうしても国民の協力が必要で、銃後の国民があらゆる贅沢をやめ、日常生活のエネルギーを節約し、その生活改善から航空機生産に協力するというういわゆる航空優先・総力戦思想を展開したのである。そのために彼はこう力説した。「娘よ、思い切って戦ひの職場に挺身して欲しい！　主婦よ、節電節ガス、空地利用に今一段の工夫をして欲しい」と。同時に彼はこの運動を展開するため、国民啓蒙用の小冊子として『飛行機増産の道　こゝにあり』という一著を刊行した。

それは一九四四年四月十五日付で発行された百十一ページの小冊子である。時期的にはアメリカの機動部隊が大挙してサイパン島に上陸する丁度二ヶ月前であった。遠藤は悲壮な決意で国民に戦争への協力を訴えたのである。その発想がどのようなものであったかは特筆する価値があるであろう。航空総力戦とは何か、もしも日本のような資源の乏しい国家が戦争を始めれば、国民の生活はどのような状況になるのか。そのことをあらためて想起する好材料にもなるゆえ、当時の遠藤の肉声からその悲痛な叫びを再現してみよう。

遠藤はまず同冊子の冒頭で「前線からの叫び」としてこう書いている「マキン・タラワの戦友は玉砕しラバウルは毎日熾烈な空襲をうけてゐる、マーシャルは敵の土足を以て蹂躙せられた。勇士たちが敵機の跳梁する下で、地に潜んで切歯扼腕して叫ぶのは『早く飛行機を送って呉れたなら』の一言である。日本の地に生活する者一人残らず戦に加はろう！　飛行機増産の戦列に加はろう！」そして「航空戦は今どのように戦はれているか」については、アジア太平洋の戦線の広がりが一万数千キロに達して、日本軍は防御の立場にあり、敵の有利さは「自己の意志によって主戦場を決め、そこに戦力を集中」できるのに対し、わが軍は敵が出撃した地点へ駆けつける有様で、まずは決戦場に優秀なる飛行機を集中的に投中することが大事だと主張した。

1944年、対米決戦に勝利するため制空権の確立と節約による飛行機増産を訴えた小冊子。

これは遠藤の持論である「飛行機は国防上の玉座」とみる発想で「制空なくして国防なし」という思想と共通する。しかしこの発想を現実のものにするには、国民の日常生活がいかにあるべきか、そのあり方を遠藤はこの小冊子で追及し、ひろく国民に呼びかけたことになる。その内容を一読すれば、戦争をすれば、そのしわ寄せは人民にまわること、つまりひろく国民が犠牲を負うことになる例証になる。しかし「貧すれば鈍する」という諺にあるように、窮地に追い込まれると、遠藤のような冷静な将軍でさえ、切羽つまった状況になれば、このようなしわ寄せを国民に強要せざるを得ない立場に立たされたことがわかる。一国が総力戦を展開すると、もはや前線と銃後の境界が消えて、双方が一体化することになる。こうなれば、遠藤も背に腹替えられない瀬戸際にたたされていたといえる。彼は眼前の強力な敵に対処するために、飛行機の生産に直接参加する日本内地の住民に次のように要請したのである。

いわく、まず敵を攻撃する場合には、主攻撃と助攻撃の二つの戦線の共同が重要で、「飛行機の生産に直接参加する主攻撃軍にはある限りの資材、人力を集め、一般人の助攻撃軍は、最小限の物資と待遇に甘んじつ、総力を尽くして主攻撃軍の最高能力発揮に協力」せよと。そして具体的には一億国民が飛行機の生産に全員関係するものとし、人員の配置では助攻撃軍方面の人員を三人から二人に減らし、余った一名を主攻撃方面に配置転換すること。さらに「日常生活の中に増産の鍵がある」とみて、ガソリン不足を補うための油の生産（砂糖・米糠からの油の抽出など）と節電・節ガス、石炭消費の節約などあらゆるエネルギーの消費を制限することを力説した。

同時に、国民がその日常生活から醤油、味噌、洋紙などを節約すれば、どれだけの飛行機が生産できるかを試算し、日用品の項目別に節約品目を遠藤は次のように表示している。

醤油	配給の一日分	飛行機四機
味噌	配給の一日分	二三機
練炭	一軒一個	六四機
ビール	一軒一本	一四機
パン	一軒半斤	九〇機
ガス	一軒一日休止	一二三機
洋紙（新聞）	一軒一日一枚	四機

（遠藤三郎談『飛行機増産の道―こゝにあり』番町書房　一九四四年、四九ページ）

当時の日本国民はすでに日常の生活物資が極端に不足していたが、それでも上記のような数字を示されれば、やはりそれに協力する必要を実感したであろう。しかしこのような節約の実行は生活改善、つまり贅沢厳禁の意識が国民全体に浸透しなければできることでなく、遠藤もまた国民に「今からすぐ生活を改めよう」と提言した。そして徹底して無駄を排除するため、国民はハンカチにもアイロンをかけないよう、私欲も捨てよと絶叫した。

当時、米国ではその飛行機の生産台数が急増していた。米国の統計資料によれば、一九四三年の飛行機総生産台数は八万五千九百四十六機であった。これに対し日本の陸海軍の飛行機総生産台数は同年度で一万九千五百五十八機に過ぎなかった（堀越二郎・奥宮正武『零戦』日本出版協同　一九五四年、三九六ページ）この劣勢を跳ね返し、戦局を有利に展開するため遠藤は国民にその血のにじむような犠牲的協力を呼びかけたのである。しかし遠藤がどれほど絶叫しようとも、また国民がどれだけ犠牲を覚悟で協力しても、飛行機の生産は米国に追いつけるわけがなかった。

遠藤はその小冊子の最後に「戦争に役立たぬものは悉くこれ無駄であり」無駄とわかれば「この際一切直ちに止める」決意を述べたが、このとき彼はまだ戦争こそが無駄であり、亡国に結びつくという思想には到達していなかった。なお遠藤が後年となえることになる「軍備亡国」という思想は、日本の無条件降伏という屈辱的な体験を経なければならなかったことになろう。

一九四四年はただならぬ戦雲が漂う中で、日本国民はひたすら決死の覚悟で戦争に協力するという軍・民一致の総力戦態勢に甘んじて、節約一辺倒の生活から脱出できなかった。

註

註1　巨大爆撃機「富嶽」の設計・構造について

幻に終わった巨大爆撃機・富嶽については前間孝則著『富嶽・米本土を爆撃せよ』（講談社　一九九一年）を参照した。前間氏は航空宇宙事業の分野でジェット・エンジンの開発に二十年間従事した経験の持ち主で、技術者からみた富嶽の計画、設計など同氏の解説は参考になる。しかし中島飛行機の技術者や試製富嶽委員会のメンバーは遠藤の存在が邪魔になったのであろう。その人々に対決するため遠藤は相当な勇気が必要であった。

註2　飛行機一台分の金属原料

第二次大戦中、飛行機一台分にどれだけのアルミニウムが使用されたか。戦闘機では一台あたり十二トン、中型爆撃機では、三十五トンとなっている。

その他を含め、飛行機一台分の金属原料は以下の通りである。

原鉱石		戦闘機（トン）	中型爆撃機
アルミニューム	ボーキサイト	一二・〇	三五・〇
マグネシウム	マグネシア	〇・二	〇・五
苦汁		一・三	三・〇
特殊鋼	鋼屑など	四・五	十三・二
電気銅	粗鋼	〇・四	一・二
	計	十七・七	五一・二

（情報局編輯『週報』一九四四年四月十九日・三九一号「国民生活と航空機増産」一九ページ）

第三章　絶対国防圏の崩壊＝サイパン島の決戦へ

一九四四年四月、太平洋における日・米の決戦は天王山を迎えていた。

米軍の機動部隊はソロモン、ニューギニア方面から蛙跳び作戦で北上し、日本の絶対国防圏の一角に迫ろうとしていた。次に米軍は南西太平洋のどの島に上陸するのか。ビアク島か、サイパン島か。その決戦場を決めるのは米軍で、日本軍は守勢の立場にあった。米軍の戦略爆撃機が東京を爆撃するとなれば、その発着基地となるサイパン島を攻略する可能性が高い。サイパンから東京までは千二百キロの距離である。サイパンの周辺には、テニアン島とグアム島がある。日本軍はこの三つの島を航空決戦のための不沈空母となぞらえ、決戦態勢を整備した。

すでに太平洋上に展開する航空機と海軍艦艇の数は米軍の方が優勢で、マリアナ周辺の制空権・制海権は漸次、米軍が掌握する状況にあった。しかしサイパン、テニアン、グアム島には、急遽日本の守備隊が増援され、航空機の滑走路が整備されつつあった。それを活用して航空決戦を展開すれば、日本軍にも勝算がある。ともかくもサイパン島を死守することが先決である、という見方が大本営の内部で浮上した。

(1)　日米決戦の時来る

この日米最終決戦に備えて、遠藤三郎も航空兵器総局長官として航空機増産に奔走していた。

このころ、太平洋上での航空機の最終決戦に対応して、遠藤はいかなる決意でいたのだろうか。彼は米軍がサイパン島に上陸する二ヶ月前に次のような檄文を書いて、内閣情報局が発行する『週報』に掲載し、国民の戦意高揚をはかろうとした。その檄文は「勝敗を決するもの」と題する短い文章ながらも、飛行機こそ日米決戦のための「絶対兵器」であると位置付けて、広く国民にこう呼びかけている。


（勝敗を決するもの）

「発しては満朶の櫻のごとく、一瞬、紺空に敵機を粉砕し、凝っては百錬の鉄となり、大海に敵艦船を撃沈す。偉なるかな、皇軍の航空機。わが飛行機こそ、大東亜戦争完遂のための絶対兵器である。

帝国政府が、航空兵器総局を中核とする軍需省を新設して、航空兵器の画期的増産体制を整ふるや、敵米英は、これを恐れ、『日本に時を籍すな』と称して侵攻を急ぎ、わが航空勢力の整備に先んじて、われを撃滅せんとしてゐる。敵の侵攻早きか、われの航空戦力の整備早きか。これ今次大東亜戦争の勝敗の分岐點である」


（敵、まさに帝都の玄関口に迫る）

「われは第一線将兵の勇戦奮闘にもかゝはらず、北においてはアッツに玉砕し、キスカを撤退し、南においては、ソロモン及び東部ニューギニアを撤退し、ギルバート、マーシャルに玉砕部隊を出し、敵は傍若無人、北千島を侵し、さらに帝都の玄関口近くトラック、サイパンを襲ひ、内南洋深くパラオまでその翼を伸ばしている。帝都の空襲も決して遠しといえぬであろう。

これ等は、一にわが航空戦力の不足に起因するもので、われ等航空機生産に従事する者、第一線に日夜悪戦苦闘するわれ等の戦友、殊に護国の華と散った幾多の英霊に対し、真に申訳ない次第である」

（二兎を追う者は一兎をも得ず）

「三千年来、汚れなき皇土を、敵米英のために焦土とせられるか、或ひは逆に、来襲する敵を撃滅して生還を許さず、文字通り、飛んで火にいる夏の虫たらしめるかは、一にかゝってわが航空兵器の充實如何にある。われ等の責務豈（あに）重しとせぬであらうか。

しかして航空兵器の生産は、その関聯するところ極めて広汎、真に全国力を結集して初めて能くし得るのである。二兎を追う者は一兎をも得ず、戦局は真に重大である。一刻一瞬の偸安（とうあん）をも許さない。

敵は、すでに基盤において王手をかけて来たのである。これをはね除けずして、将来のために計畫し、または施設を行っても、砂上の樓閣に等しいであらう」

（蒙古撃退の範に習え）

「今こそ一億国民、戮力協心、急速かつ劃期的に航空戦力の増強の一点に邁進し、七百年前、われ〳〵の祖先が元の大軍を博多湾の藻屑（もくづ）と化せしめたるごとく、われ〳〵もまた敵米英を見事に殲滅し、もって皇国を泰山の安きにおき、一日も早く征戦の目的を完遂し、聖慮を安んじ奉らねばならない」

航空兵器総局長（官）陸軍中将　遠藤三郎

（情報局編輯『週報』三九一号四―五ページ収録）

この檄文（右記括弧内の小見出しは便宜上筆者が挿入）は戦局の切迫感と物量にめぐまれないわが国のとるべき道がいまや航空決戦一筋にあること、さらにもはや勝利は一億国民の総力と最後は元寇の神頼みにしか救いの道がないと訴えている。しかし蒙古軍を博多湾で撃退した七百年前の故事は歴史的事実ではあったにしても、それは神風によるものでなく、台風という自然現象による敵艦の遭難による偶然の勝利であった。それでも当時、蒙古軍撃退の故事は日本が「神国」である例証としてひろく国民学校の教科書にまで紹介されて、一億国民がこぞってその故事の再来がありうるものと信じていた。遠藤ももちろんその「神話」に最後の拠り所をもとめて、右記の檄文に挿入したのである。だがもはや日本の絶対国防圏に接近する米国の機動部隊は七百年前の蒙古軍ではなかった。米国の機動部隊は台風の目のなかを隠れ蓑にして、堂々と上陸作戦を展開する高度な科学技術を開発し、その近代兵器を装備していたのである。

敵を侮り、日頃から科学技術を軽視する日本軍の体質が最後の段階において、その弱点を露呈したと見るべきだろう。

(2) サイパン島決戦とマリアナ沖大海戦の敗北

一九四四年六月、日米両軍が激突するサイパン島は南西太平洋に位置する常夏の島である。その島は珊瑚礁に囲まれ、そこには原住民とさらに日本本土や沖縄から移住した約二万人の移植者が暮らす平和な熱帯の楽園であった。しかし日米の戦争はその楽園の姿を軍事基地に一変させた。その戦略拠点をめぐる日・米の決戦は、もはや時間との競り合いとなった。

その島に侵攻するアメリカ軍はスプルーアンス提督が総指揮官となり、ミッチャー中将が率いる第五十八機動部隊をサイパン島決戦に投入した。米機動部隊は旗艦空母レキシントンを先頭に大型空母七、小型空母八、戦艦七、巡洋艦十一、駆逐艦六十九隻からなる総計百二隻の艦船と空母搭載戦闘機八百九十一機であった。これに対し、守る日本海軍は六月十三日、豊田連合艦隊司令長官が小沢治三郎中将の率いる第一機動部隊に「あ号」作戦の決行を命令した。この作戦には旗艦の最新鋭空母大鳳以下、空母九、戦艦七、重巡洋艦十一、軽巡洋艦三、駆逐艦三十二、補助艦艇十一からなる総計七十三隻と空母搭載戦闘機四百三十九機を含む連合艦隊の主力を投入した。それでも米機動部隊の方が艦船数と航空機において日本艦隊をしのいでいた。

サイパン島の戦いは島の攻防をめぐる陸上作戦と日米両軍の機動部隊による大海戦が連動していた。米軍の上陸作戦は最初、マリアナ諸島に接近した第五十八機動部隊の空母から飛び立った艦上戦闘機と攻撃機によるサイパン島とその周辺の島々への空爆からはじまった。そしてついに六月十五日早朝、米軍の上陸部隊が島の西部海岸から上陸した。その総兵力は七万一千名で、これに対する日本軍の守備隊は二万八千五百十八名の陸軍部隊と中部太平洋艦隊の海軍部隊一万五千百六十四名（合計四万三千六百八十二名）であった。米軍は海上からの艦砲射撃の援護で有利に立ち、その間に日・米両機動部隊による大海戦が六月十九日と二十日の両日にわたりサイパン島の西南西にあたるマリアナ沖で展開された。

日本の連合艦隊は航続距離にまさるゼロ戦と最新鋭の艦上攻撃機天山と艦上爆撃機彗星など二百六十四機による先制攻撃で作戦の主導権を握ろうとした。しかし米軍はすでにレーダーを活用して、日本の攻撃機の飛行高度とコースを事前に正確に把握していた。その結果、アメリカ軍はグラマンＦ６Ｆ（ヘルキャット）戦闘機を四千二百メートルの上空に待機させ、何段にもかまえたアウト・レンジ戦法で、六百から八百メートル下を飛行する日本の戦闘機に襲いかかった。これに対し艦隊攻撃用の魚雷を搭載した日本の攻撃機はその重量でスピードが制約され、パイロットの未熟さもかさなって、片っ端から打ち落とされ、かろうじてその間隙を脱して、アメリカの機動部隊の上空に達した日本の攻撃機もその大半が米軍の正確な対空砲火で撃墜された。米軍の対空砲火は目標近くに砲弾が接近すると、自動的に炸裂するＶＴ信管（註１）を装備した最新型砲弾で、目標を五十倍にとらえて、その威力を発揮した。

この二日間のマリアナ沖海戦は日・米決戦の天王山であり、日本の連合艦隊は沈没・空母三、中小破・空母四、戦艦一、重巡洋艦一などと戦闘機三百五十九機を失い、米海軍は小破・空母二、戦艦二、重巡洋艦一、撃墜された戦闘機百十七機に過ぎなかった。このマリアナ沖海戦で日本の連合艦隊はその主力空母と艦載機とパイロットの多くを失い、その敗北から二度と立ちあがって米軍に勝利することが不可能になった。勿論、サイパン島の攻防戦も補給をたたれた日本の守備軍が優位に立てるはずはなく、六月二十四日には大本営がサイパン島放棄を決定し、同島の守備隊はその決定を知るよしもなく、七月七日と八日の万歳突撃で玉砕した。さらにサイパン島では、約二万名の日本の民間人が、（その人々の大半は非戦闘員であったにもかかわらず）逃げ場を失い最終段階で集団自決を強要されたり、最北端の断崖やマッピ岬付近の断崖から身投げする悲劇などが発生した。

問題は武装した兵士でもなく、武器ももたない民間人が何ゆえに自決しなければならなかったのか、である。このことは東條参謀総長の「戦陣訓」にいう「生きて虜囚の辱めを受けず」という非人間的な教訓が軍人だけでなく、武器をもたない民間人にも適用されたことを意味する。しかもサイパン島では約八千から一万人の女性を含む非戦闘員が自決した。日本軍はなにゆえ民間人を巻き添えにしたのか。この責任がサイパン島の決戦以後、軍上層部で問題にされていたら、この後、最終的な沖縄決戦における民間人の犠牲を最大限防止できたと思われる。だが残念ながら、日本軍はもとより、当時の日本では民間人の間でも、そのような非人間的な行動に目を向ける人はほとんどいなかった。民間人の集団自決は体裁のよい虐殺であった。だがこの点については、遠藤三郎でさえ、その悲惨さを認識するにはいたらなかった。

このサイパン島での決戦が日増しに暗雲をただよわせてきたころ、遠藤三郎は何を考え、どのような対策を検討していたのだろうか。

(3) サイパン島決戦―「これをもって戦争の終幕とせよ」

米軍の機動部隊艦船から陸軍部隊の兵員が大挙してサイパン島に上陸すると、遠藤日誌にも日本軍の戦闘の不利なる状況が記載される。遠藤の心痛は極限に達し、航空決戦の強行と戦艦を一、二隻同島に擱坐させてでも、上陸部隊を攻撃せよとの意見を後宮参謀次長らに意見具申している。しかし陸・海両軍の上層部とくに海軍は決戦を避ける気配にあり、遠藤のいらいら気分は一層つのるばかりであった。

以下はマリアナ沖海戦からサイパン島の日本軍守備隊玉砕までの遠藤日誌の記録である。遠藤ははやる気分を自制しながら、最終的には天皇の勅命を得て、これをもって最終決戦に持ち込もうという、悲壮なる心構えであったことがわかる。

以下、遠藤の記述をそのまま再現しよう。

一九四四年　六月二十日

昨日来　サイパン沖ニ於テ彼我海軍衝突シアリ戦果必ズシモ芳シカラズ　サイパンノ命運モ心痛ニ不堪…参謀総長及次長ニ陸軍航空ヲ以テ海軍ヲ推進シ　サイパン確保ニ邁進セラルベキヲ具申ス

六月二十一日

サイパンノ喪失ハ帝国々防上忍ビ得ザル所　而モ敵ハ既ニ二ケ師団ノ陸兵ヲ上陸セシメ彼レモ亦大ナル負担トナリ機動部隊ヲ釘付ケセラレアリ　故ニ我ハ之ヲ殲滅スベキ絶好ノ機会ナリ　然ルニ海軍ハ決戦ヲ避ケ連合艦隊ヲ奄美大島ニ終結スト　斯クノ知キハ戦捷ヲ博スル所以ニアラザルヲ思ヒ東條参謀総長次デ後宮参謀次長ヲ訪ネ夫々陸軍航空ヲ注入スルコトニ依リ攻撃ヲ続行スベキ意見ヲ開陳ス

六月二十二日

サイパン方面ノ戦況芳シカラズ　戦艦一、二隻ヲ同島ニ擱坐セシメ上陸部隊ヲ攻撃セシムルノ意見ヲ後宮参謀次長ニ具申スこの日誌が書かれた六月二十日〜二十二日といえば、丁度マリアナ沖海戦で日本の連合艦隊が決定的な敗北を味わった直後で、日本海軍の上層部は呆然自失、なす術知らずという状況にあったときである。しかし遠藤はその敗北の全貌を知らなかったものか、さらにその秋霜をつのらせている。遠藤としてはなおあきらめきれずサイパンこそが日米決戦の天王山・関ヶ原であると位置付けて、もはやことここに至っては天皇に上奏するのほかなしと考えたのであろう。さらに彼はサイパン島の決戦で日本軍が敗北すれば、それでこの戦争を終結すべきという思いにもかられ始めている。サイパン島で我は背水の陣をひいて、米軍と刺し違えても戦い、勝敗を決したい。そのような悲壮な決意で彼は次のような意見を日誌のなかに記入している。

　六月二十五日
サイパン将ニ敵手ニ帰セントス　敵機動部隊ハ同島附近ニ吸収セラレアリ　決戦的消耗戦指導ニ絶好ノ機会タリ真ニサイパンコソ大東亜戦争ノ関ケ原タリ、天王山タリ　然ルニ陸海両統帥部ハ此ノ機会ヲ捕捉スルノ勇断ナク且ツ同島確保ノ熱意ナシ　斯クナル上ハ畏クモ天皇陛下ヨリ同島確保ノ勅命ヲ拝スル以外手段ナキヲ思ヒ朝防衛総司令部ニ立寄リタルモ東久邇宮殿下御不在故参謀総長ニ伝言方ヲ依頼シテ登庁ス…午後杉山元帥ヲ訪ネ陛下ニ上奏方ヲ依頼セシモ　本日午前元帥会議ニ於テ既ニ決定〝ナシ得ル限リ敵ノ同島利用ヲ妨害ス〟ト云フガ如キ消極案ヲ採用セラレタルナリ　已ヌル哉国家ハ敗戦ノ方向ニ進ミツヽアリ、救国ノ英傑ナキヤ

六月二十五日、陸海両統師部はすでにサイパン島の放棄に傾斜したのであろう。これにより当然ながら遠藤が主張したサイパン島の最終決戦構想は実現しなかったことになる。

(4) 遠藤日誌にいよいよ「神兵」出現

サイパン島の攻防を巡る最終段階になると遠藤日誌にもいよいよ「神兵」の文字が登場した。それは元帥会議が同島の放棄に傾斜した翌々日（六月二十七日）であった。この日、遠藤は神風特別攻撃隊の生みの親である海軍の大西瀧治郎中将と面談し、二人の間で神兵の問題が取り交わされた。

この二人の会話について、遠藤はやや興奮を抑えながらこう日誌に記入した。

一九四四年六月二十七日

午前大西（瀧治郎）中将ト国ヲ救フモノハ神兵ノ出現ニアリ　即チ若人等ノ身命ヲ捨テ　敵航空母艦ト（肉弾＝この二字抹消）差シ違ヘルコトニ依リ敵機動部隊ヲ撃滅シ勝利ニ導クノ外ナカルベキヲ語リ居リシニ　遇々午後二時頃館山航空隊司令岡村基春大佐及船木中佐之レニ任センコトヲ申込ミ来ル　嗚呼神兵現ハル　胸迫ルノ思ヒヲナシ自重ヲ望ミ…神崎神社ノ御守及葉巻一箱ヲ餞（別）トシテ武運ヲ祈リ別ル

この記述によれば、この日、遠藤が信頼する海軍の大西中将と二人で救国の英雄の登場に期待し、それが神兵の出現にあり、彼ら若者が身命を捨てて、すなわち敵機動部隊と刺し違え戦法で闘うことがもはや残された唯一の道だと会話したことがわかる。しかしすでに大西中将のもとには、少数の佐官級の軍人から神風特別攻撃隊の編成を主張する声が寄せられていて、この日もそのうちの二人が遠藤と大西の前に姿をみせたということになろう。その人物の名前は館山航空司令の岡村基春大佐と船木中佐であった。しかもこの二人は自らその任務に任じたいと申し出たのである。遠藤はその興奮を抑えきれず、胸が迫りながらも「自重」するよう促したことがわかる。

しかしサイパン攻防を巡る日米の決戦はもはや日本軍の敗色が濃厚であることは本土にいる日本軍にも明らかであった。遠藤は一旦は二人の軍人に自重を促しながらも、やがてはその雰囲気に流されることになる。

六月下旬になると日本陸軍の戦況はサイパンだけでなく、ビルマ戦線でも崩壊する悲報が遠藤のもとに寄せられ、七月七日にはインパール作戦の指導上その責任を問われて、現役を引退させられた柳田中将が遠藤のもとに姿をみせている。こうなればもはや万事休すである。日本の連合艦隊もすでにその主力空母がマリアナ沖海戦で喪失（沈没）するなど、頼りにならない。これからは、何をもって優秀な米機動部隊と決戦するのか？　遠藤は日夜、苦慮を重ねながら、もはや戦闘機を中心とする航空決戦以外に作戦を継続する手立てが残されていない事を自覚した。ことここにいたれば、持論である航空決戦あるのみだ、こう考えた遠藤は七月六日には「サイパン喪失後ニ於ケル戦争指導ニ関スル意見」を書いて、米軍を深く本土へ誘い込み、背水の陣を敷いて敵上陸部隊を人質にとり、周辺に展開する敵機動部隊を一気に航空機で殲滅する作戦を構想した。幸いにもこの作戦は実現するにはいたらなかったが、遠藤流の興味深い戦闘機優先のゲリラ戦法を垣間見せる記述内容ゆえ、ここにその作戦案を紹介しておこう。

「サイパン喪失後ニ於ケル戦争指導ニ関スル意見」

敵ノ機動部隊ヲ求メテ撃滅ス

之レガ為寧ロ我ヨリ進ンデ敵ノ我ガ本土（我ガ航空部隊ノ機ヲ失セズ集中シ得ル彊域全部ヲ意味ス）ニ上陸ヲ誘致ス

敵上陸セバ其ノ附近ヲ焼土ト化シ敵上陸部隊ヲシテ人質タラシメ敵ノ機動部隊ヲ其ノ附近ニ吸収釘着セシメ之レヲ覆滅ス

今ヤ日本ハ背水ノ陣ヲ敷クベキノ秋ナリ　裸一貫剱ヶ峰ニ仁王立チ懐深ク敵ヲ引キ寄セテ一挙ニ覆滅スベキナリ

本土沿岸若クハ近海島嶼等ニ陸兵ヲ以テ防備スルガ如キハ徒ラニ我ガ負担ヲ大ニシ戦力ヲ浪費シ生産ヲ阻害シ而

モ国民ノ志気ヲ振起セシムル所以ニアラズ　極メテ不利ナリ」（七月六日付遠藤日誌）

ここにみる「敵を深く引き寄せ」の戦略は中国の蔣介石や毛沢東が展開した構想で、広い中国大陸の空間を利用して時間を稼ぐという持久戦略の発想である。遠藤は多分その構想を知っていたのか、それを太平洋の広い空間に適用して、小型の戦闘機をいわば集中的に機動作戦に投入し、敵に壊滅的な打撃を与えようとしたものだろう。しかし当時の中国軍には時間を稼いで持久戦を継続すれば、やがて援軍（米英の軍隊）があらわれるという見通しがあった。この点、日本軍には世界中どこにももはや援軍はいない状況であった。頼みとするヒトラーの軍隊も、もはやその敗北は時間の問題であったからである。

遠藤もまた正気に返り、その夢物語からめざめてサイパン喪失後の対策を検討しなければならなかった。

しかもサイパンが陥落したのは、その最中であった。彼は七月八日付日誌に「サイパン遂ニ玉砕セルモノヽ如ク海軍司令官ハ南雲忠一中将ナリ　陸軍ニハ公平少将鈴木大将等同郷ノ友人アリ気ノ毒ニ絶エズ」と悲しみを記入した。そして十六日付の日誌には内閣の一部を改造しても、時局を乗り切れるか否や、世間には次のような声があがっている、と指摘している。

転進又転進　玉砕又玉砕　今亦於サイパン　六千ノ婦女子敵手ニ墜ツ
統帥果シテ適切ナリヤ　陸海果シテ緊密ナリヤ　我不識
戦争指導者ノ威望地ニ堕チツヽアリ

ここに記された転進、玉砕の用語は軍上層部が国民に敗北の事実を知らせないために工夫して編み出した欺瞞用語であった。敗北といわずに転進、つまり軍隊を他の作戦地域に転出させるといって事実をごまかした。そして将兵の肉弾突撃や自決を玉砕といって、その死が美しいものと思わせた。しかし世間にはサイパンで六千人の婦女子が敵の手に落ちたとの噂が流れたらしい。その実態は捕虜になったのでなく、大半が集団自決であったろう。しかし遠藤でさえその実態をついに問題視することはなかった。

(5) 最高戦争指導会議記録にみる対重慶政権工作

しかしサイパン島が米軍の手に落ちると、日本政府の対アジア政策にも方向転換の兆しがみえはじめた。その兆しは最高戦争指導会議のメンバーで外相として重要な役目をもった重光葵が記録した『最高戦争指導会議記録・手記』(伊藤隆・武田知己編、中央公論社新社　二〇〇四年)にも記載されている。

これまで日本政府が不倶戴天の敵と見て戦ってきた重慶の蔣介石政権とソ連との和平工作を模索しはじめたのである。そのはじまりは、一九四四年八月からで、時期的にみてもサイパン島の陥落がいかに日本政府にとっては大きな痛手になったかを物語っている。

すでにサイパン島の陥落で東條内閣は七月十八日に総辞職し、二十二日には新しく小磯内閣が誕生し、小磯新首相がそれまでの最高会議であった大本営政府連絡会議を改組してこの最高戦争指導会議を開設したのである。この会議は宮中で開催され、重要な案件の場合は昭和天皇の親臨を奏請することができ、構成員は、参謀総長梅津美治郎、軍令部総長及川古志郎、内閣総理大臣小磯国昭、外務大臣重光葵、陸軍大臣杉山元、海軍大臣米内光政その他、必要に応じては、他の国務大臣、参謀次長、軍令部次長らも列席した(伊藤隆編前掲書「解説」三七一ページ)。この構成員の顔ぶれをみれば、日本政府の首脳陣が参加する文字通りの最高会議であった。しかし、重慶政権との和平交渉が成功する見込みはほとんどなかった。重慶に対する政治工作は日本側の足並みも揃わず上海で情報を収集しても、「蔣ヲシテ和平ニ応セシムルハ殆ト不可能ニシテ米国ノ軍事勢力ハ支那ニ強力ニ喰込ミ居リ我軍ノ偵察ニ依ルモ例ヘハ南京周辺ノ末稍機関ニ至ル迄米ノ息カカリ居リ」「大東亜戦争ノ峠既ニ見エタル今日重慶トシテハ今更日本トハ一緒ニナレス中国ハ米ニ依リ戦勝シ中国ノミニテモ世界戦争ニ依リ残存シ得ルニ於テハ支那カ東亜ノ盟主トナリ将来日本ヲ率ヒ又ハ妥協スヘキナリ」という情報がもたらされた。この現地報告は中国事情に精通している柴山次官が上海から帰国後、九月十六日に最高会議に持ち帰ったものであった（前掲書、八〇～八一ページ）。

なお対重慶工作については、昭和天皇もこの最高会議で鋭い下問をしている。それは日本の戦争指導者の場当り的な方針変更の矛盾をつく次のような下問であった。

「工作ノ結果汪精衛トノ関係ハ如何ニナルヤ」「蔣（介石）ヲ相手ニセストノ近衛声明トノ関係如何」「重慶工作ヲ行フハ我方ノ弱点ヲ暴露スルモノニアラスヤ又斯カル工作ハ成功スルト考フルヤ」（前掲書、六二～三ページ）この下問の意味は日本の戦争指導層の方針のぐらつきに天皇が鋭くメスをいれたものとみることが出来る。日本をとりまく国際情勢の進行はもはや待ったなしであった。

重光葵外相

註

註1　米軍の秘密兵器VT信管

VT信管のVTとはVariable Timesのこと。極秘に開発された新兵器である。レーダーと同じように電波機能を活用し、高射砲から敵の航空機に向かって打ち上げた砲弾が目標に接近すると、信管にとりつけた起爆装置が反応して、空中で爆発する仕掛けになっていた。

アメリカ軍は真珠湾攻撃を受けてから、一九四二年三月十日、ジョンズ・ホプキンス大学に応用物理学研究所を創設し、科学者を総動員し画期的な真空管の開発に努力し、成功した。この新兵器の実験は一九四二年八月十二日で、ＶＴ信管による対空砲火が非常に高い確率で飛行機に打撃を与えることを実証した。米軍が実戦で最初にこれを使用したのはガダルカナル戦であったが、さらに改良が加えられ、一九四四年六月のマリアナ沖海戦では米機動部隊のほぼ全軍の艦砲射撃の砲弾にこのＶＴ信管が使用され、多数の日本の戦闘機を撃ち落とした。第二次世界大戦中、アメリカはこのＶＴ信管を二二〇〇万個製造した。アメリカはエレクトロニクスの分野でも高度な新兵器を生産し、連合国側の勝利を確実にしたことになる（ＮＨＫ取材班編『電子兵器「カミカゼ」を制す』（角川文庫　一九九五年）一三－一八ページ）。

第四章　台湾沖航空決戦と神風特別攻撃隊の誕生

一九四四年八月を迎えると、東京にいた遠藤三郎の日誌にも大日本帝国の敗色がいよいよ濃厚に映しだされる。大本営はなお太平洋の軍事情報を独占し、戦局の推移についても、それを秘密のベールに隠したまま国民に真相を伝えなかった。しかし日本軍の作戦はアジア太平洋の島々だけでなく、ビルマ戦線においても状況が思わしくなく、どことなく苦戦を強いられている気配が漂っていた。さらに国民の日常生活も一億玉砕のスローガンの下で、日常生活必需品が極端に不足し始め、衣類をはじめ砂糖や米などが欠乏していた。贅沢は一切禁物で、女性がパーマネントをかけて、街中を散策することも、家族づれで温泉に保養にでかけることも、自粛させられた。一般家庭や職場での話題は主として、これからの国民生活がどのような厳しい状況になるのか、さらには太平洋やビルマと中国大陸の前線に動員された兵士たちの安否が気づかわれていた。

さらに四四年八月以降になると、絶対国防圏の重要な拠点であるサイパン島が米軍の手に落ちたのだから、今度は米軍機による日本本土空襲が時間の問題であることを大本営も予測し、大都市の住民には隣組の組織を通じて、防空・消火対策が強制され、住民は街ぐるみでバケツ・リレーの消火訓練や防空壕掘りに駆り出された。自宅の庭に空き地のある家庭では、その空き地のひと隅ににわか造りの防空壕を掘り、空き地のない家では、居間や寝室の畳を上げて、その下に防空壕を掘るように強制された（写真と図：防空壕の作り方参照二四二ページ）。このような状況になると、銃後をまもり、軍需生産に邁進していた国民の目にも銃後と最前線の区別が消え去り、自分たちもいつの間にか、最前

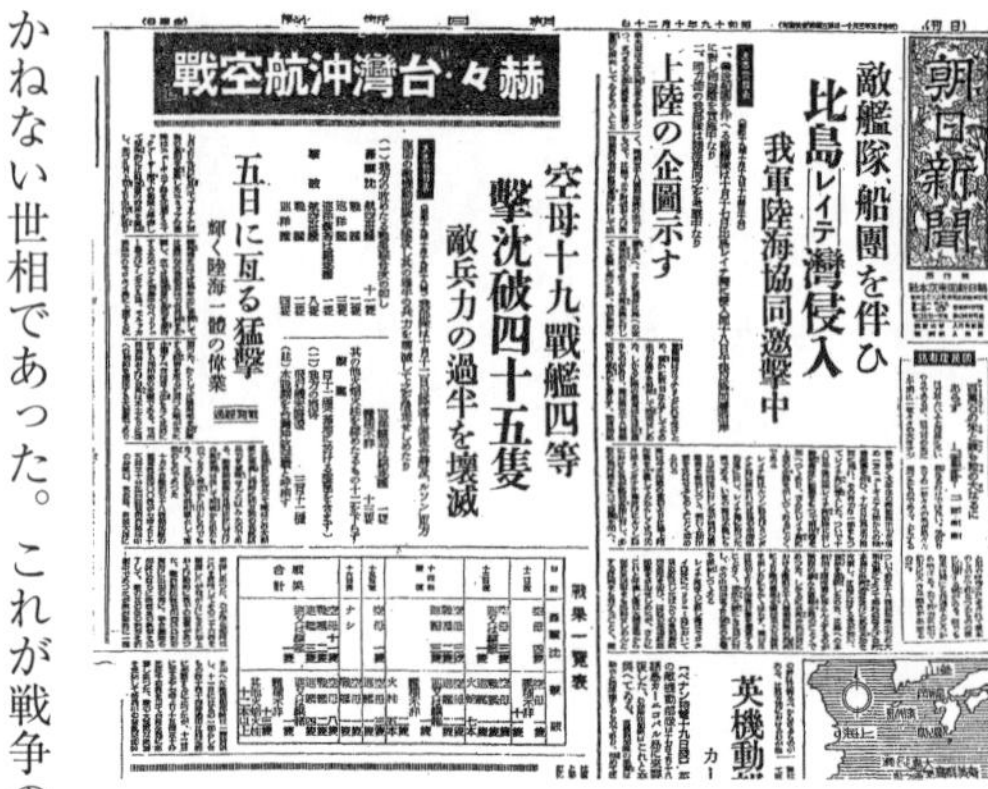
朝日新聞

敵艦隊、船團を伴ひ
比島レイテ灣侵入
我軍陸海協同邀撃中
上陸の企圖示す

赫々・台灣沖航空戰

空母十九、戰艦四等
撃沈破四十五隻
敵兵力の過半を壊滅

五日に亙る猛撃
輝く陸海一體の偉業

戰果一覽表

英機動

全国紙にトップニュースとして報道された台湾沖航空戦の誤報記事（大本営発表によるニュース）

線と同じ危険な立場に置かれていることを自覚するようになった。

しかし国民はこのような初歩的な当面の間に合わせに過ぎない防空壕と消化訓練で、果たして本土に襲来する米軍機の爆撃から、わが生命の安全を維持できるのだろうかと家の中では、家族で本音の会話をする人々もいた。しかし他人に向かってそのような弱音をはくことは禁じられた。まかり間違えば、弱虫だとか、非国民だとかいわれかねない世相であった。これが戦争の最終局面に直面した日本国民の姿であった（筆者の少年期の戦争体験記）

この年の夏には、ヨーロッパの戦線でも、ノルマンディーに上陸した連合軍（主として米英軍の上陸部隊）と南フランスに上陸した連合軍が破竹の勢いで前進し、八月二十五日にはパリに入城した。もはや日本の同盟国であるナチス・ドイツの命運も前途が危ぶまれる状況にあった。

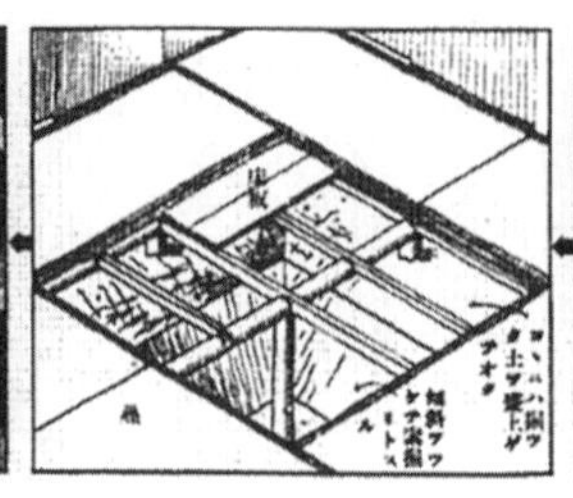

戦時下の日本国民は警防団の指導で自宅の畳をあげ、その床下に一家で身をひそめる地下壕をつくらされ、焼夷弾攻撃の犠牲になった。

（1）ナチス・ドイツの敗北を予測

このころの遠藤日誌を紐解くと、一九四四年八月十九日付では「独逸ノ敗北ハ既ニ日時ノ問題」とあり、ベルリンの陥落をはやくも予測している。さらに八月二十一日には「昨夜半　再度九州ニ敵機来襲スルモ　我ハ之レヲ反撃セザルモノノ如シ」と記入している。この爆撃は中国大陸、とくに成都にあった中国の飛行場から飛び立ったB29爆撃機が北九州の重工業地帯を爆撃したニュースであった。しかし遠藤が「我ハ反撃セザルモノノ如シ」と書いているように、本土防衛の日本軍にはもはや米軍の爆撃機を迎撃するため地上から飛び立つ戦闘機も高射砲弾も不足していて、なす術がなかった。

一九四四年十月を迎えると、南太平洋ではフィリッピン、とくにレイテ島をめぐる日米決戦が開幕した。フィリッピンの西方海上は大日本帝国にとって、南洋からの石油、ゴム、鉄、錫など重要な戦争資材を日本本土に輸送する補給路（シーレーン）であった。その海洋の制空権と制海権を米軍に奪われたら、日本本土の生命線は消滅する。何が何でも、フィリッピンは日本軍が死守せねばならない最後の防衛線であった。それは遠藤が担当する航空機の生産にもあてはまる死活問題であった。

しかしその悲惨な現実を予測するかのように、レイテ島の戦闘がはじまる直前になると、日本国内では航空機生産に不可欠なアルミ、ボーキサイトなど生産資材が不足し始めた。陸軍航空兵器総局長官である遠藤の耳にも、部下から十月二日には「九月ノ飛行機ノ生産頗ル不成績」という報告が舞い込んできた。それに対応するため航空機の生産現場では、なんとか急場を乗り越えようと必死の努力が重ねられ、ともかくも十一月だけは陸海軍を合わせて二、四五七機の航空機を生産した。だがこれを頂点に、翌十二月からは、二四四ページ表Ⅰのように漸次、陸海軍の航空機生産機数が漸減しはじめている。その生産ラインの回復はもはや不可能となった。

こうなれば、遠藤は日本陸軍の軍用航空機生産の最高責任者として、安穏たる気分ではいられなかった。十月四日には、「(昭和)二十年度ノ生産計画ニ関シ研究」している。しかしその翌日には、「中島及川崎ノ発動機生産頗ル不成績」との報告を受けて、「責任極メテ大ナリ如何ニスベキヤ」と心を痛めている。もはやこの段階になると、遠藤が持論とした戦闘機優先論も現実離れした机上の空論となりはじめていた。飛行機の生産態勢の中でも重要なエンジンの生産が不成績では、飛行機の完成品はつくれない。その結果、もはや小型戦闘機優先で闘う戦略そのものが成り立たない戦局に直面していた。それでも大本営は日米決戦の勝利をラジオや新聞で国民に鼓舞する姿勢を改めなかった。

大本営はなお対米航空決戦優先の思想を改めず、南太平洋の島々ではすでに設営された飛行場の他にも新しい飛行場の建設と滑走路の工事が急ピッチで進められた。遅ればせながらも、沖縄本島や周辺の島々に飛行場建設の大号令が出されたのもこのころであった。飛行場建設要員ならば、青紙と赤紙で日本本土や朝鮮半島から作業員や兵員を招集できた。これらの人々が南国の太陽の照りつける作業場で、十分な食料も休息もなく、人海戦術でひたすら航空機の滑走路を建設した。しかし問題はやがて本土から、この滑走路に着陸しはじめた日本の航空機の大半が神風特別航空隊(予科練出身者)の戦闘機や片道燃料しか搭載しない爆撃機となった。

表Ⅰ　陸海軍航空機生産台数の推移

一九四四年四月	二二九六	一九四五年一月	一九四三
五月	二三一四	二月	一二六三
六月	二八五七	三月	一九三五
七月	二四五一	四月	一八一六

八月　二四七七　　　　五月　一六二五
九月　二三七七　　　　六月　一四一五
十月　二二〇一　　　　七月　一〇〇三
十一月　二四五七
十二月　二二〇四

（堀越二郎・奥宮正武共著『零戦』日本出版協同　一九五四年、三九六ページ）

（2）台湾沖―航空決戦の誤報

南太平洋での日米決戦がこうして最終段階を迎えると、大本営の思考は神がかり的でまったく狂ったものになってしまった。それは戦争指導層のみならず、軍隊という強制装置そのものにはびこるアメーバ赤痢のような病原菌のなせる業ではなかったろうか？　最高戦争指導層の秘密主義が軍の組織全体にはびこり、軍の下部組織もまたその秘密のベールのなかで、虚偽情報を流し始めたのである。

その代表例が一九四四年十月の台湾沖航空決戦の戦果を国民に伝えた誤報であった。その虚偽情報は敗戦の気配を感じている国民を一時的に有頂天にさせただけでなく、大本営までがその虚偽情報をまともに信用して、つぎなる作戦を発令する悲劇を発生させた。この不確実情報を見破れなかった点では、遠藤三郎も例外ではなかった。

彼は十月十二日から十五日まで、日本軍の大戦果が大本営発表としてラジオや新聞で報道されるたびに、いささか興奮しながら、そのニュースを日誌に記録している。以下、その数例を紹介しよう。

十月十二日「台湾ニ本日（敵機）千機以上来襲　其ノ百機ヲ撃墜　尚戦闘中トノラジオ放送アリ肉躍ル　健斗ヲ祈ッテ止マズ」

この記述をみると、平常なら遠藤のように冷静で冴えた思考の持ち主でさえ、大戦果のニュースにいささかの疑問も感じていない。台湾に千機以上の敵機が来襲し、そのうち百機を撃墜したのなら、撃墜率が十分の一となるが、まだ戦闘が継続している最中に誰が敏速にその数字を確認し、集約したのであるか？　当時の大本営は常に国民の戦意を高揚させたい願いから、日本軍の大戦果の誤報を流し続けていたので、知らず知らずの間に国民もそれにならされていた。この段階では陸軍航空兵器総局長官兼大本営幕僚の遠藤でさえもそれが誤報であると見破れなかったことになる。

この日の遠藤は南方決戦のために九州に集結した日本海軍のゼロ戦が減速機の「故障続出」の報告を受け、その改善策を協議し、さらに日常の食糧不足を補うため採用された沼狸の皮と肉の試食会に出席して、その畜産計画を有望視している。これは遠藤でさえ、「狸」の肉を試食したことで、狸に化かされて正常な判断を失ったとさえ思いたくなる有様であった。

翌十三日と翌々十四日も大本営からは、さらなる大戦果の報道がラジオと新聞で流された。

十三日「台湾ニテハ陸軍ハ百機　海軍ハ四十機ヲ撃墜　更ニ九州ヨリ機動部隊攻撃ニ昨夜七時出発セル攻撃部隊（計百機）ハ敵艦二隻撃沈　二隻撃破セルヲ知ル」

十四日「十九時帰宅　ラジオ報道ニ依レバ十二日以来台湾方面ノ戦果　撃墜百六十機　撃沈航(ママ)母四隻　其ノ他ノ艦四　撃破数隻　戦果逐次揚ルモノ、如キモ敵ノ攻撃未ダ衰ヘズ」（遠藤日誌）

これでは報道された敵機の撃墜数字が百とか、四十機とかあまりにも揃いすぎて不自然である。しかしこのニュースに接した日本人は軍人も民間人も誰もが疑問に感じなかった。こんな大戦果はしばらくなかったことである。そのために日本全国は（それが虚偽であることを疑うこともなく）てんやわんやの大喝采で、十六日になると遠藤がいる長官執務室に大勢の客人が戦捷祝賀にやってきた。遠藤らもまた局長室で虎の子のようにしまっておいたシャンパンを抜いて祝杯をあげている。前日十五日付の遠藤日誌では、すでに台湾沖の航空決戦の総合戦果（総括）として、その実数をこう記録している。

台湾附近ノ戦果益々挙ル　轟撃沈空母七隻、駆逐艦一隻　撃破航空母艦二隻　戦艦一隻　巡洋艦一隻　艦種不詳十一隻　目下進攻中ナリト　真ニ快哉ヲ叫バザルヲ得ズ(註1)

この台湾沖航空決戦の大戦果は明らかに誤報で、日本軍のパイロットが未熟で、アメリカの機動部隊の艦種やその破壊状況を正確に確認（視認）しえなかったことによる、といわれている。しかし重要な欠陥は前線部隊から電送されてきたその情報を大本営が疑問もなく受け入れたという点にあろう。従来から大本営は戦局の有利・不利にかかわらず、日本軍の戦果を捏造し、虚偽情報を「軍艦マーチ」とともにラジオで全国に放送していたが、その悪習が今度は、わが身に降りかかってきた。つまり今回は大本営が搭乗員の誇大戦果の情報をつかまされ、それを未確認のまま国民に流したのである。そして大本営はその誇大情報をもとにして、東支那海にはアメリカの強力な機動部隊（高速空母艦隊）はもういないと一方的な判断を下して、運命的なレイテ決戦を強行することになる。しかしアメリカの強力な機動部隊はなお南太平洋のフィリッピン沖に健在であった。その機動部隊は台風の目の中にその姿を隠しながら、十月十七日にレイテ湾から上陸作戦を強行した。

(3) 神風特別攻撃隊の出撃

この大戦果を過信して、大本営は捷一号作戦を発令し、残存する空母四隻と戦艦大和、武蔵を含む連合艦隊の総力をその作戦に投入した。こうして残存する日本海軍の機動部隊は、ハルゼーが指揮する強力な米機動部隊と南太平洋上で激突することになった。このとき、日本海軍は瑞鶴・瑞鳳など残存空母四隻を小沢艦隊としてフィリッピン北西方の洋上に派遣した。しかしこの小沢艦隊は、強力なハルゼーの米機動部隊をフィリッピンの北方海上に引きつけるためのいわばおとり艦隊で、このおとり作戦が継続中に、日本の連合艦隊は世界に誇る戦艦大和と武蔵を先頭にする第一遊撃部隊＝栗田艦隊がレイテ湾に突入し、マッカーサーのレイテ上陸部隊とレイテ湾内に停泊中の米輸送船団に砲弾をあびせかける連携作戦であった。しかしおとりの小沢艦隊がハルゼー艦隊を北にひきつけるまではよかったが、勝敗は米軍の艦載機の来襲により小沢の空母部隊がつぎつぎと撃沈され、その間に、主力の栗田艦隊を別ルートから支援するはずの西村艦隊、志摩艦隊も、米海軍の集中攻撃を受けてほぼ壊滅し、主力の栗田艦隊はレイテ湾を指呼の間に望みながらも、総攻撃を中止して反転してしまった。これが日米海軍の海戦史上有名な十月二十四・五日の二日間にわたるフィリッピン沖の大海戦であった。この海戦の結果、日本の連合艦隊は残存する空母四隻と西村、志摩両艦隊の主力艦をすべて失ったのである。こうなれば、どのような機動作戦で強力な米機動部隊に攻撃を続行すればよいのか?

東京の大本営が神風特別攻撃隊の編成を命令したのは、このフィリッピン沖海戦が開幕する直前であった。現地では海軍の大西瀧治郎中将が提唱し、大本営海軍部と連合艦隊の了解のもとに、フィリッピンに展開する海軍航空部隊に特別攻撃隊の編成を命じ、二十日に現地フィリッピンで大和、敷島隊などが編成された。

この部隊が当時、新聞ラジオなどで「新兵器」とよばれた神風特別攻撃隊であった。この攻撃隊の編成は、その名前の通り、生きた人間の操縦する飛行機で爆弾もろとも敵艦に体当たりする「人間爆弾」であった。大本営は日米航空決戦の最終手段として、この悲劇的で非人間的な特攻兵器を開発し、その攻撃を命令したのである。昔から「貧すれば鈍する」という諺があるが、物資の乏しい日本のような国が世界の大国を相手に戦争をすれば、戦争指導層の精神が麻痺し、最終的には軍隊という国家の強制装置のなかで、このような悲劇を発生させたのである。これは自然発生ではなく、国家の強制装置のなかで発生した強要であった。

東京で遠藤三郎がレイテ決戦に出撃した神風特別攻撃隊の戦果を耳にしたのは十月二十五日であった。先にもふれたが、遠藤はサイパン島決戦の段階で、爆装を有する戦闘機の生産を指示していたから、当然ながら今回の成り行きは予測できたはずである。彼は二十五日付の日誌から、特別攻撃隊の勇気と戦果を記入した。

十月二十五日「阿部大将令息　阿部中尉ニコパル附近ニ於テ戦闘機ノ体当リニテ敵空母ヲ撃沈セル報発表セラル真ニ頭ノ下ルヲ覚ユ」

十月二十八日「ラジオ(ママ)ヲ通ジ　特別攻撃隊ノ戦闘状況ヲ聴ク　神鷲現ハル　神国為ニ安泰ナリ」

この状況になると、遠藤ほどの良識と人間味のある将軍でさえ、神国の安泰のためなら、若者が命をささげる姿を容認していたことがわかる。戦争とはこれほどまでに人間の判断力を麻痺させるものなのか？　やがて十一月に入ると、十三日付の日誌で遠藤はこう記入している。

ニュース映画ニ於テ関大尉以下神風隊ノ勇士ニ接ス感激新ナリ　恰モ又又陸海ノ神風隊夫々レーテ湾ニテ偉功ヲ奏ス　但陸軍ガ重爆ヲ以テセル為実行ニ先チ僚機ノ大部敵機ト空戦々死セルハ遺憾ナリ　予ノ意見ニ従ハズ依然トシ

テ重爆偏重ノ夢改メザルカ　陸軍航空ノ為ニ惜ム

遠藤はここでなお自説の重爆撃機による攻撃の無意味さを繰り返しているが、戦局はもはやその段階を通りこしていた。頼みとする連合艦隊は南方の海上からもはや消滅してしまったのだから、後にのこされた手段は地上の基地から飛びたった戦闘機による肉弾攻撃以外方法がなかったのである。

戦後、生き残った参謀たちの間で、神風特別攻撃隊が誕生したプロセスが問題視されたとき、幾人かの元参謀が「神風特別攻撃隊の編成は現地で自然発生したもの」で、あくまでも隊員の自発的な志願であったと弁明する人たちがいた。例えば元連合艦隊参謀長・草鹿龍之介はその著書『連合艦隊』（毎日新聞社　一九五二年、二四五ページ）で次のように語っている。

「（神風特別攻撃隊の誕生）は栗田艦隊や、小沢艦隊の惨憺たる状況が、断片的ではあったが報告が入って、飛行機乗りの若い人たちが黙っていられなくなった。それで、どうせ天候が悪いのだ、特攻でなくてもなかなか生きては還れないのだ。それに練度が落ちているために攻撃の成果が挙がらない。また激化する敵機動部隊の攻撃を受けて味方兵力の損耗が多くなる。これはむしろ特攻でいった方が効果がある、というところから、彼ら（若い隊員）の間に自ら身を捨てて突っ込んでゆこうという気分が持上がり、第一回の関少佐の特攻もこのときに行われた。これは命令ではなくて、前から特別攻撃という空気が温醸されていたところへ、レイテ湾沖海戦でわが水上部隊が丸裸になったのをみて、この気分をより煽る結果になった」。

しかしこの弁明は上から強制したことを隠蔽するような内容で、単なる責任逃れにすぎないものだろう。

これ以後は本土の基地からも特攻隊員となり出撃した若者の総数は二千四百名以上を数える。それだけの若者を死地に追いやるには、上部組織からの有形無形の強制があったことは間違いない。戦後、神風特別攻撃隊の志願については、「最初から選定であり、やがて強要に変わっていった」とみる人と最初は「まず個人の決意」からはじまり「行動がおこされると」「それがヒキガネとなり」「制度として特攻」が誕生したという見方があらわれた。前者は古典的な名著『レイテ戦記』（中央公論社　一九七一年）の著者・大岡昇平の意見で、後者は特攻の思想の源流を追求するため『特攻の思想：大西瀧治郎伝』（文藝春秋　一九七二年）を書いた草柳大蔵の意見である。大岡昇平はさらに、一・八トンを爆装し、ロケット推進装置による特攻兵器「桜花」が十月には量産に入っていたことで、大西中将の決意以前に「中央で決定した方針を実施した」もの（『レイテ戦記』一六八－一六九ページ）とも指摘している。戦死を名誉な死に方だと教育し、戦死すれば靖国神社に「軍神」として祭られるという非科学的思想教育が徹底化された時代背景から見て、当然最初は若き隊員の志願もあったであろう。だが、やがてそれがヒキガネとなり、有形無形の圧力が軍隊という密室の強制組織のなかで加えられると、組織のなかにいる個人は「ノー」とはいえなくなる。もしもいやだと返答すれば、弱虫のレッテルをはられて、その組織では村八分になったであろう。特攻隊員の出撃までの訓練中、上官から受けたしごきもきびしかったという。人間性を無視した精神教育万能の軍隊生活の中で、若き隊員が上司から「きさまは、特攻隊員に選定されたのだ。名誉なことだ」といわれれば、もはやそれを拒否することはできなかった。戦争中の日本の軍隊とは、そのようなものだった。若き兵員には、自発的に生きる自由も許されなかった。敵の捕虜になる自由さえ認められなかった。残された選択の道は自己犠牲による戦死以外なかったのである。

レイテ湾の敵艦隊に向かってまず海軍の特攻隊が次々と体当たり攻撃を敢行し、その後、十一月十三日からは陸軍の特攻・富嶽隊が参加、内地では十月二日に万朶隊が結成された。その間、東京にいた日本の将軍たちは明治神宮や靖国神社に正式参拝し、米英撃滅の戦勝祈願に明け暮れていた。遠藤三郎も例外ではなかった。遠藤日誌には、十一月三日「航空神社例祭ニ合祀ニ列」して「玉串料百円ヲ供フ」とある。ともかくも大日本帝国の崩壊を目前にして、天佑神助を祈る。これが「神国日本」の将軍たちの断末魔の姿であった。

しかし特攻隊員として出撃した若者たちの精神は純粋無垢であった。彼等は祖国の安泰と悠久の安寧を信じて突撃したのである。その心に一点の曇りもなかった。

遠藤も特攻精神に感動した。彼はマニラの神風特攻隊司令官木田大佐から、特攻攻撃に出撃する艦爆三機の搭乗員合計三十名が出撃直前にすべての貯金を祖国のために献金した、という情報を受け取った。それには木田大佐から遠藤長官宛一通の書簡が添えられていて、神風隊員の心情が記入されていた。若き特攻隊員は「自分等ハ（愛機もろとも）突込ムノデスカラ、電信機トカ、其ノ他、装備品ハ、外シテ行キマショウカ、銃後ガ、少シデモ楽ニナル様ニ」と記している（一九四四年十一月三日付　遠藤三郎宛書簡）。

出撃する若い隊員から、この申し出を聞かされた現地の木田大佐はしばし言葉につまり、「否　銃後ハ、オ前達ガ、一緒ニ持ツテ行ツテ呉レル兵器ナラ、徹夜ガ、イク日ツイテモ、生産スルデアラウ」「之モ神風デアル」といって納得させたという（同上）。

この話に涙した遠藤は手紙と一緒に送られてきた献金で特攻の「神風」鉢巻をつくり、それを航空機生産現場で働く人々に配布した。そのとき、遠藤が生産現場の人々に伝えた檄文が遠藤日誌に挟み込まれている。それには特攻隊員の忠烈無比なる心情を以下のように記している。

「神風ヲ贈ルニ当リテ」

「神風特別攻撃隊、忠勇、義烈、誠忠ノ搭乗員三十名其ノ必死必中体当リノ壮図ニ出撃セントスルヤ其ノ所持セル有金全部ノ献金ヲ申出ズ　同隊司令木田大佐感激ヲ以テ之ヲ受領シ艦隊副官ノ手ヲ経テ現金ノ儘本職宛送附シ来ル之レ若キ神鷲等ガ最後ノ門出ニ今生ニ持テル一切ヲ君国ニ捧ゲ尽サムトセルモノナリ　而モ尚更ニ銃後生産陣ノ労苦ヲ偲ビ其ノ負担ヲ軽減セントシテ必中自爆ニ要ナキ装備兵器サヘ之ヲ愛機ヨリ取外サンコトヲ申出デタリト聞ク神ノ心境、之ヲ聴キ之ヲ想フテ泣カザルモノアリヤ、崇高無比純忠至誠ノ神風精神、之ヲ銃後ニ傳ヘ之ヲ生産陣ニ徹セシメンガ為メ神鷲ノ志ヲ織込タルモノ即チ此一筋ノ手拭ナリ今ヤ神鷲南溟ニ散華シテ又還ラズ庶幾クバ此ノ手拭ヲ通シテ萬世ニ燦タル殉国ノ大精神ニ觸レ且幽明処ヲ異ニセントスル必中ノ一刹ニ於ケル心境ヲ肝ニ命ゼシコトヲ（以下省略）」

昭和十九年十二月八日
軍需省航空兵器総局長官遠藤三郎

この檄文中、神鷲の生命を「君国ニ捧ゲ」つくすと言う一句があるが、この言葉こそこの戦争の大義名分を記した殺し文句であった。つまりこの大戦争は君国日本＝天皇制をアジア諸国に広める戦いであったが、それが断末魔を迎えた段階で、特攻隊員の行動を「萬世ニ燦タル殉国ノ大精神」と賛美する文言となったのである。日常、冷静な軍人・遠藤にして然りである。この一文を読めば、彼もまた同じ仲間の軍人であったことになる。しかし遠藤一人を責めうるであろうか。この段階では、大日本全体が国をあげて君国日本の安泰、すなわち純粋の万世一系の国体を米国側に保障させるため、ともかくもフィリッピンの戦いで一勝したい。その思いから神風特別攻撃が命令されたのである。

純粋無垢の若者の命を奪ったのは、人間性無視のこのような観念を教育した日本の支配者たちの責任であった。敵艦に突入する寸前、一人の特攻隊パイロットが「日本海軍ノ馬鹿ヤロウ」と最後の打電をしてきたものがあったという。これが人間の声というものである。

人間の存在を否定した軍隊は神に捧げられた奴隷の集団でしかなかったことになる。米軍に対する「一勝和平」、それはもはや天皇制を存続させる唯一の延命策であった。その戦いのため、陸海軍の特攻機は毎日、地上の基地から出撃した。その行動は「上一人」に殉ずる姿であった。

註

註1　台湾沖・航空決戦の真相

一九四四年十月十二日―十五日に到る台湾沖航空戦については、戦後、服部卓四郎（元大本営陸軍部作戦課長）が著した『大東亜戦争全史』（原書房　一九六五年）の中でさえ、戦時下の大本営海軍部が公式発表した戦果をこう記録している。「我部隊は十月十二日以降連夜、台湾及ルソン東方海面の敵機動部隊を猛攻し、その過半の兵力を壊滅して、これを潰走せしめたり。

一　我方の収めたる戦果綜合次の如し

撃沈　空母十一、戦艦二、巡洋艦若しくは駆逐艦一

撃破　空母八、戦艦二、巡洋艦若しくは駆逐艦一、艦種不詳十三

その他火焔、火柱を認めたるもの十二を下らず。

この戦果発表は、戦争の前途に少なからざる不安を抱いていた国民を狂喜させた。連合艦隊には勅語を賜った。東京に、大阪に、国民大会が開かれ、小磯首相は席上、〝勝利はわが頭上に〟と大呼した」（服部前掲書、六九六ページ）と記している。

しかし戦後、服部は同書でこうも述べている。

連合艦隊及び大本営海軍部は、「台湾沖航空戦の戦果について大なる疑問を持ち連合艦隊司令部は直ちに戦果調査のためT攻撃部隊の参謀田中少佐を日吉の司令部に招致し、……田中少佐の携行した戦果報告資料を検討させた。この際、連合艦隊情報参謀中島中佐の意見をも徴したのであるが、検討の結果は、いくら有利にみても、航空母艦四隻を撃破した程度で、爾後の通信を参酌しても撃沈したものは先ずあるまいとの結論に到達した。

従って連合艦隊としては敵の空母は確実に十隻は健在するという判断のもとに爾後の作戦にあたったのであり、大本営海軍部も全くこれに同意であった。しかるに如何なる理由によるものか、十六日以後発見された敵の空母に関する諸情報及び戦果調査の結果は大本営陸軍部に対しては通報されなかった。この事実は……大本営陸軍部の爾後の作戦（レイテ決戦）指導に大なる影響を及ぼしたのであった」（服部前掲書、六九七ページ）

ここで服部は、正直に前線の指揮官と大本営との情報伝達が正確になされなかったことを認めている。さらに服部は「戦

後の調査による実際の敵の損害は巡洋艦二隻が大破しただけで空母には損害はなかった」と記述している（服部前掲書、六九七ページ）

戦争の最終段階を迎えた日本軍の内部は、戦果確認情報一つにしても、正確にはなにも伝わらなかったということであろう。国民をだまし続けた軍上層部は最後に自分もだまされたことになる。

第五章　ヤルタの米ソ秘密協定から硫黄島・沖縄決戦へ

(1) ヤルタの米ソ秘密協定

一九四五年の一月初頭から八月初夏にかけて、大日本帝国は運命的な破局に直面していた。そのことは、もはや誰の目にも明らかであった。この年、南太平洋の戦場では、新年を迎えると日米の決戦場がレイテ島からルソン島に移行し、フィリッピンの首都であるマニラの陥落も、もはや時間の問題だと予感された。マッカーサー将軍が指揮する米軍がルソン島のリンガエン湾に上陸したのは同四五年の一月九日で、これに対し日本軍はかってはマレーのトラと恐れられた山下奉文大将が持久戦法でルソンの山岳地帯に立てこもる作戦を展開した。しかしその山下でさえ、もはやマレーのトラの威厳は見られなかった。このとき山下は日本海軍上層部のマニラ市街決戦案を中止させることができず、フィリッピンの日本の陸海軍は分裂し、マニラ市街戦を決行した約二万のマニラ海軍防衛部隊も約一カ月にわたる必死の市街戦ののち、三月三日に玉砕した。この間、強力な米軍の機動部隊は、さらにサイパン島から日本列島の中間に位置する硫黄島にも上陸してきた（二月十九日）しかし一九四五年は世界の情勢が、その戦後を視野に入れて、大きく地殻変動を起こしはじめていた。

その流れの変化は一九四五年二月四日の日曜日から二月十一日（日曜日）まで、ヤルタで開催された世界の強国、米英ソ三国首脳の出席する「ヤルタ会談」で確定した。その会議では、戦後の世界情勢が議題になり、参加国の相互の矛盾を調整しながら、最終日にヤルタ協定が締結されて、連合国側の方向が決定した。その会談の主役はアメリカ大統領のルーズヴェルトで、ソ連首相のスターリンもまた、もう一人の主役となり、アジア太平洋戦争の日本の命運はこの席でのルーズヴェルトの譲歩とスターリンの強気の話し合いで決着したとみることもできよう。すでにアメリカはケベック会談でも、ソ連の対日参戦を要請していたことは、先にもふれたが、このヤルタ会談では、それが確実なものになったのである。スターリンは当初、ソ連軍が対日参戦するには、それをソ連国民に納得させる理由に乏しいと難色をしめしたけれど、スターリンは「もし自分の要求どおりの政治的条件が容れられるなら、最高会議と国民に対して」、その理由を説明するのは、「困難ではない」と回答したのである（ロバート・シャーウッド著、村上光彦訳『ルーズヴェルトとホプキンズ』Ⅱ　みすず書房　一九五七年、四一一ページ）。このヤルタ会談では、イギリスのチャーチルがなお時代遅れの植民地支配をアジアに復活させると主張するなど、それを認めないルーズヴェルトと対決したが、会議の後半の議題はソビエトが太平洋作戦で、対日戦争に参加することが中心になった。ソ連の対日参戦については、アメリカ側の要請からはじまった。

その最初の呼びかけは一九四一年十二月八日の日本海軍による真珠湾奇襲攻撃直後、ルーズヴェルト大統領とハル国務長官が駐米ソ連大使のマキシム・リトヴィノフにソビエト参戦の打診をしたことに端を発し、中国の蔣介石国民政府主席からも、同じ日に同様の提案がなされていた。その後はテヘラン会談でも、ルーズヴェルトとチャーチルにより、同じ提案が繰り返されたが、テヘランではなおスターリンから提案された大連への関心と南満洲鉄道のソ連への返還が付帯条件となっていた。その後スターリンは一九四四年六月には、ソ連領土に外国軍の使用を容認し、W・アベレル・ハリマンに向かって、最終的には日本を攻撃する空軍の飛行場として、ウラジオストックとソビエツカヤの一帯に十二ヵ所の飛行場の建設を認め、その内、合衆国には六～七ヵ所の対日重爆撃機の基地使用を認める、と提言した（John L. Snell, Charles F. Degell, George F. Lesen, Forrest C. Pogue, eds., *The Meaning of Yalta: Big Three Diplomacy*

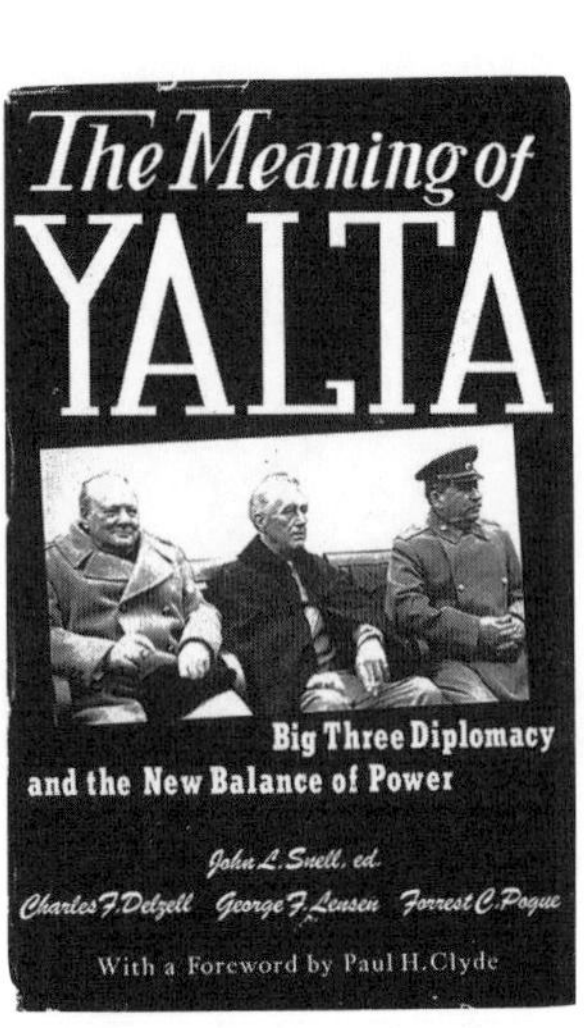

ソ連の参戦と戦後の国際政治を展望した著作。

and the New Balance of Power, Boston: Louisiana State University Press, 1956, pp. 134-135)。一九四五年二月のヤルタ会談はこのような事前調整の結果、二月十一日に最終的に次のような「ソ連の対日参戦に関する協定」（ヤルタ秘密協定）を締結した。この協定の内容は次の三ヶ条である―

「三大国――ソビエト連邦、アメリカ合衆国ならびにイギリス――の首脳は、ドイツが降伏し、かつヨーロッパにおける戦争が終結して二、三ヵ月後、ソビエト連邦が次の条件によって連合国側にくみし、日本に対する戦争に参加することについて合意した。

1、外蒙古（モンゴル人民共和国）の現状は維持される。

2、一九〇四年に日本の背信的攻撃によって侵害されたロシアの旧権利は回復される。すなわち、

（A）サハリン（樺太）南部およびこれに隣接するすべての島々はソビエト連邦に変還される。

（B）大連商業港は国際化され、同港におけるソビエト連邦の優先的利益は保護され、またソビエト連邦の海軍基地としての旅順港（ポート・アーサー）の租借権は回復される。

（C）東支鉄道および大連への出口を供与する南満洲鉄道は、中ソ合弁会社の設立により共同に運営される。ただしソビエト連邦の優先的利益は保護され、また中国は満洲における完全な主権を有する。

3、千島列島はソビエト連邦に引き渡される。

外蒙古および前記の港湾と鉄道に関する協定は、蒋介石総統の同意を要するものとする。大統領は、スタ

ーリン元帥からの通告により、右の同意を得るための措置をとる。

三大国の首脳は、ソビエト連邦の右の諸要求は、日本が敗北した後に確実に実行されることについて合意した。

ソビエト連邦側は、中国を日本の軛から解放するために軍隊によって支援すべく、ソ連と中国との友好同盟条約を中華民国政府と締結する用意があることを表明する。

一九四五年二月十一日

ヨシフ・V・スターリン
フランクリン・D・ルーズヴェルト
ウィンストン・S・チャーチル」

（アルチュール・コント著、山口俊章訳『ヤルタ会談　世界の分割』サイマル出版会　一九八六年、三八七―三八八ページ）

しかしこの協定は、ルーズヴェルト大統領にとっては、大きな譲歩をスターリンに約束したことになる。この点については、アメリカの有名なピューリッツアー賞受賞作家バーバラ・W・タックマン女史がその代表作『失敗したアメリカの中国政策』で指摘したように、ワシントン政府の対中国政策に、その主要な原因があったのである。当時、ルーズヴェルトは何故にヤルタで、スターリンに大きな譲歩をせざるをえなかったのか？　タックマンはそれに答えて、ルーズヴェルトがヤルタで譲歩したのは、アメリカ人の生命を考えてのことであっても、「もしも当時の中国軍（国民党軍）が積極的に中国大陸で軍事的役割をはたしていたら、ソ連を対日戦争に巻きいれる必要はなかったし、もしもスティルウェルの九十個師団の威力ある戦闘部隊計画が完成していたら、ヤルタの譲歩はなかったかもしれない」と指摘した（Barbara W. Tuchman, *Stilwell and the American Exprience in China 1911–45*, New York: The Macmillan

Company, 1971, p. 516)。この指摘は、国際政治情勢に詳しいバーバラ・タックマン女史の鋭い分析によるものであった。その理由について、タックマンは次のように説明している。

一九四五年二月のヤルタ協定は、中国は（軍事的に）無理なので、ソ連を対日参戦に引き出すためのお買得価格の取引だった。ポーランド問題を別として、スターリンに向けた譲歩には、大連及び東支鉄道に対する旧帝政ロシアの権利のソ連への回復があり、これとセットになって、ソ連は中国の満洲に対する『完全主権』を認め、承認された中国政府の首班として蔣介石と友好同盟条約を締結する用意があることになっていた。ヤルタが将来の紛争の赤旗［危険信号＝a red flag］となったのは、こういった対ソ譲歩ではなく、ソ連を再び満洲に招き入れたことである（Tuchman, op. cit., p. 515)。

これは軍事的に中国が真空地帯になっていたことも、その原因になっていた。それは満洲に駐兵している関東軍がその軍事的な真空に便乗して、満洲に新しい日本国をつくる可能性もあったからであろう。「それを防止するために、アメリカ政府は関東軍を打ち破ることができる強力なソ連軍の地上部隊が必要であった」とタックマンは力説した（Ibid.)。こうなると、ルーズヴェルト大統領のスターリンに対する譲歩は背に腹替えられない最終的な判断であったということになろう。しかしスターリンに対する領土的な譲歩はルーズヴェルト大統領一人の責任ではなかった。すでに一九四四年十月に、米国のハル国務長官がモスクワのクレムリン（キャサリーヌ大ホール）でスターリンやリトヴィノフと会見したとき、日本が旧帝政ロシア時代に取得した南樺太とその周辺の島々のソ連への返還は米国政府の了解事項としていたからである。第二次大戦後の米ソ提携の道はすでにヤルタ以前に開かれていたのである。それにしてもこの時期の中国国民党政府の腐敗は、その軍事的な力量にも影を投げかけていたことになる。当時、国民党軍の軍事顧問役として、ルーズヴェルト大統領は一九四二年一月以来、スティルウェル将軍を中国に派遣していたが、蔣介石は優秀なスティルウェルの軍事的な助言を採用しなかった。その意味では、蔣介石とスティルウェルの確執と不仲が、当時の国際政治に大きな影響を与え、結局はスターリンに漁夫の利を与えたことになる。蔣介石はアメリカ政府からの軍事援助で懐をこやす利権を手にした高級軍人や政治家の仲間で、スティルウェル将軍の国民党軍改革案を無視し、ことあるごとにこの二人の軍事指導者は対立していた。スティルウェルは皮肉屋で、その日記[註2]には、国民党の上層部の体質はお金、お金で、米国からの貸与武器の管理に専念する蔣介石を「ピーナット」と呼んでいる。一九四四年の秋（十月）スティルウェルはその英文日記に国民党軍の弱体化した実情を次のように記している。

中国軍

一九四四年には、文書のうえでは、中国陸軍は三二四師団、六〇いくつかの旅団と八九のいわゆるゲリラ部隊がそれぞれ約二、〇〇〇名編成されていた。……ところが実状はこうである。

一、一個師団の平均兵力は、一〇、〇〇〇ではなく、五、〇〇〇以下である

バーバラ・タックマン女史著。タックマンはスティルウェルを名将として高く評価した。

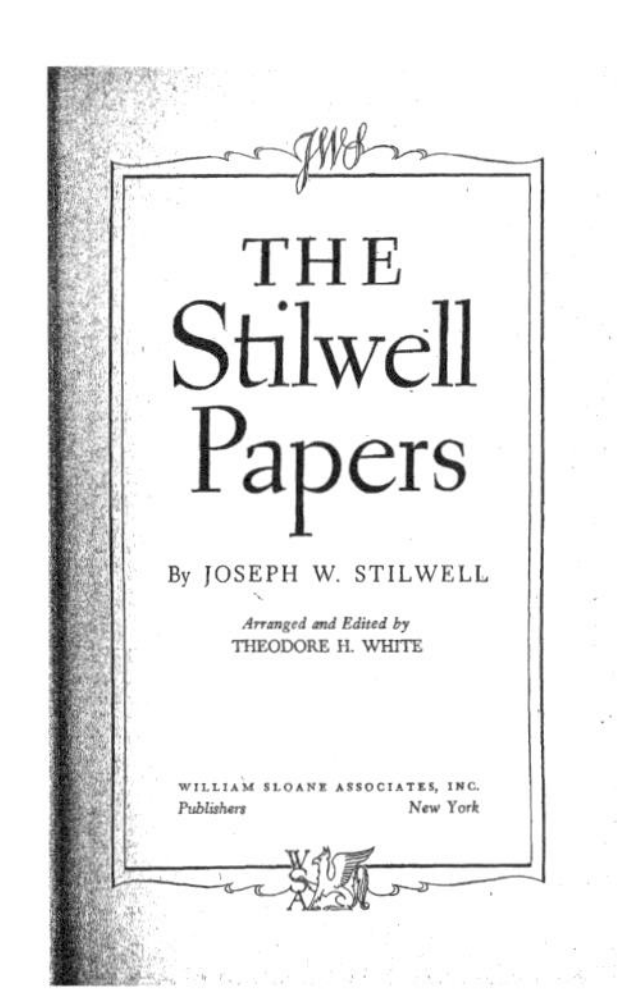

スティルウェル将軍が蔣介石との確執を記録した日記、スティルウェルが米国にいる夫人に見せるため書かれたもの。

二、部隊は給与と給養を支給されておらず、疾病と栄養失調で消耗している
三、装備は旧式で、不適当で、役に立たない
四、訓練が実在しない
五、将校が政府職員である
六、砲兵、輸送、医療設備、などなどがない
七、徴兵は屑である
八、商売が主業である。それ以外にどうやって生きてゆくのか。
このような軍隊をどのようにして実戦向きに育てるのか？（筆者訳）

スティルウェルの英文日記にみる中国国民党軍のこの実情も、ルーズヴェルト大統領にヤルタの妥協を余儀なくさせた要因になったものと思われる（Theodore H. White, ed., *The Stilwell Papers*, New York: William Sloane Associates, 1948, p. 316）。

（2）硫黄島の玉砕と東京大空襲

一九四五年二月、米英ソ三国の首脳が、ヤルタでついにソ連の対日参戦で協議が一致したころ、極東アジアでは、アメリカ海軍の機動部隊が硫黄島に押し寄せてきた。

硫黄島は東京から約一、二五〇キロの西南太平洋上に浮かぶ小島であるが、米軍が日本本土を爆撃するためには、サイパン島と日本本土の中継基地として、この島にB29の着陸できる飛行場を建設する必要があった。太平洋を巡る日米決戦は、こうして最終的な段階を迎えようとしていた。

この米機動部隊を迎え撃つ日本軍は、硫黄島に配備された小笠原兵団長・栗林忠道中将が指揮する約二万三千名の陸海軍守備隊であった。日本の陸海軍はこの島には強固な坑道陣地を掘り進め、この島の洞窟を拠点に持久戦によって、上陸する米軍に出血を強要する戦術を展開したのである。これに対する米軍は総指揮官リッチモンド・ターナー中将と上陸軍総指揮官ホーランド・スミス中将の指揮のもと、二月十六日から三日間にわたる艦砲射撃を日本軍陣地にあびせかけ、十九日から上陸作戦を展開した。この作戦は当初、栗林中将の予測の通り米機動部隊から上陸した海兵隊の前進を大幅に遅らせ、米軍将兵にも上陸地点で多大の損害をもたらしたが、二月二十三日には、元山第二飛行場も米軍に奪取され、主陣地での寸土を争う必死の争奪戦でも、日本軍が敗北した。その結果、日本軍は巨大な物量を誇る米軍を圧倒することはできなかった。

三月十七日、硫黄島では栗林中将が最後の総攻撃を敢行する直前に、祖国にお別れの電文を大本営に打電し、その日も生き残りの日本の守備隊は全員が決死の覚悟で奮戦した。しかし米軍の機動力には対応できず、ついに玉砕した。日本軍の戦死者は一万九千九百名、戦傷一千三十三名、合計二万九百三十三名、これに対し米軍の損害も甚大で、戦死六千八百二十一、戦傷二万一千八百六十五、合計二万八千六百八十六名にのぼった。

硫黄島の陥落で米軍に飛行場を占拠されたら、日本本土の制空権は米軍によって完全に掌握されることになる。その結果、日本本土の住民はもはや空から来襲する敵に匕首を突き付けられた形になった。

東京で硫黄島の戦況を見守る遠藤三郎も、日本軍玉砕の悲報には愕然とする思いであった。

彼は三月二十一日、その日誌に次のように記入した。「硫黄島去ル十七日栗林中将自ラ陣頭ニ立チ総攻撃ヲ敢行玉砕セルヲ報ズ　嗚呼皇土ノ一角遂ニ敵ニ占領セラル　元冦以来曾テナキコトナリ　報道ヲ聴キツヽ涙禁ジ得ザルモノアリ　夕食モ喉ヲ通ラズ」。

栗林中将の総攻撃失敗の報道に夕食も喉に通らない遠藤はしばし茫然自失の有様であった。遠藤とは面識のある栗林中将は総攻撃の直前に、中央部に遺書ともなるべき以下のようなお詫びの一文を打電した。

（前文省略）今や弾丸尽き水涸れ戦ひ残れるもの全員いよいよ最後の敢行を行はんとするに方り熟々皇恩の忝（かたじけ）なさを思ひ粉骨砕身亦悔ゆる所あらず。茲に将兵一同と共に謹んで聖寿の万歳を奉唱しつつ永に御別れ申上ぐ、終りに左記駄作御照覧に供す

国のため重きつとめを果たし得で矢弾つき果て散るぞ口惜し　仇討たで野辺には朽ちじわれは又七度び生れて矛を執らむぞ（以下省略）

この決別の一文は玉砕直後に本土の新聞に掲載され、全国民もまた涙したものだが、遠藤もその新聞の切抜きを日誌に挿入している。この状況になると、日本の各都市が危険となる。

その危機感は大空襲の予感として、日本国民すべての脳裏に押し寄せてきた。米軍機はいつどこにくるのか？　ついにその予感は三月十日夜半の東京大空襲となり、大都市の住宅地に赤赤と燃える火の手が迫り、無差別爆撃の恐ろしさを実感させた。

この日は一九四五年三月十日で、陸軍記念日であったが、東京の上空には、B29の大編隊が飛来した。米軍機の爆撃は焼夷弾を用いた低空爆撃戦法による大規模な無差別爆撃であった。東京都の下町一帯は瞬く間に火の海となり、寝込みを襲われた一般市民はただ手荷物を背負って火の輪のなかを逃げ惑うばかりであった。被災者の大部分は、この夜の一家団欒がこの世での最後の別れになったのである。この無差別爆撃による被害は焼失戸数二十五万九千十一戸、死者八万三千七十名、重軽傷十一万三千六十三名、罹災者八十八万九千二百十三名に達した。小磯国昭首相はそ

の責任を自覚し「聖慮を安んじ奉らん」と題する首相謹話を新聞に発表した（『東京朝日新聞』一九四五年三月一九日付）。その内容は国民を民草とみる文言で、「天皇陛下におかせられましては過般来敵の空襲により罹災に罹りし民草の身上を御軫念あらせられ、今朝九時御出門、一時間余にわたり帝都災害地を」行幸されたことに対する感謝を述べ、「我々臣民はこの空襲災害を試練とし愈々闘魂を振起し軍官民一体となり、防衛の完きを期すると共に」「聖戦目的の完遂に邁進し以て聖慮を安んじ奉らねばな」らない、と結んでいる。住む家を焼かれ、親兄弟姉妹とも離別を余儀なくされた日本国民に時の首相はこのようなことばで、激励したのである。

この文言には罹災した都民に対する同情や憐憫の情はなく、ただ天皇に対する謝罪の気持ちをあらわしたものといえよう。

しかし三月十日の米軍の爆撃は日本陸海軍にはもはや大都市防衛能力など皆無であることを天下に曝け出すものであった。この日、遠藤三郎はその日誌に、臨場感あふれる状況を次のように記録している。「昨夜十時半頃　警戒警報アリ間モナクモ房総半島方面ヨリ続々Ｂ29来ル低空ヲ飛来シ高射砲、機関銃頻リナリ　就床シアリシモ桐野大佐、大橋少佐、長島少佐等相継イデ来室　火災甚シキ旨報告アリ　午前二時起床　屋上ニ出デシニ北方ヲ除ク三面火ノ海ニ包マレアリ　近ク司法省等モ燃エアリ　東京大震災ノ当時ヲ偲バル　風極メテ強ク消火ノ見込ミサヘツカヌ程ナリ

噫　天佑我レニナキカ　罹災者ニ対シ同情ニ不堪」。

ここで遠藤は天佑我にあらず、とついにあきらめ、多くの罹災者に同情の気持ちを表している。しかし戦争指導者である小磯首相や軍上層部はまだ国民の戦闘意欲をあおりたて徹底抗戦の呼びかけを継続していた。何を根拠に、そのような檄文が発せられたのか？

硫黄島を占領し、東京を焼け野原にした米軍は、これからいよいよ沖縄上陸作戦を敢行することになる。

（3）戦略の欠陥―それを露出した沖縄決戦

米軍の沖縄上陸を間近かに控え、沖縄を守備する第三十二軍は飛行場の拡張と整備のほか、この島でも洞穴陣地の設営など着々と航空決戦と地上における持久作戦の準備を整えていた。

これらの工事に必要な人員は本土や朝鮮から軍属や人夫を動員し、連日休日のない突貫工事が前年から続けられていた。その重労働には多数の現地沖縄の住民も駆り出された。彼等は十分な食料も配給されず、サツマイモで空腹を満たしながら、つるはしとモッコを担いで上陸する米軍殲滅を期待しながら、軍命令に従った。飛行場の建設はまるで奴隷のような強制労働だった。(註3)

だが東京の大本営は米軍の上陸作戦がまず中国大陸に近い台湾であるとする予測も捨て切れず、事前に沖縄に駐兵した陸軍の一個師団・第九師団を台湾へ差し向けるなど、沖縄防衛態勢に空洞を作り出した。それは大本営が事前に敵情を正確に把握する情報収集能力にも欠けていたからで、もはや大本営には作戦計画を立案するための事前の情報判断にも余力がなかったことになろう。

しかし米軍はその隙をついて世界最強の攻撃力を誇示する高速空母部隊をまず沖縄作戦に投入した。その第一陣は空母十二隻、戦艦八隻、巡洋艦十六隻、駆逐艦六十四隻の堂々たる陣容であった。この時、日本の連合艦隊には、一隻の空母もなかった。ミッチャー提督が率いる米軍の機動部隊は、沖縄上陸作戦の前提として、まず九州、四国および瀬戸内海の日本の戦力源を粉砕して、沖縄への出動を封冊する戦法を採用した。

これに対し、日本軍は年頭に「決号」および「天号」作戦計画を作成し、航空決戦を主軸にしながらも、敵の機動部隊が来襲しても、直ちにそれに刃向かうことを避け、アメリカの機動部隊が輸送船を伴う場合に限り、全力出動して総攻撃を実施する方針を確定した。これはレイテ作戦の反省の上に立案されたもので、米軍が来るごとに逐次出動して、残存兵力を使い果たす危険を避けようという狙いであった。

すでに沖縄の戦力配備については、前年、沖縄防衛を担当する日本軍＝第三十二軍の陣容が次のように定められていた。

第九師団（原守中将指揮）＝この師団はかねて北満の国境付近に布陣していた関東軍の精鋭。

第二十四師団（雨宮巽中将指揮）＝これも北満で訓練された関東軍の精強。

（注・この二個師団が一つの島の防衛に配置されたことは、サイパン、グアム、硫黄島では見られなかったことで、当初は大いに島内が盛り上がった）

第六十二師団（藤岡武雄中将指揮）＝北支方面軍の傘下にあった警備師団。前年の大陸打通作戦に参加。戦功あり。

この他さらに追加として第四十四旅団、第五砲兵団、海軍陸戦隊（約千名）と、宮古島に第二十八師団と二旅団、石垣島、大東島、奄美大島に二旅、一連隊が配属された（伊藤正徳『帝国陸軍の最後③特攻・終末篇』光人社　一九五一年、二三―二四ページ）。

これが沖縄決戦の総布陣で、戦略としては持久戦を採用することも決定された。

だが、大本営は一九四四年十一月、突如この強力な布陣から精鋭の第九師団を抽出し、台湾防衛のために転用した。その理由は、先にも触れたように、米軍が台湾に上陸するのか、沖縄に上陸するのか？　容易に判断を下せない情報不足によるものだった。さらに日本軍はこの最終決戦においても、ただでさえ劣勢な守備兵力を沖縄本島に集中せず、宮古島や奄美大島、慶良間列島など周辺の島々にも分散配置させた。

沖縄を防衛する第三十二軍としては背に腹は替えられず手持ちの兵力で戦う以外、その存続は許されなかった。第三十二軍では新任の牛島満軍司令官（中将）と長勇参謀長、八原博通高級参謀らが作戦計画を練り直し、第九師団が台湾に転用されると、独断で守備軍の配置換えを行い、主戦場たる沖縄本島に次のような布陣で日本軍を配置した。

ノルマンディー上陸作戦を超える人類史上最大の作戦　1945年4月1日開幕

その位置を略図で示すと次のようになる。

　これに対する米軍は一九四五年三月二十三日、はやくも威力偵察を目的とする先遣部隊を沖縄に差し向けた。その陣容は空母・戦艦など三十余隻の艦隊で、到着した嘉手納沖から艦砲射撃と爆撃を開始し、三日後の三月二十六日からは米第七十七師団が慶良間列島に上陸した。この作戦の目的は慶良間列島圏を米軍の大艦隊の停泊地に利用する狙いであった。すでに慶良間列島には、日本海軍の特攻艇が三五〇隻配備されていた。しかし日本海軍のこの特攻艇は米軍に体当たり攻撃をかける前に発見され、捕獲された。この戦いで日本軍は二九二名が戦死し、捕虜四九人、さらに洞窟の中で絞め殺された十二名の女性の死体が発見され、一名は生き埋めにされていた、と米軍の従軍記者ロバート・シャーロッドが記録している（中野五郎訳『硫黄島』光文社　一九五一年、二四〇ページ）。しかしこの悲劇は沖縄戦場の各地でこれから発生する日本軍による住民虐殺（住民の集団自決も含む）の序幕に過ぎなかった。米軍の本格的な沖縄本島上陸作戦は四月一日に開幕した。

（4）飛行場攻略を優先した米軍

　その日の早朝、沖縄本島の西海岸・嘉手納沖の海面は上陸作戦を敢行する米機動部隊の艦船によって埋め尽くされた。その陣容は一千隻の大艦隊から編成され、上陸の二日前から一日一万発の艦砲射撃で上陸地点から日本兵を一掃し、四月一日の午前八時半に嘉手納浜から主力の四個師団が一斉に上陸した。それは連合軍のノルマンディー上陸作戦をはるかに凌駕する大規模な作戦であった（二六七ページ地図参照）。当初、陸揚げされた戦車は二百両で、三万八千トンの軍需品も無傷で陸揚げされた。

上陸する米軍は日本軍の強力な水際作戦を予測していた。しかし米軍が上陸しても、日本軍の陣地は沈黙したままで、米軍はまるでピクニックにでもでかけたような気分で前進を開始した。上陸部隊約八万名は上陸後二つのコースに分かれ、海兵隊の第六師団と第一師団が北部へ、陸軍の第七師団と九十六師団が首里をめざして南部に侵攻した。これを迎え撃つ日本の守備隊の火力は劣勢で、嘉手納、読谷両飛行場を守備する日本軍はあえなく陣地を放棄しなければならなかった。この二つの飛行場の放棄は、この沖縄決戦の根幹となる航空決戦を容易には展開できない結果をもたらした。米軍は何よりも飛行場を奪取する作戦を優先し、日本軍が航空作戦の重要基地として二つの飛行場を建設していた伊江島にも、第十軍バックナー中将の命令で陸軍の第七十七師団を四月十六日に上陸させた。

この伊江島では、日本軍がすでに新設の飛行場を爆破していたが、米軍はそのことに気がつかなかった。それがかえって伊江島の住民にとっては悲劇であった。米軍は当初の計画通り約七〇隻の大型輸送船から無数の上陸用舟艇で水陸両用戦車、トラックターを乗せた大部隊を派遣したので、この島を守備する日本軍混成三個大隊と同島の住民義勇兵それに女子の救護班員までが将兵の切り込みに参加し、約一週間の白兵戦で玉砕した。(註4)

このような緒戦の敗北は今後の戦局の見通しを予測する大本営や現地の司令官、参謀の目に、暗い影を投げかけたはずである。しかし現地の日本軍司令部は、当初の作戦通り、首里の洞窟司令部に立てこもり、当面は持久の戦略で今後の作戦の継続を指導した。

(5) 沖縄を見捨てた大本営

東京では大本営の将軍たちや日本政府の指導部が沖縄の命運に全力を投入し、最後の決戦準備が進行しているはずであった。しかし東京では、軍の最高指導者の心境が必ずしも前向きではなく、すでに本土決戦を優先する方向に傾斜しはじめ、沖縄作戦に見切りをつけていたのである。

その証拠の一つをとりだしてみよう。当時の大本営陸軍部戦争指導班、軍事史学会編『機密戦争日誌』下（錦正社一九九八年　防衛庁防衛研究所所蔵）によれば、米軍が沖縄本島に上陸した直後の四月五日付けで、「小磯総理ハ昨夜内閣総辞職ヲ決心シ本日九時閣議決定十時参内シ辞表ヲ奉呈セリ」とあり、二日後の四月七日付では「本土決戦必勝ノ為、陸軍ノ企図スル施策ヲ具体的ニ躊躇ナク実行スルコト」と記載されている。今、沖縄決戦が開幕したばかりなのに、中央大本営は本土決戦にその指導方針を切り替えようとしていたことがわかる。さらに同『機密戦争日誌』には、沖縄作戦続行についての具体的な記述はなく、三日後の小磯総理の辞任と後継内閣首班としての鈴木貫太郎海軍大将及び畑俊六元帥の呼び声など人事の問題、さらにはこの機におよんでなお陸海軍の組織編成と統廃合の問題など遅きに失する議題が登場し、作戦面では中国大陸の動向と政略面では何の根拠もなく佐藤駐ソ大使を通じてのソ連への和平斡旋交渉の打診経過について（四月七日）、さらには重慶や延安との対支政略施策（謀略施策（?）四月十八日・二十日付）などが飛び出す有様であった。これでは大本営内部でもはや沖縄作戦など眼中になし、という印象が漂っている。しかしここで登場した作戦が人命を無視した大規模な特攻作戦であった。しかも沖縄での特攻作戦は、すでにふれたレイテ決戦のときとはケタ違いで、動員も（半）強制的となり、その種類も空と海の両面作戦で計画された。

海・空の戦いとしては有名な天号作戦の後を受けて「菊水作戦」（第一次）が四月六日に発令され、その後も、継続し、八月十三日まで継続する。この約百日にわたる特攻隊の肉弾攻撃により海軍は二千五百三十五名、陸軍は一千八百四十四名の犠牲者を出し、失われた飛行機の数は、海軍二千三百六十七機、陸軍は一千九十四機にのぼった（伊藤前掲書、一〇七ページ）。すでに四月七日には連合艦隊の残存艦隊のなかから戦艦「大和」を先頭に新鋭巡洋艦「矢矧」と八隻の駆逐艦が瀬戸内から豊後水道を南下し、沖縄方面に片道燃料で特攻出撃したのである。当時すでに日本の連合艦隊には空母はなく、空母部隊をともなわない戦艦大和の出撃は捨石の特攻作戦であった。[註5] 当然ながら、この作戦は最初から勝算は皆無とみられていた。しかもこの特攻作戦についての大本営の評価はきわめて冷淡であった。すでに大本営の作戦構想は本土決戦に傾斜していて、沖縄はそのための単なる時間稼ぎという位置づけに過ぎなかった。

そのことを証明するため、大本営の『機密戦争日誌』から、第一遊撃隊と戦艦大和の特攻出撃や菊水作戦がクライマックスを迎えた四月二十一日の状況判断を紹介しておこう。

まず第一遊撃隊と戦艦大和の特攻出撃とその敗北について、次のように記録されている。

四月八日　日曜

発ＧＦ参謀長宛三十二軍参謀長（沖縄軍）

一、第一遊撃部隊ハ八日朝沖縄西方海面ニ突入

所在敵艦船及輸送［船］ヲ撃滅ノ上、敵上陸軍ヲ攻撃ノ予定、貴軍（第三十二軍）モ之ニ策応シ八日朝総攻撃ヲ決行スルヲ有利ト認ム

二、本日午後沖縄ニ対スル海軍総攻撃ノ発表アリ

六日、七日ノ攻撃ニ於テ敵ニ与ヘタル損害ハ撃沈破三十数隻ニシテ我カ方ハ戦艦一、巡洋艦一、駆逐艦三ヲ失ヘリ、第二課ノ報告ニ依レハ今回出動セル大和以下悉ク撃沈セラレタル趣ナリ、

前項ＧＦ電モ亦笑ヒ草トナル

皇国ノ運命ヲ賭シタル作戦ノ指導カ慎重性、確実性ヲ欠ク嫌アルコトハ極メテ遺憾ナルモ戦艦ノ価値昔日ノ比ニアラサルヲ以テ驚クニ足ラス（軍事史学会編『機密戦争日誌』下、六九八－六九九ページ）

この大本営『機密戦争日誌』の中で、戦艦大和の喪失がかくも簡単な弁明で処理されていることに誰もが驚きを禁

じえないであろう。もちろん戦艦がもはや時代遅れであったことは、一般論としては認められよう。それならば、なぜ大本営は菊水作戦の一環としての大和の出撃を豊田連合艦隊司令長官に許可したのであろうか？　少くとも、戦争指導の責任を有する大本営としては、この最後の特攻作戦については、その内部で真剣な論議があってしかるべきであった。しかもこの段階での大本営は沖縄作戦の続行については見切りをつけていたのである。沖縄作戦を打ち切る時期はそう遠いことではない。それまでなんとか特攻作戦を継続させて時間を稼ごう。そんな雰囲気が大本営の内部にかもし出されていたことがわかる。このことは特攻作戦が終末を迎えた四月二十一日の大本営『機密戦争日誌』の行間からも窺い知ることができる。そこで再び『機密戦争日誌』を引用しよう。

四月二十一日　土曜

一、沖縄作戦ニ関シ今後使用シ得ル陸軍特攻隊ハ本月末現在十二戦隊ノ予定ニシテ、菊水第五号ハ二十四日、五日頃、菊水第六号ハ五月上旬ニ決行スル計画ナルモノ、如シ、

沖縄作戦ヲ打チ切ル時期ニ関シテハ諸因ヲ検討ノ上慎重ニ決定スヘキトコロ、特攻機モ右ヲ以テ後結〔詰〕ハ皆無ナル趣ナルヲ以テ沖縄作戦ノ帰趨モ判断シ得ヘシ、茲ニ回想スルモノハ本作戦開始ニ方リ賜ハリタル勅語ニシテ国家ノ安危ニ関スル本作戦モ挙軍力ヲ尽セシカ否ヤハ別問題トシテ職ヲ軍ニ奉スルモノ居テモ立ツテモイラレヌ責任ヲ痛感スル次第ナリ」（以下、二、は対重慶政治工作の問題なので省略する）（軍事史学会編『機密戦争日誌』下、七〇七ページ）

この文章の趣旨は今最も大事なのは天皇の勅語であり、天皇につかえる軍人としては責任を痛感するだけで、沖縄作戦の帰趨についてはその範囲にあらず、作戦はやがて特攻機の消滅（若者の犠牲）によって、打ち切る時期が到来

するのだから沖縄を放棄したい、という弁明であった。このような無責任な考えが横行する大本営ではやはり敗戦は不可避であったろう。

しかし同じ敗戦は不可避であっても、遠藤三郎中将の意見は違っていた。遠藤は無責任な首相や大本営の参謀とは異なり、終始一貫して沖縄決戦をあきらめなかった。彼は沖縄の戦を日米の最終決戦と位置づけ、沖縄に内地から全軍を投入せよと奔走していた。以下、沖縄作戦のために孤軍奮闘する遠藤の姿を紹介する。

(6) 遠藤─参謀本部の無策を指摘

先に沖縄決戦開幕の推移を簡単に紹介したが、それはまさに日本の大本営が計画する本土決戦の捨石作戦であった。大本営は米軍が沖縄本島に上陸した直後の四月五日に、はやくも日本の陸海軍がもはや強力な米軍の物量作戦には太刀打ちできない状況を認識し、本格的な増援部隊を派遣することを諦める方向へ傾斜していた。それならば沖縄を死守する守備軍や住民にはすくなくとも白旗をかかげて潔く捕虜になる選択の自由を認めるべきであった。しかし大本営は武器を持たない沖縄の一般住民に対してさえも捕虜になる自由を認めなかった。沖縄では、断末魔の状況を迎えても「生きて虜囚の辱めを受けず」という悪名高い東條らの「戦陣訓」がなお生きていて、その結果が日本軍による住民虐殺と集団自決の土壌を生み出したのである。米軍の攻撃によって海岸線に追い詰められた多くの罪もない一般住民は逃げ場を失った。その人々が「鬼のような敵に捕まれば凌辱される」という虚偽の宣伝や「敵の捕虜になり生き恥をさらしたくない」という一方的情報に洗脳されたまま自然の洞窟やにわか造りの陣地のなかで、自らその命を失った。

その住民自決の場面はまさしく地獄の修羅場であった。今日のわれわれが想像すらできない悲劇であった。武器をもたない住民が人間性を失い鬼と化した軍人の命令で、無抵抗に、自決したのである（軍隊の命令は、無言の命令でも、効果を発揮した）。

このような状況下で、大本営にのこされた最後の作戦が神風特別攻撃隊の編成による特攻作戦（菊水作戦）であった。それは空の戦いだけでなく、四月七日には、瀬戸内海から片道燃料で出撃した戦艦大和ほか最後の連合艦隊の作戦にも適用された。この作戦では連合艦隊の誉れとして、また不沈戦艦として日本海軍が誇りにした最後の戦艦大和でさえ、目的地の沖縄に到着する前に九州沖の海上で米艦載機の二度にわたる魚雷攻撃を受け、その巨体を海中に没しただけでなく、海軍兵が海に投げだされ、救助を求め日本の救助艇に近づいた時、地獄の修羅場に直面した。(註6)

このような断末魔の状況は逐次、間接的ながらも航空兵器総局長官・遠藤三郎のもとに知らされていた。以下、米軍が沖縄本島に上陸した四月五日以後の遠藤日誌をひもときながら、沖縄作戦に対応する参謀本部ならびに日本政府上層部の動きを再現してみよう。

遠藤中将はこのように記録している。

四月五日「（小磯）内閣総辞職ノ報アリ　軍需大臣ヨリモ其ノ件特ニ伝達セラル　沖縄ニ特攻部隊大義ニ殉ジアルニ指導者ノ此ノ有様ハ誠ニ感慨ニ堪エズ　参謀総長モ交代セル由ナリ　土肥原大将トノコトナリ」

四月九日「午前局長会報　沖縄附近ノ戦況ヲ池上海軍中将ヨリ聴取ス　天佑我ニ尠ナク第一線将兵ノ特攻ニモ拘ラズ一昨日ヨリ天候悪化シ戦闘拡張シ得ズ残念ナリ　誠ニ首脳部ノ運用拙ニシテ好天ノ下ニ水上艦船ヲ派遣シ中途ニ於テ沈没セシメラル鳴　統帥ニ人ナキカ」

上記四月五日の記述は戦争最高指導者の小磯国昭首相がその責任を放棄し、内閣を総辞職した嘆きで、九日付けでは、さらに第一線で若い将兵が特攻出撃したにもかかわらず戦果がみられず、水上艦隊（これは戦艦大和の出撃）も好天下での出撃でかえって敵機に発見されやすい結果となり、無残にも沈没したことを嘆いている。そして結語に「統帥ニ人ナキカ」とポツリと指導層の無責任さを指摘した。

このころ、遠藤日誌には米軍機の本土爆撃で、被害が甚大となり、居ても立ってもいられない苛立ちをみせ、十二日には危険を承知で自ら飛行機に乗り熊本に向かい、沖縄作戦に出撃する特攻部隊の指揮官にウイスキーを陣中見舞いに進呈するなど激励する姿が登場する。そして、帰路は上空から明石、大阪の爆撃跡を視察し、その被害の甚大なるありさまに驚愕した。これ以後の遠藤日誌には、小磯内閣総辞職後、新内閣を組閣した鈴木貫太郎総理や最後の参謀総長に就任した梅津大将にも面会する場面が記録されている。

（7）沖縄を放棄した鈴木新首相

東京では小磯内閣の崩壊後、いわば終戦処理内閣として鈴木貫太郎海軍大将が政権を引き継いだ。その日は四月七日であったが、遠藤は二十二日に、内閣と統帥の最高責任者に最後の力を結集して沖縄作戦を勝ち抜くべく督促をかねて面談したものと思われる。しかし鈴木総理も梅津参謀総長もともに冷ややかな態度で、もはや沖縄を放棄する方向を決意している様子が遠藤日誌からもうかがえる。以下、そのくだりを紹介しよう。遠藤は四月二十二日にはじめて鈴木貫太郎総理に面会した。

四月二十二日（日）快晴「首相官邸ニ鈴木総理ヲ訪問……飛行機生産ノ状況ヲ報告シ且沖縄作戦ニ干シテハ全力ヲ傾倒スルモ勝チ抜クベキ決意ヲ促シ十時半辞去」その後「梅津参謀総長ヲ訪問、沖縄作戦ニ航空機ノ出シ惜ミセズ断固決戦セラルベキ意見ヲ述べ十二時帰宅」

五月二日（水）細雨「十時ヨリ大臣ニ対シ戦争指導ノ根本方針樹立ニ関シ意見ヲ具申ス……新紙ニヒットラー総統昨一日ベルリンニテ戦死（実際は自殺）シ、デーニッツ提督其ノ後ヲ襲ヘルコト、ムッソリーニ銃殺セラレタルコト等ヲ伝フ　独伊既ニ破ル我等ノ前途極メテ重大ナリ　ヒットラー、ムッソリーニノ劇的最後ニ対シ無限ノ敬弔ノ誠ヲ捧グ」

五月九日（水）晴「一昨七日独逸無条件降伏セルヲ報ズ　第二次欧州大戦モ亦第一次同様独ノ惨敗ニ終ル　四年前ノ颯爽タル独逸ヲ思ヒ感無量ナリ　我等ノ責務一層倍加スルヲ感ズ　一億幸ニ奮起センコトヲ」

この辺り、独逸の惨敗に同情しながらも、なお遠藤は意気軒昂なる気持ちをみせていた。しかし五月十九日ころからは、統帥部の無能や作戦の幼稚さ、さらには鈴木首相の沖縄放棄論など、戦争指導者の無能ぶり、その姿勢のあり方にいささか不満を隠し切れない状況だった。ここで再び遠藤日誌を引用する。

五月十九日（土）降雨「八時半ヨリ　総理官邸ニ於テ大陸会議アリ列席ス　終了セルハ午後六時半長キニ失ス　大陸課ニ上海附近ニ陸兵ヲ増強シ上海死守ヲ計画シアリトノコト　統帥ノ誤リ此處ニモアリ　敵支那大陸ニ上陸スルハ飛行機以外ハ牽（？）ニ失敗ナリ故ニ我ハ飛行機撃滅ノ準備ヲナス以上　敵ヲ上陸セシムルヲ可トス　目下ノ統帥部ハ日本ヲ敗戦ノ方向ニ進メツ、アリ噫」

この記述は敵が仮に上海に上陸してもそれを問題視しないで、兵力を分散しないで沖縄作戦一点に集中せよということか、ともかく遠藤は統帥部の方針が不確定なことに業を煮やしながら記入したものかと思われる。そして五月二十六日付では、米軍機の爆撃により皇居が焼失したことに愕然とし、衷心陳謝の意を捧げる為に参上し、侍従武官長に対して「沖縄ニ敵ヲ撃滅スベキ勅語ヲ賜ハラン」ことを願いあげている。

このあたり、遠藤は終始沖縄戦から目を離さず、その一点で最後の踏ん張りを見せたいという決意をなお捨て切れなかったことがわかる。しかし参謀本部では、すでに沖縄放棄の方向で意見が調整されていたらしい。遠藤は六月三日付で沖縄放棄を決定した参謀本部の態度を痛烈に次のように批判した。

沖縄ノ陸軍ハ全ク抵抗力ヲ失ヒタルモノノ如シ　之レ果シテ何人ノ罪カ　参謀本部ラ極メテアッサリ放擲シアルガ如シ　果シテ然リトセバ敵ハ米英ニアラズシテ参本（参謀本部）ト云ハサルベカラズ　憤激其ノ極ニ達シ極メテ不愉快ナリ　日本ヲ亡スモノハ参本カ　大臣ト将来ノ問題ニ関シ懇談ス

これは極めて激烈なる内部批判といえよう。しかし沖縄の現状を省みず、すでに本土決戦にその目を向け始めた参謀本部の態度には、憤懣やるせないという気持ちをあらわにしたのだろう。六月七日には、次官や信頼する海軍の大西瀧治郎中将と戦局の問題を論じ、その日に配布された今後の戦争指導方針のずさんさにも憤懣やるかたなく、その日の日誌に次のような感想を記入した。

今後ノ戦争指導方針ヲ見ルニ抽象的ニ本土決戦ノ準備ヲナサントスルニアルノミニテ全ク無策ナリ　沖縄ニ於テ戦ヒ抜クノ気迫ハ消滅セリ　陸海軍両統帥部共ニ敵ハ急遽本土上陸ヲ企図スルナラントノ情況判断ヲ基礎トシテ之レニ捕ハレアリ　何タル戦略眼ノ幼稚サゾ、作戦要務令サヘ知ラザル輩ノ指導ニ依リ国ハ滅亡ノ道ヲ辿リツ、アルナリ　噫已ンヌル哉東京では参謀本部がこのような状況で事態が推移している間に沖縄の戦場では、五月二十七日、ついに牛島軍司令官ら陸軍上層部が首里を脱出し、残存部隊とともに三十日には最後の拠点たる摩文仁に退却した。すでに南部の海上にはアメリカ軍の艦艇が一斉に砲列をしき、北部からは約十万名の米上陸部隊が最後の決戦地区喜屋武半島に移動してきた。これを迎え撃つ日本軍の兵力は約三万に減少していた。

大本営から見放され、補給路も絶たれた沖縄守備軍にはもはや勝ち目はなかった。小禄の海軍司令部壕内で最後の交戦を続行してきた海軍部隊指揮官大田実少将からも牛島軍司令官に最後の無電が発せられた（六月十一日の夜半）。その電文のなかで、大田少将は沖縄県の召集兵や看護婦部隊の勇敢なる戦闘をたたえ、沖縄県民斬く(ママ)戦へりとその最後の姿を記録して、この「県民ニ対シ後世特別ノ御高配ヲ賜ランコトヲ」の言葉で締めくくった。(註7)

大本営の将軍のように沖縄県民を見捨てる神があるかと思えば、死に直面してなお将来の県民のことを案じる神もいたことになる。しかし戦場では、容赦のない戦闘が継続した。鉄血勤皇隊に編入された中学生ら千六百六十名の男子青年の四十五％とひめゆり部隊の女子（約五百五十名）の四十四％も戦死した。その後、沖縄軍の総司令官牛島中将と長勇参謀長が自決したのは六月二十三日であった。その最後の模様は第三十二軍の高級参謀八原博道の筆によって記録されている。(註8)

断末魔の沖縄の戦場で戦死（あるいは自決を余儀なくされた）日本軍の将兵や一般住民とひめゆり部隊、鉄血勤王隊(註9)の若者たちはすでに四月上旬の時点で、東京の参謀本部が沖縄放棄を決定していたことを今天国でどのように感じているだろうか？　その戦いの勝敗は別として、戦死者にとってのせめてもの慰めは、参謀本部のなかに、なおも沖縄を見捨てるなと叫んだ遠藤のような熱血将軍が一人でもいたということになろう。なお、遠藤は戦後もこの沖縄の戦いの悲惨さを忘れられず、次のような談話を録音テープに収録している。

いわく「私は沖縄を見限るのは早い。沖縄で一か八かの勝負をやれ。小さな何千艘という鮪船（漁船）に兵士を乗せて、島づたいに隠れて沖縄に向かい、勝負しよう。また天皇には高千穂の峰から大号令をかけてもらい、それでも駄目ならお手上げにしよう」と（自宅での談話テープレコーダー記録：一九七九年七月二日収録）。

註

註1　ルーズヴェルト大統領の対中国政策とスティルウェル将軍の役目

一九四四年、アメリカの対中国政策は強い中国の育成にあった。とくにルーズヴェルトは中国を支えてアジア太平洋戦争を戦い抜く覚悟であった。そのためには約一〇〇万の日本軍を中国大陸に釘付けにしておく必要があった。その理由は太平洋の島々に大陸の日本軍が振り向けられたら、米軍の太平洋侵攻作戦に悪影響がもたらされる心配があったからである。当時、スティルウェルは、中国、ビルマ、インド方面アメリカ軍司令官、中国方面における名目上の蔣介石の参謀長であり、中国軍訓練・野戦司令部長官、対中国武器貸与法管理者で、それぞれのスタッフを抱えていた。年齢は六十一歳で、すでにビルマのジャングル地帯では「ビネガー・ジョー」の名前で兵士からも信頼され、ジャングルの野戦指揮官として日本軍に抗戦した実績があった。一九四四年の七月、米国政府は蔣介石国民政府主席に対して、全中国軍部隊をアメリカ人の指揮下に、それもほかならぬ、ジョセフ・W・スティルウェルの指揮下に置くように公式に申し入れた。しかしスティルウェルは協調性を欠く性格で、蔣介石にとっては望ましからざる人物であった。しかもスティルウェルは有能な勇将であった。彼は国民党軍を九十個師団に拡大する計画をもっていたが、蔣介石はスティルウェルよりも退役軍人のクレア・シエンノートを優遇し、日本との戦争はフライング・タイガースを指揮するシェンノートにやらせて、主力の国民党軍を国内の戦争、つまり中国共産党軍と戦うために温存させたのである。

蔣介石のこの選択はスティルウェルを「解任」（十月二十五日）する結果になったが、それが戦後の自分の敗北につながり、中国共産党軍との内戦に敗北後、蔣は上海経由で台湾に脱出し、国民党政府を台湾に移すことになった（バーバラ・W・タックマン著、杉辺利英訳『失敗したアメリカの中国政策』朝日新聞社　一九九六）。一九二七年四月、上海クーデターで上海に乗り込んだ蔣は一九四九年春に上海から台湾に脱出後、再び上海の土を踏めなかった。

註2　スティルウェル日記

スティルウェル将軍はその英文日記で、国民党内の指導的な人物の印象を語っている。その内、興味深い記述は蔣介石をピーナット（つまらない小人物）と呼んでいること。さらに「中国空軍はマダムの玩具」だとか、「ピーナット（蔣介石）は教育がない」「何応欽は無能」で「軍事では後方阻害者」「当地のスチムソン」だなど、あからさまにその印象を描き、重慶政府の軍事機密にも触れている。また蔣介石には弱点として、「時間と空間」を取換ようとした。「これは彼が決して攻撃をしたがらないことの気の利いた言い方である」「中国の指揮官は運命にいどむことをためらう。彼が積極的行動をとることを決定して悪い結果になると、事件に影響をあたえようと試みたのは彼の落ち度となる。彼が自然の成行きにまかせておけば、万事はうまくゆくであろうし、うまくゆかないとしても、彼はなにもそうなるようにしたわけでないから、発生した結果に責任を問われないであろう」（Theodore H. White, ed., *The Stilwell Papers*, New York: William Sloane Assciates, 1948, p.318）。日本軍については、「中国人は、日本軍が訓練、兵器、装備においてきわめて優秀であって、これを攻撃するのは実際的でないという考え方に支配されている。蔣介石は多くの機会に、中国の一個師団は日本軍一個連隊の火力を持たず、中国軍三個師団は日本軍一個師団に匹敵しないと語った」（White, ed., op. cit., pp.318–319）など、中国軍の日本軍評価にも触れている。

スティルウェルのこの英文日記は公表を目的としたものでなく、自分自身のための備考と祖国にいる夫人宛の書簡であることも、その自由な記述の信憑性を一段と色濃くするものと思われる。なお、スティルウェルのこの日記では、彼が中国兵と中国の人民を信頼し、国民党と共産党の政策の違いを次のように区別している。

［私は］中国兵と中国人民を信頼している、根本的には、偉大で、民主的で抑圧をうけている。カーストや宗教の壁がない。…誠実、倹約、勤勉、快活、独立、寛容、友好的で、丁寧である。

私は国民党と共産党を自分が見た目で判断する。

［国民党］汚職、怠慢、混乱、経済、租税、発言と行動、退蔵、闇市場、敵との取引

共産党の綱領…減税、安い地代、利息の引き下げ、生産と生活水準の向上、政治への参加、共産党の宣伝とその実行（White, ed., op. cit., pp. 316–319）スティルウェルは国民党を腐敗した政党と見て、共産党に期待していたことがわかる。なお『スティルウェル日記』の邦訳は、石堂清倫訳『スティルウェル・中国日記』（みすず書房　一九六六年）をも参照した。

註3　飛行場の建設・過酷な労働体験記

沖縄作戦が開始される直前、沖縄列島の各地で飛行場や陣地建設に動員された体験者の回想記が戦後、数多く出版されている。その中でも、宮永次雄著『沖縄俘虜記』（雄鶏社　一九四九年）は秀作である。著者・宮永氏は満鉄の調査部の職

員で、戦争末期に満洲から沖縄に一初年兵として動員された。宮永氏は文学的な才能に恵まれ、その回想記は建設現場の苦しみと人間性無視の軍隊生活を彷彿とさせてくれる。同氏は宮古島飛行場建設の体験をこう回想している。

「初年兵だった私には、（宮古島で）どんな飛行場が作られるのか、滑走路がどっちの方向に伸ばされるのか見当もつかぬままに、「十字鍬」と「モッコ」だけの日がはじめられた。数千名の兵隊と、数百名の島の人々とがこの作業の為に動員されていた。臨時に建てられた天幕がずらりと並んだ。

作業の初日に、雨に降られながら、その幕舎を建て終わると、隊長のS中尉が『本日より二十日間の予定を以てこの作業は行われる。若し作業の進捗にいささかでも齟齬を来すようなことがあると、帝国の作戦に重大なる影響をもたらすのである。お前たちは、寝食を忘れてこの事業の完遂に努力してくれ』と訓示を残して行った」（宮永前掲書、五五ページ）。

それからは文字通り寝食を忘れたような毎日で、早朝四時に起床、朝食前に約二時間余り、岩をくだき、土を運ぶ現場に走らされ「間稽古」をやらされ、小隊長の蛮声に追い立てられる日課がはじまった。飛行場作業での唯一の科学的手段は「ダイナマイトで岩をふっとばす」だけで、「その他の一切は太古の土木作業そのままと云って過言でなく」、「小高い岩の上で片手に鞭を持ち、片手を腰のところにあてて兵隊たちの動作」を監視する小隊長の下で労働した。兵隊は腰をのばしたりスコップを持ったまま立ちんぼうでもしたりしようものなら、「野郎ども!何をつつたってていやがる」「上官の命は朕が命だぞ」「馬鹿野郎、そんなことで戦争に勝てるか!」と「無造作に兵隊をぶったたいた」（宮永前掲書、五六－五八ページ）という。これが宮永氏の体験記である。

註4　伊江島住民の集団自決

伊江島は沖縄本島の北部、本部半島の北西約六キロの海上に浮かぶ小島である。戦時中この島の人口は約五千名で、米軍が上陸するとこの島の住民の多くが犠牲になった。逃げ場を失った住民は畑の中や海岸沿いの自然壕・ガマに避難するより生きる術がなかったが、乳飲み子をかかえた家族にはその中にも入れず、また洞窟のなかに避難した人々も最終段階では集団自決に追い込まれ、命を落とす悲劇が発生した。幸い生き残った人々の体験談は伊江村教育委員会が発行した『証言資料集成：伊江島の戦中・戦後体験記録』（一九九九年）のなかに収録されている。その一例を紹介すると、内間吉成さん（当時十三歳）は一家五人で集団自決を図ったが、幸いにも生き残った体験をこのように記録している。

「（米軍が上陸してから避難した）その洞窟には、知念三太さん一家はじめ四、五世帯が入っていた。私の家族は、母、姉、姉の子供二人（二歳と三歳）それに私の五人だった。正確な日付は覚えていないが、（米軍が）上陸後二、三日たっていたと思う。
　いよいよもうだめだというので、ダイナマイトで集団自決をはかった。夕方の五時頃だったと思う。それぞれ死ぬ準備をして、ダイナマイトを囲み、それに火をつけた。轟音とともにそれは爆発した。どれくらいの時間がたっただろうか。三〇、四〇分じゃなかったかと思う。意識がしだいにもどってきた。気がついて、自分の身体をみると大した怪我らしいものはなく、姉の二人の子どもも目をパチクリして生きている。母も気を失っただけで元気、姉も元気だった。隣のダイナマイトは爆発したが、私たちのそれは爆発しなかったのだ。隣のダイナマイトを囲んでいた知念家の人たちのうち四人が即死した。一人の青年は肋骨が露出するほどの重傷にうめきながら、父親に銛で刺し殺してくれと頼んでいた。父親は目がつぶれ、母は即死で、その抱いた子は無事だった。
　私たちは知念家の人々と別れてこの洞窟を出た。夕方だった。そのまま死ぬつもりで、畑の中に一家で座っていた」（前掲書、一七一ページ）
　なぜ沖縄の住民はこのような死を選ばなければならなかったのだろうか？　東條首相らの戦陣訓にある「生きて虜囚の辱めを受けず」という思想が徹底して、住民の意識を支配していたからである。ああ悲惨なり。

註5

戦艦「大和」に特攻出撃命令
　沖縄作戦に特攻出撃した戦艦大和は瀬戸内海三田尻沖から出動し、一路豊後水道を南下し、四月七日午後三時、坊の岬南方九十里の地点で沈没した。その現実は戦後日本国民に知らされた。しかし大和沈没直後、その情報は遠藤のような身分の軍人にも具体的には伝えられなかったものと推測する。四月九日付の遠藤日誌にも、池上海軍中将から伝えられた話として、「水上艦船ヲ派遣シ中途ニ於テ沈没」と記入している。このあいまいな表現からみると、遠藤もまさか大和が撃沈されたとは想像していなかったのではないか？　と思う。なお豊田連合艦隊司令長官から大和で指揮する第二艦隊司令長官伊藤整一中将に出撃命令が伝えられたのは四月六日で、その命令書を懐に入れて持参したのは連合艦隊参謀長草鹿龍之介中将であった。草鹿は戦後、その時の大和出撃の感慨を次のように回想している。「この斬り込み部隊は特攻隊であるから生きて帰らぬことは明白である。部隊指揮官たる第二艦隊長官伊藤整一中将は軍令部次長をしていた人で、当然軍人としての覚悟はきまっている。ただ万が一にも心に残るものがあってはならぬ、心置きなき最後の決意を促し喜んでいくように参謀長から話してくれと、いうのであった。これはまことにつらい役目であり、突然私に行けとは何たることかと思ったが、考えると、それをいいにゆくものは私以外にない。そこで、一度は怒ってみたものの承知して、六日に飛行機に乗って、内海西部の艦隊泊地に行った。そして第二艦隊司令部に伊藤整一中将を訪ねた。

この絶対に生還を期し得ない特攻攻撃を行わなければならないことの理由を説明した。伊藤長官はニコニコして聞いていたが、「連合艦隊の意図はよくわかった。ただ自分の心得として聞いておきたいことは、ゆく途中で非常な損害を受けて、これからゆこうと思ってもダメだというときになったらどうすればよいか」とのことであった。……

そこで私は、「一意敵殲滅に邁進するとき、かくのごときことは自ら決することで、一つにこれは長官たるあなたの心にあることではないか、もちろん連合艦隊司令部としても、その時に臨んで適当な処置はする」と答え、私自身の経験等を話して、最後の杯を交わした」（草鹿龍之介『聯合艦隊』毎日新聞社　一九五二年、二五七－二五八ページ）。

この会話（草鹿参謀長の回想）から想像できることは、言葉の柔軟さの背後に上司からの命令が姿を隠しながら存在していることがわかる。あらゆる特攻隊の出撃はおおよそこのような按配で命令されたのであろう。

註6
救助艇も地獄のシーン
大和沈没後、再び海上で修羅場に直面した乗務員の運命について、『戦艦大和の最後』の著者吉田満は次のように書いている。
「朝霜」救助艇ニ拾ワレタル砲術士、左ノ如ク洩ラス
――救助艇忽チニ漂流者ヲ満載、ナオモ追加スル一方ニテ、スデニ危険状態ニ陥ル　更ニ収拾セバ転覆避ケ難ク、全員空シク西海ノ藻屑トナラン　シカモ船ベリニカカル手ハイヨイヨ多ク、ソノ力激シク、艇ノ傾斜、放置ヲ許サザル状況ニ至ル
ココニ艇指揮及ビ乗組下士官、用意ノ日本刀ノ鞘ヲ払イ、犇メク腕ヲ、手首ヨリバッサ、バッサト斬リ捨テ、マタハ足蹴ニカケテ突キ落トス　セメテ、スデニ救助艇ニアル者ヲ救ワントノ苦肉ノ策ナルモ、斬ラルルヤ敢エナクノケゾッテ堕チユク、ソノ顔、ソノ眼光、終生消エ難カラン
剣ヲ揮ウ身モ、顔面蒼白、油汗滴リ　喘ギツツ船ベリヲ走リ廻ル
今生ノ地獄絵ナリ――
（中野好夫、吉川幸次郎、桑原武夫共編『世界ノンフィクション全集㉛』筑摩書房　一九六二年、三七七ページ）

註7　沖縄の日本海軍司令部壕

大田海軍少将以下、海軍兵士らが最後に自決した日本海軍最期の地下壕（所在地小禄）は現在一般に公開されている。その地下壕は一九四四年に日本海軍設営隊（山根部隊）によって掘られた司令壕で、当時は四百五十メートルあったと伝えられている。カマボコ型に掘りぬいた横穴をコンクリートと杭木で固めたもので、米軍の艦砲射撃にも耐えられるように設計されていた。戦後はしばらく放置されたままであったが、数回にわたり遺骨の収集が行われてから、一九七〇年に司令官室など二百七十五メートルが復元された。

壕の入口から昇降廊を下っていくと、作戦室、幕僚室、暗号室、医療室などがある。指令室に近い幕僚室の壁には、幕僚が手榴弾で自決したときの破片の跡が残っている。

断末魔の壕内には、医療室に入りきれなかった負傷者が廊下にも寝かされていただろう。地下壕の一番深い場所には今でも地下水が流れ出ていて、この水が水兵たちの命の水であったことを想像できた。私は「8・15」の編集長金子広太郎氏に案内されて見学したが、壕内では二人とも沈思黙考する有様だった。

註8　牛島満中将と長勇参謀長の自決

一九四五年六月二十三日午前四時三十分、摩文仁の洞窟陣地にいた牛島軍司令官と長勇参謀長が自決した。その二人が最後に交わした会話がその場に居合わせた高級参謀八原博道によって、次のように記録されている。

「私を前にして、両将軍の間には、次のような会話が続けられた。

参謀長「閣下はよく休まれましたね。時間が切迫するのに、一向起きられる様子がないので、実は私ももじもじしていました」

司令官「貴官が鼾声雷の如くやらかすので、なかなか寝つかれなかったからよ」

参謀長「切腹の順序はどうしましょう。私がお先に失礼して、あの世のご案内を致しましょうか」

司令官「わが輩が先だよ」

参謀長「閣下は極楽行き。私は地獄行き。お先に失礼しても、ご案内できませんね……」

このとき、参謀長は「西郷隆盛が城山で自決する直前、碁を打ちながら別府晋介に向かい、『晋介どん！　よか時に合い図をしてくれ』と言ったそうだが、俺はキング・オブ・キングスでも飲みながら時を待つかな」と笑われた。周囲の者は西郷隆盛と聞いて、一斉に牛島中将を注視する。両将軍は平素部下から西郷さんと呼ばれていたからである。両将軍は二、三辞世ともなんともつかぬ和歌や、詩をもって応酬された。私（八原）は、はっきり聞きとることができなかった。しかし沖縄を奪取された日本は、帯を解かされた女と同じもんだと、だじゃれを言われたのを記憶する」（八原博道『沖縄決戦』読売新聞社　一九七二年、三八六－三八七ページ）。

この場面に立ち会った八原高級参謀はその後、一旦米軍の捕虜となるが、戦後帰国して米子市の自宅で『沖縄決戦　高級参謀の手記』を執筆し、参謀の目から見た沖縄戦を後世に残している。この本は秀作である。

註9

一九四五年六月二十三日

沖縄戦敗北のニュースが祖国に伝えられた日の夕方、京都市伏見の師範附属国民学校では学童疎開組でない一・二学年の児童全員が校庭に集合を命じられ、校長（主事先生）の訓示を聞いた。主事先生は本日、沖縄が陥落し「君たちより少し年上のお兄さん、お姉さんに当る中学高校生が軍から支給された手榴弾一発を手に敵米軍陣地に突撃し名誉の戦死を遂げた。次は日本本土に米軍が上陸する。そのときは君たちの番になるかも。その心構えをもつように！」と訓示された日のことを筆者は記憶している。生徒は皆んな涙をうかべ、沖縄に向って一分間の黙禱、廻れ右の号令で皇居に向っておじぎをし、「海ゆかば」を歌った。これは筆者の生涯忘れられない思い出である。

第六章　大本営の本土決戦案に反対した遠藤三郎

(1) 大本営の本土決戦態勢

一九四五(昭和二十)年六月下旬、沖縄列島が米軍の支配下に入ると、日本国民の多くは言わず語らずながらも次は本土に米軍が上陸してくる番だと覚悟した。しかし敵の動きについては全く情報不足で、米軍が本土のどこに上陸してくるのか? 流言蜚語が飛び交い、国民は憂鬱な気分で勝手な想像をめぐらす毎日であった。ある人は上陸地点が九州だといい、ある人は東京湾から首都を攻めるだろうと想像し、近畿地方では口コミで伊勢湾からだという流言が流れていた。(註1)

すでに大本営では米軍の沖縄上陸以前から、本土決戦の構想が浮上し、二月二十六日には本土決戦のための大動員計画が作成されていた。このころ、なお日本陸軍はおよそ三百二十万の大兵力を海外に派遣しており、日本本土には二流の師団が八個しか残されていなかった。しかもその配置状況は関東五、関西二、九州一師団という心細い情勢だった。すでに陸軍には本土決戦をする十分な兵器もなく、この状況は海軍も同様であった。海軍では、戦艦一、巡洋艦一、駆逐艦十一、潜水艦三十五隻だけで、空母は一隻も残存していなかった。これでどうして強力な米軍に戦いを継続できよう。頼みは上陸軍を撃破する飛行機が陸海あわせて六百二十六機あり、それを特攻作戦に投入するだけであった(昭和二十年四月初旬の時点)

これでは参謀本部も殺気だった状況になっていたはずである。しかしその段階から、大本営は本土決戦要員として陸海合わせて二百五十万人の兵士を新たに動員する協定を作成した。これはまさに国民の経済や生活を無視する動員令であった。

この時期すでに国内では男子（兵員予備軍）が極端に不足し、多くの学徒（大学生と専門学校生）も軍隊に動員され、一九四四年の徴兵部隊では銃も不足し、二人で一銃を交互に使用するという変則事態が発生していたが、「今は超非常時である。兵員なら国家の威光をかさに赤紙一枚で多量に動員できる。ともかく兵員の数を拡大することが先決だ」という発想がまかり通ったことになろう。その動員計画では、向こう五カ月間に師団四十四、旅団十六、戦車旅団六を創設し、兵員の数は戦闘員が百五十万、それに兵站部隊以下を加えると二百万人で、海軍がさらに五十万、総計では二百五十万～三百万人の大動員が発令された（発令は三次に分けて出された）。これは正気の沙汰とも思えない、人間性無視の狂人集団による超非常計画であった。

三月十七日には、さらに東京の江東地区が米軍機の爆撃で罹災者数百万人のほか、六十の工場も灰燼に帰した。四月一日には先に述べたように米軍が沖縄に上陸、その五日後に大本営が沖縄放棄に傾斜し、この分では本土決戦も百日以内に生起するかもしれないという土壇場に追い込まれた。こうなれば背に腹は代えられない。軍上層部は「必勝の信念」をスローガンにみずからの統帥組織に最後の改変を加えた。

四月八日、九日の両日、総軍司令官以下幕僚は大本営に召集され、本土決戦の戦闘序列と任務が附与された。各総軍司令部は四月十五日を以てその編成を完結し、第一総軍司令部および航空総軍司令部は東京都市ヶ谷台上に、また第二総軍司令部は広島市の騎兵営跡に位置して、それぞれの統帥を発動した。

各総軍の配備担当地区は、第一総軍司令官杉山元元帥が第十一（東北）、第十二（関東）及び第十三（東海）方面軍を総率し、東部日本の作戦を担任し、第二総軍司令官畑俊六元帥は第十五（近畿、中国、四国）と第十六方面軍（九州）

を統率し、西部日本の作戦担当になった。

さらに航空総軍司令官河辺正三大将は、第一（東部日本）、第六（西部日本）航空軍及び第五十一、第五十二、第五十三航空師団を統率し、本土陸軍航空作戦を担任することになった。また海軍では、新たに海軍総司令部が横浜市日吉台上に設置され、全海軍部隊を名実共に統一指揮する海軍総司令長官に豊田副武大将を任命した（服部卓四郎『大東亜戦争全史』第九編　原書房　一九八九年、八一六ページ）。

しかし、総軍の司令官の人選とその指揮命令系統は確立できても、本土決戦で米軍を撃滅する兵員の充足と陣地の構成や装備の補充が遅れていた。この点、服部卓四郎はその著『大東亜戦争全史』の中で、本州、四国、九州及び近辺島嶼の終戦時における作戦可能総兵力が計算上は次のようになったと分析している。

一、地上兵力　五十三個師団、二十二個混成独立旅団、三警備旅団、二個戦車師団、七個独立戦車旅団、四個高射師団
二、航空戦力　約一〇、〇〇〇機（内約七五％は練習機改修の特攻機）
三、海上特攻戦力　約三、三〇〇隻
四、その他の決戦用海上戦力　駆逐艦十九隻、潜水艦三十八隻
五、陸軍関係の軍人軍属の総数は約二二五万
六、海軍関係の軍人軍属の総数は約一三〇万
七、特設警備隊の兵力数は約二五万
八、国民義勇戦闘隊の要員は二、八〇〇万（服部前掲書、八一九ページ）

これは軍の組織と兵員の頭数を算出しただけのものだった。重要な問題はこれらの総兵力の水準（戦闘経験と練度など）がどの程度のものであったか、またその装備の充足度も気がかりであった。なぜならこれだけの数の兵員を短期間で動員するには、本土の在郷軍人の大部分を召集してもまだ足りず、多数の未教育兵や四十歳、五十歳代の老兵も含まれていたからである。(註2) しかも陸軍では戦闘要員となる百五十万の新兵に小銃を持たせる目鼻さえつけられなかった。当時、小銃は全国の倉庫から旧式銃を掻き集めても七十万梃しかなく、機関銃は所要数の23％、歩兵砲は28％しかなく、生まれた新兵の約半数が裸（丸腰）で米軍と闘わなければならない実情であった（伊藤正徳『帝国陸軍の最後③特攻・終末篇』光人社　一九八一年、一五一ページ）。

この他、最大の難問は陣地の築城と部隊の移動・輸送手段の確保、さらには石油の問題など数えればきりがないほどの課題が山積していた。例えば、陣地構築の方面では、九州の有明湾正面が50％の進捗を見せていただけで、その他の正面はわずかに20％前後に止まり、しかも作戦の方針に合致しないものも多かった。また軍需品の集積も着手されたばかりで、四国も大同小異であった。関東方面では、沿岸配備について陣地構築を開始しているものは七個師団半（伊豆諸島を除く）で、相模湾正面以外は陣地偵察あるいは計画の域から出ていなかった（服部前掲書、八一七ページ）。この状況下でもしも米軍が上陸してくれば、水際作戦など夢物語であったろう。そして致命的な欠陥は本土決戦を十分に展開する石油の備蓄が皆無に等しかったことである。石油の払底はルソン島の日本軍の敗北後、南洋方面からは一隻の石油輸送船の航行も不可能になっていたからである。

(2) 備蓄ガソリンは一出撃分のみ

近代戦は石油がなければ戦えない。七月になると陸海軍の石油保有量は僅かに八万キロリットルという窮状に追い込まれた。沖縄戦では、日本軍の一ヶ月の石油消費量が五万六千キロリットルであった。当時の日本では最高でも一ヶ月に一万キロリットルしか生産できず、その消費量は軍内部で非常識なまでに節約しても、毎月二万五千キロリットルが必要であった。特攻機のパイロットの訓練用、その他の防空戦闘のためであった。やむなく陸軍では本土の防空戦闘を抑制しなければならなかった。

Ｂ29爆撃機の大編隊が大都市の上空を飛行しても、わずかの戦闘機を迎撃に飛び立たせただけで、ガソリンを節約するために高高度の迎撃を中止し、中高度の敵機を攻撃した。Ｂ29は悠々と編隊をくずさず五千フィートくらいの低空に降りて爆弾を投下した。日本側は本土決戦用に飛行機を温存するためもあったろうが、石油不足が絶対の致命傷であった。

ない袖は振れない。最終的に陸軍は八万キロリットルの中から四万キロリットル、海軍は一万三千キロリットルを控置（温存）して、本土決戦用に赤紙のラベルを貼って秘蔵することになった。しかし海軍の一万三千キロリットルは、特攻舟艇三千余隻、駆逐艦・潜水艦合わせて五十隻の一出撃分にすぎなかった。第一次の決戦が終われば、それで終わりという計算だった。陸軍も同様で、一万機の特攻機を（半数は海軍が使用するとして）出撃させたら、残るのは空のタンクのみとなる。これで結論は明確になろう。空からの攻撃も一回限りの戦闘が可能なだけで、その後は航空機抜きの、前近代的な地上戦を戦う道しか残されていなかった。そこで登場したのが一人一殺主義の刺し違え玉砕戦法であった。「わが勇敢な戦闘員は二百五十万人もいる。主要戦場（米軍の上陸点）と判断される地域に少なくとも百五十万人は動員される。仮にその半数が米軍の上陸支援砲火の犠牲になっても、計算上は敵の上陸軍の想定数よりも五割方優勢である。勇猛果敢に各自が米兵に突撃を敢行すれば、米軍は絶滅という予測も可能である（予測数字は伊藤前掲書、一五七ページ）」と判断された。

これが大本営の将軍が描いた本土決戦のシナリオであった。味方の将兵はその半数が戦死しても、残存する兵隊が敵と一人一殺主義で刺し殺せば、それで勝利はわがものになる。しかしその勝利は二百五十万の本土決戦兵士を玉砕させる戦法であった。まさに「一将功なり、万骨枯れる」ということか、例え万一勝利してもその旗は大本営の将軍だけが手にできるというシナリオであった。

遠藤三郎は大本営幕僚として、連日のように大本営に出仕していたから、この作戦計画を聞かされていた。彼の日誌には、参謀総長や次長との会談が記録され、総理官邸で開催された決戦施策委員会にもメンバーとして列席している。しかし遠藤は鈴木首相の煮え切らない態度に立腹し、統帥本部の本土決戦案にも不賛成であった。

(3) 遠藤―統帥部の本土決戦案に反対する

本土決戦を目前にして、遠藤三郎は大本営幕僚として、どのような立場にたっていたのであろうか。少なくとも彼の日誌を見る限り、遠藤は大本営の本土決戦案には反対で、とくに梅津参謀総長や次長らとは一線を画していたことが想像できる。また彼が航空兵器総局長官として、最終決戦に不可欠な航空機生産の成績不良を追及され、受け身の立場にたたされる場面も日誌に登場するが、遠藤の不満はそれよりもむしろ、統帥部の最終的な戦争指導、つまり本土決戦案の幼稚さにあったと見る方が妥当であろう。

遠藤は二月九日以来、しばしばその日誌に統帥部を批判する感想を記入している。

その一例を二月九日付以後の記述から引用しておこう。

二月九日「参謀本部ハ航空機生産意ノ如クナラザルニ憤慨シ航空兵器総局ヲ解散センコトヲ主張シ且予ラ悲観スルコト甚ダシト　松下大佐ヨリ報告アリ　自己ノ作戦ノ拙劣ヲ悟ラズ往々ニ他ヲ非難スルガ如キ笑フベキナリ　斯クノ如キ輩ガ作戦ニ従事シアルガ故ニ戦局ハ日ニ日ニ振ハザルナリ　神ヨ希クハ正シキ人ヲ指導ノ地位ニ着カシメ給ハランコトヲ」

この文章は航空機生産の遅れの責任を追及され、航空兵器総局解散のうわさを耳にした遠藤が憤懣やるかたなく、統帥部の作戦指導の稚拙さを重ねて批判したものとして注目される。当時、遠藤ははやくも参謀本部の作戦指導上の意見の対立から、批判を受け「切腹せよ」と仲間から迫られる場面も登場する（二月十二日付）。しかし遠藤はその意見を「無礼ナリ」と一喝した。この急迫する場面で、切腹して何になるというのか？　二月中旬にははやくも敵機動部隊が本土に接近してきた。しかしわが飛行部隊は大挙して敵機を追尾しなかった。遠藤はそれを不可解として憤慨している。このころ、遠藤家の附近に高射砲弾が数発落下（二月十七日）する事故があり、危険がいよいよ我が家にもおよぶ有様であった。しかし彼は連日のように工場の移転問題や航空機増産の研究と打ち合わせなど、各種の会合に出席している。彼にはやるべき仕事が山積していたのである。そして敵が沖縄に上陸しても、内閣の総辞職で戦争指導層が責任を回避し、肝心の沖縄での決戦を断行しない鈴木新首相や梅津参謀総長らに沖縄決戦の急務を力説したのである（この点は前章に触れた）。この時期、遠藤は沖縄をもって最終の決戦場と位置付け、もしもその決戦に日本軍が敗北すれば、敗戦も已むを得ないと腹をくくっていたことになろう。

遠藤は日本の最高戦争指導者層が立案した本土決戦構想に反対であった。その理由は最高戦争指導会議のメンバーが「国民ニ希望ヲ与ヘズ誤レル統帥ニ依リ」敗戦に敗戦を重ねてきたことへの不満からであった。もはや戦争指導の全権を参謀総長らに任せるべきでなく、その上位に大本営総幕僚長一名を置いて、最後の戦争指導をおこなう提案をしたのもこの段階であった。彼はこの提案を懐に入れて三月二十四日、木戸幸一公爵（天皇側近の内大臣）に直接伝えようと単身で木戸公爵宅を訪問した（しかし結果は木戸公爵が憲法に反するという理由で賛成しなかった）。

このころ、遠藤は参謀本部にでかけるときは、腹心の護衛をともなう心要性を実感したらしい。本土決戦に賛成しない不心得な将軍は抹殺する、という急進的な軍人（狂人）がいたからであろう。

遠藤はいつ軍刀で切られるか、その危険を覚悟の上で、参謀本部に出かけている。

六月七日付の日誌には、信頼する海軍の大西中将と戦局を論じてから、臨時閣議で決定した今後の戦争指導方針を見せられた。その時の感想を次のように記録している。

臨時閣議ニテ決定シ明八日御前会議ニ提出スベキ今後ノ戦争指導方針ヲ見ルニ抽象的ニ本土決戦ノ準備ヲナサントスルニアルノミニテ全ク無策ナリ　沖縄ニ於テ戦イ抜クノ気迫ハ消滅セリ　陸海軍両統帥部共ニ敵ハ急遽本土上陸ヲ企図スルナラントノ状況判断ヲ基礎トシテ之レニ捕ハレアリ　何タル戦略眼ノ幼稚サゾ　作戦要務令サヘ知ラザル輩ノ指導ニ依リ国ハ滅亡ノ道ヲ辿リツヽアルナリ　噫　已ンヌル哉（六月七日付）

これによると、遠藤は「敵が今は沖縄にあり、急遽本土に上陸するものでなく」今は全力で沖縄の米軍を殲滅することが先決だという決意を依然として放棄していなかったことがわかる。しかし大本営はすでに沖縄を放棄し、恐怖感に支配されて、ずさんな数字上の本土決戦案にその全力を投入していたのである。遠藤はそれが腹立たしかった。しかし遠藤一人が笛を吹いても蛇は踊らなかった。組織とはまさにこのようなものであった。沖縄は血の海と化しても、救援の軍隊は送られなかった。この時期、増援軍を輸送する船はなくともまだ飛行機は残存していたのに、大本営はそれを温存していたのである。

遠藤は後年、その自伝の中で、この断末魔の状況を次のように回想している。

本土決戦不可を具申

私は日本本土を決戦場とすることは日本国の構造ならびに国民性から見て断じて避くべきであり、沖縄こそ三度目の正直、ここを最後の決戦場として全力を尽くし戦争の終末とすべき旨を、私が関東軍参謀副長以来懇意にしておった梅津参謀総長ならびに幼少の頃から昵懇であった阿南陸軍大臣に具申すると共に、航空部隊の沖縄に対する総攻撃の状況を視察するく、四月十二日その発進基地九州に参りました。

まず驚いた事は陸海航空部隊の総指揮官である豊田連合艦隊司令長官が九州に進まず、八王子郊外日野に停まっていることと、沖縄作戦に参加している陸軍航空は僅かに菅原道大中将の指揮する第六航空軍のみで、その他の五個航空軍は参加しておらず、ことに陸軍航空の中核ともいうべき青木戦闘飛行師団は大阪附近に在って、本土決戦の準備中であることを知り、唖然たらざるを得ませんでした。

私は憤りを感じ直ちに帰路につき、給油のために大阪飛行場に着陸しました所、多数の新聞記者に取り囲まれ沖縄作戦に関し質問を受けました。私は『一台の戦車でも上陸してしまえば手強い。数百千の戦車でも船の上にある間は無力である。故に上陸した戦車を叩くのは下の下策であり、船上に叩くのは上策である。しかし船はどこに来るるかわからないからその船の集まっている基地を叩くのが上の上策である』と暗に敵を沖縄に叩くべきであり本土で決戦することの誤りを諷して答えました所、新聞記者諸君は直ちに東京本社に電話したものと見え、私が飛行機の給油を了えて東京に帰った時は、既にその日の夕刊に大きな活字で『遠藤長官曰く』と右の話が発表されておりました。

私は参謀総長を訪ね再び沖縄決戦の必要と本土決戦の不可を具申しようと思い、立川飛行場から直路参謀本部に参りました所、参謀本部でもその夕刊を読んだとみえ、河辺虎四郎参謀次長は私に『(本土決戦)作戦計画を批判するとはひどいじゃないか』と抗議し、梅津参謀総長からは『幕僚共がひどく激昂しているから、今後参謀本部に来る時は厳重に憲兵の護衛を付けて来い』との注意を受けました(遠藤三郎『日中十五年戦争と私』日中書林　一九七四年、三一一八ページ)。

沖縄と本土決戦の方式を巡る参謀本部の上層部と遠藤三郎の対立、これは遠藤が長いものにはまかれるタイプの軍人ではなかったことの証であった。しかし時局は見捨てられた沖縄が陥落し、米軍はその諸島を航空基地として、日本本土に最後の止めを刺そうと身構えていたのである。この最終段階では戦局の推移を決定する鍵は連合国、すなわち米国の大統領の掌中に握られていた。

（4）トルーマン大統領―エースのカードを独占

大日本帝国の崩壊が目前に迫ったころ、遠藤三郎中将の日誌には、国内外のさまざまな動きが記録されている。ポツダム宣言の全文（米軍の飛行機から東京に散布された号外ビラ）や広島の原爆投下、それに八月九日のソ連の対日参戦など劇的なニュースも遠藤日誌に登場する。前の二つは連合国側、とりわけ米国のトルーマン大統領の手に握られたエースの切り札であった。

一方、日本国内の動きでは、米軍機の無差別爆撃で東京全市と地方の中・小都市などが廃墟となり、軍上層部の徹底抗戦の動きや陸軍航空兵器総局長官として、遠藤が工場の移転問題に奔走する姿なども映し出されている。しかし何といっても圧巻なのは八月十五日前後の大本営・軍上層部の動きと天皇による無条件降伏受諾をめぐる波紋であった。

この時期の遠藤は陸軍航空兵器総局長官と大本営幕僚を兼務する立場で、最高戦争指導会議のメンバーではなかった。しかし大本営幕僚でもあり、陸軍中将の立場で軍上層部の一角でその存在感をみせていた。その点から見てやはり遠藤の敗戦日誌は重要である。彼は最高戦争指導会議のメンバーや軍上層部の動きを側面から観察し、その動向を批判し、自分の頭脳で日本の将来が如何にあるべきかを模索した。

しかし興味深い現象は、陸軍中将という高い地位にある遠藤でさえも、まだ連合国側の動きについてはポツダム宣言が発せられるまで、一切確実な情報をつかめていなかったことである。これは日本の戦争指導者が敵側の情報についてはほとんど盲目・無知であったことの証であろう。

当時すでに大日本帝国を崩壊させるエースの切り札は米国のトルーマン大統領の手ににぎられていた。日本に最後の一撃をあびせかける準備工作は、外交と軍事の両面においてトルーマンがイニシアチブをとりながら着々と進行していた。トルーマンは日本という敵国にとどめを刺すため、この戦争の最終段階でどのような判断でその切り札を用いようとしていたのか?

トルーマンはルーズヴェルト大統領が一九四五年四月十二日に死去してから自動的に副大統領から大統領に昇格して、その職務を継承したアメリカの新大統領であった。副大統領時代の彼は外交上の経験に乏しく、英国やソ連、中国の首脳を相手にどれほどのイニシアチブを発揮できるか、その実力はまだ連合国側から見ても未知数であった。しかし米国の圧倒的な軍事力による太平洋地域での作戦の勝利がトルーマンの外交姿勢を支えていた。

一九四五年五月二十五日、太平洋で勝ちに乗じた米統合参謀本部はマッカーサー、ニミッツおよびアーノルド将軍に日本本土上陸作戦として、十一月一日を目標とする九州侵攻作戦（「オリンピック作戦」）を公式に指令し、その後はさらに一九四六年三月一日を目標とする関東侵攻の「コロネット作戦」も計画した。オリンピック作戦の使用兵力は米第六軍の十四個師団で、第五水陸両用軍団の主力が鹿児島湾の西岸吹上浜より、その一部は南岸の枕崎より、第九軍団は有明湾より、第一軍団は宮崎附近より同時上陸を開始する内容で、さらに「コロネット作戦」の使用兵力は第一、第八、第九の三軍団の合計二十五個師団。海軍の参加兵力は、大型空母二十六隻、軽空母六十四、戦艦二十三隻を主力とする一千二百隻の大艦隊であった。

もしも仮に日本の大本営がなお徹底抗戦の姿勢を堅持し、日本本土決戦が実現していたら、すでに米英連合軍がヨーロッパで実施したノルマンディー上陸作戦をはるかに超える世界史上最大の上陸作戦となるはずであった。しかし米国の戦争指導層はこうした軍事作戦では、味方の被害が甚大なることを懸念し、できることならこの大規模上陸作戦を実行する前に、日本を降伏させる手だてがないものかと模索した。この点ではトルーマン大統領も最初は同意見であった。しかもアメリカにはこの最終段階で、日本を降伏させる政治施策が三つ用意されていた。その一つが史上最初の原爆製造の成功で、第二の施策がソ連の対日参戦を促す案、そして第三がこれらの軍事作戦以外に外交交渉で戦争を終わらせようという対日外交施策であった。(註3)

このうち、米国が極秘ですすめた原爆開発計画は最終段階に入っていたが、一九四五年五月の段階ではその実験はまだ成功していなかったし、ソ連の対日参戦もヤルタ会談の密約をスターリンが実行するのかどうか、トルーマン自身で確認することが先決であった。そして第三の対日外交施策は、米国政府（世論も含め）内で意見が二つに分かれていた。一つは日本の天皇制の存続を認めた降伏勧告で、今ひとつが天皇制の存続を認めない降伏勧告であった。

トルーマンは大統領に就任後三ヵ月目に、ついに上記の三つの対日政策を懐にして、国際外交の檜舞台となるベルリン郊外のポツダムに向かって船出した。トルーマンの双肩には、米国とアジアの未来がかかっていた。とくにトルーマンがポツダムに向かった理由には、その最も重要な課題として、ソ連のスターリン首相から対日参戦の確約を引き出すことであった。

ドイツのポツダムでは、トルーマン一行が到着した翌日の七月十六日から八月二日まで、米英ソの三巨頭とその随員が一堂に会して会談した。会談内容はナチス崩壊後のヨーロッパ情勢、とりわけポーランドやバルカン問題などを論じるもので、さらに極東アジアで継続する対日戦争の処理問題も重要な議題であった。この会議の進行状況はトルーマンの『回顧録』①「決断の年」（Harry S. Truman, *Memoirs,* Volume 1, New York: Double Day & Compamy, 1955）や大統領に随行した国務長官J・F・バーンズの手記『素直に話せば』（James F. Byrnes, *Speaking Frankly,* New York and London: Harper & Brothers, 1947）などでくわしく記録されている。以下これらを参照しながら、トルーマンが用意し

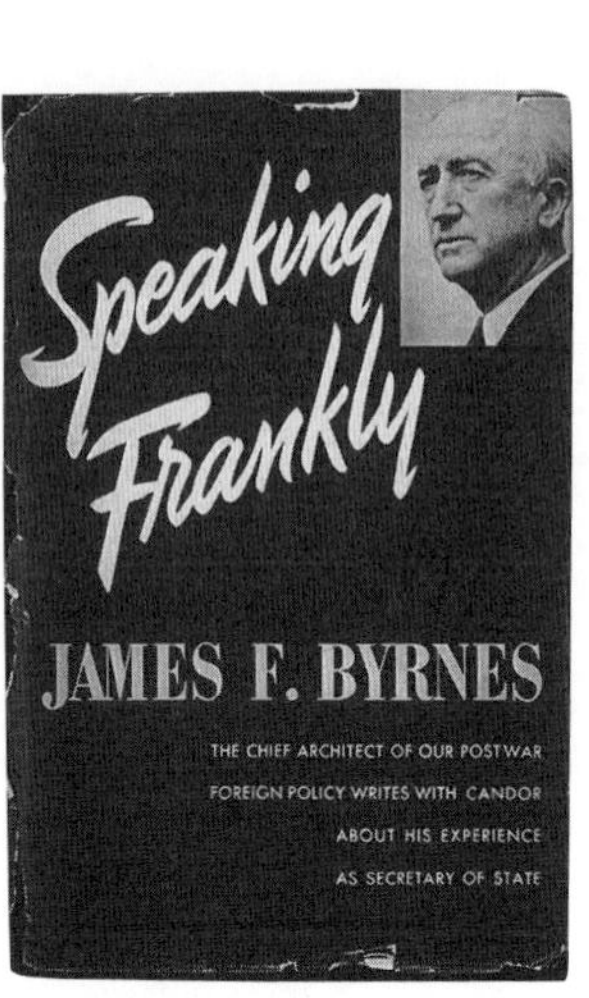

原爆投下へ、go サインしたJ. F. バーンズ国務長官の回想記。

た対日戦争の三つの切り札を確実にわがものとしたプロセスを簡単に要約しておこう。

まず最初にトルーマンが切り札にした米国のニューメキシコでの原爆実験については、七月十六日朝に、米国のハリソンからポツダムのスチムソン宛に最初の朗報が打電された。その電文には「今朝手術完了」「……結果は満足のいくもので、すでに予期した以上のものがあるように思われる」と臨床用語を使用した暗号で記入されていた。ついで会談五日目には原爆実験の詳細な報告がトルーマンのもとに到着し、七月二十四日にはワシントンからさらに「最初の爆弾（手術）は八月一日頃、二番目は八月六日までに：三番目は八月二四日頃までに」「遅クトモ八月十日マデニ準備ガ完了スル」と打電された。トルーマンはこの朗報は自分が望んでいた通りのものだと語って大いに自信をつけたことになる。（註4）第二のカードであるソ連の対日参戦については、どうであったか？　これも七月十七日にはポツダムでスターリンがトルーマンの宿舎を訪問し、「八月十五日に参戦する」と約束し、七月二十四日には、ソ連赤軍参謀総長のアントーノフが連合幕僚長会議で、「八月中旬以降対日戦争に参加できるように（ソ連軍が）極東に集中している」と報告した。これでトルーマンはポツダムに来た重要目的の二つを確かなものにしたのである。残された問題は日本につきつける最後通牒（ポツダム宣言の内容）とそれを発表する時期であった。

すでに対日最後通牒については、ユージン・H・ドーマンや親日派で知られる元駐日大使のJ・グルーが起草した草案がトルーマンの手の中にあった。その内容は日本事情を熟知しているグルーがとくにトルーマンに強調したもので、日本の国体すなわち天皇制の存続を認める前提のもとで対日降伏を勧告するものであった。しかもグルーはこの降伏勧告を早期に（沖縄作戦終結と同時に）発表して戦争を早期に終結すべきだと力説した。

トルーマンも最初、このグルーの提案を評価した。そのことはトルーマンの『回顧録』①「決断の年」で、次のように紹介している。

（一九四五年）五月末、グルー国務長官代理は私に、日本に対し、降伏を勧告する宣言を発するよう進言してきた。この際、天皇を国家元首として残しておくことを許す（we would permit the Emperor to remain as head of the state）旨付け加える方がよいというのであった。グルーは、米国の駐日大使として滞日十年の経験があり、それから推して、それを主張するのだという。そのとき、私はすでにこの事を考えており、それは私にも健全な考え方であるように見えると語った。グルーは対日宣言の草案をもっており、彼はそれを通常の経路を通じて統合幕僚長会議と国務省、陸軍、海軍協調委員会に送付するよう助言した。私が決断を下す前に、すべての関係者の意見を聞くためである[註5]」（Truman, op. cit., pp. 416–417）。

その後、トルーマンとバーンズ国務長官はポツダムに向かって出発したが、今度はワシントンからは、ハル前国務長官もトルーマンが、天皇制の存続を含めたポツダム宣言を発表するよう、ポツダムに到着したバーンズに打電したのである。その日は一九四五年七月十六日であった（Codell Hull, *The Memoirs of Cordell Hull*, Volume2, New York: Macmillan, 1948, p. 1594）その内容はどのようなものであったのか？　ハルの英文回想録を読めば、ハルもグルーと同様で、天皇はこの上なく神聖な人物（He was sacrosanct）で、「しかもなくてはならない」（He was indispensable）と述べ、日本では天皇制を維持し、その宗教的なステータスで、連合軍の生命を助けて、戦争を早期に集結させようと、提案している（Hull, op. cit., p. 1593）。

しかしその翌十七日、ポツダムのバーンズからは、「天皇制維持の、そのステートメントは延期された」というメッセージが、ワシントンのハル前国務長官にとどけられた。この間にポツダムではどのような事情が発生していたのか？　七月十六日はトルーマンの耳に米国の最初の原爆実験成功の朗報が到着し、その翌日にはスターリンがトルーマンの宿舎を訪問して、ソ連が八月十五日に対日戦に参戦することを約束した。この二つは、もちろんトルーマンにとっても、バーンズにとっても、朗報であった。二人は原爆実験の成功とソ連の対日戦の約束をとりつけ、ポツダムに来た二つの目的をはやくも手にいれたことになる。この二つは七月十六、十七日の状況であった。

こうなれば、トルーマンとバーンズの二人は原爆のカードを優先させ、スターリンが対日参戦を開始するまでに、原爆を投下して、その威力をとりわけスターリンに見せつける方法を優先させたとみることが可能となる。しかし、そのカードを切ったのはバーンズであったと思われる。「原爆は兵器としても、また日本に対する最後の審判の装置としても、落す必要はなかった。しかしもしも原爆が兵器として日本に投下されなかったら、最後の審判の装置はその心理的な効果をロシアに与えることができなかった。それゆえ、原爆はそれがロシアにもたらす心理的効果のために日本に投下されたのである」とジミー・バーンズ自身が語っている（Charles L. Mee Jr. *Meeting at Postdam*, New York: M. Evanse & Company 1975 p. 239）。

バーンズのこの証言記録は、ポツダム宣言には日本の天皇制を存続する約束を明記するより、むしろソ連が対日戦に参戦するまでに、日本に原爆を投下せねばならない、その心理作戦的な効果を優先したものと考えられる。その結果、天皇制の存続は削除されたまま、ポツダム宣言は発表された。その日はチャーチルが選挙のためにロンドンに帰国する七月二十六日であった。

バーンズ国務長官は二年後に出版した英文回想記 “*Speaking Frankly*”（一九四七）で、この日の状況について、次のように語っている。

「その日の夜、トルーマンと私が小さなホワイトハウスに帰った時、大統領宛に二つのメッセージが届けられていた。その一通はチャーチルが（イギリスで）選挙に敗北したというウィナント大使からの驚くべき情報と、もう一通は蒋介石総統が、ポツダム宣言として今日知られている文書に賛成するというメッセージであった」（Byrnes, op. cit., pp. 206-207）。

この二つのメッセージはバーンズにも朗報であった。

七月二十六日、こうして天皇制の存続を明記しないポツダム宣言が発表されると、東京では日本の軍部がそれに反発した。日本軍部はその内容を検討にも値しないとはねつけた。これにより鈴木内閣は窮地にたたされ、やむなく首相自身の意見も、批判も付記しない、黙殺の態度を新聞に公表した。「黙殺」とは、英語に直せば、to kill with silence である。(註6) 残念なことにこの言葉が米国を刺激し、日本国民にさらなる悲劇を招来した。八月六日には広島に最初の原爆が投下され、さらに八月九日には長崎に第二の原爆が投下された。

トルーマンは戦後、その『回顧録』①「決断の年」のなかで、ポツダム宣言の発表と原爆投下の関係について、次のように語っている。

「（私は）対日宣言の発表は、来るべきポツダム会談の折にやるべきだと決心した。これは明らかに日本に対する示唆運動であるばかりでなく、世界に対して共通の目的に向かう連合国の団結を示すものと考えたからである。そのときまでにまたつぎの二つのことがはっきりしてくるだろうと思われた。第一はソ連の参戦、第二は原爆の効果であった。われわれは原爆の方は七月半ばに、第一回テストができることを知っていた。もしこのテストが成功するならば、この新しく獲得した武器の力を使用する前に、戦闘をやめる機会を日本に与えたかった。テストが失敗に帰した場合は、直接日本を征服するよりも、その前に降伏させるようにするのがもっと必要であると考えた。マーシャル将軍は、敵本土に上陸して屈服させれば、五十万の米国民の生命を犠牲にすると語った」（ハリー・S・トルーマン著、堀江芳孝訳『トルーマン回顧録①』恒文社　一九六六年、二九六ページ）。

この『トルーマン回顧録』を読めば、最初、トルーマン大統領は原爆テストが成功すれば、その力を使用する前に、日本にこの戦争をやめる機会を与えたいと考えていたという。しかしテストが成功したので、最初のカードとして日本に天皇制の存続について明言しないポツダム宣言を発したのである。トルーマン（バーンズも含め）はなぜ、天皇制の存続を抜きにしたポツダム宣言を作成したのか？　その理由について、トルーマンは明言していないが、バーンズは「チャーチルが帰国の前に、スチムソンの提言した一般的な宣言の内容には賛成したが、その内容は天皇の将来の地位（天皇制の存続）に触れないものであったし、この提言は蔣介石にその同意を得るために送付された」、という発言を残している（Byrnes, op. cit., p. 206）。この発言は何を意味するのだろうか？　見方によれば、天皇制の存続の削除は、自分一人の判断でなく、チャーチルと蔣介石宛にその宣言文（天皇制の存続について未記入）を見せて、その同意があったことを記録しておきたかったのではないか？　と思われる。なぜなら、バーンズはもしも天皇制存続の文字がポツダム宣言に残されていたなら、広島と長崎に原爆を投下する機会が消えてしまう、なぜなら日本は早期に降伏すると考えたとも推測できる。

(5) トルーマンのカードを読めなかった日本軍部

しかし日本の大本営はポツダム宣言の内容と原爆投下の相関関係を知らなかった。ただスターリンがポツダム会談に出席したことは、佐藤ソ連駐在大使から知らされていたが、その会議でスターリンがトルーマンに対日参戦の確約をしたことも知らずに、最後まで日本と米国との仲介役をソ連に依頼する外交施策に大きな期待を抱いていたのである。これは日本軍部がまさに国際感覚を失っていたことを物語っている。古来より戦争の常識として、「敵を知り己を知れば、百戦危うからず」（孫子の兵法）という諺があるが、日本軍部は最終段階においてなお「敵を知らず、己も知らなかった」ことになろう。敵＝トルーマンの掌中にはエースの切り札が三枚も握られていたのである。しかもその二枚は軍事的なものであった。

　原爆の開発はすでにアルバート・アインシュタイン博士がルーズヴェルト大統領に提案したもので、その開発は米国の巨大な国家的事業であった。時間的には二年半の歳月と二十五億ドルの国家予算が投入され、米国の科学と工業、労働、軍事の一致した協力の成果として、十万名以上の人々がそのプロジェクトに参加していたのである。如何に高度な国家秘密であっても、その進行状況をまったく知らなかったのなら、日本の軍部はきわめてお粗末なスパイしかもっていなかったことになろう。さらに日本陸軍は終始、ソ連を仮想敵国とみなし、ソ満国境ではノモンハン事件をはじめ、数々の軍事紛争をソ連軍を相手に展開した歴史的背景があった。つまり日本軍はその旗印として一貫した反共・反ソの政策を堅持していた。勿論、日ソ間には一九四一年四月以後、日ソ中立条約を締結していたが、それは便宜的なもので、戦況がこちらに有利な場合には、日本側からその条約を一方的に廃棄する動きが日本陸軍内部には浮上していた。それにもかかわらず、日米戦争の断末魔で、敗北の色が濃厚になると、こともあろうに仮想敵としたソ連に停戦の仲介を依頼し、その成功の可能性をもとめて最後の望みの綱と期待したのである。

　その外交交渉役は誰が担当したのか？　かっては反共を旗

トルーマンの決断の年：1945年8月の広島・長崎への原爆投下のプロセスを描いている。

印に「広田三原則」で日中関係を調整しようとしたあの広田弘毅が六月三日にソ連のマリク駐日大使をそれとなく箱根の強羅の宿舎に訪ねて、ソ連の意向を打診したのである。この交渉には梅津参謀総長も阿南陸軍大臣も賛成であったという。断末魔の日本の戦争指導者の国際感覚には唖然とする思いがする。広田にしてみれば、迷惑な役目を押し付けられたようにも思われる。

しかしモスクワのスターリンはその（対日外交）交渉の舞台には一度もその姿をみせなかった。日本政府は最終的な切り札として近衛文麿元首相を特使としてモスクワに派遣しようと熱意を示したが、ソ連側はその手にものらなかった。勿論、近衛もその思想は反共で相手が信用する大物役者ではなかった。日本政府の期待は独りよがりで、一方的に時間を浪費するばかりで、その間にトルーマンがエースの切り札をきったことになる。

八月六日、すでにマリアナのテニヤン島の基地から飛び立ち広島の上空に飛来した米戦略爆撃機「エノラ・ゲイ」が午前八時十五分に人類史上最初の原爆を広島市の上空で爆発させた。それは今まで日本人が夢想もしなかった強力な爆弾で、巨大なきのこ雲が大空に舞い上がり、強烈な閃光が地上の建物と人間をなぎ倒し、瞬時にすべてのものを焼き尽くした。

この広島の悲劇を遠藤中将は翌八月七日付の日誌に次のように記入している。

昨朝広島ノ空襲ニ於テ敵ハウラン原子ヲ使用セルモノノ如ク被害甚大　大混乱ヲ惹起シアルガ如シ

遠藤日誌の記述はただこれだけだが、いささか気になる文字は彼が「敵ハウラン原子ヲ使用セルモノノ如シ」と記載したことである。恐らく遠藤は想像を絶する被害の大きさから直感的にこの爆弾が原子爆弾だと考えたのかも知れない。しかし日本政府は新聞で、直ぐに原子爆弾だとは発表せず、八日付の新聞では大本営発表として「一、昨八月六日広島市は敵B29少数機の攻撃により相当の被害を生じたり　二、敵は右攻撃に新型爆弾を使用せるものの如きも目下調査中なり」という曖昧なニュースを発表したにすぎなかった（『東京朝日新聞』一九四五年八月八日付）。そして二日後にはさらに同紙で八日に広島から帰阪した陸軍参謀の広島視察談話を報道し「新型爆弾決して恐る丶に足らず」新型爆弾に勝つ途は「屋外防空壕に入れ」と国民に呼びかけた。なんという無責任さか。(註7)

しかし日本の悲劇はこれで止まらなかった。同八月十日付の新聞にはさらにソ連の対日宣戦布告記事が一面トップで報道された。

遠藤は八月九日付でソ連の参戦を知っていたが、その日の日誌で「昨夜半〝ソ〟連　皇国ト戦争状態ニ入リ　満洲国境ニ進入セルノ報アリ　愈々最後ノ段階ニ入ル」と記入している。

ここで遠藤はついに「万事休す」の思いを固めたのである。遠藤にとって、ソ連軍が侵攻してきた満洲は思い出多き大陸であった。その土地は彼が若き日に関東軍の作戦主任参謀として活動した檜舞台でもあった。その赤い夕日に照らされた原野と自ら関東軍作戦主任参謀としてソ満国境地帯に築城した関東軍の永久地下要塞を彼は感慨深く思い出したはずである。しかし遠藤の敗戦日誌には、その思いは記入されていない。断末魔に立たされた大日本帝国の陸軍中将として、遠藤はその感慨にふける心のゆとりも無かったのかも知れない。彼の脳裏には天皇制の国体護持、それのみが敗戦の結果、危機に立つという恐れが交錯していた。

「天皇制の護持」、国体護持は当時の日本人にとっては、自分の命にも優るものであった。もしも天皇制の護持がポツダム宣言に挿入されていたら、日本の敗戦は数日、早まっていたかもしれない。そうなると、アメリカは初めての原爆実験に成功しても、その最終兵器を使用する機会を失ったことになる。しかしソ連が北満に侵攻するまでに、その究極の兵器を使用すれば、日本の無条件降伏と戦後の冷戦構造のなかで、ソ連を相手に優位な立場にたつことができる。バーンズ国務長官のその予測は広島の原爆投下の決意を促し、その投下日時を速める要因になったと考える。

断末魔の日本の敗北は、誰の目にも明らかであった。そのことはバーンズの先の証言を読めばわかる。そこでソ連に対する心理的な効果を期待すれば、早期に使用することが求められた。その時間とのつばぜり合いが、広島と長崎の悲劇を発生させたと思われる。

註

註1　米軍の上陸地点をめぐる流言蜚語

昭和二十年六月、沖縄戦の敗北が濃厚になると、日本本土では「この次は日本本土に米軍が上陸する」という噂が一人歩きで飛び交った。当時、私は京都市伏見区に住んでいたが、近くの住民が井戸端会議で、「上陸地点は伊勢湾ではないか？そのときわれわれは竹槍でたたかうことになる。鉄砲で射撃する米軍に竹槍戦法しかない。これで勝てるのか？」と不安に満ちた表情で会話していたことを記憶している。

大本営からは国民に何も具体的な情報は伝えられなかった。それだけに一層住民は恐怖のなかで互いにあれこれと根拠もなく情勢を考え、それが流言蜚語となり広く拡大されて行った。少年の私は、伊勢湾から上陸した米軍の大砲音がとどろく夢をみて、うなされた記憶がある。

註2　蚤と同居した丸腰の本土決戦兵士たち

昭和二十年春、本土決戦前の徴兵令により、動員された陸軍将兵は丸腰であった。私が住んでいた京都市伏見区にあった陸軍第九連隊の兵舎の正門内でも、あらたに動員された新兵が軍事訓練を受けていた。少年の私は彼らが街中を軍歌を歌いつつ隊伍を組んで行進する光景も目にした。兵士の顔は引き締まり、目だけがうつろであった。希望のない奴隷のような兵隊の行進であった。

年齢は四十歳代が多く、なかには五十歳代の老兵も含まれていたように思う。全員支給された軍服は着用していたが、腰には帯剣もなく、勿論三八式歩兵銃も肩に担いでいなかった。軍事訓練といっても、整列と行進が主たるものであった。沖縄が陥落するころ、兵士の数が急増し、既存の陸軍兵舎に収容できなくなった。そのために私が通う伏見の桃山附属小学校（師範学校）も校舎の半分が兵営として使用された。運動場の半分は薩摩芋畑となり、教室と講堂には寝台が持ち込まれ、陸軍の兵士が寝泊りすることになった。校門には三八銃をもった歩哨がたち小学校二年生の私たちは、その兵士に敬礼して、校舎に入った。講堂のなかに配置された寝台には、発熱した兵士が戦友に水道の水でぬらしたタオルで額を冷やしてもらっていた。病名はわからなかったが、水枕や薬品もなかったのだろう。

沖縄が陥落すると、上空には米軍のグラマン艦載機が飛来し、キーンという金属音をたてて急降下したかと思うと、藤の森の兵営めがけて機銃掃射を加えた。そのとき、私は家の北側の畑や橋の下にひれ伏した。足がガタガタと震えて、恐怖のあまり心臓がとまりそうであった。

夏休みの明けるころ（敗戦の約二週間後）陸軍兵士らが寝泊りした教室に入ったとき驚いた。床には蚤の大軍が生息し、私の両足からぞろぞろと這い上がってきた。見る見る何十匹かの蚤に体中の血を吸われ、あわてて教室から退散した。蚤は陸軍兵士の置き土産であった。

その数日後、私は発熱し、医者の診断を受けると、血液検査の結果、腸チフスと診断された。直ちに隔離され、京都日赤病院に約二ケ月間入院した。四十度を越す高熱で、一時は生死の間をさまよった。知り合いの医者と家族が入手してくれた闇販売のブドウ糖の注射（一日三回）のおかげで何とか生命をつないだ。今になって思い返せば、生死の間をさまよう暗黒の闇の中から私がこの世に連れ戻されたのは、「この少年は将来、この戦争の真実と悲惨さを後世に伝える役目をはたすから、それまで生かしておけ」と見えざる天地創造の神がこの世に私を引き戻してくれたからだと考えている。頭髪は半分抜けた姿で退院した。

註3

対日戦争を終結させる三つの施策

米国の近代史家ハーバート・ファイス教授はその著書『原爆と第二次世界大戦の終結』（Herbert Feis, *Japan Subdued: The Atomic Bomb and the End of the War in the Pacific*, Princeton: Princeton University Press, 1961）のなかで、アメリカの指導者が日本を屈伏させる確実な施策が三つあったと記述した。

その一つは「陸海空どこからでも、手の届く限り日本と日本軍に対する攻撃を拡大し、ついには日本本土への侵攻にまでいたる方法」、第二は日本人の自尊心を傷つけないで誘導する方法、つまり日本国民が「降伏後の扱いが我慢できる程度のものであることを確信すれば、最悪の惨状に追い込まれる前にあきらめはしないであろうか」という考え、第三が日本人にとって抵抗できない新型兵器を米国が持ち、「降伏を拒否すれば、徹底的な破壊に行き着くだけだとわかったとき、恐怖のあまり降伏するかもしれない」と判断していたという（Feis, op. cit., pp. 3-4）。ここにいう第一の施策は日本本土上陸作戦で、第二がポツダム宣言の受諾、第三が原爆投下であった。米国大統領は原爆の投下以前に、第二の施策、ポツダム宣言（七月二十六日）を発したのである。

註4　日本に対する新型爆弾使用を命令した歴史的文書

七月二十四日、ワシントンからポツダムに原爆使用の情報が打電された、その日の午後に、ワシントンでは、テニアン島で原子爆弾を搭載した爆撃機が出撃態勢に入る日時が参謀本部に報告され、アメリカ戦略空軍司令官カール・A・スパッツ将軍が日本に対して投下する新型爆弾の使用を指令する歴史的命令書を作成した。その文書には、「第二〇航空軍第五〇九混成大隊は、一九四五年八月三日頃以降、天候が有視界爆撃を可能にする際には直ちに、目標である広島、小倉、新潟、長崎のいずれか一つの目標に最初の特殊爆弾を投下すること……」と記入された。これが人類史上最初の核弾頭使用の命令書となった（Feis, op. cit., p.88）。なおこの日、ソ連側幕僚がポツダム会談で提出した資料には、「満洲国」に駐兵する関東軍の兵力の実情（一九四四年末）が報告され、関東軍の軍事力は一九四三年末の最大限であった戦力の約半分に減少し、急遽予備役や他の戦場から動員された兵力を加えても、約二四個師団と九個混成旅団（約四十五万人）に減少していると報告されている。この情報はトルーマンらを喜ばせたものと思われる（Feis, op. cit., p. 87）。

註5　日本の無条件降伏条件について：トルーマンとグルーの会談

グルーとトルーマンが日本の無条件降伏についてペンタゴンで会談したのは一九四五年五月二十八・九日で、そのときグルーは自分の訪問の目的が、①日本が今も将来も世界の平和を脅かすことを不可能にすることで、そのためには日本の戦力と戦争の道具をつくるための能力を破壊すること、そして日本の軍事力が全体的に破壊されねばならないこと、②可能なかぎり、日本人の軍国主義崇拝が消滅させられねばならないこと、③日本人による無条件降伏の最大の障害物は天皇の永久追放と天皇制の破壊をもたらす考えである」と指摘している（Joseph C. Grew, *Turbulent Era: A Diplomatic Record of Forty Years 1904-1945*, Volume2, Boston: Houghton Mifflin Company, 1952, pp. 1428-1429）。トルーマンは最初、グルーのこの提案に賛意を表したのである。

註6　広島、長崎の悲劇は避けられたはずだ！

ロシアの軍事史家ボリス・スラヴィンスキーはその大著『日ソ戦争への道』（加藤幸廣訳、共同通信社　一九九九年）の中で、「四大国の共同声明（ポツダム宣言）に天皇制を維持するという約束が入っていたなら、一九四五年七月二十六日付のポツダム宣言を日本政府は受諾することができたに違いない。しかしここで（米国務長官の）バーンズは、広島と長崎に原子爆弾を使用する必要性に米国を導くという戦略的な誤算を犯したのである」（前掲書、四六二－四六三ページ）と書いている。

さらに、広島、長崎への原爆投下には今一つ日本政府が「ポツダム宣言」を黙殺した結果でもあるとしてスラヴィンスキーは次のように書いている。

「七月二十八日、鈴木首相は、戦争継続派から圧力をかけられて、記者会見で、日本はポツダム宣言を黙殺すると表明。この表明は、米国に原爆を使用する口実を与えた。七月二十五（四？）日に出された原爆命令は取り消されなかった」（前掲書、四六三ページ）。歴史家スラヴィンスキーのこの二つの指摘は世界史上初の原爆投下とポツダム宣言（黙殺）の関係に注目したもので、興味深い。

註7

原爆投下直後：日本の新聞が国民に伝えた避難方法

広島に原爆が投下された直後の八月十日付、「東京朝日」が掲載した記事によると、「新型爆弾に勝つ途」は「屋外防空壕に入れ」と国民に指示するものであった。この記事は広島の惨状を視察した陸軍参謀の視察談話を掲載したものだが、閃光が「暑い痛い感じ」と報道しながら、原爆とは報道せず、国民に「地下生活に徹せよ」と呼びかけた。

当時は軍による言論統制下で、この記事も軍の指導で掲載したものと思われるが、言論機関としては、事実関係を無視したいかにも無責任な報道であったかがわかる。

第七章　断末魔の「神国」日本と遠藤三郎

前章では、ソ連軍が満洲に侵攻した日（一九四五年八月九日）の遠藤日誌に「愈々最後ノ段階ニ入ル」と記入されたことにふれた。

このソ連軍の満洲侵攻は関東軍が対ソ防衛の永久地下要塞を楯として、どれほど踠いても、その要塞にこもる兵力には限りがあり、後方からの増援部隊も到来しないその現実がもはや救いようのない大日本帝国の断末魔の姿であったことになる。スターリンはすでにポツダム会談の折、米国大統領トルーマンの要請を受けて八月十五日にソ連が対日参戦をすると約束していたが、アメリカの原爆投下で、先を越されたスターリンは対日戦後処理を有利にするため、満洲侵攻作戦の開始を急遽八月九日未明に繰り上げたのである。スターリンも、対日参戦開始の日時を速めたのである。

そのスターリンの命令を受けたソ連極東軍（総司令官ワシレフスキー元帥）は直ちに軍事行動を開始し、ソ満国境の三方面から怒濤の如く満洲になだれ込み、北満地下要塞を拠点として国境を守備する関東軍に襲い掛かった。その侵攻ルートは満洲の東部国境と北朝鮮方面に向けてはソ連第一戦車軍（メレンコフ元帥）が、満洲北部正面からは第二戦車軍（大将ブルガーエフ）が、さらに西部国境方面からは第三戦車軍（マリノフスキー元帥）が戦車（軍団）を先頭にして侵攻した。

これに対し、昭和二十年八月当時の関東軍は、もはや昔の精鋭部隊ではなく全軍を投入しても二年前の約半数の軍

1945年夏頃米軍が日本本土に配布した伝単(1)は、次の空襲の予告(2)(3)は「無条件降伏の意義」と題してポツダム宣言の全文を印刷したビラ。

(1)

此のビラを皆様に投下する目的は皆様の住んで居られる都市が米空軍の次の攻撃目標として選ばれたことをお知らせする為です。此のチラシを投下してから七十二時間以内即ち三日以内に爆撃を開始します。更に此のことを爆撃に先立ってお知らせする理由は日本軍部当局が充分な余裕時間を與へ皆様を我が空襲から護る為に必要な防禦措置を講ずるやうにさせる為であります。

皆様軍部がどんなに無力であるかと云ふことを見て居て下さい。　私達は日本の軍部が米國の確乎たる戦争遂行の決意や壓倒的攻撃を阻止することが出来ないのを知って居ますからはつきり私達の攻撃計画を通知して置くのです。

私達は軍部がどんなに無力であるかと云ふことを皆様にお知らせしたいのです。　出鱈目な無茶な行動を採って皆様を潰滅の窮地にまで陥し入れた軍部に盲目的に附いて行く限り市から市へと猛烈な空襲を敢行して組織的に破壊して行くより外に途はないのです。

此の呪はしい軍部を倒すのは今です。これこそ日本を救ふ唯一の道なのです。

米戦闘員の皆様は直ちに避難して下さい。

裏

表

(2)

指導の下に何時迄も戦を継續するならば我が米軍の攻撃力は日々にその強烈さを増す一方となり軍需工業を初め船舶其の他日本軍部を支援する總てのものは完全に破壊されるであらう。　そして戦争が長引けば長引く程日本國民の苦痛と困難は大きくなるであらう。しかしそれは全く無駄な事なのである。

何故なれば我が米軍は日本の陸海軍が完全に無條件降伏する迄は絶對に攻撃を中止するものではない。

しからば一体軍事上の無條件降伏とは一般國民に何を意味するか？　それは戦が終結し日本を現在の如き破滅の淵に導いた軍指導者連の権力の終末を意味するものであり　又それは陸海軍兵士を彼等の家庭へ、農村へ、又夫々の職場へ歸へす前提でもあり　尚又それはこの戦に勝利の夢を抱いてゐる日本國民の苦悶　苦悩をこれ以上長引かせぬことをも意味するものである。　日本國民の滅亡又は奴隷化を意味するものではない。

裏

無條件降伏の意義

平和と道義に基く世界新機構確立の為に戦争を遂行中の聯合軍は軍國主義ドイツを完全に撃破し今や世界に取り残された唯一の軍國主義日本の攻撃に全力を擧げてゐます。

此の時に當りツルーマン米國大統領は日本國民に對し日本の軍國主義者を撃滅せんとする米國の断乎たる決意と無條件降伏の意味とを述べた聲明を發したが此處に再び國民諸君の熟考に供する為にその聲明を御傳へいたす事にします。

『ナチス独逸はついに潰滅し去った。今や日本國民は我が陸海空軍の偉力をつくづく心から感じた事であらう。もし日本が軍首脳部の

（裏へ續く）

Army Occupation Landing, Oct. 28, '45
The Bomber Plant City of Nagoya,
Honshu, J.-Target of Doolittle Raid

表

(3)

日本軍首脳者は、吾が國土防衛は鐵壁陣であると誇り、本土の攻撃を敢行するものあらば吾が海、空軍は断乎之を殲滅する、と断言した。

今日、米國の海空軍は日本本土を自由に攻撃し然も刻々熾烈の度を加へ軍首脳者は全く無力となってしまった。

日本海、空軍が今や國土防衛の責任を果し得なくなった事は明白な事実である。軍首脳者の所謂「國土防衛」は単なる空言に過ぎない。彼等には最早や指導者としての資格はないのである。

米軍の總攻撃は未だ始められてゐない。併し若し總攻撃が開始されれば凡ては徹底的に無惨に破壊されるのである。

日本を救ふ道は軍首脳者の豪語ではない。日本國民の「無條件降伏」によって御土を救ひ得るので

裏

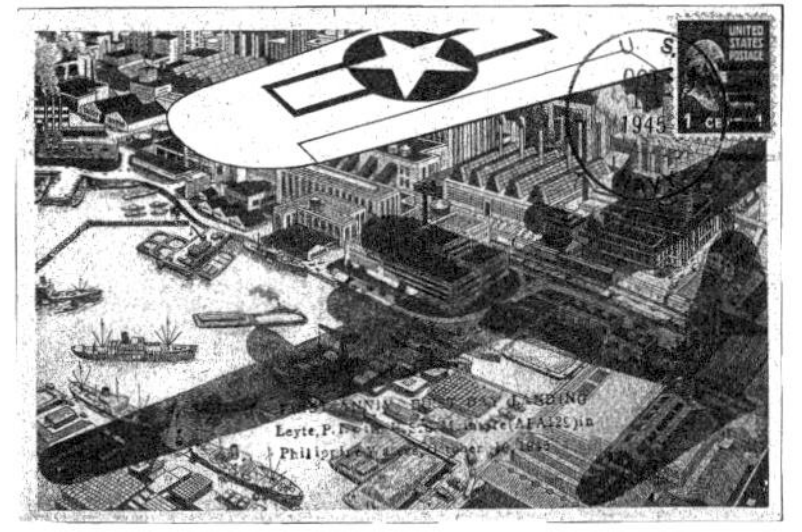

表

事力であった。すでに山田関東軍司令官は強力なソ連軍の侵入を予測し、本格的な北満の防衛をあきらめ、首都を新京から通化に移して防衛線を大きく後退させ、南満洲鉄道線路と朝鮮の北部を防衛ラインにして、最後の作戦を展開する構想を密かに立案していた。しかし広大な満洲を守備する関東軍はもはや強大な極東ソ連軍を各部署で撃退できる戦力を保持していなかった。関東軍が永久地下要塞と豪語し構築した北満の地下要塞地帯でも、関東軍の守備軍は迫りくるソ連軍を迎え撃つには、無力に近い状況であった。

同年七月末時点における関東軍と極東ソ連軍との戦力比較を簡略に表示するとおよそ次のようなものであった。

	関東軍	ソ連軍
師団数	二十四	五十
総兵員	七十五万	百三十万
飛行機	百六十機	四千八百機
戦車	八十輌	三千五百輌

（軍事力のこの詳細については、マリノフスキー著、石黒寛訳『関東軍壊滅す』徳間書店　一九六八年。防衛庁防衛研修所戦史室『戦史叢書　関東軍』（2）朝雲新聞社一九七四年。徐焔著、朱建栄訳『一九四五年満州進軍』三五館　一九九三年参照）

この数字を見れば一目瞭然で、所詮は極東ソ連軍と勝負にならない戦力比率であった。関東軍は師団数と兵員数では極東ソ連軍のおよそ半分で、かっては泣く子も黙ると恐れられた最精鋭部隊も、もはや昔の勇者の面影はなかった。最終段階においてなぜ関東軍がそれほど弱体化してしまったのか？　その答えは明瞭であった。南太平洋のサイパン島の決戦以来、関東軍の精鋭部隊は逐次、中央部の命令で南太平洋の決戦場に引き抜かれ、最終的に本土決戦が叫ばれるころには、虎の子の戦車部隊（戦車第二）までが日本本土に密かに移動していた。いまや断末魔の関東軍は総入れ歯の老朽化した軍団にしか過ぎなかったのである。

（1）木戸幸一公爵──「太平洋を真に太平洋たらしめよ」

それでも日本陸軍の中央部は本土決戦をあきらめなかった。本土を最後の決戦場にして全軍が玉砕戦法で戦うと絶叫した。勿論この叫びには国民の生命を守るという視野は欠落していた。軍上層部の脳裏には、国土を破壊し玉砕戦法で屍をさらした廃墟の日本列島に勝利の日の丸がたなびく空虚な未来を描いていたといえよう。

しかし幸いにも、大日本帝国に君臨する天皇は、いきり立つ軍部と同一歩調ではなかった。昭和天皇は軍上層部に懐疑的となり、ひそかに内大臣の木戸幸一公爵と連携した和平工作を模索しつつあった。

天皇に信頼された木戸幸一は宮中派の重臣で、常識に富む骨太い文官でもあった。戦時下も内務大臣、内大臣および天皇側近の輔弼役として、宮廷グループと内閣、政界の最高指導層の内部で直接あるいは間接に政治工作にあたった人である。その木戸が天皇の輔弼役として、最終段階でたけり狂う軍部に対決して、勇気をふるって終戦工作に乗り出したのである。そのプロセスは木戸日記や極東国際軍事裁判での木戸自身の供述書などに詳しく記録されている。

それら残された記録によれば、木戸公爵はすでに一九四五年六月八日に有名な木戸試案（「時局収拾対策試案」）を昭和天皇に奉呈したことから、天皇の指導と裁断で「終戦」への道が漸次、準備されていったことがわかる。しかもこの木戸試案には、軍の本土決戦構想にはみられなかった日本国民の生活と安全への配慮とさらには日本軍の占領したアジア地域の民族的独立の達成にまで言及されていた。（註1）

木戸公爵は六月九日の午後一時半に天皇に拝謁し、いわゆる木戸試案なる戦争終結構想を天皇に直接言上していた。それを見た天皇は満足の表情で、和平派とみられる鈴木首相や米内海軍大臣、東郷外相に協議したいという木戸の提案を了承した。
このころの陸軍はなお沖縄決戦の最終段階にあり、阿南陸軍大臣や統帥部の両総長は本土決戦を優先し、最終的な戦果の上に連合国側と和平交渉をなすべきだと譲らなかった。その結果、最高戦争指導会議のメンバーは二つに分かれ（降伏か、本土決戦かに分裂し）、容易に最終結論を見出すめどがたたなかった。しかし木戸の命がけの根回しと原爆を投下したトルーマンのエースの切り札は間接的に木戸が主張する方向に追い風となって作用した、とみることもできよう。

しかし日本の政局は八月九日午後二時半の閣議でもなお意見が紛糾した。そしてついに日本の運命を決定する歴史的御前会議が翌十日の午前零時に開催され、鈴木首相と阿南陸相、梅津参謀総長、豊田軍令部総長、平沼枢相　東郷外相らが出席する面前で、陸相の本土決戦案か、無条件降伏か、について議論されたあと、ついに午前三時、ポツダム宣言受諾の「聖断」が発せられたのである。天皇は「かりに日本本土に敵を迎えたら国民はどうなるのであるか、…本土決戦となったら国民は亡びてしまうではないか」と明快に本土決戦案を否決した（伊藤正徳『帝国陸軍の最後③特攻・終末篇』光人社　一九八一年、二六九ページ）。

（2）「皇室ノ安泰ハ我々国民ガ守ルモノ」

こうした最高戦争指導層の動きは間接的ながら、航空兵器総局長官の遠藤の耳にも伝えられた。たとえば天皇の「聖断」が発せられた翌十日の遠藤日誌には、早朝、無条件降伏の噂を耳にし、午前九時には国務司令室で大臣（国務大臣か）から前日の閣議の結果を正式に伝達された。その模様は遠藤日誌に詳しく記録されている。遠藤は皇室の安泰を連合国にゆだねたことに不満をぶつけているが、その真意は天皇の安泰はわれわれ臣下がまもるものという自負心が先行していたことを示している。それは軍人としての彼の責任感のあらわれであったろう。しかし陛下の裁断とあっては、もはや万事休すということか、ともかくも無条件降伏を知ったときの遠藤の反応と動きをその日誌から紹介しておこう。

遠藤はこう記述した。

八月十日「早朝明石少佐　帝国ガ無条件降伏ノ噂アリトテ　訴ヘニ来ル　予未ダ其ノ真相ヲ知ラザルモ　現政府ハ其ノ意図ナル疑十分ナリ　九時国務司令官室ニ於テ大臣ヨリ昨夜ノ閣議ノ結果ヲ聴取ス

〝皇室ノ安泰〟ヲ条件トシテ三国ノ降伏提言ヲ承認スルニ決セリト　何タルコトゾ　〝皇室ノ安泰〟ヲ条件トシテ降伏トハ取モナホサズ　我々国民ガ皇室ヲ守護シ得ズ其ノ保護ヲ敵国ニ委シタル事ナリ　斯クノ如キコトハ国民ノ一員トシテ絶対ニ忍ビ得ザル所ナルヲ以テ陛下ノ御裁決ヲ得タルモノナリヤヲ問ヒシニ午前二時御裁決アリシモノナリトノコトナリ　陸軍ノ意向ヲ聴取スベク次官及ビ大臣ヲ訪ネ聴取セシニ同様ノコトナリ（陸軍）大臣ハ孤軍奮闘　戦闘ノ続行ヲ主張セシモ大勢如何トモナシ難ク　〝忠誠勇武ナル陸軍軍人ノ武装ヲ解除スルハ忍ビ得ザル所ナルモ勝算ナキ戦争ヲ続行シテ此ノ上犠牲者ヲ出スハ不可ナリ〟トノ（陛下の）御裁断アリ　大臣ハ遂ニ慟哭セラレ稍興奮ノ様子」

「本土決戦」で「死中自ら活あるを信ず」と主張した阿南陸相。

この後、遠藤は海軍軍令部に向かい、そこで信頼する大西瀧治郎中将に面会して善後策を相談している。

その翌日の八月十一日から十五日付けの遠藤日誌によれば、「時局ヲ憂フルノ士多数相次デ来リ応接ニ暇ナキ程ナリ」（十一日）とか、「時局問題善後策談合」（十二日）の記入があり、それらは終戦をめぐる善後策を軍人仲間で話し合っていたものかと推測できる。

しかし天皇により本土決戦案を否決した「聖断」が下されてもなお、陸軍の上層部と内閣情報局の間では、降伏をめぐる意見の調整が難航している様子であった。たとえば、十一日付の新聞では内閣「情報局総裁談」と「陸軍大臣布告」が紙面の上段に同時掲載されて、前者では「正しく国体を護持し民族の名誉を保持せんとする最後の一線を守るため政府はもとより最善の努力をなしつつあり」などと抽象的な表現があるだけで、まだ「終戦」の字句はなく、後者では「たとえ、草を噛み土を齧り野に臥すとも、断じて戦うところ死中自ら活あるを信ず」など、なお軍が徹底抗戦の姿勢を堅持しているかのごとき印象を国民に伝えていた。陸軍大臣の布告は戦争継続命令と解されるほど激越であり、内閣情報局総裁の談話は意味があいまいでとても国民には理解しがたい官製の一文にすぎなかった。

さらに翌十二日午前零時四十分にはアメリカからの放送が接受され、日本政府が付した国体擁護の条件に対する回答が寄せられたのである。そしてその回答文に「（日本政府は）降伏の時より天皇および日本国政府の国家統治権は、降伏条項実施のためその必要と認むる措置を執る連合軍最高司令官の制限（subject to the Supreme Commander）の下に置かるるものとす（外務省訳）」とあり、その解釈をめぐって戦争指導層がまたも紛糾した。

陸軍では敵の軍司令官に「subject ＝従属」するとはいったいなにごとかと反発し、一時は強硬論に転化一決する一幕があった。しかし天皇の決断は揺るがなかった。十四日の午前十時半、天皇による緊急の呼び出しに参集した二十三名の臣下のうち、まず永野、杉山、畑の三元帥が天皇の前に召され、天皇から「戦争を終結することに決意したから軍はこれに服従すべしという」大元帥命令を拝聴した。これは大元帥陛下の絶対的な命令であり、いかにいばりちらした軍上層部といえども服従する以外に道はなかったであろう。

それから天皇は最終の御前会議に臨席し、今度は「自分がいかになろうとも万民の生命を助けたい」とのべて、「陸海軍大臣は共に協力し、よく治まるようにしてもらいたい」と厳命した（伊藤前掲書、二八〇ページ）天皇のこの厳命は当時としては「神」の声といっても過言ではなかったろう。

やがて十四日の午後三時四十分に阿南陸軍大臣が閣議から司令室にもどり、その部屋で局長会報に列席する軍上層部に天皇の「聖断」を伝達した。遠藤三郎もその場に列席し、阿南陸軍大臣から閣議の模様をしらされたのである。その日、遠藤は不満ながら次のように日誌に記入した。

八月十四日「昨日好転シアリ情報ハ急転シ　降伏ニ決セル旨川南氏ヨリ通報アリシ、…　午後三時司令室ニ至リ局長会報ニ列席　三時四十分（陸軍）大臣閣議ヨリ帰リ　無条件降伏ヲ承認シ御決定（天皇の聖断のこと）明日詔勅ヲ煥発セラルル旨伝達アリ　而シテ本日ヨリ之レガ実行ノ準備ヲナスベキ旨命ゼラル、電力局長曰ク〝戦争ニ勝コトノミ考ヘアリ　我等ニ敵ノ御機嫌ヲ取ル様ナ仕事ハ出来ズ　故ニ免官セラレ度（タ）シト〟誠ニ然リ　予ハ大臣等ガ輔弼ノ責ヲ完ウセラレアラザルヲ難詰ス　即チ聖断ノ名ノ下ニ責任ヲ陛下ニ負ハセ未ダ一人ノ和気清磨ヲ派シテ神勅ヲ仰クコトヲセズ又国民ノ声ヲ聞カンガ為メニ議会招集ノコトモセズ降伏後必然的ニ来ルベキ苦シミノ恨ミハ悉ク陛下ニ行クガ如キコトトナスハ許シ得ザルコトナリ……」

これをみれば遠藤はあくまでも心の底からの尊王論者であったことがわかるであろう。

戦争の終結は陛下を輔弼する大臣が決断すべきこと、それをしなければ、その責任は天皇陛下一人に負わせることになる。現実に最終段階で陛下の決断を仰いだのは鈴木首相であったが、遠藤は名前を挙げなかったにせよ、鈴木首相をはじめ各大臣の不甲斐なさを難詰したことになろう。(註2)しかし聖断は下った。その翌日は天皇がラジオ放送で、全国民に向かってポツダム宣言の受諾を放送することになる。

(3) 八月十五日の日本国民

一九四五年八月十五日、その日の日本列島は雲ひとつない澄み切った青空と夏の太陽がぎらぎら照りつける長い一日であった。「正午に昭和天皇のラジオ放送がある」という事前の知らせが伝わり、最初は何だろうか？　といぶかしがった人もあった。しかしはじめて天皇の声が聞けるという期待もあり、全国津々浦々各家庭や職場では内心で不安を実感しながらも昭和天皇の放送を聴くため正午前ラジオの前にあつまった。十二時になると、玉音放送がながれだした。ラジオの前で、国民は深く頭を下げながらも、これが現人神という天皇の肉声かとしばし幻想の空間にわが身をよこたえるような気分を味わった。しかし、その声は肉声ではなく、前日に秘密裏に収録された録音版からの再生で、放送開始と共に「ピー・ピー、ザー・ザー」という雑音がかさなり、天皇の声をはっきりと理解することができなかった。

それでも耳のよい大人たちはその雑音のなかからでも、天皇の「ポツダム宣言受諾云々」の文言を聞きとり、「ああ、天皇が日本の降伏を国民につたえられたのだな」と判断することができた。短い放送がおわると、日本が負けたことを自覚し、国民は悔し涙を流した。当時、多くの国民はこれにより、日本人が軍国主義の抑圧から「われわれも解放されたのだ」と自覚できる人は少なかった。いまからみれば、残念なことである。しかし戦時下の政府機関による言論統制と日の丸と「天皇絶対主義」の教育を骨身にたたきこまれた多くの国民には、天皇絶対主義と軍部独裁からの解放がなにを意味するのか、それさえわからない島国的「皇国国民」になりはてていたのである。

八月十五日、天皇の玉音放送を聞くために、ラジオの前に集合した日本国民の実像はおよそこのようなものであったと私は今も考える。(註3)

（4）遠藤三郎の八月十五日

遠藤三郎もこの日の正午、東京で航空総局の関係者ら十数名とともに、天皇の詔勅（玉音放送）を拝聴した。遠藤は戦争指導層に属した陸軍将軍の一人で、すでに昭和天皇が連合国から通告されたポツダム宣言を受諾する旨、決断をくだされたことを知っていたから、一般国民とはことなり、その放送内容をある程度まで想像していたと思われる。

しかしこの戦争を指導する立場にあった軍人として、遠藤はどのような心境でその日を迎えたのであろうか？　その日の遠藤日誌は悲痛な思いで次のように記入している。

八月十五日――「水　晴　出勤ノ途中陸軍省ニ立寄ル　大臣室ニハ那須兵務局長アリ（阿南陸軍）大臣ハ本朝五時官邸ニテ自決セラレタルヲ知ル　嗟　阿南大臣無念　直チニ次長ヲ訪ネ　昨日同様勅使派遣及議会招集ノ件ヲ謀リタルモ同意ヲ得ズ　参謀総長梅津大将ニ直接意見ヲ具申ス（土肥原大将同席）今日迄民ノ苦痛ハ軍閥ニ対シ訴ヘラレアリタルモ　今日ヨリハ陛下ニ向ケラルベク之レ全ク赤ノ陰謀タリ　結果ハ仮令降伏ニ決セラル丶モ勅使御派遣及議会招集ハ是非上奏セラルベキヲ具申ス声涙共ニ下ルヲ如何トモナシ得ザリキ　更ニ降伏ニ決定セバ武装解除ハ奉勅命令ニ依リ実施セラルベク且降伏ニ先チ軍人ヲ免官セシメラレ度シ之レ日本軍隊軍人ニハ降伏ナキヲ以テナリト具申ス　総長ハ勅使ノ件ハ上奏スベシ　免官ノ件ハ今回受諾セルハ降伏ト解セズ分ノ悪キ停戦協定ナリ　故ニ敵側ニシテ若シ不法ノ行為アラバ反撃スル企図アリ　故ニ協定終了迄ハ免官モ武装解除モセズトノコトナリ　然リトセバ（航空）総局ノ任務モ未ダ解消セズ生産ハ別令アル迄継続スベキモノナルヲ了承シテ退庁　念願セル参謀総長ノ上奏モ効果ナキガ如ク　十二時陛下自ラ放送セラル丶コトトナル」

文中にあらわれた「阿南陸軍大臣無念」は悲痛な叫びで、その無念さは遠藤自らの心情をあらわした言葉ではなかろうか。それにしても最終の段階にいたって、遠藤が日本の軍人には「降伏なき」を理由に、奉勅命令による武装解除を参謀総長に具申している。これは遠藤でさえ、なお東條英機の発した「戦陣訓」の精神に拘束されていたことになろう。これに対して、梅津参謀総長は「今回（ポツダム宣言ヲ）受諾セルハ降伏ト解セズ分ノ悪キ停戦協定ナリ　故ニ敵側ニシテ若シ不法ノ行為アラバ反撃スル企図アリ」と発言したことが注目される。これは明らかに天皇の詔勅に違反する。昭和天皇は連合国から発せられたポツダム宣言を無条件に受諾する、と決断を下したのである。それが無条件降伏であり、当然ながら全日本軍の武装解除が伴わねばならなかった。しかし参謀総長はなにを思い違いしたのか、ポツダム宣言の受諾を分の悪き停戦と理解（曲解）したのである。元来、組織の頂点にたつ人物なら、頭脳も明晰で、その判断は誰から見ても、納得できる正論を提起すべきであったろう。しかし梅津参謀総長の判断は違っていた。日本の国家権力の頂点にたつ参謀総長がこの程度の理解ならやはり、合理的な思考で戦争を推進することなどできなかったはずである。

梅津参謀総長のこの誤った判断が翌日十六日の午後四時に中国大陸や南方の日本軍前線司令部に打電された。しかし参謀総長の戦闘停止命令には、敵側がもしも不法の行為をなすなら、こちらは反撃する企図あり、の趣旨が但し書きに挿入されていた。その結果、中国大陸や樺太、千島列島などに駐兵する日本軍の将兵にさらなる「徒死」を強いることになった。参謀総長の電文は次のような内容であった。いわく「……即時戦闘行動ヲ停止スベシ　但シ停戦交渉成立ニ至ル間　敵ノ来攻ニ方リテハ止ムヲ得ザル自衛ノ為ノ戦闘行動ハ之ヲ妨ゲズ」と。

満洲事変以来、日本軍はしばしば「自衛権」の行使という詭弁を利用して、アジア大陸の各地で武力行使を発動し、戦線を拡大してきたが、アジア太平洋戦争の終末において、日本国の最高責任者である天皇の降伏決定の詔勅が発せられてもなお、自衛戦争の認可が参謀総長から発令された。その結果が惨憺たる被害を中国大陸や樺太、千島列島に駐兵する日本兵や民間人にもたらしたことになろう。なぜなら上記の参謀総長の停戦命令は、その但し書きゆえに歯止めがきかず、とくに満洲などソ連軍の侵攻を迎え撃つ日本軍守備隊による自衛権の行使が継続したからである。八月十五日、日本軍は無条件降伏したのである。だから、もはや自衛権の行使という武力行使はできない、この判断を下せる人材が軍上層部にいなかったことが悲劇を増幅させた原因とみることができよう。繰り返すが、もしも参謀総長の電文の但し書きに「自衛ノ為ノ戦闘行動」を認める一句がなかったら、八月十五日以後の戦死者はそれほど多くは発生しなかったはずである。

しかも現実には日本軍の無線機の故障もあり、停戦命令を受信できなかった部隊もあったし、不徹底な停戦命令で現地の司令官が自衛戦争を継続した部隊もあった。しかも、幸いにも生き残った日本軍の将兵には、満洲でさらなる過酷な運命が待ち受けていた。それは勝利したスターリンの命令で約六十万人の関東軍の将兵が武装解除された後、シベリアに連行されたことである。かれらは戦後も厳寒のシベリアの大地で、ながらく強制労働に服することになった。これは戦争が終わってからのまた別の悲劇というべきであろう。

(5) 新日本の進む道を模索──遠藤の考え

それと比較すれば、東京にいた日本の軍上層部は幸いであった。この点では、遠藤も例外ではなかった。かれは八月十七日、参謀次長らと協議し、航空機の生産停止命令を発し、翌十八日には、新内閣を発足させた東久邇宮総理を訪問した。これらの行動は敗戦という新事態に対応する遠藤の新しい決断とみて差し支えなかろう。

八月十八日、すでに米軍機の空襲により廃墟と化した東京で、新総理の所在を確かめるため、遠藤は各地を探し歩いた。そしてようやくのこと、赤坂の焼け跡の防空壕内で、東久邇宮殿下を発見した。遠藤はすでに殿下とは面識があり、その風貌や発言からも殿下の人間性に魅力を感じていたものと思われる。遠藤はこの人を信頼し、新生日本のあり方について自分の考えを申し伝えた。

後年、遠藤はこのとき、東久邇宮殿下に申し伝えた意見の概略をその自伝『日中十五年戦争と私』（日中書林　一九七四年）のなかで回想している。その内容は敗戦を迎えた日本が今後の進路をどのように模索すべきか？　について偽りのない心境を披露したものであった。それは遠藤が戦争の終末期からひそかに心中で温めてきた考えを打ち明けたものであろう。遠藤は正直にしかも遠慮なくこう申しあげている。

「私の考えと申しますのは日本に軍隊の無くなることは決して悲しむべきことではない、物心両面に於ける軍備の重圧から解放され日本の将来は明るい。日本の黎明であり寧ろ慶ぶべきことである。敵が入って来ても暴力で抵抗せず威武に屈せず富貴に淫しない心さえあれば、軍隊がなくとも恐ろしいことはない。古語にも徳を以て勝つ者は栄え、力を以て勝つ者は亡ぶとある。従来我々が武力に頼り過ぎて来たのは誤りであった。今後は軍隊に頼らず徳の国を作り、詔勅に示された様に万世のために太平を開くべきである」（遠藤前掲書、三二九ページ）と。

この最後の一句「万世のために太平を開く」とは昭和天皇の敗戦の詔勅の核心であった。遠藤はその一句を昭和天皇の平和宣言と理解したのだろう。しかもこの一句に勇気がわいたのであろう。遠藤も自らその政治的な信条として、日本の武装放棄と平和の大切さを自覚することになる。「徳を以て勝つ者は栄え、力を以て勝つ者は亡びる」という格言を引用したことも興味深い。この思想は戦争中の遠藤の頭の中にもあったものと想像するが、それは将軍として公言をはばかられたことであろう。しかし今は天皇の「万世の為に太平を開く」という詔勅の一句に勇気づけられた。

これを機会に遠藤は、侵略戦争はもちろんのこと、自衛戦争＝自衛権の行使も含めて一切戦争という武力行使を否認することになる。これまで戦争を指導してきた元将軍がこのように軍隊とその武力行使を一切否認したことははなはだ興味深い。もしもこのような判断にたつ将軍が敗戦のときの参謀総長であったら、少なくとも八月十五日以後もなお、自衛のための戦争を継続するという愚挙を回避することができたはずである。

しかし遠藤のようなタイプの将軍はその人間味と良心と冷静な思想のゆえに、決して大将にも参謀総長にもなれなかった。日本軍の様な旧式で硬直した組織で、広く柔軟な発想ができる人物が組織の頂点に立つことなど論外であったろう。しかしその巨大な怪物のような軍事組織がついに崩壊した。民主主義の理念によって一応は結束した連合国の軍事力によって、大日本帝国が崩壊したのである。これから遠藤はどのようにして戦後日本を生き抜くことになるのか？　遠藤もまた組織の人であり、これまではその人生の大半を軍隊のなかで暮らしてきた人であった。その根本思想には戦争を回避したい、という観念があったにしても、軍の組織のなかで身につけた旧式の観念と発想を直ちに変革することは難しかった。その矛盾を抱えながらも、彼は徐々に軍人的な発想から解放されて、本来の人間性を回復する。しかし戦後の遠藤がその道を切り開くためには、あらたな闘いに直面しなければならなかった。

まずは軍隊が解散後、浪人となった彼はその生活の基盤をみずから確立しなければならなくなった。これからどうして家族を養っていくのか。さらにこれまで戦争の指導者として、その責任を追及される立場にも直面した。自立する生活の基盤についていては、やがて農民としてクワを手に大地を耕すことを決意するが、戦争責任の取り方については、予測ができなかった。

農民としては偶然ながら埼玉県の山林を切り開く開拓農民の道が開ける。この点では遠藤は運に恵まれたといえるかもしれない。しかし戦争責任のとりかたについては、ＧＨＱの命令による巣鴨での獄中生活が前途に控えていた。敗戦を迎えたとき、遠藤はまだ五十二歳であった。五十二歳といえば、当時でも男の働き盛りである。彼は残された人生をどのように生きるべきか？　自分なりに日夜模索した。

確かなことは戦争の時代が終わったということである。とはいえ旧軍人としての遠藤にとって、多くの日本人にとっても同じであるが、その未来は予測不可能で多難であった。

以下は、戦後史の流れの中で遠藤三郎元将軍がどのようにして、その古い軍国主義の思想から脱出し、自分流の自主的な非武装平和主義思想に到達できたのか？　またその平和思想の内容と実践がどのようなものであったのか？　その枠組みを第Ⅲ部として、七章に分けてラフ・スケッチしてみたい。そのテーマは神国日本の崩壊と新生日本の道と題している。

しかし、その夢は幻のように忽然と消え去り、その牙城であった日本本土も廃墟になったのである。しかしその廃墟のがれきの中から日本国民は勇気をもって立ち上がり、新しい道を発見した。その道がどれほど険しくとも、その将来に希望を見失うことのなかった日本人が大勢いたのである。「昔から国破れて山河あり」、といわれるが、国は滅びても、山河があれば国民は立ち上がれる。その勇気を五十二歳になった遠藤元将軍が教えてくれる。

註

註1　木戸試案（「時局収拾ノ対策試案」）

以下、参考までに木戸試案（十一項目中、四・五（省略）の重要な骨子を列記してみよう。

木戸試案の内容：

一　沖縄ニ於ケル戦局ノ推移ハ遺憾ナガラ不幸ナル結果ニ終ルノ不得止ヲ思ハシム……

二　本年下半期以後ニ於テハ戦争遂行ノ能力ヲ事実上殆ンド喪失スルヲ思ハシム……

三　（敵は）全国ノ都市ト云ハズ村落ニ至ル迄虱潰シニ焼払フコトハ些シタル難事ニアラズ（敵に）住居ノ破壊戦術ニ出ラルル時ハ之ハ貯蔵ノ衣服食糧ノ喪失ヲ同時ニ伴フ殊ニ農村方面ニテハ従来空襲ニ慣レ居ラザル故不意ニ此ノ種ノ攻撃ニ遭遇スルトキハ予メ貯蔵品ノ疎開等ハ到底実施困難ナルべク結局ハ殆ド其ノ全部ヲ喪失スルモノト見ザルベカラズ……

四・五（省略）

六　敵側ノ所謂和平攻勢的ノ諸発表諸論文ニヨリ之ヲ見ルニ我国ノ所謂軍閥打倒ヲ以テ其ノ主要目的トナスハ略確実ナ

リ

七　（軍部からの和平提唱を待っていたら時機を失する）皇室ノ御安泰国体ノ護持テフ至上ノ目的スラ達シ得ザル悲境ニ落ツルコトヲ保障シ得ザルベシ

八　依ツテ…極メテ異例ニシテ且ツ誠ニ畏レ多キコトニテ…下万民ノ為メ天皇陛下ノ御勇断ヲ御願ヒ申上ゲ左ノ方針ニヨリ時局ノ収拾ニ邁進スルノ外ナシト信ズ

九　天皇陛下ノ御親書ヲ奉ジテ仲介国ト交渉ス

十　御親書ノ趣旨…今日迄ノ戦争ノ惨害ニ鑑ミ世界平和ノ為メ難キヲ忍ビ極メテ寛大ナル条件ヲ以テ極ヲ結バンコトヲ御決意アリタルコトヲ中心トス条件ノ限度名誉アル媾和（最低限タルコトハ不得止ベシ）宣戦ノ目的ニ考ヘ太平洋ヲシテ真に字義通リ太平洋タラシムルコトノ保障ヲ得レバ我占領地ノ処分ハ各国家及各地域ニ於ケル国家民族ノ独立ヲ達成セシムレバ足ルヲ以テ我国ハ占領指導者ノ地位ヲ抛棄ス、占領地ニ駐屯セル陸海軍将兵ハ我国ニ於テ自主的ニ撤兵ス……

十一　軍備ノ縮少ニツイテハ相当強度ノ要求ヲ迫ラルルハ覚悟セザルベカラズ……

（極東国際軍事裁判研究編『極東国際軍事裁判研究・木戸日記』平和書房　一九四七年、一四四－一四五ページ）

註2　天皇の聖断が下された経緯について

敗戦時の総理大臣鈴木貫太郎は戦後、『終戦の表情』なる回想記を出版した。その回想記で、鈴木は八月九日午後十一時三十分から宮城防空壕内で開かれた御前会議で出席者の意見が死中に活を求め玉砕を期して最後の決戦をすると主張する阿南陸相両総長と東郷外相の意見に賛成する米内海相、平沼枢相の無条件降伏受諾説の二つに分かれ、十日の午前二時に、出席者の意見が丁度三対三に分かれてしまい、こうなっては議長が決を採りえなかったので、総理大臣として自分が玉座の前に歩み出てうやうやしく「御聖慮を仰ぎえた」経緯を次のように述べている。

「余は、この重大なること柄を決するには、実に陛下御自身にお願ひ申し上げ、国の元首の御立場から御聖断を仰ぐべきであると心中強く決するに至ったのである。

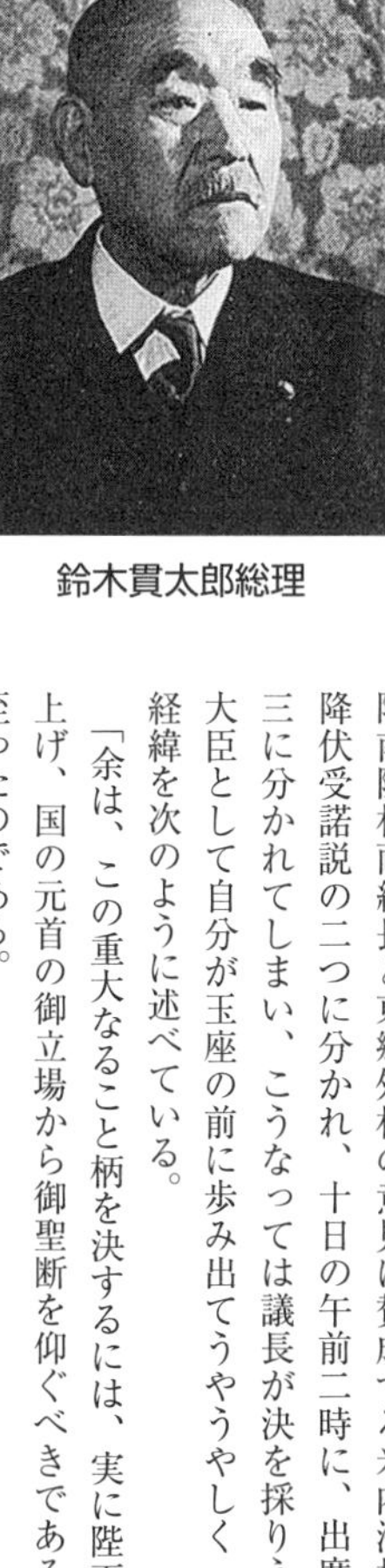
鈴木貫太郎総理

そこで余は、起立して『議を尽すことすでに数時間、なほ論議はかくの如き有様で議尚決せず、しかも事態は瞬刻をも遷延し得ない状態となって居ります。かくなる上は誠に以て畏多い極みではありますが、これより私が御前に出て、思召を御伺ひし、聖慮を以て、本会議の決定と致したいと存じます』と述べ、玉座近く進み出で、、うやうやしく御聖慮の程を御伺ひ申し上げたのである。

陛下には深更から数時間の会議にも拘らず、終始御熱心に討論に耳を傾けさせられて居られたのであるが、余の御伺ひに対して、深く頷かれ、余に席へ戻るやう指示遊ばされてから、徐ろに一同を見渡して、

「もう意見は出つくしたか…」

と仰せられた。一同は沈黙のうちに頭を深くたれて、陛下の次の言葉を御待ち申し上げたのである。

「それでは、自分が意見を言ふが、自分は外務大臣の意見に賛成する」

と仰せられた。御聖断は下ったのである」

遠藤はこのときの鈴木総理ら閣僚たちの不甲斐なさを嘆いたことになろう。なお上記、天皇の発言にある「自分は外務大臣の意見に賛成する」とは終戦を主張した東郷茂徳外相の意見のことである。

（鈴木貫太郎『終戦の表情』労働文化社　一九四六年、三九－四〇ページ）

註3　玉音放送の印象

一九四五年八月十五日、小学校二年生であった私は家族四人で正午に放送された玉音放送を聞いた。放送と同時に雑音がなりだし、しかも天皇の原稿は子供には理解できないほど難解であった。しかし両親も姉も私も緊張して、ラジオから流れる天皇の声に聞き入った。短かい放送が終了すると、父がひとこと、「ああ、日本が負けた」と頬を赤らめて一言つぶやいた。それから全員が悔し涙をながしたことを記憶している。子供心にも私は日本人はこれで自害を命じられるのか？という不安にかられたように思う。学校では「本土決戦まで、われわれは戦う、そのときは命を捨てて、敵陣に切り込むのだ」と教えられていたから、その場面が頭の隅にこびりついていたからであろう。

それから数日間は空白の毎日であった。九月初旬、学校が再開されたので登校すると、頭のよいクラスメートが「今度の戦争では日本が無条件降伏したのだ」などと会話していた。担任の先生からは、日本に上陸する米軍（進駐軍）を迎えるこころがまえを教えられた。後ろから隠れて米兵に指をさすようなことをしないように、など注意があった。

安心できたことは、米軍の戦闘機が頭上をかすめるように超低空で飛行しても、機銃で撃たれる心配はなく、平然とそ

の翼をながめて通学できることであった。

しかし敗戦後、われわれが解放されたと自ら自覚したのは、米軍が駐留した旧日本軍の兵舎から夕方になると、「ユーアー・マイ・サンシャイン」などアメリカの音楽が聞こえてきたときからであった。日本軍の流す軍歌ばかりを聴きなれた耳には、なんとも言えない開放的で異質のメロディであった。最初に京都に駐留した米軍（第六軍）の兵士はなかなかの紳士がそろっていた。礼儀正しく、日本人に親切であった。京阪藤の森駅から満員電車にのるときも、彼等は車内にはいらずに、車両と車両のつなぎ目に乗って、日本人に席をあける兵士もいた。

世の中が急に明るく見え出した。翌年になると小学校では、教科書のなかから、「兵隊さん、ありがとう」「神国日本」「僕ら少国民」などの文言に墨をぬって消すように先生から指導された。

そのとき、消した文言が形をかえてまた復活しそうな今日、あのとき手にした自由とはなにか、民主主義とは何か？を今一度静かに考えてみたい気持ちである。

詔書

朕深ク世界ノ大勢ト帝國ノ現狀トニ鑑ミ非常ノ措置ヲ以テ時局ヲ收拾セムト欲シ茲ニ忠良ナル爾臣民ニ告ク

朕ハ帝國政府ヲシテ米英支蘇四國ニ對シ其ノ共同宣言ヲ受諾スル旨通告セシメタリ

抑ゝ帝國臣民ノ康寧ヲ圖リ萬邦共榮ノ樂ヲ偕ニスルハ皇祖皇宗ノ遺範ニシテ朕ノ拳々措カサル所曩ニ米英二國ニ宣戰セル所以モ亦實ニ帝國ノ自存ト東亞ノ安定トヲ庶幾スルニ出テ他國ノ主權ヲ排シ領土ヲ侵スカ如キハ固ヨリ朕カ志ニアラス然ルニ交戰已ニ四歳ヲ閲シ朕カ陸海將兵ノ勇戰朕カ百僚有司ノ勵精朕カ一億衆庶ノ奉公各ゝ最善ヲ盡セルニ拘ラス戰局必スシモ好轉セス世界ノ大勢亦我ニ利アラス加之敵ハ新ニ殘虐ナル爆彈ヲ使用シテ頻ニ無辜ヲ殺傷シ慘害ノ及フ所眞ニ測ルヘカラサルニ至ル而モ尚交戰ヲ繼續セムカ終ニ我カ民族ノ滅亡ヲ招來スルノミナラス延テ人類ノ文明ヲモ破却スヘシ斯ノ如クムハ朕何ヲ以テカ億兆ノ赤子ヲ保シ皇祖皇宗ノ神靈ニ謝セムヤ是レ朕カ帝國政府ヲシテ共同宣言ニ應セシムルニ至レル所以ナリ

朕ハ帝國ト共ニ終始東亞ノ解放ニ協力セル諸盟邦ニ對シ遺憾ノ意ヲ表セサルヲ得ス帝國臣民ニシテ戰陣ニ死シ職域ニ殉シ非命ニ斃レタル者及其ノ遺族ニ想ヲ致セハ五内爲ニ裂ク且戰傷ヲ負ヒ災禍ヲ蒙リ家業ヲ失ヒタル者ノ厚生ニ至リテハ朕ノ深ク軫念スル所ナリ惟フニ今後帝國ノ受クヘキ苦難ハ固ヨリ尋常ニアラス爾臣民ノ衷情モ朕善ク之ヲ知ル然レトモ朕ハ時運ノ趨ク所堪ヘ難キヲ堪ヘ忍ヒ難キヲ忍ヒ以テ萬世ノ爲ニ太平ヲ開カムト欲ス

朕ハ茲ニ國體ヲ護持シ得テ忠良ナル爾臣民ノ赤誠ニ信倚シ常ニ爾臣民ト共ニ在リ若シ夫レ情ノ激スル所濫ニ事端ヲ滋クシ或ハ同胞排擠互ニ時局ヲ亂リ爲ニ大道ヲ誤リ信義ヲ世界ニ失フカ如キハ朕最モ之ヲ戒ム宜シク擧國一家子孫相傳ヘ確ク神州ノ不滅ヲ信シ任重クシテ道遠キヲ念ヒ總力ヲ將來ノ建設ニ傾ケ道義ヲ篤クシ志操ヲ鞏クシ誓テ國體ノ精華ヲ發揚シ世界ノ進運ニ後レサラムコトヲ期スヘシ爾臣民其レ克ク朕カ意ヲ體セヨ

御名御璽

昭和二十年八月十四日

各國務大臣副署

昭和20年 8 月15日付「朝日新聞」

第Ⅲ部　神国日本の崩壊と新生日本の誕生

第一章　非武装平和の日本へ――

一九四五年八月十五日の天皇の玉音放送以後、祖国（本土）に暮らす日本国民はもはや米軍機の空襲におびえることがなくなった。八月十五日までは昼夜を問わず、来る日も来る日も爆撃の恐怖にふるえた日常生活がまるで嘘のような毎日となった。しかし日本はこれからどうなるのか？

敗戦を迎えた日本国民はなお当面は希望を見出しえなかった。

毎日の新聞をみても、未来の展望を示す確たる方針は見当たらなかった。現実の日常生活は終戦末期となんら変わるところがなく、空襲で家を無くした国民は臨時のバラック住宅に寝起きし、かろうじて家を焼かれなかった人々も、日常の食料を確保するために、農村へ闇の食料買出しに躍起となる毎日であった。最も悲惨だったのは、戦争により肉親を失った遺族の姿であった。戦争中は「国のために、天皇のために、その生命をささげた」と自負していたけれど、もはやその心の支えであった国家が消滅したのである。

(1) 日本の非武装平和宣言―その第一号

そのような不安な情勢のなかで、遠藤三郎は元航空兵器総局長官として、国民にわびるとともにこれからの新生日本の誕生について、その青写真を国民の前に提起する責任を自覚したように思われる。彼は全国の新聞社と事前に連絡をとり、全国民に向けて次のようなメッセージを公表した。その内容は四十年近いその軍人生活のいわば結論であり、総括ともいえるものであった。そのメッセージで彼はこの敗北により日本国が武装を解除しても何ら恐るるに足らず、むしろそのことが「神の御告げ」であると主張したのである。

このメッセージは素朴ながら、敗戦後の遠藤の最初の平和宣言文でもあった。以下にその重要部分を紹介しよう。遠藤はこう述べている。

彼は言う――

静かに考えまするのに国軍の形態は時と共に変化するものと思います。皇軍に於きましても陸海軍の形態は日露戦争もしくは前欧州大戦を契機として一応終末を告げ今次の大戦は空軍一本で実施せらるべきであった様に思われます。しかもその空軍さえもいずれは骨董品たるの存在になる時が来ないと誰が断言し得るでありましょうか。

かく考えて参りますると、軍隊の形は時世の進運に伴い変化すべきは当然でありまして、ただここに絶対不変であるべきは我が国の真姿即ち国民皆兵の神武そのものであります。国民一人一人の胸の中にしっかりと神武＝威武に屈せず富貴に淫せざる心を備えましたならば、必ずしも形の上の軍隊はなくとも宜しいものと思われます。古語にも〝徳を以て勝つ者は栄え力を以て勝つ者は亡ぶ〟とあります。したがって今回形の上では、勝敗の結果敵側から強いられて武装を解除する様に見えまして光輝ある我が陸海軍が解消し、飛行機の生産も停止するに至りますことは寔に断腸の思い禁じ得ぬのでありますが、皇国の真姿と世界の将来とを考えまするとき、天皇陛下の御命令により全世界に魁して形の上で武装を解かれますことは、寧ろ吾等凡人の解し得ない驚異すべき御先見＝神の御告げとさえ拝察せらるるのであります。

近来吾が国の世情はあまりにも神国の姿に遠ざかって来た様に思われます。今こそ大手術をすべき秋と思われます。先般煥発されました御詔勅（敗戦の日の詔勅）こそ国内建て直しの大号令であり世界再建の神の御声であると拝するものであります。

この文章は、新聞用紙不足で連日朝刊二ページしか発行できない全国紙がわざわざ遠藤の原稿を掲載するため、そのスペースを提供して八月二十三日の朝刊（遠藤三郎『日中十五年戦争と私』日中書林　一九七四年、三二九ページ）に掲載されたという。

内容はやや古風で神がかり的であるが、遠藤は素朴ながらも非武装を明言し、梅津参謀総長のような武力による自衛権の発動などを一切認めていない。むしろ彼は国民各人に「徳」が備われば、形の上で軍備など不要であると勇気をもって主張したのである。これは軍備を一切もたないというその発想においてやがて起草されることになる日本国憲法第九条の魁とみることができよう。これまで戦争を指導してきた日本の陸軍上層部のなかで、このような非武装の日本国を頭に描いた人が遠藤の他にいたであろうか？　少なくとも現状では、遠藤以外に敗戦直後に、新しい平和憲法に先駆けてこのような主張をした人物を見出すことができない。しかし遠藤といえどもまだ皇国＝神の国という旧日本の痕跡をその意識のなかに濃厚に残していた。それは無理からぬことであったろう。彼は十四歳で陸軍幼年学校に在籍以来、忠君愛国と神の国の教え以外の教育を受けなかったからである。敗戦を迎えても、遠藤ら軍人を含め、当時の日本人が神の国から解放されるには、まだ若干の時間的な経過が必要であった。

日本国民の意識から神の国を解消させる第一弾は九月二日の戦艦ミズーリ号でのマッカーサー元帥による連合国の勝利宣言を待たねばならなかった。マッカーサーはその日、連合国最高司令官として、全世界に向けて神の国に対する民主主義の勝利を宣言した。そして、その後新しい年の元旦に今度は昭和天皇が有名な「人間宣言」を発表し、自らの神格性を否認した。先の新聞にみる遠藤三郎の日本国＝非武装平和宣言とミズーリ号上のマッカーサーの民主主義勝利宣言、さらに天皇の人間宣言、これら一連の流れはその思想的な文脈において、戦後日本の平和と民主主義を形成する重要な三本柱であったように思われる。なぜならマッカーサーの演説がなければ、日本人は自ら奴隷であったことを認識できなかっただろうし、天皇の人間宣言がなければ、日本人は天皇を「現人神」と讃える意識から自由にはなりえなかった、とも考えられる。しかもこの二人の最高権力者の宣言に先駆けて遠藤三郎の日本＝非武装中立の宣言が新聞に掲載されていたことは、はっきりと目には見えないながら、不思議な因縁がからまっていたように思われる。

以下、ミズーリ号上のマッカーサーの勝利演説と天皇の有名な人間宣言を紹介しておこう。マッカーサーは勝者として武威を示す何物も身につけることなく、日本国民に向かって、科学の進歩とその勝利を確信しながら、日本国民をその奴隷状態から解放すると次のように演説した。

(2) マッカーサーの「奴隷解放宣言」

マッカーサーいわく：「この日（一九四五年九月二日）、大砲は鳴りをひそめている」「人類は創世記以来、常に平和を求めてきた。国家間の紛争を防止し、解決するための国際機構を作ろうという試みが、各時代を通じていろいろな形で行われてきた。そもそものはじめから、市民各個人の間ではそういった有効な手段が作り出されたが、もっと大きい国際的な規模での機構はまだ一度も成功したことがない。軍事同盟も、勢力均衡も、国際的な連盟組織もすべて失敗に終わり、結果はにがい戦争の試練によるほかはなかった。

この戦争は、そのような試練に訴える最後の機会だった。いまわれわれが何かもっと大きい、もっと公正な制度を見出さなければ、アルマゲドン（世界最後の決戦）に踏込んでしまうだろう。この問題は基本的に神学的なものであって、われわれがおさめてきた科学、芸術、文学のほとんど比類のない進歩、さらには過去二千年のあらゆる物質的、文化的進歩と並行して、精神の再復興と人類の性格改善が行われなければならない。私たちが肉体を救おうと思うなら、まず精神からはじめねばならないのだ」

「今日の私たちは九十二年前（一八五三年）の同胞、ペリー提督に似た姿で東京に立っている。ペリー提督の目的は日本に英知と進歩の時代をもたらし、世界の友情と貿易と通商に向かって孤立のベールを引き上げることであった。しかし恐ろしいことに、それによって西洋の科学から得た知識は弾圧と人間奴隷化の道具に利用され、迷信（日本は神国であるという迷信）と武力に訴えることによって言論の自由、行動の自由、さらに思想の自由までが否定されたのである。

　私たちはポツダム宣言の諸原則によって、日本国民もこの奴隷状態から解放することを約束している（We are committed by the Potsdam Declaration of principles to see that the Japanese people are liberated from this condition of slavery）。私の目的は、武装兵力を解体し、その他戦争能力を消滅させるのに必要な手段をとると同時に、この約束を実行に移すことである。日本民族のエネルギーは適当に指導すれば、横でなく縦に拡大する可能性をもっている。この民族の才能を建設的な面に向ければ、この国は現在のみじめな状態から立上がって、尊厳に満ちた地位を獲得することができる」（ダグラス・マッカーサー著、津島一夫訳『マッカーサー回想記下巻』朝日新聞社　一九六四年）この演説で、マッカーサーはアメリカ国民に向かっても次のようなメッセージを送った。

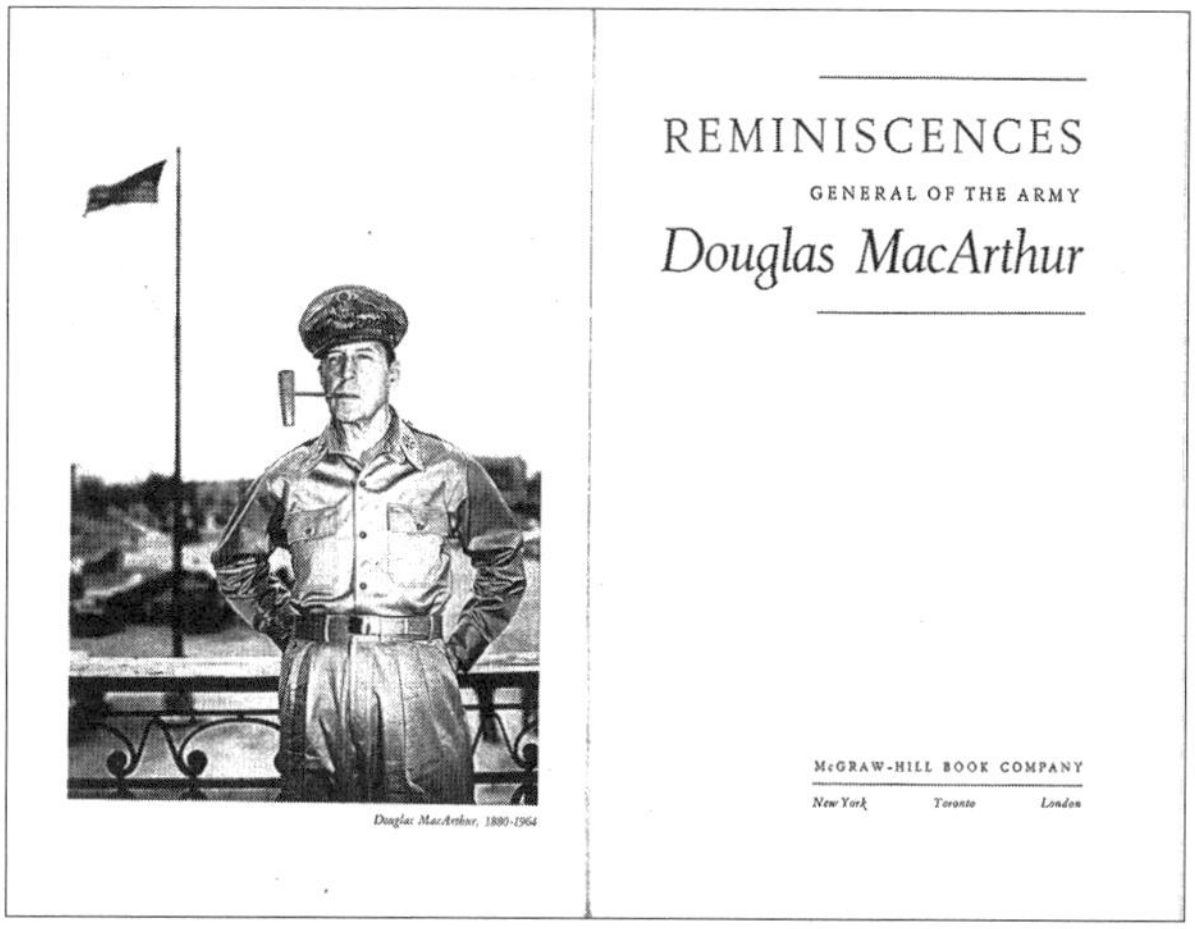

マッカーサー元帥の回想記。（原書）

Today the guns are silent. A great tragedy has ended. A great victory has been won. The skies no longer rain death—the seas bear only commerce—men everywhere walk upright in the sunlight. The entire world is quietly at peace. The holy mission has been completed. And in reporting this to you, the people, I speak for the thousands of silent lips, forever stilled among the jungles and the beaches and in the deep waters of the Pacific which marked the way. I speak for the unnamed brave millions homeward bound to take up the challenge of that future which they did so much to salvage from the brink of disaster（Douglas MacArthur, *Reminiscences: General of the Army*, New York: Mcgraw-hill, 1964, p. 275）

　これは後世に残る二十世紀の世界史上最高の名演説であったと思われる。世界中の人々が感動するだろう。マッカーサーは南太平洋のジャングルや海岸の砂浜で戦い海底に沈んだ同胞に思いを寄せ、軍閥の支配下で、自由を束縛されて奴隷状態であった日本国民にもその「解放」を宣言したことになる。しかも興味深い内容は、マッカーサーがその心境を九十二年前、蒸気船で来日し徳川幕府に開国を迫った勇気あるペリー提督のそれに重ね合わせていたことである。ペリー提督は幕末の日本に通商・貿易の再開を提言し、さらに西洋の科学技術をもたらそうとした海軍軍人であった。ペリーは日本を侵略するために来航したのではなかった。マッカーサーはその平和のメッセージを再び日本国民に伝えるために、ペリー艦隊の旗艦サスケハンナ号（Susaquehanna：二一・四五〇トン）に掲げられていた昔の星条旗を今回、ミズーリ号の甲板に掲げて上記のメッセージを読み上げたのである。（註1）日本国民はこの名演説によって、軍国主義支配の桎梏から解放された。

　一九四五年九月二日、東京で遠藤三郎もマッカーサーのこの演説を聞いたが、彼はその日の日誌に、この降伏調印式の日の感想をこう記録している。

九月二日　土　曇　朝来　敵機分列式ノ如ク　飛行ス正史上未曾有ノ事件　調印式ノ示威カ　東京湾上ニハ敵艦多数碇泊シアルヲ屋上ヨリ望見シ得、九時我ガ全権、重光（外務）大臣ト梅津参謀総長米艦ウズリー（ミズーリ）号上ニテ降伏条件ニ調印セルナリ　噫　夢ノ如シ而モ天皇陛下ハ敵将ノ要求ニ従ヒ別紙詔書ヲ発セラル

「噫、夢の如し」ということの一句に遠藤の万感の思いが滲んでいる。それは敗戦の将軍としての悔しさと同時に世界に冠たると自負した強力な陸海軍をもつ軍国日本の崩壊をむしろ歴史の必然の成り行きだと認識する感情がいりまじったため息ともみられよう。

（3）昭和天皇の人間宣言

詔　書

御名御璽
昭和二十一年一月一日
内閣総理大臣
各國務大臣

1946年１月元旦付、全国の各紙が掲載した天皇の人間宣言。

しかし遠藤ほどの明晰な頭脳と純粋な良心をもった軍人でも、日本が世界に冠たる神の国であるという非科学的な観念から自由になるには、なお今ひとつの障壁が横たわっていた。それは天皇の神格化を完全に否定することであった。当時の日本国民の意識から、それを完全に否定することは容易なことではなかった。昭和天皇もそのことを意識されたのかもしれない。

一九四六年一月元旦、昭和天皇が自ら、「我も人間なり」と自ら宣言することで、その障壁はみごとに崩れ去った。それが歴史的な「天皇の人間宣言」といわれるもので、詔書の

形で次のように公表された。

「（前段省略）朕ハ爾等国民ト共ニアリ、常ニ利害ヲ同ジウシ休戚ヲ分タント欲ス。朕ト爾等国民トノ間ノ紐帯ハ、終始相互ノ信頼ト敬愛トニ依リテ結バレ、単ナル神話ト伝説トニ依リテ生ゼルモノニ非ズ。天皇ヲ以テ現人神トシ、且日本国民ヲ以テ他ノ民族ニ優越セル民族ニシテ、延テ世界ヲ支配スベキ運命ヲ有ストノ架空ナル観念ニ基クモノニモ非ズ」（三三七ページ写真参照）

この宣言は昭和天皇が自ら日本の神話の非科学性（歴史的な根拠が欠落した伝承）と日本の軍国主義者が主張した「世界を支配する優秀なる大和民族」という観念の誤りを内外に宣言したものであった。昭和天皇は科学者（生物学者）で、その当人の口から発せられた「人間宣言」はより一層の重みをもつものであった。これにより日本国民は非科学的な神話にもとづく神の国の臣民から解放されることになった。なぜなら戦時下の日本では、「現人神」（あらひとがみ）である天皇を頂点にいただき、その庇護のもとで暮らす臣民もまたその血を分かち合う優秀な大和民族の一員とおだてられ、その誤った観念からアジアの諸民族を蔑視することを当然と教えられていたからである。それがどれほど非科学的な妄想であったか、そのことを天皇が人間宣言により明言したのである。

その意味では、天皇の人間宣言は天皇が現人神であることを否定されただけでなく、日本民族が神の子孫でないこともあわせ宣言されたことになる。このことは当時の日本人の意識構造を根本的に変革することに結びついた。しかしこのような意識変革は当時の日本人には残念ながら容易なことではなかった。一度、誤った思想に支配されると、それが嘘であってもにわかにそれを否定できない。むしろ嘘も百回くりかえせば、本当になる、といわれるように、多くの日本人の精神に深くしみこんでいたからである。

この点では、遠藤三郎のような冷静な軍人でも例外ではなかった。彼は天皇の人間宣言が発せられ日の日誌に次のような感想を記入した。

昭和二十一年一月一日、火、快晴
ラジオハ天皇陛下ノ詔勅（人間宣言）ヲ放送ス　有リ難サニ感泣ス　但シ情報担任者ガ故意ニ天皇ノ現御神（現人神）タラズトシ日本ノ神話ヲ否定セントスル心理ハ甚ダ遺憾ナリ

これは遠藤ほどの頭脳の持ち主でさえ、天皇の真意を理解できず、ラジオの情報担当者が故意に天皇の神格性と日本神話を否定したものと理解していたことになろう。しかしこれはラジオの情報担当者の故意による情報操作ではなかった。元旦付の全国紙には、天皇の詔書として、天皇自らが現御神でなく、日本民族が支配民族であるという観念も架空のものであることを公表した。ラジオ放送は耳から消えても、活字は動かぬ確かな証拠になる。参考までに昭和二十一年元旦付けの天皇の詔書の全文を写真で紹介しておこう。

註

註1　戦艦ミズーリ博物館
一九四五年九月二日に東京湾上で、連合国による日本降伏の調印式が行われた戦艦ミズーリ号は現在、ハワイのパール・ハーバーに係留され、軍事博物館として活用されている。

私は十四年前の冬に始めてパール・ハーバーを訪問したとき、ミズーリ号の艦内を見学した。

降伏調印式が行われた場所は甲板０１レベルで、Surrender Deck と名づけられていた。

そのデッキには、ペリー提督の旗艦ポーハッタン号に掲げられていた星条旗が今も展示されていて、見学者にマッカーサー元帥のメッセージを伝えているようであった。

以下、参考までにミズーリ博物館が発行するパンフレットから降伏文書調印の記述を紹介しておこう。

「一九四五年九月二日、午前九時〇二分。東京湾内に停泊のミズーリ号０１デッキにて調印式が行われました。マッカーサー元帥をはじめとする連合軍と、重光葵全権（敗戦時の日本の外相）、陸海軍参謀総長梅津美治郎大将、他十一名が日本政府代表として出席しました。これにより第二次世界大戦は完全に終結を迎えたのです」（「戦艦ミズーリ博物館デッキログ」より）

このサレンダー・デッキに立った私は少年のころ新聞でみた降伏文書調印式の風景が目頭に浮かんできて、当時を偲びしばし立ち去りがたい感情に支配された。さらにミズーリ号の近くには日本海軍のパール・ハーバー奇襲攻撃で撃沈された戦艦アリゾナ号の沈没現場があり、その場所をも参観した。アリゾナ号の沈没した海面には、艦内から海面に重油が浮き上がってきたのがみえた。

その油はいまなおアリゾナの艦内に閉じ込められたままの一千百余名のアメリカ人水兵の無念の涙である、と地元の人から聞かされた。私は涙がにじむのを禁じえなかった。

1945年９月２日東京湾上の戦艦ミズーリ号。降伏調印式の風景。

第二章　戦争責任の追及と巣鴨入獄へ――

大日本帝国の敗北後、米国戦艦ミズーリ号上の降伏調印式とその後の天皇の「人間宣言」で、戦後の新生日本の国家的針路は一応確定した。しかしこの戦争を指導した軍上層部、とくに元将軍らには戦後日本を統治するマッカーサー総司令部からの戦争責任追及の声が噂として流された。

一九四五年の秋以来、遠藤三郎は元陸軍航空兵器総局長官として、その立場上、マッカーサー総司令部からの戦争責任の追及に対してどのような対処をしたのであろうか？　以下、この項では戦後の遠藤日誌を中心に、四五年秋から翌年の巣鴨入獄までの彼の生活記録と戦犯としての思想的な変遷の軌跡を明らかにしておこう。

(1)　マッカーサー総司令部に出頭

敗戦後の遠藤三郎がマッカーサーの総司令部からはじめて出頭を命じられたのは、一九四五年九月九日であった。その前日、マッカーサーは入京しており、その翌九日に遠藤らは横浜のニュー・グランド・ホテルで米軍のジャイルス中将に面会した。今回は昔のように勝利者として、威風堂々と敵の将軍に面会したときとは異なり、敗者として心情的には屈辱をかみしめての面会となった。その心境は遠藤日誌からも十分推測できる。以下、九月八日と九日の遠藤日誌からその場面を抜き出してみよう。

「九月八日　土　晴
マッカーサー十一時遂ニ入京セリ　予ノ室（役所）ヨリ南方近ク米国大使館跡ニ米国星条旗ノ翩翻タルヲ見ル　敗戦ヲマザマザ味フ　北尾少将……谷中将…石井氏（マレイ半島ニ従軍セシ通訳）等来訪……米軍司令官予ト会見シタキト、快諾ス」

「九月九日　日　烈風
ジャイルス中将本夜八時半ニ会談ストノ事故　六時五十分（自宅）出発　横浜ニューグランドホテルに行ク　此ノ間中読ミシ山岡鉄舟ノ駿河行キノ事ナド思ヒ出サレ街道要所要所ニ配置セラレタル米歩哨線ヲ通過ス　横浜ニテハホテル位置不明、日本人ナキ故屡々米哨所ニ聞ク親切ニ教へ呉レタリ
八時寺内氏ト会シ米国軍関係各将校ト会談、次で河辺大将トジャイルストノ会談ニ立会　次デ予ト問答十一時半ニ至ル彼等ハ何レモ慇懃親切ニシテ少シモ戦勝者タルノ傲慢サヲ認メズ　我等ガ自負シアリシ優越ハ己惚レニ過ギズ　彼等ハ何時ノ間ニカ我等ノ上位ニアリシナリ　戦争ハ敗クルベクシテ敗レタルヲ確認セザルヲ得ズ」

これは当時の日本国民の誰もがもった占領軍についての第一印象であるが、米軍の将軍は仇敵である日本の将軍に対してさえ、勝利者として決して傲慢な態度で接しなかった。この紳士的な態度には遠藤もまた安堵したことになる。そして我等日本人が自負したエリート民族としての優越感は己惚れに過ぎなかったこと、さらにこのような敵とたたかった戦争が敗れるべくして敗れたことを今更ながらに実感した。しかし敗北の境遇を今更悔やんでもどうなるものでなく、遠藤ら元日本の将軍はこれからもたびたび米占領軍司令部からの要請で、残務整理の伝達や戦後処理の問題で呼び出されている。この間の遠藤日誌には、今更ながら強く屈辱を実感した文言も記入されているが、その最大のものは天皇が連合軍最高司令官に従属する身分に追い込まれたこと、さらには自分たち戦争指導者が、やがては戦犯

として拘置所に収容されるという噂を耳にしたことであった。
その一例を挙げれば、九月十四日付の日誌にはこう記入されている。

本日ノ新聞ニ日本管理ニ関スル米国最初ノ政策発表セラル天皇ハ明確ニ連合軍司令官ニ従属セシメラル『日本ノ独立茲ニ亡ブ』又我々ハ拘禁所ニ収容セラレ将来ノ処分ノ為抑留セラル旨明示シアリ何タル屈辱ゾ

この感想は天皇が連合軍最高司令官に従属するという記事を読んだ日本人が、当時は誰でもが意識した屈辱感であったろう。戦争中はアジアに冠たる日本民族の族父として、また神国日本の絶対的な支配者として、広く全国民に仰ぎ奉られてきた「現人神」がいまや敵国の総司令官の命令に従属する存在に格下げされた。当時の日本人にとっては、これほどの屈辱は想像すらできないものであった。しかし戦争に敗北した今、あえてそれに逆らうことは、日本国民にはできなかった。一般的な日本人の習性としては、権力には逆らうな、という封建的な心情が体内にこびりついていて、敗戦という現実に直面した今では、「なるようにしかならない」という一種のあきらめがその抵抗心を阻害したことになろう。日本人は権力者が替われば、あまり躊躇するでもなく、その新しい主人を受け入れたのである。
しかし遠藤ら元戦争指導者にとっては、連合軍総司令官のマッカーサーからさらに、戦争責任を追及され、いずれは拘禁されることもありうるという不安が今回の発表で確認された。それでもなお、彼は敗れたとはいえ日本陸軍の軍籍にあり、軍隊という組織の一員としての自覚とその身分的な絆に結びついた安心感もあったであろう。しかし十月三十一日には、ついに航空兵器総局の職員のうち（残務の整理に従事しない）嘱託が解任となり、翌日（十一月一日）には、遠藤もまた荷物の整理をなし、軍人の制服と軍帽を裁断した。このとき彼は「光栄ト思ヒシ軍服トモ永久ノ別レナリ　惜別ノ情ナキ能ハズ」と日誌にその一抹のさびしさを記入した。

その後、遠藤が航空本部でついに予備役編入の通告を受けたのは、十一月三十日で、その翌日（十二月一日）にいよいよ停職の身分となった。この日はこれまでの生涯を軍人として、ひたすら精進してきた遠藤にとっては、忘れがたい一日となった。日誌にはその感慨が次のように記されている。

昨三十日廿四時　陸軍軍人一同待命　本日午前零時半（カ）停職トナル　七十七年ノ歴史ヲ有スル陸軍ハ茲ニ消滅セリ　予モ亦三十八年ノ陸軍生活ハ茲ニ終焉ヲ告グ

この記述はわずか三行で終わっているが、この三行に三十八年間の長かった軍人生活の感慨がこめられている。このとき、彼は五十二歳の男盛りであったが、いよいよ「停職」の通告を受けて浪人となったのである。「ああ、これで俺の人生も一巻の終わりか」という思いにとらわれ、同時にこれからどうして生きていこうか、一家の主として女房や家族をどのように養っていけばよいのか、途方にくれたことであろう。

これからの彼は身を寄せる組織もなく、軍人としての仕事も責任もなくなったのである。

翌二日には埼玉県入間川の自宅の整理をし、自宅からみえる富士山の積雪と戦災者のバラック住宅を対比して、つぎのような一句を日誌にしたためている。

戦災者ノバラックヲ見テ
仮の家　心して吹け冬の風
朝霞ニ映ユル富岳ヲ富士見橋畔ヨリ眺メテ
富士の雪　水に映して入間川（十二月二日付　日誌）

これらの情景はこの日の朝、近くの入間川畔を散歩したときの感想を歌ったものと思われるが、戦災者のバラック生活に同情して、「仮の家　心して吹け冬の風」と歌った最初の一句はいかにも心やさしい遠藤の心境がにじみでている。

しかし「貧すれば鈍する」という諺があるように、このころ冬の風は遠藤の身の上にも容赦なく吹き付けてきた。その一例をあげると、十二月四日には、新聞で戦争犯罪者の氏名が発表され、正月明の一月十三日には『朝日新聞』の声欄に、遠藤を誹謗する若者の意見が掲載されたことであった。

十二月四日の日誌には「新（聞）紙　戦争犯罪者ヲ発表　梨本宮殿下ヲ始メ奉リ政軍財界ノ名士多シ……気ノ毒ナリ畑元帥、秦中将、徳富（蘇峰）氏　河辺大将　中島氏　笹川（良一）氏等五十九氏、予モ亦何レ同一運命トナランカ」とその覚悟を記入した。

だが彼がこれにも増して、心中やるせない気持ちを掻き立てられ、憤慨したのは『朝日新聞』（一九四六年一月十三日付）の投書欄に掲載された学生の感情的な遠藤批判の「声」であった。

(2)『朝日新聞』—「声欄」に掲載された遠藤批判

その投書は東京と埼玉に住む二人の学生からの批判文であった。その内容は戦争の末期に遠藤三郎が陸軍航空兵器総局長官として、航空機の増産を絶叫し、特攻隊の額にまく手ぬぐいに「神風」と揮毫したときの遠藤の責任を追及する一文であった。

戦時態勢がもろくも崩壊すれば、人の心と見方が変わった。遠藤は顔も知らない若者から攻撃されたことになる。遠藤日誌（一月十六日付）にその新聞の切抜きが挿入されているので、参考までに全文を紹介しよう。「遠藤中将へ」と題する二人の学生の意見は次のようなものであった。

東京・関武夫（学生）

「戦ひ酣なる頃、飛（行）機不足を憂ふ国民を代表して新聞記者が、その不足原因を質問するや、憤然として「飛行機のことはこの俺にまかせておけ」と答えた彼。神の心をもつて彼の地に征つた勇士らの醵金による手拭いに厚顔にも「神風」と書き汚した彼。自分は敗戦直後その責を思って自刃するであろう彼を想ひ遥かにその冥福を祈つたのであるが、終戦後の彼は連合国の記者団に平身低頭「予の航空兵器総局長官在任中の最も有たざるものはその権限であつた」などと嘯き、また今度は日本で戦死したB29搭乗員の慰霊祭を行ふため奔走中といふ。慰霊祭もよかろう。しかし彼の以前の地位立場が立場だけに、憤然とせざるを得ぬ」

埼玉・金子恵一（学生）

「旧臘廿三日の「青鉛筆」欄の遠藤中将の言を読み、日本国民として悲しく感じました。閣下はかつて航空兵器総局長官として幾多の特攻隊を出動させ、人間として最大の犠牲を払はせておきながら、一度終戦となるや、一途に戦勝国に媚び諂ふ態度は、忿怒よりもむしろ憐れみを感ぜられました。

戦時中日本で戦死したB29搭乗員の慰霊祭をやるといふことは美しい行為です。しかし国家のため陛下のため喜んで死地に飛んで行つた特攻隊をよもや御忘れではあるまい。軍閥のため戦死した不幸な人々の冥福を祈つてください。重ねて言ひます。閣下のやうな胡麻摺的考へ方は是非止めてください」

これはなかなか辛らつな批判であった。とくに出撃する特攻隊員が献金した浄財でつくられた手ぬぐいに遠藤が「神風」と揮毫し、航空機の生産現場に配布して、さらなる特攻機の増産をあおりたてた事実は消しがたく、これには遠藤としても弁解の余地はなかったであろう。

しかし今ではあの忌まわしい戦争は終結したのである。もはや昔の敵味方の関係は消滅したのであり、あの戦争に散っていった日米両国の勇士たちの霊を慰めることに異論はないはずであった。（註1）

しかしこの二人の学生の感情はいささか違っていた。やはり日本人のなかには、戦争が終結してもなお日本人の英霊を優先する発想からぬけきれず、広く人類的な視点から、物事を見ない視野の狭さ（限界）があったということであろう。

このときこの辛らつな批判に対して遠藤は、どのように反応したのか？　彼は悩みながらも、この二人の学生を批判することなく、むしろ戦時下の新聞の報道の仕方に問題があったことを指摘し、その回答文を『東京朝日新聞』に投書した。幸いその一文は一月三十日付の遠藤日誌に新聞紙の切り抜きが挿入されているので、やや長文ながらも、その全文を紹介しておこう。

遠藤は二人の学生の「抗議」について次のように回答した。

抗議に答ふ

◇「（朝日新聞）『声』欄の関武夫君及び金子恵一君に御答へします。問題にされた「飛行機のことは俺にまかせておけ」は某新聞記者が勝手につけた見出しであったのです。その時も私は直接その記者には注意を喚起しておいたのでしたが、あれは新聞記者と時局問題に関し話した際に、当時我が日本政府の施策が、戦局の進渉に追随し得ない原因の一つとして、私は各官庁が縄張り争ひといふのか、島国根性といふのか、それとも責任回避といふのか井戸端会議に貴重な時間を費し主務官庁が何かやろうとしても、直接関係のないものまでが何だかんだと小姑的に干渉してブレーキをかけ、一向に実行に移し得ない所のある事を指摘し宜しく主務官庁の責任権限を明確にし尊重し敏速果敢に実行せしむる様にせねば戦争に勝つ事は不可能であろう。

航空機の生産にしても長官に権限も与へず、その意見も実行さして貰へぬ様では駄目だ。信頼し得ぬやうな長官なら、速かに信頼し得る適任者と交代せしめて、大いにその手腕を振はすべきであるといふ意味の事を話したのが、あゝいふ表題によって新聞記事に現はれたのです。

◇また日本で戦死したB29搭乗員の慰霊祭の件の如きも新聞記者諸君と会談の際、戦争の勝敗に拘らず、戦没の英霊を慰むる事は生き残った人々の責務であり、人情であらう。敗けたからといって、終戦後の今日、敵側に媚を売る様に思はれはせぬかなどとくだらぬ事に気兼ねして日本古来の美風を発揮するのに躊躇する必要がどこにあろうか。一つ記者諸君の御骨折によって国民の声としてやったらどうかと話したのでした。

敗戦の結果、御互ひに神経が尖鋭化し易い傾向にある今日、殊更に他の感情を刺戟して同胞相反目するが如き因をなす様な記事の書き方、言ひ現はし方は努めて避くべきではないでしょうか（埼玉・遠藤三郎＝元航兵総局長官）」

この回答文の前段はとくに戦時下の新聞記者の表現にいささか誤解をまねくことばの言い回しがあったこと、後段では戦後はもう敵味方の区別なく、人情として日米両国の戦死した兵士の英霊を慰めようという、しごく人間的な発想から発言したのだと、その真意を説明した。

しかし残念なことにこの遠藤のこの投書もまた、新聞社に郵送した原稿の全文が掲載されたのではなく、一部（前文）が削除されたまま掲載されたのである。そのことにより遠藤はさらに耐え難い気分になったものか、一月三十日付の日誌には、憤懣やるかたないという感情をこめて、次のように記入した。これまた長文ではあるが、ここでは遠藤の憤懣を後世の読者に伝える一助にもと考えて、その日誌から削除された文章のほぼ全文を引用しておこう。

一月三十日　水　曇

本朝「朝日新聞」「声」ノ欄ニ予ノ投書ノ一部発表セラレアリ　予ノ弁解ノ如ク見エ甚ダ遺憾ナリ、新聞記者ノ故意カ低級カ　予ガ報道関係者ニ要望スル点ハ悉ク削除セラレアリ、為念予ノ投書全文ヲ記ス

◎「「声」欄の関武夫君及金子恵一君に御答へします

「御忠言有り難ふ」

質問された訳でもありませんから別に御答へするにも及ばぬ事でもあり又私として弁解がましい事を云ふのは不本意でありますが両君共に学生でありあの「青鉛筆」の記事を見れば両君以外にも同様憤慨して居らる、諸君もあらうと思はれますので　純真な学生諸君に報道の不適正からくだらぬ問題で不愉快な思をさせ勉学の邪魔をする事は御気の毒に思ひますので両君に御答へすると云ふよりは寧ろ報道関係の方々に希望を述べさして頂きたいと思ひます。

私は以前から戦争中も「報道は真然らずんば黙」をモットーとすべきを主張して来ました。現在も斯くあるべしと思って居ります。

然るに往々報道せらる、事が事実と相異することがあり時には故意か偶然か殊更に神経を刺戟する以外何等益のない様な記事を見受けられるのは寧ろ遺憾に存ずるのであります」

これは遠藤の削除された記事の前文であるが、問題はこの箇所がすっかり削除されたことに彼はその憤懣をぶつけたのである。そしてさらに原稿では「紙面の関係上意を表し得ぬ處もありますが若し不十分の点を追及せらる、ならば私は目下埼玉県入間川町富士見橋畔に寓居して居ますから手紙なり面談なり下されば幸甚です」と結ばれていたが、その箇所も削除されたのである。この記事が新聞社のデスクで削除された時、新聞の声欄の担当者は投稿者である遠藤にその旨を通知しなかったものか（?）今となっては確認する手立てはないが、当の本人が戦犯としてその責任を

追求される瀬戸際にいたときだけに、いささか配慮が欠けていたといわれよう。

　ここで重要な問題は時局に便乗して、戦時下の新聞が取材した当人の意見の真意を曲げて、戦争気分を高揚させる世論を形成することに貢献したという一面であろう。

　この投書欄の一件は戦後の遠藤にとって、砂を噛むような後味のわるい印象をのこすことにつながった。しかし遠藤が特攻隊の勇士の献金を無駄にするような戦後を送らなかったことは確かである。彼は無責任な将軍とはことなり、自決を思いとどまったが、戦後の余生を無駄には過ごさなかった。これからはあの不幸な「戦争を二度と起こさない」という、その信念を強固にして、今後の長い人生を驀進することになる。しかしそれまでに遠藤はやはり戦争責任の罪を巣鴨の獄中において自ら祓い清めなければならなかった（次章ではいよいよ遠藤三郎の巣鴨入獄体験を紹介する）。

註

註1　敵の英霊を弔う行為
　一例をあげれば、これは戦時中の話であるが、一九四五年四月十一日二時四十四分、折から沖縄作戦に従軍中の米国戦艦ミズーリ号のデッキに体当たりして炎上した日本の神風特攻機のパイロットが、その翌日にミズーリ号のウイリアム・キャラハン艦長の命令で「任務を遂行した一人の兵士として弔われた」ケースがある。
　当時のミズーリ号上では、米軍の水兵の間から敵の戦死者を水葬することに反対する声もあったが、ウイリアム艦長は勇敢にその反対を押し切って、日本の特攻隊の戦士を弔った、という。これは戦時下でも戦死者に対しては敵も味方も無いという人類的な考えの表現であろう（ＮＨＫ・ＢＳ番組「戦艦ミズーリ突入の軌跡」二〇〇一・八・一二再放送より）
戦後、Ｂ29の戦死者の慰霊を弔いたいという遠藤の発想はアメリカ海軍のウイリアム艦長と同じ考えであったことになろう。

第三章　「日誌巣鴨在所時代」にみる遠藤三郎

敗戦後の遠藤三郎が世間の心ない誹謗と中傷に耐えながらも、家族と一家団欒の一時を味わえたのは、ほんの一年数ヵ月間であった。彼は一家とともに埼玉県の入間川辺りで農場を開拓しながら、世間で噂される戦犯追及の余波がやがては自分の身に降りかかることを覚悟していた。

日常の糧は、軍隊が崩壊したのだから軍人給与は打ち切られ、一九四六（昭和二十一）年三月には、さらに北支事変の賜金六千円と金鵄勲章年金の五百円も無効となった。このころの遠藤一家は多くの日本人の家庭と同様に、毎日の食糧にも事欠く窮乏状態に追い込まれていた。当時の日誌には「米漸ク蒔キ本日ヨリ二十一日ノ配給迄一日三合（六人ニテ）以上食スル能ハズ　光子ハ所沢ニちかゑハ入間川ニ夫々物[註1]交ノ交渉ヲナシアルモ不成功ナリ一大覚悟ヲ要スルニ到ル　九時半ヨリ夕刻迄畑」で「小豆ノ栽培ヲナス」（五月十六日付）と記入している。

今日では想像もできないが、一家六人が一日三合の米でどうして生活ができるのか？　遠藤家では、夫人と養女のちかゑさんがともに物々交換のために所沢や入間川へ交渉にでかけていった。だが双方とも不成功で途方に暮れる毎日であった。この日の遠藤は朝から夕刻に日が暮れるまで畑仕事をして、小豆を栽培している。しかしその収穫は夏まで待たねばならなかった。

このような日常生活は今日の日本人にはわからないであろう。しかしこれが戦争をした日本人が戦後に直面した現実であった。日本全国の農村はいうに及ばず、灰燼に帰した大都市では、家を焼かれ両親を失った子供たちが地下鉄

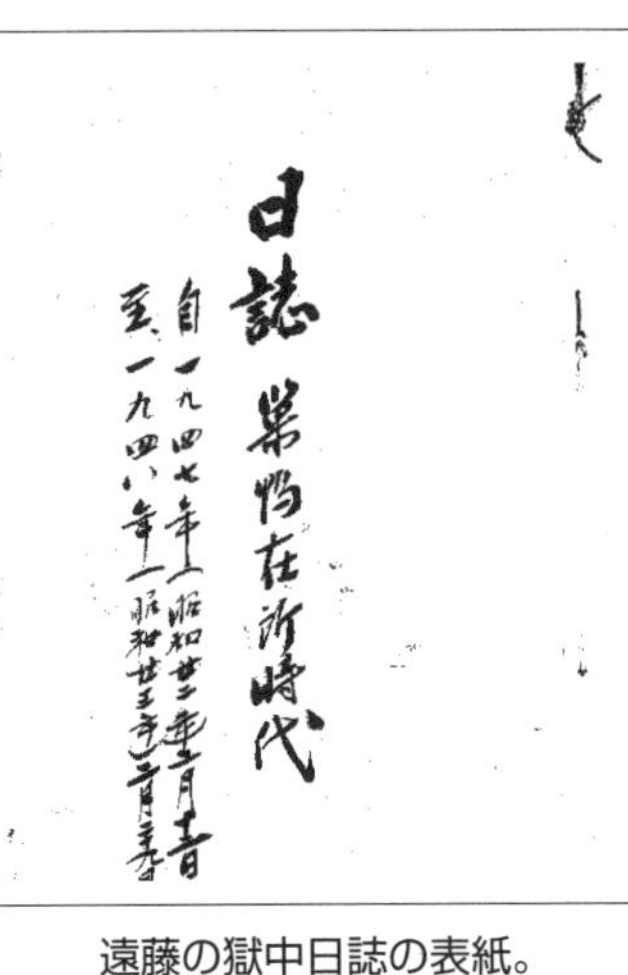

遠藤の獄中日誌の表紙。

の通路やガード下で米兵の靴磨きをする光景が見られた。東京や大阪など多くの都市では、空腹を満たすために人々が露天の闇市に殺到し、なけなしのお金をはたいて一杯の丼や一個の握り飯を口に頬ばる姿もあった。

当時は強盗、窃盗など刑事事件も各地に頻発していた。全国各地で一般の民家に強盗が押し入り、大切な衣類や家財道具などが盗まれる事件が発生した。遠藤家でも畑仕事に使用するドラム缶と農機具が夜中に盗まれる被害があった（六月十六日日誌）。日本中の人々が警察を頼りにできず、自分で自衛する以外の対策を見出だし得ない日常であった。

しかし戦争犯罪者の追及はこのような状況下でも容赦はなかった。やがて遠藤のもとに東京のＧＨＱから巣鴨への出頭命令が届けられた。もちろん遠藤はその日の来ることを覚悟して、心の準備をしていたと思われる。それはあの戦争を指導した軍人として、その罪を償うための免れ得ない運命でもあった。遠藤もまた他の多くの戦犯と同じように、その運命を受け入れねばならなかった。

（1）巣鴨入所日―家族との別れ

遠藤は戦犯としての獄中体験を別冊の日誌に克明に記録している。その日誌の表題は「日誌巣鴨在所時代　自一九四七年（昭和二十二年）二月十二日至一九四八年（昭和二十三年）二月二十九日」と記入している。その一年有余日を遠藤は巣鴨で入獄生活を送ったことになる。巣鴨に入所する二月十二日の日誌の冒頭で遠藤はこのように書いている。

「愈々入所ノ日、床ヲ離レントセシニ、十九子（愛孫）何ヲ夢見シカ『十九子チャンモ一緒ニ行キタイ』と云フ可憐ナリ」とある。この一行は遠藤が日頃からなつかれ、かわいがっていた孫娘から「私も一緒に連れていってくれ」とせがまれたことを記したものである。五十四歳を迎えた遠藤は、優しい祖父（好好爺）であったのだろう。しかし孫娘のことは、心配で、日誌には◎をつけて「行く先を知る由もなき初孫がいつもの如く見送りにけり」と一句を添えている。

この日の朝。遠藤はいつものように入間河畔にて体操し、四方を拝し、家族一同と兄と弟を交え、最後の団欒で食卓を囲んでいる。七時三十分、夫人とちかゑさんら家族に見送られて家を出た。後ろ髪を引かれる思いであったろう。最寄りの駅では見送りの人たちと別れて、次男の十三郎氏を同伴して巣鴨に向かっている。日誌には「電車待つホームに独り涙ぐみ父を見送る娘いじらし」の一首も挿入している。車窓からは昨年の春から精魂を傾けて開墾した畑が見えた。「主人なくもみのり忘るな我が畑かよわき妻子家に留るぞ」と車窓から呼びかけている。

渋谷駅からは復員局に行き、そこからは同局の自動車で内務省に向かい、玄関前で同伴者らと別れた。まずは西巣鴨外務省分室で入所準備をなし、入所したのは午後二時ごろであった。入所に際しては越中褌は不許可となり、同行の河上氏（警視庁）から猿股と靴下を借用した。

同伴者を待合室から見送った遠藤はいよいよ獄中の人となった。それからは健康診断、予防注射（三本）、消毒、指紋、写真撮影等あり、米人の係官とは言語が通じないながら思いの外の親切な扱いを受けた。衣類はすべて拘置所のものと交換し、無一文となり、一号舎の第四十八号室に入れられた。

（2）獄舎の風景

獄中の人になった遠藤は、当然ながらまったく外界から遮断された。

向い側の独房には、元満洲国大使館付の桂参事官の姿があり、奇遇に安堵する場面があった。しかし獄舎は寒く日当たりはなく、ひときわ強い愁傷の気分に襲われた。その日の日誌にはその感情を次のように記入した。

「寒気甚シ、一坪半ノ独房・畳二枚他ハ板敷、水洗便所ハ腰掛兼用、洗面台ハ机兼用便利ナリ　北側ニ窓、スリガラスニテ外見エズ、小ザッパリシタル敷布団一枚　掛布団二枚、毛布一枚差シ入レラル、注射ノ為発熱セルト寒サノ為夕食モ食欲ナク」床についてもなかなか眠られなかった（日誌二月十二日付）

翌日からは午前中には食器を磨き、午後は廊下の掃除などの使役についたが、遠藤の独房は北側にあり、一日中太陽が当たらず、夕刻にだけ漸く薄陽光が窓に差し掛かったが、あいにくのすりガラスのために明瞭でなく、寂しさを感じている。しかし食事は良好で、主食の他にコーヒー、牛乳、チョコレート若しくは紅茶などがあり、当時の日本人の食生活よりは数段も贅沢な暮らしであった。その心境を次のような歌にしたためている。

◎働かで食ふは罪ぞと云ひし身が働きもせで食はされにけり
◎糧なくて飢ふる同胞思ふ時　三度〳〵の食事身に過ぐ
◎妻嫁（コ）等の情こもりし衣なくて　きさらぎ寒し外国の服

この外国の服は、米軍から支給された囚人服のことかと思われる。しかし獄中には親切な知人も多く、鉛筆と紙を借用し、日誌を記入したり、新聞と読書をする自由も与えられた。

この獄中生活は一年有余日の長期にわたるが、この間、遠藤は孤独に耐えながらさまざまなことを学んでいる。入獄早々、ジャワ島の捕虜問題で責任を追及される一幕もあったが、あの戦争とは何のための戦いだったのか、そのことを考え、人間とは何か、に思いを馳せ、家族の身を案じ、最終的には英語を学ぶ機会にもなった。しかしその獄中日誌を読む限り、遠藤のような理性的な軍人でも、あの戦争をストレートには否定しなかったことがわかる。人間は一旦、その世界に住み慣れれば、簡単には過去をきっぱりと清算できるものではない。折からA級戦犯として入獄中の元戦争指導者にも同情の思いを禁じ得なかった。しかし遠藤は自分を弁護するために、戦時下の行動を故意に捏造することはなかった。

カリジャチの捕虜虐待問題や満洲事変の責任問題(註2)でも、事実を証明することに全力を集中した。

(3) カリジャチの捕虜虐待問題

獄中の遠藤が連合国から追求された二番目(?)の戦争責任問題はジャワ作戦の展開中に発生したカリジャチ飛行場の捕虜虐殺問題であった。この問題については、その無実を証明するため裁判所に提出した遠藤のジャワ日誌が決め手となり、嫌疑が晴れるという一幕があった。

昭和二十二年の遠藤日誌には、二月十四日付で次のようなくだりの一節がある。おそらくこれがカリジャチ問題であったものと推測する。参考までにその日の遠藤日誌とそれに獄外から対処した次男の十三郎氏の書簡(獄中の父親宛)が現存するので、その二つの資料を紹介してみよう。

遠藤は二月十四日の日誌にこう記入した。

「◎神兵の花開きたる記念日をひとやの中に我は迎えり

本日ハパレンバンニ挺身部隊ヲ降下セシメタル思出ノ日ナリ

夕食後新約聖書ヲ読ム　マタイ伝ニ『剣ヲ執ルモノハ剣ニ亡ブ』トアリ、キリストモ亦先見ナリ、十三郎宛手紙ヲ

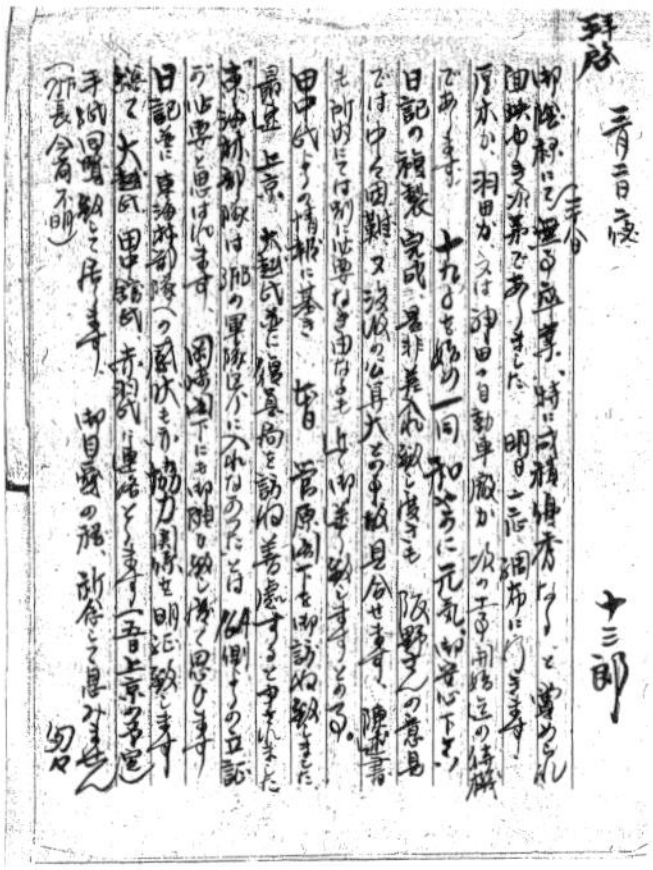

次男十三郎氏が獄中の父親に宛てた激励の書簡。

書ク」と。この日に読んだマタイ伝の格言は、出獄後の遠藤が展開する非武装平和思想の核心になる思想との出会いを意味するが、その同じ日に遠藤はカリジャチ問題に対処する資料の件で次男の十三郎氏に書簡をしたためたものと推測する。

これについての十三郎氏の書簡が（その日付は不明ながら）三月中旬の遠藤日誌に挿入されている。その書簡で十三郎氏は「東京裁判には必ず証言しうる」ように「速やかに取り調べる事」を依頼した父親の願いについて、その目標達成に「大いに運動致して居ります」と父親を安心させている。この後、十三郎氏は三月二日夜付の父宛書簡でも（写真）、ジャワ作戦当時の関係者（例えば、遠藤の上司であった菅原閣下ら）と連絡をとり、日記や東海林部隊への感謝状など有利な証明資料を集めていることを知らせている。そして三月十六日付の書簡では「ジャバ問題　決して笑われる様な事は致しません」と念を押して「正しきを顧み、恥なき身には何の恐れなきを確信致します」と述べ、吉田松陰の至誠に言及し、「松陰先生も、至誠にして動かざる者なきを信じ、幕府の非を堂々論議しようとしてはやまり藪蛇の結果をもたらした」から、現実には「呉々も笑われるような事はいたしません。ご安心下さい」と獄舎の父親を勇気づけている。

その結果は十一月になり遠藤ら現地部隊の行動が潔白であることが証明された。獄中の遠藤はよほど嬉しかったと見え、十一月七日付の日誌にその喜びを次のように記入した。

十三郎ヨリ二十八日付手紙到着　カリジャチノ残虐問題事実無根ナリシ旨電報アリシ由　予期セシコトナルモ之ニテ予及予ノ指揮セル軍隊ハ（一字不明）ヘリ　当時カリジャチニ作戦セシ日本軍ノ軍紀厳正ナリシヲ証明シ得

テ心晴ラス

なおこの戦争責任問題については、十三郎氏やキーナン検事の懐刀といわれた田中隆吉の尽力もあり、一件めでたく決着したが、田中隆吉らからは遠藤にA級戦犯の裁判が終わるまで釈放はされない旨の情報を伝えられた。この情報にはいささか失望したものか、遠藤は「戦犯ノ理由ナク拘禁スルハ誠ニ了解ニ苦シム所」と反発しながらも「敗戦国ノ高級軍人トシテ又多数部下ヲ戦歿セシメタル予トシテ寧ロ此ノ苦シミヲ甘受スルハ国家及遺族ニ対スル義務ト信ジ越年ノ覚悟ヲナス」と自らを諌めている。

それでも獄中生活は苦しいものであった。日夜、いとしい家族のことを思わない日はなかった。それゆえ獄中の遠藤がなによりも心待ちにしていたのは家族との面会であった。

十二月一日には、八ヵ月振りで妻が面会にきた時の喜びを次のように記入している。

一時半頃　光子面会ニ来ル　八カ月振リナリ　稍ヤセタルガ如キモ元気ナリ　最近財産凍結セラレリト　何タル無礼ゾ　甚ダ不快ナリ　生活苦ニテ行商モナシ居ル由　気ノ毒ナリ　三十分ノ面会時間甚ダ短ク終ワリテ帰房セシニ…光子ノ手紙二十五日付ちかゑノ手紙（十九子ノ写真在中）到着

その手紙を開封した遠藤は、その日の日誌に次のような歌を記入した。

苦くも心併せて励めかし　正しき者は神も守らん
訪ね来し妻は僅かに笑めど　寂しき心内に宿しつ

送り来し孫の写真手に取りてあかず眺めりいとしき姿を

（4）戦争犯罪についての認識—聖書の一句に啓発される

獄中の遠藤がさらにその精神を集中できたのは、独房でひとり英語の自習ができたひとときであろう。彼の日誌には「英語自由並ニ雑誌、『リーダースダイジェスト』ヲ読ム中中有益ナル雑誌ナリ」（五月十四日付）とあり、このころすでに英語でリーダースを読んでいたことがわかる。そして六月一日には「英語ノ自習英語入門三通リ終了ス」とあり、英語の自習がレベルアップしたことを推察できる。独房で家族の身を案じたり、夢枕に妻や孫娘があらわれる侘しい生活の中で、規則的な学習目標に挑戦できたことは幸いであったろう。時には花山弁護士と面会したり、東條元首相をはじめA級戦犯容疑の人々の法廷で証言に立つこともあった。市ヶ谷の法廷には東條英機や板垣征四郎元大将らの姿もあり、彼らが裁かれる身になってもその姿には変わりがなく、また親しく自分に話しかけてくれることに一種の慰めを感じている。当時、連合国による極東国際軍事裁判（東京裁判）の法廷が開かれた場所はこの市ヶ谷台であった。そこは遠藤にとって若き日の学びの学舎であったから、なおさら感慨ひとしおであったろう。

四月三日の神武天皇祭の日に、バスにて市ヶ谷へ米軍憲兵中佐に誘導されて法廷に向かった日の日誌には、次のような歌が挿入されている。

若き日は学びの庭といそしみし市ヶ谷台に今は裁かる
法廷に立つべき時を待つ間も思は走せり過ぎし年月
幾度か帝を迎え武を練りし市ヶ谷台は変わりぬる哉

この数首を読めば、過ぎ去りし日の遠藤の忘れ得ぬ感慨がにじみ出ている。

この当時、遠藤は法廷に立つ東條元首相らA級戦犯容疑者と自らの罪についてどのような認識を持っていたのだろうか。やがて新聞に東條大将の裁判記録が掲載されると、それについて遠藤は次のような印象を書き残している。

新聞ニ一昨日東條大将ノ裁判掲載、戦争ハ自ヱ戦ナリシコト　国際法ニ違反シアラザルコト　天皇ハ責任ナキコトヲ強調シ敗戦ノ責任ハ首相タル東條大将進ンデ之レヲ負ウモ　戦争犯罪トシテ国際裁判ニ附セラルルハ当タラザル旨ヲ強調シアリ　我ガ意ヲ得タルモノナリ、戦争ハ両成敗ニシテ日本ノミ犯罪者扱ニセラルルハ当タラズ又敗戦ニ終タルノ故ヲ以テ歴史ヲ歪ムル能ハズ……大部ノ新聞ノ論調ニ東條大将ニ同情ナシ（十二月二十八日付・日誌）

この記述を読めば、今日の右翼的な日本人は歓呼して喜びの声を挙げるであろう。しかし遠藤はここから先が違っていた。彼は戦争裁判の不合理性を強調しながらも、これからの日本は断じて軍隊を持たない国にしたい。二度と戦争により人々が血を流すような悲劇を招来したくない。そのためには非武装・中立を国是とする平和国家・日本国の育成に尽力することであると認識した。これには遠藤が獄中で出会った聖書の一句「剣によって立つものは剣によって亡ぶ」という格言が決め手となり、この一句に彼は自信を深めたことになる。遠藤はその一句に真理を発見した。そしてその人道的な思想を錬磨することになる。

この点では、遠藤はもはや過去の世界とも、過去の軍人仲間からも一歩脱出していたことになろう。人の考えは紙一重で変わるものである。聖書の一句に感動し、そこから戦後の日本の安全保障の道を模索した遠藤と、いまなお東京裁判にこだわり、過去の誤りを反省せず、再び軍事強国を目指す旧軍人やその亜流の政治家とは違っていた。遠藤は彼らとは袂を分かって別の道を目指すことになる。なお、巣鴨に入所中の遠藤はトルストイやガンジーの伝記の他、聖書の差し入れを受け、二月十七日付では「『ルカ伝』キリスト曰ク「互ニ相争フ国ハ亡ビ互ニ相争フ家ハ倒ル」ト日本ノ現在果シテ如何」と自問自答したり、仏教についてもその法話に興味を示し、二月二十七日の日誌には次のような三首を記入している。

究むれど尚究れど究れど神の世界ぞ果てしなからん
果しなき神の世界を極め行く人の努力で導かりける
神を信じ人を愛して日を送り神に連る道を歩まん

遠藤はその翌日、郷里に健在だったころの両親の夢を見て、花山信勝[註3]（巣鴨拘置所の教誨師）の「善因悪果」の法話を聞いている。巣鴨の生活は遠藤にとっては、家族との別離は寂しくとも、精神的には拘置所を道場として、充分な修業を積む毎日であった。

註

註1　物交＝物々交換
戦争末期から戦後にかけて日本で流行した言葉である。国民は食糧不足を自分で解決するために、価値の不安定な紙幣でなく物と物を交換することで、毎日の食料を調達する方法を考え出した。食料と交換する品物はさまざまであったが、裕福な農家では高級な呉服などが重宝がられた。都会に暮らす住民は、大切な着物などを背中に背負って近郊の農家を訪問し、持参した着物を米などと交換し、空腹を満たしたのである。しかし、その食料を自宅に持ち帰るとき、最寄りの駅で警官に見つかると、闇の物資の買い出しと疑われ、没収された。

註2　満洲事変の陳述案
満洲事変の責任問題について、遠藤が東京裁判の証言台に立った日付は不明だが、遠藤は巣鴨に収監される前に「東京

裁判に於ける予の陳述案」（二一・一〇・一二）というメモを作成している［原本は謄写版刷りで「陳述書（遠藤三郎）第一案」と表題が記述されている］この記録によると、遠藤は自分の軍人歴を最初に述べ、ついで弁護側が事前に用意した質問と回答文に彼が墨筆で削除したり、加筆している。現存する文書は鼠害がひどく全文を判読することはできないが、判読できる部分の内容から見て、この文書は遠藤が東京裁判で陳述する時の覚書（第一案）だったことがわかる。

註3　花山信勝『平和の発見』（朝日新聞社　一九四九年）

花山信勝は教誨師として三年におよぶ巣鴨の体験記を『平和の発見・巣鴨の生と死の記録』と題して、一九四九年に出版した。この書は、Ａ級戦犯として、巣鴨に入所した旧軍人の最後の姿を後世に伝える貴重なメッセージであろう。花山はこの書の中で、死刑を執行された七名の被告との面談記録を収録している。ここではその姓名と年齢、職歴を簡略に記載する（以下の順序は花山の記載のまま）。

土肥原賢二（六六歳）昭和六年奉天市長、奉天特務機関長、敗戦時教育総監。廣田弘毅（七一歳）昭和十一年三月総理大臣（廣田内閣を組閣）外交官、昭和十三年六月、近衛内閣の外相。板垣征四郎（六四歳）昭和四年関東軍参謀、ついで奉天特務機関長、満洲事変当時、関東軍高級参謀、敗戦時シンガポール第七方面軍司令官。木村兵太郎（六一歳）昭和十五年関東軍参謀長、昭和十九年ビルマ方面最高指揮官。松井石根（七一歳）昭和十二年九月上海方面派遣軍最高指揮官。武藤章（五七歳）昭和五年参謀本部課長、昭和十四年陸軍省軍務局長、昭和十九年、フィリッピン第十四方面軍参謀長。東條英機（六五歳）昭和十年関東軍憲兵司令官、昭和十六年十一月東條内閣組閣、首相陸相内相を兼務、後、軍需相、参謀総長。以上七名の氏名と職歴を見れば、文官の廣田弘毅以外、六名はすべて陸軍の重要ポストを経た軍人で、海軍は一人も含まれていないことがわかる。なにゆえ、対米開戦直前、対米戦争を促進した海軍の代表者が処刑されなかったのか？

さらに満洲事変では板垣征四郎とともに事変を誘発した石原莞爾も起訴されなかった。石原は起訴されなかったことに不満であった。なお、花山は東條と会見したとき、日本軍が犯した占領地での俘虜虐待について、次のようにその伝言を記録している。

東條いわく：「裁判の判決については、この際いうことを避けたい。残念なことは、俘虜虐待等の人道問題は、何とも遺憾至極である。古来からもっておる日本の博愛心、陛下の御仁徳を、軍隊その他に徹底させられなかったのは、私一人の責任である。ただ世界の人士に誤解されたくないのは、このことは軍の一部の者の不心得によるのであって、日本人全体はそうではない。軍全体もそうではない。世界人士は何とぞ誤解されないことを願いたい。要するに、軍の一部の間違っ

た行動であったということを認識してもらいたい」（前掲書、二四二－三ページ）

このことばを世界人士はどう解釈するであろうか。「軍の一部の間違った行動」という弁解であるが、軍の一部とは何パーセントか。仮に一〇パーセントとしても三百万の日本軍が占領地域に派遣されたとしたら、三十万人になる。その数は巨大なる暴力集団ではないか。

日本軍の中にも、もちろん遠藤のような将軍もいれば、兵士もいたことは事実である。

しかし日本軍を大きくとらえたら、博愛心を持った将軍や下士官、兵士は少なかったとみて差し支えなかろう。日本軍は軍内部でも上官が兵士を日常の訓練でも殴りつけた。差別意識をもった兵士や憲兵がアジアの住民、連合軍捕虜を虐待したことは、隠ぺいできない。

第四章　出獄後の生活─国連警察部隊の設置を提唱

遠藤三郎の巣鴨入所期間は一九四七年二月十二日から翌年の一月十三日までのおよそ一年の長きにわたった。その当時はまだ、シベリヤの原野では、満洲からソ連軍に強制連行されてシベリアに抑留された関東軍上層部や約五十万人の同軍将兵らがなお寒中での強制労働と食料も乏しい獄舎にあり、その人々と比較すれば、遠藤は不自由な米軍獄舎に隔離されたとはいえ、米軍から十分な食事を支給され、家族との面会も許されるなど、比較的めぐまれた獄中生活であったろう。しかし一家の主人が入獄中の家族の心痛は他人の想像を超えるものであった。埼玉の留守家族からはマッカーサー元帥に宛てて助命嘆願書が提出されていた。その内容はやはりジャワ、カリジャチ飛行場内の捕虜問題で、長女の静枝さんが「私の父は捕虜を虐待したり殺したりする様な事は絶対にありません」と訴えていた（この嘆願書は四七年三月二十日付で、「遠藤三郎長女　静枝」の名義でマッカーサーに郵送された）。その嘆願書の末尾には「貧しいながらも一家揃って畠で働くことの出来る日が一日も早く戻って来ます様お願い致します」とその心情をあらわしていた。遠藤は出獄後、自分が留守中の書類を整理中にこの書面の控えを見つけ、留守家族の心情を察して、叱ることもできなかったという。

（1）土に生きる─晴耕雨読の毎日

しかし出所後の遠藤の生活は予想の通り、自然を相手に農場を開墾しながら貧窮との戦いから再出発したのである。

後年、遠藤はこの時代を回想し、その自叙伝で次のように書いている。

私は出所後直ちに本格的に入植しようと決心して、（埼玉）県知事にその認可を願い出ました。幸い許されて一町歩（一ヘクタール）の土地を正式に政府から譲り受け（十ヵ年年賦約三千円）ましたが、耕作適地は既に先入植者のものとなり、私に割り当てられた土地は残りの耕作不適な所で、開墾には随分苦労致しました。その上私共家族一同農業は全く素人でありますから、講義録や農業に関する参考書等を求めて勉強しましたが、基礎知識が皆無で在りますゆ故なかなか理解し得ず、実地に当たっては疑問だらけでありました（遠藤『日中十五年戦争と私』三五〇ページ）

これは祖国の敗戦でにわか百姓になった遠藤一家のいつわりのない告白だが、額に汗して手に豆をつくりながらも、農協の指導員や近所の農民に教えを仰ぎながら、ともかくも独立した農業で生活を切り開こうという新しい決意での毎日が始まった。当面はいくら働いても収入などはなく、肉体的には苦労の連続であったが、しかし精神的には愉快な毎日であったと回想している。それは生活の相手が自然であること（人間相手では誤魔化されることがあっても、自然は決して誤魔化さない）しかも無駄がないこと（一般社会では邪魔者である糞尿、汚水、台所屑までも畑に還元して肥料にできる）さらに他人に迷惑をかけない暮らしに、遠藤は安堵の色を隠せなかった。その姿は遠藤が性格的に他人にぺこぺこと頭を下げることが嫌いな性分であったことと、土とともに生きる暮らしに心の平安を見出したということになろう。しかし貧窮との戦いは厳しい試練であった。その環境をかれは甘んじて受け入れて、晴耕雨読の毎日を体験した。

この時代の遠藤一家がマスコミから取材されることもあった。遠藤は興味本位のマスコミの取材には腹をたてる一幕もあったが、まじめな取材に対しては誠実に応対して、その心境を語っている。新聞記者も「元将軍は何をしているか」について追跡し、百姓をする将軍たちをときにクローズ・アップすることもあった。この記事は某新聞に掲載されたものだが、遠藤は正直に日常の雑感を次のようにコメントしている。

「まことに平凡な話しか出来なくてお気の毒ですが、……」趣味は「まず本です。午前中はたいてい読書で暮らします」酒は「あれば飲む、食べ物も同じで〝多ければ多きに従いて楽しみ、少なければ少なきに任せて晏如たり〟あの心がけです」「土に生きる」「芋の如し」と（一九四七年二月十三日付日誌の挟み込み記事）

このころ、すでに遠藤は戦後日本の生きる道について、あれこれと思索しはじめていた。巣鴨で獄中生活を体験したかれは平凡ながらも百姓となり、自然と対話しながらやはり国の置かれた現状から未来を展望していたといえようか。

だが、巣鴨を出所後の遠藤の日誌など、現存する記録によれば、彼が直ちに非武装中立の日本の現状に自信をもって肯定したという証拠はみつからない。このあたり彼もやはり元軍人としての鎧装束から一気に非武装平和論者へと脱皮するには、いささかの抵抗があったものと思われる。とはいえ問題は日本の再軍備には絶対反対の立場を鮮明にし、その穴埋めとして国際警察部隊の設置には賛成で、当面は空軍優先で国際紛争に対処する構想を模索している。人間は一度、鎧兜（武装）で身を固めると、やはりその枠組みをはずした発想には一気になれないのだろうか。この点では遠藤三郎のようなタイプの軍人でもやはり例外ではなかった。

（２）出獄後に模索した戦後最初の「国防論」

しかし毎日土を耕しながらも、遠藤が戦後の日本の安全保障について模索した最初の「国防論」はその後、かれが非武装中立の絶対的な平和論者に転向するプロセスへの一発展段階として検討してみる価値があろう。当時は東西の冷戦の開幕で、日本をとりまく国内・国際情勢はなお混沌としていたが、極東の島国である日本はすでに戦後世界を支配する米ソ二大強国の谷間におかれていたといえよう。そのような緊迫した国際情勢のなかで、遠藤は畑で鍬をとりながら、一人で日本の安全保障のありかたを模索したものと思われる。

以下の文章はなお素朴ながらも遠藤の再軍備反対意見の原型として紹介してみよう。

彼は一九四七（昭和二十四）年三月四日付日誌につぎのように記している。

最近米ソ戦近キヲ云フモノアリ　予ハ早クヨリ其ノ当ラサルヲ説ク　現在ノ冷タキ戦争ニ勝チツ、アル「ソ」ガ必敗トモ云フベキ武力戦ヲ招来スルガ如キヘマハヤラザルベク　米国モ亦一部国防担当者ハ戦力差ノ大ナル今日ニ於テ武力戦ヲ以テ「ソ」ヲ覆滅センコトヲ希望スルコトアルベキモ　大勢ハ武力戦ヲ避ケツ、アル「ソ」ニ対シ武力戦ヲシカケルガゴトキハ其ノ憲法及平和好愛者ノ与論ヲ無視シ又侵略戦ヲ審キシ彼トシテ実施シ得ザル所ナレバナリ

この時代、米ソの東西二大陣営が第三次世界大戦を開始するかもしれないと憶測する世論が流れていたが、遠藤は冷静に国際情勢をながめながら、米ソ両国ともそのような野暮なことはやらない、といささか自信をもってその日誌に記入していたことは興味深い。

このような判断はやはり遠藤が世論に付和雷同する軽薄なタイプの人ではなかったことを証明する。しかも彼は日本のとるべき国是として、明確に再軍備には反対する意見をその日誌に次のように記録していた。

いわく「又最近日本ニ国防軍設置問題台頭セルモ予ハ反対ナリ　所要ニ満タサ（ザ）ル国防軍ヲ所有スルガ如キハ火遊ビニ過ギズ却ッテ危険ナリ　之レ強力ナル空軍ヲ所有セザル限リ強国ノ侵入ニ対シ武力ヲ以テ防止スルガ如キハ

絶対不可能ニシテ　寧ロ形ノ上ノ無防禦ニテ心ノ中ノ防備コソ強力ナレバナリ　但シ国内ノ治安維持ノ為警察軍ノ強化ハ絶対的ニ必要ナリ」（同年三月四日付日誌）

この判断はやはり元軍人としての戦争体験から、過去にあれほど強力な軍隊をもった日本でもだめだったではないかという反省から生まれでたものであろう。そして敗戦直後に新聞で公表したように、形の上での無防禦でも心のなかに防備する決心があれば、それが国の安全を守ることになる、と考えていたことになる。これはすでに台頭し始めていた日本の再軍備賛成論者に対する警告であり、遠藤が決して時局便乗型の軽はずみな論客ではなかったことを証明している。

しかし遠藤が土を耕している間に日本の国内情勢は東西冷戦構造の中で揺れ動き、とくに吉田内閣が誕生以後、日本の再軍備が米国政府から強制される状況へと変貌していった。（註1）その結果、一九五〇年八月には警察予備隊（後年の自衛隊の前身）が誕生し、翌五一年十月二十六日には日米安全保障条約が衆参両議院を通過してから、日本は国連に復帰する見返りに、こともあろうに米国の陸海空軍を日本国内とその周辺地域に配備する駐兵権を承認したのである。

しかし一九五〇年にはじまる朝鮮戦争のころの遠藤日誌にはまだ将来、日本政府が米国と軍事同盟関係を締結するとは予測すらしていない。しかし警察予備隊の創設には内心忸怩たる思いがあったものか、遠藤は独自に日本の国防に関する意見を模索し、一九五一年十月三十一日付の日誌には次のようにその国防意見の結論を記入していた。

いわく「日本ノ国防ヲ安固ニセントセハ先ツ国民生活ノ安全ヲ図ラザルベカラズ。国民生活ヲ安定セシムルニハ一銭一厘ト雖モ国費ノ浪費ヲ許サズ　地上軍ノ建設ハ国費ノ浪費ナリ　社会事業ノ促進　国土ノ開発ハ国防ノ基礎ニシテ治安維持ノ根底ナリ。

（自由主義政策ノ裏ニハ社会事業伴ハザレバ弱肉強食ノ野蛮時代ヲ再現シ社会ノ安全ハ望ミ得ズ）（警察制度ハ国際間ノ治安維持ノ為　国際警察、国内ノ治安維持ニハ国家警察ト県毎ノ地方警察ノ三段階トスベシ）以上」

この記述からみれば、遠藤はすでに吉田茂内閣が締結する日米安全保障条約の枠組みとは無関係に、むしろそれとはやがて真正面から対立する日本の安全保障政策を検討していたことがわかる。彼はきっぱりと「地上軍（陸軍）の建設は国費の浪費なり」とみなし、国民生活の安定こそが日本の国防を安全にするものと力説したのである。この陸軍なしの安全保障政策はなお素朴ながらも遠藤の非武装平和思想の原点をなすものであった。

彼はこの構想を胸に戦後の社会で非戦平和主義の論客として頭角をあらわし、やがてその理論を発展させて平和運動の理論的な旗手としてその姿を民衆の前に登場させることになる。

とはいうものの当面のところはその理論を研磨する時間が彼には必要だった。なぜなら戦後の第一次吉田内閣誕生から朝鮮戦争(註2)の勃発にいたる数年間は遠藤の思想的模索の時代であり、かれが検討した平和論はなお未整理であったからである。頭脳明晰な遠藤でさえ、その非戦平和思想は一気に開眼するものではなかった。なぜなら彼が模索を重ねながらその非戦平和という理想に到達するには、なお複雑な迷路を通過しなければならなかったからである。

（3）農民としての第一声―非武装平和論の原型

やがて時がながれて一九五一年になると極東アジアをめぐる情勢がいっそう緊迫しはじめた。すでに前年、一九五〇年六月には朝鮮半島の三十八度線で東西両陣営の武力衝突が発生し、当然ながら、遠藤は朝鮮半島の軍事情勢のなりゆきに注目し、その時局を踏まえて独自の観点から極東アジアと日本の安全保障についての意見書を執筆することになる。

その内容は東西の冷戦構造と軍事的対決という国際政治の図式のなかで、朝鮮戦争の相手方をなお「共産陣営」と見下しながらも、当面は日本の取るべき安全保障政策の対策として、米国という軍事大国の極東政策に便乗するような陳腐な軍事優先論ではなく、日本の不幸な敗戦を生み出した経験から独自の中立的な安全保障政策を打ち出した点が注目されよう。

朝鮮戦争という不幸な事態が発生しても、かれはなお冷静であったといえよう。朝鮮戦争の相手方の陣営を「共産陣営」「侵略者」と決め付けながらも、日本はそれにいかなる態度で対応すべきか？　遠藤はどこまでもあの不幸な戦争をはじめた日本人がふたたびその轍を踏むことのないように「再軍備反対」の旗印のもとに、その独自の発想から国際紛争解決の方法を模索したのである。その結果、遠藤はその厳しい生活費のなかから、自腹を切って自ら模索した安全保障論を一枚のパンフレットに印刷して、友人や仲間に配布した。その表題は「日本の再軍備反対と国際警察隊設置に関する提唱」と題するチラシで、その印刷日時は一九五一年十二月十日付であった。

おりしも朝鮮半島では三十八度線を突破して南下した北朝鮮軍とそれを支援する中国人民解放軍（抗米援朝義勇軍）に対決して韓国軍とそれを支援するマッカーサーの米軍が熾烈な戦火をまじえている最中であった。遠藤はその戦争の推移に注目しながら、しかもその流れに影響されることもなく、独自の考えから日本のとるべき安全保障の対策を次のように力説した。少し長文になるが、素朴ながらも遠藤の非武装平和論の原型として注目すべきものゆえその全文を紹介しておこう。

（代謄写）

軍人生活の体験に基く　日本の再軍備反対論

（国際警察部隊設置の提唱）

謹呈（なるべく広く御親戚や御友人等にも御披露下され度）

於埼玉県入間川町開懇地の茅屋　昭和二十八年十一月稿

遠藤三郎

1950年、朝鮮戦争の年に執筆された遠藤の再軍備反対論。

「日本の再軍備反対と国際警察部隊設置に関する提唱」

遠藤いわく：「朝鮮の動乱勃発以来、日本の再軍備問題が著しく台頭して参りましたが、私は過去四十年に亘る軍人生活の経験と其の間に於ける学究の結論として其の非なる事を強調するものであります。

申す迄もなく目下共産陣営の鋭鋒は国際法規は素より人道迄

も無視し、国際信義を蹂躙して侵略を敢てし世界の平和を攪乱しつゝ、ありますので日本のみ独善的に憲法を盾にして丸裸で居ります事は危険千万であります。目下の処国際連合特に米軍によって保護せられ、朝鮮動乱もどうやら対岸の火災に喰い止めて居る様ではありますが、いつまでも他力のみに頼って居りましては、たとえ共産軍の侵略を喰い止め得たと致しましても国民をして識らず知らず乞食根性に惰せしめ、遂に民族の精神的滅亡を来すものでありまして、断じて同意し得ぬ所であります。さればと言って仮に講和条約に於て日本の再軍備が許されたと致しましても日本現下の国力を以てしては到底共産勢力に対抗して国防を完うし得る様な軍隊を再建する事は思いもよらぬ事であります。現代の軍備は極めて高価なものとなりましたので、唯さえ税金難に喘ぐ日本が此の上更に多額の国防費を捻出しようと致しますれば、戦わずして内部より経済的に崩壊し赤化する虞が多分にある事を思わねばなりません（筆者：ここまでは時代的な限界があり、遠藤もその枠にとらわれていることがわかる。しかし次のくだりにはやくも遠藤らしさがにじみでている）。

この点は世界最富強の米国と雖も大いに考慮せねばならぬ点と思います。尚吾々は、世界は進展しつゝあり又進展せしめねばならぬ事を忘れてはなりません。一歩々々理想に近づくべく努力すべきであります。廿世紀も後半に入ろうとする今日、而も極めて貴重なる犠牲を払って世界に魁して戦争を放棄し軍備を廃しました日本が再び前世紀に逆行するような事を致すべきではありません。元来戦争とは対等の地位にある国と国との野蛮なる争いであり、軍隊とは其の戦争を前提として作られたものであります。ですから国際法規を無視し、侵略を敢てして世界平和を攪乱する様なものに対し国際連合が制裁を加えることは外形上昔の戦闘手段を執ってもそれは決して戦争ではありません。立派な警察行為であります。従って之れが制裁の為めの武力は軍隊にあらずして警察力であります。此の意味に於きまして国際連合が其の目的達成に必要な警察力を整備するのは恰も各国が国内の治安維持の為め警察力を保持すると同様極めて当然の事であり、憲法に於て戦争を放棄し、軍備を廃した日本と雖も国際連合に加盟してその国際警察力の整備に協力しても何等憲法に違反することはないのであります。

目下朝鮮に於て国際連合の旗の下に米軍を主体とする若干国の軍隊が『マッカーサー』元帥の統一指揮により侵略者の膺懲に当って居りますが、連合軍の悲しさ仲々思う様に戦果が揚らん様です。又近く西欧でも『アイゼンハワー』元帥を総指揮官として西欧防衛軍を作って「ソ」連軍の侵略に対抗すべく企図せられつゝありまして共に従来の独立国家独立軍の観念からすれば一歩進歩ではありますが、依然各国が夫々自国で自国軍を整備保持し之れを必要に際し連合せしむるのでは能率的に充分なる力を発揮する事が困難であるばかりでなく、甚だ不経済なものとなり著しく国力を消耗浪費し、「ソ」連の希望する処に陥る虞が多分に存するものと思います。これでは到底『スターリン』の方寸に基き統一経済的に編成運用される赤軍に対抗することは極めて困難と言わねばなりません。そこで此の世界の危機を救う道は一日も早くデモクラシー陣営の諸国が不経済的非能率的な自国軍の建設をやめて之れ等一切の国防力を統合し相協力して国際連合に統一あり且強力にして能率的経済的な国際警察隊を編成し、之れを所要の地点に配置し（之れによって特定国に軍事基地提供等のやかましい問題も解消します）世界平和の攪乱者に対し国際連合の決定に従い、機を失せず膺懲の鉄槌を下し得る態勢を整える事です。これがため日本は率先之れを提唱すると共に速かに国際連合に加盟せらる、様努力し加盟の上は幸にして恵まれたる人員資源を其の要員に提供し、一は以て国防を安全にし、一は以て世界の平和に寄与し国際国家の一員としての責を完うすべきものと思います」

（一九五〇年十二月十日）


この文章はやや古風で、単語も敵軍を「膺懲」するなど旧日本軍が使用した言葉が使用されているが、この意見書の後半の論旨は明快である。当時、すでに世界最強の軍隊をもつ米国も含め国連に加盟する各国にその所有する軍隊を国際連合に提供せしめ、国際連合の指揮の下で、諸国家から提供された軍隊が従来の軍隊としてではなく、国際警察部隊として国際紛争を解決するために行動することを提案していた。この提案は米軍が中心となり、その米軍が指揮権を行使する国連軍とは一線を画する画期的な国際警察部隊設置を提唱するものであった。勿論その理論は荒削りで、「国軍」と「国際警察部隊」の概念も理論的に不鮮明ではあるけれど、遠藤の文章を冷静に判読すれば、実際は米軍の傘下にありながら、言葉の上だけで国連軍に参加して行動するというような詭弁を弄する日本の政治家や評論家の主張する国際警察部隊の提唱とは本質的に相違する内容であった。

遠藤は十二月十日にこの意見書を「東京毎日新聞」や「東京朝日新聞」ほか東京放送局にも送付して、自己の主張を天下に訴えようと念願した。

しかし当時の新聞社も放送局も共に元将軍の提案をまともに検討しようとはしなかった（一部の地方新聞だけが遠藤の提案を紙面に掲載した）。それでも遠藤のこの発想は素朴な理論ながらも、一縷の光明を前途に投げかけるものであった。彼はこれからさらなる理論的な研究を継続し三年後（昭和二十八年十一月には）内容を拡大追記して『軍人生活の体験に基く日本の再軍備反対論』と題する小冊子を大阪の松下幸之助（松下電器株式会社社長）の好意による経費負担で出版した。[註3] なお、これ以後も、遠藤の言論活動は旧軍人の経験を土台にしながら、日本政府の再軍備政策に警鐘を鳴らし続けている。たとえば一九五三年九月の月刊「ニューエージ」には、「旧軍人のみた再軍備」を、翌五四年の五月には、「政治公論」に「再軍備罪悪論」を投稿し、さらにその翌一九五五年三月には、岩波書店の月刊誌「世界」に「再軍備を続行する限り政府声明は空文に過ぎない」の論評を投稿し、漸次再軍備に傾斜する日本政府の政策に強く反対し始めている。この言論活動は農作業の合間を活用してのささやかなものではあるが、その論調には、元将軍の戦後最初の警鐘として、重みのある発言で、冷戦構造の流れと時局に便乗する軽率な論調とは一線を画する格調の高い内容であった。

註

註1　サンフランシスコ講和条約

一九五一（昭和二十六）年九月八日、アメリカ政府の招請を受けて、吉田茂が署名・締結した第二次世界大戦後の対日平和条約。サンフランシスコで開催された講和会議の席上で調印されたから、この名称が使用された。内容は前文に続き二十七カ条となっている。

第三条では奄美大島、沖縄など北緯二十九度線以南の南西諸島・小笠原諸島は、無期限且つ無制限にアメリカの支配下に置かれる事が規定され、第六条と日米安保条約では、米軍の無制限駐留と基地の設定と使用、日本の内乱のための出動を許すなども規定された。

この条約で日本は対米従属型の「独立国」となり、国際社会に復帰することになる。

この条約では東西冷戦の影響を受けて、アジア太平洋戦争の最大の被害国中国と朝鮮との交戦状態を法的には終結させないままとなった（竹内理三ほか編『日本近現代史小事典』角川書店　一九七八年）

註2　朝鮮戦争

一九五〇年六月二十五日―五三年七月二十三日、朝鮮半島の北緯三十八度線を境として対立・紛争が繰り返されてきた朝鮮民主主義共和国と大韓民国の武力紛争。戦争がはじまると、優勢な朝鮮民主主義共和国軍が一気に南下をはじめたが、これに対してアメリカ軍が介入し、一方、共和国軍には新中国政府が抗米援朝の義勇軍を派兵し、東西の冷戦構造のなかで、第二次大戦後はじめての大規模な戦争となった。アメリカは国連安全保障理事会を招集し、ソ連の欠席のなかで、朝鮮民主主義共和国を侵略者と決議し、国連軍を創設し、十六カ国が国連軍の名の下にアメリカに協力した。本文中の遠藤の意見書はこのような国連軍（アメリカの指揮下にある）を容認したものではないと思われる。

註3　「軍人生活の体験に基づく日本の再軍備反対論」

この冊子（写真三六九ページ）は三九ページの小冊子である。遠藤はその末尾で日本の再軍備諸論とその愛国心について、それが「島国的」なものと指摘し次のように書いている。「共産主義者が再軍備に反対するのを見て再軍備が彼等の脅威であり防共に有効であると考えるのは甚だ甘い考えではなかろうか又再軍備論者が平素共産陣営の云う事には裏があり眉唾ものであると云つて居る考えに矛盾して居りはせんだろうか、再軍備論者よ、諸君の愛国心に対し敬意を表するに吝ではないが願くは島国的且つ陳腐な愛国心から脱却して真に大国民世界人たるの気宇を持たれん事を」（三九ページ）。

第五章　戦後の平和運動と最初の中国旅行
―その思想のコペルニクス的転換―

戦後の遠藤三郎の平和運動は一九五〇年の朝鮮戦争の勃発以来急速にその力を発揮しはじめた。その背景には当時の吉田内閣が再軍備を促進する方向に国防政策を転換しはじめたこと、ならびに極東アジアが朝鮮戦争を契機として、米ソ二大国という東西冷戦の狭間で、下手な舵取りをすると第三次世界大戦に巻き込まれるという危機感があり、それらが遠藤を平和運動の旗手とならしめるひとつの要因となった。

しかし遠藤は元来が戦争嫌いで、満洲事変以来、一貫して全世界から軍備を無くすことが究極の理想であった。この発想は彼が世相や時局に便乗して、一時的に平和を口先で唱える形の浅薄な平和主義者でなかったことを証明する。だがこのころの彼はまだ戦犯として公職から追放された身分で、まずはその戦犯の身分から解除されることが先決であった。そのために一九五二（昭和二十七）年一月二日付で、遠藤は内閣総理大臣宛に追放解除の申請書を提出した。翌年の二月に、それが承認され追放解除の通知を受け取ると、遠藤は晴れて自由な日本国民となった。

今度は誰に遠慮することもなく、新聞に再軍備反対の意見を投書したり、東京や地方の講演会でその主張を展開しはじめた。一九五三（昭和二十八）年の冬から夏にかけての遠藤日誌には、彼が新聞社や放送局に再軍備反対の意見書を郵送する姿が登場する。その活動は自由な農民として畑を耕しながら、もはや組織に拘束されないで、自己の主張を世間に訴えようとする活力にあふれていた。しかもその主張は軍人生活四十年の体験として、再軍備の危険性と無価値なる点を力説するものであった。

（1）吉田茂首相の再軍備論に反対

このころ遠藤は元外務大臣の有田八郎らと再軍備反対の国民運動を展開していたが、とりわけ遠藤の主張は、彼が元軍人で陸軍中将の肩書きをもった人物だけに重みがあり、その原稿は各新聞社でも掲載を拒否できなかったものと思われる。以下にその一例を紹介すると、遠藤は次のように叫んでいる。

私は軍隊生活四十年の結論として再軍備や保安隊（警察予備隊の後身）などの増強に絶対反対するもので、その理由は次の通りであります。

苦しくなる国民：吉田首相がしばしば再軍備はしないと言明されますが、保安隊は逐次外征軍の形を整えつつあります。これが軍隊になりますと、雪達磨のように太って行くことは過去の歴史がこれを証明しております。これでは国民生活、ことに裕福でない人々の生活は一層苦しくなり、赤を防ごうとして却って赤の温床をつくる結果となります。

増えてゆく防衛費：今日既に二千億円の防衛費を計上しておりますが、一度再軍備を認めますと堤防の切れた洪水のように膨張して、その経費は一ケタだけ単位が違うようになります。二千億と雖も復興途上にある日本として血のでるような額です、これを社会事業や電源の開発、食糧の増産、学術の振興等文化的事業に振り向けない限り如何なる政策も画餅に等しく、ことに遺家族、傷病軍人、恩給停止者、引揚者その他戦争犠牲者あるいは身寄りのない老人、孤児、未亡人または病気で働けぬ人、子供の教育に困る人、アルバイトに追われて勉強のできぬ学生、零細農漁業者、薄給の労務者、公務員、教職員等裕福でない人々も楽に暮らせるようなあかるい住みよい日本にすることは絶対不可能と思います。

帯刀するに等しい：自衛権があるから独立の軍隊が必要だという議論は正当防衛権があるから帯刀せよというに等しく極めて陳腐な考えです。九十年前既に帯刀を廃して強盗の取締まりは警察に委せました如く、今や国際的強盗（武力侵略）は国際連合の警察に委すべきときです、いまさら軍隊を作って自分で防衛しようとか（わずか一平方里半の硫黄島でさえ二万五千の軍隊で守り得なかった）米国のみに頼ろうとする考えを捨て（再軍備するには米国に頼らねばできません）国際連合に警察軍をつくり戦争のない平和な世界をつくるよう国民の声として力強く世界に呼びかけることは原子爆弾の洗礼を受け平和憲法を制定し、軍備を全廃したわれわれ日本人の義務であり、また権利であると思います。

スターリンの性格：国際警察のできるまでの国家が危いと思う人はスターリンの従来のやり口をみるべきです。彼が一か八かの武力戦を自ら求めてやるような単純な男ではありません。北辺領空の侵犯問題は確かに国際法違反でしょう、しかしこんなことは軍隊を持っている国の間では極めて有り勝ちのことで、これを以て武力侵略必至などとみるのは余りにも神経過敏といわねばなりません、また米国も自由の防衛のためにその軍隊を日本に駐留さして居るのですから日本が軍隊を以て直接協力せんでも日本に対する武力侵略を防ぐことは明瞭であります、今更あわてて軍隊をつくる必要は毛頭ありません。

結語：バター（国民生活の安定）と大砲（武力侵略防止の軍隊）の二兎を追うことは愚であります。ことに前の兎は現実の兎であるから、捕えれば同時に防衛力の増加ともなりますが、後の一兎は仮定の兎であり、相手に武力侵略の意志がなければ捕えても無駄骨折りとなるに於いて特に然りであります、一意専心国力の回復に邁進することこそ目下日本に課せられた唯一の任務と思います（『米沢新聞』一九五三年三月三日付）

長年、戦争の加害と被害に苦しんだ日本国内の状況を考えれば、遠藤のこの主張は良心的で、正論であった。東京や大阪など大都市はもちろん、地方の農村でもまだ戦後の疲弊から多くの国民は立ち直りをみせてはいなかった。遠藤はこの呼びかけでとくに裕福でない日本国民に同情し、その人々が安心して働き暮らせる社会を建設することが戦後の日本政治の優先課題だと主張した。この叫びは遠藤がすでに国民の立場から、政治の進路を模索し、再軍備の無謀さを警告したことになる。しかし当時の吉田首相ら政権を担当する政治家の考えは違っていた。彼らは昨日の敵は今日の友といわんばかりに米国政府の日本再軍備論に同調し、保安隊[註1]は軍隊にあらずと詭弁を弄しながら、国民の目をごまかし、再軍備の道を邁進しはじめたのである。「のど元すぎれば熱さ忘れる」という昔のことわざにあるように戦後日本の保守的政治家はよほどの健忘症に感染していたことになろう。

彼等はスターリンのソ連や毛沢東の新中国を仮想敵国と決めつけ、ことさらに国民の恐怖心をあおりたて、軍備による「戸締り論」を力説しはじめたのである。これに対し、遠藤は戦争末期の硫黄島の先例をとりあげ、二万五千の日本兵があの孤島に陣取っても防衛できなかった実例を挙げて、「武力戸締り論」の誤りを力説したのである。しかし注目すべきは遠藤のような良心的な論客でさえなお、日本の防衛は「共産国」（当時のマスコミは社会主義国家を共産国と呼んだ）に対しては不可欠であることを認めていた。彼がこの種の反共イデオロギーから脱出するにはなお若干の年月が必要であったことになる。

(2) 毛沢東の中国を訪問―ルビコン河を越える

四年にわたる朝鮮戦争の間、日本列島は米国を中心とする西側資本主義陣営が極東アジアを防衛する軍事的防波堤となった。北方にはシベリアに軍事基地を置くスターリンのソ連があり、大陸の南西には一九四九年十月に全中国人民を解放した毛沢東の新中国があった。

この二大国はマルクス・レーニン主義の社会主義体制を基本とする強国で、当時の日本の支配層にとっては、好ましからざる存在であった。そのため日本国内では、米国と同様に、さまざまな反共キャンペーンが新聞や放送を通じて展開されていた。その情報操作の核心は共産主義＝悪という単純なる政治意識の浸透にあった。当時の日本の保守党内閣は吉田茂から岸信介にいたるまで、その党首（首相）が交代しても社会主義国家を敵視する点ではなんら変化がみられなかった。中国に関しては、一九四九年に蔣介石の国民政府が台湾に遷移した後も、同政府を正統な中国政府と認めていた。一九四九年十月に北京に誕生した毛沢東の新政権は「赤い共産国」＝独裁国家と決め付けて、労働者・農民を代表する人民民主主義政権であることを否認し続けたのである。

この時代の日本では保守的政治家らのイデオロギー操作で赤嫌いの政治意識が一般の民衆レベルにまである程度浸透していた。冷静な判断力を持つ遠藤でさえ、意識的にはその範疇から脱皮できなかった。勿論、遠藤が単純な反共主義者であったという意味ではない。

彼はすでに一九五四（昭和二十九）年一月には、尾崎行雄や賀川豊彦、下中弥三郎らと世界連邦建設同盟の理事に就任し、同月十五日には元首相の片山哲（社会党政権の首相）等と憲法擁護国民連合を結成し、代表委員に選出され、平和憲法擁護研究会の創設を呼びかけるなど、コスモポリタン的な政治活動を展開し、米ソ二大強国が競い合って原水爆実験をはじめると、その危険性に警鐘をうちならすことになる。ただし毛沢東の新中国はなお例外であったものか、戦後、訪中前の遠藤は新中国を好戦的「共産国」と決め付けていたのである。けれども昔の諺にみるように「百聞は一見にしかず」というべきか、遠藤はかって自分が戦った中国大陸を訪問し、そこで新中国を建国した毛沢東、周恩来らと会談することで、その世界観を一変することになる。これは遠藤にとってコペルニクス的な政治意識の変革であった。すでに彼は平和憲法を擁護する行動で、元軍人としての島国的意識から脱出していたが、新中国との出会いはさらなる政治意識の変革を達成する機会となったのである。

一九五五（昭和三十）年十一月、遠藤ら新中国を訪問するメンバー（この訪中団の代表は憲法擁護国民連合議長の片山哲）

らは勇み足で羽田から飛行機で中国大陸に向けて出発した。訪中の機会は瓢箪から駒が出たように、この年の八月、広島の世界平和会議に参加した中国政府代表の劉寧一（中国総工会主席）と東京品川のプリンスホテルで遠藤が対談したのが切っ掛けとなった。その席で遠藤はぶしつけにも初対面の劉代表に台湾海峡での武力行使を思いとどまるよう要望したのだが、劉代表はその意見を直接中国政府の上層部に話して欲しい、と返答した。しかも帰国後の劉代表の尽力で、やがて、中国の外交学会から護憲連合の片山哲と遠藤らに正式の招待状が届けられたのである。

その当時、遠藤は中国政府の招待状を受けとり、どのような考えで戦後最初の訪中を決意したのだろうか。幸いにも遠藤はこの旅行の記録を日誌など各種の資料に克明に記録しているので、それらの資料を参考に再現してみよう。

まず訪中の目的には次の三点をあげている。

■毛沢東の政権の性格を見極めること
■新中国の対外武力侵略の可能性
■日本の戦犯釈放問題の打診

（遠藤三郎『中国訪問記』一九五五年十一月六日－十二月六日）

これらの疑問点は新中国建国後間もない当時としては、多くの日本人が程度の差はあれ注目していた点で、謎のベールに包まれた新中国に対する主要な疑問点でもあった。当時はなお、新中国は日本政府の仮想敵であり、その国の実情が日本に紹介される機会はほとんどなかったから、当然とはいえ、遠藤もいささか勇み足で謎めいた新国家・中国に旅立ったことになる。

その旅行日程は十一月六日に羽田を出発し、まず沖縄経由で香港へ。九竜からは中国大陸を汽車で広州へ、さらに

周恩来首相と対談する遠藤三郎ら。1955年（於北京）

背広姿で周恩来首相と握手する。
（第1次訪中、於北京）

中国革命の指導者毛沢東主席と握手する
遠藤三郎。（1955年第一回目の訪中の時、
於北京）

広州からは飛行機で武漢を経由し、九日にやっと首都北京に到着した。戦後、十年が過ぎてもまだ日本政府は新中国を承認せず、相変わらず反共・敵視政策をとっていたから、今日のような北京への直行便は開設されていなかった。今日なら成田からおよそ三時間半で北京に到着できるが、三日がかりで北京に到着した一行（片山哲、遠藤ら）は相当疲労していたことであろう。到着早々、一行は当時の中国で最高級のホテルであった北京飯店に投宿し、十七日まで滞在し、その間、周恩来総理や陳毅副総理ら新中国の要人らと会談し、附近の名所を見学した。赤い中国の首都で、かって赤の匪賊とさげすんだ「棟梁」らと会見し、最初遠藤はいささか興奮したものかと想像する。これに対し、新中国政府の要人らは、旧軍人の遠藤らに差別的な感情をよせる気配は微塵もなかった。その態度は寛大で、十七日からは汽車で旧満洲国の瀋陽（当時の奉天）や旧満鉄の鞍山製鉄所、撫順炭鉱まで一行を案内し、その施設の見学を許可したのである。この行程で一行は在留邦人と戦犯の抑留者らと会見した。かって遠藤は関東軍の作戦主任参謀として、この地方に君臨したころを思い出し感慨無量の印象であったろう。

(3) 遠藤の「所見」にみる新中国観

この中国旅行で遠藤はさまざまな人物と会話し、その古い世界観を根底から変革した。彼は新中国が促進する第一次経済五カ年計画の実情を視察し、さらには政府の要人から人民解放軍の性格の要点を聞き、実際にその実情を視察するなど、精力的に見聞をひろめたとき、新中国の人民がその昔、日本軍の統治した時代のうつろな、笑いを失った人民ではなく、明るい顔をした人々で、前途には希望を見出だしていることを発見した。また遠藤は新しい中国軍が今度は日本に対し、あだ討ちのために侵略するのではないかと猜疑の目でみていたが、実際に人民解放軍（当時、日本では共産軍と呼んでいた）を観察すると、対外侵攻を目的とする外征軍ではないことを、遠藤は元軍人としての直感から即座に理解できた。とくに人民解放軍については、その日誌に旧軍（国民党軍）と対比して、その違いをつぎのようにメモしている。

「新旧軍隊の差異
旧・上より強制的命令により規律保持
新・内部より発する自己意志により規律を保持す
　従って自発的の犠牲心生ず
旧・統帥部と兵との利害反す
新・軍隊は政治に従う　従って政治が正しければ、軍隊は腐敗せず
　武器は必ずしも力にあらず精神が最大の力なり
　解放戦の時、傅将軍の（国民党）部隊は武器も優秀・兵数も大なりしも、中共軍に敵し得ざりき
　解放軍は人民の利益を目標とせる為め勝利を得たり」　（遠藤三郎『中国訪問記』草稿）

このメモは中国の人民解放軍が旧中国軍とはことなり、人民に奉仕する新しい軍隊だという認識を記入したものである。このような軍隊をもつ新中国は政治が中心で、政治が腐敗しない限り軍隊も腐敗しない。したがって対外的な侵略戦争などありえないと判断したことになる。

以下、新中国の全般的な印象について、昭和三十一年八月九日～九月十五日の日程で再訪中した遠藤三郎ら元軍人団が記録した文章を紹介しよう。

彼は『元軍人団の中国訪問記』（訪中元軍人団世話人会　多田伊勢男筆）と題する謄写刷冊子で、出発の際に提起した

元軍人の観たる新中国

元航空兵器総局長官
元陸軍中将　遠藤三郎

1956年8月～9月第一回元軍人団の訪中記。

二つの疑問点について以下のような所見を書き残している。

所見・〇毛沢東政権の成否について

「私は毛政権の将来なり共産政権の成否を判断する為次の二つを目やすとして見て参りました。即ち第一は『権力の存する所必ず堕落あり』の鉄則により強権を有する毛一派に堕落の兆がないか、第二は共産政権の革命と圧制とにより国民大衆は恐怖し萎縮し暗い影はないのか、であります。形に表はれた建設の進歩状況は予め聞いていても居りましたし、又直接之を見て其の偉大なる発展に驚いた事も事実であり、其の事自体も毛政権の成功を物語る一つの目やすである事は否定し得ないでしょうが、私は特に此の点を取り上げないのは二千数百年の昔既に万里の長城や阿房宮迄造り上げた中国人の事でありますから、今日共産政権の様な強力な政治力を以て六億の民衆を引ずり、無限の資源を利用し、ソ連の技術援助を受けたならば、形而下の建設の如き偉大なる進歩を示す事は当然であると思ったからであります。……第一の『権力の存する所必ず堕落あり』の鉄則による試験には彼等は及第点を取って居る様に思はれました。それは彼等の私生活に見、自他の批判に見、且つ刑罰の適用に見るのであります。政府要路の者も民衆と共にあり、其の私生活は極めて質素であり常に自粛自戒し且つ他の批判を進んで求めて居ります。而して刑罰の適用は要路の者、特に共産党員に厳しく他の者には寛であります」（二七－八ページ）

「第二の点は民衆の顔色に見ました。私の記憶にある中国人は笑いを失った表情のない諦めの顔、暗い顔でありました。現に英国の統治下にある香港九竜に住む中国人は昔のままでありますが、一歩新中国内に入りますと老も若きも男も女も、都市の人も農村の人も殆んど例外なく明るい顔をして居るのです。昔の没法子（メイハーズ）（どうにも仕様がないと云うなげやりな諦めの意味）の言葉は払拭されて『高山をして我れに頭を垂れしめよ、急流をして我れに道を開かしめよ』という言葉に代わって居ります。即ち彼れ等の進む所不可能なしと云う様な意気軒昂たるものがあり圧制や脅迫や、密告や、血の粛清を想像させる様な暗い影やおどおどして居る様子は一向見受けられないのであります」（二一八ページ）

これが新中国建国後まだ間もないころの中国民衆の姿であった。遠藤は毛沢東政権の成否はこの民衆の力にかかっている。彼ら民衆に力と希望を与えた毛沢東の政権は、それが健康である限り存続すると見たのである。

ついで第二の疑問点・中国の対外武力侵略の可能性についての遠藤の所見を紹介しよう。

遠藤は元軍人として当然ながらこの問題についての関心が高く、周恩来首相や蔡廷鍇将軍（昭和七年上海事変の時の好敵手第十九路軍長）、陳毅元帥らと会談し、民衆感情からも判断して腹蔵なくその見解を聴取した。その所見（見解）は次のようなものであった。

○対外武力侵略の可能性について

「私は本問題判断の尺度として外形に表はれた戦争準備と国民感情とを採用し更に直接政府要路の人々にぶつかって見ようとしました。戦争準備の如きは何処の国でも秘密にして居る事であり客人である私がスパイ行動をするわけにはまいりませんが、苟くも軍事眼を以て都市や工場の建設、重要土木工事等を見れば戦争を考へてやって居るか否か位は判断し得る様に思はれます。所が私の見る限りに於ては其の都市の建設にしても重要工場にしても又大発電所等の土木工事にしても防空の見地からすれば、全く落第であります。それ等には少しも防空の事に考慮が払われて居らぬ様に見えます。侵略戦と云っても報復攻撃を受ける事を予想せねばなりませんから防空抜きにして戦争準備はあり得ないと思います。成る程新中国の憲法には徴兵の義務を規定してあり、情報によれば随分沢山の軍隊を持って居る様でありますが、私の見た田舎の地上軍の如き土木作業や農耕等にも協力して居り軍隊と云うよりは寧ろ建設隊とか作業隊とか云った方が適切の様にさへ思はれました。その海軍兵力並に其の船舶数等から見ても対外、特に対日武力侵略などと云う事は考へ及ばぬものでありました。次ぎに国民感情でありますが到る処国際親善のスローガンを掲げ、幼稚園の児童からそれを注入して居るので人種的偏見や排外思想は見られませんでした。特に我々日本人に対しては深い親愛を持ち先きに劉寧一氏と話した『仇討』などと云う考は露程も見受けられなかったのであります」（一一九－一二〇ページ）

遠藤は旧日本陸海軍の大本営幕僚として、さらに航空兵器総局長官として、空軍と防空問題については、一定の知識をもつ専門家であったが、その視覚からみて中国の人民解放軍が防空を重要視していない点から見ても、対外侵略を目的とする軍ではないと判断したのである。さらにかれはこの問題については周恩来首相や陳毅元帥から、直接次のような約束を取り交わした。遠藤はその所見を次のように紹介している。

「周総理は少なくも軍備なき日本に対し外交問題を武力を以て解決するが如き事は絶対にしないと云う事を誓約すると云う強い言葉を以て表はし、更にそれを文書として私共と交換した程の熱の入れ方であり、毛主席も亦此の交換文書に強く同感の意を表して居ります。特に副総理兼国防委員会副主席陳毅元帥とは四時間余に亘り又現水利部長（建設大臣に相当します）傅作義将軍とは約三時間他人を交へず歯に衣を着せず話し合ったのですが、陳毅元帥は国防、外交、内政、経済等あらゆる面から又傅作義将軍は特にその担任の建設面から戦争、特に対日戦争の如き絶対に避くべく、中日両国の親善友好関係増進の要を説いたのであります。……それで私は新中国視察の第二目的であった対外武力侵略の件は『その虞なし』と判断する次第であります」（一二一ページ）

遠藤はすでに日本の再軍備反対の旗印を鮮明にしていたが、その論理は近代的な兵器の進歩が戦争を不可能にし、世界はいずれ連邦組織になるであろうという洞察から出発したもので、別段「赤色陣営の侵略の有無」を問題視したわけではなかった。しかしこの一項は日本の再軍備論者が過剰なまでに赤色陣営の武力侵攻を危険視するから、敢えて参考になるとの判断から、遠藤はその所見で詳説した。

最後に日本人戦犯の釈放問題については、十一月十五日周恩来総理と会見の際、団長の片山哲から鄭重に戦犯抑留者の釈放についての希望が述べられたが、その瞬間、周総理は凛然とした態度で「之れは中国の主権の問題であるから」と他国の容喙を許さぬと云う様な意味合いの返答があり、遠藤もこれでは取り付く島もない、という印象を実感した。だが、遠藤は諦めず翌日（十一月十六日）単独で陳毅副総理・元帥に会見したとき、日本人の国民性をベースに「日本人は極めて感受性が強く特に恩義に関し感受性に富んで居る」から「此の国民性を前提として戦犯問題を考へて見たい」などと切り出した。この辺り遠藤はなかなかの外交家の手腕を発揮したものと想像するが、戦犯問題が日本と中ソという二大国間で未解決のままでは、多くの日本人が両国は非友好的で非人情的であると理解するし、反中ソで、向米一辺倒に偏する日本人が右のような事情を自己に都合のよいように宣伝の具に供さないとも限らない、そこで「外交慣例や法的解釈を超越し、国交恢復の時期に関係なく大英断を以て処理される事が賢明であろうと思う」と申し入れた。これに対し、陳毅元帥は「副総理の職務にある私として君の意見通リ実行すると云う約束は出来ないが、今の御話の筋は必ず毛主席並に周総理に伝へるであろう」と約束した。その後、陳毅元帥が毛沢東と周恩来を説得したものか、十一月二十八日に遠藤ら一行が毛沢東主席と会見の際、毛主席から視察団に対し「既に新聞にも発表された通り近く数次に亘り六百乃至七百名の戦犯者を釈放する」と聞かされた（一二二―三ページ）。

この日、毛沢東からは戦犯者の特遇に意見があれば聞かせてもらいたいと質問があり、さらに「日本から中国を視察される方々は中国に好意を持って居らるる革新的の方が多い様だが、今度は右翼の方々も来られたらよかろう。遠藤さんは軍人だから此の次ぎには軍人を連れて来られるのを歓迎する」（一二四ページ）と表明された。この発言には遠藤もたまげたらしい。最初は冗談か御愛想かとも思ったが、毛沢東はすでに新中国の地盤が固まっているという自信があったからであろう。遠藤もまたこの発言から新中国は竹のカーテンを取り外したこと、さらには日本の旧「軍人の訪問を歓迎すると云うことは彼等は日本に対し敵意を持たないこと」また「武力侵略の意志のない事の証明」ではないかと理解したのである。

なお余談ながら、片山哲を団長とする訪中団が日本政府に渡航ビザの申請をした時、その責任者であった中曽根康弘は提出された訪中団の名簿から半数を削除し、全員の渡航を許可しなかった。中曾根康弘は後、内閣総理大臣にまで登りつめるが、日本の元軍人の訪中を歓迎した毛沢東と異なり、訪中団の人員を制限した点でその度量が天地ほどにひらいていた、と見ることができよう。

註

註1　保安隊

保安隊の前身は警察予備隊と名付けられた。一九五〇年七月八日、アメリカ占領軍司令官のマッカーサーが吉田首相に書簡を送り、七万五千人の警察予備隊を設立するよう指令した結果、誕生した事実上の日本の軍隊。二年後の五二年に名称が保安隊と改称され、さらに五四年に自衛隊となった。これら一連の流れは吉田茂以来、歴代自民党内閣が日本再軍備の一環として、憲法に違反する再軍備政策を実行したものである。これに対抗して、日本の革新勢力は日本社会党を中心に、長年、再軍備反対の護憲運動を展開したが、自民党による違憲の再軍備政策を阻止することができなかった。その結果、今日では、自衛隊は世界第三位の軍隊にまで成長している。遠藤は一貫してこの再軍備路線に抵抗する護憲運動を展開した。

第六章　参院選出馬と日中国交回復運動

遠藤三郎の第一回訪中（一九五五年・元軍人団の第一回訪中は一九五六年）は戦後の遠藤の平和運動に大きな影響をもたらした。

第一回目の訪中以前の彼はなお新しい社会主義中国に懐疑的で、新中国は共産党独裁体制で、人民は希望を失い疲弊しており、しかも中国共産党政府は戦争中の日本に恨みがあるから、もしかすると昔の仕返しのためにわが国を侵略するかもしれないと疑心暗鬼のまま訪中した。

しかしその嫌疑は一気に解消した。新中国の人民は昔の日本軍が占領した当時の人民とは異なり、活気にあふれ、中国共産党の指導の下で、生産物の増産にいそしみ祖国の未来に希望を託していた。しかもその新国家を誕生させた人民解放軍は、日本を侵略する危険性などどこにも見当たらない軍隊であると、遠藤はその認識を改めたのである。

彼は元軍人であったから、軍隊の指導者に直接面会したり、その装備をみれば、その軍隊が侵略的な体質をもつものかどうかは一見して見破れたのであろう。

その結果、帰国後の遠藤は新中国視察の結論として、「毛沢東政権の基礎は出来ている。そして新中国は日本に武力侵略するような準備も意志も持っていない。日本は速やかに中国と国交を結ぶべきである」とその報告書で訴えたのである。

さらに遠藤は第一回訪中の成功で、毛沢東ら新中国政府の要人から信頼され、その誘いでその後も四回にわたり、新中国を訪問し、国交回復と中日両国の平和のための架け橋となる努力を継続した。とくに昭和三十年の第一回訪中時には、毛沢東から直接「此の次は（元）軍人を連れて来られては如何」と（十一月二十八日に北京で会見のとき）提案されたことに気をよくして、翌年夏には大挙して元軍人団を引率しての訪中となった。この訪中で遠藤は毛沢東に再会するが、お土産には恩賜の軍刀を持参して毛沢東に贈呈し、毛沢東からはそのお返しに斉白石画伯の中国画をプレゼントされる一幕もあった。

しかし第二回目（元軍人団としては初回）の訪中では引率した旧日本の軍人の中に、新中国になじめず、相手を誹謗中傷する人々もいて、折角の友好と国際交流に水を差す一幕もあった。「雀百まで踊りを忘れず」という諺の通り、旧軍人の中には大日本帝国軍人の意識から脱却できず、反共意識から新中国を「悪の共産主義国家」と色眼鏡でながめる人が混じっていたのである。彼らは朝鮮動乱以来、新中国を侵略国家と銘うって、そのことを理由に日本の再軍備を是認する主張を改めようとはしなかった。このような状況は中国から帰国後はとくに顕著となり、中日友好と憲法九条を擁護する遠藤をかえって窮地に追い込んだのである。

当時の日本政府の対中国政策も一貫して国民政府寄りで、関東軍時代の遠藤の上司であった岡村寧次ら旧日本軍上層部ももちろん反共一辺倒であった。

これらの旧軍人グループは戦後もその島国的反共意識から抜けきれず、一九四九年四月に台湾の蒋介石総統から大陸反攻の国民党軍を教育・強化する要請を受けると、岡村寧次らが旧日本軍の将校らを東京に招集し、大挙して白団（パイ団）と称する反共軍事顧問団を台湾に派遣し、蒋介石と反共軍事同盟を結んだのもこの時代であった。（註1）

これらの旧軍人グループや日本で政権を担当する保守系の政治家たちはその後も新中国を承認するはずもなかった。さらに国内ではそのような時代の流れにのって、旧軍人や保守的な政治家たちがこぞって遠藤を非難し、ときに誹謗中傷し始めたのである。彼らは新聞・雑誌はもとより、各地で開かれる講演会でも遠藤を露骨に批判し、甚だしいものは遠藤の住む町の自宅周辺にまで乗り込んできて、「国賊遠藤三郎征伐大演説会」を開催したり宣伝カーで遠藤を誹謗する有様であった。

後年、遠藤は当時の自分が四面楚歌の状況に追い込まれていたことを回想し、次のように語っている。

保守反動のわからずやは止むを得ないとしても、盛岡の講演会では自民党代議士坂西志保女史から、また福井の講演会では同じく山本杉女史から『遠藤さんは卑怯である。責任のない地位ではどんなことも言える。真に軍備国防ならびに日米安保条約に反対ならば責任の地位に出て申しなさい』と反撃され、また親交のあった下村定元陸相（自民党公認立候補者）からまで『自ら軍備を持たず、国際警察部隊に国防を委す如き考えは、掛け金を払わず保険金を要求するに等しい』とこきおろされた（遠藤『日中十五年戦争と私』三八六ページ）

勿論、このような非難に対しては遠藤も黙視できず、また受けて立ちたいという従来の反骨精神をゆさぶられたものと思われる。彼はこの種の挑戦に対しては好き嫌いを乗り越えて、自分の主張を貫徹したいとの考えで、一度、国会議員選挙に立候補して、国会の場で正々堂々と言論戦を展開したい、と思い立った。折から参議院選挙立候補公示日の直前で、全く事前の準備も選挙資金もないままに、立候補を思い立った（一九五九年六月）。

(1) 無所属で参院選に出馬—落選の悲哀

もとより日常農場で畑を耕す遠藤が政界に出て、その世界で立身出世しようという野心があったわけではない。だから彼は某新聞記者から「出馬の動機は」と尋ねられても、「護憲の有田八郎さん、日中友好の小畑忠良さん、世界連邦の小塩完次さんなど同志が次々に破れているのに、私のみがノホホンと畑を耕していたんではヒキヨウだ。これらの方々の身代わりと思って立ちました」「政治家ではありませんから宿願の憲法擁護、日中国交回復、世界連邦建設の線に政治がむかいましたら一日もはやく田園に帰りたく思っております」とその純真な抱負を語っている（遠藤前掲書三八九ページ）。この時代、政界の野党としてはまだ日本社会党が第一党で、その党是にも護憲平和の旗印が鮮明に掲げられていた。当然ながら、社会党の上層部からも、遠藤にこれまでしばしば社会党からの立候補の勧めがあり、それを断ってきた関係から、遠藤は儀礼として三宅坂の社会党本部を訪問した。そこで浅沼稲次郎書記長（後の委員長。しかし日比谷の演説会で右翼の青年に刺殺される）や佐々木更三（後の委員長）に出馬の挨拶をしたところ、相手からは社会党公認として発表したい、と提言された。しかし遠藤は、自分が社会党の公認になれば、他の社会党候補の票を喰うことになるからと、その申し出をことわり、無所属のままで立候補したのである。

そのスローガンは次のような内容であった。

＃　念願

戦争をしない日本、戦争のない世界を。

これがため

一、憲法に従い自衛隊を警察予備隊に、安保条約を解消して

軍事基地を解放

二、日中の国交回復を初めとして、どこの国とも仲よく、世界連邦へ

＃　主張

金を使わぬ選挙（選挙に金をつかっては、正しい政治は出来ません）

（遠藤前掲書三八七ページ）

これが遠藤の理想であり、選挙に出馬するスローガンであった。これらのスローガンが新聞に掲載されると、山形県に住む遠藤の弟や名古屋に在住の次男十三郎氏らから、「新聞に発表された遠藤三郎は同名異人と思うが、万一本人ならば立ち遅れで駄目だから立候補を取り消せ」と忠告された。しかし遠藤の決意は変わらなかった。

選挙期間中は、国から支給される数万枚の葉書、無料のラジオ政見放送、二回にわたる新聞ならびに選挙広報などで全国に自分の主張が発表できる。この機会を活用して、軍備国防の軽はずみな誤りと日米安保条約の廃棄ならびに日中国交回復の必要性を全国に訴えられる。こんな考えもあって遠藤は全国区からの出馬を取り消さなかった。それでも選挙活動となると素人だから何かと苦労が多かった。

選挙用のポスターができても、それを配布したり貼り付けるには費用がかかる。ボランティアの協力などで張り付けたポスターも夜間にはがされる（遠藤のポスターは一枚十円で何者かが買い付けた）というような情勢であった。その他、選挙期間中の悪辣ないやがらせ、脅迫はずいぶん多く、悪口や雑言にあふれた手紙も沢山、舞い込んできた。しかし遠藤は孤立無援の状況ではなかった。知人から運転手つきで借り受けた選挙カーに乗って東京や埼玉を巡るときは、元総理の片山哲や元外相の有田八郎らが応援演説をしてくれ、大阪では日中友好の小畑忠良、さらに京都では同志社大学の田畑忍（護憲派の憲法学者）とその弟子の土井たか子（この女性も後年、社会党委員長になる）が選挙カーに同乗して遠藤の立候補を応援する演説をした。この外、遠藤は各地で中国を訪問したときの同志で、その思想と志を同じくする仲間が真剣に協力してくれたことにも感動した。

しかし選挙結果は落選であった。選挙には素人で、知名度のあるタレント性にも欠ける遠藤が全国区で四万数千票を獲得できたのは「奇蹟である」とある応援者から慰められたけれど、全国区で当選するにはほど遠い票数であった。世評では、「五当三落」という言葉がささやかれていた。五当とは五千万円使えば当選、三落とは三千万円くらいの選挙費用では落選という意味である。遠藤の場合、その選挙費用は供託金二十万円と印刷費、郵便代などであった。

それにしても遠藤は落胆しなかった。それは自分の政治的な理想が敗北したわけではない。むしろその理想をこの機会に全国民に広めえたことにいささかの満足感を味わったようである。

彼は選挙期間中、自分を支持してくれた多くの同志がいたことに気を強くし、さらなる前進の道を模索する。その意味で遠藤の戦いの矢はすでに弦を離れて、空中に高く舞い上がっていた。

(2) 日中友好元軍人の会の設立―新たなる出発

遠藤は地道な活動家であったから、自分の能力でなせる範囲で何ができるのか。まずはその現実を直視することからはじまった。幸い彼には志を同じくする同志がいて、すでに一緒に訪中した元軍人の仲間からもあの戦争を反省し、日中の国交回復を促進しようと念願する人々があらわれた。一九六一年春、遠藤はそれら同志に広く呼びかけて「日中友好元軍人の会」を設立しようと思い立った。

その会はまず一九六一年四月二十六日の準備会からスタートすることになった。その会場は東京・神田の柳森神社で、当日、各地から元軍人のメンバーが多数その趣旨に賛同して会合した。その会の出席者は最年長の人が遠藤と同じ(陸士第二十六期)で、その他、陸士では第五十八期まで、それ以外にも陸経第七期と兵器学校の卒業生など元軍人が十七名集合した。遠藤はそのメンバーに向かって次のような挨拶をしている。

日本の内外情勢は、真に憂慮されるものがある。戦争への危険も包含している。こうした時、我われ元軍人こそが戦争になることをくいとめることに努力することが必要である。私もこの運動に期待をかけている者の一人であり、積極的賛意を表明して、努力したいと考えている（「日中友好元軍人の会準備会御報告」ペン書き文書）

先にも紹介したが、この時代すでに元軍人岡村寧次（終戦時の支那派遣軍総司令官・陸軍大将）らは、すでに台湾の蔣介石総統から要請を受けて、八十三名の日本の元軍人（将校）を国民政府の軍事顧問団として台湾に派遣していた。これら日本の軍事顧問団の役割は台湾の国民党軍の大陸反攻を支援するため、台湾で軍事作戦要綱を立案したり、幹部候補生の軍事教育を推進していた。終戦時の岡村は南京で戦犯として有罪判決を受けた後、蔣介石の特赦で無罪となり、帰国していた。岡村はその蔣介石の恩に報いるためと称して、軍事顧問団を編成し、その後も自衛隊の軍事資料や戦時中の細菌戦部隊の秘密情報まで幅ひろく国民政府に送り続けていたのである。この機密の軍事活動は旧日本軍の反共戦争の延長線上にあるもので、台湾海峡の軍事的な緊張をさらに増幅するものであったといえよう。

この点、かっては岡村の部下であった遠藤はその思想も生き方も百八十度転換していた。遠藤は岡村のような旧日本軍の思想や行動を否認し、それとは対極にたつ日本国憲法九条の平和主義を旗印に、大陸に誕生した新中国と友好平和の外交関係を樹立したいと目論んだのである。世界の歴史はその後、どのように転換したか？

この時代、大陸（北京）に誕生した新中国がやがてアメリカ政府からも承認され、国際社会にその姿をあらわすことになる。

しかし遠藤の創設した日中友好元軍人の会の活動は前途多難であった。組織的には事務局を東京都千代田区美土代町十四　第二旭館三号室に定め、事務局長（初代は徳地末夫氏）を選出し、会誌の編集長には下田昇氏が選出されたが、その運営はすべて会員が分担する会費からまかなわれるもので、自発的自主・独立のボランティア活動として出発したのである。そしてその年（一九六一年）の八月十四日に正式に創立総会が開催され、戦争そのものを無くす目的で、元軍人仲間が結束し、戦争を起こすことを防止する運動の一環として、日中友好を促進する「日中友好元軍人の会」が発足した。

その日、全員一致で採択された創立宣言をここに紹介してみよう。

戦争の罪悪を身をもって体験したわたくしども元軍人は、心から人間の尊厳にめざめ戦争を否定します。わたくしどもは、過去の反省に立脚し、戦争放棄と戦力不保持を明示した日本国憲法を遵守し、真に人類の幸福と世界の平和に貢献せんがため、本会設立の趣意書ならびに会則にのっとり、同志相携えてあらゆる戦争準備を阻止し、戦争原因の剪除に努め、進んで近隣諸国とくに中国との友好関係を進めんとするものであります。

ここに終戦の記念日をトして本会を創立するにあたり、万世のため太平を開く決意のもとに日本の更正を誓った当時を追憶し、戦没の万霊に額ずき、ご遺族をはじめ戦争の被害者ならびに軍靴で踏みにじった戦場の住民各位に深く遺憾の意を表しつつ右宣言します。

一九六一年八月十五日

日中友好元軍人の会

（『会報』第一号）

この創立宣言にうたわれた思想は遠藤ら会員一同の堂々たる非戦平和宣言であり、アジアの近隣諸国、とくに中国との友好平和宣言としても注目されよう。

それ以来、この会では当初は言論活動の一環として機関紙『会報』（第一号～二十三号）を毎月発行し、それを改題した機関紙『8・15』がさらに継続して一九六八（昭和四三）年から発行された（狭山市立博物館所蔵）。

その内容は日米安保体制に潜む危険な政局を批判し、一向に新中国との国交回復を促進しない自民党の日本政府の態度をも批判し、さらには暗雲漂う世界の情勢を分析するなど、言論活動中心の紙面構成で、毎号、かならず会の活動状況や会員相互の情報交換をも紹介しながら、日中友好と護憲平和運動の旗印を鮮明に掲げるものであった。勿論、遠藤三郎は毎号、論説を執筆し、その主軸的な存在感を示すことになる。この機関紙に連載される遠藤の平和論は単なるジャーナリストの時局便乗型の平和論にあらず、一段と骨太の非戦平和論の展開をその特色とする内容であった。

註

註1　秘密軍事機関＝白団（パイ団）

一九四九年四月、国民党政府の蒋介石総統が一人の将軍（曹士澂）を東京に派遣してきた。目的は台湾に大陸反攻の反共部隊を組織したいが、旧日本軍の軍事顧問団の指導を要請したいという隠密の提案であった。その提案に応じて、元支那派遣軍総司令官の岡村寧次が組織したのが旧軍人の将校らで構成する白団（パイ団）であった。この軍事顧問団には台湾に渡航する準備費用として一人五万円が支給され、給料も毎月一人三万円が支給される破格の待遇で台湾に渡っていった。

彼ら日本の旧軍人に与えられた仕事は台湾防衛計画の立案と新兵の軍事教育が中心で、その政治的な狙いは蒋介石政権と反共軍事連合を結成することにあった。日本から台湾に渡って活動した旧軍の数は総計で八十三人にのぼっている。日本に留まって、その組織を管理する岡村はその当時、GHQに所属した服部卓四郎らの協力を得てその後、二十年間（白団が解散するまでの間）約六千点にわたる日本の重要軍事資料を台湾政府に送り続けたという。

蒋介石とともに大陸反攻を夢想した彼らは日本の国家総動員法を台湾に導入し、現実に金門島の軍事要塞を拠点に、中国大陸の福建省の海岸に上陸部隊を派遣し、大陸奪還を計画した。一九五八年、アメリカ政府は蒋介石に経済援助をする約束の見返りに、大陸反攻を断念させたから、実際に白団が立案した大陸反攻上陸作戦は実現しなかった。だが、もしもその計画が実行されていたら、多くの人命と財産が犠牲になっていたことであろう。旧日本軍の将軍岡村寧次らが構想した大陸反攻計画がどれほど時代錯誤的なものであったかは、その後の歴史を見れば明らかである（中村祐悦『白団（パイダン）―台湾軍をつくった日本軍将校たち』芙蓉書房出版　一九九五年）

戦後、岡村らとは袂を別った遠藤らによる日中国交回復と平和外交こそが正しい歴史の進行方向であった。

第七章　護憲と再軍備反対の論客

一九五九年後半から一九六〇年にかけて、日本国内では歴史上空前の民主主義的な大衆運動が盛りあがった。そのねらいは当時の自民党岸内閣が推進する日米安保条約改訂に反対するもので、日本全国の労働者、学生、インテリ、一般市民を含む広範な民衆エネルギーが爆発した。これが通称「六〇年安保」として知られる戦後の民主主義政治闘争であった。このころ遠藤はビール麦やサツマイモの栽培など多忙な農作業の傍らで日本の将来をみすえて、やはり時局の進展からは目を離さなかった。

一九五九年、六〇年の遠藤日誌によると、遠藤にとってもこの時期が過去の旧世代からの完全な決別の時期で、いわばルビコン河を越えて新しいタイプの非武装・平和主義者の世界に決然としてその勇姿を見せることになる。

一九五九年十月には、関東軍時代の盟友の一人であつた石井四郎（関東軍七三一部隊の部隊長で軍医中将）も死亡した。石井はかの悪名高い関東軍の七三一部隊を指揮し、ハルビン郊外で細菌戦兵器の実験に従事した将官だが、戦後はその実験記録をアメリカ政府に売りつけることで、GHQによる戦争犯罪の追及から逃れ、日本でその余生を送っていたのである。遠藤はその盟友の死亡の知らせが届いた日、その日誌に「石井四郎元軍医中将昨九日逝去の報あり、故弔電を発す」（十月十日付）と簡単に記入している。遠藤にとって、石井は（かっての盟友ではあっても）もはやその死にそれほどの感慨も、同情もわかない人になっていたのであろう。

寧ろすでにこの時期の遠藤は戦中・戦後の日中文化交流の先覚者として有名な内山完造の逝去の知らせについては

痛く同情した。それは石井が死亡した同じ年で、同年の遠藤日誌には中国の文豪魯迅の国際的友人＝内山完造の逝去についてこう記している「内山完造氏北京到着直後死亡、気の毒なり」（九月二十一日付）とあり、その葬儀が行われた十一月十六日付の日誌では「内山完造氏の日中友好葬参列のため出席、午後一時より日比谷公会堂にて荘厳、清楚に実施せられる」と記入している。この内山完造（註1）という人物は戦前から戦中の上海で、三十五年間以上も書店を経営した日本人クリスチャンで、戦後日本の平和運動と日中友好運動の草分け的な存在であった。そのような人の逝去を遠藤は残念がり、その後も内山完造先生記念会に出席している。この行動は遠藤がもはや旧式の硬直した頭脳の旧軍人仲間とは完全に縁を切り、新しい憲法を擁護する平和主義の仲間と行動を共にするという意識変革のあらわれと見ることもできよう。

こうして戦後の遠藤は一九六〇年安保に前後し、保守的な旧軍人仲間と完全に決別した。彼は忙しい農作業の合間でも、寸暇をさいて埼玉の農場から東京に出向いて、憲法擁護国民連合や世界連邦の集会などに積極的に参加した。しかもその目的は世界の平和を達成するためで、米ソの原水爆の実験に反対したのも人類的な平和と安全を実現するためのやむにやまれぬ活動であった。そして原水爆実験の反対は軍備全廃の政治運動とからめてなされるべきだと主張した。

(1) 改憲と再軍備肯定論に対する反駁

すでに六〇年安保闘争が盛り上がりをみせる前年（一九五九年）の八月、遠藤は埼玉県の入間川の自宅から友人と知古の人々に次のような暑中見舞いを発送した。その内容は遠藤が日米安保条約の改訂が日米軍事同盟の態勢を強化するものであるとみて、次のような所信（メッセージ）を表明していた。

…粉て　又々終戦記念日を迎える次第でありますが、今日敗戦の戒めを忘れて際限なく軍隊（自衛隊）を増強し、且つ日米安保条約を改訂して日米軍事同盟の態勢をつくろうとする動きのある事は当時を追憶して其の激変振りに驚く外ありません。喉元過ぎれば熱さを忘れるとは申せ終戦当時私共の抱いた悲願は永久に忘れたくないものと思います。自ら描いた鬼に戦いて武装に浮き身をやつす代わりに熱苦しい鎧など、かなぐり捨て丶平和に徹底した日本国憲法と世界連邦主義の涼風を全世界の逆上して居る連中に送ってやりたいものです（昭和三十四年猛暑）

この暑中見舞いは戦後十四回目の敗戦記念日を迎えた彼がその感慨をあらたにしたもので、日米安保という軍事同盟を強化してさらなる戦争の危機に備えようとする日米支配層の考えに涼風を吹きかけようと仲間に訴えるものであった。しかし一方では、日本の保守的な国情から、知識人の一部にさえ憲法のなし崩し的な解釈論が台頭し、さらには旧陸軍の上層部からも軍備国防を主体とする再軍備論が再び顔を覗かせるありさまとなった。

この状況に対し、遠藤は同年八月三日にその蒸し暑さをものともせず、次のような反駁文を執筆した。この反論は当時、政府の憲法調査会会長をつとめる高柳会長の解釈改憲論と旧軍人でしかも遠藤の上司でもあった元の将軍たちの軍備国防論に反発する内容であった。

以下、憲法調査会会長の高柳賢三と元将軍で陸軍大臣の荒木貞夫、元参謀本部作戦課長の服部卓四郎とジャワ作戦のときの第十六軍司令官であった今村均大将と支那派遣軍総司令官だった岡村寧次大将の順序で、遠藤の反論を紹介する。

遠藤はまず高柳会長の憲法論の曲解を次のように批判した。

高柳憲法調査会会長の憲法の矛盾を突く

遠藤の談話：高柳氏の云われる『国際紛争を解決する手段としてではなく戦争をする事は決して憲法の禁ずるとこ

ろではない』とは誠に恐れ入った御意見と思います。国際紛争もなく突如として戦争が起るが如き事が果して現代に於てあり得るでしょうか。尤も在日米軍が日本と関係のない所で戦争行為をやり其の基地が爆撃された際、日本が自動的に戦争にでも入る事を考えて居らるるものとせば、外交交渉もなく戦争に入る事となるでしょうが、それこそ憲法の戒める処であり、日米安保条約改訂反対の理由の一つもその辺にあるものと思います。私はかくの如き人が憲法調査会会長と云う大切な職に居らるる事を日本人の一人として悲しむものです。

この時期、憲法調査会の高柳会長といえば、常識と幅広い見識をもつ知識人と考えられていたが、その当人が見当はずれの憲法解釈をして日本の国論をまどわせていることに遠藤は警鐘をならしたことになる。しかし元の軍人で戦争を指導した将軍となれば、その暴言は目にあまるものがあった。「雀百まで踊りを忘れず」という諺があるが、まさにその諺の通りで、彼らの大部分が性懲りもなく戦争肯定論を展開しはじめたのである。これに対し遠藤は一人一人、その理論の矛盾点や再軍備論の危険性を次のように批判した。

文明戦争を肯定した荒木元大将に対する反駁

遠藤いわく：「荒木大将は原水爆を使わぬ戦争、そして一般民衆に被害を与えない戦争なら文明の戦争として肯定して居られます。『遠からん者は音に聞け、近からん者は眼にも見よ』といった源平時代の戦争のことを考えて居られる様ですが、戦争は軍人のみで出来るものでなく、国家総力戦を叫ばれたのも既に昔となって居ります。戦争が兵器を制限して実行される程、当事者が冷静ならば、戦争は起こらんでしょう。スポーツででも勝敗を決し得ると思いますが如何でしょうか。人と人とが殺し合う戦争は何といっても野蛮行為である事は免れないでしょう。

（荒木）大将は国連活用の高度化をいわれます点では同感です。更に進んで世界連邦の建設に力を添えて頂き度く念願して居ります」

口ひげの荒木元大将は教養人で、モンゴル史やバーナード・ショウの研究家でもあった。遠藤は関東軍作戦主任参謀の時代、一九三三年春の熱河作戦を立案するに際し、熱海で保養中の荒木大将を訪問し、その戦略的な意見を拝聴したことがあったが、戦後もなお荒木の頭は冴えていたと思われる。しかし遠藤のような平和主義でなく、老いてなお戦争を肯定する立場からは抜けきれないまま頑固な老境を迎えていたことになろう。

ついで遠藤は旧参謀本部作戦課長の服部卓四郎をも批判した。

日本の軍備を数字で固定化する服部に反駁―

遠藤いわく：「服部君は先年日本週報八周年記念号で『戦争は自然現象であり、その周期は概ね十年』と断定され、本紙（『大勢新聞』？）では『断言は禁物』といわれるまでに成長された事を悦びます。まだお若い事であるから更に研究を積まれる様望みます。戦争を肯定して軍備を論ずる場合、軍備は相対的であることを無視して日本の軍備を三、三、三とか二、二、二とかに固定する事は意義のない事でしょう」

戦時中、参謀本部作戦課長の服部卓四郎といえば、辻政信とともに作戦の神様といわれる存在であったが、その発想には兵員の消耗や大陸作戦との連動の意識が欠落し、ガダルカナル作戦の敗北などで失敗を重ねた張本人でもあった。戦後はＧＨＱに入り、戦史の編纂と研究に従事しており、遠藤はその能力を惜しんで、なお冷静に研究に努力するよう諌めたものであろう。

しかし軽はずみな再軍備論に対する遠藤の反駁は若い服部に限らず、元の上司であった今村大将や岡村大将にまで向けられた。

民防団設立を提唱する今村均大将に反駁―

いわく：「今村大将の民防団の提唱は封建時代への逆行ではないでしょうか。各部落が武装せねばならない様な国は野蛮国でしょう。法治国家とは申されぬ様な気が致しますのみならず、保守、革新の対立が尖鋭化している今日、兵器の分散は甚だ危険である事を知って頂きたい。武力革命や内乱の原因とならねば幸いです。今村大将も核兵器の国際管理を主張される様ですが、更に一歩を進めて世界連邦の建設に御努力願え得たら幸甚です」

今村大将と遠藤は一九三二（昭和七）年春の第一次上海事変のとき以来、ともに作戦に協力した昵懇の間柄であった。とくにアジア太平洋戦争の初期の段階では、ジャワ上陸作戦で遠藤は陸軍第三飛行団を指揮して、今村の第十六軍の上陸部隊を支援したこともあった。当時、今村の人柄は温厚で、現地住民に強圧的でない占領政策を実施するなど人間的な意識をもつ将軍ではあったが、戦後戦犯となってもなお軍備至上主義の枠組みからは解放されていなかった。しかし今村以上に軍備至上主義から脱出できない元将軍の一人が終戦時の支那派遣軍総司令官岡村寧次であった。

遠藤はその岡村を槍玉にあげて、痛烈な皮肉をあびせかけた。

軍備至上主義の岡村大将に反駁—

いわく：「最後に岡村大将の御説ですが、お気の毒ですが、頭が古いと申し上げる外ありません。戦死者や遺族に対して再軍備を唱えるよりは戦争のない世の中を作るよう努力することこそ生き残り軍人の努むべきことと思いますが如何でしょう。『無武装中立論などというバカげたことをホン気でいうなぞはどうかしている』と申されるが、大将はガンジーをどう見ておられるのでしょうか。バートランド・ラッセルは『たとえ一時共産国の支配を受けても戦争はせぬ方がよい』といっておりますし、最近湛山石橋元首相は『東西の対立を緩和することに役立つならば、日本は滅んでもよろしい』とまでいっております。私はそこまで思いつめなくとも、日本は憲法の示す通り戦争放棄、軍備不保持の条項を文字通り実行したならば、日本の安泰はもとより、世界の平和に寄与する所極めて大きいものと確信します」（以上、狭山市立博物館所蔵文書参照）

岡村大将は一九三三（昭和八）年五月の塘沽停戦協定のとき、関東軍参謀副長として中国軍と停戦協定を締結し、その席上、遠藤も随員として同席したことがあった。その後も岡村は軍事上の功績を上げ、敗戦時には支那派遣軍総司令官の地位にあった。しかし戦後の岡村は蔣介石と取引する形で釈放され、日本に帰国後、台湾に移った蔣介石の大陸反攻作戦を支援するために白団という軍事顧問団（旧日本軍の将校）を組織して台湾に派遣するなど、旧日本軍の反共意識から脱却できない人物であった。遠藤はなお昔ながらの古い島国的な意識の岡村寧次を戒めたことになろう。

しかし日本国内の政治情勢は遠藤ら平和主義者の危惧する反共的日米軍事同盟改訂の方向へと大きく回転しはじめていた。この時期、なお日本国内の政治勢力は、野党第一党として日本社会党が健在であったが、その議席数は政権を担当する自民党には及ばなかった。

その状況に危機感を抱いたのが進歩的な学生や都市部の労働者であった。かれらの再軍備反対と憲法擁護の叫びが一九六〇年の春になると一気に浮上し、全国的な反安保・憲法擁護の民衆運動へと発展した。遠藤はこの民主運動のさなか、どのような考えで行動したのであろうか。

(2) 東久邇、片山、石橋元首相とともに岸首相の退陣を要請

遠藤は毎日のごとく狭山の農場で、肥料や作物の運搬、ビール麦の脱穀・整理など農作業に従事しながらいつも東京の状況に注目していた。そんな遠藤が最初に日米安保条約の改訂に乗り出した岸信介自民党内閣に退陣を要求したのは一九五九年十一月の雑誌論説「岸内閣と伊勢湾台風」（「平和と民主主義」十一月十日付）であった。その論説で遠藤は軍備の増強でなく、台風国である日本は治山治水を優先すべきだと主張し、国防に対する主眼の誤りが＝再軍備の錯誤である点を力説した。しかし岸内閣は議会で多数派を占める自民党議員の数の力にものをいわせて、ひろく国民大衆の意見に耳を貸そうとはしなかった。一九六〇年の春になると、岸内閣の強硬姿勢に反発する民衆の動きが活発化し、国会周辺はいうまでもなく、全国津々浦々の街頭に反安保と岸内閣の退陣を要求する街頭デモが繰り返され、六月にはそのピークを迎えた。

このような政治状況のさなか、遠藤は東京に乗り込んで、三人の元首相とともに岸内閣退陣の勧告文を提出する役割を担っている。その三人の元首相とは東久邇稔彦と片山哲、石橋湛山であった。これまで遠藤は野党の社会党とも連携し、講演会で話をすることはあったが、安保反対闘争の最終段階では政党の枠組みを超えて、軍備の増強に反対する良心的で見識の高い政治家たちと共同で岸内閣の退陣を要請したことになる。

五月末になると、元首相の東久邇稔彦殿下の呼びかけで、同じく元首相の片山哲（社会党）、石橋湛山（自民党）の三人で、混乱した時局の収拾策について協議し、六月七日にはこの三人が会合し、岸首相の即時退陣がこの際先決であるという方針で意見が一致した。

その日、この元三首相は政党の枠組みを越えて東京會舘に集合し、その席に遠藤三郎も同席した。

同日、東京會舘ではどのような意見が交わされたのか？　幸い遠藤がその日誌に次のような記録を残している。

　六月七日晴　八時半の電車にて出京。…日中貿易促進会に鈴木氏を訪ね昨日の元三首相の会談結果の報告を受け、一応三一商会に休憩　午後東京會舘にて東久邇、片山、石橋元三首相と佐木（？）氏及宇都宮（徳馬）代議士を交えて懇談。岸総理に対する勧告（辞職、解散、新国会に於て安保条約とアイク（アイゼンハウアー大統領）訪日問題を議すべき件）及その時（期）を相談。宇都宮氏及片山氏は更に機の熟するを待つべしとの意見なりしも、予は拙速を尊ぶべきを主張、東久邇之れに同調、石橋氏賛成、鈴木氏も之れを希望し、片山氏も宇都宮氏も納得して、本日夕刻予が代理となり首相官邸に岸氏を訪ねたるも面会せず、椎名官房長官代って会談、勧告文を手交。午後五時官邸にてＮＨＫのテレビに発表、次で五時半より東京會舘にて全部主要報道陣三、四十名に発表。午後八時半帰宅　午後十時テレビに発表されしを見る。

この日に首相官邸に遠藤が持参した勧告文はおよそ次のような内容であった。

一、現政情は日本の民主政治の死活にかかわる深刻な事態であり、民意を離れた政治家の処置では収拾できない
一、この難局を救済するには、事態の最高責任者岸首相が即時退陣する以外にない
一、そのうえでただちに選挙管理内閣を組織し、国会を解散する
一、この内閣の組織などについて各党間の斡旋が必要ならば、三氏が引き受ける
一、新安保、アイク訪日問題は選挙後、新国会、新内閣で処理すべきである

この勧告文が提出されてからさらに六月十五日、遠藤は東京會舘で再び東久邇、片山、石橋の三氏と会合し、時局収集について懇談しているが、岸内閣が退陣するという情報はまだ入手していない。そしてこの日、千代田区の国会周辺のデモ隊の行動が先鋭化し、学生のデモ隊が議事堂の南門で警官隊と激突して、東京大学の文学部学生樺美智子さんが死亡した。

遠藤はその日の日誌に、「デモにて東大女子学生一名議事堂南門にて警官と激突死亡情勢頗る険悪なり」と結んでいる。またこの日、遠藤が貿易事務所で披見した岸首相宛の畑俊六元帥の書簡が翌日の朝、岸首相に手交されたこと、ならびに岸首相から「慎重に考慮する」との返答があったことに安堵する一幕もあった（六月十六日付、遠藤日誌）。

テレビはこの日の午後四時の臨時ニュースで「（日本）政府は治安に自信なく、アイクの訪日を延期される様、米大使に申し入れた」と報道した。遠藤はその日の日誌に「努力の甲斐ありしを悦ぶ」と記入し、「但しアイク訪日の延期は安保阻止の一手段に過ぎず、最後の目的達成に努力の要あり」と気分を引き締めた。しかし安保反対闘争の結果はアイクの訪日を延期させただけで六月十九日には時間切れで自然承認の結末を迎えた。遠藤はその日の日誌に「保

安条約自然承認遺憾千万なり」と記入している。

この自然承認という結果は、退陣を要請されてもその声を無視した岸内閣の策略でもあったろう。その結果は六月二十二日に閣議にて承認され、翌日ついに批准書が外相公邸において秘密裏に交換された。

遠藤は自宅の農場で農作業にいそしみながら、その怒りを六月二十二日と翌日の日誌に次のように記入した。

六月二十二日「昨夜、国民の知らぬ間に持ち回り閣議にて（安保条約批准を了へ）承認、天皇の（臨時的批准―五文字挿入）認証を了へ泥棒猫の如き行動許す能はず安保反対の統一行動が全国六百万の動員により実施せられたるも空し」

六月二十三日「安保条約は本日午前十時十分外相公邸にて全く国民の知らぬ間に一千名の警官に守られて批准書交換、権威なき条約は発効する事となる」（遠藤日誌）

この日は遠藤にとっても、安保条約の批准に反対した全国六百万以上の国民にとつても屈辱の日にほかならなかった。しかしその屈辱は七〇年余も経過した今日、まだ晴らされる気配もなく存続している。日本列島と沖縄に配置された米軍基地は今なおこの安保条約に基づくものである。遠藤はその条約の存続を承認しない立場で、その後も努力することになる。

(3) 四度目の訪中―とくに中国人民革命軍事博物館の印象

なお一九六〇年は遠藤にとって屈辱的な出来事ばかりではなかった。この年の秋（十一月二十二日から四週間）遠藤は念願の四度目の訪中を実現した。今回の訪問先は香港、広州経由で北京、瀋陽（昔の奉天）からさらに溥儀ゆかりの湯崗子温泉、鞍山迎賓館、洛陽などを見物した。

各地では今回も中国外交学会ほかの幹部に歓迎されているが、北京では中国人民革命軍事博物館と天安門広場前の壮大な歴史博物館を見学したことが興味深い。

遠藤ら元軍人の一行はそこに展示された中国革命の歴史資料をみて、それをどのように評価したのであろうか？

ここで参考までに、十一月二十六、二十七日の遠藤日誌から、その印象を紹介しておこう。

まず中国人民革命軍事博物館見学の印象を遠藤はこう記録している。

十一月二十六日：「北京快晴、…午後は金、葉両氏の案内にて中国革命軍事博物館見学、十大建築の一つ、革命の歴史を極めて整正と陳列せられあり、抗日戦争館に日本軍の惨虐行為の実証を陳列せられあるには慚愧の念禁じ得ず、昨日は西蔵の特権者が農奴を虐待せるを常識を以て判断し得ざる不思議な事とさえ思ひしが、あに図らんや、日本軍隊にも同様の惨虐行為をなしたるものあるを目のあたりに見て全く暗い思いす。但し案内者及説明者が我々に対し何ら敵意を示さざりしは感謝に堪えず、説明の少女に所見を求めしに『日本帝国主義者の侵略歴史は忘れえず、但し平和を愛する日本国民に対しては何ら恨みなし』」と。

この時期、すでに戦争は過去の出来事であり、その歴史的事実を忘れ得ないが、中国では残虐行為は日本帝国主義の軍人のなせる業で今日の平和を愛する日本人民は敵ではない、と案内の中国人から聞かされ、遠藤は安堵したことになる。このあたり博物館に陳列されている歴史資料をみて、あれは偽物だとか、為にするものだとかいって難くせをつける日本人のグループとはすでに遠藤の見方は異なっていた。

しかも中国の歴史は古く、歴史博物館にもその重厚さがみなぎっていた。翌日（二十七日）遠藤は天安門広場前の歴史博物館を見学したが、その日の日誌には、こう記入している。

北京快晴、霜あり、昨夜の温度零下七度、謝、葉両氏の案内にて天安門前の歴史博物館を見る。四十万年前よりの歴史　極めて正確に整頓せられあり、歴史研究者にとり垂涎の極。中国は建設に既に余裕を示しつゝあるを知る

遠藤は中国が古い歴史と高度な文明の国であり、その歴史の文物を大切にするために余裕をもって、正確な展示をしていると評価したのである。

この他、北京では八宝山護国寺の中国革命烈士の墓を参拝し、アメリカの女性ジャーナリストで中国の革命戦争の現実を世界に報道したアグネス・スメドレーの墓に詣で、スメドレーの盟友であった文人石垣綾子女史の伝言を報告したことは、遠藤らしい行為であった。それのみならず遠藤はこの旅の途中、わざわざ列車で東北に向い、瀋陽郊外にある撫順戦犯管理所を訪問し、そこに拘留されている鈴木元中将や古海元満洲国総務庁次長をはじめ十七名の戦犯と会談した。そのとき、同管理所所長の好意により中国側は全員席をはずして、日本人同士が自由に話ができるよう取り計らってくれた。その場の雰囲気について遠藤は「一同の戦争反対の空気に打たれるものあり」と日誌（十二月九日付）に記入している。

遠藤が四週間の旅を終え、羽田空港に降り立ったのは十二月二十三日であった。そのとき彼は新聞記者のインタビューに答えて今回の訪中の成果を次のように語った。

「（中国）滞在中に撫順の戦犯収容所を訪れたが、中国側管理者は十七人の戦犯全員を応接室まで呼んでくれ、『狭いから』と席を外すほどの心遣いだった。三時間ほど話しあったが、みんなかなり老齢なのに健康そうだった。戦犯の帰国問題について廖承志氏は○老齢で健康のすぐれぬものは刑期満了まえでも帰す　○刑期が満ちてなくとも服務成績のよいものは帰国させるといっていた」（遠藤日誌に挿入の新聞記事参照）。これが遠藤の四度目の訪中土産の一つで

あった。

註

註1　内山完造（一八八五～一九五九）

内山完造は一九一三年、大阪の参天堂（目薬）の出張員として上海に渡り、一九一七年に上海内山書店を開業した。それ以来長年、上海内山書店の主人（ローペイ）として、中国と日本の読書人に親しまれた。一九二七年十月、内山書店にやってきた中国の文化人魯迅と出会い、常連客となった魯迅に教えられて中国人の生活文化を知る。その著作に『生ける支那の姿』（一九三五）、『上海夜話』（一九三六）、『同じ血の流れの友よ』（一九四八）などがある。内山は日中戦争中の上海でも日本軍に協力することなく、戦火に追われる魯迅一家の危機を救助したり、文筆活動により民間人として日中文化交流に活躍した。戦後、蔣介石政権から追放された内山は一九四七年に無一文で帰国するが、その後も魯迅の精神と中国人の生活文化を日本人に語り聞かせ、憲法第九条の平和主義を擁護する運動を展開した。その意味で内山は護憲と日中国交回復運動の先駆者であった。一九五九年九月、彼は新中国政府の招きで病気療養をかねて訪中するが、北京に到着後、脳溢血で倒れ、病院に入院した後、間もなく死亡した。

　遠藤三郎が内山完造の逝去を残念がったのもうなずけよう。遠藤は護憲と日中国交回復運動の先輩でもあった内山の道をひた走ることになる（吉田曠二『魯迅の友・内山完造の肖像』新教出版社　一九九四年）

上海内山書店跡の風景（現，中国工商銀行）　イラスト・今井瑞美

エピローグ　初志貫徹──「軍備亡国論の展開」

（1）元陸士同期生からの勧告文と遠藤の回答文

戦後の遠藤三郎の平和運動は憲法擁護と日中友好、さらに世界連邦の三本の旗印のもとに促進された。この道に対しては旧軍人仲間から批判の声が盛り上がった。最初は個人的に遠藤宛の書簡で批判したが、一九六〇年の安保闘争を境目に、それ以後は旧軍人の仲間が一致して遠藤を弾劾（勧告という形をとりながら）する方向で動き出した。

その行動の発端は遠藤とは同期の第二十六期会（士官学校卒）のメンバーが連携して、一九六二年二月四日に遠藤に勧告を行う目的で幹事会を開催したことから始まった。しかも同時に遠藤に勧告するための提案理由と勧告文案を印刷して（遠藤のみは除外して）全同期生に対して勧告すべきか否かを問いかけるアンケートを配布することも決定した。その翌月（三月）一日に、そのアンケートが同期の会員に配布された。

当然ながらこの同期生の行動は最初、遠藤の耳には入らなかった。遠藤はアンケートの配布後、友人からそのことを聞き、その文書をみると、大きく事実関係が相違し、また誤解されているところから、二六会幹事宛にその書簡を送付し、三月二十八日に幹事側二名の代表と会談した。その記録によると、双方の会談は四時間三十分に及ぶもので、互いに意見がのべられたというが、当日の正式のメモや記録がとられた形跡はなく、やがて幹事側の記憶と印象に基づいて一方的な報告書が作成された。

この動きに対して矢面に立たされた遠藤は臆する気配もみせず正々堂々と論争を挑みかけた。元来、遠藤は論争が嫌いではなかったものか、あるいは誠実な性格のためか、相手側の質問に正確な返答を寄せている。しかしその論争は双方の正確な文書に基づいて検討する価値があろう。幸いにも当時、遠藤に対する勧告を要請した二六会幹事の「アンケートの提案理由（要旨）」と「遠藤三郎君に勧告する（案）要旨」とこれに対して遠藤が執筆した「二六会幹事諸兄の勧告文に答える」の全文が現存するので、以下これらの資料を引用しながら、二六会幹事と遠藤三郎の日本再軍備問題などをめぐる論争を再現してみよう。

この論争は二六会側が複数の元軍人の意見で論旨を展開し、これに対し遠藤は一人で回答したという違いがあるほか、二六会側が遠藤の行動とさらには「日中友好元軍人の会」についても誤りつたえていること、これに対して遠藤はいささかも動じる気配もなく、堂々と事実にもとづいて回答を寄せていること、並びにこの双方の論争の背景には今日の戦争と平和、新憲法擁護と民主主義、さらには日中問題にとっても無関係でない基本的な対立点が浮き彫りにされている点が特筆に値しよう。

① 二十六期会からの勧告文

以下、二六会側の勧告案＝「アンケートの提案理由（要旨）」（狭山市立博物館所蔵）から紹介しよう。

まず二六会側はその文書の冒頭で「幹事たちが、かくの如き処置に出たことは真に止むを得ないこと」と弁明し、その原因が「数年前からの遠藤君の言動に由来する」と相手に責任をかぶせ、その理由としては以下の十二点であると説明している。この十二項目の勧告理由には、遠藤に対する誤解と事実誤認が含まれているが、まずは遠藤に対する二六会側の批判としてそのまま紹介しておこう。

「アンケートの提案理由」について二六会幹事はこう書いている…

1、（遠藤三郎は）新憲法発布後、片山哲一派の革新勢力と共に平和憲法擁護運動に乗り出し、従来の態度を一変して、我等を驚かした。

2、中共（中国という国名を無視している…筆者註）から名指しで両三回に亘り招待され、帰国後は、講演や、映画、冊子により、無条件に中共を礼讃し、人々に恰も中共の紐つきであるかのような感を与えている。

3、先年参議院議員に立候補したときの資金の出所について多大の疑問が持たれた。中共からもらったということは明らかでないが、革新側の援助によることは明瞭である

4、新島のミサイル試射場建設問題の時、社会党議員と共に同島に渡り、基地設置反対のお先棒をかついだ。

5、安保反対運動の最中、自ら東久邇、片山、石橋の三元首相の代理をかって出て、直接、岸首相に辞職勧告文を手交してテレビにデビューした。

6、日中友好元軍人の会（事務所、中央区日本橋本町、三井別館内、改丁五二期少佐下田昇）を結成、之を指導して旧軍人団体に対する分派工作を開始した。入会金は一〇〇円、会費は、月一〇〇～五〇円だが「運動費の不足は遠藤三郎が援助する」とある。会員数は不明だが同調する者もあるらしい。

◎：以上の他、日本の軍備廃止、米軍基地撤廃の投書を、しばしば行っているが、まだ一回も膨大な軍備を保有するソ連や中共の不当な点については一言半句も言及していない。

◎：昨年四月の郷友誌上に「顧問、相談役会同席上、遠藤三郎氏の言動は中共の指示による共産化運動であるから断固たる処置を講ずる」旨をのせたが、彼は何の反応も示していない。

◎：今や、彼に対する世上の批判と怒りは逐次、高まりつつあり、今回の投書（『朝日新聞』一九六二年一月二十

四日付夕刊に掲載の「施政方針から首相に望む」と『毎日新聞』一九六二年一月二十五日付朝刊掲載の「自衛隊について考える」…筆者注）に反論を寄せる者、某誌に遠藤氏に対する公開状を掲げる者、右翼のある者の中には、彼に危害を加えてやると公言さえする者がある。

◎…地元の狭山市民の彼に対する評判は私行上のこともからんで頗る悪い。就中、旧軍人の大部からは憎悪の眼をもって見られている。

◎…事態がこうなっては、最早同期生として何等の手も打たず放置しておけない。条理を尽した勧告を行ってその反省を求めるのが我等二十六期生として示すべき当然の友情だ。

◎…同期生の名をもって勧告するが、もとより個人として彼に直接、忠告することを否定するものではない。

◎…同封のはがきに別記要領で返送されたい。もし回答なきときは、甚だ勝手ながら不同意でないものと認めさせてもらう（以下、回答要領省略）。

このアンケート用紙を受け取った二十六期の元軍人メンバーがそれぞれどのような反応を示したのか、残念ながら、その資料がないので賛成者と反対者の比率もわからない（後に判明したところでは少なくとも十三名以上が遠藤を激励した）。しかし二十六期会の幹事側はこのアンケートに回答がないときは、「甚だ勝手ながら不同意でないもの」つまり同意したと認めさせてもらうとあるように、最初から遠藤に勧告文を送りつけることを前提として決めていたのだろう。

さらにこのアンケートと同時に二十六期会からは三月一日付の下記のような「遠藤三郎君に勧告する（案）要旨」も会員に郵送された。この文書には二六会幹事の遠藤批判の狙いが表明されているので以下にその全文を紹介しよう。

「遠藤君、同期生として君にこの勧告書を寄するの已むなき事情を遺憾とする。

君は幼少の頃より秀才として吾等の敬愛する存在であった。又旧軍時代に君が印した足跡はその職歴と勲功が示す如く、旧軍当局が君に寄せた信頼度を物語っている。更に又君を上官として戴き君に尊敬の念を抱いた後輩や部下の数は夥しいものがあろう。然るに此の君が終戦直後の世相の急転換に際し、新思潮のバスに乗り遅れぬ事に着眼したためであろうか。過去四十年に近い軍人生活の節操を捨て百八十度の思想転換を示し、君の言動は年と共に我等の思想と乖離し、吾等をして、疑惑の域を超えて痛憤を感ぜしめる様に発展した。これは独り吾等同期生丈けの感懐に止まらず、数千数万に及ぶ吾等の先輩、同僚、後輩の感懐である。その結果吾等同期生の面目に汚点を生じたのみならず、君を育成した旧軍関係者一同の世間に対する体面も傷つけられた。これは曽て国家の干城を以て自認した人々の忍び難き所であり、殊に君と期を同うする吾等の耐え得ざる所である。

此の間各種の方面より吾等に対し『二十六期生は何をして居るのか』との声が屡々寄せられたが、たとえ君を会から除名してもお互が二十六期生である血筋が解消する訳のものでなく、又齢古稀に近い吾々の心境も手伝って、会として措置する事を差し控え、君を思う心の切なる人々や、事態の及ぼす影響を憂うる人々が、個人的に十数回に亘って君の反省を促して来たのである。君は政見発表の自由に言寄せて我が国防の在り方を論難し自衛国防を任とする自衛隊を対外大量殺人の凶器と断定し、自衛隊の保持増強は許し難き罪悪であると決めつけて居る。これに就き吾等は議論しようとは思わぬが、君の論旨を遡って考えたならば、吾々軍人が過去に於て尽忠報国の誠を致して来た総ての行為が罪悪を犯した事となるであろう。そして君もその一人である。如何に戦後の風潮に迎合して変節した君であっても、此の論法は自らの言に溺るるものではあるまいか。吾等同期生としては断じて容認し難い放言であり、又幾十万の旧将校下士官や二十余万の現自衛隊員に対する誹謗挑戦と見るが如何。

現憲法は君に幸して言論の自由、思想の自由を与えている。吾等同期生としても、今更君の言動に論難を加えようとは思わぬ。言うても君は聴き入れぬであろう。君はその理想とする無防備中立真空論と世界連邦理想の鹿を逐うて現実の国家存立の山を見ることなしに独走するも宜しかろう。然しその場合には自己の出所に判然たる一線を劃して行動して貰い度い。就いては次の道義的三項目を勧告する。

(一) 元軍人であった事を標榜する文字、文句、言動を一切廃める事。

(二) 君が現在の活動を継続する限り、現在受けある軍人恩給の支給を遠慮する事。

(三) 自発的に二六会及偕行社から脱退する事。先輩、同僚、後輩その他に迷惑をかけぬためである。

以上の一線を明瞭に劃し、他に累を及ぼさず、自らの出所を鮮明にし、自分の気持ちを軽くして自己現在の実力にのみ頼って己れの信ずる所に進んで貰い度い。

君にして若し将来万一にも吾等同期生と節操と思想を一にする時が来たら、吾等は欣然として君を迎えるであろう。

昭和三十七年三月一日

陸士第二十六期生

遠藤に対するこの勧告案は「日中友好元軍人の会」の機関誌:『会報』第六号(一九六二年四月)に全文紹介された。当時、この機関誌『会報』は同じく陸士出身の元軍人下田昇氏が編集・発行人で、同誌の第六号で「天下の眼」と題する一文を巻頭に掲載し、「この問題に関し、在京幹事で本会の態度を協議した結果、まず提案理由と勧告文の要旨を会員に報告、しかる上で、遠藤氏の所見(本会に既着)も開陳しよう、ということに意見の一致をみた」と全読者に公表した。その結果、遠藤の二六会に対する回答文が同誌に掲載されたのは翌月(一九六二年五月)の第七号であった。その表題は「二六会幹事諸兄の勧告文に答える」というもので、次のような一文である。

②　「二六会幹事諸兄の勧告文に答える」陸士二六期遠藤三郎―論旨明快な遠藤の回答

この一文で遠藤は二六会幹事から寄せられた十二項目の勧告についてそれぞれに次のように回答した。少し長文になるが重要な回答文なので、全文を引用しよう。

遠藤いわく…「過日、満井佐吉兄の通信により、幹事諸兄が二六会から私に勧告文を送られるためアンケートを取っておられる旨を知りました。事実を基礎とした善意の御勧告ならば、悦んで頂戴致し十分、反省して改めるべき点は改めるにやぶさかではありません。しかし、過日、富田真澄兄に会って、その概要を承り、次で友人からその文書をみせてもらいましたところ、随分と事実と相違している点や、誤解されている点が多いのに驚きました。

私は、自分の言動には責任をとる覚悟ですから、あえて弁解は申しませんが、誤っている点は訂正を要求し、誤解されているところは解くことが私の義務でもあり、権利でもあり、また、友人に対する礼儀でもあると思いますので、あやふやな記憶からでなく、確実な記録を基礎として申し上げます。

この問題の慎重さについて

この問題について、幹事諸兄が、大変、慎重を期せられたとありますが、今回、アンケートを作成されるにあたって、私には事前に何の御連絡もなく、また事実を確かめられることもなく、広く全会員に発送されたことはあまりにも片手落ち（ママ）ではないでしょうか。

新思想に迎合した件

終戦直後の世相の急転換に際し、新思想のバスに乗り遅れぬことに着眼したためであろうか、云々ということが書かれていますが、終戦直後の私の挨拶（全国の著名新聞に掲載）の如き、血祭りにあげられる覚悟で出したものです。

その一端を次に紹介させていただきます。

静かに考えまするのに国軍の形態は時と共に変化するものと思います。皇軍におきましても、陸海軍の形態は日露戦争、若くは前欧州大戦を契機として一応、終末を告げ、今次の大戦は空軍一本で実施されるべきであったように思われます。しかも、その空軍でさえも何れは骨董品たるの存在になる時がこないとだれが断言し得るでしょうか。

かく考えてまいりますと、軍隊の形は時世の進運に伴い変化すべきは当然でありまして唯、ここに絶対不変であるべきは、我国の真姿、即ち国民皆兵の神武そのものであります。

国民の一人一人の胸の中にしっかりと神武＝威武に屈せず富貴に淫せざる心＝を備えましたならば、必ずしも形の上の軍隊はなくとも宜しいものと思われます。

古語にも『徳をもって勝つものは栄え、力をもって勝つものは亡ぶ』とあります。従って今回、形の上では戦敗の結果、敵側から強いられて武装を解除するようにみえまして光輝ある我が陸海軍が解消し飛行機の生産も停止するに至りますことは、まことに断腸の想い、禁じ得ぬのでありますが、愛国の真姿と世界の将来とを考えまするとき、天皇陛下の御命令により全世界に魁して形の上の武装を解かれまするることは、寧ろ吾等凡人の解し得ざる驚異すべき御先見＝神のお告げとさえ推察せられるのであります。

この文書を発表した直後、現に一憲兵中佐が激怒して死の対決を要求してきた程です。もし、私が時勢に迎合するものならば、朝鮮動乱を契機として日本に再軍備がさかんになった時、これに反対などして政府や与党ならびに元軍人諸君、特審局などから叱られるような馬鹿気たことをするでしょうか、元軍需大臣藤原銀次郎さんからも勧められた如く、再軍備に賛成し、軍需産業に協力の態度をとれば、私の旧職務柄（元軍需省航空兵器総局長官）大会社の顧問位には据えられて安易な生活も出来たものと思います。もし又、政治家にでもなりたい野心があるならば、軍需省にいた関係上、岸元総理や椎名代議士を初め保守系政治家に知人も多かったので、これらと手を握れば代議士になることも難しいことではなく、これを勧めた人も少なくありませんでしたが、私の信念はこれを許さず、一開墾百姓として清貧に甘んじてきております」（『会報』第七号　一九六二年五月、六二－六三ページ）。

ここまでが遠藤の回答の前半部分で、これは自分が戦後の人生についてあえて安易なコースを選ばずに、その信念の上から、むしろ清貧の一開墾百姓のコースを選んだ理由を正直に告白したものであった。この告白は、その思想においてもルビコン河を越えた男にしてはじめて可能な発言でもあったろう。なぜならすでに老齢に達した遠藤は誰に遠慮もなく、偽ることなく本心を自由に発言しうる本来の人間の姿に変貌していたからである。その姿には土を耕す人間の魂が籠っていた。彼はその土の上にどっしりと腰をすえていささかも動揺する気配を見せなかった。

さらに本論として、彼は古い軍人生活の節操から百八十度の思想転換をしたプロセスと自分の宿願が世界からの戦争の絶滅にあることを披露して、次のように明確に回答した。

軍人生活の節操

遠藤いわく：「軍人生活の節操とは何でしょうか、五条の聖訓『己を捨てて君国に尽す』ことではないでしょうか、軍隊に恋々とすることが節操とは思いません。終戦の御詔勅には『万世のため太平を開く』とありました。そして私共は、敗戦の結果とは申せ、天皇陛下の御命令で武装を解きました。軍隊がなくなれば、一番、困るのは私共軍人自身です。然し、私共軍人は自分の欲得で軍人になったのではありませんから、君国のためならば、自ら進んで犠牲になるのが寧ろ軍人のあり方ではないでしょうか。

今次の戦争の様相を考えた際、戦争を体験した軍隊の本質を最もよく知り、忠節を精神としている旧軍人こそ、詔勅にしたがい、率先して戦争に反対し、軍備全廃の尖兵たるべきではないでしょうか」。

百八十度の思想転換という件

「なお、一言申し上げておきたいことは、私は敗戦によって急に軍備全廃論者になったのではないことです。仏国に留学するまでは、平凡な一軍人としての考えしかもっておりませんでしたが、仏国駐在間、クーデンホーフ＝カレルギーから連邦理論を教えられ、ジュネーブの軍縮会議に列席して軍縮の意義を知り、昭和五、六年の頃、国際連盟の全般軍縮会議が開かれた時、その準備委員となり、その時、既に『平等逓減方式』による全世界の軍備全廃を目標とした軍縮案を提出しております。このことは、一緒に委員であった下村さんも岡崎兄も御存知のことと思います。この考えは、その後も少しも変わっておりません。断じて新思潮に迎合して百八十度の転換をしたのではありません。また、たとえ転換だとしても、原子力時代、ミサイル時代の今日、世の中が昔と全く変わったのですから国家というもの、国防というもの、軍隊というものに再検討を加え、昔の考えを改めてゆくのが、ほんとうではないでしょうか」。

十数回にわたり反省を促したとある件

「遠藤の言動につき『個人的に十数回にわたって反省を促した』とありますが、私は、山本募兄、川口清健兄、木村二郎兄、海福三千雄兄、林作二兄から、それぞれ問題点は違いますが、忠言乃至抗議、もしくは質問的の御手紙を頂戴しました。私はその友情に感謝し、出来る限り詳しく御返事を差し上げております。

しかし、このような重大問題は、ひざを交えて十分に議論をしないと解決し得ない問題と思います。直接、面と向かって反省を促されたのは、ついこの間、富田真澄兄唯々一人です。河野健雄兄、皆藤喜代志兄の会誌を通じての御意見『黙殺の弁』、『遠藤三郎君の中共視察談を考える』に対してはお答えする機会さえ与えられておりません。

その誤解を解くべく詳細に書いた原稿を送りましたが、同期生会一部の幹事の反対により会誌掲載は出来ませんでした。

然るに、これとは対象（照）的に、満井、結城、高田、児島、芥川、井崎、岡本、佐々木順造、徳江、松谷、百瀬、矢崎、渡辺その他の諸兄からは、手紙や言葉で激励して頂いたこともあります」（『会報』第七号　一九六二年五月、六三－六四ページ）。

新聞投書の件

「新聞はスペースの関係等もあり、必ずしも原文通りには載せてくれませんので、意を尽さない点や誤解され易い点など、ありがちのように思います。

結論的に申しますと、

一、小生の宿願は、戦争の絶滅にあります。現在のように東西の対立が激しく、際限なしに軍備拡張の競争をやっていたのではたとえ戦争がなくとも人類の破滅はまぬがれ得ないものと思っております。

二、東西の緊張を緩和し、軍備競争を止め、戦争を絶滅して真の世界平和を確立することは光栄ある日本の使命と心得ています。日本は、いまのままで軍隊を作っても自主性ある軍隊とはなり得ず、却って従属性を増すばかりであり、他国と相似形の行き方では、小国日本は永久に小国に留まるであろうから、寧ろ相似形を破り、現憲法の示す如く戦争を否認し、軍隊を放棄して文化の香高い平和国家を作り、道義文化面において世界の指導権を握り、世界の平和に貢献すべきであろうと思っています。既に軍隊の力よりも正しい世論の力が優ってきたことは、エジプト戦争、ハンガリヤ動乱、キューバ動乱においても明らかになってきております。さらに原子力時代においては、戦争も軍隊も行きづまりになりつつありますから、このことは不可能のことではありません。

三、右、使命達成のため、日本は中立でなければなりません。日米安保体制下では出来ません。中ソとも国交を正常化する必要があります。そして日本が率先して旧国家観を是正し、日本国憲法の示す通り、戦争否定、戦力不保持を実践し、力の支配から法による秩序の維持（世界連邦の構想）に移行するように努むべきものと確信しております。私の言動は、右の信念が根拠となっております故、これに対して唯々怪しからんから止めろといわれても致し方ありません。

× × ×

新聞投書中の『この憲法を無視した危険こそあれ、なんの利益もない自衛隊を保持増強するがごときことは許し得ない罪悪と申さねばならぬ云々』の項を指して、十余万の現自衛隊員に対する誹謗挑戦と観じておられるようですが、私の『罪悪』と申しましたのは、旧軍人や自衛隊を指したものでなく、日本国憲法に違反して戦力を保持する政府のやり方が罪悪であり、また、自衛隊に不可能の任務を与えていることが罪悪だと申しているのです。私の投書は今回だけのものでなく、何か顕著な事件があり、感懐が湧いて、それを国民に訴えた方がプラスになると思えば、随時、投書しております。今回も首相の施政方針演説や三無（矢）事件等、国民の関心をもつ問題があり、あちこちから私の意見を尋ねる人もありましたので投書したまでのことです」（『会報』第七号　一九六二年五月、六四ページ）。

この回答は遠藤の平和思想と自衛隊批判の核心をつくものであった。すなわち遠藤は世界平和は単なる軍備縮少でなく、世界の各国が軍備不保持、つまり完全軍縮に到達しなければ実現しないという前提で、日本国憲法の戦争否定、戦力不保持の理想を実践しようと主張し、旧軍人や現自衛隊員を批判するのでなく、日本国憲法を無視して、自衛隊を創設した日本政府（自民党）の判断と行為が「罪悪」であると決め付けたのである。

さらに以下、参院選に立候補の件と中ソの軍備に言及しないといわれた件、ならびに今村均大将から再三反省を促されたという件についても、明快な論理で次のように回答した。

参院選に立候補の件

遠藤いわく…「新聞に私が投書したことを参議院議員の選挙に結びつけ、立候補でもする事前運動かのように書かれてありますが、全く見当違いです。

私も明年は七十歳です。今更立候補でもありますまい。今日まで、ほとんど家庭を顧みる暇もなかったので、目下、身辺の整理中です。その上、私の性格は政治家には適せず、また政治家になることは大きらいです。かって立候補したのと一見、矛盾しているようですが、好きときらいと行為とは必ずしも一致しません。きらいでもやらねばならぬことは、やらねばならぬというのが私の考えです。

九年程前、立候補しようと考えたことがあり、また三年前、一度立候補したことがあります。

九年前は、恰度、朝鮮動乱の後を受けて日本が本格的に再軍備を開始しようとする時でありましたので、深入りするのを事前に阻止しないと取り返しがつかぬと思い、一開拓農民では十分働けないから議会に席を持とうと思いました。この時は若松只一兄が、目的と手段をあべこべにとって、私の再軍備反対論は『代議士になるためのもの』といわれたのをきいて、もし世間でもそう考えられるならば私の純真な気持が傷つき、再軍備反対論が、かえって弱くなると気がつきましたので、直ちに中止しました。そして、私と考えを同じくする候補者を選挙の度毎に応援して議会に送るよう努めてきました。しかし、再軍備はますます進められました。三年前の選挙の時は、日米安保条約の改訂が目前に迫り、これを阻止するには他力本願に甘んじ得ないと考え、成敗も毀誉褒へんも度外視して立候補しました。勿論、何の準備もありません。そして御承知の通りの惨敗ですが私は負け惜しみではなく後悔しておりません。やるべきことをやったという安心感さえもっております。その時の挨拶文に明示した通り、無所属で立候補し、何人の紐もつけておりません。自主独往無所属で政治が憲法の線に乗ったなら、一日もはやく帰農したいというのが本意でありました。

今や国内においては憲法擁護の線が強く出てきましたし、国際的にも軍備全廃は良識家の常識になったようですから、私如き者の出る必要もなくなったと思っております」。

中ソの軍備に言及の件

「外国の軍備に関し反対意見を日本の新聞に投書してみたところで何の意義も効果もありません故投書には書いておりません。

然し、昭和三十年、台湾海峡の戦雲急な頃、中国から広島の平和大会に出席のため来日した中国代表劉寧一氏に会見して台湾問題解決のため、断じて武力を行使すべきでない旨を忠言致しました。それが動機となって中国を訪問するようになりましたが、訪問の都度『裸の強さ』を強調してきております。毛沢東主席も、周恩来総理も陳毅元帥（外交部長）も帝国主義諸国の侵略がなければ、軍備は全廃したいと申しておりました。しかし彼らは近い過去において、現実に侵略されておりますので、自由主義諸国が口先だけでなく形の上で侵略の意図のないことを示さない限り、なかなか軍備縮少に踏み切れない様子です。

また、昭和三十年四月、印度のニューデリーでアジア諸国会議のあった時『戦争並びに戦争準備非協力運動展開に関する提唱』を外務省に依頼して英訳してもらい、参加各国に配りました。それがキッカケとなり、ソ連から招待を受けましたが、軍人諸君と共に中国を訪問する時期と重なり合ったので辞退しました。

昨年、ソ連が核爆発実験を再開した時は、世界連邦建設同盟の役員として、同盟の名で抗議しております。その他の国にも世界連邦の線を通じて、軍備拡張競争を中止するよう呼びかけております」（『会報』第七号　一九六二年五月、六四－五ページ）。

今村大将から再三反省を促されたという件

「昭和三十二年八月号の偕行誌に今村さんの論文に、

『昭和十六年独ソ戦開始の際、日本陸軍は六十万の大軍をソ満国境に集中したが、尾崎・ゾルゲの謀略によって進撃を中止した』

という意味のことがあり、次で九月号に種村（佐孝）君がこれを否定して、

『日本が独ソ戦に介入しなかったのは、参謀本部第二部の心血をそそいだ研究により、独軍が年内にモスクワ占領が不可能であると判断したからである』

とありましたが、私は納得できず、

『独軍のソ連侵入は独ソ不可侵条約の違反であり不正の戦である。この不正の戦に更に日ソ中立条約に反して介入することは不正の上塗りであり例え戦争に勝っても、正義日本の歴史に取りかえしのつかぬ汚点を残すから参戦しなかったと解する』

という反駁文を出しましたが、偕行の編集部ではとりあげてくれないので、私は今村理事長を自宅に訪ねて数時間お話したのが一回、その際、今村さんから、

『君が中国訪問の時、金をもらったという者がおるが、事実でなければ名誉毀損として訴えるべきだ』

と勧められました。私は、そんな悪質のデマは、さほど気にもとめておりませんでしたし、法律家にきいてみたら、この種の裁判はなかなか埒があかず、金もいるし、時間もかかるということでしたので、折角の御忠言でしたが聴き入れませんでした。

第二回目は、私が中国を視察して、その報告を発表した後のことですが、出倉兄の斡旋で、高田馬場で今村さんにお目にかかり、その際、今村さんから、

『四年後にはソ連が崩壊するという信ずべき情報がある。本家本元のソ連が崩壊するのに中共がうまく行く筈はない。

君が毛政権の基礎が出来たなどというと、後で退引きならぬ様になるから、中共を褒める事は止めたらよかろう』と忠告されました。しかし、

『私は見たままを申しておるので別に褒めている訳ではありません。ソ連は直接見ませんから何とも申せませんが、中国を通じてソ連を判断すると、とても四年後に崩壊するなどとは思われません』

と御答えして別れただけです」(『会報』第七号　一九六二年五月、五六－六六ページ)。

この今村均という人物は一九四二年三月のジャワ作戦に勝利して、一時期蘭印総督ともなったが、一九四五年八月の敗戦後はラバウルとマヌス島の豪軍刑務所に服役後、巣鴨に移され、一九五四(昭和二十九)年十月に刑期満了で釈放され、東京の自宅で余生を過ごしていた。遠藤にとっては元の上司でもあり、尊敬していた人物だが、こと社会主義国家である中国とソ連についてはこの程度の認識しかもっていなかった。中国の共産党政権(毛沢東政権)がソ連の援助など受けずに中国革命に勝利した歴史をご存知なかったことがわかる。旧日本軍の元大将でさえ、中国についてこの程度の歴史認識であったとすれば、その他の元日本の将軍たちの中国理解も推して知るべしといわれよう。しかし遠藤はこのような考えをもつ人々の反論(あるいは質問)に対してさえも誠実に返答した。そして二六会からの勧告文中・最終の三項目についても遠藤は次のように回答して、この論争の締めくくりとした。

勧告三項目に答える

(一)軍人であったことを標榜する文字、文句、言動を一切廃めよとの件

遠藤いわく:「匿名の投書は卑怯であり、遠藤三郎の同姓同名は沢山あります。従って、責任の所在を明らかにするため、埼玉県・農業として投書しておりますが、それでも時たま間違われることがあり、新聞社などで気をきかし

て勝手に元中将などと書き加えていることもあるようです。

意見の価値は内容によるものであり、肩書きによるものとは思いません。従って、私は、肩書きを利用して私の言動に価値づけようなどとは毛頭考えておりません。但し、歴史上の事実は何人も否定し得ないものと考えております」。

(二) 現在の活動を継続する限り軍人恩給を遠慮せよとの件

「日本全般として、将来、恩給制度を廃止して、年金制度とした方がよかろうと思っております。また、現在の恩給制度は、お情けによるお恵みではなく、受給者の権利と思っております。そして、それは、私的関係のものでなく、法に従って国費のうちから政府が支給の事務をとっているにすぎないと思っております。従って恩給が支給されているから政府のやることに批判を加えてならないという理由にはならないと思います。

禄を喰んでいるから、主君には絶対服従せねばならぬというような思想は、所謂、封建的の思想であり、このような考えが、中国から招待されたから、中国のお先棒を担いでいるのだろうなどという考えに通ずるのではないでしょうか。

なお私は軍人恩給と文官恩給の関係は十分承知しておりませんが、私の終戦時の職務が文官であったので、文官恩給、年額二十四万円ばかり支給されております。勿論事務的のことで、自分から希望したものではありません」。

(三) 自発的に二六会及偕行社から脱退せよとの件

「私が陸軍士官学校第二十六期生であったことは、歴史上の事実で否定しようにも否定しようがありません。二六会なり、偕行会が特定の政治団体か思想団体で、私のような考えの者は入れないという性質の会でしたら脱退させて頂きます。しかし、これらの会は、歴史上の事実を根拠として親睦を主目的とする団体と考えておりますし、また先輩、僚友に対する友情は、政治上の意見の相違があっても、何等、変わるところがありません故、自発的に脱退しようとは思っておりません」(『会報』第七号 一九六二年五月、六六-六七ページ)。

以上、二六期会からの勧告文に対する遠藤の回答をほぼ全般に渡り紹介したが、遠藤の回答文には、彼の戦後の自由な生き方と平和活動の思想的な核心が表現されていたといえよう。しかも遠藤はすでに自己にめざめた近代的な思想の持ち主に変貌していた。つまり「主君から禄を喰んでいる者は生涯主君に絶対服従しなければならない」という封建的な思想をきっぱりはねつけて、封建的な主従の関係よりも、むしろ個人の自主・独立を重んじる近代人に大きく成長していたのである。この自主独立の精神から発せられる彼の問題提起については何人といえども、戦後の解放された日本ではもはや論破することはできなかったであろう。なぜなら遠藤は近代的な個人の自主独立と国の非武装中立、すなわち国家の自主独立を連動させながら、全日本国民の思想的な改革の必要性を訴えていたからである。この意味で彼はもはや旧軍人ではなく、全日本国民の思想的な改革を唱えるひとりの伝道師に成長していたことになる。しかも彼は不屈の精神をもつ非武装平和の伝道師であった。その頭脳から発せられる平和思想に対しては二六会の優秀な幹事でも簡単に論破することはできなかった。しかし二六会と楷行社からの遠藤に対する糾弾はまだこれからも継続する。その論争についてはエピローグ（4）「幻の対談＝生前に公開されなかった伝言」と巻末付録に収録した「遠藤三郎に寄せる質問状」で紹介する。

（2）周恩来首相と遠藤の「日本国防」論争

一九七〇年代から八〇年代にかけて日本政府は日米安保条約の体制下で、軍備強国の道をひた走った。それは憲法第九条をないがしろにする違憲の＝「自主独立国」として亡国の道であり、平和国家＝日本の姿が最高法の支配の枠外に追いやられる現実を招来した。世界の東西をみれば、一部の軍事独裁国家は例外として、いずれの近代国家にも、憲法というそれぞれの国の最高法規がある。当然ながらその国の政府は大統領も首相も閣僚も、国会議員も裁判官もすべてがその国の憲法の枠内で、ひろく国民を代表して国政を行っている。しかし日本ではその指導層がこぞって憲法の平和主義の条項を空文化してしまった。

とりわけ日本政府（戦後の歴代自民党政府）は日本国憲法の根幹をなす平和主義の第九条を無視し、「自衛隊は軍隊にあらずという詭弁」を用いて、その自衛隊をいつの間にか、軍事予算では世界第二位の武装力＝軍隊に成長させた。

これは恐るべき現象であり、遠藤の言葉を借りれば「政治権力による犯罪」であった。つまり日本国には近代国家に不可欠な「法の支配」が現実に機能せず、憲法の中核が空洞化してしまったからである。しかしこの違憲・無法の政治的現実に対し、真正面からその非合理性を指摘し、その矛盾を是正すべく護憲平和の旗をかかげて同志らの先頭に立ち、たゆまず前進したのが元将軍遠藤三郎であった。

彼は敗戦とともに自由人（農民）になっても、いかなる政党にも所属しなかった。一家が力をあわせ農地をたがやす開拓農民として働きながら、ペンと弁論の力で単独の平和運動を実践した。その活動は純粋にして不屈であり、いかなる反対勢力からの攻撃や圧力にも屈服しなかった。一九七二年、七十九歳を迎えた彼は昔の激戦地、沖縄が祖国に復帰してもなおそこに外国の軍事基地があることに不安を感じ、護憲連合を代表し沖縄からのあらゆる軍事基地撤廃を力説したのも、その純粋さのあらわれであった。七十九歳になっても、なお青年のごとく遠藤はその晩節を全うすべく残された体力と寿命を大事にしながら、わが信じる非戦平和道を驀進した。

①　第五回目の訪中で周恩来首相と会談

一九七二年六月、遠藤が元軍人団（日中友好元軍人の会）を引率して第五回目の訪中をしたのも、晩年を迎えた遠藤の重要な政治活動の一環であった。このときの訪中は遠藤にとって十二年ぶりのことで、感慨無量でもあったろう。随員には広州で直接交渉を担当した下田昇、後藤節郎（両名とも五十六、七年度の訪中の際の世話人）と海軍兵学校出身の香取千昭、陸士出身の内田哲也及び岡林竜之（遠藤が航空士官学校校長時代の士官候補生）の五名であった。この一行は「周恩来総理が訪中を心待ちにしている」という伝言を受けて、六月六日に羽田から出発し、香港、広州を経由して六月九日夜八時半に北京空港に到着した。空港ではタラップの前に、中国政府の王国権はじめ王暁雲、孫平化ら政府の要人と在京の日本の友人らが多数整列して迎えてくれ、団長の遠藤が恐縮する一幕もあった。

北京到着後、遠藤らが周恩来首相と会談したのは六月十四日の夕刻、北京の人民大会堂であった。すでに周恩来は不治の病におかされていたが、やはり遠藤の訪中を楽しみにしていたのであろう。当初は一時間余の会見予定が三時間を越える結果となり、双方が真剣で率直な意見を交換した。その会談内容は日中戦争と戦争責任の問題、さらに最近の日本の軍国主義化と軍備国防をめぐる問題などに及び、周恩来が日本の自衛隊の存在を容認する発言をしたのに対し、遠藤はいささかも動揺することなく、毅然として日本の再軍備に反対したことが印象深い。

以下、天安門広場に面した人民大会堂の接見室で行われた周恩来と遠藤の会見記録（筆記者は随員の岡林竜之・狭山市立博物館所蔵遠藤三郎文書）から、とくに上記の問題を拾い出して、双方の見解を紹介しておこう（以下の小見出しは便宜上、筆者が挿入したもの）。

周恩来：遠藤論争＝日中戦争について

周恩来いわく「毛主席はかって、南郷三郎氏に対して次のようにいいました。『中国人民は日本軍国主義の首謀者に感謝しなければならない。何故なら反面教師として彼等の果たした役割は大きかったからです。それは中国の革命に大きな役割を果したのみでなく、日本人民にとっても再侵略を阻止する反面教師となっています』と」

遠藤「その様に見て頂くことは大変ありがたいことです。しかし、我々はそれをよいことにして、侵略戦争で犯した罪悪を決して忘れてはいけないと思っています。我々はその責任について、心には深く覚悟していますが、ご意向にそって言葉では言わない事にしましょう」

周恩来「しかし、日本軍国主義の頭達（戦争指導者）には責任があります。東條英機、（他に五名の将官の名を挙げられそれぞれについて遠藤よりも補足説明があった）彼らは特殊な役割を果たしました。けれども、これ等の名前は新聞に出さないで下さい。彼らの家族に負担がかかります。家族には罪がないのですから…。代表として東條一人にしておきましょう。中国では若い人々に対して、警戒心を持つべきではあるが決して仇を討とうとしてはいけないと教えています。これが毛主席の心なのです」

遠藤「侵略戦争で直接被害を受けた人々、又は被害者を身内に持つ人々は、たとえ加害者を許すことは出来ても、忘れることはできないでしょう。私共はこのことを銘記して、贖罪の精神を失ってはならないと思っています」

周恩来「万世一系の天皇制の迷信は打ち破られましたね。しかし警戒はやはり必要です。…」

遠藤「日本国憲法を改めて、天皇を元首にしようとする動きもありますが、天皇を担ぎ出すことは天皇のためにも、また日本国民のためにも、ともによくありません」

日本軍国主義の逆流について

周恩来「日本軍国主義の逆流をどうみますか」

遠藤「（日本の）民衆に平和憲法が定着しつつありますが、自民党タカ派はタカ派であるので、警戒せねばなりません」

周恩来「四次防一六〇億ドルは、一次～三次防よりも多くなっていますが、国会は通りましたか？」

遠藤「まだ正式には決定していませんが、現在の国会に於ける（政党の）勢力関係では、一部の修正があっても大綱は通過すると思います」

周恩来「野党には『力』がありませんね。社会党は、軍隊を持つべきではないと言っていますが、それでは多くの人々の共鳴を得るのは困難でしょう」
遠藤「日本の非武装を唱えたのは私が元凶です。多くの人々の共鳴を得ることは中々困難ですが、やはりやり遂げねばならんと思っております。社会党、総評も含めた護憲連合（会員五百万）を作って努力しています。最近の世論調査によりますと、その同調者は激増しています」

米ソの核兵器と通常兵器の生産について
周恩来「『非核』の主張はよいでしょうが、米ソはそれに応えないでしょう。米ソ共に信用できないとしても、まず口頭だけでも、核不使用を約束させることは必要です。セイロンの『平和なインド洋』提案に対して中国は支持しましたが、米ソの保証のない限り意味をなしません」
遠藤「日本に於ける設備投資、生産力の増大は、軍需産業への傾斜の危険をはらんでいます」
周恩来「それはその通りですね」
遠藤「それに（日本の）政界、財界共に核武装化を計っている兆しがみえます」
周恩来「キッシンジャーは日本の核武装反対を公にしました。しかし、一方では、アメリカは、通常兵器をダンピングして売りつけることを狙っています。
レアードの言によれば、ニクソン・ドクトリンとは
○　米国の仲間の通常兵器を近代化する。
○　米国とアジア諸国との条約は依然友好である。
○　米国のアジアに於ける権益は、僅かといえども損なわれてはならない。
ということですが、これ等は米帝国主義拡張の柱であり、その矛盾は依然として解決されておりません。レアード

は通常兵器を日本に売りつけようとしているのです」

遠藤「お話のようにアメリカは、日本の国産兵器よりも安い兵器を（日本に）売りつけようとしています。一方日本の政府、大企業は、兵器の国産化はかえって高くつくのですが、国産化を追及していますし、又、資本がそうした日本企業の中にはいりこんできています。これ等の『死の商人』が暗躍し、日本の軍国化を促進させるでしょうから警戒を要します」

周恩来「軍備がふえ、近代化されると、日本本土だけの防衛という、ただそれだけではすまなくなりましょう。侵略に転化しないという保証がありません」

遠藤「資本主義国が軍備国防の政策をとると軍国主義化して侵略戦争を敢てする宿命がある様に思います。特に日本は、国の構造上国内を戦場にすることが出来ませんから、純軍事的に見ても侵略戦争になると思います」

［以下、接見室から一同が食卓に移っての会話となる］

ここで双方の論議はいよいよ日本の防衛問題についての核心にはいるが、遠藤は周恩来の主張する自衛隊容認論に反対し、その本領たる非武装中立論の必要性を力説した。

この当時、周恩来に注文をつける日本の政治家はいなかったであろう。しかしそこが遠藤らしいところで、論客として遠藤の本領が発揮される場面となる。

日本の防衛問題について

遠藤「（周恩来）総理が、日本の客人に対し防衛問題を話される際、次の点に御留意願います。総理が、独立国家が自衛力を持つことは当然といわれることについては、私も理解します。

しかし、自衛力即ち軍備であると解釈する人々の場合には、もしタカ派の人ならば、錦の御旗か、鬼の首でも貰ったかの様に悦んで軍備論を吹聴しますし、逆に非武装に信念のないハト派の人は、意気消沈してしまいましょう。釈迦も『人によって法を説け』と申して居ります。この点、総理も留意して下さい」

周恩来「私は誰に対してであろうと、〝日本人民〟に向かって話しかけるという立場で話をします。『非武装』ということは、米国への従属を意味する様に思われてなりません。独立、平和、民主、中立のためには、自衛力を、もつことは当然だと思います」

遠藤「総理のいわれることは、原則として理解できます。

然し、日本が『軍備国防』の政策を持つ限りかえって米国に従属せざるを得なくなります。つまり、陸、海、空軍を充足しても核兵器を持たない限り、米国の傘に頼らざるを得なくなりますから、それでは、日本はいつまでも独立国家になり得ません。

『軍備国防』の考え方を払拭してこそ、どこの国の軍備にも頼る必要がありませんから、真の独立国家になり得ると思います。真の自衛力は、軍備以外にあります。その根本は『威武に屈せず、冨貴に淫せざる』心であります」


この主張と論理は遠藤の平和思想の核心で、周恩来といえどもむやみに反論も否定もできなかった。ついで二人の論争は次のように展開した。

周恩来「『非武装』を、中国が日本に強いるとすれば、それは日本を敗戦国として扱うことになります。それではタカ派に言質を与えるだけの事でしょう。私どもは決してその様な考えは持って居りません。つまり、中国のいう『復交三原則』は、日本を敗戦国として扱っているのではなく、日本政府でも受け入れられるようにしているのです」

この切り返しは周恩来が一流の外交官としての力量をあらわした発言である。

しかし遠藤は間髪をいれず、日本の特殊性をのべてこう詰め寄った。

遠藤「日本は軍備国防の出来ない国であります。一例を挙げてみましょう。アメリカ政府の発表によりますと、第二次大戦で日本が受けた爆弾量は十六万屯、つまり朝鮮戦争での四分の一、ベトナム戦争の十六分の一にすぎません。それも一九六八年迄の統計ですから、現在迄のベトナムに投下された爆弾総量とくらべると、もっと少い比率となりましょう。

その様な僅か十六万屯の爆弾で、日本は焼ケ野原になってしまいました。それ程、日本は爆弾に弱い特質を持っています。つまり、避け得ない国の構造が爆弾に弱いのです。

戦後、その特質はさらにひどくなりました。人口の稠密化もさることながら、油の問題一つを取り上げてみましても、昨年一年間の石油消費量二億屯のうち、かなりの部分は建築材となり、家具となり、衣類となって、各家庭に蓄積されています。近来の火災で、死者の多くは、これらの石油化学製品の発生する毒ガスで死亡していることをみましても、このことを証明しているといえましょう。結局、日本が軍備国防の政策をとれば、前大戦の二の舞となることは明らかですので、私は絶対に日本の軍備国防政策には反対です」

周恩来「キッシンジャーは、日本のタカ派を買収しようとしていますね」

遠藤「米国政府は、日本に核武装を除く軍備を増強させ、兵器を売って金儲けすると共に、核で脅して日本の米国に対する造反をおさえつつ、人的消耗の多い戦争を、日本に肩代わりさせようとしているのではありませんか」

周恩来「日中国交回復後、相互不可侵条約を結ぶことは可能であります。核不使用条約もです。しかし、台湾と日本の米基地の問題が障碍となっています。この提言は、日本進歩勢力への支援とはなりましょうが、その実行については、決して中国から強制するものではありません。それは日本人民自身の問題だからです。これは毛主席の一九五〇年来の主張です」

どのようにして米軍基地を日本から徹退させるか？
遠藤「現段階では、日本の軍事力は、すべて米国の出先軍となります。従って少くも今は護憲非武装を貫かねばなりません」
周恩来「遠藤先生は私よりもまだ左ですね。それで日本人民は納得しますか？」
遠藤「護憲論者はかえって増えました。それに左右に関係なく非武装は日本国憲法の示す所です。それは自衛のためにも軍備を持つことを禁じています。
そのことは一九四六年、日本の国会で憲法審議の際、当時の総理吉田茂が、『古来自衛の美名に匿れて侵略戦争をやった例は沢山あります。従って本憲法は自衛のためにも軍隊はもたないのです』と、明確に軍備国防を否定していることからも明らかです」
周恩来「まとめましょう。現在、日本は経済拡張、米国支配下という情況の下で、岐路に立っています。これが、独立、平和、民主、中立を勝ち得た暁には、自衛力を持ち、相互不可侵条約を結びましょう。こうしたらいいでしょう」
遠藤「少くも、精神革命が出来るまでは、軍隊は持つべきではありません。国防の基本は独立の精神にあると思います」
周恩来「一理ありますね。しかし、アメリカの覇絆から脱するには日本は自衛力を持たねばならないと思います。何故なら、中国人民が日本に赴いて、日本人民に代わってアメリカ軍を追い出すわけにはいかないからです。だから、『非武装』では、大多数の日本人民を納得させることはできないでしょう。しかも米国は最後まで日本を手離そうとはせず、抵抗するでしょう」
遠藤「米軍を日本から追い出すには、軍隊の力を使ってはいけません。国民の団結した意志力が大切と思います。

私はこの点では〝非暴力不服従〟で、印度の独立をかちとったガンジー翁のやり方を高く評価致します」

周恩来「米ソ核戦争を前提とした日本を考えると、遠藤先生の考え方は正しいと思います。しかし我々は歴史から一つ学びました。核兵器は発達すればする程使えなくなるということ。しかも相互制限は不可能です。

一方、第二次大戦後、核戦争こそありませんが、通常兵器による戦争は、中国内戦、朝鮮、インドシナ、パレスチナとずっと続いています。つまり『非武装』は成立しないのです。

しかし、もし日本が軍国主義の道を歩めば大変なことになります。軍国主義を計っている人々は『非武装』に耳を傾けてくれないでしょう。そのうち、中国に力が出来れば、いい影響を与えるでしょうが、問題は日本人民に受入れられる方法で、軍国主義を阻止することにあると思います」

遠藤「日本の軍国主義を阻止するには、日本国の特性からみて日本国憲法を正しく実施し、非武装中立に徹する以外には望み得ないと思います。又、それが日本では可能と思います」

周恩来「中国の核実験は、平和裡にできる様厳密に検討考慮してやっています。中国西部地区で行っているのですから、もし日本に害が及ぶのならば、その前に、偏西風によって中国人民自身が、より多くの害を受け、やられてしまうことになりましょう。中国の核実験は、米ソの核独占を打ち破るためにやっているのです。決して、米ソの様な無駄使いは致しません」

この討論をみると、周恩来が外交的な見地から将来の中日国交回復のための歩み寄りの条件を設定し、日本政府が受け入れやすい、自衛隊の存続を前提に発言している様子が覗える。この点で周恩来はやはり第一級の外交家であり、日本政府とそれを支持する保守的な日本国民に弾力的なシグナルを送ったのかもしれない。当時の中国はその広い西北の国境線を挟んで、強国ソビエトと軍事的に対峙する緊張関係にあり、一面においては、現状の日米軍事同盟を容認してでも、犬猿の仲になりはじめた対ソ対策として日本とアメリカを味方につけておきたいという思いが、あったものか、とも推測できる。この発言に見る限り、周恩来は、一流の外交家であり、当面のところ、極東アジアの平和のためにすくなくとも日本とアメリカを敵に回したくないという意向を覗かせたのだろう。

これに対し、遠藤三郎は一貫して高度な理想主義の原則から、日本が独立国として自衛権を持つことに同意しても、その自衛権と自衛隊を区別し、自衛権の行使は軍事力によらず、国民の抵抗＝不服従の意志の問題であると強く反論した。この主張は遠藤が現実の外交官の立場を超越した理想主義者であり、未来をみつめる平和の伝道師の立場にたつものであったとみることができよう。しかし北京の人民大会堂の中で、余命いくばくもない中国の大政治家周恩来と真正面から、対等の立場で日本の国防問題を忌憚なく語り合える日本人は遠藤が最初にして最後の論客ではなかったろうか。遠藤は毛沢東と周恩来に信頼される人物であったから、この対談で自由な発言をなしえたことは確かであろう。

② 周恩来に別れを告げ、延安・西安・南京を訪問

一九七二年六月、周恩来と対談した今回の旅が遠藤の生涯における最後の訪中となった。すでに年齢的にも七十九歳で、体力的にも相当に疲労しはじめていた。そのためか彼は各地で血圧を測ったり、マッサージや針治療を受けて健康に留意しながら、しかも精力的に予定された訪問先を見学した。

北京では六月二十日に、八達嶺から雄大な万里の長城を俯瞰し、帰路には明の十三陵と十三陵ダムを見学した。北京の西北にある十三陵は明の十三代皇帝・万暦帝の有名な地下宮殿で、地下三十六メートルの皇帝の墓室に入ったとき、遠藤は半袖のシャツ一枚で、寒い寒いと同僚と話し合っていると、案内役の若い女性服務員が毛皮の外套をぬいで貸してくれた。その老人をいたわる自然な態度に遠藤は感動した。さらにその後の旅行中も、案内説明役の中国人

遠藤三郎（79歳）が旅した―中国革命の聖地延安。中央に黄色い延河が流れている。

延安の風景：丘の斜面にヤオトンという洞窟住居が今も並んでいる。

延安革命紀念館。正面に毛沢東の銅像がある。

（左）抗日戦争時代の八路軍の大砲。（延安革命紀念館所蔵）
（右）延安・楊家嶺の毛沢東旧居。

延安：鳳凰山にある毛沢東故居。

延安から保安へ：雄大な丘陵地帯。抗日戦争期の中国紅軍の古里。（1997年 7 月31日筆者撮影）

女性服務員らが坂道を歩いたり、階段を上がり降りするとき、巧まない自然な態度で遠藤の手をとり、または腋をかかえて扶けてくれる態度に遠藤は少々テレながらも感激した。

翌日は中国側の接待係王音氏が主催する夕食会に招かれて北京最後の晩餐にあずかり、六月二十二日の朝、王国権、廖承志夫人、王暁雲、孫平化ら中国政府の要人らに見送られて延安へ飛び立った。めざす延安は日中戦争時代、毛沢東や朱徳、周恩来らが率いる中国紅軍（当時の名称では八路軍）が革命根拠地とした中国革命の聖地であった。さらに延安からのコースで日中全面戦争の前年の十二月に、蔣介石軍事委員長が張学良の部隊に寝込みを襲われ逮捕・監禁された西安の華清池を訪問し、西安事変(註1)に思いを馳せ、さらに南京では国民革命の父・孫文博士の眠る中山陵に参拝し、南京大虐殺の数少ない生き残りの人々と会見し、さらに鉄路で上海に到着後は北四川路底の内山書店跡を訪ね、内山完造とその友・魯迅の在りし日を偲び、最終地点として湖南省の韶山にある毛沢東の生家を訪問した。この見学コースは遠藤自身が希望したものと思われるが、その場所は若き日の遠藤が参謀本部作戦課以来、敵として戦った中国の抗日戦争の軍事的、精神的な拠点であった。すでに帝国主義的な政治意識から脱出していた遠藤にとっては、このコースに残された歴史の現場＝旧跡を見学することで、日中戦争の在りし日の現実の姿を正しく回顧し得たことになろう。

遠藤はその几帳面さを発揮し、旅の道中で旅日記を書き残しているので、参考までにその一部分を紹介しておこう。

北京から延安・西安へ…（以下、遠藤の旅行日誌より）

「六月二十二日晴、‥（北京から航空機で）十一時半延安着、延安地区革命委員会副主任梁俊栄氏、延安市革命委員会副主任世昌氏等に迎えられ延安賓館に投宿、医師が直ちに血圧を計ったが正常。午後（延安革命）紀念館見学。

六月二十三日晴、後雨‥午前、毛沢東氏の革命当時の旧跡を訪ね当時の苦心を偲ぶ。

六月二十四日延安　濃霧後晴、西安、晴驟雨あり。：午後零時四十分延安飛行場発。午後一時二十分西安着、市革命委員会副主任李広任氏等に迎えられ、人民大厦に投宿、休憩の後、蔣介石が昭和十一年末（十二月十二日早朝）張学良の軍隊のため捕らえられた旧跡華清池を訪ねる。昔、楊貴妃にもまつわる有名な温泉地である。二回入浴して疲労を休めた」

遠藤ら一行はこうしてそれぞれの訪問先で、各地区の革命委員会の責任者に出迎えられている。これは勿論、中国政府（周恩来）の配慮によるものだったろう。北京から空路で延安に向かうコースでは、航空機の窓から雄大な黄土高原の絶景を眼下にみることができたであろう。延安はその雄大な丘陵のつらなる辺境地にあり、歴史的には古代からの軍事上の要衝（城市）であった。抗日戦争当時は毛沢東ら紅軍の指導者と将兵らが、山間の洞窟住居で暮らしながら、ここに強力な革命根拠地を建設し、自給自足の生活で抗日持久戦を粘り強く戦ったところであった。

今回の遠藤の旅の目的は、勿論毛沢東ら紅軍の指導者の洞窟住居や当時の抗日戦争資料を展示する延安革命紀念館を見学するためであった。日中戦争の時代、日本軍と最も勇敢に戦い、巧みなゲリラ的遊撃戦術で日本軍を悩まし、最終的に勝利を勝ち取った紅軍（国民革命第八路軍）に元日本の将軍遠藤は脱帽する思いであったろう。勿論延安には、抗日戦争当時の風景がなおそのまま残っていた。その自然で牧歌的な風景は毛沢東、周恩来、朱徳らの洞窟住居や彼らの自給自足的な生活と混じり合い、ここを訪れた遠藤にその苦難の歴史を語りかけたことになろう。

さらに遠藤の旅はまだ先が長かった。延安からは三五〇キロ南西にある西安に向かって高原地帯を移動した。このコースは中国の内戦時代、青年元帥張学良の国民党軍（旧東北軍）と楊虎城の西北軍が蔣介石の命令で、紅軍の息の根をとめるため軍事作戦を展開した地域であった。しかし一九三六年十二月十二日、張学良の部隊が華清池で休息中の蔣介石を襲撃し、彼を逮捕・拘束し、蔣介石を諫めて内戦停止＝抗日戦争に同意させた。これが有名な西安事変で

①

②

③

④

1936年12月12日、
西安事変発生の風景――
①蔣介石が部下の張学良の部隊により寝込みを襲われた華清池。蔣は背後の山に脱出後、捕えられた。
②張学良の同志楊虎城将軍の旧居。（西安市内）
③西安市内の張学良公館。
④張学良公館内の辦公室。西安事変発生後、周恩来、宋美齢らもここに集まり討議の後、国共合作の道が開かれた。1972年 6 月、遠藤はこれら中国革命の旧跡を見学して、その苦難の歴史を学んでいる。（以上の写真は1998年 5 月 1 日、筆者撮影）

ある。今回、遠藤はそのゆかりの場所を見学したのである。西安事変発生直後、東京にいた遠藤はこの事件が張学良によるクーデターだと誤解し、蔣介石の生命はすでにないものと、その日誌にも記入した。しかしここではその思いを払拭できたことになろう。それにしても、この旅行は老齢の遠藤にとっては強行軍であった。道中、疲労した彼は医師の健康診断を受け、治療に心がけながらさらに南京から上海、長沙へとその旅を継続した。その旅の有様をふたたび遠藤の日誌から再現しておこう。

西安から南京へ‥

「六月二十六日、晴。昨日の過労のためか血圧早朝に二〇〇～一一〇、朝食後二一五～一二〇、多数要人の見送りを受け七時四十分西安飛行場発、九時三十分鄭州着、待機しておった医師の診断を受けた所血圧二二〇～一三〇、南京行きの我等の飛行機には他の乗客もおったが、それ等の乗客には了解を得たということで、飛行機を飛行場に待機させたまま…医師の熱心なる治療を受けた。両腕に針を打ち、腰椎に注射し、頭部を按摩する等した結果、午後二時血圧一七〇～一〇〇とほとんど正常になったので二時三十分出発、四時三十分南京飛行場についた。医師の献身的努力には真に頭が下がった。南京飯店投宿後、直ちに女医の診断、血圧一七〇～一〇〇、夜は同市革命委員会副主任劉其章氏の招宴」

③　南京大虐殺の体験者と会見―「許し得ても忘れえず」

長旅の道中、南京に到着した遠藤は疲労の極に達していたものと思われる。それでも彼は翌日の朝から精力的に南京市内の見学をしてその日誌に次のような長文の印象を書き残している。

上海の旧仏租界の博愛女学校跡。
1921年7月、中国共産党第一回全国大会はここで開かれた。

南京アトロシティーズの印象

「六月二十七日、昨夜の雷雨は止んだが時々雨。

午前南京大橋見学。…午後昭和十二年末の日本軍による南京虐殺事件の生き残り二人を宿舎に招いてその証言を聴きかつ現場を視察した。（二人の証人は）語りつつ時々涙して声の聞き取れぬこともあった。我々は直接手を下した訳ではないが、日本軍人の一人として法廷に立たされた様な気持ちであった。『許し得ても忘れえず』ではないか。六月七日香港での共同通信の山田氏の話もうなずける。

六月二十八日、午前驟雨、午後も時々雨。

…午後（日本軍が突入した）雨花台の革命記念碑に献花。

六月二十九日、梅雨模様。

…午後中山陵、孝陵等を訪ね、緑深い紫金山麓をドライブ。

夜宿舎に於て座談会、予が主宰して意見の交換をした。予は次の問題に絞って討論したが、結局中国の実情を正しく（日本）国民に伝え啓蒙の必要があるという結論を得た。

日本が中国を恐れまたは嫌う理由。

一、天皇制資本主義社会は本質的に社会主義革命を恐れる。

二、中国が急速に強大となり、特にその軍事力が大きくなった。

三、己を以て他を律するが故に、かって侵略戦争をやり幾多の罪悪を重ねた日本人は中国も同様我に復讐するであろうと考える」

南京で遠藤は昔の日本軍の野蛮さを反省し、三民主義の理想を掲げた孫文博士の陵墓に参拝し、その結論として以上のような総括に到達した。

④　上海から長沙へ――毛沢東旧居を訪問

翌朝（六月三十日）の六時四十分、いよいよ遠藤の一行は南京駅から揚子江河口にある上海に向け出発した。それは鉄道を利用した約三五〇キロの旅であった。

上海は一九三二年三月第一次上海事変のとき、遠藤が参謀本部の作戦参謀として揚子江に面した七了口に上陸作戦を展開したゆかりの戦場であった。しかし今回はのどかな鉄道の旅で、南京からは車窓から、静かで平和な農村地帯を見ながら目指す上海に到着した。それでも脳裏には当然ながら上海事変のときの戦場の風景が浮かび上がるひとときもあったであろう。

上海では、旧フランス租界にあった錦江飯店に投宿し、到着の夜は、上海市革命委員会副主任王少庸氏の主催する歓迎宴に出席し、翌日に中国共産党の第一回大会の旧跡（フランス租界の博愛女学校）を見学した。この建物は現在も博物館としてその館内が立派にリフォームされ、一九二一年七月の中国共産党の第一回大会の有様が蠟人形で再現されている。

この第一回会議には、中国全国から十三名の共産党代表とコミンテルンからも二人の代表が参加した。会議では湖南省の代表として参加した若き日の毛沢東書記の姿があった。

遠藤がここを見学した日は中国共産党創立の日から丁度五十周年記念日の七月一日で、偶然ながらも感慨無量であった。その夜は有名な上海の雑技を観賞して一息いれ、翌日は北四川路底にある内山書店の旧跡を訪問した。店主の内山完造は独学自習のキリスト教文化人で、魯迅との交流を深め、戦後の護憲運動と日中友好の先駆者でもあった。その上海暮らしは約四十年の長きに及ぶもので、日常自分の目と足で、活字にあらわれない一般の中国人の生活文化を観察し、内山書店にやってくるお客を相手にその話を聞かせようと文化サロンを開いたこともあった。遠藤は今回の旅日誌で「(内山)完造氏の在りし日を偲び魯迅を思う」と記入したのはこうした不屈の文化人内山の業績を評価したからであったろう。この内山完造は第一次上海事変の市街戦の最中、窮地に立った魯迅一家と多くの中国人を救出した人で、上海時代の魯迅の文学活動は内山の協力があって、成り立つものであった。当然ながら遠藤も戦時下の内山と魯迅の国際的な交流と信頼関係を知っていて、この場所を訪問したのであろう。思い返せば、一九三二年春の第一次上海事変のとき、魯迅一家がその一族とともに危険をのがれて内山書店の屋根裏部屋にかくまわれたのは一月二十八日の夜であった。それから約一ケ月半の間(途中、共同租界の内山書店の支店にも移動したが)魯迅は内山完造の命がけの協力で、日本軍の追跡からその身の安全を確保されたのである。このとき遠藤三郎は日本本土から海軍の艦隊を連ねて上海に陸軍の増援部隊を派遣し、三月一日の夜明け前、七了口にその部隊を上陸させた。遠藤が日誌に「完造氏の在りし日を偲び魯迅を思う」と記入したのは、そのときの二人の勇気ある行動と国際的な友情を想像したものであったかもしれない。

上海ではこのような旧跡を見学してから、翌日はいよいよこの旅の最後の締めくくりとなる湖南省に向かい、同省の省都・長沙とその郊外にある毛沢東ゆかりの場所を訪問した。

遠藤の生涯最後の中国旅行の最終地点が毛沢東ゆかりの長沙であったことはいかにも遠藤らしい。なぜなら戦後すでに二十七年、その間、遠藤は五回にわたる訪中で、すっかり毛沢東ら紅軍の指導者を信頼していたからである。それゆえ長沙では到着した午後、まずは青年時代の毛沢東が在学した第一師範学校を見学した。この学校は長沙市内にあり、西洋風のスマートなデザインをした校舎で、若き日の毛沢東が学んだ教室と机、さらにはベッド・ルームと真冬でも身体を鍛錬した井戸、新聞閲覧室などが保存されている。遠藤も当然ながらそれらを見学したものと想像する。しかしその日誌には「毛沢東氏が若い時学びかつ教鞭をとった第一師範学校見学」と記入しているから、卒業後に毛沢東が二年間校長をした第一師範付属の小学校（場所も第一師範に隣接した小学校）を同時に見学したものと思われる。そして翌日には長沙の郊外にある毛沢東の生家を訪問した。

中国の革命家・毛沢東の生家は長沙市から南西に百三十キロ、車で約一時間半ほど離れた韶山にあった。そこは周囲を小高い丘に囲まれた静かな農村地帯で、若き日の毛沢東が父親の野良仕事を手伝いながら中国の古典小説、『三国志』や『水滸伝』などを読みふけった田園風景が広がっていた。

しかも毛沢東の生家は父親が中農でもあったから、屋敷の間取りも広く、ずっしりとした風格を備えていた。遠藤はその生家を訪ね、一代の革命家毛沢東やその兄弟たちを輩出した一族の生活に思いを馳せて感慨を新らたにしたものと思われる。そして遠藤はこの地を去るに際して、「私は毛主席の御長寿と諸先生の御健康と貴国の発展を祈念してお別れの挨拶と致します」とその短いスピーチを締めくくった。このとき、毛沢東はすでにかぞえの八十歳になり、その人生の最晩年を迎えていた。新中国を建国した英雄たちは毛沢東も周恩来もともに余命いくばくもなかったのである。

(3)「軍備亡国」を唱えた元将軍の晩節

「先駆者に花道なし」＝この言葉はかって中国の文豪・魯迅を友とした内山完造が、その存命中、身内の人々に諭した名言であった。そしてこの名言は内山完造の死後、同じく日中友好の道を歩んだ遠藤三郎にも当てはまる。一九七二年、はやくも数えで八十歳を迎えた遠藤の前途はなお多難であった。彼は魯迅の精神を継承した内山と同様、戦後は日中友好の同じ道を前進したが、やはりその晩節に花道はなかったといえよう。それは歴史上、古今東西に別なく、一部の例外を除いて、多くの先駆者が直面する運命でもあった。

①「日中平和友好条約の締結に想う」

しかし歴史は思わぬ方向で新しい展開をみせはじめることになった。それは遠藤にとっても一つの朗報であった。世界の新時代の到来によって、これまで竹のカーテンに覆われていた新中国が国際政治の檜舞台にその姿を現したのである。この変化はまさに晴天の霹靂であった。これまで犬猿の仲にあった米・中関係がにわかに歩み寄りをみせ、七二年の二月二十一日、ついにニクソン米大統領がワシントンから星条旗をはためかせた政府専用機で北京空港に降り立ち、大統領を空港で出迎えた周恩来首相と歴史的な米中友好の握手を交わしたのである。これにより中国の革命政権が「一つの中国」を代表する国家となった。

だが、いかなる理由によるものか、ワシントン政府は事前に同盟国である日本政府に対して米中接近の外交機密を漏らさなかった。それだけに北京に到着したニクソン大統領と毛沢東、周恩来との友好的な会談のニュースは当時の日本国民をアッと驚かせた。アメリカに先を越された。その悔しさは日本の内閣総理大臣田中角栄にもあったはずである。しかし幸いにも、田中は行動型の人でもあったから、自民党内タカ派の反対を押し切り、戦争で途切れた日中間の外交関係を復活するために野党の公明党とも連携して動き出した。やがて公明党の事前の根回しもあり、田中総理がいよいよ北京に到着したのは、ニクソン訪中から遅れること七ケ月、北京空港で周恩来首相らに迎えられ、天安門広場に近い中南海で毛沢東とも会見した。そしてついに九月二十九日に田中・周両総理の共同声明が発せられた。

それにもかかわらず、このときの田中総理と周恩来総理の歴史的会見で懸案となった日中友好平和条約については、それが締結されるまでには、なお六年の長い年月が必要であった。その理由の一つは七六年一月に周恩来が、ついで九月には毛沢東が相次いで逝去した結果と今一つは日本における田中首相の失脚と自民党タカ派の妨害などがあったからである。当然ながら、これら一連の時局の流れについて、埼玉の自宅にいる遠藤は静かに眺めていた。しかも幸いなことに、日本側の一部勢力による妨害がやがて歴史の大きな転化の波に呑み込まれていった。そして一九七八年八月一二日に懸案の日中平和友好条約が福田内閣によって締結されるはこびになった。

日中間のこの外交的な成果を喜ばしく思った遠藤は七八年八月十二日、「敗戦記念日を前に、日中友好平和条約の締結に想う」と題して、次のようなメッセージを発表した。

「第三十三回敗戦記念日が三日後に迫った本十二日日本時間午後八時三分、北京人民大会堂に於て、園田、黄華日中両国外相により待望の日中平和友好条約が調印されました。其の式場には華国鋒主席（毛沢東の後継者）も・鄧小平副主席も立ち会った姿がテレビの画面を彩どって居りました。条約は前文と五ケ条からなる極めて簡潔なものであり、その前文に於ては本条約の目的即ち『世界の平和及び安定に寄与することを希望し、両国間の平和友好関係を強化発展させること』を、第一条（二項）に於て『紛争処理に武力を行使しないこと』を、第二条に於て問題の『反覇権』のことを、そして第四条では『本条約が第三国との関係を拘束しない』旨を唱って居ります。

（これは）一九七二年（昭和四十七年）九月二十九日、田中・周総理の共同声明が基礎に成って居りますが、それから約六年、本条約締結に到る迄の道は必ずしも平坦なものではなかった様です。日本に於ては田中（角栄）総理の失脚、三木総理の退陣、福田総理の優柔不断、ソ連への気兼ね、タカ派や慎重派の妨害等々があり、中国に於ても周総理、毛主席の相次ぐ訃、四人組の騒動等もあり且外交当局の態度も中々激しいものがあった様に聞いて居りました。然るに今回予想以上の短期の交渉で極めてスムーズに妥結した所以のものは歴史の流れも去る（ママ）ことながら、中国側が柔軟な態度を示され且つ園田外相が流石に剣道の達人、礼をつくしながらも単刀直入云うべきことは歯に衣を着せず素直に云った態度が中国側に好感を与えたことも原因の一つとして認めざるを得ないと思います。
そして条約文には日米安保条約の様な軍事同盟的な色彩も臭味も全くないことは誠に悦ばしいことで、私は心から祝福し且つ交渉に当られた方々に深く感謝するものであります」（以下省略）（『8・15』一一五号）。

このメッセージには、遠藤三郎の感慨が込められているが、それでも遠藤は日本の政治家を含め、日本国民の中には、今日でもなおこの条約の締結について釈然としない人々がいることに注目し、その理由には次の三項目があげられると説明した。①尖閣群島の領有権を明確にしなかった不満、②中国の態度柔軟化に対する懸念、③本条約によるソ連の反撃等を蔵していること。しかし遠藤は①に関しては、本条約の交渉再開を聞いたとき、尖閣群島の帰属問題で交渉の難航することを懼れ、福田総理、園田外相をはじめ政官界の知人に「尖閣群島の日中両国共同管理案」を日本側から先に提案すべきことを進言し、且つ言論界にも訴えていた。その結果、一部からの反論があったが、友人の多くからは賛成の手紙が寄せられ、とくに宇都宮徳馬衆議院議員からは「領有権紛争解決策として革命的な発想」(註2)だと激賞されたことがあった（『8・15』一一五号）このような柔軟な発想はいかにも遠藤らしく、尖閣諸島の共同管理を含め今日の日中外交の課題を先取りしていたことになろう。

しかし、戦後の遠藤は開拓農民で日本を代表する政治家であったわけでなく、ましてや自民党政府からは遠藤のこれまでの対中国問題の功績について、いかなる意思表示も感謝の言葉さえもなかった。それでも遠藤は何ら不満を見せなかった。むしろ彼は本条約が一九七八年十月二十三日午前十時三十五分に東京の総理官邸において福田総理と来日した鄧小平副総理同席の下に、園田、黄華日中両国外相の間で「日中平和条約の批准書」が交換され、目出度くその条約が発効したことを喜び、それが日中新時代の開幕になると祝福したのである。

一方、中国政府（来日した・鄧小平副総理ら）は遠藤のこれまでの日中友好・国交回復にかけた努力と功績を忘れてはいなかった。東京では十月二十五日の夕方、福田総理に対する・鄧小平副総理の答礼レセプションが開催された。そのとき、遠藤三郎がその宴に招待されたのである。しかし遠藤は自分から年齢的にもこの辺が引きどきであると自覚したのだろう。彼はそのレセプションに参加する二日前に『8・15』（雑誌）で、これまで自分の運動を支えてくれた同志たちに向かって、次のように挨拶したのである。「歳すでに八十五歳を超え体力も限界に来た私、この辺でバトンをお若い同志に托すことは許されるのではないでしょうか。今日を以て私の閉幕とする所以であります。明後二十五日、・（鄧小平）副総理の招待宴で廖承志、王暁雲、金黎氏ら旧知の方々にもお目にかかると思いますが、再見ではなく、さよなら。ルボアールではなく、アジューを云ってお別れするつもりです。（一九七八・一〇・二三）（「日中新時代の開幕と私の閉幕」『8・15』一一九号）

「老兵はもはや去るのみ」ついに自分が出る時代は終わった。このことを遠藤は宣言した。しかし日中の外交関係が復活し、国交が正常に回復しても、肝心の日本の進路を決める政治課題はなお未解決であった。遠藤の悲願は世界から軍備を全廃することが究極の政治目標であった。そのためにはまだ老骨に鞭を打ちながら、終生言論活動で自分なりの努力をしようと決意を改めたのである。その意味では、尖閣諸島の領有ではなく、その領域の日中共同開発を実現する課題は、まだ実現していない。むしろ尖閣諸島は今や日中両国の高圧電流が通っている導火線になっている。両国の人民が心を広くして、遠藤と宇都宮徳馬が投げかけた中日友好外交のメッセージを今こそ実現すべきと考える。

②　自叙伝『日中十五年戦争と私』＝軍事・軍政史の古典

この時代より、日中国交回復に前後して、晩年の遠藤の言論活動は、一段と精力的になり、年輪を刻むごとに重厚さを増していった感じがする。農作業の合間を見て、すでに彼が自分の生涯を回顧しながら自叙伝を執筆したのも、晩節を迎えた遠藤の最初の重要な言論活動であった。遠藤はこれまでその輝かしい軍人生活から戦後の追放の時代、さらには農民として生計を立てながら護憲平和運動を展開した長い年月にかけて、たゆまずに日誌を書き残していたから、自叙伝を書くにはその日誌が参考資料になった。今日、現存するそれら遠藤の戦中、戦後日誌をひもとけば、随所にアンダーラインが引かれていて、欄外にも重要な箇所に書き込みがある。その作業はいずれも晩年の遠藤が自叙伝を執筆する際に、再読した証拠とみることができよう。

その自叙伝はすでに一九七四年十一月に『日中十五年戦争と私』と題して、東京の日中書林から発行された。その副題は「国賊・赤の将軍」となっている。そのころ、さきに紹介した二六会や偕行社の旧軍人仲間から「国賊・赤の将軍と人はいう」と呼ばれていたので、その呼び名を彼は自叙伝のサブ・タイトルに挿入したのである。しかしこの自叙伝は通俗的な書物ではなく、自分が体験した日本帝国陸軍の生活とその組織、さらには戦争とはなんだったのかについて、実証的に自らの生涯を回想した貴重な作品であった。さらにこの自叙伝には軍人生活だけでなく、戦後の農民生活と平和運動への転進の足跡が克明に記録されている。その意味においては、遠藤の元上司や旧軍人仲間が戦後に執筆したいわゆる戦争体験記や戦後の獄中生活を記録した幽閉文学とはいささか趣が違っていた。

今、ここでその内容を詳説するゆとりはないが、遠藤の自叙伝には、戦時中の彼がエリートの高級参謀として、あるいは指揮官として、どのように戦争を指導したのか、その勇ましさだけでなく、自分が最初から戦争嫌いであった一面を浮きぼりにさせている。一例を挙げれば、遠藤は幼少のころから、親思いのこころやさしい少年であったこと、さらに彼が軍人の道を志望したのも、実をいえば、両親に金銭的な負担をかけないで済む学校として、授業料無料の陸軍幼年学校があったから、偶然、その学校に入学し、軍人の道を選んだ、と告白している。これは彼が最初から、立身出世をめざして陸軍幼年学校や士官学校に進学した他のエリートの軍人仲間とは違っていたことの説明であろう。それだから遠藤の発想には、常に硬直化した陸軍の組織ではありえない柔軟な思考があり、昭和六年の満洲事変がはじまる前から、すでに世界の軍備を零にする画期的な軍縮案を上司に提出することもできたのである。

それでも一旦、戦争となれば、彼もやはり軍人であった。人の意識はその存在によって規定されるといわれるが、彼もまた日本陸軍という組織の命じるままに勇ましく軍人として立ち働いた。その一方で、彼はいかに戦争とはいえ、

明治、大正、昭和の三代にわたり70年近く書きつづけられてきた「遠藤日記」は、戦後、歴史家の間で、未公開の貴重な資料として注目されてきた。殊に満州事変の前後から敗戦前後まで、軍政と実戦の要路に生きた一軍人の記録は、まさに秘録の名にふさわしい。
本書は老将軍が秘蔵の日記を駆使しつつ、非武装永久平和への悲願をこめて、赤裸々にその半生を綴った痛恨と祈りの書であり、次代への遺書と呼ぶに値する。
五味川 純平

次代の若人に遺す生きた昭和史
全国学校図書館協議会選定図書
発行・日中書林
発売・郵趣サービス社
0031-0183-6038

遠藤三郎
次代の若人に遺す生きた昭和史
日中書林

遠藤の自伝『日中十五年戦争と私』に寄せられた五味川純平の推選文。

人殺しは好むところではなかった。だから彼は一九三九年のノモンハン事件の最終段階で、すでに無謀な対ソ作戦の継続に反対した。そしてアジア太平洋戦争の末期には、無数の犠牲者を出したサイパン島陥落を契機に、この戦争を終結させる方向へ傾斜したとみることができよう。さらに今一つ、遠藤の生涯の特色は彼の戦後の生き方にその独自性があった。通常、組織依存型の人間なら、その組織が崩壊すると青菜に塩というべきか、自分の依るべき基盤を失い意気消沈する人が多い。この面でも、遠藤は自主独立型の人間であったから、そうはならなかった。彼は毎日、埼玉の開墾地で額に汗して土地を耕しながら独自に生計を維持しつつ、自主独立の人間として、自由な立場で平和運動を貫徹したのである。

しかし興味深い問題は、その重厚な自叙伝を詳細に紐解くと、彼もやはり時代の児であったことがわかる。なぜなら、その自叙伝の随所に、遠藤らしい尊王論が顔を覗かせているからである。ただし遠藤の尊王意識は決して野心的でもなく、不純なものでもなく、あくまで純粋であり、勇ましい高級軍人がよく口先で尊王をとなえるタイプとは異なっていた。つまりその意識の根底にはヒューマニズムがあり、その精神から天皇を担ぎ出して大戦争をはじめた狂信的な軍人と軍隊という怪物を批判したのである。

あの世界戦争を体験し、指導した元将軍が戦後、自分が所属した大本営の戦争指導の欠陥を指摘しただけでなく、軍隊そのものが怪物であると結論付けたことは特筆に価する。つまり遠藤はあの満洲事変以来、十五年にわたる大戦争を継続し、中国などアジア諸国を侵略し、最終的に祖国を廃墟に導いた日本の軍隊とは一体何だったのか？ について勇気を奮って問題を深く掘りさげた。そして自叙伝の第五章（V）で軍人・軍隊とはなにか？ の問題を提起し、次のような項目をあげて軍隊と軍人の危険な特質を指摘した。

その項目を列記すると、まずは「軍人の特質」（通有性）として

（1）人命の軽視（残虐性）（2）名誉心（功名心）の過剰（3）好戦性（4）軍人の赤嫌い（5）軍人の単純・頑固・狂信・猪突猛進性（6）軍人のエリート意識の過剰さ。

そして「軍隊の特質」としては

（1）軍隊の膨張（貪欲）性―軍縮の困難性（2）軍隊の残虐性（3）軍隊の閉鎖（秘密）性（4）軍隊と死の商人との密着性（産軍の複合）を指摘した。(註3)

このような指摘はいずれも遠藤が四十年にもわたる軍人生活で見聞した総括でもあった。その論理には、説得力があり、戦争指導者が身を以て体験したすぐれた軍事・軍政史という評価も可能であろう。しかもその総括の根底には「軍備亡国」の主張があった。

やがてこの自叙伝が刊行されると、心ある読書人から大いに歓迎された。その発売部数はベストセラーとはいえないにしても、八千部を完売した（遠藤の回想テープ）。この数字はまじめな良質の伝記としては、まずまずの売れ行きであったとみられよう。

当然のことながら、遠藤の周辺の人々から著作出版記念会を開催したい、という声がもりあがり、五十三人の発起人が呼びかけ人となった。その発起人には飛鳥田一雄（横浜市長）、内山嘉吉（内山完造の弟で東京内山書店主）、片山哲

（元総理）、田畑忍（元同志社大学長）、丸木位里・俊夫妻（画人）、中野好夫（元東大教授）ら各界の著名人の名前があった。やがてその祝賀会は自叙伝が刊行された年の十二月（旧臘）四日午後六時から、東京新宿ステーションビルのレインボーホールで開催された。当日お祝いに参集した人数は百八十人で、会場は熱気につつまれた。

開会の挨拶は戦記作家として有名な五味川純平のスピーチではじまり、五味川は遠藤の新著『日中十五年戦争と私』が昭和の軍政史に「新しい照明」を与える質量ともに備えた文献であると賞賛した。（『日中』一九七五年二月号、二六ページ）

この会の参加者の主な顔ぶれを見ると、その職業や階層は幅広く、勝間田清一（日本社会党元委員長、憲法擁護国民連合代表委員）や白石凡（日中文化交流協会常任理事）、市川誠（総評議長）らのほか、千田是也（演出家）、石垣綾子（評論家）や学界では星野安三郎（憲法学者）らがいて、それぞれ演壇に立って祝辞を述べ、中国大使館からも外交官として肖向前、周斌の両氏が出席した。

会場では一通りのスピーチが続いてから、遠藤が演壇にのぼり参加者に感謝の気持ちを述べ、さらに次のようなユーモアまじりの挨拶を行った。このスピーチは晩年の遠藤のポートレートとしても興味深い。彼はすでに好々爺で、はにかみの表情をみせながら、このように語りかけた。

「えー、私は今日から四週間で、ちょうど八十二歳になります。近来老化現象がはなはだひどくなりまして、ことに今年の夏の初め頃から、いつも慣れておる金欠病じゃなしに貧血にかかってしまった。それからというものは、ほんとうに一日一日血液が足りなくなりまして、困ってしまったわけなんです。つい先ごろ、四歳になったばかりの私のヒイ孫です、ヒコの娘が突然私に『おじいちゃん、鏡をみたらどう』ちゅうんです。なにを言うのかしら、と思って『なぜか？』と言うたところが、『いいから鏡を見たらどうか』こう言うもんで、何か顔についているのかと思いましてうしろの鏡に向かったところが『ブチ猫のようだ』と言うんですね。—パンダのようだとは言いませんでしたけれども—なるほど最近、老耄性の斑点がひじょうに増えました。もうこれは老耄の証拠でございます。えー、幸い懇意にしております—今日見えてるはずでございますが、—近くの入間川病院の風間医師が輸血したり注射したり、一所懸命で私の体を大事にしてるもんですから、なんとか命はつないでおりますけれども、もう先のないことはわかります。

こういうわけでございますから、先般誠に粗末な、私の恥さらしのような記録を公に致しましたことは、私にとっては、やはりシャバに置き土産ができたような気持ちでおります。まあ、まことにまずい本でございまするけれども、私が小学校を卒業するまでの十数年を除きまして前過半生の四十年間は軍人として、あとの後半約三十年間は開墾百姓としてずいぶん肉体を酷使致しまして、もう先がないのでございまするから、あれはほんとうにシャバに対する置き土産のような気持ちがいたします。……

それだけじゃなしに、本日みなさまから、あたたかく祝福していただきまして、そうしていろいろとお褒めの言葉も頂戴いたしました。この記録は、—また叱られるかもしれませんが—あの世へのおみやげに—置き土産じゃないですよ。みやげとして胸をはって大手を振って閻魔さまの所に行けると喜んでおります。どうもありがとうございました。（拍手）」（『日中』一九七五年二月号、二九ページ）

ここで遠藤はその自叙伝がシャバに対する置き土産であり、さらにあの世での閻魔さまに対する手土産でもあるとユーモラスに語っているが、はたしてあの世で閻魔さまはどのような反応をしめされたものか、それは誰にもわからないが、少なくとも地上の我々にとっては、貴重で古典的な軍事・軍政史の置き土産であったことは間違いない。また遠藤の我々に対する置き土産はこれだけではなかった。

以下、いよいよ本書の結論として、晩年の遠藤の純粋にして不屈なメッセージを選び出してみよう。それは一九七九年四月に遠藤家を訪問した旧軍人たちと交わしたとても興味深い対談記である。

(4) 幻の対談＝生前に公開されなかった伝言

晩年、埼玉県狭山市の遠藤の邸宅には、旧軍人仲間をはじめ多くの客人が押しかけてきた。その客人のなかには、遠藤の「軍備亡国」論に反対して、あくまでも「軍備強国」論に固執する論客も混じっていた。かれらは手ぐすねを引いて、ときには集団で遠藤の自宅にあがりこみ、論争を挑みかけてくることもあった。これに対して、遠藤は快く応対し、常に胸襟をひらいて自説を展開した。それらの談話記録は、ときにテープに録音され、活字になることもあったが、旧軍人仲間でも偕行社の仲間との対談はなにゆえか、反対者の横槍がはいり、対談筆記がお蔵入りとなり、陽の目をみないものもあった。ここに紹介する「将軍は語る　遠藤三郎対談記」と題するテープ速記録も偕行社のメンバーが公表することを拒否した幻の草稿のひとつである。(註4)

#　幻の草稿「将軍は語る　遠藤三郎対談記」(未公刊の速記録より)

この幻の対談は一九七九(昭和五十四)年四月二十五日に狭山市の遠藤の自宅で行われた。その日、遠藤は客人を迎えて「(自分は)被告席に坐ったもの」と語っているが、その被告席から堂々と偕行社のメンバーをやりこめた。その対談は長時間にわたるもので、すべてをここに再現するスペースはないが、内容は前半が遠藤の変身の時期の問題から、軍備と国防、満洲事変の回想となり、さらに中盤では終戦のプロセス、軍隊の本質論となり、最後に軍備亡国か用兵亡国かを巡って客人と論争が展開されている。ここでは、その内の重要な部分の発言を抽出して、晩年の遠藤が後世のひとびとに残した置き土産としておこう。インタビュアーは偕行社のメンバーの高橋と加登川両氏で、それに対する回答者は遠藤一人である。インタビュアーは二人三脚で遠藤を理論的にねじ伏せようとしたが、遠藤は論争の相手が付け入る隙間を与えず、正面から自説を展開した。

変身の時期について

まずインタビューは、「近頃、『偕行』(同社の機関紙)には、私(遠藤)の記事が出なくなった」、「どうしてだ」、(今村(均)さんが会長のときから出ていない)「今村さんは俺の直接の上官でもあったけれども、あの人は…私の話を聞いてくれない人だった」など、ごく親しい元軍人仲間同士の雑談からはじまり、ついで戦後の遠藤の変身、つまり思想的な転向の問題が次のようにクローズ・アップされた。

インタビュアー＝加登川いわく「私はあなたが軍人時代の、いわゆる『エリート中のエリート』であることを知っている。エリートの所以も、またあとで、読者の方には、閣下を知っている者と、知っていないものがいるから、それは適当に文中に入れさせてもらいますがね。私なんかの年かっこう(恰好)の者からすると、閣下が今いってお られることはよくわかります。閣下にはそういうご意見もあるだろうという程度には。以前にも知っておるわけですからね。それでね、それがいかなる瞬間にそういうふうに変わったのかと、興味があるわけです。この貴君の『日中十五年戦争史』を引用させてもらうと、あなたは本当に戦争を勝ち抜くために苦労する職にいて、そして思いがけずではない、閣下から考えても、われわれから考えても、来るべきものが来た、という敗戦にぶつかって、そのときに敗戦の詔勅を伺って、軍備亡国ということを考えた、とこの本のはしがきに書いておられる。そしてすぐに、この訳は間違いなければ、(一九四五年)八月二十三日に、天下に発表しておられる。あなたは、その文章を読んだ者が何人おるか、と書いておられるけれども、八月二十三日といったらマッカーサーが日本に来る前ですよね。

あなたは八月十五日の終戦のご詔勅を拝して冷静にかえったときに、私の頭に浮かんできたものは、といって今につながる方針を打って出されとるわけですよね」

遠藤「それはちょっと違うんだ。それ以前があるんだ」

加登川「私はあなたの本を読んでるんですよ。『終戦の詔勅を拝して冷静にかえったとき、私の頭に浮かんできたものは、戦争は最大の罪悪である。軍隊は危険な存在である。真の武というものは、形になくて、心にあるんで、威武に屈せず富貴に淫せざるものが…』というふうなことを書いておられる。この本はあとで書かれた文章なんでしょうけれども、遺言という形でこうなきゃならんぞ、といってそれを主要なる新聞に投稿したのが八月二十三日である、と書いてある。

世の中に変身という言葉があり、インスピレーションというか、翻然として悟るという言葉があるけれどもね、これはいったいどういう因縁ですか、この突然の変身は」


＃　自信のもてない作戦計画「軍備で国防できるか」

遠藤「軍備で国が守れるかと私が考えだしたのには、ずっと先きがあるんです。それはね、私は大正十二年から参謀本部にいて、作戦計画を担当させられたわけです。直接、私の責任で立案したのは、大正十四年にやったやつで、大正十五年度の作戦計画。これは私もう本当に心血を注いで作戦計画を書いたんだ。しかし研究すれば研究するほど自信がなくなった。

本当に自信がないけれども、上奏の日時は決まっておるからな、とにかくつじつま合せて順序を経て、上奏御裁可を仰いだけれども、とっても自信が無いもんだから、私はもうその大正十五年度の有効期間に戦争のないように本当に、神仏にお祈りしておったんだ。

しかし、そうだからといってどうしていいかということがわからない。青年将校だから。だけどその時から、『日本というものは軍備で国防できるか』という疑問だけはもったわけだ。私は大正十五年から昭和四年の終わりまでフランスに留学させてもらった」

インタビュアー＝高橋いわく「閣下、その作戦課（参謀本部）で作戦計画を書かれた時に、自信がなくなったということ、それをもっと詳しく」

遠藤「何ぼ研究したってね、戦史を研究したって、日本は国内で守ることないもの。皆出ってってやらにゃいかん。出てってみたところで船舶がどうなるのか。資源がどうなるのか。それから相手が途方もなく大きな国でしょう。どこまでいったら戦さに勝てるのかと。幸い日露戦争はね、向こうがもう革命（レーニンの社会主義革命）が起こり、そんな国内情勢もあってアメリカもやめることに力を貸してくれたから、まあ戦さは負けずに、勝ち戦さで終わったものの、奉天戦で力つきてるんですな。日清戦争の時だって、あれはいつまでもやられた日にゃ困るんだけれども、幸い向こうはゴタゴタして混乱してるとこなものだから、あんなに早く向こうが降参したけれども、こりゃ長く続いた日にゃ、どこまでいったら漢民族を降参させられるか。ということを考えるとね。それからアメリカと戦さしてフイリッピンを取ることは可能だけれども、フイリッピンとグアムを取ってみたところでいつ終わるかと。終わる目途ないもんね。そしてあの当時の不景気なことご存知でしょう。私は東北の農村に生まれたから、いかに生活に困っているかということが私にはわかっているんですよ。そして軍縮している時だもんな。それなのに作戦課で河辺（虎四郎）さんが作られた前の年度の大正十四年度の計画が（もし残っておったら見ていただけばいいんですが）一国ずつの作戦計画が別なんだもの。だから軍隊を重複して使っているんだ。師団なんかの大事なやつをね。そりゃフイリッピンにやった軍隊がね、対米作戦がフイリッピンだけで終われば結構だけど。終わらんうちにアメリカと戦さして日本が困っているから今のうちにやってやれと、ソビエトが満洲に入って来たらどうなるか。フイリッピンにやってしまった軍隊を満洲にやるわけにもいかんし、またソビエトのほうと先に戦さしちゃって、満洲で戦さしたやつをだな、アメリカとおかしくなったからとてフイリッピンに持ってくるわけにいきゃせん。装備も違うし、訓練も違うんですものね。中国も同じだ。もう奥深くやっちゃったやつを、そりゃ満洲にまでは、どうにかこうにか理屈をつけてやれるにしても、フイリッピンに持ってくることできやせんもん……。

仮想敵国が三つなのに一国作戦ずつこしらえておって、そして三国と戦さするときは、これを準用する、となっている。そりゃもうできもしないことやってる」

加登川「それは前任の河辺さんだけでなくて、前からずっとそうなんでしょう。前年度案を踏襲して…」

遠藤「踏襲したほうが楽なんだよな」（以下省略）

＃　軍備と国防＝（部分的軍縮は抜け穴だらけ、この項目で遠藤は一人舞台となり、大いに発言した―筆者）

遠藤「フランスに留学させられて向こうに行って、俺が本当にありがたいことを習ったと思ったのが、クーデンホーフ・カレルギーの世界連邦の汎ヨーロッパ思想、つまり、独立国家がみんな独立の軍隊を持って、いがみあっていたら、必ずこれは滅亡する。共倒れだ。だから、主権の一部分をお互いに譲り合って連邦組織にしなくちゃいかんという思想です。

私は非常にそいつに共鳴した。なるほど、そりゃいいや、日本だって徳川時代までは、何百という藩があって、みんな独立の軍隊をもって、それで喧嘩しておった。それを各藩に軍隊を持たせないようにして、中央に集めてうまくいったじゃないか。なるほど、これは連邦組織というのはいいなあ、と思って、それから連邦のことをうんと研究してすぐ中央にも報告したんだよ。しかし、だれもそんなものに共鳴する者なかったよ。

その次に感じたのは昭和二年のジュネーブ海軍軍縮会議に、海軍は俺のようなへっぽこを名指しして、遠藤出してくれというから、陸軍からは、杉山元さんと、川村恭輔要塞課長と私と三人で行ったんだよ。

ところが、偉い連中がたくさん来ているけれど、なるほど、みんなもう我利我利を平気でいうな、と思って恥しいぐらいだった。どうしてあんなに我利我利をいうのかなあ、と思い、世界的に有名な外交官や軍人が来ておって、もう少し公平なことをいえんのか、と思ったが、本当にひどいんだよ。しかしとにかくあのやつ（軍縮会議）を一月半すったもんだやっておったけどね、成り立たない。

私が陸軍大学校の学生でおったとき、ワシントンの軍縮会議があったわけなんだな。あのときの経過は、非常な関心を持って見ておったわけだ。

あれは主力艦だけはできたでしょう。押しつけられちゃったけれども。しかし、主力艦を制限すると、制限されない補助艦にどんどん、どんどん力入れて、いっこうに軍縮にならないのです。だから、私そこで考えておったのは、やはり部分的の軍縮というやつは価値がないなと。抜け穴があるから。

それから今度、ジュネーブで私の行った会議を見ると、フランスやイタリアは、もう初めから来やせんのだ。ワシントンの会議で怒っちゃったんだ。人をばかにしている。独立国家に勤務評定のような5・5・3・1、1・75、そんなこと（制限のこと）つけるのはけしからんじゃないか。そんなもん出やせん、というわけで英米日の三国だけでやったんです。その結果、これはむずかしい。各独立国家にそんな比率をつけるなんていうことはできるもんじゃない、とその時から私わかったな」

（この発言から、いよいよ遠藤の得意とする本論に入る）

＃　平等逓減方式を提案：世界の軍備零が目標

遠藤「それから（私は）またもとの古巣の参謀本部作戦課に戻ったわけなんだ。（一九三一年）たまたま国際連盟に入っている五十数ヵ国が全部で全般の軍縮をやろうじゃないか、ということになった。部分的にじゃなしに、全般の軍縮会議やろうじゃないかと。日本も表向き欣然これに参加することになったわけなんだ。遠藤のやつ、この前軍縮会議に行っているし、幸い、作戦課で国防のことをやっているんだから、あれをその準備委員にせい、というわけで準備委員にされちゃった。

それで、私も真剣にね、準備委員として前の体験を生かしていいだしたのは、『平等逓減方式』というやつなんだ。つまりね、軍縮やろうというんだから、みんな正直になってもらわにゃいかん。各国が机の上に、自分の保有してる兵力を各カテゴリーごとに出す。たとえば、飛行機なら飛行機、軍艦なら軍艦、大砲なら大砲、というようにカテゴリーごとにそこに出す。そして、それをあけてみてだな、最初は軍縮なんかしやせんのだ。そのうち一番たくさん持っているものを、どこの国も権利としてそれだけ持っていいけれど、それより上はけっして作らない。それを約束するわけだ。

たとえば、軍艦はあの当時、イギリスがやっぱり一番多かった三百万トンぐらいあったかもしらん。三百万トンは天井にして、どこの国も権利としては、三百万トンまで作っていいけれども、それ以上はどこの国も作らんぞと。飛行機はフランスがやっぱり一番多かった（以下、省略）」

（この軍縮案は単なる軍縮でなく世界中のあらゆる国が今、保有する軍備を上限とし、それ以上の軍備［兵器］を生産しない。そうすれば、毎年保有数が自動的に縮少され、数十年後には世界の軍備がゼロになるという方式であった。）

以上は、遠藤が後年の軍備亡国論の背景、つまりその思想形成過程として、自ら作成した大正十五年の参謀本部の作戦計画と自分が参加したジュネーブ軍縮会議を題材に、自分の思想的変身が一夜にして突然に起こったものではないと反論する根拠にしたものであった。インタビュアーは冒頭で、遠藤の変身が一夜にして発生したもので、その理論的根拠の浅さを暴露してやろうと意図したものか、「突然の変身」ではないか、と切り込んできたが、瞬時に遠藤からあっさりと身を躱されたことになろう。しかもこれからの論争はいよいよ満洲事変から、錦州爆撃、さらには熱河省作戦、ノモンハン事件などへと展開される。しかし、この辺りは、すでに本論で紹介した箇所と重複するから割愛しよう。ただひとつ特筆すべきは、関東軍が北満を制圧したところで、インタビュアーが「あなたは、満洲国建国論者だ」と一撃を加えてきたところ、遠藤はすかさず自分が「満洲国建国論者」でも、その国を「世界連邦の一つのコブにしようと思った」と答えている。当時、関東軍は「満洲国」を王道楽土とか、五族協和の美名でカモフラージュしていたが、純粋な遠藤は将来「満洲国」を「軍備のない世界連邦の一翼にしたい」と個人的に考えていたことが興味深い。

これ以後、双方の論争はアジア太平洋戦争をめぐって、遠藤が果たした役割と彼の苦渋に満ちた選択、さらには上層部から煙たがられて左遷される場面など、軍上層部の人事問題にまで拡大する。だが陸軍の人事や更迭問題、さらには航空重視の遠藤の建策などは本論で記述の通りであるから、ここでは一括して省略する。このときも、二人のインタビュアーは遠藤を窮地に追い込めようと、盛んに人事問題を持ち出し、遠藤が左遷される原因を追跡しようとしている。これに対して遠藤は東條英機とは対立したこと、さらに杉山元からは南方作戦の最中に「お前は飼い殺し」の身分になった、と冷ややかに宣告されたことなど左遷問題を正直に語っている。

しかし遠藤にとっては、アジア太平洋戦争の苦しい体験はやはり、晩年その「軍備亡国論」を理論的に強化し、それにいっそうの自信を深める体験でもあったことになる。これに対し、インタビュアーからの質問はあの戦争に我々が敗北したのは、戦争指導のあり方、つまり軍上層部の用兵に問題があったという見地から、遠藤の軍備亡国論に理論的な一撃を加えてきた。

ここで論争の焦点は、「軍備亡国」か、「用兵亡国」か、この問題を巡って、激しいながらもしかも興味深い激論が交わされることになる。これについて、遠藤はどのように反論したのか、これこそ今日的な問題で遠藤が後世の日本人に残してくれた大切なメッセージであろう。

以下、この問題を巡る論争を双方の対談記録から再現しよう。

軍備亡国か、用兵亡国か？＝今日的な論争の締めくくり

このテーマを巡る双方の論争は軍隊の本質論から、今日の自衛隊問題、さらには戦後、日本の仮想敵・ソ連の侵略という捏造された危機感へとひろがり、最終的には「敵がだれなのか」が論じられる。また遠藤が創価学会や天理教、大本教から幹部にするから入れと誘われたエピソードなどはとても興味深い。

まずこの席で論争相手の「用兵亡国論」に対して、遠藤はどのように反論したのか？　最初にインタビュアーである加登川氏の問題提起からはじめよう。

加登川いわく「閣下は昭和十四年九月に関東軍参謀副長に行くまでというものは、だいたいは統帥用兵の府（参謀本部のこと）にいたわけですよね。このときにはじき出されてからあとは、あなたは日本の戦争指導とか、あるいは作戦指導という面には、罪のない人になっておる。そして戦後は一貫して軍備亡国問題を主張しておられる。お庭先きには『軍備亡国の碑』もできましたね」

遠藤「しかしこれは俺の独断だと思ったらそうじゃないよ、老子が『兵かたければ、国かならず亡ぶ』と俺より二

千年以上も前にいうているじゃないか」

加登川「そこでね、あなたは平和主義者ということになっている。だが、われわれが経験した歴史に関する限り、軍備亡国なのか、用兵亡国であったのかという疑問があるんですがね」

遠藤「軍隊が正しければ、軍備亡国は間違いだよ。正しい軍隊ならいいんですよ。しかし軍人の本質といったら、けんかしなくちゃおれないんだな。自分の持っている兵器、それから自分が訓練した技倆。演習だけでやめろといってもだめでね。積めば積むほど、それを実行したくなるのがわれわれの本質じゃないかな」

加登川「これはあなたがいいたくてしょうがないところだろうから大いにいって下さい」

遠藤「あの千葉の坊主が飼っとった虎が逃げたな。あの時ね、どうせならした虎だから帰ってきますから、ほっといてほしい、というのがあの坊主の言い分だったんです。ところが、猟友会の連中はせっかく射撃を訓練し、いい鉄砲持っているのに、兎や雉を撃っておったっておもしろくないんだよ。ああいう虎を撃ってみたい気持ち（が）あるもんだから、もう寺のそばに来たやつを五メートルのところで撃っちゃったんだな。その気持ちはね、私はわかるんです。やっぱり訓練をし、それからいい兵器を持っていると、実際使ってみたくなるんですよ」

加登川「ただね、それがご意見だと思うけれども、私たちは兵を使うという立場にはいなかったんですよね。軍人でも、そんなことやったことがない。あなたは兵を使える立場にいた人なんだ、実際の話は。ですから兵というのは持っていたら使いたくなるもんだというけれど、持ってる兵を使える人というのは、きわめて限られた人ですよ。その辺のハンターが鉄砲持って撃ったという話とは違う。そういう立場からすると、私は軍備亡国でなくて、用兵亡国じゃないかと思う。あなたは用兵家のエリートとして、兵を使える立場にいた。それなのにそういうふうに思われるんですか。兵を使うなんていうことは、大部分の軍人に関係のないことなんですよね。軍隊は力を使いたくなるものだという理屈は納得しかねますね」
遠藤「その用兵はね、日本の元の（本来の）軍隊ならば、天皇陛下の命令がなくちゃできない。だから幕僚が天皇陛下をカサにしてやる。用兵の道に野心家がおりゃ、どんな用兵するかわからんから非常に危険なんだ。現在ならば総理大臣が最高統帥者だ。防衛庁長官もおるけれども、そして文民優位だといって文官側がいばっておるけれども、これも制服組（自衛隊の上層幹部）に力が湧いてくるとじっとしてられなくなる。それを無理に抑えると、クーデターをやる。だからやっぱりこれは、軍隊は危険なものと今でも思う」

加登川「私なんかも軍隊に悪い面があるということはわからんではない。だが天皇制の時期に、天皇さんが権力を持っている時に、天皇さんが用兵の誤りというものを犯す、俺は戦争するぞという天皇さんは、少なくとも知ってる天皇さんには、いないですよね。これからあと内閣総理大臣がなにを考えてるか別としてですね。そうするとわれわれが知ってる範囲の歴史の帰結というものは、やはり軍人用兵家の誤りであったんであって、軍備そのものが悪いんじゃなかったんじゃないかという気がするんですが、どうですか」
遠藤「用兵をやる者は軍人だな。それは軍隊の一部分だよ。だから私はそれを含めて『軍備』という語を使っているんだけれど」

＃　自衛隊に反対か（国土建設部隊をめざそう）
高橋「最後に質問が一つあるんですが、今の自衛隊も閣下は反対ですか」
遠藤「自衛隊の任務が反対だ。直接侵略に対する防衛任務が反対。そうでなくて、治安維持のために、警察力が足らん時、それを補うとか、ことに災害救助、これは国民が待ってますよ。災害救助。しかし災害救助の任務につくならな、その前に災害が起こる前に建設してもらいたい。災害にビクともせんような国土建設部隊になって欲しい。その任務をやるなら自衛隊様々だよ」
高橋「そうすると、今の飛行機や大砲はもう要らない」
遠藤「要らない。しかし連絡用の飛行機位は要るよ。それから輸送用の飛行機も要るよ。しかし戦闘機は要らんよ。一機何十億円もするような、あんな飛行機は要らんよ」

もしも敵が攻めて来たら＝沖縄戦の先例に学べ

高橋「そうしますとね、非常に素朴な質問ですけど、もしどこか敵が攻めて来た時はどうするんですか」
遠藤「それはお客さんにして見せてやる。武力抵抗せんと」
高橋「どうぞ自由にして下さい、と……」
遠藤「どうぞ、日本の本当の姿を見て下さい。武力抵抗は絶対いたしません。こっちが武力抵抗せんけりゃね、向こうも武力で乱暴できゃせんよ。武力抵抗するからこそ、ソンミ事件（ベトナム戦争で米兵がソンミ村で住民を大虐殺した事件）もあるし、こっちのあの沖縄、沖縄戦のね、この頃あんまりいいたがらんけれども、沖縄県民がどんなに、あそこに行った日本軍に虐待されたか。ことに嘉手納の沖に島があるね。沖縄本島からちょっと向こう側に、アメリカが一番先に上陸した所だ。あそこの守備隊長は大尉だよ。だいぶ（その島の一般）住民を殺している。軍の状況をいわれると悪いから。それから沖縄のマブニ（摩文仁）附近あたりの洞窟でね。住民が中に赤ん坊なんか抱いて入っていくと、赤ん坊泣くでしょう。アメリカの兵隊に、ここに日本人がおるということがわかると大変だから、殺しちゃえと、赤ん坊殺さしているんだ。そういうことはあんまり表にせんけれど、私その様子をみんな聞いて来た」（これは遠藤が二回沖縄を訪問しときに、取材した話・筆者）

これはよく巷でいわれる質問だが「もしもどこか敵が日本に攻めてきたら」「どうするのだ」という問題提起で、いまでも戦争肯定論者が一般に好んで用いるいわゆる武装「戸締り論」と連動する。しかし遠藤はそれに屈しなかった。上陸してきた敵と戦えばさらに悲劇が大きくなる。沖縄の戦いをみなさい。何も罪のない赤ん坊までが殺された、「だから武力抵抗は要らない」、これが遠藤の回答だった。しかし武力抵抗を過信する戦争論者はなおあきらめ切れず、遠藤にしつこく逆襲してきた。今度は例の赤の恐怖をふりかざして「ソ連がせめて来たら、どうするんだ」と詰め寄った。これに対しても遠藤は見事に反論した。以下はソ連の恐怖についての論争である。これは仮想敵をやたらに作りたがる日本人にとっては、きわめて今日的な教訓であるから、再び全文を引用する。

かみ合わない意識

インタビュアーの高橋氏は二の矢をついで遠藤に次のように質問した。

高橋「…今のような閣下のお考えですとね、ソ連が戦後、戦前から含めてですけれども、欧州、アジアに対して勢力を伸ばして来ている。その場合に、ソ連に入ってこられた国が、やはり自由とか、そのようなものを見れば非常に制限されている。それははっきりしていると思うんですね」

遠藤「困ってるよ。しかも（ソ連が）兵をアフガニスタンに出すなんて。これは許し得ないことですよ」

高橋「そうですよね。ところがそれは、日本の場合、ソ連が入って来ても、もうともかくわれわれ『どうぞ煮ても、焼いてもご自由にして下さい』ということなんでしょうか」

遠藤「『煮ても、焼いても』じゃないんだ。『不合理なことには服従しません』ということ」

高橋「服従させられますね」

遠藤「抵抗するよ」

高橋「剣と？」

遠藤「いやいや剣じゃなしに」

高橋「いやいや、ソ連はね、ソ連の今までの歴史から見れば、こちらが不服従したら、剣で服従させられるでしょう」

遠藤「それがね、世の中が変わった。現在イランで騒動があったり、アフガニスタンの騒動があったり、中国のバカ野郎共も、ベトナムに鄧小平が処罰するの制裁を加えるのなんて。これは間違ってますよ。そういう現実はあるけれどもね。現実は形の上だけじゃない。

　この頃、現実として非常な変化があるんですよ。これはおわかりでしょうけれども、どんな小さな国でも、またどんな人間でも、いわゆる人権に目覚めたというかな、権力者の支配には『ハイ、ハイ』って聞かないという、どんな小さな国だって、大国が軍隊を持って来たところで、決してそいつに『ハイ、ハイ』というて聞いておらんです。何らかの形で抵抗する。武力で抵抗すれば無茶苦茶やられる。しかし心の抵抗ならば、これはどうにもできない。それから小さな国が、昔のようにすぐ植民地になるかというと、なりゃせんのだよ。それは、だからトリック使って、自分のいうこと聞くような政権を作って聞かしておるんだ。その政権が権力を持ってるときは何とかいくけれども、それに反対する国民は、ゲリラやって反対している。それはどうにもならない。

　そしてソビエトがね、こんないやなことをしやがるけれども、目に余ることをしやがるけれども、一歩退がってわれわれが武力を持って彼を攻め得るかどうかという問題だ。武力をこっちが増強すれば、向こうも増強するという際限ない武力拡張競争に陥るにきまってるんですよ。

　それより陳腐な話であるけれど、やっぱり真理は正しいよね。あのイソップ物語、旅人のマントを脱がせるのに、太陽が勝つか、風の神が勝つかだな。やっぱり和かく話し合いを根気よくやっておった方が、ソビエトは和かくなると思う。また出て来るやつも、話し合いで太平洋に窓口（が）欲しいなら、軍備でない窓口なら貸してやったらいい」
高橋「しかし軍備のない窓口なんか欲しくないんじゃないですか」
遠藤「向こうはそうじゃないよ。そうじゃないんですよ」
高橋「それは欲しいかもしれませんけど、やっぱり欲しいのは軍備の基地でございましょう」
遠藤「それは軍備でないと取れんもんだから。今のとこな。今までは。しかしこれからは、うちの港開けてあげますから、どうぞそこで貿易やって下さい。領事館置いて結構ですと」
高橋「それは現にやってますね」
遠藤「ええ。それを日本でもやってやればいいんだよ。そうすれば何も武力をわざわざ使って、世界の世論から袋だたきになる必要もないんだよ」（以下中略）

＃　話し合いか、戦争か？　わからないのはこっちだ
高橋「閣下のお話の中で、われわれにどうしてもわからないのは、話し合いでもってわかると。その最も話し合いでわからないのがソ連だと思うんですよ。アメリカなんかは、ある意味でいうとソ連よりわかる」
遠藤「そう。それは新しい国だからね、わかるよ」
高橋「だけど、今までソ連の歴史を見て、やったことをずっと見てると、とても話し合いだけでわかってくれないんじゃないか。もしソ連が入ってきて、仮に心の抵抗をしようと、しまいと、そんなのは虫けらみたいなつもりでもって、ともかく日本を一つの型にはめ込んでしまうんじゃないかということについては、どういうふうに思っていらっしゃいますか」
遠藤「それはね、そういう見方もあるでしょう。またそういう歴史もありますが、ソ連人にも話のわかる奴はいる。

ソビエトとは戦争中も国交を保っとったもんだから、大使館があったんだ。で、あそこの大使館付き武官が大東亜戦争（が）始まる前からおった、何とかいうやつが来ておったので、私そのもんと親しくしておった。そのやつのうちまで招待してくれて、いろいろ話したりしたことがある。彼なんかが話すとよく話（が）わかったね」
高橋「それは確かにソ連の国民は、国民は日本の国民と話し合えばわかると思う、ある程度。だけど権力者は絶対わかってくれないんじゃないですか」
遠藤「いや、絶対にわからんというべきじゃないと思う。フルシチョフのごときは、いいことというとるのに、こっちがわかっていない。国際連合（総会の演説）で軍備全廃論をいうたでしょう。なぜ下駄を預けないのか。あの時、みんな下駄を預ければ、お前いうたんだから、おれもなくす。お前もなくせといえたんだ。せっかくフルシチョフがああいうたのに、それを信用せん。話がわからんのはこっちなんだ。アメリカもわかりゃせん。日本もわかってない。せっかくフルシチョフがいうたのに、本当に下駄を預けるいい機会だったのだよ」
高橋「それはしかし、下駄を預ける国が一つもないことを計算していってるわけじゃないですか」
遠藤「いや、そうでもない。あんまりいうもんだから、やつ失脚しちゃった（笑）」（中略）

有事の際、必要なのは心の抵抗だ

高橋「あれだけソ連に痛めつけられた国々の様子を見てて、それで高度に発達した日本の国が一朝事あった場合、万が一の場合にはパッと一晩にしてそういうことをやられる可能性があるわけですよ。それがないとは閣下もいえないと思うんです」
遠藤「いえないけどね、私はね、心の抵抗だけはどうしてもあると思う」
高橋「それはそうかもしれません。ですけどね、いきなり戦車をズーッと持ってきて、要所要所に据えて、自分の思うような国にパッとしちゃうと…」
遠藤「思うような国に、どうしてなりますか」
高橋「それは反対者はどんどん排除していけばやれますよ」
遠藤「排除するといったって、一億人を全部殺すわけにいかんでしょう」
高橋「一億人全部を殺すわけにはもちろんいきません。ですけど必ずそうなれば、そちらに寝返る人間が大勢出てくるでしょう」
遠藤「出て来るでしょうけどね。大平さんが総理大臣になろうが、誰が総理だろうが、それでさえなかなかいうことを聞かない人間がたくさんあるのに、外国人が日本の事情も知らんで、日本を統治しようたってね。それは力で一時統治したような格好になるけれども、日本人全般の心を見抜くことできやしませんよ。心を握らずして統治ということできないんだよ」
高橋「できませんけれども、あくまで戦車と大砲の力でもって統治するだろうと」
遠藤「そいつが、さっきもいうたように、人権に目覚めた現在の地球上の人間は、そういういわゆる暴力の支配には、決してハイハイとはいわないんだよ、形の上でちょっと」
高橋「それはもちろん誰も、結構です、ハイハイとはいわないと思うんですね。しかしたとえばハンガリーを見ても、それから今度のアフガニスタンを見ても、あれ国民は決して幸福じゃないと思うんです。だけどそういう状態になるのを、みすみす手を拱いて見てるっていうことがいいか、悪いかという問題になった場合ですね」
遠藤「その場合、いいか悪いかは別だけど、やってみなけりゃわからんけれども、やった際にどんな状況を呈するか、それを認めるかということだ。抵抗した場合と抵抗せん場合は、よほど違うことは、これはわかるよ。暴力抵抗したらどんなふうになるかということは、これは想像できることだ、現に沖縄でやっているんだから」

高橋「しかし非暴力で抵抗しても、私はソ連は相手は非暴力だったら自分が暴力を振るわないという保証は何もないと思うんですよ」
遠藤「しかし人間だからな、全部が全部百%狂ってないよ。まともな人間はね。いくらソビエトといえども人殺しは好んでやらないよ。まともな人間であるならば、いくらかでもまともであるならば、何も抵抗せんものを殺しはせん」

このあたり、いよいよ論争が山場にはいってきたが、それは今日の防衛問題、とくに軍備戸締り論に反対する遠藤のメッセージでもあった。遠藤には「満洲国」建設当初の関東軍の暴力が念頭に潜んでいたのではなかろうか？ 質問者はソ連を一方的に悪者であると槍玉にあげ、日本が満洲事変以来、「満洲国」でやった事実をほほかむりしているようだが、軍事力、つまり戦車や大砲でその国の人民を支配し続けることは、神である天皇を頂点にいただいた当時の大日本帝国でもできなかったこと、そのことを遠藤は知っていた。だからソ連が万一日本に侵攻してきても、恐れることはないと断言できたのであろう。戦後の歴史はハンガリーでもアフガニスタンでも、遠藤の主張の正しさを証明している。これに対しインタビュアーはいよいよ伝家の宝刀をぬきはじめた。こんどは軍事から政治体制の問題に話題を転換して、もしもソ連が日本に侵攻してきたら、日本が「共産主義の国家」になることを容認させられるという視点から、加登川氏が代表して遠藤に第三の矢を射掛けてきた。
この論争は軍備と軍人の本質と国家の体制の問題が双方表裏一体の関係になっているが、遠藤は柔軟な思考力で相手からの一撃を躱しながら、最後に一条の光明を投げかけた。ソ連の暴力がそれほど悪いなら、それに暴力で応えたら、さらにいっそう悪くなる。だから非暴力の抵抗が一番大事だ、と返答した。以下、この問答を紹介しながら、社会主義（共産主義）か、自由主義か、という国家体制についての遠藤の回答を紹介してこの論争の結論としてみよう。

社会主義（共産主義）か、自由主義か？

まず加登川氏が軍備と軍人が悪という遠藤の理論を逆手にとって、遠藤に次のような第三の矢をあびせ掛けた。

加登川いわく「それは閣下ね、私の疑問なんだけど、…軍備というものは悪いものであり、軍人というものは悪いことをするもんであるというあなたの前提からすると、少なくとも（日本に）入って来るソビエトの軍隊というのは悪いことをする可能性のあるもんじゃないんですかね」

遠藤「悪いよ。私からいわすと決してよくない」

加登川「日本陸軍をもってしても、軍人というものは本質的に悪いことをするはずのものなんだというんですから、僕は入ってくる軍隊ってものも、やっぱり本質的に悪いことをするもんですよ、といわざるを得ない」

遠藤「だから、そういうやつに抵抗したら、もっと悪いことをするんだ」

加登川「だけど抵抗しても、しなくても、日本軍がやったという前提からすればね、やっぱり本質的に出て来る姿というものは、どっちこっちの姿が出てくるんじゃないですか。敵さんが入って来れば」

遠藤「ソビエトが入るにしてもね。ちゃんと自分の傀儡の政府を作らんければ入り得ない状況になっている」

加登川「ですからなお困る。つまり問題は共産主義を容認するのかどうかということですね（論者は社会主義と共産主義の区別を知らない）、主義の戦争、国内同志の戦争になっちゃうんですね。単なる軍備の問題という以上にもう一つ次元が変わって、要するに向こうさんが入ってきて、共産主義を強要した時に、共産主義になるのか、ならんのかと。入ってくることを喜ぶやつがおるわけです」

遠藤「いや共産主義もすでに古いんで、共産主義（正確には社会主義のこと）のいいところもあるし、悪いところもある。それもだいぶわかってきた。それから自由主義というか、資本主義経済にもいいところもあるし悪いところもある」

加登川「ですから共産党もおれば、社会党もおり、公明党もおるようにね、それぞれに模索しとるわけですよね」

遠藤「たとえば自民党にしても、いわゆる社会主義政策を相当取らざるを得なくなった。それから中国のような共産を目的とした社会主義国（遠藤は正確な用語を用いている）でも自由主義をうんと取ってるわけだ。取らざるを得なくなってるんです」

加登川「結局、共産主義者が入って来るのは国内の共産主義者が喜ぶわけですね。これ（を）歓迎するわけだ。ソビエトが入ってくるのは救世主であって、それに関連して国内で弾圧でも受けるようなものなら、われわれの救い主として喜ぶわけだ。アフガニスタンがそうなわけですね。傀儡政権がよろこんだ」

遠藤「傀儡の方だけ喜んでるけれども、国民の大部分は喜ばない。抵抗している」

加登川「実際問題として結局同じことですね、抵抗してるようで、してないようでって同じ格好になってるわけね。向こうのあれと同じ格好になるわけ？」

遠藤「いや、アメリカがベトナムに兵を出し、朝鮮に兵を出して、とうとうお手上げしたでしょう。ああいうふうに今さら武力をもって統治しようということはできないことがわかり切ってしまった。それがわからんというのはね、少し頭が古い」

加登川「いやいやそれはね、頭が古かろうが、新らしかろうが、向こうさんがそう考えるだろうという信頼度の問題になりますかな」

遠藤「いや考えるだけじゃない。現実がそうなってるんだもの、現実に軍隊をもってやれば、真の統治はできないということは現実が示している」

加登川「だというて、アフガニスタンで失敗したらもうあの国（ソ連）があんなことはやらんという保証がありますか」
遠藤「いや、考え直すよ。やり方を」
加登川「そのへんだな、問題は。恐らく直さないと思う」（笑）
遠藤「直さんければ、アメリカの二の舞いやる。アメリカの朝鮮やベトナムの二の舞をやるわけだ」
加登川「私はそういうことの方望むね、むしろ」
これではなんのための論争であったのか？　質問者は、なんら人類が血を流さない平和のための展望も理想もないことを自ら告白したような結論であった。しかし遠藤はこの点でも、未来を予測していたようだ。戦車や大砲で相手の国を支配できない。それはアメリカのような世界一の軍事大国でも、成功しない、ということを予測していたことになる。

この論争は相手方が共産主義と社会主義の区別もしない、いわば不勉強な論者であることを暴露しているが、この反論では、とても遠藤の非暴力平和思想に立ち向かえなかったことがわかる。遠藤は社会主義や資本主義など体制の違いを乗り越えて、軍備と軍隊の存在に疑問を抱きながら、それゆえにこそ、暴力で抵抗しないことが、その国の多数の人民にとってどれほど幸いなことであるかを力説した。
世界は変わった。暴力には暴力で、「目には目を歯には歯を」という力の支配はもう終わりにしよう。人類は理性と英知をもって、暴力では相手をねじ伏せられない、そんな時代が到来したことを認識しようと遠藤は力説した。

（5）米国のレーガン大統領宛書簡で日米友好の呼びかけ

晩年、狭山市の自宅でこのような論争をしていた遠藤に元参議院議員の高良とみ女史（非戦平和主義者）から、突然一九八一年四月六日、電話がかかってきた。その電話の要件は、来る十三日、日本の鈴木善幸総理大臣が訪米し、ワシントンでレーガン大統領に面談するので、鈴木総理を応援するためレーガン大統領宛に書簡を書くようにという提案であった。その日の遠藤日誌（一九八一年日誌補）には、その依頼について、次のように記している。

早朝　高良トミ女史より電話あり、来る十三日　鈴木総理の招待にて観桜会に出席の際、鈴木総理に託して総理が訪米、レーガン大統領と会談の際、レーガン大統領宛手交する様、予よりレーガン大統領宛、軍備国防の誤り（の）意見を書いて呉れとの事、レーガン大統領が何と云おうが、日本が自主的に判断すれば足る事故あまり乗り気になれなかったが一面、鈴木総理の支援ともならばと思い、次ぎの手紙を高良女史に送る。女史は英訳を附して鈴木総理に託する筈。

この記述からは書簡を書くようにという提案に最初、遠藤は乗り気でなかったことがわかる。しかし日誌には次のような書簡の下書きが早速記入されている。

（下書き）

尊敬するレーガン大統領閣下　　旧日本陸軍中将

遠藤三郎

過般の御遭難（暗殺未遂事件：筆者）に対し謹んでお見舞い申上げ御平療の速からん事を祈念致します。

今回　貴国を訪問する旧知の鈴木総理に託し旧軍人の立場から日本国の国防に関し一言申し上げます。日本国は其の構造上（奥行き、狭小、可燃性大、人口稠密、資源不足等）兵器の進歩した今日　軍備国防は不可能であり軍備は寧ろ有害であります。

従って私は戦争を放棄した軍隊不保持を宣言した日本国憲法を高く評価し早くから憲法擁護国民連合を組織し其の代表委員として日本の再軍備に反対し、自衛隊の戦争任務と日米安保条約の軍事条項は速かに削除すべきを訴え続けて居るものです。

近来、ソ連の脅威論と共に日本の軍備増強要望が貴国からも流れているやに聞き及びますが、聡明なる閣下に於かれては斯くの如きことなき様御願い致します。　敬白

これは書簡の下書きながら、簡潔に日頃の自分の思いを伝えている。

この書簡（和紙に認めたもの）をみた高良とみ女史からは早速、次のような返信が届けられた。

遠藤三郎先生
誠に御多忙の中へレーガン大統領へ軍人の立場からの御手紙を御願ひ申上げましたところ早速堂々たる御信念に充ちた御文を頂戴っ（ママ）たしすぐ拙文乍ら英訳いたしましたので見舞もあり早い方がよいと考へ目下米国務省に勤務中の坂本菊治君宛にして鈴木首相渡米前乍ら空便に投函いたしたく存じますので英文字の上へローマ字で御署名頂けばこちらにも本文（が）ございますので御承諾のしるしに御郵送願上げます。仏字御署名でも結構です。
日本文は四月十五日首相へ。誠に有難うございます。
匆々頓首

この高良書簡に登場する坂本菊治という男性は米国籍の日系二世で、日本の陸軍士官学校卒、すでに前年に平和大会が開催されたとき、来日し、それ以来、遠藤とも文通する熱心な平和運動家であった（遠藤日記欄外　註）。この人物と高良とみと一緒なら、日米在住の役者が揃ったことになる。しかも遠藤にしてみれば、坂本は陸軍士官学校の後輩にあたる。すぐに三人は意気投合したものか（？）遠藤は四月八日付けで、正式に「米大統領宛メッセージ」を書いている。その内容は冒頭で、自分がその役割を引き受けた理由を説明しているので、宛先は米国に在住の坂本菊治氏宛の書簡であったと思われる。以下ここで、その全文を紹介する。

米大統領宛メッセージ　　　　一九八一、四、八

遠藤三郎

四月六日早朝元参議院議員高良とみ女史から電話があり、四月十五日観桜会で鈴木総理に会うので其の際総理に托して米国大統領に日本に軍備増強を要求しない様メッセージをやりたいから私にそれを書いて呉れとのことでした。私はその柄ではありません故お断り致しましたが女史は中々引き込みません。女史は若い頃米国に留学され米国人の気質もよく承知し英語も堪能であり。敗戦後は日本の政治家として最初にソ連を訪問し抑留日本人を慰問しその足で北京に移り日中貿易の糸口を作った女丈夫であります。私は憲法擁護の運動で熟知の間柄であります。鈴木総理が女史の希望を受諾するかどうかはわかりませんが私共の意見を表明することは鈴木総理（が）レーガン大統領と日本の軍備問題に就いて会談する時、米側の要望を断るための応援射撃になればと思い直し次ぎの文章を毛筆で和紙に認めて高良女史に郵送致しました。

「尊敬するレーガン大統領閣下　　　旧日本陸軍中将　遠藤三郎（以下、下書きと同文）

過般の御遭難に対し謹んで御見舞い申上げ御平療の速かならんことを祈念致します。今回米国を訪問する旧知の鈴木総理に托し旧日本軍人の立場から日本国の国防に関し一言申上げます。

日本国は其の構造上（奥行きの狭小、可燃性の大、人口の稠密、資源の不足等）兵器の進歩した今日軍備国防は不可能であり軍備は寧ろ有害であります。

従って私は戦争を放棄し軍隊不保持を宣言した日本国憲法を高く評価し早くから憲法擁護国民連合を組織し其の代表委員として日本の再軍備に反対し自衛隊の戦争任務と日米安保条約の軍事条項は速かに削除すべきを訴え続けて居るものです。

近来ソ連の脅威論と共に日本の軍備増強要望が貴国からも流れているやに聞き及びますが聡明なる閣下に於かれては斯くの如きことのない様にお願い致します。

敬白

右に対し高良女史から別紙の礼状と右メッセージの英訳を速達便にて送られ英訳には私署名して返信して置きました。時あたかも米国原潜の鹿児島沖あて逃げ問題も起きて居りますので、ささやかな私共の行為が時宜を得たものと自負して居ります。十六日電話あり、鈴木総理は大変悦んで受読した由」（以上、「一九八一年日誌補遺」挟み込み）

この文面に「鈴木総理が大変悦んで受読した」とあり、この書簡が高良女史から鈴木善幸総理にわたされたことを遠藤が確認したものであろう。これにより鈴木総理は護憲派に近い思想の持主であったこともわかる。この書簡は米国に在住の坂本氏に送られたものと思われる。早速、米国在住の坂本菊治氏からも、レーガン大統領宛の英文の紹介状と遠藤宛ての書簡が五月十日付けで埼玉県の遠藤三郎宛てに送られてきた。坂本菊治のその書簡は達筆で、次のように遠藤の書簡をすでに大統領宛に郵送したことを伝えている。

169 Deepdale Parkway
Albertson, New York 11507
May 9, 19 1981

President Ronald Reagan
The White House
Washington, D. C. 20500

Dear Mr. President,

I am glad that you are recovering well from your recent trauma and pray that you will enjoy special physical and spiritual health hereafter.

The letter enclosed was delivered to me from my local post office on May 6, 1981. The addressor General Saburo Endo is President of the Federation for The Protection of The Constitution (of Japan) and Dr. Kora (Japanese address on back side of envelope) is a former member of the Japanese Diet......

I became to personally know both persons through my booklet "Sunrise" on elimination of nuclear weapons, which I had distributed to about 70 countries in March of 1978. 1 am forwarding this letter on to you, as it is addressed to you, although it was delivered to my address.

With best wishes,

Ralph K. Sakamoto
坂本菊治

一九八一年五月十日

遠藤三郎閣下

上記の手紙を添えて高良先生から送ってきた御書面（遠藤の大統領宛書面）をレーガン大統領宛本日郵送致しました。上記文書の要旨は先ず先般の暗殺未遂事件から回復の挨拶、次に閣下が憲法擁護国民連合の会長である事、封筒の裏の高良先生は戦後十二年間国会議員であった方である事（発送人は遠藤閣下になって居り裏に又高良先生の名前住所が日本文でスタンプしてある）そして私はSUNRISEを世界70ヶ国に一九七八年三月に配布して以来ご両人共に個人的に知る様になった事を書きました。

去る五月五日 New York Japan Society で鈴木総理が公式演説されたとき、私も Waldorf Astoria Hotel に参り直接 Dinner に参加演説をききました。鈴木さんは今迄の総理中最もすぐれた戦後の日本の総理大臣の感じを受けました。本当の政治家と思います。自民党には金権政治屋が多い様に思いますが鈴木さんの考え方は憲法九条を確実に認識して居る様に感じました。勿論自民党の政策があるからアメリカの圧力による自衛力増加にある程度は協力し乍ら九条の精神は忘れては居ないと確信します。高良先生にも宜しくお伝えください。昨日は WORLD GOVERNMENT のゼミナーが国連前のチャペルセンターであり、私は「軍縮と日本の立場」と云（う）事でパネルに出て大分皆さんから支持を受けました。取敢へず要件のみで失礼致します。

この坂本書簡は遠藤を大いに満足させたものと思われる。晩年、元軍人の仲間から孤立した遠藤は日本国内でなく、米国にも同志を発見したことになろう。なお、晩年の遠藤に米国大統領に書簡を書くように推薦した高良とみ女史は新潟生まれのクリスチャンで若き日に米国に留学し、二十二歳でコロンビア大学大学院に入学、二十四歳でボルチモア市のジョンズ・ホプキンス大学大学院に入学して、二年後一九二二年に「飢餓と行動の関係」の研究でドクター・オブ・フィロソフィーの学位を取得している。戦前からの国際人で、インドのタゴールが来日したときも、タゴールの通訳を務め、一九三二年の一月十二日には日中間の風雲急を告げる上海で文豪魯迅に会見し、魯迅一家と上海内山書店を訪問し、晩餐に招かれている。高良女史は戦後、五十一歳で参議院全国区に立候補して当選、翌一九四八年には新憲法普及会会員として全国を遊説している。そのような関係で遠藤三郎の友人であった。(註5)

(6) 晩節の元将軍—光子(本名ミツ)夫人との死別

一九八〇年代、遠藤は自宅で静かに晩節を過ごしていた。その姿は写真で見ると好々爺で、家庭人として彼は良き妻と息子や娘、孫娘にも恵まれた幸せな日々であった。その暮らし向きは開拓農民であり、またその時代の日本政府から支給される年金では決して裕福な生活ではなかったであろう。しかし、世界の平和と日中国交回復、世界連邦の建設、さらに沖縄の軍事基地撤去などさまざまな政治目標をもって活動した晩年はその長い人生の中でも、ひときわ輝いた毎日であったと思われる。時には論争相手から被告席に立たされることがあっても、それにたじろいだり、屈服するような遠藤ではなかった。遠藤の「眼中には敵なし」というべきか。世の中の不合理な問題に対しては、どこまでも食い下がり、はばかることなく理詰めで批判することを忘れなかった。その活動のエネルギーの源泉はどこにあったのか？　その知的な活力が持続できたのは、遠藤が決して孤立した晩年を送っていたのではなく、人道的な思想を同じくする多くの同志たちに恵まれ、かつ時には共同戦線を張ってお互いに励ましあって、一緒に活動しえたからであろう。

しかし晩年なお青年のごとき精神力で活動する遠藤にも、避けることのできない悲しみがあった。それは長年、連れ添ってきた愛妻・光子夫人が不治の病に倒れ、病床に伏し、家族の看病もむなしくやがて帰らぬ人になってしまったことである。それは一九八二年十一月十九日であった。正月にいよいよ卒寿を迎える遠藤にとっては、最悪の事態であった。その悲しみはたとえ様もないほど深かった。彼はどん底の奈落の底に突き落とされた気持ちであったと想像する。しかしその悲しみを思い出のなかに刻み込もうとしたのであろう。

遠藤はその日誌の最終巻（「一九八三（昭和五八）年日誌補遺」）のなかに、悲しみをこらえて筆をとった歌（一首）と正月に友人から送られた年賀状に対する挨拶文を挿入している。その文面には遠藤の妻を思う悲しみが十分に表現されているので、ここに紹介しておこう。

葬儀を終えてから作った歌（毛筆）

「棺の中美しき花に埋もれる
　　光子の顔は
　　　更に麗わし
木の小箱遺骨となりて
　　　　帰宅せる
　　　　　妻を枕に寂しく安む（ママ）」

元旦の日誌

一月一日元旦の挨拶文（年賀状を貰った人々に送る（元旦到着の年賀状三百通余）

年賀状　　癸亥元旦　卆寿　遠藤三郎（毛筆）

「賀状忝く拝受。厚く御礼申し上ぐると共に謹んで御尊家一統様の御多幸をお祈り申し上げます。当方旧年末荊妻が病没致しましたので年末年始の御挨拶は御遠慮させて頂きました。悪しからず御了承の程をお願い致します。不文菲才和歌などと申すしろものではありませんが当時ひねくりました数首御照覧に供します。

病床に細り行く妻看取る我己が病むより苦しく思う
病床の妻と静かに語り合う過去の思出家の将来
妻光子八十五にてこと切れるいと安らかに苦しみはなく
棺の中美しき花に埋もれる光子の顔は更に麗わし
木の小箱遺骨となりて帰宅せる妻を枕に寂しく休む
葬儀の日弔電百五十七通に狭山電報局の記録を作る
妻の訃を報せざりしに弔問の客あまたおりて客間狭し
妻逝きて寂しかろうと慰むる嫁孫夫妻彦等意地らし」

この後、光子夫人の納骨式は一月六日に行われた。その日の日誌には「納骨式（一九八三年一月六日）妙光寺墓石の下にひとり寝る。光子はさぞや感じかるらん」と深い悲しみをこらえている。この世に残された遠藤はこの年九十歳を迎えていた。遠藤がその最後の日誌を書き終えたのは翌年一九八四年九月九日で、その一カ月後の十月十一日に彼もまたその夫人のいる天国に旅立った。

（7）作家・澤地久枝さんの回想

戦後の遠藤はその不滅の非戦平和＝「軍備亡国」の思想をこの世に残して天国に旅立った。彼の死後、その非戦・

平和思想はその門下生たちによって受け継がれ、今もなお多くの人々の心に生きている。

在りし日の遠藤を記念して、日中友好元軍人の会の有志たちが「遠藤語録」を刊行しようと提言したのも、遠藤の非戦・平和思想を永久に伝え、広めようという願いからであった。その本は『軍備は国を滅ぼす：遠藤語録』と題して、一九九三年八月十五日（敗戦記念日）に同会から刊行された。それはまさに晩年、平和の伝道者となって活動した遠藤の思想を網羅した非戦平和のバイブルであった。

その本のカバー表紙（裏）に在りし日の遠藤のメッセージと、晩年の遠藤に親しみ、その教えを受けた作家の澤地久枝さんの遠藤紹介文が掲載されている。

その一文を見るとまず遠藤は次のように語っている。

「『敗軍の将は兵を語らず』の箴言もあります。今さらわたくしの自慢話や弁解がましいことを公けにする意思は毛頭ありませんが、戦争任務に全力投球してきただけに、その体験と真摯な学習とから得た教訓は尊いものと自負しております。なかんずく『軍備国防は全廃すべきである』という結論は教訓中の結晶であり、消え行く老兵の遺言としても後々までも残すべきものと信じています　遠藤三郎」

また澤地久枝さんは次のように遠藤を回想した。

「遠藤さんは私の師匠である」「遠藤さんとの縁に恵まれたことは、私を「帝国陸軍」について開眼させ、国境のない世界、完全な兵器廃絶の世界を信じる道へと導いてくれた。元将軍にして骨太な平和主義者。フランス留学で身につけたエスプリとマナーを終生保った人。こういう人が同時代人として存在したことを若い世代に伝えていきたい」。

作家の澤地さんは、戦後、満州から帰国後、中央公論社の編集記者となり、先輩作家の五味川純平の長編『戦争と人間』（三一書房　一九六五－一九八二年）の資料助手として、日本の近代史に親しみ、その後、独立して有名な文人になった女性であった。その代表作『妻たちの二・二六事件』（中央公論社　一九七二年）を執筆以来、狭山市の遠藤家を訪れて、遠藤からさまざまな戦争体験を聞かされ、歴史的事実を教えられたという。晩年の遠藤もまた若い澤地さんがたずねて来ることを心待ちにしていたのだろう。澤地さんがミッドウェー海戦について調査したいと希望を述べると、遠藤から「何でも私に聞きなさい。わたしは大本営の海軍参謀も兼務していたから」といって励まされたという。やがてその作品が『滄海よ眠れ』と題して漸次出版され、遠藤は死の病床で、その本を手離さずに読みふけっていたという（遠藤十三郎氏の談話）。その話はやがて澤地さんに伝えられ「孤独なたたかいを終えたわたしへのこの上ない慰めだった」と澤地さんが懐かしんでおられる（「忘れえぬ笑顔」『軍備は国を亡ぼす』序一一ページ）

若き日の澤地さんは膨大な遠藤日誌を最初に詳しく閲読した作家でもあった。その遠藤日誌は読みづらい部分もあり、澤地さんは元からよくない目がさらに悪くなったと、どこかに書かれていたことを記憶している。しかし遠藤の残した戦中・戦後日誌はこれからも、貴重な歴史遺産として、多くの知識人たちの目にふれて、激励されることだろう。

遠藤は死してなお、天国から平和の伝道者として、われわれを叱咤激励してくれる。

そんな骨太い将軍であったから、私も遠藤日誌の解読に精進し、遠藤の足跡を求めて中国の上海・ハルビンを拠点に遠藤が築城工事にかかわった北満地下要塞や上海郊外・重慶、さらには中国共産党の革命根拠地保安や延安にまで、戦争と革命の遺跡を追跡する旅を継続し、自宅では長年にわたり何度も各章にわたって部分的に加筆しながらこの原稿を脱稿できたのである。

註

註1　西安事変：日本の新聞の誤報記事

一九二七年四月、蔣介石の上海クーデター以来、中国は蔣介石委員長が指導する国民党軍と周恩来、朱徳、毛沢東らが指導する共産党の紅軍が内戦を展開していた。蔣介石は若き張学良を紅軍討伐の副司令官として西安に派遣し、共産党の軍隊と戦わせていたが、張学良は若手の部下から突き上げられ、共産党との戦いの無意味さを悟り、内戦を停止して、一致して日本軍と戦いたいと希望した。

　これに対し、紅軍を討伐する方針を優先した蔣介石は張学良を説得するため、西安に滞在したが、張学良は上司である蔣介石を諫めるには残された手段はただ一つ、蔣介石を逮捕・監禁して委員長の考えを内戦停止と一致抗日に改めさせる道を選択した。その行動を中国では兵諫という。

　一九三六年十二月十二日の朝、張学良の命令を受けた孫銘九の指揮する東北軍の一団が蔣介石の眠る華清池の宿舎を襲撃、驚いて裏山に逃げ込んだ蔣介石を逮捕した。その後、西安市内に連行された蔣介石は張学良と楊虎城らに説得され、さらには南京から飛行機で駆けつけた夫人の宋美齢にも説得されて、ようやく態度を軟化させ、内戦停止・国共合作に口頭で同意して釈放された。

　この西安事変で主役を演じた張学良は上官を逮捕・監禁した罪で軍事裁判にかけられ、懲役十年公民権剝奪五年の判決を受けたが、翌年の一月、蔣介石の特赦で厳重拘束の身分となり、以後五十年間幽閉生活を送った。しかし張学良はその身を犠牲にして、中国の内戦を停止させ、国共合作による民族統一戦線を結成させたことになる。

　西安事変発生直後、日本の新聞は張学良のクーデター（反逆）だと報道したが、それは反逆＝謀反ではなく、張学良の企てた民族統一と独立への号砲であった（ＮＨＫ取材班、臼井勝美『張学良の昭和史最後の証言』角川書店　一九九一年、エドガー・スノー『中国の赤い星』筑摩書房　一九五二年など参照）

　遠藤は西安事変直後、日誌に張学良の謀反で蔣介石は死亡しただろう、と記入したが、戦後の訪中でその真実をつかんだものと思われる。蔣介石は釈放されて、内戦停止に同意し抗日戦争を指導したのである。

註2

尖閣諸島の日中共同管理を最初に提言した遠藤三郎

　尖閣諸島の問題について、遠藤三郎が一九七八年当時、すでにその領有権を日中両国がともに主張せず、その周辺海域に埋蔵されている地下資源を日中共同で開発しようと提言していたことは、特筆すべきである。彼は宇都宮徳馬から、その提案は革命的だといわれたことを記憶していて、四年後の秋に、二人が対談したときも、再びその話題を持ち出し、次のように論じている。これはきわめて興味深い今日的な問題であるから、長い対談ながら、その発言を再現してみよう。

　遠藤曰く「宇都宮さんは少しわたしを買い被っておられるな。いつかも尖閣諸島の問題でわたしの考えをわざわざ求められたことがありましたね。東松山に住んでおられるあなたの秘書の方がわたしのところへきて宇都宮先生が尖閣諸島問題でどう考えたらいいか、遠藤さんに聞いてこいと言われたといってこられた。私は「あれは問題じゃない。あんなところでどっちの領有だなんて言っているのは愚の骨頂だ。どっちにも理屈がある。それよりも日中平和条約を早く結ぶ方が賢明だ。そして尖閣諸島は日中の共同管理にしたらよい。地下資源もあるだろうし、魚もとれるだろうけれどもそれはお互いに話し合って適当に分ければいいじゃないか」そういうふうに言ったのだが、あれからまもなくあなたは中国に行かれましたね。そして鄧小平ですか、中国の要人に話されたと新聞に出ていた。中国側は、「われわれの時代は頭が固くて解決がむづかしいかもしらんけれども若い者は頭が進んでいるからつぎの時代にはよく解決してくれるだろう」と話したとか、新聞に出ておりましたけれども」

宇都宮「その時は鄧小平ではなかったと思いますが、中国の要人が言っておりましたよ、「日本が尖閣諸島の領有権を主張しても、われわれは不毛の議論をしたくない。中国は中国の漁船を近づけることはもうしない。そんなことでトラブルを起こしたくない」と。考え方が大きいですよ、なかなか。戦争でそうとう痛めつけられ傷はもちろんまだ残っているし、いろいろ遅れているところはたくさんあるけれども、政治家の頭のなかは日本よりもだいぶ進んでいる。世界を広く見ている」（宇都宮徳馬『暴兵損民・なぜ軍拡に狂奔するのか』徳間書店 一九八四年、六九－七〇ページ）

この対話ができる政治家なら、尖閣諸島の問題は今でも解決できる可能性が十分にある。今も、遠藤は地上の世界をながめながら、尖閣諸島を領有したら戦争になりますよ。それより日中共同で資源を開発して、双方が経済的な利益を分配して、豊かになりましょう。そうすれば若い世代に歓迎されますよ、とメッセージを投げかけているようである。

註3　軍隊と死の商人の密着性について

遠藤は航空兵器総局長官のポストにいたとき、軍隊と死の商人の密着性を見聞した。戦後（一九八〇年）、遠藤が宇都宮徳馬と対談したとき、遠藤は次のように興味深いエピソードを語っている。

「航空兵器総局長官というのは日本の軍需産業家みんなに関係があったんですから知っているんです。国が亡びようとするあの戦争中でさえなかなかずるい。私にオベッカ使ってうまい汁を吸おうとするやつがそうとうおるんです。『遠藤長官、いまは借家住まいのようですけれども、あの借家がお気にいるようでしたら買ってあげましょう』（笑い）。所沢ですからね。『それがお嫌なら、お通いになるのはたいへんでしょうから、池袋に私、いい家をもっているからそこをお使いくださ い』」（七九ページ）当時（戦争末期）、遠藤は借家住まいだったから、抜け目のない商人が遠藤を誘惑したのだが、遠藤はその手にのらなかった。また今ひとつ興味深いのは、小佐野賢治と児玉誉士夫の二人が航空兵器総局の嘱託をしていたと遠藤が回想している。小佐野は山梨県の大財閥、児玉は戦時中、上海のブロードウェイ・マンションに特務機関（児玉機関）を置いて、謀略を働いた大物である。遠藤はこの種の抜け目のない政商は嫌いで、寄せ付けなかったと回想している。小佐野については無給嘱託の身分であったが、航空兵器総局の肩書きで、当時なかなか手に入らない鉄道の切符を入手し、金儲けのために全国を旅行していたという（宇都宮徳馬前掲書、八〇－八一ページ）

註4　この論争の草稿について

昭和五十四年四月二十五日、遠藤家で行われた対談の草稿は公表されなかったらしいが、偕行社が速記録を保存し、同社の各委員に回覧して、同社の機関紙に掲載の可否をアンケートで問いかけていた。そのアンケートを受け取った各委員が所見の欄に自分の意見を書き、掲載の採否を○×の記号で表示した。採決の結果は、採用が九名、否決が三名で大多数が採用を認めたが、なにゆえか掲載が拒否された。筆者が今回閲覧したのは、その草稿の写しである。

註5　高良とみ女史と文豪魯迅

高良とみ女史の伝記は『非戦を生きる―高良とみ自伝』として、娘の高良真木さんがドメス出版から一九八三年に刊行している。同書の巻末に収録の年譜には、一九八二年八十六歳の高良女史の肩書に「永世中立研究所専務理事」と記されている。その永世中立研究所は筆者の恩師で同志社大学元学長田畑忍先生が晩年創設した平和団体で、遠藤三郎も同研究所の創設の協力者であった。その永世中立研究所主催の公開講演会でわたしは一度、高良女史にお会いしている。その様な縁で、数年前、上海魯迅紀念館で高良真木さんにお会いして、高良女史の自叙伝を一冊頂戴し、今回は晩年の遠藤がレーガン大統領に書簡を郵送した経過についても、知ることが出来た。

娘の高良真木さんから頂戴したハガキには「上海魯迅紀念館王錫栄館長から『魯迅研究』の二冊お送り頂き、ありがとうございました。内山完造の伝記を書かれましたこと、刊行されておればぜひ拝見致たく。出版社名をお知らせくださいませ。同志社の田畑先生に母は終生御交遊頂いたことを聞いております」と書いて私に教えてくださった。偶然の出会いにしても、遠藤三郎の周辺の交友関係もいまなお国際的なひろがりをみせていることがわかる。

付録　遠藤三郎と二六期会　幹事との論争（続）

毛沢東の戦争論をめぐる：旧軍人の平和思想論争

陸士二六期生　幹事

遠藤三郎に寄せる質問状（要点）

君（遠藤）は中共を礼賛して講演その他機会あるごとに彼には侵略の意図がないと保障しているけれど、現に印度領を侵しているではないか。一九三六年十二月毛沢東はその戦争論において「戦争は人類社会の発展により近い将来に消滅するであろうが、戦争を消滅させる方法はただ一つしかない。戦争を以って戦争に反対し、革命戦争をもって反革命戦争に反対し、階級的革命戦争をもって階級的反革命戦争に反対することである。歴史上の戦争は正義のものと不正義のものと二つに分けられる。すべての反革命戦争は不正義のものであり、すべての革命戦争は正義のものである。われわれの行う戦争は疑いなく正義の戦争である」と称している。そしてその後もこの考えは訂正されていない。これは正に恐るべき戦争挑発論ではないか、戦争に反対することは戦争を計画し、これを実行すること以外の何ものでもない。もし、日本が革命に反対するならば、中共の反撃を覚悟せねばならぬということになりはしまいか。かくの如き戦争論は曽て日本のいかなる政治家も唱えたことはあるまい。現在の中共は君の投書の言を借りていえば「毎年公然と巨額の国費をついやし、強大な殺人団体（註　兵力遥かに日本を超ゆる正規軍二五〇～三〇〇、これとほぼ同程度の装備を有する公安軍四〇～五〇万を養い膨大な凶器をつくっており、その真意は外国に対する戦力保持であり、その行使は必然的大量殺人を伴う戦争である）ということになる。

しかも、やがて核武装までするとと公言しているではないか。君は外国の軍備に関し反対意見を日本の新聞に投書して見たところで何の意味も効果もないと言っている。なるほど、アメリカやソ連のように君が直接交渉を持っていない、国に対しては或はそうかも知れないが、中共に対しては聊か事情が違う。君は一部の中共要人や首脳者といくたびか会見し、その際「武力行使の不可なることや」「裸の強さ」を述べたと称しているが、日本だけでなく世界の軍備撤廃を悲願とする君にとって、この時こそ君一流の軍備罪悪論を堂々と主張し、膨大なる兵力を保持することの有害無益なる所以を説得すべき正に絶好の機会であり、このことによりわが国の軍備撤廃を促進する上にも有意義であり効果的ではなかったろうか。また君がパンフレットその他に書いてある軍備無用論が果たして真理ならこれを中共に対して発表するに何の気兼ねが要るだろうか。もし、君が敢然としてこれを断行したなら我々もまた幾分かは君の軍備廃止論に耳を傾けたであろう。然るに君は為せば為し得る立場にありながら敢えてこれをしないばかりか、中共紅旗紙によると、昭和三十二年八月一日中共人民解放軍記念日に君を団長とする訪中旧軍人代表団の名をもって中共国防部長あてに「謹んで貴国建軍記念日を祝し（中略）貴軍がますます精鋭ならんことを祈る」旨の祝電を発したというではないか。これは明かに君の主張に一貫性や合理性もなく、所論が現実から遊離した観念論に過ぎないことを裏書きするものであり、これではいくら日本の無軍備、非武装を説いたところでなにびとをも納得せしめるものであるまい。君は「他国を侵略しないかぎり、外国軍隊から直接侵略されることはない」と言いきっているが、君が侵略の意図なしと信じている中共が精鋭強力なる軍隊を持つことは一体何の必要があるのか、君が中共軍の精鋭を希望することは彼のいわゆる「正義の戦争」を是認肯定するとでもいうのか。これは「たとい自衛のための戦争でも罪悪だ」とする君の持論と相容れないではないか。それとも君には中共に向かってその所信を主張できない何等かの特別な事情でもあるのか。

とにかく前述のごとく一国の首脳者がたとい戦争を絶滅するためとはいえ、戦争の必要性を強調するということは今まで君が中共に抱いていた見解が根本的に誤りであったと断定せざるを得ない。そしてかくの如き中共を対象とする日中友好元軍人の会などを作ることに果たして何の矛盾も疑惑も感じないであろうか。

君は事ごとに再軍備反対、次いで軍備廃止を唱えて来たが、それにも拘わらず現に本質的に何等軍隊と異ならない自衛隊ができ上ってしまった。もとより兵員、兵器、その他の軍需品の補給源のない自衛隊をもって本格的の戦争や他国に出兵などできるものでないことは我々旧軍人は十分知っている。この意味で君のいわゆる「何の役にも立たぬ自衛隊」という言葉が其程度当てはまる。我々は君の説を待つまでもなく戦争（中共のいう〝正義の戦争〟をも含めて）は罪悪であることを認めており、軍備を不要とする平和な世界の来ることを心から熱望するものである。そして現在のごとく各国が軍備競争に狂奔するなら、やがて人類の滅亡を招来するであろうことも信じている。なお、平和運動や世界連邦運動も逐次強化されつつある現実に目を覆うものではない。君が人類永遠平和を顕現する第一歩として軍備全廃を叫んでいること自体に異論をはさむものでない。また世界連邦の思想も我が八紘一宇の精神とも相通ずるのみならず「万世のために太平を開く」の聖旨にも合致するもので、これが実現を見た暁には君後世において先覚者の一人としてその先見の明を抄えられるであろう。

しかし君の主張は多く原則論、観念論の域を出ておらず、万人を首肯せしめるに足る可能性ある具体的方策がほとんど示されていない。君が努力して作られた「日本再軍備反対論」も既に自衛隊の発足した今となっては当然「日本軍備反対論」と改題し、内容を之に応ずるごとく若干書き改めらるべきであろうが、君のその後の助言から察しても、その根本の理念は変わっているとも思われない。そしてその根本理念の重要部分はどの国にも適用できるべきもので、例えば「人類社会の正しい歩みから見て軍備は逆行である」「経済上軍備は有害無益である」等、君が一所懸命に説いているところは別に日本だけに限ったことではあるまい。特に君が礼賛している中共にはまことによい教訓であり得る。もとより米ソ両国にも適用さるべきは当然である。つまり君の説くところのものはどの国にも通用する一般理論であって単に日本の特異事情を加味したに過ぎない。ただ君は平和憲法を持っているとの理由で日本が率先して軍備を廃止することが先決問題であるかのごとく説いているが、日本が丸裸になればやがて世界から日本に随いて来るという確かな保証でもあるのだろうか。君は丸裸でも安全だったというい くつかの実例をあげておるが、これには他に安全を保ち得た別の条件の不随していたことを君は全く無視しているようだ。備えなくして危険を招いた実例も君の挙げたより以上あったことも歴史は訓えている。然らば君の唱える敵の来らざることを唯一の恃みとする〝丸腰百パーセント安全論〟は成り立たないことになるではないか。万に一の危険に備えることは人間の本能であり、いやしくも責任の地位にある人なら一国の安全を図るためには待つあるを恃む何等かの有形な自衛手段を講ずるは当然であろう。君の持論を待つまでもなく世界のどこの国でも多額の費用を要する軍備を好んで持とうと思うものはあるまい。軍縮会議が現に行われつつあるのもそのためであろう。

だが現実に各国とも国防のため多額の費用を捻出し、到底自国だけの負担では賄いきれなくなって、ついに共産、自由両陣営とも若干の例外を除きほとんど集団的国防条約を結び自ら進んで軍備全廃に踏み切ろうとしないではないか。遠いさきの、いつ出来あがるかわからない世界連邦の建設をあてにして、この相互不信の支配する世界の中に今すぐに丸裸になるほど、いずれの国の政治家もばかが揃っているとは到底考えられない。この情勢下に日本が平和憲法（これができたとき外国ではユートピア憲法だと笑った学者もあった）を振りかざし真先に軍備廃止の音頭を取っても米ソ両国が果して核兵器を破棄するであろうか。また軍縮会議が急速に進展するだろうか。

我々は遠い将来に人類は戦争の無意義なることを悟る時代が来ることを信ずる。この意味で今からその理想を掲げて平和運動を根気よく押し進めることに不同意を唱えるものではない。

君は安保体制に反対しているが、一体この条約を結び之が改訂を発案したのは誰であるか、真相を承知の上運動をやっているのか。

安保条約が調印されたのは周知の通り昭和二十六年第三次吉田内閣のとき、講和条約調印と同時であるが、そのきっかけを作ったのは終戦直後の片山社会党内閣である。当時「日本が独立しても軍隊はなし、国連はまだ、力がないし、どうしてもアメリカの協力が必要で、之に対する安全保障の条約を結ぶ必要がある」というので、時のアメリカ大使アチソンに申し入れたのがそもそもの始まりであり、アチソンが帰国の途中飛行機事故で死亡したためホイットニー民生局長官に働きかけて実を結んだのが日米安保条約である。ところが、いよいよ日本が独立して見れば、この旧条約はアメリカに都合のよい一方的なものだったため、単独講和条約とともに論争の的となり、ついに社会党分裂の一因ともなった。その後、同党はこの条約は改正されなければならぬものと認め、昭和二十七年、社会党左派議員三宅正一がまず「改正に意志があるか」と質問の形式で提案し、次いで昭和二十八年には河上丈太郎、同三十年には浅沼稲次郎、同三十二年には鈴木茂三郎がそれぞれ代表して改訂を要求し、そこで岸内閣がこれを取上げた。従って旧安保も改正安保もそのイニシアチーフを取ったのは社会党自身である。然るにあの反対騒ぎだ。

それはソ連、中共から「日米安保条約は軍事同盟だから壊せ」という指令が来たので急に手のひらをかえすような反対運動が展開され、半公然と莫大な外国資金が流入し、左翼各団体を総動員したのみならず、あらゆる団体を動かしマスコミが総力を挙げてこれを報する。団扇太鼓の僧侶、大学教授、芸能人まで借り出され、国会は反対請願の人海戦術、議長の監禁事件にまで発展し、浅沼は全学連一万三千人の暴徒を国会正面門から構内に誘導して、赤旗で埋め尽くすという全く革命の様相を呈したことはご承知の通りである。この実相は確かなる筋の調査によると昭和三十五年五月二日メーデーの日の翌日、日本代表として参加した萩原信次、岡本松と中共総工会代表劉寧一、陳宇、北朝職業総同盟の金熙俊の三国代表の協議により「反美三国連帯委員会」ができ、この委員会から日本の総評に秘密指令が飛び、これを総評がタイプに打って左翼陣営に流した。この指令の中にすべて安保反対運動のスローガンから議会の質問演説の内容まで支持してあり、その上約百五十億円（一部未確認）に達する資金が投入されたという。そして中共では五月九日から一週間北京においては百万人、中共主要都市で総計一千三百万人が動員され、日本安保反対の応援デモが行われ、「われわれは、かくのごとく応援するのだから、身体を張って反対せよ」という指令が出され、あの暴動になったのであるという。

君が以上のような外国の指令によって動かされるところの、しかも革命を標榜する革新政党に同調し、これを援助しようとしているばかりでなく、日本を敵視している中共を礼賛支持しこれと友好を図ろうとしていることは端的にいうなら革命勢力を培養し、やがてはせんとするもこの革新政党の革命政策には恐らく反対であろうし、特に我々旧軍人の大多数は断固として之を排撃するであろう。

君は世界連邦の理想を掲げ、これが建設を宿願としておられるが、我々はその運動に兎や角いうつもりはない。実際にこの運動を推進している善意ある知名人や団体も少なくないようだし、これ等の人々や団体が組織を作って或は会議を招集し、或は宣言を発するなど相当な反響を喚起しているようだが、公平に見て世界の大勢を支配する段階に至るまでにはまだまだ程遠いように思われる。それでも我々は平和的な手段により世界人民の世論を盛り上げることにより各々の国の政府を動かして、この理想を実現するように努力することにはどんなに長年月を費やそうとも決して反対するものではない。だが一方においてこのような穏健な方法によることなく毛沢東のいうごとく革命戦争により反対勢力を打倒し、早期自己の体制と組織とをもって世界を制覇せんとする強大な一連の国家のある限り、しかもその国民の良識や発言を直接その政府に反映せしめることの不可能な国家の存する限り、君のいう世界連邦の平和理想郷の実現する前に世界は戦火の坩堝に投げ込まれ人類の滅亡をまねかなければならなくなることを我々は恐れるものである。

我々は君が革命的政党を支持し戦争を肯定する中共と友好関係を続けることは表面に軍備撤廃による戦争絶滅、世界連邦建設による平和実現を口にしながら、知らず識らずの間に革新政党の革命運動の片棒を担がされ、中共のペースに捲き込まれることになりはしまいかと深い危惧の念を禁じ得ないものである（「亜細亜時報」第七十九号一九六二年九月）。以下、同誌に収録の二六会幹事の遠藤に対する質問要旨と要望事項とそれに対する遠藤三郎の「返事」（質問状に対する返事）を記載する。

質問要旨（要旨）

1、君は今までの言動その他により、旧軍人、自衛隊関係者に迷惑をかけたと思うか。かけてないと主張するなら、その理由。

2、将来は執筆を慎重にし、講演の際の表現に注意を払おうと考えているのか。従来のままでおし通すならその理由。

3、君は革新政党に同調しているようだが、単に共鳴の範囲に止まるか、支持援助し革命政策の遂行を推進しようと思うか。

4、君は毛沢東の戦争論を否定するか。肯定するか。否定するならその根拠。肯定するなら、中共に対する態度に変化があるか。

日中友好元軍人の会を今後も続けるか。続けるならその理由。

要望事項

1、日中友好元軍人の会の現況、今の性格を明らかにする文書，会報、発行物を全部送られたい。発表を好まないなら、その理由。

2、訪中の際、中国側から贈られた荷物の内容、いかに処置したか明示されたい。明示を好まないなら、その理由。

陸士二六期生　幹事（匿名）

質問状に対する返事（要点）

遠藤三郎

友人としての私信ならばともかく幹事という公人としての質問状と申すよりは詰問状であり、査問的取調べのようにみえますので返答は致し兼ねます。このような詰問的取り調べをうける根拠を理解し得ないのです。折角の手紙ですから要望事項に対してはお答えしましょう。

1、日中友好元軍人の会は秘密の会ではありませんので、会報等は会に要望してください。それには幹事名も設立の趣旨も掲載されています。

2、中国からの贈り物は一緒に同行した元軍人の会員並に羽田税関でよく知られています。友人として御来訪下さらば悦んでおみせしましょう。

最後に「断交」とか「絶交」とか、と書かれていますが、二六会が会員と断交とか絶交とかという意味は了解に苦しむところです。私に対して断交とか絶交したい方々にはどうぞ御自由にと申し上げるほかないように思います。

解　説

遠藤に対するこの論争の仕掛け人、二六会幹事の論法は、鋭く一面をついているかに見える。しかし批判の槍玉に置かれた遠藤と対比してみれば、人類の未来の平和を追求する姿勢において、遠藤批判論者はあらゆる戦争を罪悪と認めながら、これから発生するかもしれない一切の戦争を否定していない。この点が遠藤の戦争論と異なる分水嶺である。さらにこの論争の仕掛け人には、極めて重要な一点が欠落している。それは平和を求めるプロセスで相手の存在を認めない寛容の精神が欠落していることである。遠藤には元敵国であった相手国を信頼する寛容さと人類の未来に光をもとめるゆるぎない展望と自信があった。反論者にはそれが欠落している。遠藤の頭には相手国に対する誹謗も中傷もなく、素直に新中国の誕生に貢献した人民解放軍を祝賀できたのである。

さらに新中国に対する二六会幹事の用語は、最初からすべて和製の名称で中国のことを「中共」、人民解放軍のことを「中共軍」と書いている。これは相手国の現実を見ない蔑視のまなざしであろう。戦争を罪悪と認めながら、なお、その準備をする理論構成から抜け出ていない。それにもかかわらず、理想主義の旗印はおろしていない。さらにこの論者は遠藤が人類永遠平和を実現する第一歩として、軍備全廃を叫んでいることに異論をはさむものでない、と書いている。世界連邦にも賛成している。しかし、その直後に、その理想を全面否定するその理論展開は、どうして起こるのか？　やはり平和主義に自信が持てないということか。論者は遠藤を原則論者、観念論者という言葉で切り捨てるが、論者もまた、理論的な矛盾に迷い込んでいる。当時の遠藤は、この論争相手に、自分を審問するような質問には回答する意思のないことを宣言した。それを卑怯と考える人も出て来るかもしれないが、私はそうは思わない。その理由は、遠藤の無軍備平和論は、俄か造りの思い付きでなく、若き日にフランスで学んだクーデンホーフ＝カレルギーの世界連邦論を下敷きにするもので、彼の完全軍縮論（各国平等逓減方式）は満洲事変の直前、参謀本部作戦参謀時代に立案した構想であったことからみても、その理論形成が付け焼刃でなかったからである。なお、遠藤の批判者は遠藤が毛沢東の戦争論、（毛の革命戦争論は人民解放軍が反革命戦争に勝利して、戦争を消滅させる理論で）それを遠藤が肯定していると非難している。だが、それは勘違いではなかろうか？　なぜなら、革命戦争によって反革命戦争を消滅させる理論を展開したのは毛沢東であり、それは遠藤の理論ではなかったからである。そのことは、遠藤の九十三冊の日記と彼が生涯に書き残した政治・軍事論説と晩年に書いた自叙伝を読めば明らかになる。遠藤は社会主義者（赤の将軍）ではなかった。彼は大日本帝国の軍人であり、純粋に天皇の軍隊の統帥権の番人として、あの戦争を指導して、その体験から戦争を罪悪と認罪した元軍人であった。つまり遠藤は日本の戦争指導者として、その体験から戦争を罪悪とみなし反省したのである。戦前、すでに遠藤は国の政治体制の如何を問わず、資本主義国も社会主義国もともに、列強を含め世界の各国から将来は軍備を消滅させることが可能になる具体的な完全軍縮計画案を考えたのである。それは遠藤批判者が考えもしなかった具体的な完全平和構想であった。遠藤はその具体案を一九三一年に構想して、参謀本部の上司に提案していたことを反論者はご存じでなかったことになる。

最後に、論争の仕掛け人は、一九六〇年安保のとき、中・ソを含め反安保の三国代表から百五十億円の運動資金が提供されたと書いているが、ある確かな筋から得た情報と云いながら、その資金の提供者を特定していない。純粋な遠藤の性格から見て、あまりにも荒唐無稽で根拠に欠けるねつ造された情報であろう。彼はまともに相手にする質問ではないと判断して、相手方の「根拠を理解しえない質問」という理由で回答を拒否したものかと考える。

筆者がこの論争を本論で取り上げなかったのもそのためである。根拠の希薄な情報を歴史書に紹介するのを躊躇したため、あえて巻末の付録に、あくまで参考までにこの論争を収録した。論争の前半は今日的な歴史問題（軍備戸締り論など）にも継承される見解であるから、再び日本国民がだまされないように、大いに参考になると思われる。なお、訪中した遠藤が毛沢東と握手したのは、毛沢東が日本国憲法第九条を高く評価し、「戦後、第九条を手にした日本国が世界一強国になった」と遠藤に発言したことによるだろう。勿論、遠藤は毛沢東にその理由を聞き返した。毛沢東はこう答えている：「武装をしない裸の日本を世界のどの国が侵略できますか。将来は中国も日本国憲法第九条のような憲法を持ちたい」（第一回訪問時の会見）と。毛沢東のこの発言は、遠藤の訪中記（謄写版刷り別冊）に収録されていた。残念ながら現在はその冊子そのものがみつからない。しかし日本国憲法第九条が人類の宝であることは、世界の世論が認めている。今年（二〇一四年）には日本国憲法第九条がノーベル平和賞の候補に入ったことが、新聞に報じられた。第九条を評価するひとびとが世界中に広がっている。将来、日本国憲法がノーベル平和賞を獲得できるとき、日本国民を代表する総理大臣がだれになるか？　日本国民が歴史認識を変革し、憲法第九条を人類の宝物と認めないかぎり、堂々と胸をはってノーベル賞をいただける総理大臣を選出できないだろう。一国の政治はその国の人民の意識を反映させるものである。憲法第九条はその国の人民の意識の反映とみなされるものである。戦後、護憲運動をした遠藤の狙いは日本の人民の護憲意識の創生にあったといえる。

遠藤三郎略年譜

年号	年齢	遠藤の略歴	日本と世界の動き
一八九三（明治二十六）年		一月二日、山形県東置賜郡に誕生。	五月、戦時大本営条例公布。
一八九四（明治二十七）年	一歳		七月、日清戦争勃発。
一九〇一（明治三十四）年	八歳		四月、裕仁親王誕生。
一九〇四（明治三十七）年	十一歳	八月一日、日記を書き始める。	二月、日露戦争勃発。
一九〇七（明治四十）年	十四歳	三月、小松町立尋常高等小学校卒業。 九月、仙台陸軍幼年学校入学。	四月、南満洲鉄道開業。 九月、陸軍新設十三～十六師団を常備に。
一九一〇（明治四十三）年	十七歳	九月、中央幼年学校入学。	八月、韓国併合。
一九一二（明治四十五）年	十九歳	五月、同校卒業（恩賜）。 十二月、陸軍士官学校入学。	二月、清朝倒れて中華民国誕生。
一九一四（大正三）年	二十一歳	五月、陸軍士官学校卒業（恩賜）。重砲兵第一連隊付（横須賀）十二月、砲兵少尉青島出兵に付、動・復員に関する留守隊業務。	一月、シーメンス事件。 七月、第一次世界大戦勃発。 八月、日本もドイツに宣戦布告。
一九一五（大正四）年	二十二歳	七月、砲工学校（二年間）恩賜。	一月、対華二十一ヵ条要求。

一九一八（大正七）年　二十五歳　七月、砲兵中尉。　八月、シベリア出兵宣言。十一月、第一次世界大戦終結。

一九一九（大正八）年　二十六歳　四月、ミツと結婚。八月、陸軍大学校入学（三年間）恩賜。十二月、野戦重砲兵第一連隊付。　五月、北京で五四運動。

一九二〇（大正九）年　二十七歳　七月、騎兵第二十四連隊付。

一九二一（大正十）年　二十八歳　七月、近衛歩兵第一連隊付。　七月、上海で中国共産党創立（一説による）。

一九二二（大正十一）年　二十九歳　七月、工兵第十大隊付。　二月、ワシントン海軍軍縮条約。

一九二三（大正十二）年　三十歳　三月、野重砲第一連隊第三中隊長。九月、帝都震災下、朝鮮、中国人ら七千人を保護。　九月、関東大震災。大杉栄一家殺害事件。

一九二四（大正十三）年　三十一歳　八月、参謀本部兼海軍軍令部参謀。　五月、米国で排日移民法可決。

一九二五（大正十四）年　三十二歳　九月、作戦案上奏。　三月、治安維持法成立。

一九二六（大正十五）年　三十三歳　九月、仏国駐在武官としてフランスに出発。十月、パリ着。ルーアンで生活。

一九二七（昭和二）年　三十四歳　六月、メッツ防空学校（半年）　四月、蔣介石の上海クーデター、十一月、フランス陸軍大学校（約二年間）パリに駐在。　南京で国民党政府樹立。八月、中国共産党の南昌起義。九月、毛沢東の秋収起義。十月、井崗山に革命根拠地を建設。

一九二八（昭和三年）　三十五歳　八月、砲兵少佐。　六月、奉天で張作霖爆殺事件。八月、パリで不戦条約調印、日本も批准。

一九二九（昭和四）年　三十六歳　十二月、アメリカ大陸経由で帰国。

一九三一（昭和六）年　三十八歳　九月、満洲事変、参謀本部から止め男として奉天に派遣される。

一九三二（昭和七）年　三十九歳　二月、第一次上海事変、七了口上陸作戦を立案して現地指導、八月、関東軍作戦主任参謀として渡満、石原莞爾作戦参謀より事務引継ぎ抗日ゲリラ対策に専念。

一九三三（昭和八）年　四十歳　二月、熱河作戦立案。五月、塘沽停戦協定。八月、砲兵中佐。　三月、国際連盟脱退。

一九三四（昭和九）年　四十一歳　八月、陸軍大学校教官。

年	年齢	事項	社会の動き
一九三五（昭和十）年	四十二歳		八月、永田鉄山斬殺。
一九三六（昭和十一）年	四十三歳	二月、東京で反乱軍説得。四月～七月、陸軍大学校で学生に対ソ作戦案作戦案（防御と侵攻作戦案の講義をする）。八月、野戦重砲兵第五連隊長（小倉に移動）。	十二月、西安事変発生。中国は第二次国共合作へ。
一九三七（昭和十二）年	四十四歳	八月、砲兵大佐。九月、北支従軍。十二月、参謀本部第一課長（教育）兼陸大教官。同月、航空兵大佐。	四月、防空法公布。七月、盧溝橋事件。十二月、日本軍南京占領。
一九三八（昭和十三）年	四十五歳	二月、「従軍兵士の心得」を起草、全軍に配布。七月、大本営陸軍部幕僚。	南京大虐殺（前年十月～三月）。四月、国家総動員法公布。
一九三九（昭和十四）年	四十六歳	九月、関東軍参謀副長兼駐満大使館武官、ノモンハン事件の停戦（大命）を伝達のため現地に渡る、関東軍司令部で四通の対ソ作戦案を作成、「満洲国」の防衛を優先する大綱を上司に建議。	五月、ノモンハン事件。八月、独ソ不可侵条約。九月、第二次世界大戦勃発。

一九四〇（昭和十五）年　四十七歳
三月、関東軍参謀副長を首にされ、浜松飛行学校付。八月、第三飛行団長として漢口へ進駐。
九月、日本軍北部仏印進駐。同月、日独伊三国同盟。

一九四一（昭和十六）年　四十八歳
八月（三十日）、重慶の蔣介石官邸をピンポイント爆撃。九月、重慶爆撃中止の建議を参謀本部に提出。十一月、ハノイへ移動。十二月、マレー作戦に参加。
四月、日ソ中立条約。六月、独ソ開戦。七月、関特演。十二月、太平洋戦争開幕。

一九四二年（昭和十七）年　四十九歳
二月、シンガポール攻略戦、パレンバン奇襲。三月、ジャワ攻略作戦。四月（十八日）、凱旋将軍として帰国、陸軍航空士官学校幹事。十二月、同校長（第四代）、中将。
四月、ドーリットル日本本土空襲。六月、ミッドウェー海戦で連合艦隊が敗北。

一九四三（昭和十八）年　五十歳
五月、陸軍航空本部・航空総監部の総務部長兼大本営幕僚。十一月、航空兵器総局長官。
五月、アッツ島玉砕。九月、伊降伏。十月、学徒出陣。十二月、カイロ宣言。

一九四四（昭和十九）年　五十一歳
科学技術審査会、航空評議会産業
三月、インパール作戦。

報国会等の委員を兼務。七月、「サイパン喪失後ニ於ケル戦争指導ニ関スル意見」起草。

六月、連合軍ノルマンディー上陸。七月、サイパン島玉砕。

一九四五（昭和二〇）年　五十二歳

四月、鈴木貫太郎総理に直談、沖縄で断固決戦を力説、本土決戦不可論無条件降伏後、十一月、停役。十二月、残務整理。

二月、ヤルタ会談（秘密協定）。同月、米軍硫黄島に上陸。四月、米軍沖縄に上陸。八月、広島・長崎に原爆投下、ソ連軍満洲に侵攻。ポツダム宣言受諾。

一九四六（昭和二十一）年　五十三歳

三月、埼玉県入間川町に一家で入植、開墾に着手。

一月、天皇の人間宣言。

一九四七（昭和二十二）年　五十四歳

戦犯容疑で巣鴨拘置所に収監一年間、獄中聖書を紐解き、英語も学習巣鴨を出所後、農地を開拓。

五月、新憲法施行。

一九四八（昭和二十三）年　五十五歳

埼玉県より正式割り当ての土地一町歩を耕す。

一九五〇（昭和二十五）年　五十七歳

十二月、日本の再軍備反対のチラシを配布。

六月、朝鮮戦争勃発、東西冷戦の始まり。

一九五一（昭和二十六）年　五十八歳

九月、日米安全保障条約、衆参議

院を通過。

一九五二（昭和二十七）年　五十九歳

一月、内閣総理大臣宛に追放解除の申請書を提出。

一九五三（昭和二十八）年　六十歳

十一月、「軍人生活の体験に基く日本の再軍備反対論」（国際警察部隊設置）を入間川の開墾地で起草「再軍備罪悪論」（「政治公論」五月号収録）。

一九五四（昭和二十九）年　六十一歳

一月、憲法擁護国民連合結成。四月、片山哲らと平和憲法擁護研究会創設を呼びかける。三月、衆議院外務委員会に公述人とし出席、ＭＳＡ援助協定による再軍備強化に反対意見を述べる。翌四月、五月、日米ＭＳＡ協定発足、衆議院内閣委員会に公述人として出席、防衛庁設置法案と自衛隊法案が憲法違反であると反対。

一九五五（昭和三〇）年　六十二歳

十一月、片山哲元首相と共に戦後最初の訪中（十一月六日～十二月六日）、毛沢東政権の性格を見極めるため。毛沢東と会見。毛沢東は「新憲法第九条をもった戦後の日本が世界で一番強い国になった」と発言。

三月、防衛庁首脳会議が防衛六ヵ年計画案決定（陸上十八万人、海上十二万トン、航空機一二〇〇機導入を昭和六〇年度の目標とする）。

一九五六（昭和三十一）年　六十三歳

八月、第一次元軍人団訪中。遠藤が引率。

同月、撫順戦犯管理所で戦争の罪を認めた元中将藤田茂と会見し、啓発される。

十月、日ソ国交回復。

一九五七（昭和三十二）年　六十四歳

六月、第二次元軍人団訪中。

六月、日本政府第一次防衛整備計画。

一九五九（昭和三十四）年　六十六歳

六月、参議院選挙に出馬、落選、護憲平和運動の論客として活動。

三月、米軍駐留違憲判決（伊達判決）。

一九六〇（昭和三十五）年　六十七歳

十一月、第四回目の訪中、約一ヵ月の旅（北京、瀋陽、洛陽他）。

六月、岸信介内閣の日米安保条約改定阻止の国民運動、東京では最高潮となる、日米新安保条約批准書交換・発行、岸首相退陣表明。

一九六一（昭和三十六）年　六十八歳

八月、東京で日中友好元軍人の会を創設、機関誌「八・一五」創刊、毎号、非戦平和の論説を執筆。

八月、ソ連第一副首相ミコヤン来日。

一九七二（昭和四十七）年　七十九歳

六月、戦後第五回目の訪中毛沢東主席周恩来首相らと会見、その後、北京から延安・西案・南京・上海長沙へ旅行。

五月、沖縄の施政権返還、沖縄県発足。九月、田中角栄首相、中国へ出発。周恩来首相、毛主席と会談。復交三原則を尊重、中国側、賠償放棄。

一九七四（昭和四十九）年　八十一歳

七月、『丸』に「重慶爆撃ざんげ録」を投稿（七月号）。十一月、『日中十五年戦争と私』（日中書林）刊行。

五月、自民党、靖国神社法案を衆議院本会議で単独可決（参議院で廃案）。

一九七九（昭和五十四）年　八十六歳

四月、自宅で元軍人と談話、「将軍は語る遠藤三郎対談」の記録：遠藤はひとり屈せず、その非武装平和思想で、相手の論客をたじろ

二月、中国副首相鄧小平来日。大平首相と会談。四月、大平首相訪米。五月、カーター大統領と会談。

がせた。
「軍備亡国」を世界十一月号に掲載。

一九八〇（昭和五十五）年　八十七歳
七月、鈴木善幸内閣成立。

一九八一（昭和五十六）年　八十八歳
元参議院議員の高良とみ女史の要請を受けて、米国レーガン大統領宛に書簡を書いて発送、資源の乏しい日本の国情から軍備国防は不可能で、有害である、大統領が鈴木総理と夕食されるとき、鈴木総理も憲法九条を擁護する人であるから、鈴木総理を援護する意見であると伝える（四月八日付）。
宇都宮徳馬の「軍縮問題資料」六月号に「軍備亡国」を投稿（重要論考）。
三月、朝日新聞世論調査。安保条約を評価が初めて五割突破（五五%）。憲法九条改正は反対六〇%。五月、鈴木首相、日米共同声明は首脳会議を反映していないと再度不満を表明（公表せず）。

一九八四（昭和五十九）年　九十一歳
九月九日、日記終了。
十月十一日、九十一歳の生涯を終える。
五月、環太平洋合同演習（リムパック）開始。日・米・加・豪ら参加。

参考文献一覧

I　遠藤三郎関係文献・資料

＊戦後刊行された文献

（1）単行本

・遠藤三郎著『日中十五年戦争と私』日中書林　一九七四年
・日中友好元軍人の会『会報』（復刻版）一九六一・七（準備号）～一九六五・十一（第二三号）一九九〇年八月一五日
・「遠藤語録」編集委員会『軍備は国を亡ぼす』日中友好元軍人の会　一九九三年

（2）雑誌

・『亜細亜時報』特集「旧軍人の平和思想論争」亜細亜経済研究所　一九六二年九月
・『日中』特集「遠藤三郎」日中書林　一九七五年二月

（3）旅行記

・元航空兵器総局長官遠藤三郎「元軍人の観たる新中国」（第一次訪中記：昭和三十年十一月六日羽田発～同十二月六日香港発～羽田）訪中軍人団世話人会　一九五六年三月
・遠藤三郎「中国訪問記」（自昭和三十年十一月六日至同年十二月六日）草稿・「立ち上る新中国」元陸軍中将・農業（第一次訪中団の記録と第一次元軍人団の訪中報告）この報告は『元軍人の見た中共―新中国の政治経済文化思想の実態―』と題し元軍人佐官級の人々七名との共同執筆で、一九五六年に文理書院から刊行された。
・訪中元軍人団世話人会「元軍人団の中国訪問記」「第二次訪中元軍人団報告」（自一九五七・六・二二～七・八一まで）第三・四・五次訪中の記録は遠藤日記参照

＊戦中・戦後の未刊行資料（日記、講義録、意見書、論争その他）

（1）日記

・「遠藤三郎日誌」　一九〇四年八月一日～一九八四年十月十一日まで（各年度別。一九四〇年度は輸送船沈没により紛失）
・「満洲事変中渡満日誌」（自昭和六年年九月二十四日至同年十一月三日）
・「一九八一・昭和五十六年日誌補」一冊（高良とみ宛書簡と返信、米国レーガン大統領宛メッセージなど）
・「一九八三（昭和五八）年日記補遺」（卒寿を迎えた元旦の挨拶文、光子夫人の死去を報告、一人残された男の心境を告白）

（2）訓示・講義録・報告書

・昭和七年八月以降「軍司令官訓示綴」
・遠藤砲兵中佐述「昭和十一年度第三学年　戦術講授録」（防衛及び退却）
・遠藤砲兵中佐「昭和十一年度第三学年　校内戦術講授録」（第四期第三班）
・極秘三部ノ中第三号報告書「樺太ニ於ケル昭和十三年六月第七師団夏季連合演習並上級将校現地戦術見学報告」第一課長遠藤航空兵大佐
・秘「教育訓練ニ関スル資料」　昭和十四年　遠藤大佐（大本営教育課長時代）

（3）意見書（ノモンハン事件後、対ソ作戦反対論、航空組織改編・決戦論他）

・極秘「対『ソ』作戦構想」（案）　一九三九年九月二八日
・極秘「関東軍指導要綱」（第二案）　一九三九年十月十一日
・極秘五部ノ内第四号「年度対『ソ』作戦計画ノ大綱」（私案）　一九三九年十一月一日
・極秘「昭和十五年度作戦計画訓令案ニ対スル意見」　一九三九年十一月二三日起草
・意見書　参謀次長澤田中将宛書簡（タイプ打ち書簡）陸軍少将遠藤三郎　一九四〇年三月二五日付

・進講要旨　武田宮附武官伊藤力宛書簡（タイプ打ち書簡）遠藤少将　一九四〇年四月二六日
・意見書「奥地進攻作戦ニ関スル意見」（重慶爆撃無用論）遠藤少将　一九四一年九月三日
・意見書「帰順（投降＝抹消）飛行将校及其ノ搭乗機ノ取扱ヒ」一九四一年日誌に挿入（漢口で書かれた意見書）
・意見書「陸軍航空ノ組織変換ニ関スル意見」（タイプ打ち）一九四二年十二月三〇日
・意見書「航空総軍新設ニ関スル意見」（タイプ打ち以下同じ）一九四三年七月
・同「航空戦力ノ飛躍的増強ニ関スル一対策私案」一九四三年六月一日
・同「陸海軍航空部隊ノ任務竝ニ兵力ニ関スル一私案」一九四三年六月十五日
・同「航空将校ノ急速大量養成ニ関スル意見」一九四三年七月
・同「航空路ノ急速充実ニ関スル意見」一九四三年七月
・答申案　大臣諮問「寡ヲ以テ衆ヲ破ル方策」一九四三年七月
・意見書「サイパン喪失後ニ於ケル戦争指導ニ関スル意見」一九四四年七月七日（遠藤日記には「サイパン喪失ノ場合ヲ考慮シ航空兵器生産上ノ緊急対策」計画ノ一部変更ニ関スル意見）と題する謄写刷りを挿入している。
・戦死者の略歴・戦死の状況「五ＳＡ　北支従軍中予の部下として戦死せる兵の略歴」連隊本部宛　発信者第五中隊　戦死者の氏名故陸軍砲兵上等兵木原藤吉、同馬場清一、田上正人、中村一太他

（4）戦中・戦後の対談記録
・「陸鷲の実践と育成」（菊池寛『航空対談』文藝春秋社　一九四四年三月）
・「将軍は語る　遠藤三郎対談記」（速記録・草稿：昭和五四年四月）
・「対談・遠藤三郎　宇都宮徳馬『軍備亡国　暴兵損民』」（宇都宮徳馬『暴兵損民』徳間書店　一九八四年十二月）

（5）遠藤所蔵極秘文書（ファイル）

・昭和七年「七了口附近上陸作戦ニ関スル書類」（軍事機密資料）遠藤少佐
・昭和九年「対満要綱」（関東軍の満洲国建国関連機密文書）遠藤参謀
（6）学業成績表「仙台陸軍地方・幼年学校生徒考科序列表」
（7）戦時下の刊行物
・『遠藤部隊従軍報告書』旧遠藤部隊長　小公村の小戦争一周年記念日（北支従軍記録）一九三八年九月二一日
・『従軍兵士ノ心得』第一号　参謀本部　一九三八年八月
・軍需省航空兵器総局長官遠藤三郎談『飛行機増産の道ここにあり』番町書房　一九四四年四月一五日

＊戦時中のラジオ放送原稿

・関東軍参謀陸軍砲兵少佐「熱河作戦に於ける皇軍戦勝の主因」一九三三年三月七日午前十一時於錦州戦闘司令所放送（昭和八年六月関東軍参謀部「熱河粛清の概況」収録）
・遠藤少将「昭和一六年九月二十日夕第二回航空日ラジヲ放送講演要旨」於漢
・「軍神加藤建夫追悼放送」札幌放送局における航空日の放送原稿（タイプ打ち）一九四二年九月二〇日
・「第四回航空日ニ於ケル放送」毛筆　一九四三年九月二十日
・「神風特攻隊の献金を手にしてラジオ放送」封書入り鉛筆書き　一九四四年十一月？（この原稿は長男典夫に送りたるも典夫の所属不明返送し来るものなり）封書の表紙に鉛筆で付記あり

＊東京裁判関係と満洲事変講演原稿

・「東京裁判に於ける弁護側の準備」（二一・一〇・七）封筒入り
・「遠藤閣下宛　井本熊男書簡」（二一・一〇・七）一通
別紙　質問項目：「一、満洲事変ハ支那事変及大東亜戦争ト共通ノ計画又ハ共同謀議ノ立案又ハ実行関係ナキコトヲ明白ニス

二、満洲建国ハ事変前ヨリノ一貫セル計画又ハ共同謀議ヲ以テ行ハレタルモノニアラザルコトヲ明ラカニス　三、満洲事変ハ侵略戦争ニアラザルコトヲ明カニス　四、奉天事変ニ伴フ軍事行動ハ自衛権ノ発動ナリ、爾後ノ軍事行動ハ各々正当性ヲ有シタルコトヲ明カニス」など弁護側の質問項目

・「東京裁判に於ける予の陳述案」（二一、一〇、一二）封筒入り

「陳述書」（遠藤三郎）（第一案）（鼠害）その内容：遠藤の軍歴と十一項目の質問項目について遠藤が毛筆で記入した下書き原稿と思われる。

・「満洲事変ノ経過」（日付欠）

＊戦中・戦後に印刷した宣言とチラシ

・軍需省航空兵器総局長官遠藤三郎「神風ヲ贈ルニ当リテ」（一枚もの、戦闘機生産現場に対する激励文）一九四四年一二月八日

・遠藤三郎「日本の再軍備反対と国際警察隊設置に関する提唱」一九五〇年一二月一〇日

・「平和憲法擁護研究会趣意書」平和憲法擁護研究会　一九五三年四月六日

・「軍人生活の体験に基く・日本の再軍備反対論」（国際警察部隊設置の提唱）一九五三年一一月稿

・「戦争並に戦争準備否協力運動展開に関する提唱」（アジア諸国会議席上にて）一九五五年四月

・遠藤三郎「私の悲願」一九五七年五月二三日

＊戦後の遠藤メモ・書簡（写し）演説・投稿原稿（一九五五年〜八〇年）

・「再軍備を続行する限り政府声明は空文に過ぎない」（『世界』一二号　一九五五年三月）

・「自衛隊の行方」（『世界』一九五五年十二月）

・「Z計画に就いての疑問」（一九七一年一〇月？）

・「アルバニア案の採択と日本・台湾を中華人民共和国に帰属させる努力こそ道義的責任」（一九七一年十一月二九日付投稿　掲

載誌名　不明）
・「ゆく年をかえり見て」　一九七一年歳末遠藤三郎　沖縄を非武装中立県になるよう希望
・「朝鮮戦争と印度支那戦争それと大東亜戦争」　一九七一年　ニクソン大統領のテレビ放送を聴きて（草稿）
・「護憲連合代表委員として最高裁長官に要望」（一九七一年三月九日）要請　タイプ刷り
・周恩来首相宛書簡（一九七一年四月二八日付・下書き原稿）
・「一九七一・八・三〇　王国権氏と会談」メモ（八月二五日王国権氏（中日友好協会副会長）松村謙三氏葬儀参列のため来日のときの遠藤との会談）
・王国権宛書簡（一九七一年八月三一日付：日本の軍国化問題について、七つの問題を指摘したもの）佐藤総理の「自分の国は自分で守る」という掛け声に反論した書簡
・「佐藤さん、置き土産に台湾訪問を」（一九七一年八月二三日埼玉県遠藤三郎七八歳　朝日・読売新聞社に投稿文。朝日は不掲載）
・「七・七記念集会の挨拶」遠藤三郎（一九七一・七・七紀念日七月六日　発明会館にて）
・「敗戦紀念日を迎えて」遠藤三郎（草稿）
・『満州事変』を顧みて」　一九七一・九・六（メモ）日中貿易促進会の要望に応えた論考
・「抗議集会に於ける閉会の辞」於明治公園　一九七二年五月十五日護憲代表遠藤三郎（挨拶の内容は「沖縄の真の安全並びに県民の真の幸福は米軍たると日本軍たるとを問はずあらゆる軍事基地の廃棄」が求められるというもの）
・「〝七・七〟三十七周年を迎えて」日中友好協会〈正統〉本部機関誌記者のインタビュー「形を変えた軍国主義復活に要注意！」と指摘する。
・「田中（角栄首相）訪中に望む：〝経済侵略〟は慎め　日本軍の罪は素直に陳謝」　一九七二年九月二五日付『毎日新聞』狭山市在住遠藤三郎談話

・「元陸軍中将（遠藤三郎）五度の訪中から帰って」『潮』一九七二年十月
・護憲連合前事務局長参議院議員水口宏三氏逝去を追悼する談話（一九七三年三月十六日の青山葬儀所の追悼文と思われる）
・「廖承志訪日団長に与へし手紙」一九七三年五月十二日（メモ）（「精神文化を忘れた物質文明は必ず人心を荒廃させ自立を破壊する」「有限の地球に人類が永遠に生存するためには自衛のバランスを崩さぬことが肝要である」などと述べる）
・「憲法二十六周年紀念集会挨拶」日比谷公会堂　一九七三年五月三日（メモ）
・「石橋湛山氏の葬式（築地本願寺）一九七三年五月十二日（メモ）」（「湛山氏が戦後予と会談の際、真に世界平和に貢献し得るならばたとえ日本が亡んでもよいではないか。遠藤さんのような軍人のベテランが軍備は不要と云うなら私も同意すると云われた事は忘れ得ない良薬であった」）
・「長沼裁判の判決を迎えて・非武装中立こそ最良の国防」『平和と民主主義』一九七三年八月（以上　狭山市立博物館所蔵）
・「憲法施行二七周年に当たって」『平和と民主主義』一九七四年六月
・「軍備亡国」『世界』一九八〇年十一月

＊遠藤三郎についての単行本と論文

単行本

・宮武剛『将軍の遺言　遠藤三郎日記』毎日新聞社　一九八六年
・吉田曠二『ドキュメント日中戦争：エドガー・スノウと将軍遠藤三郎の文書を中心に』（上・中・下）三恵社　二〇〇二年
・吉田曠二『元陸軍中将遠藤三郎の肖像』二〇一二年『満洲事変』・上海事変・ノモンハン事件・重慶戦略爆撃　すずさわ書店

論文

・東中野多聞「遠藤三郎と終戦（附）遠藤三郎関係史料目録」（『東京大学日本史学研究室紀要』第七号　二〇〇三年
・吉田曠二「憲法九条を死守せよ！（上）元陸軍中将…遠藤三郎の叫び」月刊『マスコミ市民』第四三五号　二〇〇五年四月

・吉田曠二「憲法九条を死守せよ！（下）元陸軍中将の叫び」月刊『マスコミ市民』第四三六号　二〇〇五年五月
・吉田曠二「元日本陸軍将軍・遠藤三郎と第七三一部隊」『十五年戦争と日本の医学医療研究会会誌』（京都大学）第十二巻・第二号　二〇一二年五月
・張鴻鵬「満洲国の歴史的探究＝関東軍作戦参謀遠藤三郎日誌を中心に」二〇一〇年一月二十二日（名城大学大学院法学研究科修士論文）
・張鴻鵬「元関東軍作戦参謀遠藤三郎の対ソ戦論と行動―『遠藤日誌』を中心に」『名城法学論集』名城大学大学院研究年報　第四〇集　二〇一二年度

埼玉県の遠藤家から狭山市立博物館に寄託された遠藤三郎の文書（日記と関連資料）は現在までのところ未整理で、その目録は作成されていない。ここに紹介した資料は私が遠藤家と同館の好意により、閲覧を許可されたものだけである。将来、全体の資料が整理され完全な目録が作成されたとき、さらなる詳細な分類が可能になると思われるが、現在までは、この目録が研究者に役立つ情報源である。

Ⅱ　主要参考文献

＊戦争・外交史＝満洲事変以後

満洲事変及び「満洲国」建国（一九三一年九月〜一九三七年六月）関係

・小林龍夫、島田俊彦、稲葉正夫編『現代史資料』⑦満洲事変　みすず書房　一九六四年
・小林龍夫、島田俊彦、稲葉正夫編『現代史資料』⑪続・満洲事変　同　一九六五年
・角田順編『石原莞爾資料国防論策』原書房　一九六七年
・防衛庁防衛研修所戦史室『満洲方面陸軍航空作戦』戦史叢書（五三）朝雲新聞社　一九七二年
・日本国際政治学会太平洋戦争原因研究部編『太平洋戦争への道・開戦外交史』②満州事変　朝日新聞社　一九六二年
・同『太平洋戦争への道・開戦外交史』③日中戦争（上）同　一九六二年

・原田熊雄『西園寺公と政局』第二巻　岩波書店　一九五〇年
・片倉　衷『戦陣随録　満洲事変から太平洋戦争へ』経済往来社　一九七二年
・同　『回想の満洲国』経済往来社　一九七八年
・森島守人『陰謀・暗殺・軍刀―一外交官の回想―』岩波新書　一九五〇年
・重光　葵『昭和の動乱』（上下）中央公論社　一九五二年
・島田俊彦『関東軍―在満陸軍の独走』中公新書　一九六五年
・緒方貞子『満州事変と政策の形成過程』原書房　一九六六年
・臼井勝美『満州事変―戦争と外交と―』中公新書　一九七四年
・児島　襄『満州帝国』第一巻勃興　文藝春秋　一九七五年
・同　『満州帝国』第二巻建国　同　一九七五年
・同　『満州帝国』第三巻滅亡　同　一九七六年
・岡部牧夫『満州国』三省堂選書　一九七八年
・易顕石他、早川正訳『中国側から見た『満洲事変』九・一八事変史』新時代社　一九八六年
・兪辛焞『満洲事変期の中日外交史研究』東方書店　一九八六年
・江口圭一『十五年戦争小史』青木書店　一九八六年
・スノウ、梶谷善久訳『極東戦線』筑摩書房　一九八七年
・黒龍江人民出版社、陳志山訳『馬占山と満州』エイジ出版　一九九〇年
・ＮＨＫドキュメント昭和取材班編『皇帝の密約』角川書店　一九八七年
・山室信一『キメラ―満洲国の肖像―』中公新書　一九九三年

・ルイーズ・ヤング、加藤陽子他訳『総動員帝国』岩波書店　二〇〇一年
・森久男『日本陸軍と内蒙工作―関東軍はなぜ独走したか』講談社　二〇〇九年
・英文・和文『リットン報告書』中央公論別冊附録　一九三二年
・駒井徳三『大満洲国建設録』中央公論社　一九三三年
・参謀本部編纂『満洲事変作戦経過ノ概要』巌南堂書店　一九七二年
・参謀本部編纂『満洲ニ於ケル支那軍掃蕩戦』上　東京偕行社　一九三四年
・参謀本部編纂『満洲事変ニ於ケル匪賊討伐戦』上　東京偕行社　一九三五年
・参謀本部編纂『満洲事変史』第六輯　附図二十枚　同（発行年月不明）
・陸軍省新聞班『張学良錦州政権の対日抗戦準備に就て』一九三一年
・帝国在郷軍人会本部『「武藤全権大使送別の夕」に於ける送別の辞、祝辞、講演』一九三二年
・陸軍省調査班『熱河討伐経過概要』一九三三年
・関東軍参謀部『関東軍最後の聖戦・熱河粛清の概況』関東軍参謀部　一九三三年
・関東軍参謀部『関東軍最後の作戦・熱河粛清の概況』補遺　同上　一九三三年
・陸軍省調査班『熱河粛清後の北支情勢と停戦交渉』一九三三年
・陸軍省『皇国は太平洋時代の世界軸心に立つ』一九三四年
・同『満洲事変勃発満四年　日満関係の再認識に就て』一九三五年
・同『日露戦役の回顧と我等国民の覚悟』一九三六年
・同『満洲事変満五年』一九三六年
・東京市役所『満洲国皇帝陛下奉迎記念講演』一九三五年

・長与善郎『少年満洲読本』日本文化協会 新潮社 一九三八年
・徳富蘇峰（正敬）『満洲建国読本』日本電報通信社 一九四〇年
・『満洲に関する用兵的観察』第一巻 第一篇 満洲に於ける日本軍の対ソ作戦計画 復員局資料整理課 一九五二年
・愛新覚羅溥儀『わが半生』上・下 筑摩書房 一九七七年
・NHK取材班『張学良の昭和史最後の証言』角川書店 一九九一年
・服部龍二『日中歴史認識「田中上奏文」をめぐる相剋一九二七―二〇一〇』東京大学出版会 二〇一〇年

英文文献

・Henry L. Stimson, *The Far Eastern Crisis: Recollection and Observations*, New York: Harper & Brothers Publishers, 1936.
・Henry L. Stimson, *On Active Service in Peace and War*, New York: Harper & Brothers Publishers, 1947.
・Takehiko Yoshihashi, *Conspiracy at Mukden: The Rise of the Japanese Military*, westport: Greenwood Press Publishers, 1963.
・Sara R. Smith, *The Manchurian Crisis 1931-1932: A Tragedy in International Relations*, New York: Columbia University Press, 1948.
・James A. B. Scherer, *Manchukuo: A Birds'eye View*, Tokyo: The Hokuseido Press, 1933.

中国語文献

・建国十周年祝典事務局『大満洲帝国建国十周年紀念写真帖』満洲事情案内所 一九四二（康徳九）年

第一次上海事変及び上海共同租界関係

・上海居留民団編『昭和七年・上海事変誌』上海居留民団 一九三三年
・有馬成甫『海軍陸戦隊上海戦闘記』海軍研究社 一九三二年
・世界知識増刊『上海事変の経過』新光社 一九三二年

・海軍軍令部編、監修・解説田中宏巳・影山好一郎『昭和六・七年事変海軍戦史』（第二巻）緑蔭書房　二〇〇一年
・羽根田市治『夜話上海戦記　昭和六年－二十年』論創社　一九八四年
・A. ハウザー、佐藤弘訳『大帮の上海』高山書院　一九四〇年
・ホークス・ポット、土方定一・橋本八男訳『上海史』生活社　一九四〇年
・髙橋幸助・古厩忠夫編『上海史』東方書店　一九九五年
・NHK〝ドキュメント昭和〟取材班編『ドキュメント昭和②上海共同租界』角川書店　一九八六年
・内山完造『花甲録』岩波書店　一九六〇年
・ニム・ウェールズ『中国に賭けた青春――エドガー・スノウと共に――』春名徹・入江曜子訳　岩波書店　一九九一年
・後藤春美『上海をめぐる日英関係　一九二五－一九三二年』東京大学出版会　二〇〇六年
・金学俊『評伝尹奉吉―その思想と足跡』朴淳仁訳　彩流社　二〇一〇年（以上、第一次上海事変の参考文献は吉田曠二『元陸軍中将遠藤三郎の肖像』すずさわ書店で参照）

英文文献
・Edgar Snow, *Far Eastern Front*, London: Jarrolds Publishers, 1934.
・C. E. Darwent, *Shanghai: A Hand Book For Travellers and Residents*, Shanghai: Kelly and Walsh, 1904.
・Hawks Pott, *A Short History of Shanghai*, Shanghai: Kelly and Walsh, 1928.
・Betty Peh-Ti Wei, *Shanghai Crucible of Modern China*, Hongkong: Oxford University Press, 1990.

中国語文献
・中国史事研究社編『淞滬抗日画史』上海生活書店　一九三三年
・中共上海市委党史資料徴集委員会編『上海人民革命史画冊』上海人民出版社　一九八九年

・徐公肅他『上海公共租界史稿』上海人民出版社　一九八〇年
・上海市歴史博物館編『二十世紀初的中国印象』上海古籍出版社　二〇〇一年

＊戦争と外交史＝日中全面戦争以後

日中全面戦争（一九三七年～一九四一年十一月）

・防衛庁防衛研修所戦史室『戦史叢書　支那事変陸軍作戦（一）』朝雲新聞社　一九七五年
・同『戦史叢書　支那事変陸軍作戦（二）』同　一九七六年
・同『戦史叢書　支那事変陸軍作戦（三）』同　一九七五年
・『太平洋戦争への道・開戦外交史③日中戦争（上）』朝日新聞社　一九六二年
・『太平洋戦争への道・開戦外交史④日中戦争（下）』同　一九六二年
・西村成雄、石島紀之、田嶋信雄編『国際関係のなかの日中戦争　日中戦争の国際共同研究（4）』慶應義塾大学出版会　二〇一一年
・井本熊男『作戦日誌で綴る支那事変』芙蓉書房　一九七八年
・今井武夫『支那事変の回想』みすず書房　一九六四年
・今井武夫『昭和の謀略』原書房　一九六七年
・宮田天堂『冀東政権大秘録』非売品　一九三八年
・江口圭一『盧溝橋事件』シリーズ昭和史③　岩波ブックレット　一九八八年
・松本重治『近衛時代―ジャーナリストの回想―』（上下）中公新書　一九八六年

ノモンハン事件

・『戦史叢書　関東軍（一）対ソ戦備・ノモンハン事件』一九六九年

・大本営陸軍部「ノモンハン」事件研究第一委員会『「ノモンハン」事件研究報告』昭和十五年一月十日調製　防衛研究所戦史室　複製資料
・辻　政信『ノモンハン』亜東書房　一九五〇年
・小沢親光『ノモンハン戦記』新人物往来社　一九七四年
・同　『続ノモンハン戦記』同　一九七六年
・五味川純平『ノモンハン』文藝春秋　一九七五年
・牛島康允『ノモンハン全戦史』自然と科学社　一九八八年
・A・クックス、秦郁彦監修、岩崎俊夫訳『ノモンハン・草原の日ソ戦一九三九』（上下）朝日新聞社　一九八九年
・半藤一利『ノモンハンの夏』文藝春秋　一九九八年
・三野正洋・大山正『ノモンハン事件・日本陸軍失敗の連鎖の研究』ワック　二〇〇一年
・ゲ・カ・ジューコフ、清川勇吉他訳『ジューコフ元帥回想録』朝日新聞社　一九七〇年
・林　三郎『関東軍と極東ソ連軍』芙蓉書房　一九七四年
・石田喜與司『帰らざるノモンハン』芙蓉書房　一九八五年
・ボリス・スラヴィンスキー、加藤幸廣訳『日ソ戦争への道―ノモンハンから千島占領まで』共同通信社　一九九九年

ソ満国境：関東軍国境地下要塞築城関係資料

・岡崎哲夫『秘録　北満永久要塞・関東軍の最期』サンデー新書　秋田書店　一九六四年
・全国虎頭会編『ソ満国境　虎頭要塞の戦記』一九七七年
・菊池実編『ソ満国境　関東軍国境要塞遺跡群の研究』六一書房　二〇〇一年
・粟屋憲太郎、竹内桂編『対ソ情報戦資料』第二巻関東軍関係（二）現代資料出版　一九九九年

・虎頭要塞日中共同学術調査団『虎頭要塞』虎頭要塞日本側研究センター　二〇〇七年
・李秉剛、張玉彬、胥敏訳『万人坑を知る─日本が中国を侵略した史跡─』東北大学出版社　二〇〇五年

中国語文献

・徐占江、李茂杰主編『日本関東軍要塞』（上下）黒龍江人民出版社　二〇〇六年

第七三一細菌戦部隊

・森村誠一『悪魔の飽食─「関東軍細菌戦部隊」恐怖の全貌』光文社　一九八一年
・同　『続・悪魔の飽食─「関東軍細菌戦部隊」謎の戦後史─』光文社　一九八二年
・常石敬一『消えた細菌戦部隊関東軍第七三一部隊』筑摩書房　一九九三年
・『細菌戦用兵器ノ準備及ビ使用ノ廉デ起訴サレタ元日本軍軍人ノ事件ニ関スル公判書類』（ハバロフスク裁判公判書類）モスクワ　外国語図書出版所　一九五〇年
・七三一研究会編『細菌戦部隊』晩聲社　一九九六年
・金成民編、中野勝訳『七三一部隊　老兵の告白』黒龍江人民出版社　二〇〇三年（以上、第七三一部隊の参考文献は『元陸軍中将遠藤三郎の肖像』で参照）

重慶戦略爆撃

・防衛庁防衛研研修戦史室『戦史叢書　中国方面陸軍航空作戦』朝雲新聞社　一九七四年
・前田哲男『戦略爆撃の思想』朝日新聞社　一九八八年
・スノー著、森谷巌訳『アジアの戦争』筑摩書房　一九八八年
・重慶市文化局他編『重慶大轟炸図集』（中文）重慶出版社　二〇〇一年
・戦争と空爆問題研究会編『重慶爆撃とは何だったのか』二〇〇九年

英文文献

・Edgar Snow, *The Battle for China*, New York: Random House, 1941.
・Agnes Smedley, *Battle Hymn of China*, New York: Alfred A Knopf, 1943.
・May-Ling Soong Chiang（Madame Chiang Kai-shek）, *China shall Rise Again*, New York and London: Harper & Brothers Publishers, 1941.
・Madame Chiang Kai-shek, *This is our China*, New York and London: Harper and Brothers Publishers, 1940.
・Frank Oliver, *Special Undeclared War*, London: Jonathan Cape, 1939.
・Theodore H. White and Annalee Jacoby, *Thunder out of China*, New York, William Sloane Associates, 1946.
・Hamilton Darby Perry, *The Panay Incident: Prelude to Pearl Harbor*, Toronto: Macmillan, 1969.
・Hu Pu-yu, *A Brief History of Sino-Japanese War*（*1937–1945*）, Taipei Taiwan: Chung Wu Pub. Co., 1974.

＊戦争と外交史＝アジア太平洋戦争

太平洋戦争（日本語の文献資料と研究書）

・防衛庁防衛研修所戦史室『戦史叢書　マレー進攻作戦』朝雲新聞社　一九六七年
・同『戦史叢書　蘭印攻略作戦』同　一九六七年
・同『戦史叢書　比島捷号陸軍航空作戦』同　一九七一年
・同『戦史叢書　捷号陸軍作戦（一）レイテ決戦』同　一九七〇年
・同『戦史叢書　捷号陸軍作戦（二）ルソン決戦』同　一九七二年
・同『戦史叢書　沖縄・台湾・硫黄島方面　陸軍航空作戦』同　一九七〇年
・日本国際政治学会太平洋戦争原因研究部編『太平洋戦争への道・開戦外交史⑤三国同盟・日ソ中立条約』朝日新聞社　一九六

三年
・同『太平洋戦争への道・開戦外交史⑥南方進出』同　一九六三年
・同『太平洋戦争への道・開戦外交史⑦日米開戦』同　一九六三年
・同『太平洋戦争への道・開戦外交史別巻資料編』同　一九六三年
・参謀本部編『杉山メモ』（上・下）原書房　一九八九年
・井本熊男『大東亜戦争作戦日誌』芙蓉書房　一九九八年
・種村佐孝『大本営機密日誌』芙蓉書房　一九九五年
・服部卓四郎『大東亜戦争全史』原書房　一九六五年
・第二次世界大戦史陸幹校（旧大陸）戦史教官執筆、陸戦史研究普及会編『マレー作戦』原書房　一九七〇年
・同『ガダルカナル島作戦』原書房　一九七一年
・外務省編纂『日本外交年表竝主要文書』（上）原書房　一九六五年
・同『日本外交年表竝主要文書』（下）原書房　一九六六年
・大本営戦争指導班、軍事史学会編『機密戦争日誌』全二巻　代表者伊藤隆　錦正社　防衛研究所図書館所蔵　一九九八年
・伊藤隆、武田知己編『重光葵最高戦争指導会議記録・手記』中央公論社　二〇〇四年
・山田朗、松野誠編『大本営陸軍部上奏関係資料』現代資料出版　二〇〇五年
・吉田一彦『ドーリトル日本初空襲』三省堂　一九八九年
・柴田武彦、原勝洋共著『日米全調査―ドーリットル空襲秘録』アリアドネ企画　二〇〇三年
・加藤寛一郎『大空の覇者ドゥリットル東京奇襲一九四二』上　講談社　二〇〇四年
・同『大空の覇者ドゥリットル欧州・日本本土爆撃』下　講談社　二〇〇四年

・デシエーザー、前川金治訳『私は日本の捕虜だった』有恒社　一九四九年
・大岡昇平『レイテ戦記』中央公論社　一九七一年
・澤地久枝『記録　ミッドウェー海戦』文藝春秋　一九八六年
・前間孝則『富嶽［米本土を爆撃せよ］』講談社　一九九一年
・秦郁彦『太平洋国際関係史』福村出版　一九七二年
・安井淳『太平洋戦争開戦過程の研究』芙蓉書房　二〇一三年
・小塚興治編『太平洋戦争・西部ニューギニア方面』私家版　二〇〇七年

＊アジア太平洋戦争の初期から最終段階

英文文献（太平洋戦争及び外交史）

・Samuel E. Morison, *The Two-Ocean War: A Short History of the United States Navy in the Second World War*, Boston: Little Brown, 1963.
・E. B. Potter, *Nimitz*, Connecticut: The Easton Press Norwalk, 1988.
・Douglas MacArthur, *Reminiscences General of the Army*, New York: Mcgraw-hill Book Company, 1964.
・Robert E. Sherwood, *Roosevelt and Hopkins: An Intimate History*, New York: Harper & Brothers Publishers, 1948.
・Winston S. Churchill, *The Second World War: The Grand Alliance*, Boston: Houghton Mifflin, 1950.
・Winston S. Churchill, *The Second World War: The Hinge of Fate*, Boston: Houghton Mifflin, 1950.
・Cordell Hull, *The Memoirs of Cordell Hull*, Volume I・II, New York: Te Macmillan, 1948.
・Harry S. Truman, *Memoirs*, Volume 1-2, New York: Double Day & Company, 1955-1956.
・James F. Byrnes, *Speaking Frankly*, New York and London: Harper & Brothers, 1947.

・Joseph C. Grew, *Turbulent Era: A Diplomatic Record of Forty Years 1904-1945*, Volume II, Boston: Houghton Mifflin Company, 1952.

・Theodore H. White, ed., *The Stilwell Papers*, New York: William Sloane Associates, 1948.

・John L. Snell, et. al. *The Meaning of Yalta: Big Three Diplomacy and the New Balance of Power*, Baton: Louisiana State University Press, 1956.

・Charles L. Mee, Jr., *Meeting at Potsdom*, New York: M. Evans, 1975.

・Herbert Feis, *Japan and Subdued: The Atomic Bomb and the End of the Year in the Pocific*, London: Princeton University Press, 1953.

・Herbert Feis, *China Tangle*, London: Princeton University Press, 1953.

英文文献（パールハーバー・ミッドウエー作戦その他）

・Gordon W. Prange, *Pearl Harbor: The Verdict of History*, eds., Donald M. Goldstein and Katherine V. Dillon, New York: McGraw-Hill Book Company, 1986.

・John Toland, *Infamy Pearl Harber and Its Aftermath*, New York: Doubleday, 1882.

・Gordon W. Prange, *Miracle at Midway*, eds., Donald M. Goldstein and Katherine V. Dillon New York: McGraw-Hill Book 1982.

英文文献（米国人及び中国人指導者の伝記）

・Barbara W. Tuchman, *Stilwell and the American Experience in China 1911-45*, New York: The Macmillan Company, 1970.

・Han Suyin, *The Morning Deluge Mao Tsetung & The Chinese Revolution 1893-1954*, Boston: Little Brown Company, 1972.

・Francis Trevelyan Miller, *General Douglas MacArthur Soldier-Statesman*, reprint; Philadelphia: The John C. Winston Compa-

ny, 1951.
・Michael Schhaller, *Douglas MacArthur The Far Eastern General*, New York: Oxford University Press, 1989.
・Bernard K. Duffy and Ronald H. Carpenter, *Douglas Macarthur Warrior as Wordsmith*, Westport: Greenwood Press, 1997.
・Sterling Seagrave, *The Soong Dynasty*, New York: Harper & Row Publishers, 1985.

中国の戦争指導者の文献（中国軍指導者の伝記・書簡・日記）
・丁秋潔　宋平編　鈴木博訳『蔣介石書簡集』（上）　みすず書房　二〇〇〇年
・山田辰雄　松重充浩編著『蔣介石研究　政治・戦争・日本』東方書店　二〇一三年
・師永剛・張凡編著『蔣介石一八八七～一九七五』上下　長江文藝出版社　二〇一一年
・金冲及主編、村田忠禧・黄幸監訳『毛沢東伝』全二巻　みすず書房　一九九九－二〇〇〇年

日本の戦争指導者の日記・回想記・手記・書簡
・野村吉三郎『米国に使して　日米交渉の回顧』岩波書店　一九四六年
・近衛文麿『平和への努力』日本電報通信社　一九四六年
・近衛文麿公『最後の御前会議・対照篇　降伏時の真相鈴木内閣書記官長　迫水久常』時局月報社　一九四六年
・鈴木貫太郎「終戦の表情」『労働文化別冊』労働文化社　一九四六年
・本庄　繁『本庄日記』原書房　一九六七年
・迫水久常『機関銃下の首相官邸』恒文社　一九六四年
・近衛文麿『近衛日記』共同通信社　一九六八年
・今村均『今村均幽囚回顧録』秋田書店　一九六六年
・同『今村均回顧録』芙蓉書房　一九七〇年

・岡田貞寛編『岡田啓介回顧録・付ロンドン軍縮問題日記』毎日新聞社　一九七七年
・徳富蘇峰『終戦後日記・頑蘇夢物語』（Ⅰ）講談社　二〇〇六年
・佐藤賢了『大東亜戦争回顧録』徳間書店　一九六六年
・重光葵『外交回想録』毎日新聞社　一九五三年
・重光葵著・伊藤隆・武田知己編『最高戦争指導会議記録・手記』中央公論新社　二〇〇四年
・小磯国昭『葛山鴻爪』小磯国昭自叙伝刊行会　一九六三年
・東郷茂徳『東郷茂徳手記・時代の一面』原書房　一九八九年
・鈴木貫太郎・鈴木一編『鈴木貫太郎自伝』時事通信社　一九六八年
・宇垣纏『戦藻録』原書房　一九六八年
・今井武夫　高橋久志　今井貞夫監修『日中和平工作　回想と証言一九三七〜一九四七』みすず書房　二〇〇九年

日本の戦争指導者の伝記

・東條英機刊行会上法快男編『東條英機』芙蓉書房　一九七四年
・梅津美治郎刊行会『最後の参謀総長梅津美治郎』同　一九七六年
・角田房子『責任ラバウルの将軍今村均』新潮社　一九八四年
・故大西瀧治郎海軍中将伝記刊行会編集・発行『大西瀧治郎』一九五七年
・沖修二『山下奉文』山下奉文記念会　一九五八年

米国の戦争指導者の回想記（日本語訳）

・ダグラス・マッカーサー、津島一夫訳『マッカーサー回想記』上下　朝日新聞社　一九六四年
・ハリー・トルーマン、加瀬俊一監修／堀江芳孝訳『トルーマン回顧録』Ⅰ決断の年　Ⅱ試練と希望の年　恒文社　一九六六年

昭和天皇の伝記及び宮中関係者の日記・回顧録

・木戸日記研究会『木戸幸一日記』全二巻　東京大学出版会　一九六六年
・同　　　『木戸幸一関係文書』　同　　　一九六六年
・同　　　『木戸幸一日記・東京裁判期』同　　一九八〇年
・奈良武次著、波多野澄雄・黒沢文貴責任監修『侍従武官長　奈良武次日記・回顧録』第三巻　柏書房　二〇〇〇年
・ハーバート・ビックス、吉田裕監修　岡部牧夫・川島高峰訳『昭和天皇』講談社　二〇〇二年
・レオナルド・モズレイ、高田市太郎訳『天皇ヒロヒト』毎日新聞社　一九六六年
・児島襄『天皇』全五巻　文藝春秋　一九七四年
・田中伸尚『ドキュメント昭和天皇』全八巻　緑風出版　一九九二年
・寺崎英成御用掛日記『昭和天皇独白録』文藝春秋　一九九一年
・甘露寺受長『背広の天皇』東西文明社　一九五七年
・藤樫準二『千代田城宮廷記者四十年の記録』　光文社　一九五八年
・藤原彰、粟屋憲太郎他『徹底検証：昭和天皇「独白録」』大月書店　一九九一年
・藤原彰『昭和天皇の十五年戦争』青木書店　一九九一年
・山田朗『大元帥　昭和天皇』新日本出版社　一九九四年
・吉田裕『昭和天皇の終戦史』岩波新書　一九九二年
・防衛庁防衛研究所戦史部監修、中尾裕次編集『昭和天皇発言記録集成』全二巻　芙蓉書房　二〇〇三年
・「小倉侍従日記昭和天皇戦時下の肉声」『文藝春秋』二〇〇七年四月号
・東久邇稔彦『東久邇日記・日本激動期の記録』徳間書店　一九六八年

英文の伝記

・Leonard Mosley, *Hirohito, Emperor of Japan*, Englewood Cliffs New Jersy: Prentice-Hall, 1966.

・Stephen Large, *Emperor Hirohito & Shōwa Japan: A Political Biography*, London and New York: Routledge, 1992.

＊十五年戦争の最終段階・参考文献（硫黄島・沖縄・満洲）

・第二次世界大戦史陸幹校戦史教官執筆　陸戦史研究普及会編『硫黄島作戦』原書房　一九七〇年

・第二次世界大戦史陸幹校戦史教官執筆　陸戦史研究普及会編『沖縄作戦』原書房　一九六八年

・八原博通『沖縄決戦　高級参謀の手記』読売新聞社　一九七二年

・防衛庁防衛研修所戦史室『戦史叢書　関東軍　二関特演・終戦時の対ソ戦』朝雲新聞社　一九七四年

・大田昌秀『総史沖縄戦』岩波書店　一九八二年

・伊江村教育委員会編『証言・資料集成伊江島の戦中・戦後体験記録』伊江村教育委員会　一九九九年

・マリノフスキー著、石黒寛訳『関東軍壊滅す』徳間書店　一九六八年

・林三郎『関東軍と極東ソ連軍』芙蓉書房　一九七四年

・角田房子『墓標なき八万の死者　満蒙開拓団の壊滅』中公文庫　一九七六年

・中山隆志『ソ連軍進攻と日本軍満洲一九四五・八・九』国書刊行会　一九九〇年

・徐焰著、朱建栄訳『一九四五年　満州進軍　日ソ戦と毛沢東の戦略』三五館　一九九三年

・半藤一利『ソ連が満洲に侵攻した夏』文藝春秋　一九九九年

英文文献（ソ連軍の満洲侵攻を予測した文献）

・Edgar Snow, *People on Our Side*, New York: Random House, 1944.

・Edgar Snow, *The Pattern of Soviet Power*, New York: Random House, 1945.

アジア太平洋戦争史に関する文献・資料は膨大な数になり、とても全体を一覧表にできない。ここに紹介した文献・資料は遠藤三郎が活躍した時代を知るために、私が目を通した文献の主要なものだけを掲載している。この一覧表は冒頭にある「遠藤三郎関係の文献資料」と併せて遠藤が参謀・将軍として戦争指導にかかわった昭和史（戦争の時代）の流れを知るために、重要で最小限必要なものだけである。以上。

あとがき

この書は『将軍遠藤三郎とアジア太平洋戦争』と題している。

しかし冒頭のプロローグでは、一九三一年の満洲事変から筆を起こすことにした。その理由は日本陸軍の最精鋭部隊＝関東軍の高級参謀らが陰謀により密かに実行した満洲事変とそれに連動する「満洲国」の建国が後のアジア太平洋戦争に連動するという歴史的事実を本書で明らかにしたかったからである。

一九三一年九月十八日、当時の奉天郊外の柳条湖で、突然、南満洲鉄道の線路が爆破され、関東軍はそれを口実に一夜のうちに奉天市内を軍事占領したのである。その直後、遠藤三郎はその事件の真相を調査し、関東軍のさらなる暴走を止める役目で東京の参謀本部作戦課から橋本ミッションの一員として現地に派遣された。南満洲鉄道を北上し、奉天駅を下車した遠藤三郎らがまず、現地で案内された建物が奉天駅から約2キロほどの場所＝当時の浪速通りに面した日本旅館・瀋陽館であった。

私はその瀋陽館の跡地を見たいと思った。なぜなら、その建物こそ、大日本帝国の強者（つわもの）たち、満洲事変直後の関東軍幕僚の宿舎であったからである。その旅館の応接室に通された遠藤は先輩の石原莞爾高級参謀に面会した。石原はその宿舎で、後輩の遠藤に自分が関東軍高級参謀として構想した『満蒙計略計画』と題する軍事論考を手渡したのである。その一文には何が書いてあったのか。もしも関東軍が満洲を軍事占領すれば、将来、太平洋上で米英他の植民地所有国と軍事対決に突入するという運命的な予測が記されていた。この論考は、当時、日本陸軍の軍事的天才といわれた石原の確たる将来展望でもあった。遠藤はその論策を読んで、自分の軍人としての将来を予測したものと思われる。

歴史的にみて、満洲事変と翌年春の「満洲国」の建国がなぜ、対米英世界戦争に発展したのか。「満洲国」の建国が将来、対米英戦争に連動するという石原の予測は一見「短絡的で軽率な見方だ」と御叱りを受けることになるかも知れない。だが、歴史は皮肉である。関東軍参謀石原莞爾のこの確たる予測が一九四一年十二月八日に的中することになる。

二〇〇九年、奉天を訪問した私はまず満洲事変発生後の関東軍の臨時司令部跡とその前にある当時の満鉄大和ホテル（現在の遼寧賓館）に、二日間滞在することができた。しかし翌朝、戦争中の地図を頼りに、ホテルの周辺を散策しても、地図に示された元日本旅館・瀋陽館の建物は見つからなかった。

だが何事も諦めは禁物である。約二年前、大阪の古書市に出品された古書目録の中からに偶然、戦時中に発行された瀋陽館の案内パンフレットが見つかったのである。そのパンフレットにはロシア風の建物の外観と宿泊部屋の正確な見取り図が印刷されていた。

私は早速、そのパンフレットを所蔵する古書店に電話連絡し、買い求めて自宅で広げてみると、その建物の室内見取り図に、一九三一年九月二十八日、遠藤が案内された一階応接間の写真が描かれていたのである。

そのドーム型の屋根の下にある部屋こそ、奉天到着後の遠藤が先輩の石原莞爾に再会した応接室であった。遠藤はその会議室で会談した人物名と発言内容をその日記に記録している。

その顔ぶれは関東軍の三宅光治参謀長他中枢幕僚と土肥原大佐らで、その人々こそ満洲事変の勃発とそれに続く溥儀の担ぎだし工作を実行する主犯者たちであった。このメンバーは中央参謀本部から派遣された団長の橋本虎之助少将にもその会議室で満蒙計略方針を伝えている。

奉天の瀋陽館（本書一七ページ）—この宿舎こそまさに関東軍による満蒙支配の大ドラマに登場する主役たちのアジ

トであった。

関東軍による満豪支配―その大スペクタクルドラマの成り行きは一九四一年十二月に開幕するマレー・シンガポール作戦への領土的拡大を見ればわかるであろう。その流れは石原莞爾が描いた「満蒙計略計画」の図式に一致するものであった。当時の満洲は極東のバルカンであり、その火薬庫が爆発すれば、将来世界戦争を誘発するという、その戦争の将来予測が実現したのである。そのスペースの広がりはさまざまな陰謀と謀略の連鎖の大ドラマとなった。その嵐の大ドラマがどのような展開を見せてくれるのか。その答えは遠藤日記が忠実に記録している。

私は漸次、満洲国建国前後の遠藤日記を熟読しながら、その時代の大きなうねりに吸い込まれてしまった。そして自分の力の及ぶ限り、もしも可能なら、九十一歳で人生を終えるまでの人間遠藤三郎の全生涯を描いてみたいと考えるようになった。その結果、埼玉県の狭山市立博物館には年に二～三回、十五年の長きに渡って訪問することが出来たのである。同館が所蔵する遠藤日記は九十三冊あり、さらには遠藤が立案した作戦案や書簡、戦後軍人仲間から村八分にされたころの論争など、その草稿の種類は多く、解読には長い時間と労力を投入することになった。その解読作業では、眼もうつろになり、困難をきわめたが、一応、私はその解読作業から次のように遠藤の全生涯にわたる思想的な発展時期を区分することが出来た。

遠藤の戦前・戦中日記には、大日本帝国の高級参謀として、または大本営の幕僚として、日夜、苦悩しながらも、軍隊という強制組織になかで、その優秀で冷静な頭脳を駆使し、祖国が勝利する可能性を見出そうとした時代。第二の戦後日記の特色としては、軍隊組織から離れて自由人として開拓農民になり、晴耕雨読の生活を営みながら、ひたすら、日本国の将来を見据えて、自分の軍隊体験と軍事知識を活用し、大きく飛躍する姿が浮き上がってきた。

それは戦中、陸軍中将にまで登りつめた元エリート軍人の姿でなく、ひたすら人類の幸福を追求する伝道師のような姿であった。人間はその長い生涯の中で思想を変更することがあり得る。だが遠藤の場合はなにゆえ、その思想を百八十度変革して非戦平和の論客になったのかという一点において私は遠藤に魅力を感じた。しかも遠藤は不屈の精神の持ち主で、孤独を恐れない勇敢な元知将であった事実が戦中と戦後の日記からも読み取ることが出来たのである。

従来の遠藤三郎の人物研究は、主として戦前と戦中の遠藤の作戦案と戦争指導を追跡したものが多く、戦後日記についてては自叙伝以外に、詳しくは紹介されていない。そこで今回、私はとくに遠藤が戦後、五回も元敵国であった新中国を訪問し、建国直後の新中国の指導者に面会し、誕生した新中国の実状を記録していたことを各種の文書から掘り出して再現することにした。なぜなら戦後の遠藤の中国旅行記を読んで、その旅から遠藤の視野が大きくひろがり、その結果、その思想を大きく変革することが出来たと実感したからである。

戦後の遠藤が新中国を訪問して「赤い将軍に変貌した」という観察は軽率である。彼は赤い将軍になったのではない。彼は新中国の指導者と膝を交えて懇談し握手して、自分が陸軍の戦略中央部で指導したあの戦争の罪を認識したこと、それによって彼は若き日に構想した平和思想に自信を深め、それを大きく復活することが出来たのである。

私は長年月を費やして遠藤日記の戦中と戦後のページを格闘しながら読み下し、私なりの遠藤三郎像を描くことができたと考えている。そして次のような結論を遠藤が書き残した日記から学び得たのである。

(1) 遠藤の平和思想は若き日、参謀本部の作戦課員のときから芽生えていたこと、その思想的な根源はフランス留学時代に学んだ西洋思想、とくにリヒャルト・クーデンホーフ=カレルギーの世界連邦論に根拠が求められること。

(2) 遠藤の平和思想は単なる口先だけの平和論でなく、戦争の罪を認めることで、さらに強化され、最終的には非戦平和論者として活躍するまでになったこと。

(3)　その非戦論の自信は戦後の五回にわたる新中国訪問で、中国の指導者との対話と新中国の人民の生活を観察して認識を改めたこと。

(4)　戦後の遠藤は巣鴨入獄体験を契機に聖書と出会い、孟子など中国の古典からも「兵甲堅ければ国亡ぶ」の名言を学び、トルストイ、ガンジーの思想にも共鳴したこと、などがあげられよう。

歴史を学べば、人間は目が覚めて、強くなる。歴史から人間は勇気を与えてもらえる。そのことを私は遠藤の戦前、戦中、戦後の日記から学びえたといえる。

なお、私がこの著作を執筆するについて、内外の多くの友人たち、研究機関の専門家のお世話になり、この本の校正についても、遠藤将軍の孫娘の遠藤十九子さんのご協力をいただく光栄にもあずかった。十九子さんは遠藤日記にも、しばしば登場するお孫さんで、戦後、遠藤が巣鴨に収監される日の朝、「私もオジイチャンと一緒にそこに行きたい」と言い出したお孫さんである。このお孫さんがこの著作の校正ゲラを読みながら在りし日のオジイチャンの姿を思い出してくださることにもなったという。

この十五年間、この著作の完成のために多くの人々のご協力をいただいた。日本国内の公共機関では遠藤の日記や関係資料を所蔵する狭山市立博物館の学芸員の方々、防衛省防衛研究所の職員の方々、その他、同志社大学総合図書館、名城大学図書館、立命館大学、龍谷大学の各図書館、愛知県図書館、名古屋市鶴舞中央図書館の職員の方々である。さらに海外では米国ミズーリ大学のスノウ研究所元主任学芸員のマリリン・ブュルリンガーさん、ニューヨーク・コロンビア大学のオーラルヒストリー研究室、サンフランシスコ郊外のスタンフォード大学フーバー研究所と中国では上海魯迅紀念館の王錫栄元館長、日本語通訳の張嵩平さん外事弁の瞿斌さんのご協力に心から感謝したい。日本語通訳の張さんは、私の希望を聞き入れて上海や南京の戦争遺跡を案内し、蔣介石の官邸や旧フランス租界の工部局（現上海歴史博物館）と地図に記載のない七了口の漁村にまで案内をしてくださった。またこの著作の完成に際しては、名古屋の名城大学で政治史の講座を担当する機会を与えてくださった同大学法学部の肥田進教授及び京都の同志社大学の日米文化財団の理事長北垣宗治名誉教授、さらに同工学部の大鉢忠名誉教授、同大学の総合図書館の職員の方々、さらには旧満洲の関東軍の地下要塞やノモンハンの戦場跡に案内してくれた教え子の中国人留学生張鴻鵬君にも心から感謝の意を伝えたい。さらにこの著作で、大津市の男女協同参画センターの元所長広幡和子さん、名古屋放送元広報室の大木捷代さんには、地元の市民公開講座の開催でお世話になったこと、巻末のインデックスのＰＤＦ作成については、大鉢忠名誉教授にその専門家として、ご参画ご指導をお願いし、人名項目の整理については同志社大学文学部の中国人留学生晁越君に熱心な協力を頂き戦後の遠藤の著作活動の検索では大津市民図書館の主査石田一美さんのお手をわずらわし、出版社の紹介では元朝日新聞記者の植村隆氏のお世話になったことも忘れられない。なお、五百ページに渡る本書の編集作業では、ゆまに書房編集スタッフの方々とデザインの川本要氏のご協力をいただいたことに心より感謝を申し上げる次第である。

最後にこの著作を構想し始めてから一貫して、私を激励してくださった『８・１５』の元編集長金子広太郎氏には、ずいぶんお世話になった。金子さんは来年米寿を迎えられる元東大ボーイである。存命中の遠藤元将軍とも親しいご関係で、今も遠藤さんから頂いた「百折不撓」と揮毫した色紙を自宅に大切に保存し勇気を与えられていると電話で知らせてくださった。そういえば、私も今はなき遠藤さんの養女遠藤ひさゑさんから頂戴した遠藤三郎の自叙伝『日中十五年戦争と私』とその扉に書かれた遠藤元将軍揮毫の『軍備亡国』の四字を読んで激励されている。しかし達筆と云えば、遠藤さんの二男、遠藤十三郎さんも達筆の人であった。十三郎さんから頂戴した書簡類はいまなお、私の自宅に大切に保管している。

この著作は同志社大学日米文化財団の二〇一四年刊行助成金を支給されたもので、合わせて同文化財団に心から感謝を申し上げる。

二〇一四年十二月三〇日　著者

人名索引

吉 田 曠 二（よしだ・ひろじ）
■1937年生まれ。1963年同志社大学大学院法学研究科修士課程卒業。1964年朝日新聞大阪本社入社。入社後も大学院時代の恩師田畑忍教授に師事し、日本近現代史研究を継続。1997年同社を定年退職、その後、名城大学及び同大学院非常勤講師となり外交史、政治史の講義を担当。
■〔主要著書〕『加藤弘之の研究』大原新生社、1976／『竜馬復活』朝日新聞社、1985／『魯迅の友―内山完造の肖像』新教出版社、1994／『新聞・雑誌にみるアジア太平洋戦争―1931年9月から1945年8月』三恵社、2007／『八重・襄・覚馬―三人の出会い』坂井誠と共著、芸艸堂、2012／『元陸軍中将遠藤三郎の肖像―満洲事変・上海事変・ノモンハン事件・重慶戦略爆撃』すずさわ書店、2012など。

将軍遠藤三郎とアジア太平洋戦争

印刷　平成二十七年三月　十六日
発行　平成二十七年三月二十五日

著者　吉田曠二
発行者　荒井秀夫
発行所　株式会社ゆまに書房
〒一〇一―〇〇四七
東京都千代田区内神田二―七―六
電話〇三―五二九六―〇四九一

印刷・製本　新灯印刷株式会社

定価・本体八、〇〇〇円＋税

ISBN978-4-8433-4731-7 C1023